REGRA-MATRIZ DE INCIDÊNCIA TRIBUTÁRIA:
Da teoria à prática

CIP-BRASIL. CATALOGAÇÃO NA PUBLICAÇÃO
SINDICATO NACIONAL DOS EDITORES DE LIVROS, RJ

R268

Regra-matriz de incidência tributária: da teoria à prática / organização Paulo de Barros Carvalho. - 1. ed. - São Paulo : Noeses, 2021.

642 p. ; 23 cm.
ISBN 978-65-89888-27-7

1. Direito tributário - Brasil. 2. Incidência de impostos - Brasil. I. Carvalho, Paulo de Barros.

21-74002 CDU: 34:351.713(81)

Leandra Felix da Cruz Candido - Bibliotecária - CRB-7/6135

Paulo de Barros Carvalho
Coordenador

REGRA-MATRIZ DE INCIDÊNCIA TRIBUTÁRIA:
Da teoria à prática

2021

editora e livraria
NOESES

Copyright © Editora Noeses 2021
Fundador e Editor-chefe: Paulo de Barros Carvalho
Gerente de Produção Editorial: Rosangela Santos
Arte e Diagramação: Renato Castro
Revisão: Georgia Evelyn Franco
Designer de Capa: Aliá3 - Marcos Duarte
Arte de capa:

Autor: Lúcia Suanê
Título: Catimbau
Técnica: Óleo sobre tela com fios de cobre
Dimensão: 126/116 cm.
Ano: 2005
Acervo: Paulo e Sônia de Barros Carvalho

2021

editora e livraria
NOESES

Editora Noeses Ltda.
Tel/fax: 55 11 3666 6055
www.editoranoeses.com.br

À memória do inesquecível amigo e jusfilósofo, José Souto Maior Borges, pensador, cuja obra enaltece a doutrina brasileira.

NSC

PREFÁCIO

É realmente difícil, para mim, falar sobre algo que se foi acomodando, sorrateiramente, em todos os setores do meu espírito, durante expressivo trato de tempo, numa empolgação crescente, vibrando com a ideia de criar um modelo paradigmático, dotado do vigor suficiente para movimentar as estruturas do Direito, respeitando-lhe os pressupostos tradicionais de sua evolução histórica, mas entusiasmado com o objetivo de outorgar-lhe foros de universalidade e, sobretudo, impregná-lo da energia necessária para vê-lo projetar-se, decididamente, no intermundo das relações práticas que o exercício técnico e profissional do jurídico exigem.

Perguntou-me, certa feita, uma pensadora no campo da Psicologia, ao tomar conhecimento da difusão internacional da tese, que tipo de sentimento houvera eu experimentado ao compor a teoria da regra-matriz de incidência. Confesso que a pergunta me surpreendeu! Jamais havia cogitado de tal indagação, mesmo porque estive tão comprometido emocionalmente com a pesquisa, a ordenação dos conceitos, a coesão e coerência das ideias, com a rigidez do método escolhido para coordenar esses movimentos intelectuais, que se tornava difícil encontrar qualquer intervalo de tempo propício a elaborar reflexões, tecer introspecções ou buscar, em outros atos de consciência, impulsos para uma íntima e séria retroversão. A pergunta, contudo, permaneceu acesa na inquieta e, muitas vezes, incontrolável dinâmica do nosso espírito e respondi, pura e simplesmente, que mantivera um estranho modo de envolvimento, a ponto de instalar-se em todas as porções interiores do meu ser. Hoje, passados muitos anos, contados do momento em que comecei a sentir a percepção dos efeitos e avaliar a amplitude dessa proposta teorética, aquela convicção se fortaleceu, de tal sorte que posso repeti-la, tranquilamente, como algo consolidado na minha formação evolutiva. A criatura recebeu farto e inesperado acolhimento, testada e examinada perante rigorosas provas, teóricas e práticas e, posso dizer, independentemente de qualquer satisfação pessoal, vem cumprindo papel histórico relevante, esclarecendo situações atinentes aos mais singelos problemas que a experiência jurídica possa suscitar.

Parece-me curioso, entretanto, a circunstância de que a construção da teoria não tenha constado de um livro próprio, individualizado, concebido para expor-lhe os fundamentos, anotando, por exemplo, com rigidez e determinação, suas origens fenomenológicas, onde a presença do pensamento husserliano estivesse bem plantado; onde o método da redução eidética se encontrasse devidamente aplicado, mostrando-se apto para conduzir o raciocínio com a força adequada para chegar às conclusões derradeiras. Todavia, é de vital importância acrescentar que na intensidade do percurso de geração se alojaram as proposições magistrais de Lourival Vilanova, com quem aprendi as mensagens mais relevantes do saber de Edmund Husserl, enquanto li e ouvi especulações precisas a respeito do tema fundamental das "normas jurídicas". Tudo, porém, veio aos poucos, em fragmentos isolados de textos, em porções que enalteceram propostas aparentemente de pouca relevância, mas decisivas para compor o todo. Até o momento em que chegaram os resultados advindos das práticas do exercício profissional, vividas em setores diversos do direito posto, sugerindo, gradativamente, o aperfeiçoamento da obra. Aproveito para consignar o estímulo sempre presente de Geraldo Ataliba, pronto para questionar afirmações que, certamente, teriam o condão de ameaçar a firmeza e a integridade dos enunciados produzidos. Além disso, movido por intuição aguda e penetrante, contribuiu intensamente para o prosseguimento dos trabalhos de consulta, pesquisa e compreensão dos difíceis textos, paratextos e dentro destes últimos, os peritextos e os epitextos, tomados para a pavimentação e estruturação do trabalho. Intercalo aqui essas observações, precisamente porque não estão expressas nos suportes materiais fragmentados, como já aludi linhas acima. Não obstante, meu desejo é no sentido de constarem nas entrevozes da expressão textual, com foros de premência e atribuição de justa homenagem àquele de quem fui assistente durante 20 (vinte) anos, pedaço de tempo que, em boa medida, corresponde ao período de realização das buscas referentes aos textos que dão a compostura teórica da regra-matriz de incidência.

Mas, a regra-matriz de que falamos, certamente, será o título de um volume substancioso, que a veja na magnitude de sua configuração teorética, preparada para iluminar as situações que a pragmática da comunicação jurídica cotidianamente suscita. Aí, sim, perceberemos as fundações que sustentam suas estruturas; poderemos avaliar a correção de suas transições metodológicas; a firmeza de sua cadeia evolutiva e o nível de precisão semântica que as construções inovadoras devem ostentar.

Não para, nessa influência, a trajetória da Regra-Matriz. Exerceu função inspiradora para a concepção do movimento filosófico, igualmente de repercussão internacional, conhecido como "Constructivismo Lógico-Semântico", amplamente difundido e objeto da adesão de enorme rol de seguidores.

Eis o que posso dizer a respeito dessa, para mim, tão valiosa e inovadora matéria. Fiquemos, agora, com o conteúdo dos textos. São nada menos do que 23 (vinte e três) escritos, ordenados para cobrir a extensão da estrutura hipotética-condicional da regra-matriz de incidência, percorrendo-lhe os critérios e exibindo sua operatividade. Desse número de contribuições, 5 (cinco) deles são da autoria de ilustres professoras, todos elas doutoras:

Prof. Dra. Jacqueline Mayer

Prof. Dra. Karen Jureidini

Prof. Dra. Priscila Souza

Prof. Dra. Silvia Zomer

Prof. Dra. Betina Grupenmacher

E mais, o excelente artigo introdutório que ficou por conta da Prof. Dra. Fabiana Tomé, abrindo a sucessão de textos. Os demais autores são mestres em Direito e compõem a primeira turma de participantes do IBET – Instituto Brasileiro de Estudos Tributários. Têm eles, portanto, ao lado das qualidades jurídico-científicas do trabalho, o valor histórico que assinala esse marco decisivo. Aliás, para um Brasil tão rico e produtivo no âmbito de sua cultura, creio ser acontecimento auspicioso para todos nós o lançamento da presente edição.

São Paulo, 02 de setembro de 2001.

Paulo de Barros Carvalho

Professor Emérito e Titular de Direito Tributário da PUC/SP e da USP
Membro titular da Academia Brasileira de Filosofia

SUMÁRIO

Capítulo 1

CRITÉRIO MATERIAL

Capítulo 2
CRITÉRIO TEMPORAL

Capítulo 3
CRITÉRIO ESPACIAL

Capítulo 4
CRITÉRIO SUBJETIVO

Capítulo 5
CRITÉRIO QUANTITATIVO

ARTIGO INTRODUTÓRIO
A importância paradigmática da regra-matriz de incidência tributária como instrumento para o estudo e aplicação do direito tributário

Fabiana Del Padre Tomé[1]

1. Alguns esclarecimentos sobre a estrutura e função das normas jurídicas: o falso dilema da forma *versus* conteúdo

Todo enunciado linguístico apresenta forma e função. Orientar a atenção para as *formas da linguagem* significa ingressar no âmbito gramatical do idioma, mais especificamente

---

1. Doutora em Direito do Estado pela PUC/SP; Professora nos Cursos de Pós-graduação *lato sensu* e *stricto sensu* da PUC/SP e do IBET; Assistente da Coordenação e professora no Curso de Especialização em Direito Tributário da PUC/SP; Fundadora do Curso Você Tributarista. Advogada.

em sua sintaxe, entendida como parte da gramática que examina as possíveis opções no que concerne à combinação das palavras na frase. As funções dos enunciados, entretanto, não se encontram presas à forma pela qual estes se exteriorizam. Como acentua Irving M. Copi,[2] as estruturas gramaticais oferecem apenas precários indícios a respeito da função, sendo lícito ao emissor utilizar uma determinada forma para expressar diferentes funções, conforme o contexto. O art. 3º do Código Tributário Nacional, por exemplo, *define* o conceito de tributo, dispondo que "Tributo é toda prestação pecuniária compulsória, em moeda ou cujo valor nela se possa exprimir, que não constitua sanção de ato ilícito, instituída em lei e cobrada mediante atividade administrativa plenamente vinculada". Não obstante a forma declarativa desse enunciado, sua função é prescritiva, encerrando a ordem de que, ao ser instituído tributo, este deve apresentar determinados caracteres.

Para identificar a função linguística, necessário se faz que o intérprete abandone a significação de base inerente a toda palavra, buscando a compreensão do discurso dentro da amplitude contextual em que se encontra, examinando-o segundo os propósitos do emissor da mensagem (plano pragmático).

É preciso deixar bem claro que nenhuma manifestação de linguagem exerce uma única função. Há, sempre, uma função dominante e diversas outras que a ela se agregam no enredo comunicacional, tornando difícil a missão de classificá-las. Para superar esse obstáculo, sugere Alf Ross[3] que tomemos o *efeito imediato* como critério classificatório: "A função de qualquer ferramenta deve ser determinada por seu efeito próprio, isto é, o efeito imediato a cuja produção a ferramenta está diretamente adaptada. São irrelevantes quaisquer outros efeitos ulteriores na cadeia causal subsequente".

Partindo do critério do *efeito imediato* ou *função dominante*, podemos classificar as linguagens com base no *animus*

2. *Introdução à lógica*, Tradução de Álvaro Cabral, São Paulo: Mestre Jou, 1974, p. 55.

3. *Lógica de las normas*, Madrid: Tecnos, 1971, p. 28 (tradução livre).

que move o emissor da mensagem, identificando as seguintes funções: (i) descritiva; (ii) expressiva de situações subjetivas; (iii) prescritiva de condutas; (iv) interrogativa; (v) operativa; (vi) fáctica; (vii) persuasiva; (viii) afásica; (ix) fabuladora; e (x) metalinguística. Interessa-nos, por ora, analisar os caracteres predominantes da função linguísticas prescritiva de condutas.

A linguagem prescritiva, inerente ao direito positivo, serve à expedição de ordens, comandos dirigidos ao comportamento humano, intersubjetivo ou intrassubjetivo. É a função linguística predominante nas proposições jurídico-positivas, que se direciona às condutas intersubjetivas para alterá-las. Norberto Bobbio,[4] esclarecendo a distinção entre forma gramatical, entendida como o modo pelo qual a proposição é expressa, e sua função, consistente no fim a que se propõe alcançar aquele que a pronuncia, conclui ser a função prescritiva própria da linguagem normativa, consistente em "dar comandos, conselhos, recomendações, advertências, influenciar o comportamento alheio e modificá-lo". Lourival Vilanova,[5] enfatizando essa finalidade, leciona: "Altera-se o mundo físico mediante o trabalho e a tecnologia, que o potencia em resultados. E altera-se o mundo social mediante a linguagem das normas, uma classe da qual é a linguagem das normas do Direito".

Essas são perspectivas funcionais do direito, muito enaltecidas na atualidade. A despeito disso, é preciso sempre considerar que não há como examinar a função do ordenamento sem considerar seu aspecto estrutural. Do mesmo modo que Paulo de Barros Carvalho[6] anuncia a impossibilidade lógica de segregar-se "forma" e "conteúdo", também não se separam "estrutura" e "função" normativas. É o que pontua Mario

4. *Teoria da norma jurídica*, Tradução de Fernando Pavan Baptista e Ariani Bueno Sudatti, São Paulo/Bauru: Edipro, 2001, p. 77-78.

5. *As estruturas lógicas e o sistema do direito positivo*, São Paulo: Noeses, 2005, p. 3-4.

6. *Entre a forma e o conteúdo na desconstituição dos negócios jurídicos simulados*, Revista de Direito Tributário nº 113, São Paulo: Malheiros, 2011.

Losano, em prefácio à edição brasileira da obra "Da estrutura à função", de Norberto Bobbio:[7]

> Aceitar a função como elemento essencial do direito não implica, contudo, a rejeição de uma visão estrutural do direito. Trata-se, não de um repúdio, mas sim de um completamento: a explicação estrutural do direito conserva intacta a sua força heurística, mas deve ser completada com uma explicação funcional do direito, ausente em Kelsen porque este último seguira com rigor a escolha metodológica de concentrar-se no aspecto estrutural do direito, e não no aspecto funcional.

Estrutura e função se complementam e só podem ser compreendidas se consideradas em seu conjunto. Afinal, a função do direito, consistente genericamente e disciplinar as condutas intersubjetivas para realizar os valores desejados pela sociedade, só pode ser implementada mediante a expedição de enunciados prescritivos que, tomados em sua estrutura lógica, desencadeiem um juízo hipotético-condicional, enlaçando, no consequente, dois sujeitos de direito.

Com tais dizeres, queremos evidenciar o fato de que o tomar-se como imprescindível a análise estrutural da norma jurídica não implica desconsiderar seu aspecto semântico e pragmático, e, muito menos, o contexto em que o preceito normativo se insere. Como pontua Edgar Morin,[8] "todo o conhecimento opera por selecção de dados significativos e rejeição de dados não significativos: separa (distingue ou desune) e une (associa, identifica); hierarquiza (o principal, o secundário) e centraliza (em função de um núcleo de noções mestras)."

Daí a necessidade e utilidade do estudo analítico.

Por outro lado, a unidade do ordenamento é algo indeclinável. Como resolver, então, esse dilema? Que seria mais importante: um estudo analítico-estrutural ou a compreensão do objeto em toda sua complexidade conteudística?

---

7. *Da estrutura à função: novos estudos de teoria do direito*. Barueri: Manole, 2007.

8. *Introdução ao pensamento complexo*, 5ª ed. Lisboa: Instituto Piaget, 2008, p. 14.

Em resposta, diríamos que esse é um falso dilema. Não há graus de relevância entre essas perspectivas. Há, entre elas, relação de complementariedade: "o simples é apenas um momento, um aspecto entre várias complexidades (microfísica, macrofísica, biológica, psíquica-social)".[9] A forma é somente um dos ângulos presente no todo que é o ordenamento, mas sem o qual não se tem como acessar e compreender o fenômeno jurídico.

2. Sobre a homogeneidade sintática e heterogeneidade semântica das normas jurídicas: pressuposto para a compreensão da regra-matriz de incidência tributária

O direito positivo, na qualidade de objeto cultural, apresenta elevado grau de complexidade, nele se conjugando elementos estruturais e axiológicos. Por isso mesmo, comporta diversas perspectivas de observação, fazendo-se necessário adotar um método para seu exame.

Nessa linha de raciocínio é que se insere o trabalho analítico-hermenêutico, desenvolvido em duas etapas: uma primeira etapa, consistente na redução de complexidades, mediante decomposição analítica;[10] e uma segunda etapa, em que se procede à retomada da visão integral do fenômeno jurídico. Tudo isso, é preciso deixar bem claro, considerando que o intérprete exerce atividade construtiva de sentido, o que lhe dá o toque do pragmatismo. Abandona-se, assim, a ideia de ser possível uma interpretação ingenuamente imparcial e não valorativa.

O dialogismo, entendido como processo de interação de textos e, por assim dizer, de interlocutores, está sempre presente. Tal ordem de considerações já permite entrever a inadmissibilidade de examinar as normas jurídicas com suporte unicamente na literalidade textual. Esse há de ser apenas o

9. *Introdução ao pensamento complexo*, 5ª ed. Lisboa: Instituto Piaget, 2008, p. 54.

10. É o que fez Paulo de Barros Carvalho ao edificar a teoria da regra-matriz de incidência tributária (*Curso de direito tributário*, 26ª ed. São Paulo: Saraiva, 2014).

ponto de partida: inicia-se o estudo pelo ângulo sintático (relação dos signos entre si), indo, porém, em direção aos aspectos semântico (conteúdo atribuído aos signos) e pragmático (modo de utilização dos signos). Essas três perspectivas são indissociáveis, até mesmo porque não há como atribuir conteúdo a um vocábulo sem que se tenha em conta o momento social vivido (contexto). Os horizontes da cultura, vistos como as circunstâncias que recuperam e contextualizam o ser humano na sociedade, possibilitam essa visão integral e dinâmica do sistema do direito positivo.

Se, por um lado, a análise (*analysis*) indica operações redutoras, por outro o processo interpretativo não se restringe a esse procedimento. A despeito disso, empregar a técnica analítica como ponto de partida mostra-se imprescindível para a compreensão dos comandos normativos. Nessa esteira, significativa é a explicação de Boaventura de Sousa Santos:[11] "o método científico assenta na redução da complexidade. O mundo é complicado e a mente humana não o pode compreender completamente. Conhecer significa dividir e classificar para depois poder determinar relações sistemáticas entre o que se separou".

Eis o percurso que empreendemos: *separamos* as partes do todo, mas sempre cientes da sua *indissociabilidade*. O isolamento da norma jurídica e da sua estrutura formal, identificando a homogeneidade sintática, não implica o desprezo pela complexidade do sistema como um todo. Assim é que Miguel Reale, um dos principais expoentes do culturalismo no Brasil, alude a uma estrutura normativa constante em seus aspectos sintáticos, no âmbito da qual o fato e o valor estão integrados. Acerca da estrutura da norma jurídica, exemplifica esse autor:[12] "a) Se F é, deve ser P; b) Se não for P, deverá ser S."

---

11. *Um discurso sobre as ciências*. 16ª ed. Lisboa: Afrontamento, 2010, p. 28.

12. REALE, Miguel. *Lições preliminares de direito*, 27ª ed. São Paulo: Saraiva, 2003, p. 65.

Em seguida, dá-lhe contornos semânticos:

> Há, por exemplo, norma legal que prevê o pagamento de uma letra de câmbio na data de seu vencimento, sob pena do protesto do título e de sua cobrança, gozando o credor, desde logo, do privilégio de promover a execução do crédito. Logo, diríamos: a) se há um débito cambiário (F), deve ser pago (P); b) se não for quitada a dívida (não P), deverá haver uma sanção (S).

Ora, se dizemos que as normas jurídicas disciplinam o comportamento humano, no convívio social, regulando as condutas das pessoas, nas relações de intersubjetividade, sua estrutura deve apresentar os elementos necessários para que isso ocorra, indicado os *aspectos fácticos* que desencadeiam determinada *relação jurídica* entre dois sujeitos de direito.

Por isso mesmo, conhecer e considerar a estrutura das normas jurídicas é uma etapa indeclinável para a construção de sentido normativo, necessária à compreensão do ordenamento.

3. A estrutura lógica das normas jurídicas

A norma jurídica, unidade irredutível de manifestação do deôntico, é, nos dizeres de Lourival Vilanova, "uma estrutura lógico-sintática de significação".[13] Consiste na significação construída na mente do intérprete, resultante da leitura dos textos do direito positivo, apresentando a forma de um juízo hipotético.

Como, porém, o revestimento verbal das normas jurídicas não obedece a padrão algum, haja vista as peculiaridades de cada idioma e as variadas estruturas gramaticais, necessário se faz reduzir as múltiplas modalidades verbais à estrutura formalizada da linguagem lógica, pois apenas por meio da linguagem formal obtém-se precisão e finura na análise.

Para alcançarmos as formas lógicas, precisamos abstraí-las da linguagem natural que as reveste, deixando de lado a

13. Norma jurídica – proposição jurídica (significação semiótica), *Revista de Direito Público*. São Paulo: Revista dos Tribunais, 61:12-33, 1982, p. 16.

matéria que as cobre, ou seja, as significações determinadas das palavras, e substituindo-as por variáveis lógicas. Uma estrutura formal é composta por variáveis e constantes, símbolos substituíveis por nomes de objetos e símbolos que exercem funções operatórias fixas, respectivamente.

A estrutura reduzida da norma jurídica é uma proposição condicional, que determina a relação de implicação entre hipótese e consequência:

- a hipótese descreve os critérios identificadores de um fato e funciona como implicante da consequência;
- a consequência prescreve o regramento de uma conduta intersubjetiva.

A norma jurídica, portanto, apresenta estrutura lógica específica composta por uma hipótese, também denominada antecedente, suposto, prótase ou descritor, e por uma consequência, que pode igualmente receber o nome de consequente, mandamento, estatuição, apódose ou prescritor. E, para que se configure a "causalidade jurídica", no âmbito da qual a hipótese implica deonticamente a consequência, existem dois operadores chamados functor-de-functor e functor implicacional, perfazendo a seguinte estrutura lógica:

$$D\,(H \rightarrow C)$$

Nessa referência simbólica, D é o functor-de-functor, H é a hipótese, → é o functor implicacional e C é a consequência.

Expliquemos cada um desses elementos.

a) Functor-de-functor

O functor-de-functor é indicador da operação deôntica incidente sobre o liame de implicação interproposicional (deve-ser o vínculo implicacional); é ele que constitui o nexo jurídico das proposições normativas (hipótese e consequência), distinguindo a causalidade física da jurídica. Pontifica Lourival Vilanova que "tanto a causalidade natural como a causalidade jurídica encontram na proposição implicacional sua adequada forma sintática".[14] A diferença entre esses dois tipos de causalidade não reside no functor de implicação, mas em um functor que afeta a proposição implicacional em seu conjunto: o functor-de-functor.

No plano da causalidade física, relativa aos fenômenos da natureza ou aos fenômenos sociais, há relações de implicação exprimindo um nexo formalmente necessário entre os fatos naturais ou sociais e seus efeitos. Já no universo jurídico, inexiste necessidade lógica ou factualmente fundada de a hipótese implicar a consequência, sendo a própria norma quem estatui o vínculo implicacional, por meio do "dever-ser".

Enquanto na lei da causalidade natural a relação entre hipótese e consequência é descritiva, na lei de causalidade jurídica é o sistema jurídico positivo que determina, dentre as possíveis hipóteses e consequências, as relações que devem se estabelecer. É o ato de vontade da autoridade que legisla, expresso por um "dever-ser" neutro, isto é, que não aparece modalizado nas formas "proibido", "permitido" e "obrigatório", o responsável pela conexão deôntica entre hipótese e consequência.

Com efeito, a incidência do functor-de-functor é sobre a relação implicacional, que inexistiria sem este, e não apenas sobre a proposição consequente. Esse o motivo por que a estrutura lógica da norma jurídica se expressa pela fórmula D (H→C), e não H→D (C).

b) Hipótese normativa

Hipótese é a parte da norma de direito que tem a função de descrever uma situação objetiva de possível ocorrência, descrição esta, feita mediante a indicação de notas (conotação) que, coincidentes com os caracteres apresentados em determinados fatos, permite seu ingresso no universo jurídico. "O fato se torna fato jurídico porque ingressa no universo do direito através da porta aberta que é a hipótese".[15]

---

14. *Causalidade e relação no direito*, 4ª ed. São Paulo: Revista dos Tribunais, 2000, p. 47.

15. VILANOVA, Lourival. *As estruturas lógicas e o sistema do direito positivo*, p. 89.

A realidade social, porém, é manifestamente mais rica que a realidade jurídica, sendo impossível cogitar de uma descrição capaz de captar o fato em seus diversos predicados. A hipótese, como todo conceito, é seletora de propriedades, operando como redutora das complexidades inerentes aos acontecimentos por ela recolhidos. E, a referida seleção de propriedades apresenta caráter eminentemente axiológico, sendo efetuada segundo o ato de valoração que preside a feitura da hipótese da norma. Desse modo, apenas alguns aspectos do fato social de possível ocorrência são acolhidos pela hipótese normativa, passando a fazer parte da realidade jurídica.

O fato descrito na hipótese normativa é escolhido segundo a vontade daquele que a elabora, devendo, porém, respeitar o limite ontológico da possibilidade, ou seja, necessário se faz que a escolha recaia sobre acontecimentos pertencentes ao campo do possível. Não se pode descrever na hipótese fatos de impossível ocorrência, pois nesse caso a consequência nunca se verificará, tornando-se inoperante para a regulação das condutas intersubjetivas. O lado semântico da hipótese ficaria comprometido, resultando em um sem-sentido deôntico.

Cuida ressaltar, também, que a hipótese normativa não determina que a situação factual por ela descrita necessariamente ocorra, nem estabelece que deve ocorrer. Por isso, cumpre a função de um descritor: "descreve uma possível ocorrência, de fato ou de conduta, à qual liga, por uma implicação, uma estrutura relacional".[16]

Sendo a hipótese normativa descritora de uma possível ocorrência, poder-se-ia imaginar ser ela suscetível da valoração típica das proposições teoréticas, quais sejam: verdade e falsidade. Tal situação, contudo, não ocorre. A hipótese normativa, conforme acima mencionado, não é coincidente com a realidade, motivo pelo qual lhe falta o *status* semântico de enunciado veritativo. A hipótese é válida antes mesmo da ocorrência do

---

16. VILANOVA, Lourival. *Norma jurídica – proposição jurídica (significação semiótica)*, p. 25.

fato por ela descrito, permanecendo como tal ainda que nunca venha a verificar-se, ou que, ocorrendo, não se cumpra o preceituado na consequência. Ambas as partes da proposição normativa – hipótese e consequência – sujeitam-se às valências "validade" e "não validade", e, com isso, mantém-se a homogeneidade estrutural do sistema do direito positivo.

c) Functor implicacional

O functor implicacional simboliza o nexo de implicação existente entre a hipótese e a consequência, ou seja, entre a proposição implicante e a implicada. Trata-se de um operador lógico indicador da forma sintática que une as duas proposições componentes da norma jurídica. Sendo a hipótese e a consequência normativas ligadas entre si por meio do functor implicacional, é impossível a ocorrência da primeira sem a instauração da segunda. Ocorrido o fato descrito na hipótese, necessariamente instaura-se a relação jurídica prescrita na consequência.

Conforme mencionado anteriormente, o functor implicacional, por si só, não indica a existência de causalidade normativa, pois tanto nesta como na causalidade física existe o conectivo condicional (implicação) atrelando a hipótese à consequência. Esse o motivo por que se faz necessária a presença de um functor-de-functor incidindo sobre a relação implicacional, atribuindo-lhe caráter deôntico.

d) Consequência normativa

Consequência é a parte da norma que tem por função prescrever condutas intersubjetivas, apresentando-se como uma proposição relacional que enlaça dois ou mais sujeitos de direito em torno de uma conduta regulada como proibida, permitida ou obrigatória.

Para melhor análise da composição interna da consequência normativa podemos desdobrar a estrutura lógica da norma jurídica expressa pela fórmula D (H→C), perfazendo a estrutura D [H→R (S', S")], onde D é o functor-de-functor, H é a hipótese, → é o functor implicacional, R é o relacional deôntico, S' e S" são sujeitos de direito.

Essa fórmula revela que os sujeitos de direito integrantes da consequência normativa encontram-se conectados por um dever-ser intraproposicional, que se apresenta necessariamente modalizado em obrigatório (O), permitido (P) e proibido (V). R, portanto, é uma variável functoral, cujos valores substituintes são as constantes deônticas "obrigação", "permissão" e "proibição".

No que concerne ao aspecto semântico, a consequência da norma jurídica, igualmente ao que se verifica na hipótese normativa, assenta-se no modo ontológico da possibilidade. Se a norma prescrever uma conduta impossível ou uma conduta necessária, carecerá de sentido deôntico, pois só haverá sentido em proibir, permitir ou obrigar a prática de determinada ação se existirem dois ou mais comportamentos possíveis. Trata-se de um limite semântico, restringindo os conteúdos normativos àquilo que seja factualmente possível e que não seja factualmente necessário.

Com tais explanações, temos uma visão geral acerca da norma jurídica, tomada em sua estrutura lógica. E a importância dessa análise estrutural persiste ainda que se pretenda examinar a função promocional do direito, como esclarece Norberto Bobbio:[17] "Aquilo que Kelsen disse com relação à estrutura do ordenamento resta perfeitamente válido mesmo depois dos desenvolvimentos mais recentes da análise funcional".

Nem poderia ser diferente, pois se o direito se volta, funcionalmente, para regular as condutas intersubjetivas, há de fazê-lo por intermédio de determinada forma, estipulando hipóteses normativas que desencadeiem obrigações, proibições ou permissões nos laços entre sujeitos de direito.

---

17. *Struttura e funzione in Kelsen*, p. 215, *apud* Norberto Bobbio, *Da estrutura à função: novos estudos de teoria do direito*, Barueri: Manole, 2007, p. XLIII.

4. Sobre a regra-matriz de incidência: aspectos do fato e da relação jurídica tributária

Conforme visto no tópico precedente, toda norma jurídica é composta por hipótese e consequência, descrevendo critérios identificadores de um fato de possível ocorrência e prescrevendo condutas intersubjetivas deonticamente modalizadas. Haja vista a homogeneidade sintática das regras do direito positivo, não foge a norma jurídica tributária a essa estrutura formal. No plano sintático, todas as normas jurídicas apresentam similar arquitetura, residindo a distinção entre elas apenas no plano semântico, ou seja, somente quando observados os conteúdos de significação das variáveis lógicas das normas jurídicas é que podemos distinguir a norma jurídica tributária das demais.

A definição de norma jurídica tributária encontra-se vinculada ao conceito de direito positivo tributário, o qual, por sua vez, consiste no complexo de normas jurídicas válidas que se referem, direta ou indiretamente, ao exercício da tributação (instituição, fiscalização, arrecadação tributária). Esse o motivo por que Paulo de Barros Carvalho, ao analisar o núcleo semântico da norma jurídica tributária, menciona a possibilidade de dividi-las em três classes:

> a) normas que estabelecem princípios gerais, demarcadores da virtualidade legislativa no campo tributário; b) normas que estipulam a incidência do tributo, descrevendo os aspectos de eventos de possível ocorrência e prescrevendo os elementos da obrigação tributária (sujeitos e modo de determinação do objeto da prestação). [...] E, por fim, c) normas que fixam outras providências administrativas para a operatividade do tributo, tais como as de lançamento, recolhimento, configuração de deveres instrumentais e as relativas à fiscalização.[18]

18. *Direito tributário:* fundamentos jurídicos da incidência, p. 78-79.

Observa ainda Paulo de Barros Carvalho que, enquanto são numerosas as normas que estabelecem princípios gerais e que fixam providências administrativas para a operatividade do tributo, poucas são as que estipulam a incidência tributária. Assim, considerando a diversidade semântica apresentada pela expressão "norma jurídica tributária", esse autor, com o propósito de afastar possíveis confusões terminológicas, sugere que se designe "norma tributária em sentido estrito" à norma impositiva tributária, também conhecida como regra-matriz de incidência, e "norma tributária em sentido amplo" a todas as demais.

Conciliando a terminologia acima proposta com os requisitos necessários à configuração do tributo, podemos definir "norma jurídica tributária em sentido estrito" como a norma cuja hipótese conota um fato lícito de possível ocorrência, prescrevendo, em sua consequência, uma relação jurídica que obriga um sujeito de direito a entregar certa quantia em dinheiro a outro sujeito de direito. É a chamada "norma-padrão de incidência" ou "regra-matriz de incidência", sobre a qual discorreremos a seguir.

A regra-matriz de incidência tributária, nesse conceito compreendida a norma jurídica instituidora do tributo, apresenta uma hipótese à qual conjuga-se uma consequência por meio do operador deôntico neutro. Sua construção é efetuada pelo intérprete, que parte dos estímulos sensoriais do texto legislado, para construir a significação de cada enunciado prescritivo isoladamente e, só então, agrupar tais significações de forma a produzir a norma jurídica.

Essa figura normativa, por disciplinar a incidência tributária, tem sido estudada em seus pormenores. E, dessa apurada análise, depreende-se existirem, na hipótese e na consequência normativa, critérios que permitem o reconhecimento do fato jurídico tributário e da relação jurídica tributária, respectivamente. Na hipótese encontramos os critérios material, espacial e temporal, enquanto na consequência nos deparamos com os aspectos pessoal e quantitativo.

Passemos, então, à análise dos critérios que compõem a regra-matriz de incidência tributária, deixando claro, porém, que quando separamos aspectos diversos na hipótese e na consequência, fazemo-lo por meio da abstração lógica, pois tanto uma como outra, sendo entes jurídicos, apresentam a integridade conceptual inerente a todas as categorias jurídicas, não podendo ser divididos em partes sem que se fira o seu todo.

O critério material, núcleo da hipótese da norma jurídica tributária em sentido estrito, faz referência ao comportamento de um sujeito de direito, representado por um verbo pessoal e de predicação incompleta, bem como por seu complemento. Esse comportamento humano pode abranger tanto as atividades refletidas, representadas por verbos que exprimem ação, como por aquelas espontâneas, indicadas por verbos de estado. Há ainda, como salienta José Eduardo Soares de Melo, a necessidade de que o verbo e complemento integrantes do critério material indiquem um comportamento que ostente sinais de riqueza, ou seja, *"determinados negócios jurídicos, estados, situações, serviços e obras públicas, dispostos na constituição, que representem fenômeno revelador de riqueza."*[19]

O critério espacial, também integrante da hipótese normativa tributária, oferece as coordenadas de espaço necessárias para que ocorra o evento tributário. Em outras palavras, indica o local em que o comportamento previsto no critério material deve se dar para que se repute consumada a materialidade tributária.

Quanto ao critério temporal, consiste nas indicações contidas na hipótese da regra-matriz de incidência tributária, fornecendo elementos para precisar o instante em que se considera ocorrido o evento tributário.

No que concerne ao critério pessoal, este integra o consequente da regra-matriz de incidência, permitindo a identificação dos sujeitos da relação jurídica ali prescrita. Indica quem

19. *Curso de direito tributário*, São Paulo: Dialética, 1997, p. 158.

é o sujeito portador do direito subjetivo de exigir o tributo (sujeito ativo) e a quem será cometido o dever jurídico de saldá-lo (sujeito passivo).

O critério quantitativo, por fim, possibilita determinar o conteúdo da prestação objeto da relação jurídica tributária, ou seja, a importância devida pelo sujeito passivo tributário. Para tanto, indica dois conceitos que devem ser conjugados: a base de cálculo e a alíquota. A base de cálculo consiste na descrição de uma unidade de referência que permita a mensuração do fato tributário, podendo, em vista disso, confirmar, infirmar ou afirmar o critério material da hipótese de incidência. Já a alíquota, mostra-se como um critério para a aferição da quantia devida pelo sujeito passivo tributário, sendo conceituada por Aires Barreto como *"o indicador da proporção a ser tomada da base de cálculo"*.[20]

Apresentados os critérios da regra-matriz de incidência tributária, cuida salientar que não faz sentido atribuir maior importância a qualquer um deles. Todos são igualmente imprescindíveis para a configuração da norma jurídica tributária em sentido estrito. Os critérios da hipótese delimitam o fato, enquanto os da consequência, a relação jurídica.

5. Tipologia tributária: o binômio "hipótese de incidência/base de cálculo" como importante critério para a determinação da natureza jurídica do tributo

Na hipótese da regra-matriz de incidência tributária, identificamos os critérios material, espacial e temporal, enquanto na consequência nos deparamos com os aspectos pessoal e quantitativo, delimitadores da obrigação tributária que será instaurada.

O § 2º do art. 145 da Constituição dá destaque à base de cálculo, elemento do critério quantitativo. Vale lembrar que,

20. *Base de cálculo, alíquota e princípios constitucionais,* 2ª ed., São Paulo: Max Limonad, 1998, p. 58.

enquanto a hipótese de incidência tributária descreve abstratamente atuação estatal ou fato do particular suscetível de ser tributado, a base de cálculo mensura a intensidade daquela conduta praticada pela Administração ou pelo contribuinte, conforme o caso, prestando-se para estipular o quantum devido a título de tributo.

Diante de tal situação, Paulo de Barros Carvalho[21] anota a inaptidão da hipótese para sozinha, dizer qualquer coisa de definitiva sobre a estrutura intrínseca do evento a ser colhido pela incidência. Assim, para identificar os verdadeiros contornos do fato tributável (tipologia tributária), é preciso consultar a base de cálculo: daí falar-se no binômio "hipótese de incidência/base de cálculo".

Entrevendo a relevância da base de cálculo, já asseverava Alfredo Augusto Becker,[22] acerca da norma instituidora do tributo: "O núcleo é a base de cálculo e confere o gênero jurídico ao tributo". Não há como ignorar a importância dessa grandeza que dimensiona o fato, mensurando-o para efeitos de tributação.

Partindo de tais considerações, Paulo de Barros Carvalho[23] conclui serem três as funções da base de cálculo: (a) função mensuradora, por competir-lhe medir as proporções reais do fato; (b) função objetiva, em virtude de compor a específica determinação do débito; e (c) função comparativa, por confirmar, infirmar ou afirmar o correto elemento material do antecedente normativo.

A base de cálculo, na qualidade de grandeza instituída na consequência da regra-matriz de incidência tributária, destina-se, primordialmente, a dimensionar o comportamento inserto no núcleo do fato jurídico. Posto isso, e considerando que os fatos suscetíveis de tributação pelos impostos são os

21. *Curso de direito tributário, passim.*

22. *Teoria geral do direito tributário*, p. 338.

23. *Curso de direito tributário, passim.*

não vinculados à atuação estatal, ao passo que as taxas decorrem exatamente de atuação estatal diretamente referida ao contribuinte, esses dois tributos não podem apresentar o mesmo tipo de base de cálculo. Tratando-se de imposto, a base de cálculo há de medir o fato presuntivo de riqueza praticado pelo contribuinte. Sendo taxa, sua base de cálculo deve corresponder à medida da atuação estatal (exercício do poder de polícia ou prestação de serviço público específico e divisível).

Atento a tais particularidades, o constituinte enunciou, expressamente, ser a base de cálculo elemento imprescindível para distinguir impostos de taxas. Prescreveu, no art. 145, § 2º, do Texto Maior, que "as taxas não poderão ter base de cálculo própria de impostos". A mensagem constitucional não deixa dúvidas de que é imprescindível examinar a base de cálculo para que se possa ingressar na intimidade estrutural da figura tributária. Por conseguinte, tratando-se de taxa, a base de cálculo há de representar a medida da atuação estatal que deu ensejo à instituição do gravame, não podendo esse tributo ser calculado com suporte nos sinais de riqueza ostentados pelo particular, visto que bases de cálculo desse jaez são típicas de impostos.

Vislumbra-se, aí, a título ilustrativo, uma das circunstâncias em que o emprego da regra-matriz de incidência tributária é determinante na identificação do tributo e, consequentemente, na análise de sua constitucionalidade e princípios a ele aplicáveis.

6. Em suma, a evidente relevância da presente obra

Os registros constantes dos tópicos preambulares não deixam dúvidas quanto à função predominante nas proposições jurídico-normativas, consistente em regular condutas intersubjetivas, com o escopo de discipliná-las e de alterá-las. Para atingir tal desiderato, as normas jurídicas estruturam-se sintaticamente de forma homogênea: apresentam-se nos moldes de um juízo hipotético-condicional, em que determinada previsão fática implica deonticamente uma relação jurídica entre dois sujeitos de direito, modalizada por operador permissivo, obrigatório ou proibitivo.

Por outro lado, a heterogeneidade semântica salta aos olhos. Podem ser escolhidos diversos fatos, a eles atrelando-se relações jurídicas de conteúdos variados, conforme os valores que o legislador pretenda positivar, e, pelo instrumental jurídico, dar concretude. Dentre tais possibilidades semânticas, a regra-matriz de incidência tributária, como norma jurídica tributária em sentido estrito, proporciona instrumento para análise minuciosa e aprofundada do direito positivo tributário.

Desse modo, a instituição do tributo demanda que se veicule norma jurídica composta por uma hipótese, descrevendo os aspectos identificadores de um fato de possível ocorrência e funcionando como implicante do consequente. Este, por sua vez, precisa prescrever o regramento de condutas intersubjetivas, apresentando-se como uma proposição relacional que enlaça dois ou mais sujeitos de direito em torno de uma conduta regulada como proibida, permitida ou obrigatória, fazendo-o por meio de um "dever-ser" intraproposicional modalizado. Tudo isso, por certo, em conformidade com os preceitos constitucionais que delimitam as competências dos entes tributantes.

Nesse contexto, a obra Regra-matriz de Incidência: da teoria à prática, que ora se publica, traz situações concretas, em que esse instrumental é aplicado a tributos diversos, esclarecendo seus pormenores teóricos e evidenciando as múltiplas possibilidades de seu emprego para o deslinde de controvérsias práticas.

São poucas as situações em que podemos afirmar algo categoricamente. Mas, ao que me parece, essa é uma delas: *para além de uma teoria muito bem articulada, a regra-matriz de incidência mostra-se de grande utilidade para o estudioso e para o aplicador do direito, permitindo superar as atecnias do legislador e adentrar no âmago da exigência, para delimitar sua regularidade (ou não) e alcance*. E os textos constantes deste livro provam e robustecem essa assertiva, além de servir como diretriz para todos os que almejam fazer uso desse instrumental no seu dia a dia.

Referências

BOBBIO, Norberto. *Teoria da norma jurídica*. Tradução de Fernando Pavan Baptista e Ariani Bueno Sudatti, São Paulo/ Bauru: Edipro, 2001.

____. *Teoria do ordenamento jurídico*. Brasília: UNB-Polis, 1989.

____. *Da estrutura à função: novos estudos de teoria do direito*. Barueri: Manole, 2007.

CARVALHO, Paulo de Barros Carvalho. *Curso de direito tributário*. 26ª ed., São Paulo: Saraiva, 2014.

____. *Direito tributário:* fundamentos jurídicos da incidência. 10ª ed., São Paulo: Saraiva, 2013.

____. *Teoria da norma tributária*, 5ª ed., São Paulo: Quartier Latin, 2009.

____. Entre a forma e o conteúdo na desconstituição dos negócios jurídicos simulados. *Revista de Direito Tributário* nº 113, São Paulo: Malheiros, 2011.

COPI, Irving M. *Introdução à lógica*. Tradução de Álvaro Cabral, São Paulo: Mestre Jou, 1974.

KELSEN, Hans. *Teoria geral das normas*. tradução de José Florentino Duarte, Porto Alegre: Sergio Antonio Fabris, 1986.

MORIN, Edgar. *Introdução ao pensamento complexo*. 5ª ed. Lisboa: Insituto Piaget, 2008.

REALE, Miguel. *Lições preliminares de direito*, 27ª ed. São Paulo: Saraiva, 2003.

ROSS, Alf. *Lógica de las normas*. Madrid: Tecnos, 1971.

SANTI, Eurico Marcos Diniz de. *Lançamento tributário*, 3ª ed., São Paulo: Saraiva, 2010.

SANTOS, Boaventura de Sousa. *Um discurso sobre as ciências*. 16ª ed., Lisboa: Afrontamento, 2010.

VILANOVA, Lourival. *As estruturas lógicas e o sistema do direito positivo*, São Paulo: Noeses, 2005.

__________. *Causalidade e relação no direito*. 4ª ed. São Paulo: Revista dos Tribunais, 2000.

__________. Norma jurídica – proposição jurídica (significação semiótica). *Revista de Direito Público*. São Paulo: Revista dos Tribunais, 61:12-33, 1982.

Capítulo 1
CRITÉRIO MATERIAL

O FATO JURÍDICO NO CONTEXTO DO CONSTRUCTIVISMO LÓGICO-SEMÂNTICO

Sílvia R. Zomer[1]

Priscila de Souza[2]

Sumário: 1. Introdução – 2. A filosofia e a linguagem: 2.1 O neopositivismo lógico; 2.2 O giro-linguístico – 3. A teoria comunicacional do direito e a semiótica – 4. O constructivismo lógico-semântico – 5. O fato jurídico: 5.1 A diferença entre evento e fato jurídico; 5.2 A constituição do fato jurídico – Referências.

1. Introdução

O "fato jurídico" é uma das categorias estudadas pela Teoria Geral do Direito e, pode ser analisado pela óptica de várias teorias, inseridas estas, em contextos filosóficos diversos. Este artigo pretende analisar o "fato jurídico" buscando fundamento nos pressupostos sistematizados pela Filosofia da Linguagem evidenciada, também, pela Teoria Comunicacional do Direito a propósito de uma concepção linguística do Direito.

---

1. Especialista em Direito Tributário pelo IBET, Mestre e Doutora em Direito Tributário pela PUC/SP.

2. Especialista em Direito Tributário pelo IBET, Mestre e Doutoranda em Direito Tributário pela PUC/SP.

Dentre as várias teorias jurídicas, escolhemos aquela desenvolvida por Lourival Vilanova,[3] denominada *Constructivismo Lógico-Semântico*; concebida como um método de aproximação capaz de conduzir uma análise profunda e rigorosa do objeto do conhecimento – o direito positivo –, por meio da exploração das estruturas lógicas do texto jurídico.

Neste contexto, estabelecemos desde já nosso entendimento de que o Direito, ao regular as condutas intersubjetivas de uma determinada sociedade, num dado momento histórico, pretende implementar valores, e o faz estritamente por meio da linguagem. Mais ainda, por meio de uma linguagem competente a qual denominamos "linguagem jurídica".

Daí a necessidade de algumas reflexões iniciais acerca da Filosofia da Linguagem, com o intuito de ali firmarmos os alicerces filosóficos que sustentarão as premissas teóricas deste estudo,[4] definindo "fato jurídico" por esta perspectiva e, finalmente, estabelecendo as consequências desta tomada de posição, considerando o processo de positivação das normas jurídicas (das normas gerais e abstratas às normas individuais e concretas).

2. A filosofia e a linguagem

2.1 O neopositivismo lógico

No final do século XIX, inicia-se um movimento filosófico fundamentado em estudos lógicos, propondo um novo sentido para as questões relacionadas ao conhecimento e à verdade.[5] Esses estudos entendem que a lógica e a matemática são

3. Jusfilósofo pernambucano.

4. "É inútil o conhecimento que se limita à superfície do fenômeno jurídico, sem buscar penetrar seus fundamentos explicativos e justificativos" *in* VILANOVA, Lourival. *As estruturas lógicas e o sistema do direito positivo*. 4ª ed., São Paulo: Noeses, 2010, prefácio da primeira edição por Geraldo Ataliba, p. XXIV.

5. Como exemplo pode-se citar os estudos de Gottob Frege, para o qual, o sentido de uma proposição depende da sua condição de verdade.

"linguagens" capazes de levar o pensamento científico a um nível profundo de comprovação, por meio de um raciocínio extremamente criterioso, opondo-se, desta forma, à ética e à metafísica, pensamentos dominantes até então.

Esta mudança nos rumos do conhecimento reflete-se, num primeiro momento, no movimento filosófico conhecido como *Neopositivismo*, *Empirismo Lógico* ou *Positivismo Lógico*, que se preocupa em imprimir à filosofia, o mesmo rigor e a mesma precisão linguística, até então utilizados pelas ciências, notadamente a matemática e a física. Abandonando a metafísica no sentido Kantiano,[6] a filosofia passa a entender a linguagem como um instrumento para descrever a realidade, concentrando-se na análise das estruturas captadas pelos sentidos. Para descrever estas estruturas utiliza, principalmente, a sintaxe lógica (linguagem formal da física), tida como a única capaz de evitar contradições científicas.

O determinismo passa a ser a característica dominante para a produção desta corrente filosófica – conhecida também como *Círculo de Viena* (1920-30) –, encabeçada por Moritz Schlick e, integrada por expoentes das mais diversas áreas das ciências (físicos, matemáticos, lógicos, filósofos, juristas...) preocupados com o conhecimento científico, seus fundamentos e, em especial, com a linguagem científica, tida "como instrumento por excelência do saber científico".[7]

O reconhecimento efetivo do grupo deu-se, porém, com *Schilick*, na década de 1920, a quem se atribui a coordenação dos debates que culminaram, em 1929, com o lançamento do manifesto "*A concepção científica do mundo. O Círculo de Viena.*" Esta publicação expõe a postura filosófica do movimento bem como as questões que se propunham a enfrentar,[8] restan-

---

6. Conhecimento como resultado da interação entre os conceitos inatos e os dados brutos, como meio para entender a realidade.

7. CARVALHO, Paulo de Barros. *Direito tributário, linguagem e método*. 2ª ed., São Paulo: Noeses, 2008, p. 20 e ss.

8. Idem, p. 23 e ss.

do, evidente, a oposição à metafísica, apontando o empirismo como forma para resolver os problemas do conhecimento.

Inspirados nas postulações de Ludwig Wittgenstein, expostas em sua obra *Tractatus Logico-Philosophicus*,[9] os membros do Círculo de Viena – *Karl Menger*, *Rudolf Carnap*, *Friedrich Waismann*, Herbert Feigel –, entre outros, tinham em comum a tendência pelo rigor lógico e a visão da linguagem, simplesmente como instrumento para descrição da realidade, embora não defendessem nenhuma doutrina determinada ou dogmatismo de determinada natureza.[10]

Tal forma de encarar a linguagem aproxima-se do pensamento de *Charles Sanders Peirce*[11] que utilizava a Semiótica – ciência que se ocupa do estudo dos signos –, como um instrumento para a análise do discurso, a partir de três planos investigativos: o (i) *sintático*, que estuda as relações dos signos entre si; o (ii) *semântico*, que estuda a relação do signo com o seu significado e, o (iii) *pragmático*, que estuda a relação do signo com os seus utentes. Ressalte-se que o Neopositivismo não atribui a este último plano tanta importância quanto aos dois primeiros – o sintático e o semântico; a estes dirigiam-se, na verdade, os interesses do grupo, seja pela possibilidade de investigação por meio da construção lógica e gramatical do sentido (sintático), como também, pela significação objetiva das proposições (semântico) para verificação da verdade do enunciado – verdade por correspondência.

Adotam o atomismo lógico de Bertrand Russell[12] em detrimento da metafísica, a qual não se mostrava capaz de

---

9. Nesta primeira fase, Ludwig Wittgenstein concebe o conhecimento como a representação de uma ideia; a representação não é a ideia, é o enunciado ao qual se pode aplicar a análise lógica, evidenciando o caráter designativo da linguagem.

10. QUELBANI, Mélika. *O Círculo de Viena*. Tradução Marcos Marcionilo. São Paulo: Parábola Editorial, 2009, p. 8 e ss.

11. Lógico e matemático americano (1839-1914).

12. RUSSELL, Bertrand. A filosofia do atomismo lógico, 5ª ed., in: *Ensaios escolhidos*, tradução Pablo Rubén Mariconda, São Paulo: Nova Cultural, p. 54: *"A razão pela qual chamo minha doutrina de atomismo lógico é porque os átomos aos quais desejo chegar*

sustentar a verdade ou a falsidade de um enunciado fáctico (passível de verificação empírica), tampouco de uma tautologia demonstrada por um enunciado analítico (passível de um raciocínio lógico ou matemático). Alegam a impossibilidade da metafísica construir proposições e, portanto, os enunciados metafísicos não poderiam ser tidos como "cognoscitivos", ou seja, nada poderiam dizer, verdadeiramente, sobre o objeto que pretendiam conhecer.

Consideram somente as *proposições* analíticas/formais e as proposições empíricas/fácticas como fontes do conhecimento científico, pela possibilidade de descreverem verdadeiramente o objeto.[13]

O método lógico passa a ser utilizado, então, por todas as ciências como o único método capaz de levar ao conhecimento científico e filosófico, posto que a linguagem seja vista neste período simplesmente como "*condição de possibilidade da comunicação do resultado do conhecimento humano.*"[14]

Com a expansão nazista pela Europa no final da década de 1930, muitos dos representantes desse movimento migraram para outros países onde continuaram, de forma isolada, a desenvolver seus trabalhos. O movimento, porém, perde força e resiste como modelo filosófico até os anos 1970, quando se inicia um novo movimento filosófico – a *Filosofia da Linguagem.*

---

como espécie de último resíduo da análise são átomos lógicos e não átomos físicos." O filósofo defendia o uso da linguagem rigorosa da lógica para evitar contradições, inclusive no discurso da filosofia; uma linguagem redutora, puramente sintática, à qual adicionando-se os vocábulos, seria uma linguagem logicamente perfeita.

13. A teoria objetivista da linguagem, difundida pelo Neopositivismo, parte de uma concepção ontológica do mundo, de tal forma que a linguagem é considerada como um instrumento secundário ao conhecimento, cuja única função é descrever com exatidão aquilo que nos é dado a conhecer. Daí a idealização de uma linguagem perfeita, construída segundo os moldes da linguagem lógica - formalizada - capaz de reproduzir a realidade conforme ela se apresenta, em detrimento de uma linguagem comum, permeada de imprecisões e imperfeições, que pode comprometer a *verdade* do discurso (nos moldes do pensamento de Wittgenstein, primeira fase, exposto em *Tractatus*).

14. OLIVEIRA, Manfredo Araújo de. *Reviravolta linguístico-pragmática na filosofia contemporânea*. 3ª ed., São Paulo: Edições Loyola, 2006, p.119.

2.2 O giro-linguístico

Esta nova fase da filosofia surge em contraposição aos paradigmas linguísticos estabelecidos pelo Neopositivismo Lógico, a partir dos novos pensamentos de Wittgenstein, publicados em sua obra *Investigações Filosóficas* (1953), onde o autor questiona profundamente os fundamentos da concepção da linguagem, até então tida como secundária à questão do conhecimento da realidade.

Neste seu novo ciclo, o filósofo afirma que toda linguagem é uma espécie de jogo, com suas próprias regras e, a regra é o uso que se faz desses jogos, de tal modo que a linguagem só acontece dentro de um contexto.

Esta obra marca não somente o início da segunda fase do pensamento deste filósofo, como também um novo momento para a própria filosofia, que toma então, a linguagem, não mais como um instrumento para comunicar o resultado do conhecimento (função descritiva da linguagem), mas, como condição de possibilidade para o próprio conhecimento (função constitutiva da linguagem). Isto implica a mudança de outro paradigma: o da "verdade". Não existe mais, neste contexto, a verdade por correspondência, haja vista que a linguagem não mais se limita a descrever aquilo que nos é dado a conhecer, mas a constituir o objeto do conhecimento. Mais do que isso, a linguagem constitui o próprio "eu", como sujeito cognoscente.[15]

Há, nesta segunda fase de Wittgenstein, uma verdadeira negação do filósofo àquilo que ele mesmo propôs em *Tractatus*, como sugerem alguns autores, a exemplo de Manfredo Araújo de Oliveira.[16]

---

15. SCARVINO, Dardo. *A filosofia atual*: pensar sem certezas, tradução Lucas Galvão de Brito, São Paulo: Noeses, 2014, Introdução, p. XII: "[...] falar de um "giro linguístico em filosofia significa aqui que a linguagem deixa de ser um meio, algo que estaria entre o eu e a realidade, e se converteria em um léxico capaz de criar tanto o eu como a realidade". E mais adiante, p. XIII: "O "Giro linguístico converte-se então em uma espécie de construtivismo radical, doutrina segundo a qual as teorias científicas ou discursos metafísicos não descobrem a realidade, mas sim a criam."

16. OLIVEIRA, Manfredo Araújo de. *Reviravolta linguístico-pragmática na filosofia*

Para outros pensadores, a exemplo de Paulo de Barros Carvalho,[17] *Investigações Filosóficas* se traduz "*como grande e corajosa revisão daquele impulso inicial que abalou as estruturas filosóficas tradicionais.*"

Certo é que, a partir daí, inicia-se um novo período da filosofia denominado "Filosofia da Linguagem",[18] a qual elegemos para conduzir nosso estudo.

3. A teoria comunicacional do direito e a semiótica

Associada à corrente filosófica eleita como fio condutor deste estudo, faz-se necessário estabelecer, também, a teoria à qual nos filiamos para a construção de um discurso consistente, permitindo reflexões mais aprofundadas acerca do objeto que se pretende conhecer: o direito positivo.

Pensar o Direito dentro do modelo proposto pelo Giro Linguístico, implica os seguintes pressupostos: (i) considera-se a linguagem como constitutiva da realidade, de forma que "nada existe fora da linguagem";[19] (ii) percebe-se o direito

contemporânea. 3ª ed., São Paulo: Edições Loyola, 2006, p. 117: "[...] não se pode considerar esta fase como um desenvolvimento linear da primeira. Muito pelo contrário, Wittgenstein, desenvolve seu pensamento na segunda fase como uma crítica à tradição filosófica ocidental da linguagem, cuja expressão última havia sido precisamente o *Tractatus*. Em suma, sua obra da segunda fase encontra-se em fundamental oposição com a da primeira, mesmo que o problema central permaneça o mesmo."

17. CARVALHO, Paulo de Barros. *Direito tributário, linguagem e método*. 2ª ed., São Paulo: Noeses, 2008, p.25-27: "Seja como for interessa-me agora a asserção "falar uma linguagem faz parte de uma atividade ou uma forma de vida", uma das cláusulas fundamentais da obra tida como derradeira desse autor considerado como a expressão maior do seu tempo. A nova concepção, dando origem à filosofia da linguagem ordinária, provocou aquilo que veio a chamar-se "giro-linguístico."

18. Idem, p. 24: "O Tractatus Logico-philosophicus é marco decisivo na história do pensamento humano. Até Kant, a filosofia do ser; de Kant a Wittgenstein, a filosofia da consciência; e, de Wittgenstein aos nossos dias, a filosofia da linguagem, com o advento do "giro-linguístico e de todas as implicações que se abriram para a teoria da comunicação."

19. ADEODATO, João Maurício. *Uma teoria retórica da norma jurídica e do direito subjetivo*, São Paulo: Noeses, 2011, p 6-7: "[...] a linguagem não é um meio para o real, ela é o único mundo perceptível. Simplesmente não existem elementos

positivo como um corpo de linguagem prescritiva que constitui a realidade jurídica e, por fim, (iii) toma-se o direito, como um "fato comunicacional" que se manifesta mediante uma linguagem acordada pela própria sociedade dentro de uma Teoria Comunicacional.[20]

A partir disto, entende-se o direito como uma *construção linguística* imersa num contexto comunicacional e, também, como um *objeto cultural*, posto tratar-se de uma criação do homem, atrelada a uma finalidade: a regulação das condutas intersubjetivas pretendendo implementar os valores daquela sociedade no qual está inserido.[21]

Inegável, portanto, admitir que o direito positivo seja um sistema de significações,[22] objetivado em linguagem própria – linguagem competente ou prescritiva –, cujos elementos são as normas jurídicas. Desta forma pode ser analisado aplicando-se o modelo comunicacional desenvolvido por Romam Jakobson,[23] para o qual a comunicação se dá a partir dos se-

externos a ela, que constitui o meio ambiente do ser humano. Todo objeto é composto pela linguagem, o que significa dizer que o conhecimento é formado por acordos linguísticos intersubjetivos de maior ou de menor permanência no tempo, mas todos circunstanciais, temporários, autorreferentes e assim passíveis de constantes rompimentos." Neste sentido, também, Gabriel Ivo *in Constructivismo Lógico-Semântico*, Vol. I, Coord. Paulo de Barros Carvalho, São Paulo: Noeses, 2014, p. 83: " O homem toma conta da realidade, de tudo que se encontra no mundo, por meio de sua capacidade de criar uma linguagem."

20. ROBLES, Gregorio. *As regras do direito e as regras dos jogos*: ensaio sobre a teoria analítica do direito, tradução de Pollyana Mayer, São Paulo: Noeses, 2011, p.26: "O acordado é linguagem e, por isso, o ser da convenção é linguagem. Que o acordado é linguagem significa que a natureza do acordado não é outra que a da linguagem, já que não se pode acordar senão mediante linguagem."

21. CARVALHO, Aurora Tomazini. *Curso de teoria geral do direito*: o constructivismo lógico-semântico, São Paulo: Noeses, 2009, p. 158-160.

22. VILANOVA, Lourival. *Causalidade e relação no direito*, 4ª ed. rev, atual. e ampl., São Paulo: Editora revista dos tribunais, 2000, prefácio à 4ª edição, p. 11: "Um sistema de significações sem um sistema de linguagens, que permeia todos os subsistemas sociais, permaneceria em estado ideacional: ficariam desprovidos de objetivação, sem a relação estável entre o símbolo e seus referentes, inviabilizando a comunicação."

23. JAKOBSON, Romam. *Linguística e comunicação*, tradução de José Paulo Paes e Isidoro Blikstein, São Paulo: Cultrix, 1991, p. 123.

guintes elementos: a) *remetente*, b) *destinatário*, c) *mensagem*, d) *contexto*, e) *código* e, f) *canal*. A estes elementos Paulo de Barros Carvalho acrescenta, ainda, g) a *conexão psicológica* entendida como a concentração subjetiva do remetente e do destinatário amarrando o fenômeno comunicacional.[24]

Infere-se daí, que o processo comunicacional do direito se constitua por meio de atos de comunicação – *textos* (suporte físico), que veiculam *prescrições* (normas jurídicas), emitidas pelo *remetente* (legislador em sentido amplo) e, recebidas pelo *destinatário* (sociedade), segundo um *código* conhecido por ambos (ex. língua portuguesa), num *contexto* que os envolva (meio jurídico), considerando-se, também, a *conexão psicológica* (interesse dos sujeitos na emissão e compreensão da mensagem jurídica).

Pode-se afirmar, portanto, que o direito positivo se reduz a texto, nos moldes da *Teoria Comunicacional do Direito*, criada por Gregorio Robles Morchón,[25] segundo o qual: "[...] *o trato com o direito positivo sempre nos conduz ao manejo de textos*", ou seja, o direito sempre se manifesta por linguagem – é o "*cerco inapelável da linguagem*".[26]

Tomado, então, como um sistema composto por signos (enunciados prescritivos de conduta) –, e considerando-se o aspecto irrenunciável da linguagem para a sua constituição,[27]

---

24. CARVALHO, Paulo de Barros. *Direito Tributário, Linguagem e Método*, 2ª ed., São Paulo: Noeses, 2008, p. 167.

25. MORCHÓN, Gregorio Robles. *Teoría del derecho* (fundamentos de teoría comunicacional del derecho). Madrid: Civitas Ediciones, 1988, p. 69.

26. CARVALHO, Paulo de Barros. *Direito tributário, linguagem e método*. 2ª ed., São Paulo: Noeses, 2008, p 165. No mesmo sentido CARVALHO, Paulo de Barros. O legislador como poeta do direito. In: BERNARDO, Gustavo (Org.). *A filosofia da ficção de Vilém Flusser*. São Paulo: Annablume; Rio de Janeiro: Faperj, 2011, p. 314, 315: "Sobre essas premissas penso que nos dias atuais seja problemático tratar do jurídico sem atinar a seu meio exclusivo de aparição: a linguagem. [...] E o pressuposto do cerco inapelável da linguagem nos conduzirá, certamente, a uma concepção semiótica dos textos jurídicos, em que as dimensões sintáticas ou lógicas, semânticas e pragmáticas funcionam como instrumentos preciosos do aprofundamento cognoscitivo."

27. ARAUJO, Clarice Von Oertzen *in Constructivismo Lógico-Semântico*, Vol. I, Coord. Paulo de Barros Carvalho, São Paulo: Noeses, 2014, p. 122: "Os sistemas

mostra-se a Semiótica[28] como uma teoria apropriada para conduzir a investigação do discurso jurídico. Vejamos:

(i) Plano Lógico ou Sintático

A *sintaxe*, conforme Clarice von Oertzen de Araújo,[29] se detém na estrutura lógico-gramatical da linguagem, ou seja, nas regras que orientam as combinações sígnicas e nas relações formais que os signos mantêm entre si. No Direito diz-se que este plano se ocupa das regras sintáticas que orientam estruturação das normas jurídicas e, das relações formais que elas mantêm entre si (relações de coordenação e subordinação). Diz a autora: "*definimos o aspecto sintático do sistema de Direito Positivo como sendo o feixe de relações que se estabelece entre as várias unidades do sistema: as normas.*"[30]

A análise das normas jurídicas nesta perspectiva volta-se para (i) o estudo da estrutura lógica da norma jurídica e, (ii) da forma como as normas se relacionam entre si no sistema, circunscrevendo o tema, por exemplo, da validade das normas jurídicas no sistema.

(ii) Plano Semântico

Neste plano, interpreta-se a relação dos signos com os objetos que eles representam, de modo que o direito positivo

---

jurídicos utilizam a linguagem natural (língua, vernáculo) como verdadeira substância de sua constituição. Para qualquer fenômeno ingressar dentro do sistema normativo ele deve estar expresso em algum tipo de linguagem".

28. VOLLI, Ugo. *Manual de semiótica*. Tradução de Silva Debetto C. Reis. São Paulo: Loyola, 2007. Diz o autor: "Há algumas décadas usa-se chamar de semiótica a disciplina que se ocupa dos signos, do sentido e da comunicação. [...] Em seus aspectos de ciência moderna, a semiótica foi fundada duas vezes, mais ou menos contemporaneamente, entre o final do século XVIII e o início do século XIX: por um grande linguista europeu, Ferdinand Saussure, que a via como disciplina-mãe da linguística e como parte da "psicologia social"; e pelo filósofo americano Charles Sanders Peirce, que a concebia como uma disciplina essencialmente filosófica, aparentada com a lógica e a fenomenologia."

29. ARAUJO, Clarice von Oertzen de. *Incidência jurídica*: teoria e crítica. São Paulo: Noeses, 2011, p. 167.

30. Idem. *Semiótica do direito*. São Paulo: Quartier Latin, 2005, p. 25.

analisado por este plano, revela a relação entre os enunciados prescritivos e as condutas por eles reguladas, ou seja, entre o signo (norma) e o seu significado (conduta regulada).

Daí dizer-se da "abertura" e "heterogeneidade semântica" do sistema, haja vista que, apesar de ser fechado sintaticamente em razão da obediência ao padrão normativo na forma estrutural D(H→C), permite a constituição de inúmeras hipóteses de incidência, em consonância com a conduta que o legislador pretenda regular. Explica Clarice von Oertzen de Araújo:

> O aspecto semântico dos signos diz respeito à suas relações com os objetos que denotam. O caráter semântico das normas jurídicas diz respeito às relações entre normas (signos) e as condutas intersubjetivas ou relações (objeto). A linguagem prescritiva, portanto, é semanticamente aberta, cognoscente, uma vez que o significado dos signos é dialógico.[31]

Vale lembrar que a interpretação do direito será sempre "construída" pelo exegeta, em função de sua ideologia e do seu universo linguístico, o que resulta na *inesgotabilidade* de sentido. Opera-se, porém, nos limites do contexto jurídico, mesmo que se considere a *intertextualidade*,[32] por exemplo, na interpretação sistemática da norma no ordenamento.

A análise do discurso jurídico neste plano ocupa-se, então, das conotações e denotações no processo de positivação das normas jurídicas: das normas gerais e abstratas (aspecto conotativo dos critérios que compõem a hipótese e o consequente), às normas individuais e concretas (delineando denotativamente os elementos que compõem o antecedente e o consequente normativo), voltando-se para a interpretação

31. ARAUJO, Clarice von Oertzen de. *Incidência jurídica*: teoria e crítica. São Paulo: Noeses, 2011, p. 175.

32. CARVALHO, Paulo de Barros. *Direito tributário, linguagem e método*, 2ª ed., São Paulo: Noeses, 2008, p. 195: "[...] intertextualidade é o procedimento constitutivo, ou melhor, o procedimento elementar para a composição do texto, que, partindo de duas ou mais materialidades textuais, desenha e atualiza o sentido naquela particular situação de interdiscursividade."

dos termos jurídicos, por exemplo: o que é tributo, o que é sanção, o que é validade.

(iii) Plano Pragmático

A pragmática diz respeito à dimensão significativa dos textos jurídicos; é a forma como os signos (normas) são empregados pelos seus utentes (aplicadores do direito). É o que possibilita a concepção de diferentes significados emanados, por exemplo, das manifestações jurisprudenciais ao longo de um período histórico.[33]

Frise-se que a construção do significado da norma, embora comporte uma inesgotabilidade de interpretações, limita-se ao contexto do sistema jurídico, para que seja válida e possa produzir efeitos.

Clarice von Oertzen de Araújo esclarece o pensamento de Peirce sobre esse plano semiótico: "*Em verdade, a concepção semântica de um signo, separada de seu contexto de ação, nunca foi proposta por Peirce, que notadamente associava o significado à intencionalidade, e, portanto, à dimensão pragmática.*" [34]

Frise-se que os planos semióticos constituem um método para a investigação dos textos do direito, e este método não propõe, absolutamente, que a análise se desenvolva pela relevância um plano em detrimento dos demais; pelo contrário, é relevante que o intérprete analise o fenômeno na sua integralidade semiótica, ou seja, em todos os planos, considerando

---

33. CARVALHO, Paulo de Barros. O legislador como poeta do direito. In: BERNARDO, Gustavo (Org.). *A filosofia da ficção de Vilém Flusser*. São Paulo: Annablume; Rio de Janeiro: Faperj, 2011, p. 325: "A oscilação das manifestações jurisprudenciais e o caminho estratégico da modulação dos efeitos são assuntos debatidos em todos os níveis da comunicação jurídica. Os tribunais superiores se encontram premidos diante de opção difícil, qual seja a de realizar os valores que a Constituição prevê, expressa ou implicitamente, ao mesmo tempo em que não podem permanecer alheios às evidentes mudanças de uma sociedade que se transforma a cada passo, com imensa riqueza de configurações que desconcertam o mais atento e bem informado observador. O sistema jurídico que aí está foi forjado na prática das nossas instituições."

34. ARAUJO, Clarice von Oertzen de. *Incidência jurídica*: teoria e crítica. São Paulo: Noeses, 2011, p. 178.

a positivação do direito num contexto estritamente jurídico. Quanto à dimensão pragmática, pode-se afirmar que seja a que mais se aproxima da aplicação do direito propriamente dito ou, da sua concretude,[35] envolvendo as questões relativas à vigência, eficácia e aplicação das normas jurídicas.

4. O constructivismo lógico-semântico

O Constructivismo Lógico-Semântico, criado por Lourival Vilanova, e amplamente difundido por Paulo de Barros Carvalho pode ser entendido como: (i) uma *escola*, cuja teoria finca suas premissas na Filosofia da Linguagem/Giro Linguístico, levando o intérprete a *construir* sua argumentação de forma fundamentada, evitando contradições na elaboração das proposições. Sabe-se que a verdade das proposições acerca do seu objeto está intrinsecamente ligada ao referencial filosófico e teórico que as fundamentam, por isso, o Constructivismo Lógico-Semântico se preocupa em amarrar o discurso às premissas epistemológicas buscando a construção de sentido; e, (ii) como um *método científico* utilizado para a investigação do sistema jurídico, preocupando-se com as estruturas lógico-sintáticas do direito para interpretá-lo de maneira ordenada e coerente.

Toma o direito positivo como um corpo de linguagem, razão pela qual o método analítico mostra-se apropriado para aproximação do seu objeto, tendo por pano de fundo a fenomenologia de Husserl; a metodologia de Kelsen; o culturalismo da Escola de Baden e, a racionalidade do Neopositivismo Lógico. Trata-se de uma nova perspectiva para se observar o direito positivo, considerando não somente a sua estrutura formal (aspecto lógico), mas também o seu significado

35. ARAUJO, Clarice von Oertzen de. *Incidência jurídica*: teoria e crítica. São Paulo: Noeses, 2011, p. 179: "Chegando ao exame da dimensão pragmática da ordem jurídica, estamos nos dirigindo ao seu aspecto mais positivo, concreto. O estudo da incidência não deixa de possuir uma dimensão pragmática, a qual será tanto maior quanto maior for o grau de concretude das normas examinadas. A dimensão pragmática de uma ordem jurídica cresce na razão direta de sua positivação."

(aspecto semântico) e a sua função (aspecto pragmático). Essa interpretação do direito, influenciada pelo culturalismo, inclina-se à uma postura hermenêutico-analítica, levando a uma visão cultural do fenômeno jurídico.[36]

Daí o termo "constructivismo", que primeiro designa a teoria – a partir de um percurso que se alicerça num modelo filosófico, o intérprete empreende uma construção de sentido do discurso jurídico buscando, assim, conhecer o seu objeto;[37] "lógico", porque se utiliza da Lógica como sobrelinguagem do discurso do direito, formalizando-o, dele retirando todo conteúdo semântico, substituindo as palavras por símbolos isentos de ambiguidades e vaguidades, bem como analisando as relações lógicas do sistema normativo (relações estruturais/sintáticas) e, "semântico" porque, em seguida, desformaliza a linguagem lógica, imputando conteúdo semântico (valor) aos termos da proposição normativa, construindo um significado.[38]

Ressalte-se que o aspecto pragmático não é desconsiderado no desenvolvimento da interpretação; apenas não integra o nome da teoria por opção do seu criador.

Historicamente, a repercussão do pensamento de Lourival Vilanova no meio acadêmico remonta à década de 1970, quando este jusfilósofo, a convite de Geraldo Ataliba, veio a São Paulo ministrar cursos para um grupo de professores da Pontifícia Universidade Católica de São Paulo (PUC/SP). Posteriormente, a imperiosa e vital contribuição de Paulo de Barros Carvalho, eminente jurista e professor das mais renomadas academias de São Paulo, a exemplo da Universidade de São Paulo – USP e, da Pontifícia Universidade Católica de São Paulo – PUC/SP, que desde 1986, ininterruptamente,

36. TOMÉ, Fabiana Del Padre. *Constructivismo lógico-semântico*, Vol. I, Coord. Paulo de Barros Carvalho, São Paulo: Noeses, 2014, p. 327.

37. CARVALHO, Aurora Tomazini *in Constructivismo lógico-semântico*, coordenado por Paulo de Barros Carvalho, vol. I, São Paulo: Noeses, 2014, p. 14-19.

38. ZOMER, Sílvia Regina. *A constituição da norma de lançamento tributário: uma análise lógico-semântica.* Dissertação de mestrado. Pontifícia Universidade Católica de São Paulo, 2012.

coordena um grupo de estudos no Instituto Brasileiro de Estudos Tributários (IBET/SP) que se dedica fundamentalmente a discutir as obras de Vilanova.

A partir disso, tal teoria se propaga entre acadêmicos e juristas, dando origem a incontáveis estudos e publicações científicas, pareceres jurídicos, decisões judiciais, cursos e congressos, que repercutem seus fundamentos na América Latina e, também na Europa, onde são realizados periodicamente, eventos sobre Teoria Geral do Direito, coordenados por Paulo de Barros Carvalho, visando à propagação do Constructivismo Lógico-Semântico.[39]

5. O fato jurídico

Por se tratar de uma categoria estudada pela Teoria Geral do Direito, o fato jurídico pode ser analisado por qualquer ramo do direito. O direito penal, por exemplo, trabalhará com o *fato jurídico penal*, constituído segundo os contornos determinados pelas normas penais; o direito administrativo trabalhará com o *fato jurídico administrativo*, segundo as normas administrativas; o direito tributário trabalhará com o *fato jurídico tributário*, constituído segundo os critérios estabelecidos pelas normas tributárias e, assim, relativamente a cada área do direito.

Tomado aqui, no contexto do direito tributário, será analisado como *fato jurídico tributário*, pela perspectiva da teoria do fato jurídico proposta por Paulo de Barros Carvalho.

5.1 A diferença entre evento e fato jurídico

Para uma análise constructivista do direito, que considera a linguagem como constitutiva da realidade jurídica, é

39. Em abril de 2016, o Instituto Brasileiro de Estudos Tributários/IBET realizou, em parceria com a Universidade de Siena, e sob a coordenação de Paulo de Barros Carvalho, o I Seminário de Teoria Geral do Direito: a Teoria Comunicacional do Direito, em Veneza/Itália; em outubro de 2018, foi realizado o II Seminário de Teoria Geral do Direito: o Constructivismo Lógico-Semântico, em parceria com a Universidade de Bologna, em Bologna/Itália.

extremamente significativa a diferença entre *evento* e *fato jurídico*. Falar em evento e fato jurídico é falar em dois planos distintos da realidade e, também, em dimensões distintas de linguagem.

Considera-se que o *evento* ocorre no plano da realidade fenomênica (plano do ser); é o acontecimento em si. O *fato jurídico* encontra-se no plano da realidade do direito (plano do dever-ser); trata-se do relato linguístico de um evento relevante para o direito. Assim, apesar de se dirigirem ao mesmo acontecimento, constituem-se linguisticamente de forma diversa, e em tempos subsequentes. Vejamos:

Evento é algo que ocorre no mundo fenomênico, que se esvai no tempo e espaço, restando apenas os vestígios acerca do acontecimento.[40]

Segundo João Maurício Adeodato, os *eventos* são "*individuais, únicos e irrepetíveis*";[41] são a realidade em si, e por serem externos aos seres humanos são tidos como objetos do conhecimento, somente apreensíveis por meio da linguagem construída pelo homem. Só por meio dos *fatos* – relatos linguísticos acerca do evento –, o homem consegue entender os eventos, e a veracidade do relato dependerá de acordos também construídos em razão das vivências cotidianas. Daí concluir-se que a realidade é retórica, posto que decorre de relatos que *supostamente* se referem aos eventos.

Quanto aos tempos de constituição de cada um, pode-se afirmar que o *evento* é sempre passado, e o seu conhecimento depende de um relato linguístico. O fato, como relato do evento, será sempre constituído em momento posterior, descrevendo-o linguisticamente, referindo-se, portanto, sempre ao *passado*.[42]

---

40. TOMÉ, Fabiana Del Padre. *A prova no direito tributário*. 2. ed. São Paulo: Noeses, 2008, p. 32.

41. ADEODATO, João Maurício. *Uma teoria retórica da norma jurídica e do direito subjetivo*. São Paulo: Noeses, 2011, p. 34-35; 142.

42. Idem, p.221.

Esta tomada de posição quanto ao significado de *evento* e de *fato jurídico* implica admitir que o direito trabalha com tempos diversos: (i) o *tempo no fato* refere-se ao tempo em que o evento ocorreu no mundo fenomênico – e, (ii) o *tempo do fato* refere-se ao tempo em que o relato linguístico foi produzido. Ao primeiro, aplicam-se as normas jurídicas vigentes ao tempo da sua ocorrência (normas de caráter material); ao segundo, aplicam-se as normas jurídicas vigentes ao tempo em que foi constituído o fato jurídico, ou seja, ao momento em que foi produzida a linguagem jurídica (normas de caráter processual).

Lembremo-nos que, dentro das premissas filosóficas e teóricas estabelecidas inicialmente, toda e qualquer realidade se constitui pela linguagem; nada existe antes dela e, cada sistema constitui uma realidade própria.[43] Assim, para que um acontecimento/evento passe a integrar um sistema, deve ser vertido em linguagem competente (linguagem autorizada), de acordo com os códigos e programas (mecanismos de seleção) daquele sistema.[44] Desta forma, o evento traduzido em linguagem social constituirá o *fato social*, integrando o sistema social; traduzido em linguagem econômica, constituirá o *fato econômico*, integrando o sistema econômico; traduzido em linguagem jurídica, constituirá o fato jurídico, integrando o sistema jurídico etc.

---

43. ARAUJO, Clarice von Oertzen de. *Incidência jurídica*: teoria e crítica. São Paulo: Noeses, 2011, p. 7: "A cultura, como sistema simbólico de comunicações, é um vasto mosaico em que estão inseridas todas as manifestações intersubjetivas, sejam elas de cunho social, econômico, jurídico, ético, moral, religioso, artístico, científico, político ou tecnológico. A realidade na qual o direito está inserido constitui uma verdadeira malha de signos e de códigos, sejam eles de natureza verbal ou não verbal."

44. TOMÉ, op. cit., p. 41: "Com base na teoria da sociedade de Niklas Luhmann, tomamos o direito como um sistema comunicativo funcionalmente diferenciado e dotado de programas e códigos próprios, apresentando uma forma especial de abertura e fechamento com relação ao ambiente. Esclarece Gustavo Sampaio Valverde que, não obstante a sociedade se apresente como um grande sistema, compreendendo todas as formas possíveis de comunicação, na modernidade encontra-se dividida em subsistemas parciais, dos quais são exemplos os sistemas político, jurídico, econômico e científico. Esses sistemas possuem códigos de comunicação próprios e específicas operações de reprodução de elementos, que lhes conferem um fechamento operativo e também uma forma peculiar de abertura cognitiva do ambiente."

Paulo de Barros Carvalho define fato jurídico como:

> Aquele, e somente aquele, que puder expressar-se em linguagem competente, isto é, segundo as qualificações estipuladas pelas normas do direito positivo" [...] "fato jurídico é a parte do suporte fáctico que o legislador, mediante a expedição de juízos valorativos, recortou do universo social para introduzir no mundo jurídico."[45]

Estas lições levam à intuição de que não exista um "fato puro", considerado igualmente por todos os sistemas. Existirão tantas espécies de fatos quantos forem os sistemas, sendo cada fato constituído por uma linguagem competente.

Estabelecida, portanto, a diferença entre evento e fato jurídico, resta claro que cada qual pertence a uma dimensão diversa da realidade: o *evento* é o acontecimento no mundo fenomênico; o *fato* é o relato em linguagem competente acerca do evento. Ambos se referem ao mesmo acontecimento, mas representam recortes diferentes de uma mesma realidade.

4.2 A constituição do fato jurídico

Retomando as premissas até aqui estabelecidas acerca da linguagem, no sentido de tratar-se de condição de possibilidade para o conhecimento (função constitutiva da realidade/Giro Linguístico) e, não de simples condição de propagação do conhecimento (função descritiva da realidade/Neopositivismo Lógico), podemos afirmar que o conhecimento pleno se realiza somente pela linguagem.[46]

---

45. CARVALHO, Paulo de Barros. *Direito tributário, linguagem e método.* 2. ed. São Paulo: Noeses, 2008, p. 825.

46. Paulo de Barros em reunião do Grupo de Estudos: "Já existe um certo *quantum* de conhecimento na mera percepção do objeto, mas o conhecimento pleno só se realiza no plano do proposicional." Nesse sentido, Fabiana Del Padre Tomé *in* Constructivismo Lógico-Semântico, Vol. I, Coord. Paulo de Barros Carvalho, São Paulo: Noeses, 2014, p. 328: " Somente por meio da linguagem é possível o ato de conhecimento. [...] pela linguagem, e somente por ela, a realidade social se constitui. A linguagem não cria o mundo-em-si, como objeto fenomênico, mas sim a sua compreensão, realidade objetiva do ser cognoscente."

O direito, portanto, tomado pela óptica do Constructivismo Lógico-Semântico, será aquele constituído por uma linguagem específica – linguagem competente, de acordo com os códigos e programas estabelecidos pelo o sistema jurídico. Sabe-se, ainda, que o ingresso de qualquer elemento à dimensão do direito positivo se dá pela hipótese de uma norma, considerando-se sua estrutura lógica condicional D(H→C), em decorrência do princípio da homogeneidade do sistema. E é justamente na hipótese que se constitui o fato jurídico.

Diz Paulo de Barros Carvalho que todas as normas devem apresentar idêntica esquematização formal (homogeneidade sintática do sistema), mesmo que tal estrutura seja preenchida por conteúdos semânticos diversos (heterogeneidade semântica do sistema). Daí a possibilidade da norma jurídica regular condutas intersubjetivas diversas, mesmo apresentando idêntica estrutura formal.[47]

A estrutura lógica normativa, considerada pelo autor como um desdobramento aplicativo do Constructivismo Lógico-Semântico", denomina-se Regra-Matriz de Incidência Tributária (RMIT); "regra-matriz" por tratar-se de uma regra estrutural padrão aplicável a qualquer norma jurídica *stricto sensu* e, "tributária", obviamente, por ter-se desenvolvido tal estudo na seara tributária.

Trata-se de uma norma de conduta, geral e abstrata, que guarda em si os elementos essenciais para a determinação da incidência de uma figura tributária específica. Compõe-se de uma *hipótese* (também denominada de antecedente, suposto, pressuposto ou descritor) e, de uma *tese* (consequente ou prescritor), unidas pelo dever-ser (deôntico), cuja estruturada arquiteta-se na forma de um juízo hipotético-condicional: D(H→C).

A *hipótese* descreve abstratamente um evento de possível ocorrência no mundo fenomênico; é composta pelos critérios (i) *material* (verbo referente a ação ou estado + complemento),

---

47. CARVALHO, Paulo de Barros. *Fundamentos jurídicos da incidência*, 7ª edição rev., São Paulo: Saraiva, 2009, p. 9-21.

(ii) *temporal* (coordenadas de tempo que permitem a determinação do momento em que se deu o evento) e, (iii) *espacial* (coordenadas espaciais que permitem a identificação do local onde ocorreu o evento), de modo que, preenchidos semanticamente os termos lógicos desta estrutura, seja possível a identificação de um acontecimento (evento) em determinadas coordenadas de tempo e de espaço, por meio da constituição do *fato jurídico*. O *consequente* prescreve uma conduta – obrigatória, permitida ou proibida –; é composto pelo (iv) *critério pessoal* (representado pelos sujeitos ativo e passivo envolvidos na relação jurídica) e, (v) pelo *critério quantitativo* (base de cálculo e alíquota que dimensionam o *quantum* da obrigação, em se tratando de uma relação tributária).

Assim, uma vez constituído o *fato jurídico* na hipótese da fórmula lógica, automática e infalivelmente instaurar-se-á, no consequente, a relação jurídica entre determinados sujeitos de direito envolvidos na relação jurídica estabelecida, por força do princípio da imputação.

Ressalte-se que o fato jurídico, porém, não está contido na hipótese da regra-matriz de incidência (norma geral e abstrata); ali estão descritas apenas as características que o evento deve apresentar para que possa ser alçado à categoria de fato jurídico. E, somente se houver a perfeita correspondência das características do evento ocorrido à hipótese descrita na norma geral e abstrata, poderá ser constituído o *fato jurídico*, no *antecedente* da uma norma individual e concreta, instaurando-se a relação jurídica, implicando direitos e deveres entre os sujeitos da relação.

Constitui-se, portanto, o fato jurídico em sentido estrito somente no antecedente da norma individual e concreta, a partir da individualização rigorosa e, devidamente comprovada (pela linguagem das provas), de uma situação escolhida pelo legislador para integrar o mundo jurídico.[48]

48. TOMÉ, Fabiana Del Padre. *A prova no direito tributário*. 2. ed. São Paulo: Noeses, 2008. "Caracteriza-se o fato jurídico em sentido estrito, como um enunciado

Conclui-se, portanto, que o relato linguístico constituído na hipótese da norma geral e abstrata tem caráter conotativo, descrevendo as características que evento deve apresentar para que possa ser vertido em fato jurídico; seus enunciados projetam-se para o futuro (se ocorrer o evento ... então, deverá instaurar-se a relação jurídica); já, no antecedente da norma individual e concreta, o relato linguístico volta-se para o passado, descrevendo um evento perfeitamente delineado no tempo e no espaço. Daí seu caráter denotativo, constituindo o fato jurídico a partir dos elementos[49] que correspondam aos critérios estabelecidos na norma geral e abstrata: (i) o critério material que descreve uma ação/estado escolhidos pelo legislador para serem regulados, (ii) o critério espacial que aponta, genericamente, um local e, (iii) o critério temporal que determinará o tempo do acontecimento.

Importante lembrar que a constituição do fato jurídico se sujeita ao mecanismo da incidência (aplicação do direito). Assim, somente com a interferência do homem, vertendo esse evento ocorrido no mundo fenomênico em linguagem competente do Direito, quando da construção da norma individual e concreta, revelar-se-á o *fato jurídico*, único elemento no direito capaz de produzir efeitos jurídicos.[50]

---

denotativo que ocupa a posição sintática de antecedente de normas concretas, que se refere a uma ocorrência passada, verificada nos moldes de uma hipótese normativa. [...] Já o fato jurídico em sentido amplo é qualquer enunciado jurídico que relate a ocorrência de um evento e que produz efeitos na ordem jurídica, mas não necessariamente instituindo direito deveres correlatos individualizados. [...] O fato jurídico em sentido estrito é mais que o relato em linguagem competente de um acontecimento passado capaz de produzir efeitos na ordem jurídica, ele é tomado como antecedente de uma norma jurídica concreta, cujo consequente institui a relação jurídica (individualizada) entre dois ou mais sujeitos."

49. CARVALHO, Paulo de Barros. *Fundamentos jurídicos da incidência.* 7ª edição rev., São Paulo: Saraiva, 2009, p. 158: "A diferença entre os critérios da hipótese da regra-matriz de incidência e os elementos do fato jurídico tributário está, precisamente, no grau de determinação. Naquela, encontraremos predicados ou notas individualizadoras de uma ação-tipo (critério material) e de seus condicionantes de espaço (critério espacial) e de tempo (critério temporal), estes dois últimos, também em estado de indeterminação. Enquanto isso, no fato, depararemos com uma ação concreta, verificada num ponto do tempo e num lugar do espaço."

50. CARVALHO, Aurora Tomazini. *Curso de teoria geral do direito* - o constructivismo lógico-semântico, São Paulo: Noeses, 2009, p. 506.

Em razão disso, conclui-se que a incidência não se dá automática e infalivelmente com a ocorrência do evento; o que se dá automática e infalivelmente é a instauração da relação jurídico-tributária, que se segue como uma consequência lógica à constituição do fato jurídico-tributário.

Referências

ADEODATO, João Maurício. *Uma teoria retórica da norma jurídica e do direito subjetivo*. São Paulo: Noeses, 2011.

ARAUJO, Clarice von Oertzen de. *Incidência jurídica*: teoria e crítica. São Paulo: Noeses, 2011.

CARVALHO, Aurora Tomazini. *Curso de teoria geral do direito*: o construtivismo lógico-semântico. São Paulo: Noeses, 2009.

CARVALHO, Paulo de Barros. *Direito tributário:* Fundamentos jurídicos da incidência. 7. ed. São Paulo: Saraiva, 2009.

______. *Direito tributário, linguagem e método*. 2. ed. São Paulo: Noeses, 2008.

______. *Constructivismo Lógico-Semântico*. Coordenação Paulo de Barros Carvalho, organização Aurora Tomazini de Carvalho, Vol. I, São Paulo: Noeses, 2014.

JAKOBSON, Romam. *Linguística e comunicação*. Ttradução de José Paulo Paes e Isidoro Blikstein, São Paulo: Cultrix, 1991.

OLIVEIRA, Manfredo A. *Reviravolta linguístico-pragmática na filosofia contemporânea*. São Paulo: Edições Loyola, 2006.

QUELBANI, Mélika. *O Círculo de Viena*. Tradução Marcos Marcionilo, São Paulo: Parábola Editorial, 2009.

ROBLES, Gregorio. *As regras do direito a as regras dos jogos*: ensaio sobre a teoria analítica do direito. Tradução Pollyana Mayer, São Paulo: Noeses, 2011.

______. *Teoría del derecho* (fundamentos de teoria comunicacional del derecho). Madrid: Civitas Ediciones, 1988.

SCARVINO, Dardo. *A filosofia atual:* pensar sem certezas. Tradução Lucas Galvão de Brito, São Paulo: Noeses, 2014.

TOMÉ, Fabiana Del Padre. *A prova no direito tributário.* 2. ed. São Paulo: Noeses, 2008.

VILANOVA, Lourival. *Causalidade e relação no direito.* 4. ed. rev. São Paulo: Revista dos Tribunais, 2000.

______. *Estruturas lógicas e o sistema do direito positivo.* 4. ed. São Paulo: Noeses, 2010.

VOLLI, Ugo. *Manual de semiótica.* Tradução de Silva Debetto C. Reis. São Paulo: Loyola, 2007.

ZOMER, Sílvia Regina. *A constituição da norma de lançamento tributário: uma análise lógico-semântica.* Dissertação de mestrado, Pontifícia Universidade Católica de São Paulo, 2012.

IMPOSTO SOBRE A IMPORTAÇÃO E A TRIBUTAÇÃO DE MERCADORIAS EXTRAVIADAS OU AVARIADAS

Paula Jacques Goulart[1]

Resumo: O presente artigo tem como finalidade o estudo da regra-matriz de incidência tributária do imposto de importação para fins de compreensão do fenômeno da incidência sobre mercadorias extraviadas ou avariadas. Em vista disso, será analisada a regra-matriz de incidência tributária como esquema lógico, bem como seus critérios normativos. Por fim, será demonstrado que a entrada ficta disposta no §2° do art. 1° do Dec.-lei 37/66, no caso de mercadorias extraviadas ou avariadas, padece de inconstitucionalidade, uma vez que alcança evento fora do campo de abrangência do conceito de "importação" e, por consequência, tributa fatos que não se subsomem ao critério material normativo do imposto.

1. Introdução

O presente artigo objetiva analisar a regra-matriz de incidência tributária do imposto de importação e, por meio de

1. Mestranda em direito tributário pelo Instituto Brasileiro de Estudos Tributários – IBET. Especialista em Direito Tributário pelo Instituto Brasileiro de Estudos Tributários – IBET. Bacharela em Direito pela Faculdade de Ciências Sociais de Florianópolis. Advogada.

uma intersecção teórica e prática, será examinado o fenômeno da incidência deste imposto sobre mercadorias extraviadas ou avariadas.

O tema proposto mostra-se relevante na medida em que as autoridades aduaneiras têm exigido o crédito tributário sempre que constatada a falta de parte de bens que constarem como importados, segundo o manifesto de carga, mas que não ingressarem no território nacional, inclusive nos casos de roubo, furto e perda durante o trajeto ou mesmo após a transposição da linha de fronteira, com fundamento no art. 1º, §2º, do Decreto-37/66.

Referido dispositivo consiste em regra que alberga a incidência do imposto de importação de forma presumida constituindo-se o crédito tributário sobre fato fora do campo de abrangência do conceito de "importação" e, portanto, que não se subsome ao critério material normativo deste imposto. Tal presunção é tratada pela doutrina como relativa, pois, em tese, sujeitar-se-ia à prova em contrário.

No entanto, demonstrar-se-á que a entrada ficta delineada no §2º do art. 1º do Decreto-37/66 para fins de incidência do imposto sobre importação, na verdade, consiste em uma presunção absoluta que, a rigor, não é admitida no subsistema do direito tributário.

Dessa forma, o estudo pretende evidenciar que a regra-matriz de incidência tributária é instrumental jurídico importante para auxiliar os operadores do direito na resolução de problemas práticos, bem como para dar firmeza e coerência ao discurso jurídico.

2. Regra-matriz como estrutura lógica

A regra-matriz de incidência tributária, introduzida à comunidade científica por Paulo de Barros Carvalho,[2] pode ser

2. Tese de doutoramento "Teoria da norma tributária".

vista como (i) parte de um método (técnica) consubstanciada em uma fórmula para a construção normativa; e (ii) no produto da aplicação dessa técnica, representando o fenômeno da incidência tributária.

Pelo emprego desse método levado a efeito pela decomposição analítica da norma jurídica, bem como pelo isolamento das variáveis envolvidas na composição do fato jurídico-tributário, é possível alcançar a estrutura lógica básica comum a toda norma jurídica.

Nas lições de Lucas Galvão de Britto, a regra-matriz de incidência *"[...] consiste na representação do fenômeno da incidência tributária, desconsideradas as peculiaridades de cada caso, para que possa o seu conhecedor deparar-se com sua estrutura normativa desnuda."*[3]

E, ainda, esclarece o autor:

> Esse esvaziamento das peculiaridades do dado empírico na descrição do fenômeno permite à fórmula ser empregada para entender qualquer tributo, de qualquer época, de qualquer ordenamento. [...]
>
> Cabe aos sujeitos competentes saturar os critérios oferecidos pela regra- matriz de incidência tributária com os conteúdos construídos a partir do sistema de direito positivo que, em um determinado lugar e tempo, seja vigente. A regra-matriz serve, assim, de índice temático a todos aqueles que operam ou buscam compreender o fenômeno da construção e incidência das normas tributárias.[4]

Assim, quando realizamos as devidas abstrações lógicas, é possível identificar o núcleo lógico-estrutural da norma jurídica que, por sua vez, é composto por uma hipótese — também denominada de antecedente, descritor ou suporte fático — e um consequente — mandamento ou prescritor. Essa estrutura reduzida da norma jurídica consiste em uma proposição

---

3. BRITTO, Lucas Galvão de. *Lugar e tributo*. São Paulo: Noeses, 2014, p. 51.

4. *Idem*, p. 52.

condicional que determina a relação de implicação entre hipótese e consequente.

Para fins analíticos, portanto, pode-se segregar a hipótese de incidência em três critérios, quais sejam: o critério material, o espacial e o territorial. Já na consequência, com efeito, observa-se a presença de dois critérios: o pessoal (sujeito ativo e passivo) e o quantitativo (base de cálculo e alíquota).

Logo, a norma que cuida da instituição de tributos pode ser expressa pelo seguinte núcleo lógico-estrutural da norma-padrão de incidência:

D {[Cm (v.c). Ct.Ce] → [Cp (Sa. Sp). Cq (bc. al)]}

A regra-matriz de incidência tributária – como esquema lógico – permite que o intérprete construa o sentido da norma de incidência tributária a partir dos enunciados espalhados no interior do ordenamento jurídico.

Isso porque a incidência tributária, segundo Paulo de Barros Carvalho,[5] não é automática e infalível. Para que a norma incida, é imprescindível que o ser humano interprete o direito posto fazendo-o incidir ao aplicá-lo por intermédio do relato do fato na linguagem competente (a linguagem jurídica). Tem-se, ademais, que a incidência e aplicação são indissociáveis, pois ocorrem no mesmo intervalo de tempo. Ainda, nas lições desse autor:

> [...] a chamada "incidência jurídica" reduz-se, pelo prisma lógico, a duas operações formais: a primeira, de subsunção ou inclusão de classes, em que se reconhece que uma ocorrência concreta, localizada em determinado ponto do espaço social e em específica unidade de tempo, inclui-se na classe dos fatos previstos no suposto da norma geral e abstrata; a outra, a segunda, de implicação, porquanto a fórmula normativa prescreve que o antecedente implica a tese, vale dizer, o fato concreto, ocorrido

5. CARVALHO, *Op. cit.*, p.9.

> *hic et nunc*, faz surgir uma relação jurídica também determinada, entre dois ou mais sujeitos de direito.[6]

A primeira das operações formais da incidência, a *subsunção*, está relacionada à operação de inclusão de classes. Isto é, uma vez identificada a ocorrência de determinado acontecimento que integre a classe dos fatos previstos no suposto da norma geral e abstrata, subsome-se esse fato à norma. Já a segunda, a *implicação*, consiste na relação de natureza jurídica que une o antecedente ao consequente por um vínculo de implicação.

Assim, cumpre a regra-matriz de incidência tributária importante função de determinar as propriedades que os acontecimentos do mundo fenomênico devem apresentar para pertencer à classe dos fatos conotados na norma geral e abstrata a fim de assegurar a subsunção do fato à norma.

Dessa forma, a partir desse núcleo lógico-estrutural, analisar-se-á a norma-padrão de incidência tributária do imposto sobre importação para fins de compreensão do fenômeno da incidência sobre mercadorias extraviadas ou avariadas.

3. Imposto sobre Importação

A competência para a instituição do imposto sobre a importação – atividade legiferante pertencente à União – encontra-se expressa no art. 153, I, da Constituição Federal.[7]

O Poder Executivo, outrossim, está autorizado a estabelecer as alíquotas do imposto sobre a importação sem observância ao princípio da anterioridade geral e nonagesimal, o que, por sua vez, expressa a feição extrafiscal desse tributo. E, como bem registra Liziane Angelotti Meira:

---

6. CARVALHO, *Op. cit.*, p. 660.

7. Art. 153. Compete à União instituir impostos sobre:
I – importação de produtos estrangeiros;
§ 1º. É facultado ao Poder Executivo, atendidas as condições e os limites estabelecidos em lei, alterar as alíquotas dos impostos enumerados nos incisos I, II, IV e V.

> Este imposto serve como um instrumento do Poder Executivo para promover a proteção à indústria nacional, à saúde pública, ao consumidor brasileiro e para equilibrar o balanço de pagamentos. Em face do forte caráter extrafiscal, o constituinte não subordinou o imposto sobre a importação ao princípio constitucional da anterioridade — podendo ser exigido o imposto no mesmo exercício financeiro no qual tenha sido instituído ou aumentado — e nem de forma absoluta ao princípio da legalidade — pois foi atribuída ao Poder Executivo a faculdade de alterar, por meio de ato normativo infralegal, as alíquotas, desde que respeitados os limites estabelecidos em lei.[8]

O Código Tributário Nacional, na sua função complementar,[9] disciplina o imposto sobre a importação nos arts. 19 a 22.[10]

No entanto, o documento normativo que trata de grande parte das normas gerais e abstratas do imposto sobre a importação é o Decreto-lei 37, de 18 de novembro de 1996.

Por fim, o Regulamento Aduaneiro (Decreto n. 6.759/2009) traz, em seu bojo, a consolidação dos enunciados do Decreto-lei n. 37/66, bem como de suas alterações posteriores.

---

8. MEIRA, Liziane Angelotti. *Regimes aduaneiros especiais*. São Paulo: IOB, 2002, p. 111-112.

9. Art. 146. Cabe à lei complementar:
[...]
III – estabelecer normas gerais em matéria de legislação tributária, especialmente sobre:
[...].

10. Art. 19. O imposto, de competência da União, sobre a importação de produtos estrangeiros, tem como fato gerador a entrada destes no território nacional.
Art. 20. A base de cálculo do imposto é:
I – quando a alíquota seja específica, a unidade de medida adotada pela lei tributária;
II – quando a alíquota seja ad valorem, o preço normal que o produto, ou seu similar, alcançaria, ao tempo da importação, em uma venda em condições de livre-concorrência, para entrega no porto ou lugar de entrada do produto no País;
III – quando se trate de produto apreendido ou abandonado, levado a leilão, o preço da arrematação.
Art. 21. O Poder Executivo pode, nas condições e nos limites estabelecidos em lei, alterar as alíquotas ou as bases de cálculo do imposto, a fim de ajustá-lo aos objetivos da política cambial e do comércio exterior.
Art. 22. Contribuinte do imposto é:
I – o importador ou quem a lei a ele equiparar;
II – o arrematante de produtos apreendidos ou abandonados.

3.1 Hipótese de incidência

O termo antecedente da regra-matriz de incidência tributária é composto por critérios que conformados possibilitam que o intérprete identifique as ações que, ao serem praticadas, em determinado espaço e tempo, poderão desencadear a obrigação tributária.

Advém que a hipótese normativa deve conter a descrição de uma situação objetiva de possível ocorrência, que, uma vez verificada no campo da experiência social, fará irromper os efeitos jurídicos correspondentes.

Com isso, podemos afirmar que apenas possui relevância para o direito os acontecimentos descritos no antecedente normativo, ou seja, aqueles fatos juridicizados. Cumpre destacar, a propósito, a célebre frase de Lourival Vilanova: "*o fato se torna fato jurídico porque ingressa no universo do direito através da porta aberta que é a hipótese*".[11]

Portanto, no termo antecedente da regra-matriz de incidência tributária, encontraremos três critérios identificadores do fato: (i) a propriedade da ação nuclear do acontecimento; (ii) o local; e (iii) o momento. Para o presente estudo, indispensável a análise da composição desses critérios — especialmente o material — para fins de conformação da incidência do imposto de importação sobre mercadorias extraviadas.

3.1.1 Critério material

O critério material reflete um comportamento humano condicionado no tempo e no espaço. O núcleo compositivo desse critério, obrigatoriamente, é constituído por um verbo (que representa a ação de possível ocorrência) e seu complemento (indicativo de peculiaridades dessa ação).

---

11. VILANOVA, Lourival. *As estruturas lógicas e o sistema do direito positivo*. São Paulo: Max Limonad, 1997, p. 89.

No imposto de importação, o critério material deve partir da conjugação das prescrições do art. 153, I, da Constituição Federal, do art. 19 do CTN e, por fim, do art. 1º do Dec.-lei 37/66:

> Art. 153. Compete à União instituir impostos sobre:
>
> I – importação de produtos estrangeiros;
>
> [...]
>
> § 1º. É facultado ao Poder Executivo, atendidas as condições e os limites estabelecidos em lei, alterar as alíquotas dos impostos enumerados nos incisos I, II, IV e V.
>
> Art. 19. O imposto, de competência da União, sobre a importação de produtos estrangeiros tem como fato gerador a entrada destes no território nacional.
>
> Art. 1º. O Imposto sobre a Importação incide sobre mercadoria estrangeira e tem como fato gerador sua entrada no Território Nacional. (Redação dada pelo Decreto-Lei nº 2.472, de 01/09/1988)

Extrai-se dos referidos dispositivos que o núcleo híbrido desse imposto está representado pela conjugação do verbo "importar" e de seu complemento "produto".

Portanto, a análise do conteúdo jurídico do verbo 'importar' é de extrema relevância para o presente estudo, porque, como restará aclarado, embora parte da doutrina não tenha se atentado da importância de sua conceituação, sua determinação se mostra fundamental para a incidência do imposto sobre importação.

Esse conceito, no entanto, não se apresenta de forma uniforme na doutrina, pois é empregado em diferentes acepções. Nota-se, a rigor, a preponderância de duas correntes doutrinárias, quais sejam, as que defendem *(i)* a teoria da transposição física e *(ii)* a teoria do ingresso finalístico.

Referida divisão mostra-se presente nos estudos de Solon Sehn "*As diferentes concepções, contudo, podem ser agrupadas para fins comparativos em duas grandes correntes: a teoria da transposição física e a teoria do ingresso finalístico.*"[12]

---

12. SEHN. Solon. *Imposto de Importação*. São Paulo: Noeses, 2016, p. 26.

A primeira corrente — *teoria da transposição física* — parte da conceituação do vocábulo importar pela representação do ingresso físico ou cruzamento da linha de fronteira do bem. A ocorrência da importação, a rigor, refere-se ao ato de introdução de um bem no território nacional, independentemente da finalidade ou destinação pretendida. Trata-se, como se vê, de corrente que reverencia o critério objetivo.[13]

Essa teoria recebe críticas porque permite que se alcance fatos que não se subsomem ao critério material da hipótese de incidência do imposto de importação. Isso porque alcançaria o simples trânsito de bens ou até mesmo os ingressos físicos involuntários (como é o caso de mercadorias que ingressam no território nacional em decorrência de um naufrágio).

A *teoria do ingresso finalístico*, por outro lado, conceitua o termo importação pela perspectiva da intenção integradora, ou seja, além de impor a transposição do território brasileiro, essa deve ser qualificada pela intenção de incorporação do produto no mercado nacional. Assim, para essa corrente, a configuração de uma importação independe do cumprimento das formalidades. Basta, como se vê, o *animus* do ingresso definitivo.[14]

Nesse sentido, encontram-se as doutrinas de Alberto Xavier,[15] Hamilton dias de Souza,[16] Sacha Calmon Navaro

---

13. Filiam-se a essa corrente: TREVISAN, Rosaldo. *O imposto de importação e o direito aduaneiro internacional.* São Paulo: Aduaneiras, 2017.; FOLLONI, André Parmo. *Tributação sobre o comércio exterior.* São Paulo: Dialética, 2015, p. 114; HILÚ NETO, Miguel. *Imposto sobre importações e imposto sobre exportações.* São Paulo: Quartier Latin, 2007, p. 66; MIGUEL, Luciano Garcia. *Incidência do ICMS nas operações de importação.* São Paulo: Noeses, 2013, p. 127; MANFRINATO, Paulino. *Imposto de Importação*: uma análise do lançamento e fundamentos. São Paulo: Aduaneiras: 2002, p. 37.

14. SEHN, Solon. *Op. Cit.* p. 34.

15. XAVIER, Alberto. Autorização para importação de regime de entreposto aduaneiro. São Paulo: *Resenha Tributária*, 1978, p. 352. Apud LIMA, Sebastião de Oliveira. *O fato gerador do imposto de importação na legislação brasileira.* São Paulo: Resenha Tributária, 1981, p. 43.

16. SOUSA, Hamilton Dias de. E*strutura do imposto de importação no Código Tributário Nacional.* São Paulo: *Resenha Tributária*, 1980, p. 21.

Coelho,[17] Hugo de Brito Machado,[18] Liziane Meira,[19] Paulo de Barros Carvalho,[20] Solon Sehn[21] entre outros.

Adota-se, no presente estudo, a teoria finalística — esta que vai de encontro com a interpretação isolada do art. 19 do CTN e do *caput* do art. 1º do Dec.-lei 37/66 —, pois reconhece que o conteúdo do verbo "importar", segundo Solon Sehn, compreende: *"[..] a conduta comissiva voluntária de introduzir um produto qualquer no âmbito do território nacional, por meio de transposição física da fronteira geográfica pela finalidade integradora".*[22]

3.1.2 Critério temporal

O critério temporal da norma de incidência do imposto sobre a importação contém a indicação do momento em que se considera ocorrido o fato imponível.

Na importação, esse instante corresponde ao momento em que se promove o registro da declaração de importação "*de intenção integradora da mercadoria no território aduaneiro,*[23] ou ainda, na sua falta, o momento no qual deveria ter sido registrada".

A entrada da mercadoria no território nacional, a rigor, é o momento estabelecido como o de ocorrência do evento descrito na hipótese normativa (art. 1º do dec.-lei 37/66). No entanto, tendo em vista a dificuldade de se identificar o exato momento em que os bens ingressam no território nacional, o

---

17. COÊLHO, Sacha Calmon Navarro. *Curso de direito tributário brasileiro*. 14. ed. Rio de Janeiro: Forense, 2015, p.446.

18. MACHADO, Hugo de Brito. *Curso de direito tributário*. 36 ed. São Paulo: ;Malheiros, 2015, p. 225-226

19. MEIRA, Liziane. *Tributos sobre o comércio exterior*. São Paulo: Saraiva: 2012, p. 318.

20. CARVALHO, Paulo de Barros. Regra-matriz de incidência do imposto sobre importação de produtos estrangeiros. *Revista da Receita Federal*: estudos tributários e aduaneiro. Brasília, v.01, ago./dez.2014, p. 65.

21. SEHN, *Op cit*.p., 37

22. SEHN, *Op. cit*., p. 59.

23. SEHN, *Op. cit*., p. 119.

legislador estabeleceu a presunção legal absoluta na qual se considera ocorrido o fato jurídico-tributário no momento do registro da declaração de importação (DI), nos termos do art. 23 do Dec.-lei n. 37/66: "*Art. 23 – Quando se tratar de mercadoria despachada para consumo, considera-se ocorrido o fato gerador na data do registro, na repartição aduaneira, da declaração a que se refere o artigo 44*".

A inconstitucionalidade do referido dispositivo é sustentada por parcela da doutrina. Esse, a propósito, é o magistério de Miguel Hilú para o qual "*o aspecto temporal do imposto sobre importação é o momento em que os produtos cruzam a linha demarcatória do território aduaneiro tributário.*"[24]

Sobre outra perspectiva são as críticas de José Eduardo Soares de Melo:

> A circunstância de o legislador haver disposto que "para efeito de cálculo do imposto, considera-se ocorrido o fato gerador na data do registro da Declaração de Importação de mercadoria despachada para consumo" (art. 23, *caput*, do Dec.-lei 37/66), não poderia ter o efeito de adiar a incidência tributária. [...]
>
> Entretanto, o referido registro documental só pode ter importância exclusiva para efeito de liquidação do tributo.[25]

Contudo, a doutrina e jurisprudência dominante admitem a validade dessa presunção absoluta eleita pelo legislador no art. 23 do Dec.-lei 37/66.[26]

3.1.3 Critério espacial

O critério espacial consiste em aspecto da regra-matriz de incidência, que identifica o local no qual se considera

---

24. HILÚ, *Op. cit.*, p.138.

25. MELO, José Eduardo Soares de. *Importação e exportação no direito tributário* 3. ed. São Paulo: RT-Fiscosoft, 2014, p. 84.

26. A doutrina de FOLLONI, *op. cit.*, 116-119; e MEIRA, *op. cit.* p.354-357. Na jurisprudência encontra-se os seguintes julgados: STJ, REsp 1016132/SP (01.07.2009); RE 22.560-2 (25.11.1998), REsp 26.456-5 (28.05.2001).

ocorrida a conduta descrita no critério material. No imposto de importação, os arts. 19 do CTN e o art. 1º do Decreto-lei 37/66 fazem referência ao "território nacional". Seria simples concluir que, a rigor, o critério espacial identifica-se com o território nacional.

A identificação do critério espacial do imposto de importação não é tão simples quanto parece. O território nacional não se mostra suficiente para determinar o espaço de ocorrência do critério material. Dessa forma, recorre-se às lições de Paulo de Barros Carvalho que apresenta as três formas compositivas da delimitação do critério espacial da RMIT:

> a) Menção a determinado local para a ocorrência do fato típico;
>
> b) Alusão a áreas específicas, de tal sorte que o acontecimento apenas ocorrerá se dentro delas estiver geograficamente contido;
>
> c) Fixação de critério bem genérico, onde todo e qualquer fato, que suceda sob o manto territorial da lei instituidora, estará apto a desencadear seus efeitos peculiares.[27]

O imposto de importação tem fixado critério espacial genérico, no qual "*todo e qualquer fato, que suceda sob o manto territorial da lei instituidora, estará apto a desencadear seus efeitos peculiares*".[28]

O território nacional amolda-se a limite geográfico geral que não corresponde, especificamente, ao local em que se considera ocorrida a conduta descrita no critério material. Nessa linha, a identificação do critério espacial do imposto de importação deve corresponder ao "território aduaneiro" e não ao "território nacional" ou "repartição aduaneira."[29]

---

27. *Curso de direito tributário*, p. 292-293.

28. *Idem*, p. 293.

29. Esse não se mostra o mais adequado tendo em vista que excluiria do âmbito de incidência as importações clandestinas ocorridas à margem dos entrepostos de fiscalização de fronteira. Nesse sentido, Solon Sehn destaca: "parte da doutrina entende que o critério espacial do imposto seria a repartição aduaneira que recebe o bem importado. Essa construção apresenta uma variação, que sustenta a existência

Isso porque a legislação aduaneira vigora em todo território nacional, entretanto, há hipóteses de extraterritorialidade prevista em acordos internacionais,[30] como o caso do Mercosul, no qual são estabelecidos locais de fiscalização conjunta de dois países contíguos, nas denominadas áreas de controle integrado, conforme o Acordo de Recife, aprovado pelo Decreto Legislativo 66/81 e promulgado pelo Decreto 1.280/1994.[31] Há, também, as áreas situadas no território estrangeiro em que se aplica a legislação aduaneira interna (enclaves) e, por outro lado, as áreas no território nacional em que são aplicadas as legislações de outros países (exclaves).[32]

---

de um critério genérico (o território nacional) e outro específico (a repartição aduaneira), na linha exposta por Américo Lacombe [...]. Nada impede que se proceda dessa forma. Todavia, dentro da proposta teórica de estruturação da norma jurídica adotada no presente estudo, não se opera com um critério genérico e outro específico. O critério espacial sempre deve ser específico, correspondendo ao local em que o comportamento humano descrito no critério material de ocorrer para que se instaurem os efeitos jurídicos previstos no consequente. [...] Por outro lado, com a edição da Medida Provisória 135/2003, convertida na Lei 10.833/2003, no ingresso clandestino, há incidência de todos os tributos aplicáveis a uma operação de comércio exterior regular sempre que a mercadoria não estrangeira não for localizada, tenha sido consumida ou revendida. Portanto, após essa alteração legislativa, a identificação do critério espacial com a repartição aduaneira não descreve adequadamente o condicionante espacial da materialidade do imposto, porque deixa fora as importações clandestinas, isto é, ocorridas à margem dos entrepostos aduaneiros de fiscalização de fronteira." (*Imposto de importação*, p. 115-116.)

30. De acordo com Betina Treiger Grupenmacher, " [...] diante da proliferação das relações internacionais, a extraterritorialidade tem sido admitida com frequência em situações em que a legislação brasileira, por força de tratados e convenções internacionais, colhe atos, fatos, estados e situações também realizados fora do território nacional. Assim, no concerto das nações, a subscrição de tratados e convenções internacionais tem o condão de conferir às normas nacionais aplicabilidade em território de outro Estado. É esta a hipótese na qual se tem admitido a extraterritorialidade" (GRUPENMACHER, Betina Treiger *Tratados internacionais em matéria tributária e ordem interna*. São Paulo: Dialética,1999, p. 53) e ainda, Paulo de Barros Carvalho destaca "a condição de vigorar a regra-matriz produzida pela entidade tributante, em geral, no domínio espacial do seu território e, fora dele, tão somente nos estritos limites em que lhe reconheçam extraterritorialidade os convênios de que participem." (*Curso de direito tributário*, p.466-467.)

31. MEIRA, Liziane Angelotti. *Tributos sobre o comércio exterior*, p. 345.

32. SEHN. Solon. *Imposto de importação*, p. 110.

Em âmbito internacional, a legislação, há muito tempo, já diferencia o território nacional do território aduaneiro.[33] No Brasil, o conceito de território aduaneiro encontra-se disciplinado no art. 33, do Decreto-lei 37/66,[34] este que estabelece o conceito de território aduaneiro como área de aplicação da legislação aduaneira brasileira. Porém, como destaca Solon Sehn:

> Essa delimitação, contudo, ocorre apenas para fins de fixação da área abrangida pela competência dos serviços aduaneiros e de controle fiscal. Pode coincidir, porém, não se confunde com o critério espacial, que, no direito brasileiro, corresponde ao âmbito de vigência espacial da legislação aduaneira no território nacional e estrangeiro (as áreas de controle integrado do MERCOSUL).[35]

Dessa forma, entende-se para o presente estudo que o critério espacial do imposto de importação deve corresponder ao

33. Conforme destaca Liziane Angelotti, no âmbito da Organização Mundial de Comércio, o GATT traz duas definições de território aduaneiro: "[...] é entendido, para aplicação dos acordos desta organização, como território onde as alíquotas do imposto de importação ou outras regras relativas ao comércio são mantidas para uma parte substancial do comércio exterior desse território ou país." Art. XXIV do GAT: [...] 2. Para fins de aplicação do presente acordo, entende-se por território aduaneiro todo território para o qual tarifas aduaneiras distintas ou outras regulamentações aplicáveis às trocas comerciais sejam mantidas a respeito de outros territórios para uma parte substancial do comércio do território em questão." (*Tributos sobre o comércio exterior*, p. 342). Ainda, no âmbito da Organização Mundial de Aduanas, Convenção de Quioto aprovada pelo Decreto Legislativo 56, de 18 de junho de 2019 e promulgado pelo Decreto n.º 10.276 de março de 2020, território aduaneiro encontra a seguinte definição: "Território aduaneiro: o território onde se aplica a legislação aduaneira de uma Parte Contratante".

34. Art. 33 – A jurisdição dos serviços aduaneiros se estende por todo o território aduaneiro, e abrange:
I – zona primária – compreendendo as faixas internas de portos e aeroportos, recintos alfandegados e locais habilitados nas fronteiras terrestres, bem como outras áreas nas quais se efetuem operações de carga e descarga de mercadoria, ou embarque e desembarque de passageiros, procedentes do exterior ou a ele destinados;
II – zona secundária – compreendendo a parte restante do território nacional, nela incluídos as águas territoriais e o espaço aéreo correspondente.
Parágrafo único. Para efeito de adoção de medidas de controle fiscal, poderão ser demarcadas, na orla marítima e na faixa de fronteira, zonas de vigilância aduaneira, nas quais a existência e a circulação de mercadoria estarão sujeitas às cautelas fiscais, proibições e restrições que forem prescritas no regulamento.

35. *Imposto de importação*, p. 111.

território aduaneiro, que, embora possa compreender o território nacional a este, não se limita, pois, como se observou, trata-se de critério material genérico no qual os fatos sucedidos ante o domínio territorial da lei instituidora, são aptos a desencadear os seus efeitos correspondentes, como é o caso da legislação de aplicação extraterritorial (acordos internacionais).

3.2 Consequência normativa

A consequência normativa tem como função precípua a prescrição dos parâmetros de determinação do montante do crédito tributário. Assim, é pela operação aritmética de multiplicação realizada entre a base de cálculo e alíquota que se determinará a quantia a ser entregue aos cofres públicos.

3.2.1 Critério pessoal

No consequente normativo da regra-matriz de incidência do imposto de importação, encontra-se o feixe de informações que permite identificar os sujeitos da relação jurídica tributária.

3.2.1.1 Sujeito ativo

O sujeito ativo é o titular que possui o direito subjetivo de exigir a prestação jurídico-tributária. Esse titular corresponde à pessoa política que detém a competência de instituição desse tributo, qual seja: a União (art. 153, I, da CF).

3.2.1.2 Sujeito passivo

O sujeito passivo, por outro lado, é a pessoa de quem o sujeito ativo tem o direito subjetivo de exigir a prestação jurídico-tributária. Esse pode figurar na condição de contribuinte ou de responsável. O primeiro deve ter relação direta com o fato jurídico-tributário, ao passo que, o segundo, em caráter supletivo ou substitutivo daquele, fica investido no dever, na posição de terceiro obrigado, do pagamento do crédito tributário.

3.2.2 Critério quantitativo

O critério quantitativo da regra-matriz de incidência é constituído pela base de cálculo e alíquota, estes que determinarão, em cada caso (norma individual e concreta), o montante do crédito tributário devido.

3.2.2.1 Base de cálculo

A base de cálculo do imposto de importação encontra-se prevista no Acordo de Valoração Aduaneira (AVA), também denominado Acordo sobre a Implementação do Artigo VII do Acordo Geral de Tarifas e Comércio ("General Agreement on Tariffs and Trade" – Gatt), integrante do Anexo 1B da Ata Final da Rodada Uruguai de Negociações Comerciais Multilaterais.[36]

Nos termos do referido acordo, a base de cálculo do imposto de importação corresponderá ao "valor aduaneiro do bem importado":

> Artigo 1
>
> 1. O valor aduaneiro de mercadorias importadas será o valor de transação, isto é, o preço efetivamente pago ou a pagar pelas mercadorias, em uma venda para exportação para o país de importação, ajustado de acordo com as disposições do Artigo 8 [...].
>
> Artigo 8
>
> [...]
>
> 2. Ao elaborar sua legislação, cada Membro deverá prever a inclusão ou a exclusão, no valor aduaneiro, no todo ou em parte, dos seguintes elementos:
>
> (a) – o custo de transporte das mercadorias importadas até o porto ou local de importação;
>
> (b) – os gastos relativos ao carregamento, descarregamento e manuseio associados ao transporte das mercadorias importadas até o porto ou local de importação; e
>
> (c) – o custo do seguro.

---

36. Esse ato normativo internacional foi incorporado ao ordenamento jurídico brasileiro por meio do Decreto Legislativo 30/94, promulgado pelo Decreto 1.355/94.

No ordenamento jurídico brasileiro, o Decreto 6.759/2009 (Regulamento Aduaneiro) consolida as regras do AVA. Este, por seu turno, foi introduzido no sistema jurídico brasileiro por meio do Decreto Legislativo 30/1994, promulgado pelo Decreto 1.355/94.

Segundo o AVA, o valor aduaneiro será determinado a partir de um critério base — o método do valor da transação — e de outros cinco métodos substitutivos de aplicação sucessiva, isto é, que incidem na medida que o anterior for inaplicável.

3.2.2.2 Alíquota

As alíquotas do imposto de importação, de acordo com o art. 20 do Código Tributário Nacional, podem classificar-se em específicas (quantia fixa em dinheiro referente a uma unidade de medida) ou "*ad valorem*" (percentual a ser aplicado à base de cálculo).[37]

No Brasil, a constituição do crédito tributário do imposto de importação se dá usualmente por meio da alíquota "*ad valorem*", esta que corresponde à aplicação de determinado percentual à base de cálculo, de acordo com a origem e classificação fiscal da mercadoria.

Dessa forma, o critério quantitativo será composto pelas grandezas aritméticas que, multiplicadas, resultarão no valor devido a título de tributo: base de cálculo (valor aduaneiro do bem importado) e alíquota (NCM da mercadoria e percentual disposto na TEC).

37. Art. 20. A base de cálculo do imposto é:
I – quando a alíquota seja específica, a unidade de medida adotada pela lei tributária;
II – quando a alíquota seja *ad valorem*, o preço normal que o produto, ou seu similar, alcançaria, ao tempo da importação, em uma venda em condições de livre concorrência, para entrega no porto ou lugar de entrada do produto no País;

4. Da não incidência do Imposto de Importação sobre mercadorias extraviadas ou avariadas

O estudo da regra-matriz de incidência tributária do imposto sobre importação mostra-se relevante para fins de delimitação do campo de incidência desse tributo, especialmente no que tange às mercadorias extraviadas ou avariadas.

O conceito de importação, como exposto anteriormente, deve ser compreendido na conduta introdutora de bens estrangeiros no território nacional, por intermédio da transposição física das fronteiras geográficas, qualificada pela sua finalidade integradora.

Dessa forma, tais critérios configuram as informações mínimas que devem ser verificadas para fins de incidência do imposto de importação.

Ocorre que, na hipótese de a autoridade fiscal constatar a falta da mercadoria, a legislação prevê a incidência do imposto presumindo-se a sua entrada no território nacional, para fins de ocorrência do evento imponível, conforme o comando inserto no art. 1º, §2º, do Decreto-37/66:

> Art. 1º. O Imposto sobre a Importação incide sobre mercadoria estrangeira e tem como fato gerador sua entrada no Território Nacional.
>
> [...]
>
> § 2º. Para efeito de ocorrência do fato gerador, com siderar-se-á entrada no Território Nacional a mercadoria que constar como tendo sido importada e cuja falta venha a ser apurada pela autoridade aduaneira.

De acordo com esse dispositivo, haverá incidência do imposto sobre o bem declarado como enviado ao Brasil (constante no manifesto de carga e conhecimento de carga), independentemente do seu ingresso no território nacional.

Com amparo em tal prescrição, as autoridades fiscais têm exigido o crédito tributário nos casos em que as mercadorias não ingressam no território nacional, ou ainda, quando ingressem, sejam extraviadas ou avariadas, inclusive nos casos de roubo, furto ou perdas no trajeto.

Para fins elucidativos, cumpre trazer algumas decisões do Conselho Administrativo de Recursos Fiscais (CARF) que demonstram como o referido dispositivo tem sido aplicado:

> Assunto: Imposto sobre a Importação - II
>
> Data do fato gerador: 23/08/2004
>
> ROUBO DE MERCADORIA. CASO FORTUITO INTERNO. RESPONSABILIDADE DO TRANSPORTADOR OU DEPOSITÁRIO.
>
> O roubo ou o furto da carga transportada ou depositada correspondem à hipótese que a doutrina convencionou denominar caso fortuito interno, que poderia ser previsto, e cujos efeitos poderiam ser evitados. Consequentemente, não há que se falar em caso fortuito ou força maior, para efeito de exclusão da responsabilidade. Precedentes do Superior Tribunal de Justiça e da Câmara Superior de Recursos Fiscais.
>
> Assunto: Processo Administrativo Fiscal
>
> Data do fato gerador: 23/08/2004
>
> PROVAS. POSSIBILIDADE DE INDEFERIMENTO DE PROVAS CUJA PRODUÇÃO NÃO INTERFERIRÁ NO JULGAMENTO.
>
> Não ofende o contraditório, devido processo legal ou a ampla defesa o indeferimento de produção de provas cujo resultado serão indiferentes para o deslinde da questão
>
> DECLARAÇÃO DE INCONSTITUCIONALIDADE - INCOMPETÊNCIA DO CARF.
>
> Por força da SÚMULA CARF n. 02, de observância obrigatória, o CARF, não é competente para declarar eventual ilegalidade de norma jurídica em vigor.
>
> PODER DEVER DA AUTORIDADE FISCAL DE EFETUAR O LANÇAMENTO DOS TRIBUTOS E MULTAS.

> Não há qualquer irregularidade na conduta do fisco que, identificando o extravio de mercadoria, lança os tributos e as multas decorrentes do seu pagamento. [...][38].
>
> ASSUNTO: IMPOSTO SOBRE A IMPORTAÇÃO (II)
>
> Data do fato gerador: 18.12.2009
>
> RESPONSABILIDADE TRIBUTÁRIA E ADUANEIRA POR EXTRAVIO. VISTORIA ADUANEIRA.
>
> Na vigência da redação original do art. 60 do Decreto-Lei no 37/1966, regulamentado pela redação original do Decreto no 6.759/2009, legítima a apuração, em vistoria aduaneira, da responsabilidade tributária e aduaneira por extravio, que não se confunde com a responsabilidade civil, comercial ou outra.
>
> RESPONSABILIDADE TRIBUTÁRIA E ADUANEIRA POR EXTRAVIO. TRANSPORTADOR. FALTA DE MERCADORIA EM VOLUME DESCARREGADO COM PESO INFERIOR AO MANIFESTO OU CONHECIMENTO.
>
> De acordo com disposição legal expressa (art. 41, III do Decreto-Lei no 37/1966), o transportador responde, para efeitos fiscais, pelo conteúdo dos volumes, se houver falta de mercadoria em volume descarregado com peso inferior ao manifesto ou documento de efeito equivalente, ou conhecimento de carga.[39]

O §2º do art. 1º do Decreto-37/66, como se vê, estabelece hipótese de importação presumida. Referida presunção, por sua vez, estaria sujeita à prova em contrário, ao passo que, por se tratar de presunção *juris tantum*, poderia ser elidida pela prova de que a mercadoria foi descarregada em país diverso, ou perdida no caminho antes de chegar no território, ou ainda de que tenha havido erro no registro do transporte.

Essa norma vem sendo interpretada como uma presunção *juris tantum* que, segundo Paulo de Barros Carvalho "*apresentam função técnica de fortalecer a posição do Fisco, evitando o encargo deste em provar diretamente a realidade dos*

38. Acórdão 3302005824.2ª T.O.3ª C. 3ª S.S 24.09.2018.

39. Acórdão 34010006946.1ª T.O.4ª C. 3ª S.S 26.09.2019.

fatos, ao mesmo tempo em que trasladam esse encargo para o próprio sujeito passivo."[40]

> Tal interpretação, no entanto, não se mostra a mais adequada. Isso porque as presunções, em todas as acepções, têm natureza processual probatória, consistindo em meio de prova indiciária, subsidiária, indireta.[41]

Sobre a natureza das presunções esclarece Maria Rita Ferragut:

> Não há diferença substancial entre a prova direta (pericial, documental, testemunha etc.) e as presunções legais. Há apenas diferença no que tange o nexo lógico: enquanto a prova relaciona-se diretamente ao fato que se pretende demonstrar como verdadeiro, a presunção relaciona-se de forma indireta, apoiando-se me indícios para provar a ocorrência do fato indiciado. De qualquer forma, ambas se constituem verdade suficiente do ponto de vista jurídico e nenhuma confere certeza absoluta quanto à ocorrência fenomênica do evento descrito do fato. As duas espécies, é certo, limitam-se a transformar em linguagem competente a versão do evento, e não ele próprio, intangível por ter se exaurido no tempo e no espaço.[42]

Daí porque concordamos com a assertiva de que as presunções atuam como regras jurídicas de natureza probatória, visto que os fatos indiciários devem estar ligados ao fato indiciado por meio de uma relação jurídica de implicação. Isto é, o fato indiciado é provado indiretamente pela descrição fenomênica de provável ocorrência, todavia deve ser passível de refutação probatória.

Ocorre que a prova em contrário, no caso das prescrições do §2° do art. 1° do Dec.-lei 37/66, se consubstancia no próprio fato presuntivo eleito pelo legislador, qual seja, a constatação de que a mercadoria não ingressou no território nacional, conforme muito bem destaca Solon Sehn:

---

40. CARVALHO, *Op. cit.*, p. 927-928.

41. FERRAGUT. Maria Rita. *Presunções no direito tributário*. São Paulo: Dialética, 2001, p.73.

42. FERRAGUT. Maria Rita. *Op. Cit.* p. 74.

> Com efeito, diante da presunção do §2º do art. 1º do Decreto Lei 37/66, não faz sentido se cogitar de prova em contrário do sujeito passivo. O legislador presume a entrada sempre que for constatada a falta da mercadoria por ocasião da verificação aduaneira. Ora a falta da mercadoria constitui evidência maior de sua não introdução no território nacional. O fato presuntivo eleito pelo legislador, portanto, é a prova bastante da inocorrência do ingresso físico, sendo inviável a apresentação de prova negativa em contrário.[43]

Pois bem, se é certo que o imposto de importação incide sobre a conduta introdutora de bens estrangeiros no território nacional – por intermédio da transposição física das fronteiras geográficas, qualificada pela sua finalidade integradora – uma vez constatada a ausência da mercadoria não há que se falar incidência normativa para fins de exigência do crédito tributário.

Nota-se, dessarte, que a constatação do próprio fato presuntivo instituído pelo §2º do art. 1º do Dec.-37/66, além de ser evidência suficiente de que a mercadoria não ingressou no território nacional, impossibilita a apresentação de prova em contrário. Isso porque a prova negativa consiste no próprio fato presuntivo eleito pelo legislador (falta da mercadoria), vejamos:

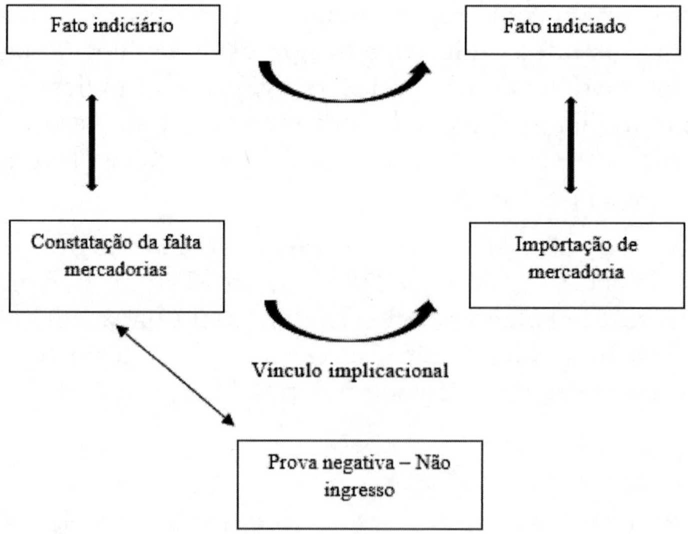

43. SEHN, *Op. cit* p. 88.

Ora, o objeto da contraprova que permitiria refutação do fato indiciário (destinação para país diverso, perda no transporte, erro na pesagem e etc.) reveste-se do mesmo conteúdo do fato que lhe serve de suporte, o que, por seu turno, inviabiliza a apresentação de prova negativa.

Sabe-se que, para serem validamente instituídas, as presunções devem destinar-se a justificar a constituição do fato jurídico tributário mediante a conformação do nexo lógico estabelecido entre o fato indiciário e o indiciado.

No caso da importação ficta (§2º do art. 1º do Dec.-lei-37/66), não é possível realizar essa operação de inferência lógica entre as proposições. Isso porque, como dito, o fato indiciário infirma a própria materialidade do imposto de importação.

Ademais, pode-se afirmar que a disposição contida no §2º do art. 1º do Dec.-37/66, por não admitir prova negativa em contrário, estabelece uma presunção absoluta, ou seja, transforma um fato jurídico processual em um fato jurídico material.

Nas lições de Maria Rita Ferragut, as presunções absolutas não seriam enunciados jurídicos veiculadores de presunções, mas verdades legais, já que não admitem prova em contrário: "*O fato jurídico que deveria ser meramente processual transforma-se em fato jurídico material, deixando a "presunção", com isso, de contemplar uma probabilidade para veicular uma verdade jurídica necessária.*"[44]

E ainda, continua a autora destacando a sua inadmissibilidade na seara tributária, especialmente para fins de instituição de obrigações tributárias:

> [...] não podem ser validamente utilizadas para a instituição de obrigações tributárias, já que não permitem que o sujeito contra quem a presunção aproveita apresente provas cabais de que o evento descrito no fato indiciado não ocorreu, mas que, mesmo assim, o direito permaneça reconhecendo-o como ocorrido.[45]

---

44. FERRAGUT, *Op. Cit*, p.64.

45. FERRAGUT, *Op. Cit.*, p.83.

Logo, mostra-se incompatível a assertiva de que o sujeito passivo poderia produzir contraprova acerca do não ingresso do bem quando o próprio fato presuntivo corresponde ao objeto da prova que lhe é exigida. Além disso, a constatação de que a mercadoria não ingressou no território brasileiro é realizada pela própria autoridade fiscal por ocasião da verificação aduaneira.

Ao comentar a referida imposição tributária, José Eduardo Soares de Melo defende:

> Trata-se de absurda imposição tributária, uma vez que o fato das mercadorias estarem relacionadas em documento de bordo jamais pode implicar no *(sic)* imposto, porque não se pode entender que, tendo ocorrido o seu extravio, necessariamente também tenha ocorrido sua entrada no território nacional. Além das mercadorias poderem ter sido deslocadas para águas territoriais estrangeiras, também se poderia cogitar de equívoco constante dos documentos elaborados pelos transportadores.[46]

Ademais, cumpre destacar, os casos em que o extravio ocorre após o ingresso do bem no território nacional – a exemplo das mercadorias extraviadas nos recintos alfandegados ou em trânsito aduaneiro. Neste caso, poderíamos, então, pressupor que o ingresso do bem no território, por si só, ensejaria a incidência do imposto de importação?

A resposta é negativa. Isso porque, conforme exposto anteriormente, para a incidência do imposto, é necessária a conduta de transposição física da fronteira geográfica de um produto no território nacional com finalidade de consumo ou utilização no processo produtivo (finalidade integradora).

Vale acrescentar, nesse ponto, que, em alguns casos, no caso de falta das mercadorias em trânsito no território brasileiro, o Conselho Administrativo de Recursos Fiscal (CARF) vem aplicando o §2º do art. 1º do Dec.-lei 37/66 ainda que o bem seja destinado a outro país:

---

46. MELO. *Op. cit.*, p. 86.

VISTORIA ADUANEIRA. MERCADORIA EXTRAVIADA. RESPONSABILIDADE DE QUEM LHE DEU CAUSA. A responsabilidade pelo ressarcimento à União pelo não recolhimento do imposto de importação incidente sobre mercadoria extraviada será de quem lhe deu causa. Constatado, em procedimento de vistoria aduaneira, que o extravio da mercadoria sujeita ao regime de trânsito aduaneiro se deu quando esta se encontrava sob a responsabilidade do transportador, cabível o lançamento, contra este, do imposto incidente sobre os bens extraviados, bem como da multa capitulada no artigo 106, inciso II, alínea "d", do Decreto-lei n° 37/66.[47]

---

47. CARF. 3ª S. 2ª TE. Ac. 3802-00.191, s. de 15.03.2010. No entanto, o superior tribunal de justiça reconhece a impossibilidade de incidência do imposto de importação sobre mercadorias em trânsito aduaneiro:
PROCESSUAL CIVIL E TRIBUTÁRIO. EMBARGOS À EXECUÇÃO FISCAL. ADUANEIRO. MERCADORIA EM TRÂNSITO PARA O PARAGUAI. EXTRAVIO. FATO GERADOR DO IMPOSTO DE IMPORTAÇÃO. INOCORRÊNCIA 1. O Tribunal *a quo* consignou: "A presente ação tem por objetivo a anulação do auto de infração n° 0817800/0006/05, bem como da execução fiscal n" 0003034-96.2011.4.03.6104, que objetiva a cobrança de imposto de importação sob a alegação de que a autora, como agente marítimo, não poderia ser responsabilizada por créditos exigíveis do armador, bem como da inocorrência do fato gerador do imposto de importação. [...] O agente marítimo é representante de um personagem principal que, no caso, é o armador do navio. O armador é a pessoa física ou jurídica que explora a embarcação comercialmente.
[...] Cumpre anotar, ainda, que a presente discussão não foi objeto de análise pelo STJ, em sede de recurso repetitivo, quando do julgamento do REsp 1.129.430/SP, tendo, na ocasião, sido relegada a manifestação quanto à dicção do artigo 32, inciso II, "b", do Decreto-lei n° 37/66, alterado pelo Decreto-lei n° 2.472/88, pois o fato jurídico debatido naquele feito ocorrera em período anterior à vigência deste último.
[...] Dessa feita, as normas invocadas pela União para afirmar a responsabilidade tributária da embargante não podem ser aplicadas pois, na condição de mero agente marítimo, quando no exercício exclusivo das atribuições próprias, não é considerado responsável tributário, nem se equipara ao transportador para os efeitos do Decreto-lei n° 37/66. Do mesmo modo, é assente o entendimento de que, no caso de importação de mercadorias despachada para consumo, o fato gerador para o imposto de importação consuma-se na data do registro da declaração da importação; verificada a falta de mercadoria importada com destino ao Paraguai em trânsito no território nacional, é indevida a cobrança do imposto de importação.
[...] Assim, cristalina a conclusão de que, no presente caso, resta indevida a imputação à embargante da responsabilidade tributária, bem como, incabível a cobrança do imposto de importação, consoante os termos aqui explicitados" (fls. 602-611, e-STJ).
2. O acórdão recorrido está em sintonia com o atual entendimento deste Tribunal Superior no sentido de que, no caso de importação de mercadoria despachada para consumo, o fato gerador para o imposto de importação consuma-se na data do registro da Declaração de Importação e de que, verificada a falta de mercadoria importada com destino ao Paraguai em trânsito no território nacional, é indevida a cobrança do imposto de importação, razão pela qual não merece prosperar a irresignação.

Deve-se ter presente, como expomos linhas acima, que a finalidade integradora é indispensável para subsunção do evento à hipótese descrita na RMIT (NGA). Assim, no caso de extravio, seja antes da transposição da fronteira geográfica ou após o ingresso do bem no território nacional, não há incidência do imposto sobre importação ante a impossibilidade de subsunção do acontecimento à norma-padrão de incidência tributária.

Dessa forma, não é facultado ao aplicador, tampouco ao legislador, por meio da instituição de presunções absolutas, a ampliação da abrangência da RMIT para alcançar fatos que não se subsomem ao conceito de importação. Assim, não se pode tributar operações de importação em que os bens tenham sido extraviados ou avariados, pois o não ingresso ou a ausência da finalidade integradora não os incluem na classe conotada no critério material do imposto sobre importação.

A relativização da aplicação do §2º do art. 1º do Dec.-lei 37/66 com o fim de alcançar eventos que não se inserem no conceito de importação, nas palavras de André Parmo Folloni, concorre para "*[...] a incidência sobre bem (produto) que, constando como tendo sido importados, a importação não ocorra, o que é um despautério. Tributa-se, na hipótese, importação que não ocorreu.*"[48]

Tem-se, então, que a presunção disposta no §2º do art. 1º do Decreto-lei 37/66 se mostra incompatível com o texto constitucional, uma vez que impede apresentação de provas de que o evento descrito no fato indiciário não ocorreu. Ademais, não é possível realizar a operação de inferência lógica entre as proposições. Isso porque, como se viu, o fato presuntivo infirma a própria materialidade do imposto de importação.

3. Recurso Especial não provido.
(REsp. 1759174/SP, Rel. Ministro Herman Benjamin, Segunda Turma, julgado em 16.10.2018, *DJe* 28.11.2018).

48. FOLLONI. *Op. cit.* p. 148.

Com isso, no caso de mercadorias extraviadas e avariadas, a imposição tributária tem sido realizada de modo arbitrário alcançando evento que não se enquadra no conceito de importação e, portanto, tributa acontecimentos que não se subsomem ao critério material da norma-padrão de incidência do imposto de importação.

5. Conclusão

O critério material da hipótese de incidência do imposto de importação, de acordo com a estrutura sintática da norma-padrão de incidência tributária apresenta, no seu núcleo compositivo, uma conduta humana representada pelo verbo "importar" e de seu complemento "produtos".

Esse núcleo compositivo, por sua vez, deve ser compreendido como toda conduta introdutora de bens estrangeiros no território nacional, por intermédio da transposição física das fronteiras geográficas, qualificada pela sua finalidade integradora.

Assim, na hipótese de extravio ou falta da mercadoria, ainda que a legislação disponha sobre a possibilidade de incidência do imposto de importação pelo ingresso presumido no território nacional, para fins de ocorrência do evento imponível (art. 1º, §2º, do Dec.-lei 37/66), constata-se que não se encontram presentes elementos essenciais de conformação para a subsunção desses fatos à norma-padrão de incidência tributária.

Isso porque o disposto no §2º do art. 1º do Dec.-lei 37/66, por não admitir prova negativa, não pode ser validamente utilizado para fins de instituir a tributação sobre mercadorias extraviadas ou avariadas.

Referido dispositivo estabelece uma presunção absoluta e, por consequência, transforma o fato jurídico processual em um fato jurídico material. As presunções absolutas não podem ser utilizadas para a instituição de obrigações tributárias.

Com isso, no caso de mercadorias extraviadas e avariadas, a imposição tributária tem sido realizada de modo arbitrário alcançando evento que não se enquadra no conceito de importação e, portanto, tributa acontecimentos que não se subsomem ao critério material da norma-padrão de incidência tributária.

Logo, a aplicação da presunção disposta no §2º do art. 1º do Dec.- lei 37/66 deve ser afastada no caso das mercadorias extraviadas ou avariadas – por consistir em uma presunção absoluta – visto que se mostra incompatível com o texto constitucional e, consequentemente, alcança eventos que não se subsomem ao conceito de importação (critério material), vulnerando os princípios da tipicidade cerrada e o da legalidade.

Referências

BRITTO, Lucas Galvão de. *O lugar e o tributo*. São Paulo: Noeses, 2014.

CARVALHO, Paulo de Barros. *Direito tributário, linguagem e método*. 6ª ed. São Paulo: Noeses, 2015.

CARVALHO, Paulo de Barros. Regra-matriz de incidência do imposto sobre importação de produtos estrangeiros. *Revista da Receita Federal*: estudos tributários e aduaneiros. Brasília, v.01, ago./dez.2014.

COÊLHO, Sacha Calmon Navaro. *Curso de direito tributário brasileiro*. 14.ed. Rio de Janeiro: Forense,2015.

FERRAGUT, Maria Rita. *Presunções no direito tributário*. São Paulo: Dialética, 2001.

FOLLONI, André Parmo. *Tributação sobre o comércio exterior*. São Paulo: Dialética, 2015.

HILÚ NETO,Miguel. *Imposto sobre importações e imposto sobre exportações*. São Paulo: Quartier Latin, 2007.

MACHADO, Hugo de Brito. *Curso de direito tributário*. 36 ed. São Paulo: Malheiros, 2015.

MANFRINATO, Paulino. *Imposto de Importação*: uma análise do lançamento e fundamentos. São Paulo: Aduaneiras: 2002.

MEIRA, Liziane. *Tributos sobre o comércio exterior.* São Paulo: saraiva: 2012.

MELO, José Eduardo Soares de. *Importação e exportação no direito tributário.* 3.ed. São Paulo: RT-Fiscosoft, 2014.

MIGUEL, Luciano Garcia. *Incidência do ICMS nas operações de importação.* São Paulo: Noeses, 2013.

SEHN, Solon. *Imposto de Importação.* São Paulo: Noeses, 2016.

____. Regime de incidência do imposto de importação. In: PEIXOTO, Marcelo Magalhães; SARTORI, Angela; DOMINGO, Luiz Roberto (Coord.). *Tributação aduaneira:* à luz da jurisprudência do CARF. São Paulo: MP-APET,2013.

SOUSA, Hamilton Dias de. *Estrutura do imposto de importação no Código Tributário Nacional.* São Paulo: Resenha Tributária, 1980.

SOUSA, Rubens Gomes de. Revista de Direito Público. São Paulo: RT, n. 11, p. 19, 1970. Apud HARET, Florance. *Teoria e prática das presunções no direito tributário.* São Paulo: Noeses, 2010.

TOMÉ, Fabiana Del Padre. *A prova no direito tributário.* 4 ed. São Paulo: Noeses, 2016.

TREVISAN, Rosaldo. *O imposto de importação e o direito aduaneiro internacional.* São Paulo: Aduaneiras, 2017.

VILANOVA, Lourival. *As estruturas lógicas e o sistema do direito positivo.* São Paulo: Max Limonad, 1997.

_____. Norma Jurídica-proposição jurídica (significação semiótica). *Revista de Direito Público.* São Paulo: Ed. RT, 61:12-33,1982.

XAVIER, Alberto. Autorização para importação de regime de entreposto aduaneiro. São Paulo: Resenha Tributária, 1978, p. 352. Apud LIMA, Sebastião de Oliveira. *O fato gerador do imposto de importação na legislação brasileira.* São Paulo: Resenha Tributária, 1981.

SUBSTÂNCIA ECONÔMICA *X* SUBSTÂNCIA JURÍDICA: A EFICÁCIA DOS NEGÓCIOS JURÍDICOS E O PLANEJAMENTO TRIBUTÁRIO

Karem Jureidini Dias[1]

Paula Consalter Campos[2]

Resumo: Neste estudo, analisa-se se com o advento da Lei 11.638/2007 houve alguma alteração no sentido da positivação no sistema contábil da prevalência da *substância econômica* sobre a forma e eventual impacto na qualificação dos fatos jurídicos tributários. Ressaltando que não há contradição entre forma e conteúdo, investigou-se a possibilidade de constituição do fato jurídico tributário a partir de seus efeitos econômicos, bem como a possibilidade de positivação dessa regra no sistema de direito. Evidenciada a insegurança jurídica decorrente da interpretação econômica do direito, analisou-se a tradução dos suportes fáticos eleitos como materialidade para a incidência tributária,

1. Mestre e Doutora em Direito Tributário pela Pontifícia Universidade Católica de São Paulo - PUC/SP; ex-Juíza do Tribunal de Impostos e Taxas do Estado de São Paulo - TIT; ex-integrante do Conselho Municipal de Tributos do Município de São Paulo; ex-Conselheira do Conselho Administrativo de Recursos Fiscais - CARF e da sua Câmara Superior de Recursos Fiscais - CSRF. Professora no Instituto Brasileiro de Estudos Tributários - IBET. Advogada. karem@rivittidias.com.br.

2. Mestre em Direito Tributário pelo Instituto Brasileiro de Estudos Tributários - IBET. Especialista em Direito Tributário pelo Instituto Brasileiro de Estudos Tributários - IBET. Especialista em Direito Processual Civil pela PUC-SP. Especialista em Direito Público pela PUC-MG. Atual Procuradora Geral da Câmara de Vereadores do Município de Ponta Porã-MS e Presidente da Comissão para Revisão do Código Tributário do Município de Ponta Porã-MS Advogada. paula@eduardocampos.adv.br.

perquirindo sobre a relevância da causa na configuração do fato jurídico tributário, confirmando-se a hipótese suscitada no sentido de que ela é elemento essencial nos negócios causais, devendo restar suficientemente provada para sua oponibilidade do fisco.

Sumário: 1. Introdução – 2. Dos reflexos da implantação dos padrões internacionais de contabilidade (IFRS) no Brasil: 2.1 Do falso dilema entre forma e conteúdo – dimensões de uma mesma realidade – 3. Do exercício da competência impositiva na instituição do critério material da regra-matriz de incidência tributária – 4. Da essência que prevalece e da linguagem apropriada para a subsunção do fato à materialidade de incidência tributária – 5. Considerações finais – Referências.

1. Introdução

A interação entre o sistema jurídico e o sistema contábil, operada a partir da utilização de conceitos contábeis para delimitação do campo de incidência tributária, é causa de discussão acerca dos efeitos destas regras na constituição do fato jurídico tributário, o que restou recentemente acentuado pela tônica da *prevalência da substância econômica*, pilar da Estrutura Conceitual Básica das IFRS. Nesse ponto, acirrou-se ainda mais a controvérsia com a edição da Lei 11.638/2007 que, alterando e revogando dispositivos da Lei das Sociedades Anônimas – Lei 6.404/76, estendeu, às sociedades de grande porte, disposições relativas à elaboração e divulgação de demonstrações financeiras, ao mesmo tempo em que autorizou a celebração de convênio entre a Comissão de Valores Mobiliários, Banco Central do Brasil e demais órgãos e agências reguladoras com entidades técnicas para divulgação de pronunciamentos e demais orientações destinadas a dar concretude aos princípios, normas e padrões de contabilidade. A adoção dos padrões internacionais ao sistema contábil nacional, trazendo maior clareza nas informações financeiras prestadas aos investidores, indevidamente potencializou as discussões em torno da possibilidade de utilização do princípio da *prevalência da substância econômica* para desqualificação de negócios jurídicos realizados pelos contribuintes em sede de execução de planejamento tributário.

O combate do planejamento tributário por meio da instituição da utilização do argumento da *prevalência da substância sobre a forma* é orientado pela Organização para Cooperação e Desenvolvimento Econômico – OCDE –, conforme diretrizes veiculadas no programa *Base Erosion and Profit Shifting* – BEPS,[3] o que reforça a urgência do debate sobre o que significa tal *prevalência de substância sobre a forma.*

Fortes no entendimento de que se tem nacionalmente atribuído tratamento indevido para o conceito de prevalência sobre a forma, adotamos por premissa que não há contradição lógica possível entre *substância* (de um modo geral) ou forma. A *substância* é evidenciada pela forma. A forma correta revela o conteúdo apresentado, sendo evidentemente incorreta se não confirmar a *substância* do ato ou negócio jurídico realizado. Afastamos, assim, de plano, a pseudocontradição entre substância e forma.

Resta, portanto, aferir se há uma contradição e uma necessidade de escolha entre *substância econômica* e *substância jurídica.* Em havendo diferenças entre a *substância econômica* e a *substância jurídica* perquirimos o que deve ser reproduzido quando da sua formalização e como deve ser interpretado pelos operadores do direito para fins de eficácia fiscal.

O enfrentamento dessas questões pressupõe o estabelecimento de algumas premissas. O direito tributário é direito de sobreposição, que incidindo sobre materialidades que são tratadas pelo direito ou por outras ciências, respeita, assim, sua originária caracterização, podendo, no limite, atribuir efeitos diversos. Nada obstante, quando se trata de negócios jurídicos, a exemplo de uma aquisição, de uma reorganização societária, de um *leasing*, dentre outros negócios, tem-se um evento ocorrido no mundo fenomênico que é captado originalmente por duas ciências: a Ciência Contábil e a Ciência Jurídica. A ciência

---

3. BARRETO, Paulo Ayres. TAKANO, Caio Augusto. *Os Desafios do Planejamento Tributário Internacional Na Era Pós-Beps*. 50 anos do Código Tributário Nacional. Disponível em: https://bit.ly/3FAb9AA Acesso em: 22 maio 2020.

contábil capta esse evento segunda sua *substância econômica*, e assim deve formalizá-lo. Da mesma forma, a Ciência Jurídica capta o mesmo evento conforme a substância que lhe é conferida pelas regras jurídicas, devendo ser assim corretamente formalizado e considerado pelos operadores do direito.

Não há uma contradição, sequer uma contrariedade, na reprodução diferente entre o direito e a contabilidade. Isto não significa uma prevalência da *substância econômica* sobre as formas jurídicas. O que se tem, a bem da verdade, é a *substância econômica* e a *substância jurídica*, que eventualmente podem divergir, a exemplo do caso do *leasing*, uma vez que a contabilidade está preocupada com o fluxo de caixa a ser evidenciado para os seus investidores, ao passo que o direito está preocupado com os princípios, as regras e efeitos jurídicos.

2. Dos reflexos da implantação dos padrões internacionais de contabilidade (IFRS) no Brasil

De se registrar não haver dúvidas de que a harmonização das práticas contábeis prescritas pela Lei 11.638/2007, se revelou um avanço para as ciências contábeis, gerando maior transparência dos lançamentos, independentemente do regime jurídico a que estejam submetidas as empresas, garantindo, portanto, que todos os interessados tenham acesso às informações econômicas e possam, assim, orientar as suas decisões na gestão dos negócios.

Com a referida modificação legislativa, dentre outras questões, destacam-se (i.) a eliminação dos obstáculos para adoção das normas IRFS na contabilidade nacional; (ii.) a separação das contabilidades financeira e tributária; e (iii.) a alteração do conceito de ativo imobilizado, permitindo a adoção da figura da *prevalência da essência sobre a forma*, pilar da Estrutura Conceitual Básica das *International Financial Reporting Standards* - IFRS, sedimentada internamente no Pronunciamento Conceitual Básico CPC 00, elaborado pelo Comitê de Pronunciamentos Contábeis.

Fato é que, embora a contabilidade sempre tenha tratado da *substância econômica* dos fatos contábeis, com o IFRS ficou ainda mais evidente a prevalência da essência na contabilidade, o que se dá por se tratar de uma regra contábil direcionada aos sócios e acionistas, inclusive e especialmente os minoritários, prescrita no intuito de garantir previsibilidade de desembolso e ingresso de caixa, que pode ou não ter relação com a *substância jurídica*. Manifestando-se sobre essa prática Luciana Rosanova Gualhardo e Jorge Ney de Figueirêdo Junior lembram que:

> [...] o princípio da "essência sobre a forma", quer nos parecer, teria o objetivo não de extrair uma suposta verdade absoluta em cada situação, mas sim de permitir que os registros contábeis sejam efetuados e abstração das formas jurídicas utilizadas em cada pais, trazendo as informações sobre a vida das empresas a um plano comum (internacional) de análise e comparação.[4]

A despeito das vantagens decorrentes da implantação dos padrões internacionais de contabilidade (IFRS), materializada com os Pronunciamentos Técnicos Contábeis expedidos pelo Comitê de Pronunciamentos Contábeis – CPC –, o aperfeiçoamento no sistema contábil trouxe discussões quanto aos seus efeitos sobre o sistema tributário nacional, acirrando a já travada polêmica acerca da aplicação do princípio da primazia da *prevalência da substância*[5] para fim de desconsideração dos ne-

---

4. GUALHARDO, Luciana Rosanova. LOPES, Jorge Ney de Figueirêdo Junior. As novas normas contábeis e a amortização fiscal do ágio. In MOSQUERA, Roberto Quiroga; LOPES, Alesandro Broedel (coords.) *Controvérsias Jurídico-contábeis* (Aproximações e Distanciamentos). São Paulo: dialética, 2010, p. 218.

5. Tentativa frustrada de incorporação do princípio da essência econômica sobre a forma no sistema jurídico nacional foi o ensaio de criação da Declaração de Planejamento Tributário, como nos lembra Paulo Ayres Barreto com as seguintes colocações: "No Brasil, até o presente momento, a influência mais significativa do Projeto BEPS se deu por meio da tentativa de criação de uma Declaração de Planejamento Tributário (DPLAT, posteriormente denominado DIOR – Declaração de Informação de Operações Relevantes), por meio da Medida Provisória 685/2015, que não foi convertida em lei em relação a esses dispositivos. [..] Em síntese, o Projeto BEPS chamou grande atenção para o tema da elisão tributária, notadamente no campo do Direito Tributário Internacional. Nesse passo, houve diversas recomendações para

gócios jurídicos realizados em sede de planejamento tributário. Potencializa-se, então, a discussão sobre forma e conteúdo.

2.1 Do falso dilema entre forma e conteúdo – dimensões de uma mesma realidade

Poderíamos revelar a *substância* de um negócio sem que seja considerada a sua forma de exteriorização? Entendemos que a resposta negativa se impõe.

E assim compreendemos por filiarmo-nos à corrente doutrinária que leciona que a forma e o conteúdo são dimensões de um mesmo objeto, não existindo um sem o outro. Como ato de fala[6] que é, essa constatação fica clara ao analisar esses elementos a partir do triângulo semiótico, onde o signo, que é o suporte físico, equivale à forma; e a significação reporta-se à ideia de conteúdo, como pontuado por Jacqueline Mayer da Costa Ude Braz.[7] Tanto um quanto o outro são imprescindíveis para o conhecimento do objeto cognoscente, observando-se uma relação tríade entre o suporte físico, o significado e a significação.

Portanto, a *substância* é o que indica o que algo é, de onde podem ser extraídos os elementos necessários para identificar a sua qualificação, enquanto a forma é o meio pelo qual essa

---

reformas em cláusulas antielisivas específicas nacionais e constantes de tratados bilaterais. O conceito do que seria abuso, para fins do Projeto BEPS, entretanto, não é claro e cada proposta de modificação de cláusulas antielisivas específicas merece exame crítico específico. (BARRETO, Paulo Ayres. *Planejamento tributário:* limites normativos. 1ª ed. São Paulo: Noeses, 2016, p. 136-137).

6. A realidade é construída pela linguagem, sendo a expressão física dessa linguagem, o signo, o ponto de partida para início da compreensão da mensagem transmitida. A partir do signo, considerando o meio social em que emitida a mensagem e, consequentemente, o sentido comumente atribuído aquele signo – a partir do acordo linguístico existente para se garantir possiblidade de comunicação -, o intérprete identificará o significado e, por fim, atento ao contexto em que enunciado esse ato de fala, construíra a significação, alcançando a integral compreensão da mensagem.

7. BRAZ, Jacqueline Mayer da Costa Ude. Constructivismo lógico-semântico: entre a forma e o conteúdo. Análise da desconsideração da personalidade jurídica aplicada ao grupo econômico. In CARVALHO, Paulo de Barros (coord.); BRAZ, Jacqueline Mayer da Costa Ude (org.). *Constructivismo* lógico-semântico: homenagem aos 35 anos do grupo de estudos de Paulo de Barros Carvalho. 1ª ed. São Paulo: Noeses, 2020, p. 475/514.

substância se exterioriza. Embora com características próprias, são complementares, estando o plano da expressão – texto/forma – e o plano do conteúdo – contexto – intrinsicamente ligados.

Traçando um paralelo com o ato de fala enunciado para a realização de um negócio jurídico, o suporte físico em que expressada a linguagem corresponderá a forma, ou seja, o procedimento seguido pelos contribuintes para a enunciação. O conteúdo demonstrará a relação estabelecida entre os signos, sendo ambos relevantes para a identificação da natureza jurídica do negócio, conforme critérios positivados pelo sistema jurídico. Nas precisas lições de Jacqueline Mayer da Costa Ude Braz,[8] a forma liga-se à dimensão sintática da linguagem, onde não há preocupação com seu conteúdo, enquanto o conteúdo está relacionado à dimensão semântica dessa linguagem.

Forte nessas lições, afirmamos que ao interpretar um negócio jurídico realizado pelos contribuintes a fim de identificar as consequências jurídicas tributárias impostas pelo sistema, o aplicador, necessariamente, levará em conta o suporte físico, ou seja, a forma com que realizado o ato de fala, bem como o seu conteúdo jurídico, que a relação tríade entre signo, significado e significação, equivale a esta última.

Forma e conteúdo são apenas dimensões distintas, mas complementares, de um mesmo fenômeno, o objeto cognoscente. Distinguindo essência e forma, Elidie Palma Bifano registra que:

> Essência é designada, muitas vezes, por substância e é a própria natureza da coisa, opondo-se ao acidente. Essência é aquilo de que algo consiste, seu caráter essencial, sua existência. [...] Forma, em contrapartida, é sempre delimitação de certo conteúdo, a essência ou substância. A forma é o meio pelo qual a essência se manifesta para que possam atingir os fins pretendidos. Como se observa, inexiste forma sem substância, sendo impossível a manifestação ou exteriorização da essência sem a forma.[9]

---

8. BRAZ, Jacqueline Mayer da Costa Ude. *Op. Cit.*, p. 492.

9. BIFANO, Elidie Palma. Contabilidade e Direito: a Nova Relação. In MOSQUERA, Roberto Quiroga; LOPES, Alexsandro Boredel (coords.). *Controvérsias jurídico-contábeis* (Aproximações e Distanciamento). São Paulo: Dialética, 2010, p. 126/127.

Nessa linha de raciocínio, ressignificamos o debate travado sobre a aplicação do princípio da primazia da *prevalência da substância* na seara tributária para compreendê-lo como a pretensão fiscal, ora analisada acerca de sua possibilidade, de constituição do fato jurídico tributário conforme prevalência da substância econômica do negócio em detrimento de sua natureza jurídica.

E para a correta compreensão deste fenômeno é importante aproximar-se do objeto cognoscente – *princípio da primazia da essência* sobre a forma – fazendo uso de duas lentes distintas, a do sistema contábil e a do sistema jurídico, como orienta Elidie Palma Bifano, com as seguintes lições:

> A busca pela essência econômica deve-se voltar à realidade econômica que ensejou o nascimento da coisa, pois só dessa forma será possível determinar sua natureza, para fins contábeis. A busca pela natureza jurídica deve-se voltar à causa dos atos jurídicos, como contido no sistema. A partir da edição da Lei 11.638/07 consagrou-se, em definitivo, a distinção entre os princípios que norteiam as relações econômicas, para fins de registro contábil, e aqueles que norteiam as relações jurídicas, na atividade empresarial. [...] A diferença de tratamento, dado às mesmas coisas, pela Contabilidade e pelo Direito, é determinante nas novas relações que se instauram entre essas práticas.[10]

A essência econômica é fundamental para a configuração da natureza e da forma como se apresentará o lançamento contábil, porquanto tal ciência tem por destinatário dessas informações os acionistas, investidores e o mercado em geral, afastando-se a contabilidade do objetivo relativo à apuração de tributos.

Noutro giro, analisando sobre a perspectiva do sistema jurídico, a *prevalência da substância econômica* implicaria a admissão de uma "interpretação econômica da legislação tributária", como ressaltam Gustavo Brigagão e Carlos Cornet Scharfstein.[11] Ao trilhar por esse caminho, se estaria

---

10. BIFANO, Elidie Palma. *Op. Cit.* p. 129.

11. BRIGAGÃO, Gustavo. SCHARFSTEIN, Carlos Cornet. Discussão sobre a aplicabilidade, para fins tributários, da primazia da essência. In ROCHA, Sérgio André

desconsiderando que a essência econômica dos atos e negócios praticados em algumas situações não converge com os critérios jurídicos prescritos no próprio sistema para a sua qualificação.

Nesse cenário, a aplicação desse princípio na seara tributária implicaria a constituição do fato jurídico tributário sem a sua adequada qualificação jurídica, desrespeitando, com isso, o critério material enunciado na regra-matriz de incidência do tributo, posto que ausente a subsunção do evento à hipótese normativa. Por não se tratar de um critério jurídico, mas sim econômico, não é ele passível de aplicação para fim de desconsideração dos negócios realizados pelos contribuintes. Não é admissível que a interpretação econômica do fato *per si* sirva de fundamento para o lançamento, tampouco para a manutenção dos créditos tributários assim constituídos, em julgamentos proferidos pelo Conselho Administrativo de Recursos Fiscais – CARF.

Orientando-se o contribuinte pelas regras de conduta postas no sistema,[12] realizando os atos que lhes são permitidos e juridicamente configurados, somos levados a concluir que não poderão ser desconsiderados tais atos com base em critérios estranhos ao sistema jurídico apenas porque a estrutura jurídica teve como efeito decorrente a redução da carga tributária.[13]

(coord.) *Direito tributário, societário e a reforma da lei* das S/A - vol. III -, Desafios da neutralidade tributária e do Direito Societário. São Paulo: Quartier Latin, 2012, pp. 273.

12. Nessa linha de entendimento, tendo-se por norte que o direito regula as condutas intersubjetivas mediante o uso de três modais deônticos – obrigatório, proibido e permitido – que nos levam a identificar as condutas como lícitas ou ilícitas – sendo esse o código binário utilizado pelo sistema de direito positivo –, não nos parece lógico anuir com o entendimento de que esse sistema, ao tempo em que permite a prática de determinada conduta, penaliza o sujeito que a pratica com a desconsideração do ato se tiver ele a finalidade de obter economia tributária.

13. A causa extratributária na prática do ato não é fator determinante para a apuração da licitude ou ilicitude da conduta. Miguel Delgado Gutierrez corrobora esse entendimento asseverando que "o contribuinte é livre para se colocar numa situação menos onerosa do ponto de vista tributário, reduzindo sua carga fiscal". (GUTIERREZ, Miguel Delgado. *Planejamento tributário* - Elisão e evasão fiscal. São Paulo: Quartier Latin, 2006, p. 112).

Nessa toada é a observação empreendida por Gustavo Brigagão e Carlos Cornet Scharfstein[14] de que a "[...] aplicação da Primazia da Essência sobre a Forma, [...] seria inviável, pois resultaria na cobrança de tributos com base nos elementos econômicos dos fatos geradores, em detrimento dos elementos jurídicos". Ressaltam os autores que não se pode admitir a incidência de tributos sobre base de cálculo apurada de "acordo com a substância econômica de uma transação ainda que tal substância econômica fosse aferida com fundamento em norma do CPC", frisando que a interpretação econômica do direito não se coaduna com a legislação tributária, observando-se, no sistema, instrumentos hábeis ao combate do planejamento tributário abusivo sem que se precise recorrer a esse expediente.

No que tange à discussão quanto à *substância econômica* e a *substância jurídica*, é importante considerar quais relações jurídicas são protegidas por essas regras, tendo-se em mente que, enquanto aquelas são regras relacionadas aos investidores e à proteção dos acionistas, especialmente os minoritários; a *substância jurídica* consubstancia-se no elemento previsto em lei para a caracterização do negócio jurídico que, uma vez verificada em determinado negócio, permitirá a identificação da sua natureza com a consequente verificação se esse negócio deve ou não levar à tributação, conforme subsumido o fato ou sua natural consequência à hipótese normativa.

É certo que em algumas situações a *substância econômica* pode coincidir com a *substância jurídica*,[15] mas não menos

---

14. BRIGAGÃO, Gustavo. SCHARFSTEIN, Carlos Cornet. Discussão sobre a aplicabilidade, para fins tributários, da primazia da essência. In ROCHA, Sérgio André (coord.) *Direito tributário, societário e a reforma da lei das S/A* – vol. III -, Desafios da neutralidade tributária e do Direito Societário. São Paulo: Quartier Latin, 2012, pp. 273, 279-283.

15. Dados econômicos, financeiros, dentre outros, que tenham sido juridicizados, deverão ser considerados. Isso porque, enunciados no sistema de direito de acordo com as regras de produção normativa serão eles um dado jurídico e não mais extrajurídico. Paulo Ayres Barreto, acerca do equívoco em não se levar em consideração dados econômicos e financeiros que tenham sido enunciados no sistema do direito

certo é que pode se operar a divergência nas caracterizações de um mesmo evento. Um evento ocorrido no mundo fenomênico é colhido pela ciência jurídica e pela ciência contábil. Ao colher um evento e formalizá-lo na linguagem competente cada ciência procede, necessariamente, a um corte epistemológico, escolhendo-se a importância que será atribuída para a configuração daquele evento, se os efeitos econômicos ou os efeitos jurídicos. Essa escolha é predefinida em razão dos destinatários ao qual se voltam e do que realmente importa como vetor de orientação da contabilidade e do direito.

Na hipótese de divergência entre a *substância econômica* e a *substância jurídica*, se não houver determinação diversa quanto aos efeitos, prevalece a substância jurídica, que é o suporte fático eleito pelo direito para descrição da materialidade imponível no âmbito fiscal.

Há de se lembrar que, enquanto na contabilidade, a *substância econômica* se volta para o conceito de grupo econômico, o ordenamento jurídico brasileiro continua adotando o princípio da entidade, princípio fiscal que impede a consideração da *substância econômica* do ato. Deve prevalecer a aferição da natureza jurídica do negócio, o que é feito a partir da análise da forma e conteúdo jurídico do ato ou negócio praticado frente aos critérios positivados pelo sistema de direito, em detrimento da investigação de sua *substância econômica*.

Vale advertir que não é o fato econômico que está sujeito à tributação, mas sim o fato jurídico, constituído de acordo com a linguagem competente (linguagem das provas) e mediante observância dos critérios dispostos no antecedente da

---

positivo, pontua: "essa proscrição das realidades econômicas e financeiras em relação ao Direito Tributário levou, por vezes, ao extremo oposto. Vale dizer, desconsideram-se dados econômicos e financeiros efetivamente juridicizados, sob a alegação infundada de se tratar de realidade econômica, não pertencente ao mundo do Direito. [...] A parcela do dado econômico ou financeiro que ingressa no mundo jurídico, no bojo de regra dessa natureza, passa a ter natureza jurídica, não podendo ser desconsiderada por preconceitos descompassados com o próprio ordenamento jurídico". (BARRETO, Paulo Ayres. *Planejamento tributário:* limites normativos. 1ª ed. São Paulo: Noeses, 2016, p. 34 e 35).

norma geral e abstrata, a partir de um conjunto de normas que incidem sobre aquele determinado objeto.

Em reforço argumentativo, registre-se a subjetividade desse critério econômico, o que se afasta da previsibilidade necessária para garantir segurança jurídica aos contribuintes na orientação de suas condutas. Mas não é só, há que se lembrar que a *substância econômica* foi prevista como orientadora da tributação no anteprojeto do Código Tributário Nacional, o que foi veemente recusado sem que se tenha observado alteração legislativa até os dias de hoje, afastando por completo qualquer pretensão de prevalência da *substância econômica* sobre a *substância jurídica*.

3. Do exercício da competência impositiva na instituição do critério material da regra-matriz de incidência tributária

A regra-matriz de incidência tributária – RMIT –, termo ambíguo, pode dizer tanto da estrutura lógica da norma, como da própria norma em sentido estrito, tratando-se de um esquema lógico de interpretação dos textos jurídicos,[16] composta por um antecedente integrado pelos aspectos material, espacial e temporal, e um consequente, composto pelos aspectos pessoal e quantitativo. Trata-se de uma construção feita pelo intérprete a partir do texto legislado que, conjugados, oferecem a "possibilidade de exibir, na sua plenitude, o núcleo lógico-estrutural da proposição normativa",[17] evidenciando-se como um esquema lógico-semântico revelador de

16. A fórmula lógica da regra-matriz, portanto, facilita o trato com o direito, haja vista ser contribuição da Filosofia do Direito e da Teoria Geral do Direito. Sua função operativa consiste em servir como importante instrumento para a interpretação, delimitação da incidência e controle de constitucionalidade e legalidade do direito posto, como nos pontua Aurora Tomazini. (CARVALHO, Aurora Tomazini de. A regra-matriz como esquema lógica de interpretação de textos jurídicos. In CARVALHO, Paulo de Barros (coord.) *Lógica e direito*. São Paulo: Noeses, 2016, p. 392).

17. CARVALHO, Paulo de Barros. *Direito tributário, linguagem e método*. 7ª ed. rev. atua. São Paulo: Noeses, 2018, p. 629.

conteúdo normativo que permite a identificação de todos os componentes significativos de qualquer norma jurídica.[18]

Desenhada pelos preceitos constitucionais, deve o ente político, ao exercer sua competência impositiva, instituir a regra-matriz de incidência tributária respeitando as limitações impostas pela Constituição Federal, dentre elas, a materialidade prescrita como hipótese de incidência do tributo que lhe fora reservado.

Dada a problemática suscitada neste artigo, sem ignorar a relevância dos demais critérios da regra-matriz, voltamos nossa atenção ao critério material da norma, por estar lá identificado o núcleo de incidência da exação. Esse critério, representado por um verbo ao qual é agregado um complemento, faz "referência a um comportamento de pessoas, físicas ou jurídicas, condicionado por circunstâncias de espaço e tempo (critério espacial e temporal)".[19]

É o critério material que, juntamente com os critérios temporal e espacial, indica os traços conotativamente eleitos pelo legislador para que se possa constituir o fato jurídico tributário. Frise-se que na regra-matriz não identificamos fatos jurídicos, mas apenas a indicação das notas que um acontecimento precisa ter para que, operando-se a incidência, possa ser considerado um fato jurídico tributário. A aplicação do direito, portanto, depende da subsunção do conceito do fato ao conceito da norma, devendo se revelar absoluta identidade entre o fato jurídico tributário e o conceito da materialidade imponível desenhado na hipótese da norma geral e abstrata.

Importante lembrar que por força da interdisciplinaridade *stricto sensu*, que se opera entre os diversos ramos do sistema do direito positivo, é possível a absorção pelo direito tributário

---

18. CARVALHO, Aurora Tomazini de. A regra-matriz como esquema lógica de interpretação de textos jurídicos. In CARVALHO, Paulo de Barros (coord.) *Lógica e direito*. São Paulo: Noeses, 2016, p. 417.

19. CARVALHO, Paulo de Barros. *Curso de direito tributário*. 23ª ed. São Paulo, Saraiva, 2011, p. 324.

de enunciados normativos de outros subsistemas para fim de integração. A intertextualidade deve ser assumida como pressuposto de validade do conceito do fato imponível e da materialidade no caso concreto, o que nos leva à conclusão de que todo o suporte fático do fato jurídico tributário será sempre um conceito jurídico – porque inserido no sistema por uma autoridade competente e procedimento próprio –, e não um conceito de outra ordem – externa ao sistema de direito positivo.

Por conseguinte, diante da unidade do sistema jurídico, dividido em ramos por questões meramente didáticas e para fins analíticos, na ausência de previsão na Constituição Federal ou em Lei Complementar de definição específica na seara tributária,[20] havendo apenas menção no critério material a institutos de outros ramos do direito, conforme norma construída a partir do texto veiculado nos arts. 109 e 110 do CTN, valer-se-á, o intérprete, do regime jurídico pertinente à materialidade absorvida, respeitando-se, é claro, os enunciados veiculados pelo Código Tributário Nacional quanto às regras de interpretação e os limites de integração.

Assim, conquanto possível que sejam excepcionados os efeitos que normalmente decorreriam do fato jurídico colhido de outros regimes jurídicos, atribuindo-lhe, especificamente para fins tributários, um efeito diferente daquele que normalmente se verificaria,[21] o operador do direito não está

---

20. Humberto Ávila afirma que "o Código Civil somente importará, em matéria tributária quando, "não havendo reserva constitucional ou de lei complementar, tivermos matéria de lei federal sem lei específica tributária". (ÁVILA, HUMBERTO. Eficácia do novo Código Civil na legislação tributária. In: GRUPENMACHER, Betina Treiger (Coord). *Direito tributário e o novo Código Civil.* São Paulo: Quartier Langton, 2004, p. 73).

21. Nesse sentido já nos manifestamos afirmando que "O Direito Tributário pode dar tratamento expressamente divergente a um determinado fato conceituado em outra ciência ou em outro regime jurídico. Reiteramos que a divergência é nos efeitos, como ocorre, por exemplo, com o tratamento atribuído pelo Imposto sobre a Renda ao tributo vencido e não pago em razão de suspensão de exigibilidade. (DIAS, Karem Jureidini. *Fato tributário:* revisão e seus efeitos jurídicos. 2ª ed. rev. e atual. São Paulo: Noeses, 2019, p. 158).

autorizado a constituir o fato jurídico tributário olvidando do regime jurídico ao qual o objeto se submete.

Se assim é, na constituição do fato jurídico tributário, ao promover a subsunção do evento à hipótese de incidência tributária, sendo esta uma situação jurídica, deverá o operador do direito buscar os critérios indicados na norma de direito privado para a identificação da natureza jurídica do fato praticado de modo a promover a sua classificação, pois "[...] cada suporte fático deve ser conceituado a partir da subsunção do conjunto de seus elementos ao conjunto de elementos que denotam o conceito da hipótese de incidência normativa, conforme o sistema próprio do fato", como já defendido em outras oportunidades.[22]

E na constituição desses fatos jurídicos ou em atos de revisão promovidos pela autoridade fiscal, podem surgir dúvidas quanto a sua interpretação e correta qualificação jurídica para fins de imputação dos efeitos tributários. O problema se acentua quando se constata que os atos ou negócios jurídicos foram realizados pelos contribuintes para eventual obtenção de economia fiscal. Nesse cenário, abre-se a discussão quanto à vontade ou intenção das partes como elemento para influenciar o fato jurídico tributário, bem como a pseduoproblemática da prevalência da *substância* sobre a forma.

Sobre esse aspecto, destacamos, desde já, nosso posicionamento no sentido de que a vontade (inclusive de eventual obtenção de economia fiscal) só importa quando externalizada juridicamente, ocupando a posição de suporte fático necessário e suficiente para configurar ou alterar a configuração do ato ou negócio jurídico descrito no antecedente da norma geral e abstrata[23] (critério material da regra-matriz de

---

22. DIAS, Karem Jureidini. *Fato tributário* - revisão e seus efeitos jurídicos. 2 ed. rev. e atual. São Paulo - Noeses, 2019, p. 152.

23. Como já defendemos "somente a ordem jurídica é que pode conferir maior ou menor peso à forma e à vontade, bem como às consequências de uma eventual discrepância entre a vontade exteriorizada e a vontade formalizada. A vontade (não a intenção) só importa quando ocupa a posição de suporte fático necessário do ato ou

incidência). Mas não é só, além da vontade dever ser externalizada juridicamente para alterar eventual configuração de ato ou negócio formalizado, tal só gera efeitos fiscais se o efeito econômico aferido com o negócio for colhido pelo direito como suporte fático de incidência tributária.

O raciocínio lógico dessa premissa leva ao entendimento de que, a despeito da alteração promovida no sistema contábil para a harmonização das práticas contábeis nacionais aos padrões internacionais, conforme normas do *International Financial Reporting Standards* – IFRS, não se pode admitir a constituição do fato jurídico tributário a partir de sua *substância econômica*, devendo a sua essência ser identificada pela forma e pela *substância jurídica*.

4. Da essência que prevalece e da linguagem apropriada para a subsunção do fato à materialidade de incidência tributária

Já apontamentos que é logicamente impossível uma contradição natural entre forma e essência. A forma deve evidenciar a essência, sob pena de se tratar de forma indevida ou até de simulação.

Também discorremos sobre a possibilidade de divergência na formalização de um mesmo evento, a depender do seu tratamento segundo as regras contábeis e as regras jurídicas. Necessário admitir, assim, a possibilidade de eventual divergência entre uma substância econômica e uma substância jurídica. Se o direito não versar expressamente de forma diversa em relação aos efeitos fiscais, prevalece para fins tributários a substância jurídica, sob pena de afronta à estrita legalidade, positivada com cláusula pétrea na Constituição Federal, para proteção dos contribuintes.

negócio jurídico". DIAS, Karem Jureidini. *Fato tributário* - revisão e seus efeitos jurídicos. 2 ed. rev. e atual. São Paulo - Noeses, 2019, p. 90.

Nesse sentido, em socorro ao nosso posicionamento, vale mencionar decisão proferida pelo Supremo Tribunal Federal no Recurso Extraordinário n. 606107/RS, da relatoria da Ministra Rosa Weber, no sentido de que o conceito jurídico ali analisado – receita – não se confunde com o conceito contábil.

Frisamos também que a materialidade eleita pelo legislador como fato imponível para a constituição da relação jurídico-tributária deve estar devidamente delineada no critério material da regra-matriz de incidência tributária, com a prescrição de todos os seus elementos. O regime jurídico dos institutos de outros ramos do sistema de direito utilizados pelo direito tributário como hipótese de incidência deve ser respeitado.

De encontro ao nosso pensamento é o entendimento pela impossibilidade das ordens parciais, detentoras de competência impositiva, veicularem texto de lei para estabelecer como critério material para a qualificação dos negócios jurídicos a *prevalência da substância econômica*, (i.) primeiro, porque isso implicaria ofensa ao sobreprincípio da segurança jurídica e aos princípios da legalidade estrita e da tipicidade tributária; (ii.) segundo, porque levaria à tributação por analogia, o que não se concebe em face do sistema constitucional tributário, notadamente dos princípios constitucionais referidos, além das normas gerais veiculadas pelo Código Tributário Nacional, especialmente a regra dos arts. 97 e § 1º do art. 108 e; ao depois, (iii.) porque culminaria com desrespeito às feições jurídicas atribuídas aos negócios jurídicos pelas disposições do direito privado, implicando ofensa aos arts. 109 e 110 do mesmo Código e, em última instância, a própria competência impositiva outorgada pelo Texto Maior, que incorpora institutos jurídicos disciplinados pelo direito privado para divisão da competência impositiva.

Assim, a *prevalência da substância econômica* de operações realizadas pelos contribuintes sobre a sua *substância jurídica* é incompatível com o princípio da legalidade, ao menos no atual sistema jurídico que, na esfera tributária, repita-se, exige a perfeita indicação dos critérios da hipótese normativa, exigindo integral subsunção do evento ao fato imponível veiculado no antecedente da norma geral e abstrata. Admitir a qualificação jurídica do fato a partir de um critério subjetivo, como o é a prevalência da *substância econômica*, é fazer tábula rasa dos princípios constitucionais da estrita legalidade, que, ao lado de outras normas, realiza o sobreprincípio da segurança jurídica, tendo por escopo estabilizar as relações sociais.

O primado da segurança jurídica[24] busca garantir segurança às relações intersubjetivas, permitindo que os cidadãos possam orientar a sua conduta de acordo com o comportamento esperado pelo sistema de direito positivo, evidenciando o seu respeito não apenas na previsibilidade e confiança na regulação das relações, mas, também, na estabilidade da aplicação de seus preceitos. Nas palavras de Humberto Ávila,[25] é fundamental um estado de cognoscibilidade da linguagem prescritiva, o que reclama pela preservação dos núcleos de significação construídos ao longo do tempo pela doutrina e jurisprudência com suporte nos textos jurídicos.

Nessa toada, ao exercer sua competência impositiva não pode o ente político afastar-se da materialidade eleita pelo poder constituinte para a outorga de poder legiferante, sendo-lhe imposta a obrigação de veicular o critério material da regra-matriz de incidência tributária observando o conteúdo semântico das materialidades eleitas pela Constituição Federal. Há barreiras conceituais e principiológicas que evidenciam a

---

24. Sobre a segurança jurídica, Rafael Pondolfo e Camilo de Oliveira Leipnitz destacam a importância da previsibilidade com as seguintes lições: A ideia de previsibilidade constitui ponto chave de um sistema tributário erigido sobre segurança jurídica, pois ela pode ser identificada a certeza de contribuintes sobre as consequências jurídicas decorrentes dos seus atos, no campo fiscal. Essa certeza corresponde a chamada univocidade de resultados – *eindeutiges Ergebnis* – e funciona, conforme demonstrou César Garcia Novoa, como limitador aos atos de aplicação da legislação tributária, pela Administração e pelos Tribunais. (PANDOLFO, Rafael e, LEIPNITZ, Camilo de Oliveira. Redução de capital social e alienação de bens pela pessoa física. In ANAN JR., Pedro (coord.). *Planejamento fiscal* - Análise de Casos - vol. III. São Paulo: Quartier Latin, 2013, p. 828).

25. ÁVILA, Humberto. *Segurança jurídica:* entre permanência, mudança e realização do direito tributário. 2a ed. São Paulo: Malheiros, 2012, p. 256/257.

inconstitucionalidade de veiculação de preceito que imponha a interpretação econômica do fato jurídico tributário. Nesse sentido, manifestam-se Valter de Souza Lobato e Fernando Daniel de Moura Fonseca:

> A tributação com base na substância econômica legitimaria a interpretação econômica do Direito Tributário e a tributação por analogia, o que é amplamente rechaçado pelo texto constitucional (arts. 5º, II e 150, I do Texto Constitucional e arts. 97 e 108 do CTN). Entretanto, as divergências apontadas acima indicam a existência de um conflito entre as duas ciências, ao contrário, é afirmam a necessária em dependência existente entre ambas. Nesse contexto, pode-se afirmar que a razão de existir da Lei 11.638/2007 é a melhoria da qualidade da informação contábil, focada na convergência com as normas internacionais de contabilidade e (IFRS). O objetivo, insista-se, está na qualidade da informação, sempre tendo como referência a essência econômica da operação e não um arcabouço normativo previamente estabelecido. A divergência entre o regime anterior (contabilidade com base em normas) e o internacional (julgamento com base na essência econômica da operação) não é de regras, mas de princípios.[26]

A prescrição do critério da *prevalência da substância econômica* para qualificação do negócio jurídico desvirtuaria o sistema de direito tributário, possibilitando que por norma infraconstitucional se modificassem os critérios materiais eleitos pelo legislador constituinte como hipótese para a instituição de tributos.

Frise-se que não negamos a competência da autoridade administrativa para revisar os atos e negócios praticados pelos contribuintes, impedindo que estes se valham de negócios artificiais para evitar ou retardar a incidência tributária. Por certo que a autoridade administrativa deve analisar a suficiência ou não da prova do ato oferecido à tributação pelo sujeito

---

26. LOBATO, Valter de Souza; FONSECA, Fernando Daniel de Moura. Os impactos das novas regras contábeis sobre o regime jurídico do ágio gerado nas operações de fusão e aquisição. IN Rocha, Sérgio André (coord.). Direito tributário, societário e a reforma da Lei das S/A, vol. 3. *Desafios da neutralidade tributária e do Direito societário*. São Paulo: Quartier Latin, 2012, p. 615/616.

passivo, a fim de garantir que haja a devida constituição do fato jurídico tributário e a imputação fiscal que lhe é inerente.

Mas então, como identificar o que realmente foi feito pelo contribuinte, ainda para que eventual obtenção de econômica fiscal, a fim de aferir se os efeitos que lhes foram atribuídos estão em conformidade com as prescrições normativas tributárias?

Entendemos que a eventual artificialidade da operação realizada pelos contribuintes deve ser combatida por meio da investigação da causa do negócio, conforme preceitos normativos enunciados pelo ramo do direito responsável pelo seu regime jurídico. Deve-se eliminar a pseudocontradição entre forma e conteúdo, passando a discussão a ser travada sobre o modo de descoberta dessa *substância jurídica*, direcionando a investigação à suficiência da prova do negócio realizado, perquirindo-se sobre a causa deste negócio, assim entendida como a vontade externalizada pela consequência natural que se espera da coisa.

Acerca do suporte fático do fato jurídico tributário é importante lembrar que o legislador colhe como materialidade os eventos sociais (fatos juridicizados) que acarretam efeitos jurídicos e os fatos voluntários em sentido amplo, denominados de atos jurídicos e classificados em atos jurídicos em sentido estrito e negócios jurídicos. Cada uma dessas materialidades deve ser analisada conforme regime jurídico próprio, caracterizando-se os negócios jurídicos pela declaração de vontade objetivando a produção de determinado efeito jurídico previsto no sistema de direito positivo. Para esses negócios prevalece a causa, equivalendo ao que empiricamente se realizou.

A causa, portanto, que é prova do negócio jurídico enquadrado na classe dos negócios causais,[27] corresponde à razão ju-

27. Há negócios jurídicos denominados abstratos, onde a causa é juridicamente irrelevante, bastando o cumprimento de suas formalidades legais. Nesse sentido Antônio Junqueira de Azevedo os define "como aquele cujos efeitos jurídicos se produzem independentemente de causa; ele tem, portanto, causa, mas sua causa é juridicamente irrelevante para a validade ou eficácia; ele se caracteriza pela forma, e não pelo conteúdo; tem forma típica". (AZEVEDO, Antonio Junqueira. *Negócios jurídicos:* existência, validade e eficácia, 4ª ed., São Paulo: Saraiva, 2002, p. 141).

rídica prevista pelo sistema, podendo ser um "fim econômico ou social reconhecido e garantido pelo direito",[28] se fazendo presente até mesmo nos negócios atípicos.

Nas lições de Pontes de Miranda,[29] é na prova da existência do negócio jurídico que se tomará o negócio formalmente apresentado como suporte fático para a constituição do fato jurídico tributário, não bastando a causa formalmente acordada, mas sim aquela que é identificada conforme a linguagem das provas. Portanto, ainda que o ordenamento não indique expressamente a causa como determinante do regime jurídico do negócio interpretado, a interpretação dos enunciados legais demonstra que tanto a causa pressuposta quanto a causa final, se viciadas ou inexistentes, afetam a natureza, validade ou eficácia dos negócios causais.

Nessa seara, conquanto a forma prescrita em lei confira presunção de validade do ato jurídico, invertendo o ônus da prova ao fisco, a caracterização do negócio efetivamente praticado dependerá, a quem interessar a prova, da causa. A causa é o elemento jurídico fundamental a denotar a ocorrência do suporte fático previsto como indicador ou impeditivo da subsunção do fato ao critério material da regra-matriz de incidência tributária.

Na esteira desse raciocínio, a questão quanto à oponibilidade do planejamento tributário ao fisco passa, necessariamente, pela discussão quanto à suficiência da prova produzida, seja pelo contribuinte, para sustentar o fato jurídico tributário por ele constituído, seja pela autoridade fiscal, para, em ato de revisão, refutar o fato formalizado pelo sujeito passivo, evidenciando a ocorrência de outro.

A substância dos fatos e atos jurídicos é determinada pelo sistema de direito positivo e não pela natureza econômica,

---

28. PEREIRA, Caio Mário da Silva. *Instituições de direito civil*, vol. 1, 18ª edição, Rio de Janeiro: Forense, 1997, p. 219.

29. MIRANDA, Pontes de. *Tratado de direito privado*. Tomo III, 2ª ed., Rio de Janeiro: Borsói, 1954, p. 94.

sendo o Direito quem determina quais são os elementos fundamentais para definir a natureza jurídica desses fatos e atos. A falta de aplicação de critérios jurídicos por parte da autoridade administrativa tem levado a configuração de fatos jurídicos tributários diversos apesar de possuírem suportes fáticos com as mesmas características, inflacionando a insegurança jurídica. Além de autuações pautadas nas mais variadas fundamentações e a partir de uma interpretação eminentemente subjetiva, a oscilação nas decisões do Tribunal Administrativo contribui para o clima de insegurança jurídica a que estão submetidos os contribuintes.

Na análise dos negócios efetivamente praticados, há de prevalecer a substância jurídica. A substância jurídica é identificada pela sua causa. A causa não se confunde com a intenção ou a vontade não externalizada. O fisco só pode afastar a oponibilidade de um negócio jurídico se houver insuficiência de prova. A prova deve sempre se reportar à causa, enquanto elemento determinante do negócio jurídico, que equivale ao que empiricamente se realiza, pressupondo que devem ser suportadas as consequências jurídicas do ato. Nessa parte, também no direito positivo, resta pacificada a causa extraordinária inerente aos negócios jurídicos atípicos. Estes últimos também são comprovados pela sua causa, mas são oponíveis ou não ao fisco a depender da finalidade da norma. Normas indutoras de comportamento podem usualmente, até expressamente, adotar negócios jurídicos indiretos ou atípicos.

5. Considerações finais

I. Este estudo evidencia que tem sido nacionalmente atribuído tratamento indevido para o conceito de prevalência da *substância* sobre a forma. A substância é evidenciada pela forma, sendo esta a responsável pela correta revelação do conteúdo. É logicamente impossível uma contradição natural entre forma e conteúdo, devendo este restar evidenciado por aquele, sob pena de se tratar de forma indevida ou até mesmo de simulação.

II. Um mesmo evento pode ser formalizado de modo distinto, a depender do seu tratamento segundo as regras contábeis e as regras jurídicas, o que nos leva a admitir eventual divergência entre a *substância econômica* e a *substância jurídica*. Se constatada essa divergência e o direito não versar expressamente de forma diversa em relação aos efeitos fiscais, prevalece, para efeitos fiscais, a *substância jurídica*, sob pena de afronta à estrita legalidade.

III. A substância dos fatos e atos jurídicos é determinada pelo sistema de direito positivo e não pela natureza econômica, sendo o Direito quem determina quais são os elementos fundamentais para definir a natureza jurídica desses fatos e atos. Na análise dos negócios efetivamente praticados há de prevalecer a *substância jurídica*, que deve ser identificada pela sua causa. A causa consubstancia-se na finalidade do negócio e equivalerá ao que empiricamente se realizou, implicando a consequência jurídica imposta pela norma geral e abstrata.

IV. O fisco só pode afastar a oponibilidade de um negócio jurídico se houver insuficiência de prova, que deve sempre se reportar à causa enquanto elemento determinante do negócio jurídico.

V. Quando se tem o planejamento fiscal, há de se perquirir sobre o negócio que ocorreu, segundo a *substância* jurídica, e a interpretação da norma, inclusive em relação à sua finalidade, eventualmente indutora.

Referências

ÁVILA, Humberto. *Segurança jurídica:* entre permanência, mudança e realização do direito tributário. 2a ed. São Paulo: Malheiros, 2012.

ÁVILA, Humberto. Eficácia do novo Código Civil na legislação tributária. In: GRUPENMACHER, Betina Treiger (Coord). *Direito tributário e o novo Código Civil.* São Paulo: Quartier Latin, 2004.

AZEVEDO, Antonio Junqueira. *Negócios jurídicos*: existência, validade e eficácia, 4ª ed., São Paulo: Saraiva, 2002.

BARRETO, Paulo Ayres. *Planejamento tributário:* limites normativos. 1 ed. São Paulo: Noeses, 2016.

BARRETO, Paulo Ayres. TAKANO, Caio Augusto. *Os Desafios do Planejamento Tributário Internacional Na Era Pós-Beps*. 50 anos do Código Tributário Nacional. Disponível em: https://bit.ly/3FAb9AA Acesso em 22 maio 2020.

BIFANO, Elidie Palma. Contabilidade e Direito: a Nova Relação. In MOSQUERA, Roberto Quiroga; LOPES, Alesandro Broedel (coords.) *Controvérsias jurídico-contábeis* (Aproximações e Distanciamentos). São Paulo: dialética, 2010.

BRAZ, Jacqueline Mayer da Costa Ude. Constructivismo lógico-semântico: entre a forma e o conteúdo. Análise da desconsideração da personalidade jurídica aplicada ao grupo econômico. In CARVALHO, Paulo de Barros (coord.); BRAZ, Jacqueline Mayer da Costa Ude (org.). *Constructivismo Lógico-semântico:* homenagem aos 35 anos do grupo de estudos de Paulo de Barros Carvalho. 1ª ed. São Paulo: Noeses, 2020.

BRIGAGÃO, Gustavo. SCHARFSTEIN, Carlos Cornet. Discussão sobre a aplicabilidade, para fins tributários, da primazia da essência. In ROCHA, Sérgio André (coord.) *Direito Tributário, Societário e a Reforma da Lei das S/A* – vol. III -, Desafios da neutralidade tributária e do Direito Societário. São Paulo: Quartier Latin, 2012.

CARVALHO, Aurora Tomazini de. A regra-matriz como esquema lógica de interpretação de textos jurídicos. In CARVALHO, Paulo de Barros (coord.) *Lógica e direito.* São Paulo: Noeses, 2016.

CARVALHO, Paulo de Barros. *Derivação e positivação no direito tributário*. Vol. 1. 2ª ed. São Paulo: Noeses, 2014.

_____. *Direito tributário:* linguagem e método. 7ª Ed. São Paulo: Noeses, 2018.

_____. *Curso de direito tributário.* 22ª ed. São Paulo: Saraiva, 2010.

DIAS, Karem Jureidini. *Fato tributário:* revisão e seus efeitos jurídicos. 2ª ed. rev. e atual. São Paulo: Noeses, 2019.

DIAS, Karem Jureidini; LAVEZ, Raphael Assef. In PEIXOTO, Marcelo Magalhães; FARO, Maurício Pereira (coords.). Análise de casos sobre aproveitamento de ágio: IRPJ E CSLL – à luz da jurisprudência do CARF – Conselho Administrativo de Recursos Fiscais. São Paulo: MP Editora.

GUALHARDO, Luciana Rosanova. LOPES, Jorge Ney de Figueirêdo Junior. As novas normas contábeis e a amortização fiscal do ágio. In MOSQUERA, Roberto Quiroga; LOPES, Alesandro Broedel (coords.) *Controvérsias jurídico-contábeis* (Aproximações e Distanciamentos). São Paulo: dialética, 2010.

GUTIERREZ, Miguel Delgado. *Planejamento tributário* - Elisão e Evasão Fiscal. São Paulo: Quartier Latin, 2006.

LOBATO, Valter de Souza; FONSECA, Fernando Daniel de Moura. Os impactos das novas regras contábeis sobre o regime jurídico do ágio gerado nas operações de fusão e aquisição. In Rocha, Sérgio André (coord.). Direito tributário, societário e a reforma da Lei das S/A, vol. 3. *Desafios da neutralidade tributária e do direito societário.* São Paulo: Quartier Latin, 2012.

MIRANDA, Pontes de. *Tratado de direito privado.* Tomo III, 2ª ed., Rio de Janeiro: Borsói, 1954.

PANDOLFO, Rafael e, LEIPNITZ, Camilo de Oliveira. Redução de capital social e alienação de bens pela pessoa física. In ANAN JR., Pedro (coord.). *Planejamento fiscal* - Análise de Casos - vol. III. São Paulo: Quartier Latin, 2013.

PEREIRA, Caio Mário da Silva. *Instituições de direito civil,* vol. 1, 18ª edição, Rio de Janeiro: Forense, 1997.

A INCIDÊNCIA DE PIS E COFINS SOBRE DESCONTOS EM CONTRATOS DE FORNECIMENTO DE MERCADORIAS

Guilherme Soares Diniz[1]

Resumo: A correspondência dos descontos em operações de fornecimento de mercadoria ao conceito constitucional de receita e à regra-matriz de incidência do PIS e da COFINS do regime não cumulativo vem gerando disputas entre contribuintes e o Fisco, seja no âmbito administrativo, seja no Judiciário. Os descontos se apresentam no mundo jurídico sob diversas roupagens. Dessarte, antes de se realizar uma asserção dotada de universalidade quanto sua condição de receita, mister se faz perscrutar sobre uma definição mínima de desconto, suas espécies (condicionado e incondicionado) e a forma como este age nas relações jurídicas. Após cumpridas essas etapas, constata-se que a referência ao desconto incondicionado nos arts. 1º, §3º, inciso V, das Leis 10.637/2002 e 10.833/2003 representa a enunciação explícita de uma hipótese de incompetência tributária e que a omissão da lei quanto aos descontos condicionados não afasta a necessidade de se perquirir como se apresenta juridicamente esse desconto, para só então se concluir por sua natureza de receita ou não.

Sumário: 1. Introdução – 2. O critério material da RMIT do PIS e da Cofins (não cumulativos): 2.1 Conceito ou conceitos constitucionais de receita: uma

1. Mestrando em direito tributário no Instituto Brasileiro de Estudos Tributários (IBET). Especialista em direito tributário pelo Instituto Brasileiro de Estudos Tributários (IBET). Ex-Procurador Federal e ex-Procurador da Fazenda Nacional. Atualmente, ocupa o cargo Juiz Federal Substituto no TRF da 5ª Região. E-mail: Guilherme_sd@yahoo.com.br

partida pragmática; 2.2 O critério material da RMIT do PIS e da COFINS cumulativo a partir das Leis 10.637/2002 e 10.833/2003 – 3. Os descontos como receita: 3.1 Os descontos e o conceito constitucional de receita; 3.2 Os descontos condicionados e incondicionados; 3.3 A natureza jurídica do art. 1º, §3º, V, das Leis 10.637/2002 e 10.833/2003 e a omissão de descontos condicionados; 3.4 A materialização do desconto incondicionado – 4. Conclusões – Referências.

1. Introdução

A composição da regra-matriz de incidência (RMIT) de qualquer tributo é sempre tarefa complexa, que gera constantes embates entre contribuintes e o Fisco. Não é diferente no caso do PIS e da COFINS.

Várias querelas jurídicas vêm se colocando tanto no âmbito administrativo, quanto no Poder Judiciário sobre a natureza de receita dos descontos realizados nos contratos de fornecimento de mercadorias no varejo. Este segmento econômico realiza constante e vultosa aquisição de mercadorias dos seus fornecedores, estipulando, por meio de contratos-padrão, os mais diversos descontos e bonificações, que, sob a perspectiva dos contribuintes, não se subsumem ao conceito constitucional de receita, nem à RMIT do PIS e da COFINS. O Fisco, ao seu turno, possui entendimento oposto.

No presente trabalho, analisamos como os descontos nas relações jurídicas de fornecimento de mercadorias se comportam e se conformam à RMIT do PIS e da COFINS. Para tanto, delimitamos o significado jurídico de desconto (condicionado e incondicionado) para confrontá-lo com o conceito constitucional de receita, tomado de empréstimo do STF.

A despeito de tomarmos a situação dos contratos de fornecimento de mercadorias no âmbito do varejo como ponto de saída, diante da diferentes denominações e materializações que os contratos-padrão trazem, não analisamos concretamente se uma determinada rubrica (como desconto por inauguração de lojas) encontra-se ou não inserta na materialidade do PIS e da COFINS. Buscamos traçar os contornos estruturais, as premissas para se utilizar no caso concreto, em face de um específico conjunto fático-probatório, de modo a permitir constatar a natureza de receita do desconto.

Limitamo-nos também às referências à legislação do PIS e da COFINS não cumulativo, preponderante nesse setor econômico, sem prejuízo da possibilidade de estrapolação das conclusões para a sistemática cumulativa.

2. O critério material da RMIT do PIS e da Cofins (não cumulativos)

2.1 Conceito ou conceitos constitucionais de receita: uma partida pragmática

No momento em que se parte da premissa que o direito positivo é um sistema prescritivo (nomológico prescritivo),[2] cuja linguagem é unicamente composta por normas jurídicas (homogeneidade sintática do universo jurídico[3]), todas as questões jurídicas passam necessariamente pela interpretação.[4] O mínimo da mensagem deôntico-jurídica, portanto, se expressa pelo juízo condicional hipotético em que uma hipótese implica deonticamente uma consequência jurídica: **D(H→C)**. Como juízo, decorre da interpretação que se realiza

2. NEVES, Marcelo. *Teoria da inconstitucionalidade das leis*. São Paulo: Saraiva, 1988, pp. 1-8.

3. CARVALHO, Paulo de Barros. *Curso de direito tributário*. 30 ed. São Paulo: Saraiva, 2019, p. 276.

4. A afirmação, apesar de se restringir tão somente ao fenômeno jurídico é bem mais ampla, na verdade. Como bem ensina Greimas, o "mundo humano nos parece se definir essencialmente como o mundo da significação. O mundo não pode ser dito 'humano', senão na medida em que signifique qualquer coisa. (GREIMAS, A. J. *Sémantique structurale: recherche de méthode*. 3. Ed. Paris: Presses Universitaires de France, 1986 (quarta tiragem , 2015, p. 5, tradução livre). A significação é produto da interpretação, daí falar-se de percurso gerador de sentido (CARVALHO, Paulo de barros. *Direito tributário: fundamentos jurídicos da incidência*. 6 ed. São Paulo: Saraiva, 2008, pp. 181 e ss., bem como *Idem*, *Curso de direito tributário*. 30 ed. São Paulo: Saraiva, 2019, pp. 134-156). Portanto, todo fenômeno humano, não só o direito, passa necessariamente pela interpretação.

a partir do enunciado prescritivo: a norma jurídica existe enquanto significado.

Sendo corrente a ideia de o direito positivo se estruturar hierarquicamente em uma pirâmide, numa cadeia hipotática cujo o ápice é ocupado pela Constituição Federal, é natural assumir que toda construção de norma jurídica pelo intérprete deve visitar os enunciados prescritivos que na Lei Maior dormitam. No caso do direito tributário, cujo arcabouço jurídico encontra-se amplamente disciplinado na Constituição Federal, tal assunção ganhar contornos mais fortes, sobretudo quando se trata da construção de uma regra-matriz de incidência tributária (RMIT), de modo que, sem medo de cometer grande impropério, toda construção de RMIT necessariamente passará pelos enunciados constitucionais.

Não poderia ser diferente no caso ora em discussão, vez que se questiona justamente a subsunção de um fato jurídico tributário (os valores decorrentes de descontos e bonificações) à RMIT do PIS e da COFINS. Assim, já de saída, verifiquemos a existência de constrições constitucionais na construção da presente RMIT.

É importante ressaltar que a significação de qualquer signo toma como base o caráter oposicional. O plano do conteúdo da função sígnica seria constituído de unidades culturais de sentido, por "algo que aquela cultura definiu como uma unidade distinta, diversa de outras, e, portanto, pode ser uma pessoa, uma localidade geográfica, uma coisa, um sentimento, uma esperança, uma ideia, uma alucinação"[5]. Algo possui um significado **X** por ocupar um lugar no seu campo semântico que não é o de **Y**. Dessarte, valer-se de signos é necessariamente classificar, admitir que alguma coisa satisfaz os critérios para ocupar um lugar específico no campo semântico em contraposição a todas as outras, que não ocupam esta posição.

Pois bem. São nos enunciados dos arts. 195, I, *b*, e art. 239 da CF/88 que se encontram referências às materialidades

5. ECO, Umberto. *Trattato di semiotica generale*. Milano: La nave di Teseo, 2016, p. 119 (tradução livre).

da COFINS e do PIS, respectivamente,[6] consubstanciadas nos signos |receita| e |faturamento|. A previsão constitucional, assim, tem como consequência imediata a demarcação antagônica, ortogonal de dois conjuntos: um que contém as propriedades dos signos |receita| e |faturamento| e outro, seu conjunto complemento, que abarca os elementos que não compartilham tais propriedades.[7] Tal segregação, ao seu turno constrangerá todos os atores do direito, tendo em vista sua posição hierárquica única. Assim, de suma importância perscrutar se há um conjunto de propriedades bem delineado no texto constitucional e quais seriam estas.

É preciso ressaltar que a seleção dessas propriedades ou critérios definitórios que portam os signos, a que chamaremos de semas, não é tarefa das mais simples. É característica de toda e qualquer linguagem natural (ou técnica, com exceção das matemáticas) a plurivocidade de sentidos que um único significante pode trazer consigo. Quanto menor for a interação entre os signos, maior será a indeterminação do seu sentido, sendo a semiose ilimitada uma hipótese limite, quando se toma um signo sozinho, sem emprego em qualquer discurso concreto: a precisão do significação de um signo (da semiose) é diretamente proporcional à quantidade de signos que com ele se relacionam em um discurso.[8]

---

6. Sabe-se que o art. 239 não se refere expressamente ao faturamento como materialidade da Contribuição do PIS. Contudo, ao remeter à Lei Complementar nº 7/70, há uma enunciação implícita da materialidade, vez que a citada lei elege o faturamento como base de sua incidência, estando este equiparado a receita a partir da EC nº 20/98 (vide no STF, por exemplo, a ADI nº 1.417-0 STF e o RE 482.606 ED-AgR).

7. Como ensina o Prof. Lucas Galvão de Brito, consideremos "que um conjunto *A* está contido em *U*, como, aliás, é preciso para que se possa dele conhecer, já que U é sempre pressuposto. Diz-se que o *complemento* de *A* – também chamado de contraconjunto e simbolizado por $\bar{A}$ ou *A'* – consiste em todos os elementos que satisfaçam os critérios de (i) estar em *U* e (ii) não pertencer a *A*" (BRITO, Lucas Galvão de. *Sobre o uso de definições e classificações na construção do conhecimento e na prescrição de condutas*. *In* ALVES, Alaôr Caffé et. al. *Lógica e direito*. São Paulo: Noeses, 2016, p. 335).

8. Temos então uma entropia da significação, que nesse caso é inversamente proporcional à quantidade signos entrelaçados. Quanto menor a interação entre signos, maior é a entropia no seu significado, ou seja, menor a quantidade de informações conhecidas (semas).

Como já observamos em outra oportunidade,[9] o discurso constitucional é caracterizado por uma limitada coordenação de signos, o que implica uma grande incerteza quanto aos sentidos possíveis. Daí não se afigura possível, em princípio, apontar um conceito (significado determinado) constitucional de |receita|, mas conceitos do signo |receita|, ao menos no âmbito semântico.

Neste trabalho, todavia, partiremos de um viés pragmático, assumindo como verdadeiro o entendimento externado pelo STF quanto ao conceito constitucional de receita. A Suprema Corte, em algumas oportunidades, chegou a propalar a existência de um sentido (no singular) constitucional de |receita|.[10] Veja-se, por exemplo, o decidido no RE 606.107, de relatoria da Ministra Rosa Weber, em que se expõe expressamente no julgado um conceito de |receita bruta|:[11]

> V – *O conceito de receita*, acolhido pelo art. 195, I, "b", da Constituição Federal, não se confunde com o conceito contábil. Entendimento, aliás, expresso nas Leis 10.637/02 (art. 1º) e Lei 10.833/03 (art. 1º), que determinam a incidência da contribuição

---

9. "Entretanto, o texto constitucional, enquanto obra, se mostra assaz exíguo. Ainda que se diga que a Constituição brasileira é do tipo prolixa, sua extensão em nada se compara com o tamanho do texto (obra) do nível da linguagem infraconstitucional. O discurso constitucional tem a peculiaridade de ter menos signos interligados, sobretudo se considerarmos alguma autonomia semântica dos temas em que inseridos os enunciados constitucionais. Isso leva a uma amplitude semântica razoável do discurso constitucional, possibilitando que o legislador infraconstitucional goze de uma razoável liberdade de ação ao construir o sentido das normas de competência" (DINIZ, Guilherme Soares. Por uma nova visão do art. 110 do CTN: uma abordagem semiótica. In: *Revista de Estudos Tributários*, Porto Alegre, v. 22, n. 134 - jul-ago/2020, p. 70).

10. Veja-se da ementa do RE nº 606.107, por exemplo, a afirmação de que a "interpretação dos conceitos utilizados pela Carta da República para outorgar competências impositivas (entre os quais se insere o conceito de "receita" constante do seu art. 195, I, "b") não está sujeita, por óbvio, à prévia edição de lei. Tampouco está condicionada à lei a exegese dos dispositivos que estabelecem imunidades tributárias, como aqueles que fundamentaram o acórdão de origem (arts. 149, § 2º, I, e 155, § 2º, X, "a", da CF). Em ambos os casos, trata-se de interpretação da Lei Maior voltada a desvelar o alcance de regras tipicamente constitucionais, com absoluta independência da atuação do legislador tributário".

11. (RE nº 606.107/RS, rel. Min. Rosa Weber, data de publicação DJE 25/11/2013 - ata nº 180/2013. DJE nº 231, divulgado em 22/11/2013).

> ao PIS/PASEP e da COFINS não cumulativas sobre o total das receitas, "independentemente de sua denominação ou classificação contábil". Ainda que a contabilidade elaborada para fins de informação ao mercado, gestão e planejamento das empresas possa ser tomada pela lei como ponto de partida para a determinação das bases de cálculo de diversos tributos, de modo algum subordina a tributação. A contabilidade constitui ferramenta utilizada também para fins tributários, mas moldada nesta seara pelos princípios e regras próprios do Direito Tributário. *Sob o específico prisma constitucional, receita bruta pode ser definida como o ingresso financeiro que se integra no patrimônio na condição de elemento novo e positivo, sem reservas ou condições.*

Depreende-se, a partir desse julgado, o conceito constitucional de receita (bruta) como sendo "o ingresso financeiro que se integra no patrimônio na condição de elemento novo e positivo, sem reservas ou condições". Aqui somente farei um ajuste. Isso porque, a despeito de a ementa e o voto qualificarem a receita como um ingresso financeiro, do voto percebe-se que a afirmação adveio das lições de Aliomar Baleeiro, ao definir receitas no âmbito das finanças públicas:

> Quanto ao conteúdo específico do conceito constitucional, a receita bruta pode ser definida como o ingresso financeiro que se integra no patrimônio na condição de elemento novo e positivo, sem reservas ou condições, na esteira da clássica definição que Aliomar Baleeiro cunhou acerca do conceito de receita pública:
>
> Receita pública é a entrada que, integrando-se no patrimônio público sem quaisquer reservas, condições ou correspondências no passivo, vem acrescer o seu vulto, como elemento novo e positivo.

O conceito de Aliomar Baleeiro referido no voto é textualmente mais geral do que o enunciado pela relatora e acolhido pelo STF. Isso porque, no voto, utiliza-se o qualificativo |financeiro|, ausente na definição transcrito do mestre baiano. Essa contradição é apenas aparente. Para as Finanças Públicas, toda e qualquer receita e ingresso são financeiros, de modo que, nesse contexto, qualificar uma receita de financeira configura um pleonasmo. Aqui deve se ter cuidado para não se interpretar o qualificativo de forma equivocada, de modo a entender que a referência significa apenas uma espécie de receita, a denominada financeira.[12] Não é o caso.

Da análise do voto da Ministra Relatora, faltou esmero ao contextualizar a citação do mestre baiano. Evidencia-se o uso de uma metonímia (mais especificamente uma sinédoque), em que se tomou a parte pelo todo. Em nenhum momento se contrapôs a receita financeira a outro tipo de receita. Ao contrário, a clara oposição que guiou o voto era entre receita e ingresso, sob a tônica da riqueza nova e positiva.[13] Esse ajuste interpretativo encontra-se coerente com o decidido no RE 444.601[14] e outros, nos quais se assenta que o "conceito de receita bruta sujeita à exação tributária envolve, não só aquela decorrente da venda de mercadorias e da prestação de serviços, mas a soma das receitas oriundas do exercício das atividades empresariais".

---

12. Veja-se que, no âmbito do PIS/COFINS, a legislação não define conotativamente o que seria |receita financeira|. Optou-se pela técnica denotativa na definição. Assim, a legislação tributária costuma apontar espécies do que seriam as receitas financeiras, como se tem no art. 9º da Lei 9.718/98. Uma definição precisa do que seja a espécie |receita financeira| não é necessária para os nossos propósitos. A ideia é apontar que há uma concepção de receita qualificada como financeira em oposição a outros tipos de receita (como a de venda de mercadorias), bem como há uma concepção mais ampla de |receita financeira|, tal qual assumida pela ciência das finanças, em que somente há receita do tipo financeira, ou seja, toda receita pública se destina a gerar valores monetários para fazer frente às despesas públicas. Nas palavras de Aliomar Baleeiro, a "regra, hoje, é o pagamento em moeda e, por isso, constitui *atividade financeira* a que o Estado, as províncias e municípios exercem para obter dinheiro e aplica-lo ao pagamento de indivíduos e coisas utilizadas na criação e manutenção dos vários serviços públicos" (BALEEIRO, Aliomar. *Uma introdução à ciência das finanças*. 16 ed. Rio de Janeiro: Forense, 2002, p. 4).

13. É elucidativo o seguinte trecho: "Ricardo Mariz de Oliveira especifica ser a receita 'algo novo, que se incorpora a um determinado patrimônio', constituindo um 'dado positivo para a mutação patrimonial'.
O aproveitamento dos créditos de ICMS por ocasião da saída imune para o exterior não gera, de modo algum, receita tributável. Cuida-se de mera recuperação do ônus econômico advindo do ICMS, assegurada
expressamente pelo art. 155, § 2º, X, "a", da Constituição Federal. [...] Em qualquer caso, *trata-se de mera recuperação do montante pago* a título de ICMS nas operações antecedentes, cuja finalidade é simplesmente desonerar a empresa exportadora do seu ônus econômico e, assim, evitar a nociva 'exportação de tributos'"

14. RE 444.601 ED, rel. min. Cezar Peluso, j. 07.11.2006, 2ª T, *DJ* de 15.12.2006.

Dessarte, de um viés pragmático, tomaremos o conceito constitucional de |receita| como sendo o ingresso que se integra no patrimônio na condição de elemento novo e positivo, sem reservas ou condições. Podemos reformular esse conceito de forma mais analítica. Será receita todo e qualquer grandeza jurídica que a) seja um ingresso no patrimônio; b) novo e positivo; e c) sem reservas ou condições.

2.2 O critério material da RMIT do PIS e da COFINS cumulativo a partir das Leis 10.637/2002 e 10.833/2003

A despeito de poucas vozes em contrário, a Constituição não cria tributo. Limita-se a traçar os parâmetros sob os quais o legislador infraconstitucional poderá mover-se. Cabe a ele, o legislador, instituir efetivamente o tributo por meio da RMIT, veiculada necessariamente por lei[15] (art. 150, I, da CF/88). No âmbito do PIS e da COFINS, os critérios materiais destes tributos foram essencialmente introduzidos pelas Leis 10.637/2002 e 10.833/2003 de forma bem similar, nos seguintes termos:

> art. 1º. [...]
>
> § 1º. Para efeito do disposto neste artigo, o total das receitas compreende a receita bruta de que trata o art. 12 do Decreto-Lei nº 1.598, de 26 de dezembro de 1977, e todas as demais receitas auferidas pela pessoa jurídica com os seus respectivos valores decorrentes do ajuste a valor presente de que trata o inciso VIII do caput do art. 183 da Lei nº 6.404, de 15 de dezembro de 1976.

Em miúdos, pelo texto legal, seriam receitas: a) o produto da venda de bens nas operações de conta própria; b) o preço da prestação de serviços em geral; c) o resultado auferido nas operações de conta alheia; d) as receitas da atividade ou objeto principal da pessoa jurídica, não compreendidas nos incisos I a III (art. 12 do Dec.-Lei 1.598/77) e e) as receitas auferidas decorrentes do ajuste a valor presente (art. 183, VIII, da Lei 6.404/76).

---

15. Não desconhecemos exceções, como a possibilidade de tratamento da matéria por medida provisória ou até mesmo decreto. Apenas tais exceções não influenciam no desenrolar da querela posta.

Sem necessitar realizar um grande detalhamento de cada uma dessas hipóteses, até porque desbordaria do escopo e das limitações desse trabalho, pode-se facilmente inferir que tais receitas, ao menos enquanto conceitos abstratos conotativos, encontram-se dentro do campo semântico do nosso conceito constitucional de |receita|. Inexiste, pois, uma inconstitucionalidade a priori do texto.

Para o que nos interessa mais detidamente, é necessário transcrever o enunciado do art. 1º, §3º, V, "a", das Leis 10.833/2003 e 10.637/2002:

> Art. 1º. [...]
>
> § 3º. *Não integram a base de cálculo a que se refere este artigo, as receitas*:
>
> V – referentes a:
>
> a) vendas canceladas e *aos descontos incondicionais concedidos;*

Pelo texto legal, os descontos incondicionais não compõem a base de cálculo da RMIT do PIS e da COFINS e, portanto, refogem da sua materialidade (critério material). De fato, partindo da premissa de que há íntima correlação no binômio critério material/base de cálculo, parece possível afirmar que toda incursão ou ação na base de cálculo de um tributo terá um reflexo imediato no seu próprio critério material. Isso porque uma das funções desse componente do critério quantitativo é justamente afirmar, confirmar ou infirmar o critério material, de modo que "havendo desencontro entre os termos do binômio (hipótese de incidência e base de cálculo), a base é que deve prevalecer".[16]

Uma questão que enfrentaremos em breve é qual a natureza jurídica dessa enunciação (isenção, incompetência ou não incidência). Independentemente dela, não haverá

---

16. CARVALHO, Paulo de Barros. *Curso de direito tributário.* 30 ed. São Paulo: Saraiva, 2019, p. 362.

prejuízo em incluí-la linguisticamente na conformação do critério material da RMIT, pois o resultado final será o mesmo.

Dessarte, podemos apontar como critério material da RMIT do PIS e da COFINS: *auferir receita, não incluídos os descontos incondicionais concedidos no complemento.*

Duas questões se põem numa maior delimitação do alcance dessa singela enunciação do critério material. A primeira, se a qualificação dos descontos como incondicionais, excluindo seu conjunto complemento (os condicionais), respeita o conceito constitucional de |receita|. A segunda, em que consiste os descontos qualificados como incondicionais e como se caracterizam juridicamente. Respondidas essas demandas, poderemos perscrutar a natureza das bonificações e descontos nos contratos padrão de fornecimento de mercadoria no varejo e se tais valores pertencem ao conjunto constitucional e legalmente delimitados de |receita|

3. Os descontos como receita

3.1 Os descontos e o conceito constitucional de receita

Desconto, conforme descreve o dicionário Michaelis, consiste na a) ação ou operação de descontar; b) diminuição ou redução de uma soma ou quantidade; c) aquilo que se deduz ou abate; abatimento; c) prêmio que se dá ao devedor que paga a sua dívida antes de vencida; d) perda de peso que o gado sofre em viagem; e) pagamento, por um banco, do título ainda não vencido, endossado pelo portador, deduzindo a taxa usual; e f) redução na eficiência de um animal, por lesão permanente.[17] Pode-se vislumbrar, de todas essas acepções, que o signo |desconto| possui os semas <redução>, no eixo aumento/redução e <causante>, no eixo causante/causado. Assim, clama e pressupõe um signo com o sema <causado>. Em miúdos, reduz (causante) algo (causado) numa determinada medida.

17. Disponível em: https://bit.ly/3j4oWFV Acesso em: 18 out. 2020.

Podemos formalizar a operação de desconto da seguinte forma: **X – Y**, em que – **Y** é o que se denomina por desconto (causante) e **X** toma a função de causado. O desconto, portanto, possui dois elementos, quais sejam: um operador (-) e uma grandeza (**Y**). Diante desse fato, o signo |desconto|, na linguagem natural, ora se refere a um dos seus elementos (hiponímia), ora ao todo (hiperonímia). Outra observação a ser feita, é que a natureza da base (**X**) e da grandeza do desconto (**Y**) devem ser idênticas. Não há sentido em se reduzir um litro de arroz de um quilo de aço.[18]

Não parece haver maiores debates quanto ao fato de o desconto ser caracterizado como a redução de algo como ora assumido. A questão central é se essa redução se subsume ao campo semântico do signo |receita|.

O principal argumento em desfavor da caracterização dos descontos como receita advoga que aqueles são redução de custo, portanto diferente de receita.[19] Aduz-se que a receita demanda um aumento patrimonial, inexistente na redução de custo, pois esta implica uma diminuição da despesa, em outras palavras, atua para não diminuir o patrimônio e não para aumentá-lo. Busca-se reforçar essa argumentação invocando os arts. 109 e 110 do CTN, bem como a dicção da Lei 6.404/76 (com a alteração promovida pela Lei 11.638/2007[20]), no intuito

---

18. Veja que o desconto em um determinado percentual não infirma essa estipulação. Pelo contrário, a confirma. Um percentual é uma relação de algo com algo da mesma natureza: reduzir 30% de uma dívida de R$ 100,00 é subtrair R$ 30,00.

19. Veja-se, por exemplo, "Importam-nos, portanto, aqui, os descontos ditos condicionais, concedidos em razão de eventos posteriores à compra dos produtos, que implicam, portanto, pagamento menor do que o valor pelo qual os mesmos entraram nos estabelecimentos dos compradores. Tais descontos são verdadeiras reduções de custo. Não são receitas e assim não integram a base de cálculo das contribuições para o PIS/Pasep ou Cofins." (MACHADO, Hugo de Brito. Os descontos obtidos e a base de cálculo das contribuições PIS/Cofins. *Revista Dialética de Direito Tributário* nº 134. São Paulo: Dialética, 2006, p. 44).

20. Por meio dessa lei, ao alterar sobretudo o art. 177 da Lei nº 6.404/76, o Brasil passou a adotar como padrão contábil as normas internacionais. Assim, advoga-se a aplicação dos CPCs nº 30 e nº 16, aprovados pela Comissão de Valores Mobiliários – CVM, nos quais consta a diferenciação contábil entre receita e redução de custo.

de fazer valer a classificação contábil da receita e redução de custos dos descontos.

Tal argumentação não se afigura consistente. Primeiramente, não se aplicam os arts. 109 e 110 do CTN. O primeiro dispositivo apenas impõe ao intérprete a utilização dos princípios gerais de direito privado na atividade de delimitação da definição, conceitos e formas de direito privado. Não se coloca a obrigatoriedade de eleger uma definição, conceito ou forma de direito privado. O segundo, apesar de obrigar o legislador (e o intérprete) a se valer da definição dos institutos de direito privado utilizados pela CF na delimitação das competências tributárias, não abrange o conceito de receita, pois não se trata de um instituto típico de direito privado.[21] Lembremos que a definição de base que o STF tomou foi cunhada justamente a partir da óptica das Finanças Públicas e do Direito Financeiro e não do direito privado.

Ao seu turno, as alterações havidas na Lei 6.404/76 não implicam a obrigatoriedade de adoção dos conceitos contábeis na interpretação do Direito Tributário. O próprio RE nº 606.107/RS, tomado como ponto de partida, consignou que o "conceito de receita, acolhido pelo art. 195, I, "b", da Constituição Federal, não se confunde com o conceito contábil". Dessarte, não se mostra determinante a forma como a técnica contábil determina o registro das operações e dos ingressos. O viés é jurídico e não contábil.

Sem prejuízo, o argumento inicial pode encontrar alguma força jurídica na própria conceituação de receita admitia pelo STF, desde que se enfoque na necessidade de o ingresso ser novo e positivo. Se o desconto não permitir o aumento patrimonial (chamado de redução de custo), de fato parece que não poderia ser considerado receita. Dessarte, passemos a analisar a ação jurídica do desconto no patrimônio.

---

21. Não precisamos adentrar nas dificuldades de se apontar o que constitui um instituto, conceito ou formas de direito privado.

Podemos vislumbrar duas acepções jurídicas de patrimônio. Uma parcial e outra total. A primeira, restringe-se apenas aos direitos de que um determinado sujeito é titular.[22] A segunda, de direito comum, seria "o que restasse de ativo deduzido o passivo".[23] A lei ora se vale do sentido mais restritivo (como no art. 65 do CC), ora do mais comum (vide, a título de exemplo, o art. 477 do CC). Para nosso objetivo, parece mais consentâneo o sentido comum (total) do signo jurídico |patrimônio|. Isso porque, tomado no sentido restrito, a receita seria um sinônimo de patrimônio, uma manifestação deste (um *token* do *type* patrimônio). Daí seria redundante falar de receita como causa de aumento de patrimônio, como ingresso positivo no patrimônio, invalidando o nosso conceito constitucional de renda pressuposto. A partir de nossa premissa, receita e patrimônio devem ser coisas diversas, agindo o primeiro sobre o segundo para aumentá-lo, diferenciando-se de outros ingressos que adentram o patrimônio, mas não implicam aumento.

Patrimônio, para nosso contexto, é o resultado entre os direitos (elemento ativo) e os deveres (elemento passivo) titularizados por um sujeito. A receita, ao seu turno, deve necessariamente representar um elemento ativo do patrimônio ("novo e positivo").

Pois bem. Já dissemos que o direito positivo se caracteriza por sua homogeneidade sintática. As normas jurídicas em sentido estrito, quaisquer delas, contêm em seu consequente a previsão de uma relação jurídica, a ser instaurada quando da constituição do fato jurídico, mediante linguagem competente.[24] Nesta relação jurídica, necessariamente intersubjetiva, teremos no polo ativo um sujeito que pode exigir (direito) uma prestação (objeto da relação) de outrem, ocupante do

---

22. MIRANDA, Pontes. *Tratado de direito privado,* tomo 5. Campinas: Bookseller, 2000, p. 417.

23. *Idem.* Op. cit., p. 421.

24. CARVALHO, Paulo de Barros. *Direito tributário*: fundamentos jurídicos da incidência. 6 ed. São Paulo: Saraiva, 2008, p. 162.

polo passivo, que tem o dever de prestar. Dessarte, os direitos (elemento ativo do patrimônio) formam um conjunto, cujos elementos decorrem das relações jurídicas em que seu titular ocupa o polo ativo, enquanto os deveres (elementos passivo do patrimônio) correspondem ao conjunto em que todos seus integrantes decorrem das relações jurídicas em que seu titular figura no polo passivo.

A partir dessa perspectiva, os descontos poderão ser receitas se, e somente se, corresponderem a um direito. Do contrário, configurando-se como dever, não. É importante lembrar que a relação jurídica, enquanto liame entre dois sujeitos, é assimétrica.[25] Portanto a classificação de algo como ativo ou passivo dependerá da perspectiva do sujeito tomado em consideração e a relação jurídica escolhida.

3.3.1 A ação jurídica dos descontos

O signo |desconto| não é um elemento exclusivo do subcódigo jurídico. No item anterior, vimos que o signo significa numa operação de subtração entre duas grandezas. No presente, vamos perscrutar sobre como essa operação se realiza no subcódigo do direito.

Repetimos, o direito positivo se manifesta exclusivamente por meio da linguagem prescritiva, disciplinando condutas intersubjetivas. É através das relações jurídicas (presente no consequente normativo) que o direito (dever-ser) se aproxima do mundo do ser, cumprindo sua função precípua.[26] Portanto,

25. *Idem. Ibidem*, p. 176. Isso significa que $A\ \mathbf{R}\ B \neq B\ \mathbf{R}\ A$. Por exemplo, A ser credor de *B* é diferente de *B* ser credor de *A*. Prof. Lourival Vilanova ver a possibilidade de o direito tratar com relações simétricas. Contudo, o mestre pernambucano está se referindo não ao liame relacional jurídico completo, com polo ativo, passivo e a prestação, mas a relações de cunho qualificativo, como ser esposo de (VILANOVA, Lourival. *Causalidade e relação no direito. 5 ed.* São Paulo: Noeses, 2015, p.128).

26. Prof. Lourival Vilanova é cirúrgico no tema: "A conduta é um fato de relação. É interpessoal ou intersubjetiva. Desdobra-se como ação ou omissão, que percute na conduta de outrem" (VILANOVA, Lourival. *Causalidade e relação no direito.* 5 ed. São Paulo: Noeses, 2015, p. 80).

tomaremos o pano de fundo das relações jurídicas como o ambiente natural da ação jurídica dos descontos.

A relação jurídica se configura como um liame abstrato que interliga dois sujeitos (ativo e passivo) em torno de uma prestação, conferindo a um o direito de exigi-la (sujeito ativo) e ao outro o dever de prestá-la (sujeito passivo). Quanto a prestação, tradicionalmente aceita-se três formas: dar, fazer ou não fazer. Costuma-se indicar por objeto da prestação um bem qualquer, entendendo-se por bem tudo que possua valor econômico.[27]

Toda e qualquer norma jurídica em sentido estrito implicará uma relação jurídica. Nos enunciados do ordenamento jurídico é comum encontrar a previsão do nascimento simultâneo de mais de uma relação jurídica.[28] A despeito disso, frise-se que existirão tantas normas jurídicas incidindo quantas relações jurídicas houverem: "uma só norma não se projeta no fato abrindo um leque de relações jurídicas assim diversas".[29] Por exemplo, em uma compra e venda há a incidência de duas normas jurídicas. Uma que dá ensejo à relação jurídica em que o vendedor (sujeito ativo) tem o direito de exigir do comprador (sujeito passivo) uma prestação de dar dinheiro e a sua relação conversa, em que o comprador (sujeito ativo) tem o direito de exigir do vendedor (sujeito passivo) uma prestação de dar uma coisa.

As relações jurídicas somente poderão ter fim ou serem alteradas por meio de linguagem igualmente jurídica, portanto apenas através de normas. Essa linguagem pode atuar nos liames jurídicos de três formas: 1) agindo sobre a incidência da norma jurídica, envolvendo questões de erro de fato (intranormativo) ou de erro de direito (internormativo); 2) pela

27. CARVALHO, Paulo de Barros. *Direito tributário:* fundamentos jurídicos da incidência. 6 ed. São Paulo: Saraiva, 2008, p. 172.

28. Dando ensejo a uma única relação, está-se diante de um ato jurídico unilateral; diante de uma pluralidade, tem-se um ato bilateral.

29. VILANOVA, Lourival. *Op. cit.* p. 142.

satisfação, total ou parcial, da relação jurídica;[30] e 3) pelo desaparecimento de um dos seus elementos. Ressalte-se, por sua nodal importância, que o ponto comum a essas hipóteses é o fato de decorrerem de previsão em uma norma jurídica e constituírem nova relação jurídica, contraposta à primitiva.

A partir da premissa estipulada, toda e qualquer alteração de uma preexistente relação jurídica dar-se-á por meio de uma *compensação*. O signo jurídico |compensação| é utilizado aqui numa acepção mais ampla, de verdadeiro gênero, cujas as espécies serão os elementos pertencentes às 3 classes delineadas no parágrafo anterior. Assim, deve-se ter o cuidado de não a confundir com a compensação específica, disciplinada nos arts. 368 e ss. do Código Civil, mas aplicável a todo ordenamento jurídico por ser matéria de Teoria Geral do Direito.[31] A compensação específica é espécie de compensação em sentido amplo, incluída no item 2 acima.

Dentro desse cenário, o desconto tal qual definido, somente poderá atuar em dois ambientes na relação jurídica. No primeiro, age na conformação do objeto da prestação. No segundo, debruça-se sobre o direito subjetivo (crédito) da relação jurídica.[32] Vejamos as duas situações.

---

30. É importante frisar que todas as tradicionais formas de satisfação de uma relação jurídica (pagamento, remissão, compensação, novação, etc.) são relações jurídica que nascem por força normativa. Nesses casos, haverá um "encontro" entre relações jurídicas, uma anulando a outra até certa medida. Por exemplo, não é o evento pagamento que extingue uma obrigação de dar dinheiro, mas sim sua versão em linguagem competente "recibo": "Em termos analíticos, o 'recibo de pagamento' contém os enunciados necessários e suficientes para construirmos uma norma individual e concreta, em cujo antecedente vem relatado o fato da existência da dívida e, no consequente, uma relação que, no cálculo das relações, anula o vínculo primitivo" (CARVALHO, Paulo de Barros. *Direito tributário*: fundamentos jurídicos da incidência. 6 ed. São Paulo: Saraiva, 2008, p. 228). Quanto ao trecho, apenas discordamos do mestre paulista quanto ao uso da expressão "*anula o vínculo primitivo*", pois preferimos reservar o termo |anular| para questões de invalidade (nosso item 1).

31. Veja-se, por exemplo, suas referências no direito tributário – art. 156, II do CTN ou art. 74 da Lei n° 9.430/96.

32. Há uma interdependência entre direito (crédito) e dever (débito) na relação jurídica, de modo que qualquer alteração em um importa em igual mudança no outro. Pode-se traçar o paralelo com o entrelaçamento (*entanglement*) entre

3.3.2 Os descontos pré-relacionais e inter-relacionais e o conceito de receita

Tomemos em conta as relações jurídicas no caso de compra e venda, pois esta interessara especificamente a este texto. Como já adiantamos, esse negócio jurídico envolve no mínimo duas normas, vez que dará ensejo a duas relações jurídicas: uma que chamaremos de compra (Rjc), na qual o vendedor (sujeito ativo) tem o direito subjetivo à prestação de dar dinheiro em face do comprador (sujeito passivo): **V Rjc C**; outra, doravante referida como de venda (Rjv), em que o comprador (sujeito ativo) tem o direito à prestação de dar coisa em face do vendedor (sujeito passivo): **C Rjv V**. Nos detendo apenas sobre a relação jurídica de compra (Rjc), o desconto somente poderá agir no momento da conformação do objeto da prestação (dar dinheiro). Nesse caso, o desconto implica a redução de um preço **B** (base): **B – Y**. **Y** terá a mesma natureza de sua base, portanto, pecúnia.

Veja que nessa situação, tanto a base (**B**) quanto o desconto (**Y**) não compõem a relação jurídica de compra. Trata-se de fase pré-contratual, pré-relacional. Por isso, chamaremos esse desconto pré-relacional. O que participará da relação jurídica de compra não será nem a base (**B**) nem o desconto (**Y**), mas seu resultado, o objeto da prestação (**OP**): **B – Y = OP**.

Doutra banda, o desconto poderá atuar no âmbito dos créditos, no plural. Nessa hipótese deverá existir no mínimo duas relações jurídicas, cujos créditos se compensarão (em sentido amplo). Supondo que o comprador entregue parte do valor devido ao vendedor (). Do recibo, constrói-se a norma individual e concreta da qual decorre a relação jurídica de

partículas, de modo que qualquer experimento em uma partícula terá influência direta na outra. Se, após o experimento em uma partícula entrelaçada o *spin* se encontrar *up*, o da outra será *down*, mesmo se não olhar para ela, mesmo que se encontre a anos-luz da primeira. O mesmo se dá com o crédito-débito. Preferimos nos referir ao encontro de créditos ao invés de débitos, pois é a terminologia adotada pelo CTN ao referir que a compensação extingue o crédito (art. 156 do CTN).

pagamento (Rjp) em que o comprador (sujeito ativo) possui em face do vendedor (sujeito passivo) um crédito no valor de, a ser imputado na relação primitiva. Por força do ordenamento jurídico, haverá o encontro dessas duas relações, mais especificamente de seus créditos: **Rjc – Rjp**. Aqui, por se tratar de pagamento, temos relações jurídicas vinculadas, subordinadas. A relação jurídica de pagamento decorre tão somente da existência da relação jurídica de compra e a ela se subordina. Inexistente a relação jurídica de compra, a segunda relação jurídica subsistiria não como relação de pagamento, mas como mútuo ou doação. Denominaremos esse desconto de inter-relacional, por razões óbvias.

O desconto inter-relacional não se restringe às relações jurídicas subordinadas. No caso de existirem duas relações jurídicas em que figurem dois sujeitos como credores e devedores um do outro, há a compensação entre os créditos, independentemente da natureza ou causa dessas relações[33] (compensação específica). Assim é possível existir o desconto inter-relacional envolvendo uma relação jurídica de prestação de serviço (Rjs) e uma de compra (Rjc): **Rjc – Rjs**.

Aplicando as conclusões do tópico ao que foi até aqui delineado, já podemos realizar algumas constatações quanto a natureza de receita dos descontos.

Iniciemos com os descontos pré-relacionais. Estes nunca serão receita do comprador. Isso é trivial e decorre do fato de que o valor do desconto (**Y**) não diz respeito a qualquer direito subjetivo do comprador, inexistindo reflexo no elemento ativo de seu patrimônio. O que existirá, posteriormente, é a relação jurídica de compra com sua prestação de dar (**OP**), sendo, da perspectiva do comprador, um elemento passivo de seu patrimônio. Por sua forma de ação, os descontos pré-relacionais

33. Impõe reproduzir o art. 373 do Código Civil, afastando a necessidade de semelhança nas causas das relações jurídicas compensadas: "Art. 373. A diferença de causa nas dívidas não impede a compensação, exceto: I - se provier de esbulho, furto ou roubo; II - se uma se originar de comodato, depósito ou alimentos; III - se uma for de coisa não suscetível de penhora."

sempre serão anteriores à formação da relação jurídica de compra. Podem até constarem do mesmo documento normativo (por exemplo, constar da nota fiscal de compra o desconto), mas é logicamente anterior. Tal situação (comporem o mesmo documento normativo) é tão somente circunstancial.

Ao seu turno, os descontos inter-relacionais podem (ou não) implicar receita. Quando não cuidar de compensação de relações jurídicas subordinadas, o desconto externará uma receita do comprador. Isso porque a relação jurídica descontada tem existência autônoma e independente da relação jurídica de base (compra), sendo seu crédito um elemento ativo do patrimônio do comprador.

Já a natureza de receita das relações jurídicas subordinadas dependerá da existência de "reservas, condições ou correspondência no passivo". No caso da relação jurídica de pagamento, o crédito no patrimônio do comprador é de igual monta e correspondência ao débito realizado nele. No nosso exemplo antes fornecido, para entregar ao vendedor, o comprador realizou um saque, um débito em seu patrimônio na mesma monta. Assim, ao crédito da Rjp (elemento ativo) corresponde a um débito (elemento passivo) no seu patrimônio, inexistindo riqueza nova. O mesmo não ocorre em outras situações, como na remissão parcial.

A remissão parcial implica a compensação da relação jurídica primitiva (Rjc) com o crédito em favor do comprador decorrente da liberalidade do vendedor.[34] Trata-se de uma relação jurídica subordinada à primitiva, porém ao crédito dela decorrente não haverá qualquer correspondência no passivo do seu patrimônio do comprador. Portanto, implicará um

34. Nem se fale que se trataria de mera renúncia. A remissão, como prescreve o art. 385, demanda a efetiva aceitação do devedor, afastando a possibilidade de considera-la meramente como renúncia. Como ensina Pontes de Miranda, "Sempre que se fala de renúncia, aludindo-se a aceitação, é de outro negócio jurídico que se deve cogitar." (MIRANDA, Pontes. *Tratado de direito privado*, tomo 3. Campinas: Bookseller, 2000, p.185).

ingresso novo e positivo, sem reservas, condições ou correspondência no passivo.

Nos descontos inter-relacionais, não tem qualquer relevância o momento em que nasce a relação jurídica de base (Rjc). Isso porque a relação jurídica compensada pode lhe ser anterior ou posterior.

Verifica-se, assim, que a natureza de receita do desconto, da perspectiva de algo novo e positivo, dependerá sobretudo do tipo do desconto e de sua forma ação.

3.2 Os descontos condicionados e incondicionados

A condição é fenômeno jurídico normalmente disciplinado em sua inteireza no âmbito do Direito Civil. É bem verdade que se trata de instituto que transcende os limites do direito privado (veja-se, por exemplo, o art. 150, §1º, do CTN), mas é lá que tradicionalmente seus traços característicos são enunciados no direito positivo brasileiro.[35]

Pontes de Miranda relata duas espécies de condições: a condição propriamente dita e a *conditio iuris.*[36] Esta última não seria de fato uma condição, pois, além de prevista em lei e não decorrer da vontade das partes, pode atingir não só a eficácia do ato ou negócio jurídico, mas também a existência destes. Doutra banda, as verdadeiras condições, tais quais disciplinadas no Código Civil, apenas atingiriam a eficácia.

A despeito da rejeição do mestre alagoano, no direito positivo brasileiro tanto a condição civil (propriamente dita) quanto *iuris* são prescritas. Por exemplo, temos o citado art. 150, §1º, do CTN como uma hipótese de *conditio iuris*. A característica comum entre as espécies citadas repousa na

---

35. O Código Civil assim disciplina o tema: Art. 121. Considera-se condição a cláusula que, derivando exclusivamente da vontade das partes, subordina o efeito do negócio jurídico a evento futuro e incerto.

36. MIRANDA, Pontes. *Tratado de direito privado*, tomo 5. Campinas: Bookseller, 2000, p. 146-147.

referência a acontecimentos futuros e incertos que influenciam numa preexistente relação jurídica. Essa última asserção demanda maior esclarecimento.

A preexistência da relação jurídica condicionada é relativa ao evento descrito na cláusula ou no enunciado condicionante. É justamente nisso que consiste a futuridade do acontecimento: dar-se em momento posterior à existência de uma relação jurídica (condicionada). Quanto a incerteza da condição, refere-se à não necessidade de o evento acontecer. Se há certeza, tratar-se-á de termo e não condição.

Juridicamente, portanto, pode-se denominar condição à descrição de um evento futuro e incerto que subordina a eficácia ou existência[37] de uma relação jurídica preexistente.

Devemos, entretanto, reconhecer a existência de outro sentido jurídico do signo |condição|. No item 2.1, mencionamos as normas como juízos condicionais. Neste contexto, não se trata de condição civil nem *conditio iuris*. Isso porque não há necessariamente uma relação jurídica preexistente a ser condicionada. Há o condicionamento da existência de uma relação jurídica: se **h**, então deve-ser a relação jurídica **c** [**D(H→C)**]. Condição seria uma relação da lógica deôntica diádica,[38] que implica um consequente à condição de um antecedente.

A depender o significado jurídico tomado de condição, chegaremos a construções diversas sobre o que é um desconto condicionado ou incondicionado. Comecemos pela primeira acepção.

---

37. Admito que há uma aparente petição de princípio aqui, pois falo em condicionar a existência de relação jurídica preexistente. Dessarte, uma condição resolutiva pode levar à extinção da relação jurídica condicionada, ou seja, atingir-lhe no plano da existência.

38. "Lógica Deôntica Diádica (DDL) pode ser descrita como uma generalização do MDL. Do ponto de vista sintático, trabalha-se com um operador de obrigação diádica primitivo ◯(- / -). Isto representa a noção de obrigação condicionada que é 'mais fraca' que a propalada na MDL ao usar a implicação material ou implicação estrita. Do ponto de vista semântico, permite-se a gradação da idealidade dos modelos" (PARENTE, Xavier; TORRE, Leendert van der. *Introduction to deontic logic and normative systems*. Milton Keynes: Lightning Source, 2018, p. 23, tradução livre).

Podemos afirmar que um desconto será condicionado se, e somente se, sua existência ou eficácia depender de um acontecimento futuro e incerto. Veja-se, o condicionamento é do desconto e não da relação jurídica de base.

Analisando, sob essa perspectiva, o desconto inter-relacional seria condicionado quando a compensação (em sentido amplo) entre as relações jurídicas estivesse sujeita a evento futuro e incerto. Duas relações jurídicas compensáveis já existiriam, mas o desconto apenas incidiria quando a condição se realizasse (no caso de condição suspensiva) ou a compensação se resolveria, deixaria de existir quando a condição se realizasse (condição resolutiva). Ao seu turno, seria incondicionado o desconto quando o pressuposto normativo da compensação se realizasse (existência de duas relações jurídicas compensáveis). No desconto condicionado, teríamos no mínimo **Rjb + Rjcom + condição** como antecedente normativo da consequência jurídica compensação realizada. No incondicionado, o antecedente normativo seria tão somente **Rjb + Rjcom.**

A adoção da condição civil ou da *conditio iuris* como parâmetro encontra uma dificuldade quando estamos diante do desconto pré-relacional. Isso porque a operação de desconto não se dá por meio de uma relação jurídica a ser condicionada. Aqui não há sentido falar de desconto condicionado ou incondicionado. Repita-se, não há relação jurídica a ser condicionada (por isso é pré-relacional).

Doutra banda, assumindo a condição como implicação deôntica, temos que o desconto inter-relacional será condicionado por seus pressupostos jurídicos. Assim, a norma jurídica do desconto contará com um antecedente (**Rjb + Rjcom)** que implicará o consequente (compensação): desconto condicionado = Njcom = **Rjb + Rjcom → Comp.** Sob essa óptica, não há desconto inter-relacional que não seja condicionado.

Já no caso dos descontos pré-relacionais, por não constarem de uma norma jurídica e serem anteriores ao nascimento de uma relação jurídica, tais descontos não assumiriam a forma de juízos condicionais normativos.[39] Portanto, seriam descontos incondicionados.

Semanticamente, as duas classificações se mostram aceitáveis em face do ordenamento jurídico brasileiro. Contudo, da perspectiva pragmática assumida nesse texto, a segunda deve ser escolhida. Por exemplo, a IN SRF nº 51/78, da qual trataremos em breve, refere-se a desconto incondicionado como "as parcelas redutoras do preço da venda" (item 4.1). Nossos tribunais, no âmbito de vários tributos, recorrentemente tomam por descontos incondicionados os descontos pré-relacioanais,[40] por todos:

Portanto, do ponto de vista pragmático, são descontos condicionados os descontos inter-relacionais e incondicionado os pré-relacionais.

---

39. É evidente que os descontos pré-relacionais podem se apresentar como juízos condicionados, como por exemplo, "desconto de 10%, se o cliente pagar em dinheiro". Acontece que tal juízo condicional não é jurídico, não representa uma norma jurídica, pois a condição (pagar em dinheiro) não corresponde ao antecedente normativo de qualquer norma jurídica no sistema jurídico brasileiro. Se a condição corresponder ao antecedente normativo de alguma norma jurídica, já não mais estaremos diante de um desconto pré-relacional, mas de um inter-relacional. Por exemplo, se um fornecedor conceder 10% de desconto, se o comprador permitir o uso de um bem por X dias, temos uma condição que se subsume à norma jurídica que disciplina o comodato. Aceita a "condição", teremos uma relação jurídica de comodato com preço fixado em 10% da outra relação jurídica (compra).

40. "Segundo o artigo 9º do DL 406/68, a base de cálculo do ISS é o valor do serviço prestado, entendendo-se como tal o correspondente ao que foi recebido pelo prestador. 2. Se o abatimento no preço do serviço fica condicionado a uma condição a cargo do tomador do serviço, tal desconto deve-se agregar à base de cálculo. 3. Diferentemente, se o desconto não é condicionado, não há base econômica imponível para fazer incidir o ISS sobre valor não recebido pelo prestador. 4. O desconto incondicionado, concedida por liberalidade do prestador sem qualquer imposição, reduzirá o valor do serviço, com reflexo para o Fisco que, em decorrência da liberalidade, receberá menos tributo. Conforme reconhece a doutrina, se a base imponível é o valor recebido pelo prestador, nada pode ser feito, senão considerar como base de cálculo o valor do serviço com o abatimento EDRESP - EMBARGOS DE DECLARAÇÃO NO RECURSO ESPECIAL - 1412951 2013.03.53934-0, ELIANA CALMON, STJ - SEGUNDA TURMA, DJE DATA: 07.02.2014 RDDT VOL.:00223 PG:00178 RDTAPET VOL.:00041 PG:00235 ..DTPB:.

3.3 A natureza jurídica do art. 1º, §3º, V, das Leis 10.637/2002 e 10.833/2003 e a omissão de descontos condicionados

Encontramo-nos, a esta altura, já de posse de elementos suficientes para assentar a natureza jurídica do disposto nos art. 1º, §3º, V, das Leis 10.637/2002 e 10.833/2003.

Adiantamos apenas que abordamos os institutos imunidades, isenções e não incidência a partir das premissas desenvolvidas pelo Prof. Paulo de Barros Carvalho. Portanto, imunidade é uma causa de incompetência[41] e a isenção é uma regra de estrutura que mitiga o campo semântico de algum elemento da RMIT.[42] A chamada não incidência pura e simples, por sua vez, é signo que não compartilha da mesma feição da imunidade e da isenção. Isso porque não tem sentido normativo. Ela pressupõe uma RMIT que não contemple signos abarcados pela norma de competência em qualquer dos enunciados referentes ao seu critério material. A não incidência trata-se de um enunciado descritivo e não de uma norma jurídica em sentido amplo, como são a isenção e a imunidade.

Pois bem. Vimos que os descontos incondicionados não se subsumem ao conceito constitucional de receita. São descontos pré-relacionais e, portanto, não configuram qualquer ativo para o comprador. Dessarte, o enunciado prescrito ora em análise configura uma expressão da incompetência do legislador tributário e é prescindível, por se encontrar na implicitude do próprio texto constitucional.

---

41. "classe finita e imediatamente determinável de normas jurídicas, contidas no texto da Constituição da República, e que estabelecem, de modo expresso, a incompetência das pessoas políticas de direito constitucional interno para expedir regras instituidoras de tributos que alcancem situações específicas e suficientemente caracterizadas." (CARVALHO, Paulo de Barros. *Curso de direito tributário.* 30 ed. São Paulo: Saraiva, 2019, p. 213).

42. "classe das regras de estrutura, que intrometem modificações no âmbito da regra-matriz de incidência tributária, esta sim, de conduta." (CARVALHO, Paulo de Barros. *Op. cit.*, p. 500).

Registre-se que a omissão no texto legal quanto a exclusão dos descontos condicionados que não configurem receitas (como vimos no item 3.2) não implica sua tributação. Isso porque, por decorrer implicitamente do texto constitucional a incompetência do legislador para tributar por meio do PIS e da COFINS o que não é receita, esses descontos, a despeito de condicionados, estão ao largo da incidência tributária.

3.4 A materialização do desconto incondicionado

Diante da homogeneidade sintática do direito, apenas norma pode falar de norma. Toda ação jurídica demandará uma norma jurídica que lhe materialize, além de outra que lhe autorize. Assim, temos um processo de positivação:

> Esse caminho, em que o direito parte de concepções abrangentes, mas distantes, para chegar às proximidades da região material das condutas intersubjetivas, ou, em terminologia própria, iniciando-se por normas jurídicas gerais e abstratas, para chegar a normas individuais e concretas, e que é conhecido por 'processo de positivação', deve ser necessariamente percorrido, para que o sistema alimente suas expectativas de regulação efetiva dos comportamentos sociais.[43]

Nesse processo, as normas jurídicas sempre andarão aos pares. Uma norma jurídica é necessariamente introduzida por outra norma jurídica. Distinguimos assim as normas jurídicas introduzidas das normas jurídicas introdutoras (veículo introdutor de normas).[44] É importante, contudo, não confundir as normas jurídicas introdutoras com documento normativo.

---

43. CARVALHO, Paulo de Barros. *Direito tributário*: fundamentos jurídicos da incidência. 6 ed. São Paulo: Saraiva, 2008, p. 252.

44. "nenhuma regra (enunciado-enunciado) entra no sistema do direito positivo sem ser através de um veículo introdutor previsto pelo próprio sistema". Por sua vez, "a norma veículo introdutor resulta da aplicação da norma sobre a produção jurídica e é da espécie concreta e geral, construída a partir da leitura da epígrafe e do preâmbulo do documento normativo, responsável por introduzir enunciados prescritivos no sistema." (MOUSSALLEM, Tárek Moysés. *Fontes do direito tributário*. 2.ed.São Paulo: Noeses, 2006, p. 132).

Vimos que as normas jurídicas são juízo condicionais. Como juízos, pertencem ao plano do conteúdo dos signos jurídicos. Já o documento normativo é apenas a materialização de uma norma jurídica, o suporte físico que contém os significantes das normas jurídicas. Não raro o ordenamento jurídico indica determinados documentos normativos como únicos aptos a materializar normas jurídicas. É o caso das leis ordinárias, cujo documento normativo é o Diário Oficial devidamente publicado. Mas nem sempre assim se dá.

Por exemplo, quando legislação tributária se refere aos <descontos incondicionados>, está agindo no plano normativo; é norma em sentido amplo introduzida. A Lei 10.833/2003, ao seu turno, é a norma introdutora (geral e concreta) do enunciado jurídico |descontos incondicionados|. Já o documento normativo é a edição impressa no diário oficial e reproduzida nas mais diversas bases.

Como vislumbramos dos enunciados das Leis 10.637/2002 e 10.833/2003 sobre o desconto incondicionado, não se está instituindo a base normativa jurídica para a validade dos descontos incondicionados. Assume os descontos incondicionados como realidades jurídicas postas e de regime jurídico já definido e apenas disciplina seus efeitos tributários (ainda que de forma desnecessária, pois já presente em enunciado constitucional implícito).

A norma geral e abstrata que fundamenta a validade e disciplina os descontos encontra-se sobretudo no direito civil e é concretizada por meio de normas individuais e concretas (normas introduzidas), valendo-se de veículos introdutores (normas gerais e concretas) com diversos suportes físicos (documentos). Inexiste no direito privado, ao menos de forma universal, documentos normativos típicos para a materialização dos descontos (qualquer seja o tipo). Também a lei tributária não coloca qualquer exigência quanto ao documento normativo dos descontos. Assim, os enunciados normativos do desconto podem ser introduzidos no sistema jurídico por meio de qualquer documento reconhecido em direito.

Neste ponto, mostra-se ilegal a determinação contida na IN RFB 51/78 (item 4.2) no sentido de condicionar o reconhecimento do desconto incondicionado a sua introdução no sistema jurídico por meio tão somente dos enunciados componentes da nota fiscal (documento normativo). Não há qualquer determinação em lei quanto ao documento normativo hábil a dar suporte físico aos descontos incondicionados. Trata-se de criação por ato infralegal e, portanto, ilegal. Mais ainda. Não sendo o desconto incondicionado receita por sua própria natureza, restringir a não incidência do tributo apenas aos casos em que tal desconto se materialize na nota fiscal tem como consequência tributar os descontos incondicionados que não realizem esta exigência em flagrante afronta ao texto constitucional. Mais do que ilegal, a disciplina é inconstitucional.

Nem se invoque o art. 100, I, do CTN. A uma, porque disciplina o caráter complementar de leis, não podendo alterá-las. A duas, por ser uma questão de constitucionalidade. A introdução de outros enunciados pela IN RFB 51/78 implica a redução do campo semântico do texto legal, de modo a afrontar diretamente a delimitação da competência tributária do legislador ordinário, sem o processo legislativo competente (Emenda Constitucional). O desconto incondicionado poderá ser demonstrado por meio de qualquer documento normativo que lhe sirva de suporte.

4. Conclusões

O que se costuma denominar no direito tributário por desconto é operação complexa, que não se apresenta de forma unívoca no direito. A denominação contábil realizada pelos contribuintes não tem qualquer impacto na natureza jurídica destas reduções, nem mesmo em sua classificação como receita tributável por meio do PIS e da COFINS. Imperiosa é a análise do regime jurídico a que se subordina o desconto e a forma como este age no caso concreto, a partir dos seus enunciados prescritivos. Sem prejuízo e à guisa de conclusões, podemos assentar:

a) Quanto ao desconto incondicionado:

1) Nas relações jurídicas de compra, por ser pré-relacional, nunca se caracterizará como receita do comprador;

2) Devem ser necessariamente anteriores ao nascimento da relação jurídica de compra;

3) Como decorrência lógica do item anterior, se for posterior à relação jurídica, o desconto não será incondicionado;

4) O documento normativo em que seus enunciados prescritivos se materializam é juridicamente irrelevante.

b) Quanto ao desconto condicionado:

1) Poderá sim configurar receita, vez que é inter-relacional, desde que representem um elemento ativo do patrimônio do comprador;

2) O momento em que o desconto é estipulado não é relevante para caracterizá-lo como receita;

3) Havendo ao menos duas relações jurídicas, sendo uma delas a de compra, a compensação (desconto condicionado) realizar-se-á;

4) Sempre que as relações envolvidas sejam dotadas de autonomia e independência, o desconto condicionado representará um ingresso novo e positivo, implicando uma receita do comprador;

5) Ainda que subordinada à relação de compra, o desconto condicionado poderá representar elemento ativo do patrimônio se, e somente se, inexistir correspondência no elemento passivo patrimônio do comprador.

Referências

BALEEIRO, Aliomar. *Uma introdução à ciência das finanças*. 16 ed. Rio de Janeiro: Forense, 2002.

BRITTO, Lucas Galvão de. Sobre o uso de definições e classificações na construção do conhecimento e na prescrição de condutas. In ALVES, Alaôr Caffé et. al. *Lógica e direito*. São Paulo: Noeses, 2016.

CARVALHO, Paulo de Barros. *Curso de direito tributário*. 30 ed. São Paulo: Saraiva, 2019.

______. *Direito tributário:* fundamentos jurídicos da incidência. 6 ed. São Paulo: Saraiva, 2008.

______. *Direito tributário:* linguagem e método. São Paulo: Noeses, 2008.

DINIZ, Guilherme Soares. Por uma nova visão do art. 110 do CTN: uma abordagem semiótica. *In*: *Revista de Estudos Tributários*, Porto Alegre, v. 22, n. 134 - jul-ago/2020, pp. 54-76.

ECO, Umberto. *Trattato di semiotica generale*. Milano: La nave di Teseo, *2016*.

GREIMAS, Algirdas Julien. *Sémantique structurale: recherche de méthode. 3. Ed. Paris: Presses Universitaires de France, 1986 (quarta tiragem, 2015).*

MACHADO, Hugo de Brito. *Os descontos obtidos e a base de cálculo das contribuições PIS/Cofins. Revista Dialética de Direito Tributário nº 134*. São Paulo: Dialética, 2006

MIRANDA, Pontes de. *Tratado de direito privado, tomo 5*. Campinas: Bookseller, 2000.

______. *Tratado de direito privado, tomo 3*. Campinas: Bookseller, 2000.

MOUSSALLEM, Tárek Moysés. *Fontes do direito tributário*. 2. ed.São Paulo: Noeses, 2006.

NEVES, Marcelo. *Teoria da inconstitucionalidade das leis.* São Paulo: Saraiva, 1988.

PARENTE, Xavier; TORRE, Leendert van der. *Introduction to deontic logic and normative systems.* Milton Keynes: Lightning Source, 2018.

VILANOVA, Lourival. *As estruturas lógicas e o sistema do direito positivo.* São Paulo: Noeses, 2005.

_____. *Causalidade e relação no direito.* 5 ed. São Paulo: Noeses, 2015.

O CONCEITO DE "SERVIÇO" TRIBUTÁVEL E O CRITÉRIO MATERIAL DA REGRA-MATRIZ DE INCIDÊNCIA DO ISS

Jacqueline Mayer da Costa Ude Braz[1]

Sumário: 1. Introdução – 2. A regra-matriz de incidência do ISS: 2.1 A regra-matriz de incidência enquanto método para se conhecer o direito; 2.2 os critérios da regra-matriz de incidência tributária; 2.3 O critério material da regra-matriz de incidência tributária – 3. A definição de "serviço" tributável: 3.1 A definição tradicional de "serviço"; 3.2 A definição de "serviço" na jurisprudência do STF – 4. Conclusão – Referências.

1. Introdução

A expressão "regra-matriz de incidência tributária" é o instrumento metodológico pelo qual se estuda as normas jurídicas. Trata-se de uma fórmula simplificadora que reúne apenas os aspectos considerados indispensáveis para que se verifique a ocorrência do fato e quais as características da relação jurídica que dele decorre.

A hipótese normativa é composta por critério material, espacial e temporal. Ela descreve o fato que, se ocorrido e

1. Doutora e Mestre em Direito Tributário pela USP. Professora nos cursos de especialização do IBET. Advogada.

traduzido em linguagem competente, determinará a formação da relação jurídica prescrita no consequente dessa norma que, por sua vez, é composto pelos critérios pessoal e quantitativo.

As funções operativas do esquema lógico da regra-matriz são basicamente delimitar o âmbito da incidência da norma e controlar a constitucionalidade e legalidade normativa. Sendo assim, ao preencher com o conteúdo dos textos positivados, o esquema da regra-matriz de incidência, o intérprete delimita a extensão dos conceitos conotativos da hipótese e do consequente. Projetando isso na linguagem da realidade social, os acontecimentos capazes de estabelecer as relações jurídicas ficam delimitados, o que também ocorre com o conteúdo dessas relações.

No caso do Imposto sobre Serviços (ISS), a construção da regra-matriz de incidência tributária, partindo dos dispositivos da Constituição da República Federativa do Brasil de 1988 (CRFB/1988) auxilia no exame da constitucionalidade e legalidade da exação. No caso, o exame mais detido do critério material faz emergir o questionamento sobre a mutação do conceito de "serviço" tributável na jurisprudência do Supremo Tribunal Federal (STF). Por essa razão, com este trabalho, pretende-se responder à seguinte questão: Qual a definição do conceito de "serviço" tributável?

Para responder a essa questão, partiremos da construção da regra-matriz de incidência do ISS. Para tanto, será preciso analisar a regra-matriz de incidência enquanto esquema lógico e, então, construir a regra-matriz de incidência do ISS, relacionando seus critérios e avaliando especificamente a sua materialidade. Na sequência, será apresentada a definição tradicional de serviço tributável para que se possa verificar se essa definição foi ou não superada pela jurisprudência do STF.

2. A regra-matriz de incidência do ISS

O uso da regra-matriz de incidência tributária objetiva reduzir drasticamente as complexidades impostas pelo grande número de enunciados prescritivos a serem considerados para compreender o tributo. Por essa razão, neste tópico do trabalho, examinar-se-á como ela atua como método para se conhecer o Direito, seus critérios e como pode ser construída a regra-matriz de incidência do ISS. Esse caminho sedimentará a base para que se possa concentrar o estudo no critério material e nos problemas relacionados à expressão "prestar serviço".

2.1 A regra-matriz de incidência enquanto método para se conhecer o Direito

A regra-matriz de incidência tributária pode ser entendida tanto como estrutura lógica, quanto como norma jurídica em sentido estrito.[2] No primeiro caso, ela é desprovida de conteúdo jurídico. Trata-se de uma estrutura abstrata, constituindo um sistema sintático, um esquema lógico-semântico, que auxilia o intérprete na construção da norma jurídica. Já no segundo, surge quando preenchidos semanticamente todos os campos sintáticos desse esquema. Aurora Tomazini de Carvalho (2016, p. 390) a decompõe e explica:

> Na expressão "regra-matriz de incidência" emprega-se o termo "regra" como sinônimo de norma jurídica, porque trata-se de uma construção do intérprete, alcançada a partir do contato

2. O juízo hipotético-condicional é a forma como se atribui logicamente uma consequência, em caso de ocorrência do evento hipoteticamente descrito. Nesse sentido, a norma jurídica se apresenta como fruto da interpretação dos enunciados prescritivos do direito positivo, ou seja, partindo deles e fazendo o percurso gerador de sentido, obtém-se, em S_3, a norma jurídica enquanto esquema implicacional, descrita da seguinte forma: $\overset{\cdot}{D}$ (H → C), podendo ser lida como "ocorrido o fato previsto na hipótese, deve-ser a consequência". Essa relação de implicação instaura-se entre as proposições, de modo que a ocorrência do fato previsto na hipótese normativa é suficiente para que, com o relato em linguagem competente, emerjam os efeitos previstos em seu consequente.
A norma jurídica, enquanto juízo hipotético-condicional com os elementos que são necessários para identificar a ocorrência do fato e a consequência dele descrito, tal como ocorre com a regra-matriz de incidência tributária, descrita sob a forma D (H → C), identifica-se com a acepção do termo em sentido estrito. No entanto, há a norma jurídica em sentido amplo que revela aquelas hipóteses em que não se constrói um juízo hipotético-condicional. Podem ser identificadas como enunciados prescritivos ou proposições jurídicas.

> com os textos legislados. O termo "matriz" é usado para significar que tal construção serve como modelo padrão sintático-semântico na produção da linguagem jurídica concreta. E "de incidência", porque se refere a normas produzidas para serem aplicadas. (CARVALHO, 2016, p. 390)

A regra-matriz de incidência é uma regra de comportamento, porque objetiva disciplinar a conduta do sujeito devedor da prestação, perante o sujeito credor. Trata-se de norma geral e abstrata, que não traz em sua hipótese fato específico e determinado, o que caracteriza as normas individuais e concretas. Ela se refere a uma classe de eventos, em que se enquadrarão infinitos acontecimentos concretos.

O intérprete pode se ater ao âmbito de incidência da norma jurídica e identificar com precisão a ocorrência do fato hipoteticamente previsto e a relação jurídica dele decorrente. Essa delimitação do campo da incidência também possibilita o controle do ato, que toma a regra-matriz como fundamento jurídico, ou do próprio ato legislativo que a criou. Assim, a norma individual e concreta deve se coadunar com a regra-matriz de incidência, que a fundamentou. Caso isso não ocorra, o ato deverá ser questionado. A constitucionalidade da regra-matriz, enquanto norma jurídica, também pode ser objeto de análise para se verificar a sua consonância com as normas de que ela retira fundamento.

2.2 Os critérios da regra-matriz de incidência tributária

A hipótese ou descritor da regra-matriz de incidência tributária é composta pelos critérios material, espacial e temporal e o consequente ou prescritor, pelos critérios pessoal e quantitativo.

Os critérios da regra-matriz de incidência, previstos no descritor, remetem à identificação das coordenadas espaço-temporais do fato, cuja ocorrência no mundo fenomênico e descrição em linguagem competente ensejam o surgimento da relação jurídica que tem por objeto a prestação pecuniária.

Essa relação jurídica, prescrita no consequente da regra-matriz, é formada entre sujeito ativo, ou seja, aquele que possui capacidade para exigir o tributo não se confundindo, em muitos casos, com o ente competente para instituí-lo,[3] e sujeito passivo, de quem o tributo pode ser exigido. Vale dizer que o critério quantitativo estabelece um dos elementos preponderantes do tributo, qual seja, a base de cálculo, que possui as funções de confirmar, afirmar ou infirmar a hipótese de incidência. Ela compõe, com a hipótese de incidência, o binômio a partir do qual se pode identificar a espécie tributária da exação analisada.

Feitas essas considerações, passa-se à construção da regra-matriz de incidência do ISS para que, em seguida, se possa examinar detalhadamente o seu critério material.

2.2.1 A construção da regra-matriz de incidência do ISS

A construção da regra-matriz de incidência do ISS deve partir do disposto no art. 156, III, da CRFB/88, que assim determina: "Art. 156. Compete aos Municípios instituir imposto sobre: [...] III – serviços de qualquer natureza, não compreendidos no art. 155, II, definidos em lei complementar".

O dispositivo constitucional confere à lei complementar a tarefa de definir tais serviços. Além disso, por força do art. 146, III, da CRFB/88, esse instrumento normativo também deverá veicular normas gerais sobre o imposto, especialmente sobre "fatos geradores, bases de cálculo e contribuintes" e sobre "obrigação, lançamento, crédito, prescrição e decadência tributários". No caso do ISS, a Lei Complementar 116/2003 veicula as normas gerais relativas ao imposto.

---

3. A competência tributária não se confunde com a capacidade tributária ativa. A primeira se refere à possibilidade de instituir, de criar o tributo, por meio do exercício de prerrogativa constitucionalmente prevista. As características que melhor as discerne é a delegabilidade. Enquanto a competência é indelegável, a capacidade tributária ativa é delegável.

Por fim, para a construção da regra-matriz de incidência tributária do ISS, **é preciso que se analise a lei municipal instituidora do imposto. Este estudo não avaliará o ISS de um Município específico**, uma vez que aqui se busca a definição de "serviço" tributável pelo imposto. Por isso, a regra-matriz de incidência será aqui genericamente construída, sem referência a uma lei municipal específica.

A partir dessas considerações, a regra-matriz de incidência do ISS pode ser assim estruturada:

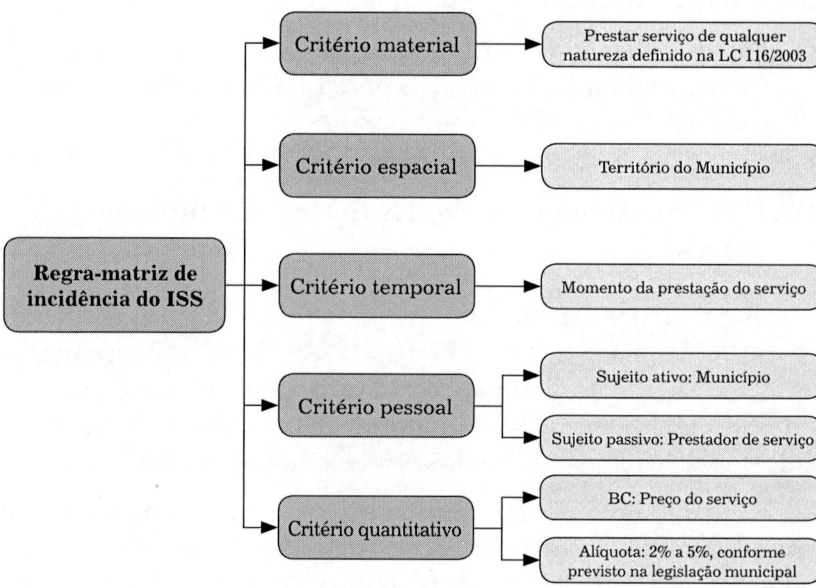

Fonte: Elaborado pela autora.

O esquema da regra-matriz de incidência é uma fórmula simplificadora. Ele reduz as complexidades geradas pelo grande número de enunciados prescritivos a serem considerados no estudo do ISS, como dito anteriormente: dispositivos constitucionais, Lei Complementar 116/2003 e a legislação municipal instituidora do tributo.

Contudo, a utilização desse esquema lógico não é capaz de solucionar os problemas semânticos advindos da compreensão dos termos usados no preenchimento de cada um dos critérios. Por essa razão, o estudo do critério material do ISS será aprofundado.

2.3 O critério material da regra-matriz de incidência tributária

Primeiro, algumas palavras sobre o critério material da regra-matriz de incidência: Ele é composto por um verbo pessoal de predicação incompleta e complemento suscetível de avaliação pecuniária. Assim, ele se refere ao comportamento ou estado das pessoas físicas ou jurídicas, denotado por um grupo de verbos, condicionado por circunstâncias de espaço e de tempo e, justamente por isso, por denotar esse comportamento ou estado, o verbo utilizado não poderia ser impessoal.

Fenômenos da natureza, expressos por verbos impessoais, por exemplo, não podem ser eleitos objeto de incidência tributária. Chover, nevar, ventar ou relampejar não expressam situações economicamente apreciáveis, ligadas a uma pessoa física ou jurídica. Isso também pode ser dito em relação ao verbo impessoal mais utilizado: haver, significando existir. Também não se expressa, por meio dele, comportamento nem estado.

Apesar da dificuldade de isolamento do critério material, não se pode associá-lo à descrição objetiva do fato, que contém toda a hipótese de incidência. Não se pode confundir o núcleo da hipótese normativa com a própria hipótese de incidência. Os verbos pessoais citados, que denotam comportamento ou estado, são importantes para definir a hipótese da norma do tributo, sendo necessário, para tanto, que se trate de verbos pessoais, no infinitivo. Eles indicam, portanto, ação futura e possuem predicação incompleta, denotando, assim, a presença do complemento, que indica as peculiaridades da ação descrita pelo verbo.

2.3.1 O critério material do ISS

Como visto anteriormente, o art. 156, III, da CRFB/1988, estabelece a competência dos Municípios para instituir imposto sobre "serviços de qualquer natureza, não compreendidos no art. 155, II, definidos em lei complementar". O legislador constitucional atribuiu a função de estabelecer os limites do conceito de "serviço" ao legislador infraconstitucional que o fez denotativamente ao relacionar, na Lista Anexa à Lei Complementar 116/2003, os serviços tributáveis pelos Municípios.[4] Desse modo, ele não trouxe uma definição conotativa, por meio da fixação das características essenciais daquilo que se poderia entender por "serviço" tributável pelos Municípios.

O legislador municipal, ao exercer a competência que lhe foi atribuída pela CRFB/1988, deve se ater aos limites impostos no texto constitucional, traduzidos em princípios e imunidades tributárias, e na lei complementar que veicule normas gerais em matéria tributária. Exatamente por isso, é extremamente relevante o papel atribuído à Lei Complementar 116/2003. Conforme anteriormente ressaltado, além da missão de definir os serviços, nos termos do art. 156, III, da CRFB/88, ela deve veicular as normas gerais relativas ao imposto, nos termos do art. 146, da CRFB/88.

Desse modo, a materialidade do ISS traz duas especificidades que fomentam essa discussão: (i) a ausência no art. 156, III, da CRFB/88, do verbo que indique a ação relacionada ao "serviço" que deverá compor o critério material da regra-matriz de incidência do ISS; (ii) a não veiculação de uma definição conotativa de "serviço" na Lei Complementar 116/2003.

Sobre o verbo que irá compor juntamente com o complemento verbal "serviço" o critério material da regra-matriz de incidência tributária do ISS, poder-se-ia aferir que ele seria "prestar". Com base no princípio da capacidade contributiva,

4. Anteriormente, o Decreto-lei 406/67 veiculava a relação de serviços tributáveis e estabelecia normas gerais sobre o Imposto sobre Serviços (ISS).

previsto no art. 145, §1º, da CRFB/88[5], devem-se tributar apenas manifestações de riqueza. Portanto, não seria admissível que o imposto gravasse o tomador do serviço, ou seja, aquele que efetua a contratação da prestação de serviço, pagando determinado preço por ela. Por essa razão, na construção da regra-matriz de incidência do ISS anteriormente feita, o verbo "prestar" foi destacado como sendo aquele que revela a conduta que, se praticada, fará surgir a respectiva relação jurídico-tributária.

3. A definição de "serviço" tributável

Anteriormente, foram listados alguns problemas para a compreensão do "serviço" tributável pelo ISS. O outro aspecto e que gera dificuldades para a fixação da materialidade do imposto é justamente estabelecer os contornos do conceito de "serviço", ou seja, aquelas características essenciais do que se poderia entender por "serviço" tributável. Por não ter a Lei Complementar 116/2003 estabelecido definição conotativa, abriu-se para a doutrina a possibilidade de fazê-lo com base em todos os elementos fornecidos pelo sistema jurídico para tanto.

A análise das decisões proferidas pelo STF ao longo dos anos sobre a tributação dos serviços gera o questionamento se houve ou não a mutação do conceito de "serviço". E ele vem acompanhado de outra questão: Os conceitos postos no texto constitucional são modificáveis?

Numa primeira análise, pode parecer que a ideia de alterabilidade da CRFB/88 não condiz com a sua estabilidade. No entanto, a própria CRFB/88 prevê os mecanismos adequados para que seu texto seja alterado, por meio do exercício do poder constituinte derivado, o que é necessário, considerando

5. § 1º. Sempre que possível, os impostos terão caráter pessoal e serão graduados segundo a capacidade econômica do contribuinte, facultado à administração tributária, especialmente para conferir efetividade a esses objetivos, identificar, respeitados os direitos individuais e nos termos da lei, o patrimônio, os rendimentos e as atividades econômicas do contribuinte.

a natural evolução social. A alteração, nesse caso, se opera por meio de um processo formal e se apresenta no plano do suporte físico.[6]

E as alterações promovidas sem alteração do texto? Esse processo de modificação do texto constitucional é chamado de mutação constitucional e normalmente é realizado pelos julgadores diante dos casos que são postos a sua apreciação. Nesse sentido, Simone Rodrigues Costa Barreto (2015, p.78) afirma que:

> Por mutação constitucional entende-se a alteração da significação atribuída a um determinado signo um dado enunciado do Texto Constitucional, sem que outro enunciado, também constitucional, tivesse sido introduzido no sistema. Sem qualquer atuação do poder constituinte derivado, o intérprete, ao construir o sentido de um signo ou de um enunciado, atribui-lhe outro sentido, diverso do antes atribuído, motivado por fatores sociais, culturais, históricos, dentre outros. É o contexto e a intertextualidade, presentes na interpretação, produzindo efeitos. (BARRETO, 2015, p. 78)

Diferentemente do que ocorre com a alteração do texto constitucional, realizada pelo exercício do poder constituinte derivado, a mutação constitucional não se dá no plano do suporte físico, mas no plano da significação. Ela decorre da interpretação ou reinterpretação do dispositivo constitucional, considerando um novo contexto, ou seja, considerando elementos imprevisíveis à época da edição do texto.

Essa nova interpretação somente será tida como mutação constitucional se reconhecida pelo STF. A partir de então, orientará o entendimento do dispositivo. Diz-se "orientará",

---

6. A Semiótica estuda a mensagem, que é a informação transmitida, enquanto elemento do processo comunicacional. O seu objeto, o signo, é aquilo que representa algo para alguém, estabelecendo uma relação triádica entre (i) um suporte físico, que são as marcas do signo no papel, (ii) um significado, enquanto representação individualizada do suporte físico, e (iii) uma significação, que é o conceito ou ideia, variável de pessoa para pessoa, de acordo com os valores inerentes a cada uma. O signo associa então o suporte físico a um significado, suscitando uma significação, a que se denomina triângulo semiótico.

porque nem todas as decisões proferidas pelo STF têm caráter vinculante.[7]

Todavia, vale notar que a mutação constitucional deverá observar os limites postos ao destacamento do enunciado prescritivo do seu contexto original. Aqui, deve-se ter em mente que a leitura de um único enunciado é, muitas vezes, insuficiente para compreender a norma jurídica. Quando isso acontece, é preciso consultar outros dispositivos do mesmo diploma legal e até mesmo sair dele, indo para outros para que se possa contextualizar as partes do texto que servem de suporte para a construção da norma jurídica.

Contudo, algumas frases possuem características especiais que permitem que elas sejam separadas do texto a que inicialmente estavam relacionadas, o que caracteriza a sua destacabilidade e permite que sejam usadas em outros contextos textuais. Segundo Dominique Maingueneau (2014, p. 15-16), a possibilidade de destacamento dessas frases é enfatizada pelo próprio autor por meio de uma operação chamada sobreasseveração. Ela constitui o realce de determinada passagem em relação ao contexto em que está inserida.

Algumas vezes, uma frase destacada de um texto adquire vida própria não por força da sobreasseveração realizada pelo autor, mas em razão da enunciação aforizante. Ela se caracteriza pela alteração dos usos daquela frase, ou seja, do seu *status* pragmático. Desse modo, o sentido atribuído para a frase destacada, cuja redação, muitas vezes, sequer coincide com a sequência que a originou, desvinculando-se completamente do contexto original. Nesse sentido, prossegue Dominique Maingueneau (2014, p. 40):

> Desde que existe a linguagem, há os que afirmam que suas frases foram distorcidas, "descontextualizadas". No caso da

7. Somente têm efeitos *erga omnes* as decisões proferidas no controle concentrado de constitucionalidade e aquelas, os enunciados de súmula vinculante e aquelas decisões proferidas pelo STF em casos em que tenha sido declarada a repercussão geral, nos termos do art. 927 do CPC.

> aforização, essa tensão é levada ao seu paroxismo, na medida em que não se trata de uma "citação" comum. A aforização não se apresenta como um fragmento de texto, mas como um enunciado autossuficiente, situado ao mesmo tempo "no" texto em que está inserido e "fora" de qualquer texto. Enquanto as citações em estilo direto podem variar de tamanho (de uma palavra a um texto inteiro) e conservar algumas características do texto-fonte, a lógica da aforização é a de apagar tanto as marcas de inscrição num ambiente textual quanto seu pertencimento a um gênero de discurso. Ela se apresenta como tendo sido proferida em outra cena. (MAINGUENEAU, 2014, p. 40)

A aforização ou "frase sem texto" é um enunciado que, destacado do seu contexto original, adquire vida própria. Por isso, pode ter seu sentido substancialmente alterado, ou seja, ele pode ser interpretado de forma autônoma, desvinculado do contexto em que foi produzido.

É exatamente isso que se verifica quando se examinam os Enunciados de Súmula editados pelos Tribunais Superiores sobre determinada matéria. Eles constituem aforizações, ou seja, formulações baseadas em frases destacadas de um texto-fonte. Sua interpretação isolada, sem a sua adequada e necessária recontextualização, pode levar à compreensão diversa daquela produzida no contexto de origem. Desse modo, o destacamento da frase de seu texto-fonte não poderá implicar mutação de sentido, desconsiderando o contexto em que a frase foi produzida, sob pena de deturpar por completo a mensagem prescritiva, seja ela a do texto constitucional, seja ela a emitida pelos Tribunais Superiores em seus julgamentos, especialmente naqueles que têm força vinculante.

Desse modo, quando a CRFB/88 explicita um termo sem defini-lo especificamente, ela acaba por incorporar o significado ordinário ou técnico apresentado ao tempo da promulgação do texto constitucional. (ÁVILA, 2018, p. 50) O legislador constitucional baseou-se no que entendia ser "serviço" à época da elaboração do texto da Constituição Federal.

Feitas essas advertências, passa-se à análise da definição do "serviço" tributável.

3.1 A definição tradicional de "serviço"

Tradicionalmente, serviço é definido na doutrina como um fazer em favor de terceiro. Nesse sentido, para Aires F. Barreto (2018, p. 43) serviço é "o desempenho de atividade economicamente apreciável, sem subordinação, produtiva de utilidade para outrem, sob regime de direito privado, com fito de remuneração, não compreendido na competência de outra esfera de governo".

Marçal Justen Filho (1995, p. 66) determina ser tributável pelo ISS a "prestação de utilidade (material ou não) de qualquer natureza, efetuada sob regime de direito privado mas não sob regime trabalhista, qualificável juridicamente como execução de obrigação de fazer, decorrente de um contrato bilateral".

Na mesma linha, Aliomar Baleeiro (2013, p. 729) relaciona o que caracteriza a expressão "prestar serviço" cunhada no critério material da hipótese da regra-matriz de incidência do ISS. São elas: (i) configurar-se uma utilidade como uma obrigação de fazer; (ii) a prestação deve se dar em favor de terceiros, ou seja, exclui aqueles serviços prestados para si mesmo, em benefício próprio; (iii) a execução do serviço deve se dar sem subordinação jurídica, em caráter independente, excluindo-se os serviços prestados pelos empregados a seus empregadores; (iv) o serviço prestado deve ser objeto de circulação econômica, excluindo-se, assim, os serviços gratuitos ou os de cortesia; por fim, (v) o serviço deve ser prestado em regime de direito privado.

Por sua vez, Paulo de Barros Carvalho (2015, p. 794-795) o define como o exercício pelo prestador de atuação que se apresente sob a forma de obrigação de fazer e que tenha por objetivo produzir utilidade para o tomador, que remunera aquele por meio de preço.

Em geral, as definições de "serviço" tradicionalmente formuladas se referem a um fazer humano, em favor de terceiro, com conteúdo econômico, que não reflita uma relação regida pelo Direito do Trabalho. No entanto, o STF, ao dirimir as controvérsias que lhe foram apresentadas, foi, ao longo do tempo, alargando o conceito de "serviço" tributável. Por isso, passa-se à análise dos julgados que evidenciam a mutação constitucional e a necessidade de recontextualização para compreendê-lo.

3.2 A definição de "serviço" na jurisprudência do STF

Para que se verifique se houve a mutação constitucional do conceito de "serviço" ou se há a necessidade de recontextualização, serão analisados o RE 116.121 (ISS sobre locação de bens móveis), RE 592.905 e RE 547.245 (ISS sobre *leasing* financeiro e *lease-back*), a edição do Enunciado de Súmula Vinculante 31, RE 626.706 (ISS sobre filmes cinematográficos, videoteipes, cartuchos para videogame e assemelhados), RE 651.703 (ISS sobre planos de saúde), RE 603.136 (ISS sobre contratos de franquia), ADI 3142 (ISS sobre relações mistas ou complexas) e, por fim, serão feitas algumas considerações sobre a ADI 1.945 e ADI 5.659.

3.2.1 ISS e locação de bens móveis

No RE 116.121, em 11/10/2000, discutia-se a constitucionalidade da incidência do ISS sobre a locação de guindastes sem a inclusão da mão de obra de seus operadores no contrato. Ao apreciar a questão, o STF decidiu que "o ISS somente pode incidir sobre obrigações de fazer, a cuja matriz conceitual não se ajusta a figura contratual da locação de bens móveis".

No julgado, o Ministro Marco Aurélio apresentou voto divergente daquele proferido pelo Relator, Ministro Octavio Gallotti, destacando que "há de prevalecer a definição de cada instituto, e somente a prestação de serviços, envolvido na via direta o esforço humano, é fato gerador do tributo em comento". No mesmo sentido, o Ministro Celso de Mello afirmou que:

> [...] a qualificação da "locação de bens móveis", como serviço, para efeito de tributação municipal mediante a incidência do ISS, nada mais significa do que a inadmissível e arbitrária

> manipulação, por lei complementar, da repartição constitucional de competências impositivas, eis que o ISS somente pode incidir sobre obrigações de fazer, a cuja matriz conceitual não se ajusta a figura contratual da locação de bens móveis.
>
> Cabe advertir, neste ponto, que a locação de bens móveis não se identifica e nem se qualifica, para efeitos constitucionais, como serviço, pois esse negócio jurídico – considerados os elementos essenciais que lhe compõem a estrutura material – não envolve a prática de atos que consubstanciam um *praestare* ou um *facere*.
>
> Na realidade, a locação de bens móveis configura verdadeira obrigação de dar [...].

Desse modo, o STF, por seis votos a cinco, afastou a definição econômica de "serviço" para que se adotasse critério puramente jurídico, posto no Direito Civil, definindo-o como resultante de uma obrigação de fazer. Ademais, a adoção desse critério pelo Direito Tributário estaria autorizada pelo que determina o art. 110 do CTN.

3.2.2 ISS e o *leasing* financeiro e *lease-back*

Ao decidir o RE 592.905, em 02/12/2009, sob o rito da Repercussão Geral (Tema 125), o STF reconheceu que o *leasing* financeiro é contrato autônomo e não misto, que tem por núcleo o financiamento, que não constitui uma obrigação de dar, mas um fazer, um serviço sobre o qual incide ISS.

O Relator, Ministro Eros Grau, considerou que: "Financiamento é serviço, sobre o qual o ISS pode incidir. É irrelevante, nas últimas hipóteses – *leasing* financeiro e *lease-back* – existir uma compra, o fato é que toda e qualquer prestação de serviço envolve, em intensidades distintas, a utilização de algum bem". Ele destacou ainda que:

> Em síntese, há serviços, para os efeitos do inciso III do artigo 156 da Constituição, que, por serem de *qualquer natureza*, não consubstanciam típicas obrigações de fazer. Raciocínio diverso a este conduziria à afirmação de que haveria serviço apenas nas prestações de fazer, nos termos do que define o direito privado.

> Note-se, contudo, que afirmação como tal faz tábula rasa da expressão "de qualquer natureza", afirmada do texto da Constituição. Não me excedo em lembrar que toda atividade de dar consubstancia também um fazer e há inúmeras atividades de fazer que envolvem um dar.

Ele concluiu que existem três modalidade de arrendamento mercantil. No *leasing* operacional, há locação. No *leasing* financeiro e no *lease-back*, há prestação de serviço tributável pelo ISS.

O Ministro Dias Toffoli entendeu que a Lei Complementar 116/2003 autoriza a tributação do arrendamento mercantil pelo ISS e que essas operações se configuram como prestações de serviço. Além disso, destacou que inexiste impedimento em atos normativo do Conselho Monetário Nacional (CMN) à tributação incidente sobre operações financeiras.

Por sua vez, o Ministro Carlos Britto afirmou que "disponibilizar crédito para a obtenção de um bem destinado a uso não é senão um ato de intermediar, ou seja, fazer uma intermediação, obrigação de fazer, portanto".

O Ministro Marco Aurélio ressaltou:

> [...] continuo acreditando que há distinção substancial entre locação – repito – gênero, apanhando o arrendamento mercantil e apanhando a espécie de arrendamento mercantil, que é o *leasing*, e prestação de serviços. A arrendadora não presta serviços à arrendatária. O que faz é entregar um bem e, a partir dessa entrega, ter a contaprestação pela utilização do próprio bem móvel.

Por considerar a impossibilidade de o ISS incidir sobre operações de arrendamento mercantil, que, segundo ele, possuem a natureza de locação, divergiu do entendimento do Relator, que foi o que prevaleceu. Foi fixada, então, a seguinte tese: "É constitucional a incidência do Imposto sobre Serviços de Qualquer Natureza – ISS sobre as operações de arrendamento mercantil (*leasing* financeiro)".

Na mesma data, em 02/12/2009, foi julgado o RE 547.245, pelo Tribunal Pleno do STF. Nesse recurso, o Ministro Joaquim Barbosa proferiu voto-vista, em que destacou atuar a arrendadora como "intermediária na criação de uma vantagem produtiva e na aproximação de interesses convergentes, ao adquirir o bem do fornecedor a pedido da arrendatária". Desse modo, entendeu que o contrato não se restringe à concessão de crédito aos interessados no aluguel nem à locação do bem. Por isso, as operações de arrendamento mercantil pertenceriam a uma categoria própria. Trata-se de negócio jurídico uno, que não se confunde com locação nem com financiamento isoladamente considerados. Por essa razão, a operação assim considerada constitui "serviço" tributável pelo ISS.

O Ministro Ricardo Lewandowski fez a seguinte observação a respeito: "[...] os operadores de *leasing* estão no melhor mundo possível porque eles não pagam ISS, não pagam ICMS, não pagam IOF. Qual seria o tributo, então, que incidiria sobre essa operação?"

E ela merece uma advertência: Nem todos os fatos sociais são tributados. Nem deveriam ser. A CRFB/88 confere competência para os entes políticos instituírem tributos, relacionando os fatos tributáveis. Se o negócio jurídico não corresponder a um fato tributável descrito na hipótese da norma geral e abstrata que veicule a regra-matriz de incidência tributária, ele não será considerado um fato tributário.

Essas decisões não representaram o abandono da ideia de "serviço" enquanto obrigação de fazer. Entendeu-se que as operações de *leasing* financeiro e *lease-back* devem ser consideradas "serviços" tributáveis pelo ISS, porque constituem um negócio jurídico uno em que prevalece a intermediação na aquisição de um bem para uso, por meio da concessão de crédito.

3.2.3 O Enunciado de Súmula Vinculante 31

O STF aprovou, em 04/02/2010, o Enunciado de Súmula Vinculante 31, que determina: "É inconstitucional a incidência do Imposto sobre Serviços de Qualquer Natureza – ISS – sobre operações de locação de bens móveis".

Quando foi aprovado, o Tribunal discutiu a inclusão da expressão "dissociadas de prestação de serviços" no Enunciado. Contudo, conforme destacou o Ministro Cezar Peluso, o fato de o STF ter afirmado que é inconstitucional a incidência do ISS sobre locação de bens móveis, independe de ser essa locação associada ou não a um serviço, por um motivo óbvio: Locação não é serviço. Desse modo, ainda que associada a uma específica prestação de serviço, sobre a locação não haverá a incidência do imposto.[8]

O Enunciado de Súmula foi editado com base nas decisões proferidas pelo STF,[9] considerando a impossibilidade de se exigir o ISS sobre operações que tenham por objeto obrigação de dar, concernente na entrega de bens móveis.

3.2.4 ISS sobre filmes cinematográficos, videoteipes, cartuchos para videogame e assemelhados

Em 08/09/2010, o STF julgou o RE 626.706, sob o rito da Repercussão Geral (Tema 212), em que fixou a seguinte tese: "É inconstitucional a incidência do Imposto sobre Serviços de Qualquer Natureza – ISS sobre operações de locação de bens móveis, dissociada da prestação de serviço".

---

8. Vale destacar a transcrição da fala do Ministro Cezar Peluso: "Veja bem: estamos afirmando que é inconstitucional quando incide sobre locação de móveis, mas só quando é dissociada da operação de serviço. Quando for associada, cabe imposto? Não. Então, a referência a 'dissociada' é desnecessária, porque, quando associada, também não incide. Quando há contrato de locação de móveis e, ao mesmo tempo, prestação de serviço, a locação de móveis continua não suportando o imposto; o serviço, sim. Se não tiver nenhuma ligação com prestação de serviço, também continua não suportando; não há incidência. Noutras palavras, o 'dissociada' aí realmente é inútil e pode gerar dúvida. E quando for associada, está sujeita ao imposto sobre prestação de serviço?
A meu ver, com o devido respeito, não há prejuízo algum ao sentido das inúmeras decisões, se for cortada a expressão final 'dissociada da prestação de serviço'. É inconstitucional a incidência sobre locação de móveis, só".

9. RE 455.613 AgR, RE 553.223 AgR, RE 553.223 AgR, RE 450.120 AgR, RE 446.003 AgR, AI 543.317 AgR, AI 551.336 AgR, AI 546.588 AgR e RE 116.121.

O Relator, Ministro Gilmar Mendes, afirmou que o Enunciado de Súmula Vinculante 31, que determina a inconstitucionalidade da incidência do ISS sobre as operações de locação de bens móveis, como filmes cinematográficos, videoteipes, cartuchos para videogame e assemelhados. Destacou que, nesse caso, sequer há dúvidas sobre a aplicabilidade do Enunciado de Súmula Vinculante, porque a locação desses bens não envolve qualquer prestação de serviço.

Considerando os julgados que orientaram a edição do Enunciado de Súmula Vinculante 31, a locação de bens móveis não é tida como "serviço" tributável pelo ISS, porque não reflete obrigação de fazer. É negócio jurídico que tem por objeto uma obrigação de dar, de entregar bem móvel.

3.2.5 ISS nas relações mistas ou complexas e a Rcl 14.290 AgRg

No julgamento da Rcl 14.290 AgRg, em 22/05/2014, o STF decidiu que, no caso, o Enunciado de Súmula Vinculante 31 não estava sendo violado.

A Relatora, Ministra Rosa Weber, destacou que desde que editado o Enunciado de Súmula Vinculante 31, ficou assentado que, no caso de operações que envolvam locação de bem móvel e prestação de serviço, sobre esta haveria a incidência do ISS, o que não ocorre com aquela. E afirmou que:

> Em relações contratuais complexas, somente se pode falar em descumprimento da Súmula Vinculante 31 quando a locação de bem móvel esteja nitidamente segmentada da prestação de serviços, seja no que diz com seu objeto, seja no que concerne ao valor específico da contrapartida financeira.

No caso de ser contratada a locação de maquinário e equipamentos conjuntamente com a disponibilização de mão de obra especializada para operá-los, sem haver a previsão de remuneração específica da mão de obra disponibilizada, haveria a incidência do ISS sobre o total da operação.

No caso analisado, a Ministra Rosa Weber reconheceu não estarem segregadas a prestação de serviço e a locação de bens móveis. Ela considerou que, na verdade, o instrumento intitulado "locação de bens móveis" tinha por objeto a prestação de serviço com a utilização de máquinas e equipamentos.

3.2.6 ISS e os planos de saúde

Posteriormente, ao decidir que os planos de saúde são contribuintes de ISS no RE 651.703 (Tema 581 de Repercussão Geral), julgado em 26/04/2017, o STF afirmou ter superado a dicotomia dar e fazer, mas destacou que o critério continua sendo usado para dirimir conflitos de competência relacionados ao ISS e ao ICMS.

O Relator, Ministro Luiz Fux, afirmou que a competência dos Municípios para instituir imposto sobre serviços de qualquer natureza não alcança os serviços de competência tributária da União e dos Estados. Além disso, merece destaque o seguinte trecho do julgado: "[...] não se preconiza a tese da interpretação econômica no Direito Tributário, o que enfraqueceria a segurança jurídica, mas, também, não se predica o primado do Direito Privado como o único critério a nortear a interpretação do texto constitucional".

Na tentativa de compreender qual seria a definição de "serviço" tributável pelo ISS, o Relator salientou:

> Mercê de a Constituição valer-se de linguagem tipológica[10] e potencialmente aberta, este posicionamento jurídico não conduz a que a lei complementar possa dispor livremente sobre os impostos previstos na Constituição. É que o legislador fica vinculado

10. A afirmação feita pelo Ministro Luiz Fux leva em consideração o que entende Luís Eduardo Schoueri (2015, p. 275). Para o autor, o legislador constitucional, ao repartir as competências tributárias, valeu-se de tipos e não de conceitos. Nesse sentido, a CRFB/1988 veicula definições claras e indica exaustivamente todas as notas que compõem o tipo, permitindo a aplicação do método subsuntivo. Os conceitos, por outro lado, não são definíveis, mas descritíveis e, por sua abertura, volta-se à concretização de valores.

> aos sentidos mínimos que são extraídos das locuções empregadas pelo Texto Constitucional.

Nesse julgado, o Relator destacou ainda que "o conceito econômico de prestação de serviço não se confunde com o conceito de prestação de serviço de Direito Civil" e concluiu que:

> Sob este ângulo, o conceito de prestação de serviços não tem por premissa a configuração dada pelo Direito Civil, mas relacionado ao oferecimento de uma utilidade para outrem, a partir de um conjunto de atividades imateriais, prestados com habitualidade e intuito de lucro, podendo estar conjugada ou não com a entrega de bens ao tomador.

Por essas razões, o Ministro Luiz Fux concluiu pela incidência do ISS sobre os serviços prestados pelas operadoras de planos de saúde. Ressaltou, porém, que o imposto somente deverá incidir sobre a receita própria de serviços e não sobre a receita de terceiros.

Em seu voto, o Ministro Marco Aurélio afirmou que: "Para ser possível a tributação, é necessário observar-se, a partir da própria natureza do negócio jurídico entabulado, o preenchimento das características típicas de serviço, respeitando as definições e regramentos trazidos por outros ramos do Direito, ainda que não seja o tributário". E destacou que ainda que se entenda pela ampliação do conceito de serviço, não se pode sustentar a superação do entendimento de que se faz necessário demonstrar a existência de um fazer para que haja a incidência do ISS.

Diante de negócio jurídico complexo, se o núcleo da prestação revelar um ato humano, uma fazer, estar-se-á diante de "serviço" tributável pelo ISS. Por outro lado, se o negócio jurídico revelar, em essência, obrigação de dar, como ocorre com o arrendamento mercantil operacional, tido como locação, no julgamento do RE 592.905 e do RE 547.245, não haverá a incidência do ISS, no caso. Isso explicaria a manutenção da eficácia do Enunciado de Súmula Vinculante 31, mesmo após a análise daqueles Recursos Extraordinários.

O Ministro Marco Aurélio concluiu que os contratos em análise não revelam obrigações de fazer, porque na adesão ao contrato de plano de saúde, o beneficiário contrata cobertura quanto a eventuais despesas decorrentes de atendimento médico. A operadora de plano de saúde contrai obrigação de dar coisa fungível, cobrindo os cursos, por meio de pagamento, quando o serviço for executado pelo médico, laboratório e afins. Não se verifica, portanto, a prestação de serviço de intermediação. Destacou que entender de modo diverso autorizaria a incidência do ISS sobre qualquer atividade securitária.

O Ministro Edson Fachin afirmou que o núcleo do contrato entre operadora de planos de saúde e de seus clientes é a disponibilidade de usuário contratante de uma rede credenciada e a garantia da cobertura dos infortúnios previstos no contrato. Desse modo, afastar-se-ia da ideia de contrato de seguro, porque "na hipótese de sinistro configura outra *fattispecie*".

O Ministro Roberto Barroso acompanhou o Relator, entendendo que:

> [...] não há como interpretar a regra de competência do ISSQN de maneira a conduzir a resultado tão restritivo quanto o que pretende o recorrente, por meio de uma mera dicotomia entre obrigação de fazer e obrigação de dar. Fica evidente que a definição de serviço disposta na Constituição buscou englobar todas as complexas relações econômicas atualmente existentes no mercado, de modo a impedir que determinadas atividades simplesmente ficassem imunes a qualquer tipo de tributação.

Em mais uma oportunidade, o STF manifesta a preocupação de que sejam criados espaços nos quais não haja a incidência de ICMS nem de ISS. Reitere-se que somente devem ser tributados aqueles fatos sociais descritos hipoteticamente na norma que veicula o tributo. Assim, nem todos os fatos sociais serão necessariamente tributados.

O Ministro Roberto Barroso divergiu do Relator quanto à base de cálculo do ISS no caso. Considerou que o imposto deverá incidir sobre o preço do serviço, nos termos do art. 7º, da Lei Complementar 116/2003, ou seja, sobre todo o valor pago pelos usuários do plano de saúde, apesar de essa não ser uma questão constitucional.

Ao final, o STF fixou a seguinte tese: "As operadoras de plano de saúde e de seguro-saúde realizam prestação de serviço sujeita ao Imposto Sobre Serviços de Qualquer Natureza – ISSQN, previsto no art. 156, III, da CRFB/88".

A ementa do julgado consignou que: "A Suprema Corte, ao permitir a incidência do ISSQN nas operações de *leasing financeiro* e *leaseback* (RREE 547.245 e 592.205), admitiu uma interpretação mais ampla do texto constitucional quanto ao conceito de 'serviços' desvinculado do conceito de 'obrigação de fazer'". Contudo, uma análise mais detida dos julgados (RE 547.245 e RE 592.205) revela que não houve a superação do entendimento de que o "serviço" tributável compõe típica obrigação de fazer.

Apesar de o Relator, Ministro Eros Grau, ter afirmado no voto condutor do acórdão que "há serviços, para os efeitos do inciso III do artigo 156 da Constituição, que, por serem de *qualquer natureza*, não consubstanciam típicas obrigações de fazer", a discussão se pautou em ser ou não o *leasing* financeiro e o *lease-back* "serviços" tributáveis pelo ISS. Para tanto, foram levadas em consideração as características típicas do serviço para que se concluísse que essas operações têm a natureza de intermediação.

3.2.7 ISS e os contratos de franquia

O STF, ao julgar o RE 603.136, sob o rito dos Repercussão Geral e de Relatoria do Ministro Gilmar Mendes (DJe 16/06/2020), determinou a constitucionalidade da incidência do ISS sobre contratos de franquia.

Para dirimir a controvérsia, no voto condutor do acórdão, o Relator, Ministro Gilmar Mendes, entendeu ser necessário delimitar o conceito de serviço e compreender a natureza jurídica do contrato de franquia.

Na definição do conceito de "serviço" tributável pelo ISS, considerou que "a mera inclusão na lista não transforma em 'serviço' a atividade que, pela sua natureza, tenha outra qualificação jurídica, mas a falta, a não previsão, na linha da jurisprudência deste Tribunal, afasta a incidência do imposto". Ao analisar os julgados sobre o tema, destacou que, com base na análise do RE 603.136, o STF entendeu que as atividades desempenhadas pelas operadoras de planos de saúde foram consideradas de natureza mista, englobando tanto um "dar" quanto um "fazer". Assim sendo, "não se pode afirmar que tenha havido – ainda – uma superação total do entendimento de que o ISS incide apenas sobre obrigações de fazer, e não sobre obrigações de dar".

Sobre a natureza jurídica do contrato de franquia, o Relator destacou que se sobressai a natureza híbrida deste contrato, que compreende cessão de uso da marca, assistência técnica, direito de distribuição de produtos ou serviços, entre outros, o que estava previsto na Lei 8.955/94, revogada pela Lei 13.966/2019. Algumas dessas atividades poderiam ser tidas como atividades-meio e outras, atividades-fim, considerando a relação entre franqueador e franqueado.

A partir disso, o Relator concluiu que deve haver, no caso, a incidência do ISS pelas seguintes razões:

> O contrato de franquia inclui, sim, uma prestação de serviço passível de sofrer incidência do imposto municipal. Há, nesse liame contratual, inegável aplicação de esforço humano destinado a gerar utilidade em favor de outrem (o franqueado). O vínculo contratual, nesse caso, não se limita a uma mera obrigação de dar, nem à mera obrigação de fazer.

Além disso, afirmou que não houve, com essa decisão, alteração da jurisprudência do STF. Lembrou que no RE 116.121, que tinha como pano de fundo a locação de guindastes, não havia a inclusão da mão de obra de seus operadores no contrato, ou seja, não havia, no caso, esforço humano prestado em favor de terceiro. Destacou que o Enunciado de Súmula Vinculante 31[11] e do RE 626.706[12] não se aplicam às hipóteses em que a locação de bens móveis se faz acompanhar de outras atividades.

Nesse sentido, o Relator entendeu que há ao menos duas razões para não separar as atividades que compõem o contrato de franquia em atividades-meio e atividades-fim.

A primeira se refere ao fato de que o contrato compõe uma unidade composta por diversas atividades: cessão de direito de uso da marca, assistência técnica, transferência de *know-how* ou segredo industrial. Trata-se de negócio jurídico único e separar essas atividades seria desnaturá-lo.

A segunda razão, de ordem prática, se refere à necessidade de evitar que o contribuinte manipule as formas contratuais e os custos individuais dessas prestações para reduzir a carga tributária incidente. Contudo, essa razão despreza a aplicação de princípios que regem essas relações como a liberdade de contratar e a boa-fé.

Outro ponto do julgado que chama a atenção é que o Relator traz como um dos fundamentos dessa decisão a impossibilidade de que sejam criados "vazios" tributários pela decisão de inconstitucionalidade. Ele entendeu que poderia ocorrer, nesse caso, a mesma situação verificada no precedente da não incidência de ISS sobre locação de bens móveis. Além de não ser possível que os Municípios exijam ISS nessa hipótese, também não podem os Estados exigirem o ICMS.

Por tudo isso, o Relator concluiu que:

---

11. Enunciado de Súmula Vinculante 31. É inconstitucional a incidência do imposto sobre serviços de qualquer natureza - ISS sobre operações de locação de bens móveis.

12. No RE 626.706, julgado sob rito da Repercussão Geral (Tema 212) em 08/09/2010, foi fixada a seguinte tese: "É inconstitucional a incidência do Imposto sobre Serviços de Qualquer Natureza – ISS sobre operações de locação de bens móveis, dissociada da prestação de serviço".

> Enfim, por todas essas razões, estou convencido de que não viola o texto constitucional nem destoa da orientação atual desta Corte a cobrança de ISS sobre os contratos de franquia (franchising). Reitere-se que os contratos de franquia são de caráter mistos ou híbridos, o que engloba tanto obrigações de dar quanto de fazer. Em sendo assim, o caso é de reafirmar a jurisprudência desta Corte, no sentido da incidência do ISS, conforme já decidido em sede de repercussão geral tanto no RE 651.703, Rel. Ministro Luiz Fux, DJe 26.04.2017, quanto no RE 592.905, Rel. Ministro Eros Grau, DJe 05.03.2010.

O posicionamento adotado pelo Relator, Ministro Gilmar Mendes, ao admitir a incidência do ISS sobre todas as atividades desempenhadas pelas franquias, inevitavelmente reconhece a incidência do imposto sobre atividades que constituem "serviços" e sobre outras que não o são, como ceder o direito de uso de marca e transferir *know-how* ou segredo industrial. Aqui vale lembrar a observação feita pelo Ministro Cezar Peluso, ao aprovar o Enunciado de Súmula Vinculante 31, no sentido de que seria desnecessária a aposição da expressão "dissociadas de prestação de serviços": "Veja bem: estamos afirmando que é inconstitucional quando incide sobre locação de móveis, mas só quando é dissociada da operação de serviço. Quando for associada, cabe imposto? Não. Então, a referência a 'dissociada' é desnecessária, porque, quando associada, também não incide".

Desse modo, o ISS não deveria incidir sobre aqui que não é serviço, ou seja, que não constitua uma obrigação de fazer, critério que continua sendo adotado para se entender o que é "serviço" tributável. O que vem ocorrendo é que, ao longo dos anos, como ocorre nesse julgado, o STF passou a entender que há a possibilidade de o ISS alcançar aquilo que não seja "serviço", considerando a abertura semântica da expressão "de qualquer natureza", posta no art. 156, III, da CRFB/88.

O modo encontrado no julgado para superar esse ponto foi entender pela impossibilidade de segregação dessas atividades, por elas constituírem um único negócio jurídico. "Nenhuma das referidas prestações, *per se*, seria suficiente para definir essa relação contratual. Separar uma das outras acabaria por desnaturar a relação contratual em questão, mudando-lhe o sentido prático e o escopo".

O Ministro Marco Aurélio, em seu voto, rememorou o histórico dos julgamentos mais relevantes envolvendo questões correlatas. Ele concluiu apontando como os negócios jurídicos complexos devem ser entendidos para que se verifique se há ou não a incidência do ISS sobre eles:

> Considerados negócios jurídicos complexos, mostra-se indispensável levar em conta o conjunto de atos praticados para extrair a essencialidade da prestação. É dizer: se, de um lado, o negócio entabulado revelar, em essência, obrigação de dar, há de excluir-se a atividade do campo de incidência tributária, por não preencher a operação os elementos do tipo serviço. Se, de outro lado, existente, no núcleo da prestação, um fazer, surge caracterizado serviço, a viabilizar a cobrança do ISS.

A partir disso, entende que o fato de a CRFB/1988 ter delegado à lei complementar a definição de serviços tributáveis pelo imposto, não significa que o dispositivo constitucional deve ser interpretado à luz do art. 110 do CTN. Os limites à definição desse conceito estão na própria CRFB/88. Desse modo, o traço distintivo e imprescindível à caracterização do "serviço" tributável pelo ISS é a preponderância, no caso, um ato humano que revele uma obrigação de fazer.

Especificamente no caso do contrato de franquia, definido como prestação de serviço, nos termos do item 17.08, da Lista Anexa à Lei Complementar 116/2003, ele compreende a cessão do direito de uso de marca ou patente, associado ao direito de distribuição exclusiva ou semiexclusiva de produtos ou serviços, além do direito de uso de tecnologia, relacionada à implantação ou administração do negócio, mediante remuneração direta ou indireta, sem que fique caracterizado vínculo empregatício, nos termos do art. 1º, da Lei 13.966/2019.[13]

13. Vale destacar que o julgado analisou os dispositivos contidos na Lei 8.955/94, que, posteriormente, foi revogada pela Lei 13.966/2019. Por essa razão, ao tratar da

A essência do contrato de franquia não revela obrigação de fazer, mas de dar, concernente na cessão do direito de uso de marca ou patente, situação que exclui essa atividade do campo de incidência do ISS.

Além disso, a cessão de direito pode vir acompanhada de atividades voltadas para viabilizar a instalação e o desenvolvimento do empreendimento franqueado, como assistência, instrução e treinamento de pessoal. A partir disso, infere-se que o contrato de franquia se caracteriza como um contrato complexo, composto por obrigações de dar e de fazer.

O Ministro Marco Aurélio afirmou que diante de situações como essa faz-se, para os fins de tributação, a distinção entre as atividades-meio ("tarefas desempenhadas em atendimento a requisito para a produção de outra utilidade") e as atividades-fim ("utilidade posta à disposição do mercado"). Contudo, não seria esse o caso da franquia, que é contrato complexo e tem por atividade-fim a cessão de direito de marca ou patente, que não constitui serviço tributável pelo ISS. Por essa razão, concluiu pela inconstitucionalidade do item 17.08, da Lista Anexa à Lei Complementar 116/2003.

O Ministro Alexandre de Moraes também apresentou seu voto. Ele destacou que, ao julgar o RE 547.245, o STF "deu interpretação mais larga ao conceito de serviço", o que foi reafirmado no julgamento do RE 651.703. Além disso, sustentou que o contrato de franquia não se restringe à cessão de direito de uso de marcas e patentes, porque envolve a prestação de diversos serviços de organização empresarial, conforme dispunha o art. 3º, da Lei 8.955/94.[14]

A partir disso, o Tribunal, por maioria, negou provimento ao recurso, nos termos do voto do Relator, Ministro Gilmar Mendes, restando vencidos os Ministros Marco Aurélio e Celso de Mello. Foi fixada a seguinte tese para o Tema de

---

ratio decidendi do RE 603.136, serão feitas referências diretas à lei revogada.

14. Atualmente, o tema é tratado pelo art. 2º, da Lei 13.966/2019.

Repercussão Geral 300: "É constitucional a incidência do Imposto sobre Serviços de Qualquer Natureza (ISS) sobre contratos de franquia (*franchising*) (itens 10.04 e 17.08 da lista de serviços prevista no Anexo da Lei Complementar 116/2003)".

3.2.8 ISS nas relações mistas ou complexas na ADI 3142

No julgamento da ADI 3142, em 05/08/2020, o STF fez um interessante retrospecto sobre a definição de "serviço" na sua jurisprudência. Na ocasião, o STF examinou a constitucionalidade do subitem 3.04, da Lista Anexa à Lei Complementar 116/2003, que determina a incidência do ISS sobre "locação, sublocação, arrendamento, direito de passagem ou permissão de uso, compartilhado ou não, de ferrovia, rodovia, postes, cabos, dutos e condutos de qualquer natureza". Sobre onde se considera ocorrido o fato, o art. 3º, §1º, da Lei Complementar 116/2003, merece destaque:

> § 1º. No caso dos serviços a que se refere o subitem 3.04 da lista anexa, considera-se ocorrido o fato gerador e devido o imposto em cada Município em cujo território haja extensão de ferrovia, rodovia, postes, cabos, dutos e condutos de qualquer natureza, objetos de locação, sublocação, arrendamento, direito de passagem ou permissão de uso, compartilhado ou não.

A Requerente afirmou que o art. 3º, §1º, da Lei Complementar 116/2003, ofenderia os princípios da razoabilidade e da proporcionalidade, porque obriga o contribuinte a criar uma estrutura operacional capaz de gerir o recolhimento do ISS para centenas de Municípios, inclusive com a abertura de filiais. Além disso, estaria sujeito a variadas obrigações acessórias impostas por cada um desses Municípios.

O Relator, Ministro Dias Toffoli, ao apreciar a questão, destacou:

> [...] não ser cabível ao legislador complementar expandir, a seu alvitre, sob o pretexto de estar realizando tal definição, o campo

da competência tributária atribuída pelo texto constitucional aos municípios. Afinal, se isso fosse permitido, o legislador infraconstitucional estaria promovendo alteração da própria Constituição Federal, o que, como é evidente, não é permitido.

Ao refazer o histórico das discussões postas no STF sobre a definição de "serviço", o Ministro Dias Toffoli afirmou que o ISS, enquanto sucessor do Imposto sobre Indústrias e Profissões (IIP), não funciona como referência histórica para determinar a incidência do imposto sobre locações de operações assemelhadas. Ele foi criado com o intuito de restringir o campo de incidência do IIP e exatamente por isso, foi proposta a compensação financeira, proveniente da redistribuição da receita de tributos federais e estaduais, como o Imposto sobre a Renda (IR) e o ICMS.

Também não seria útil a referência ao art. 71, do CTN, porque, além de sua efêmera vigência,[15] o CTN nasceu à luz do art. 15, da Emenda Constitucional 18/65, que estabelecia a competência dos Municípios para instituir o "impôsto sôbre serviços de qualquer natureza, não compreendidos na competência tributária da União e dos Estados".

Ressaltou que a interpretação econômica não pode preponderar sobre a jurídica, devendo, portanto, ser adotados critérios jurídicos e não econômicos para definir "serviço" tributável. Nesse sentido, no RE 116.121, o STF concluiu pela inconstitucionalidade do ISS sobre a locação de guindastes, com base não somente na legislação civil, que define a obrigação de dar e a de fazer, mas considerando também o que determina o art. 110, do CTN. O negócio jurídico em análise não revelaria um esforço humano, mas uma obrigação de dar, não se enquadrando como "serviço" tributável.

15. O CTN foi publicado em 27.10.1966 e entrou em vigor em 01.01.1967. O art. 71, do CTN, foi revogado pelo art. 13, do Decreto-lei 406/1968, publicado em 31.12.1968 e em vigor a partir de 01.01.1969.

Com base nessa orientação, foi editado o Enunciado de Súmula Vinculante 31, que determina a inconstitucionalidade da incidência do ISS "sobre operações de locação de bens móveis".

Segundo o Ministro Dias Toffoli, os julgados posteriores não achegaram a infirmar a definição de "serviço" baseada na ideia de que constitui um fazer humano em favor de terceiro. Por isso, ele defende que se verifica uma "atualização da jurisprudência". O Ministro não fala em "mutação constitucional", mas reconhece que houve uma alteração naquilo que se entendia por "serviço" tributável.

No RE 592.905 e no RE 547.245, o STF entendeu que a dicotomia dar-fazer não seria suficiente para afirmar ou infirmar a incidência do ISS sobre determina operação, considerando a complexidade das atuais figuras negociais. Desse modo, o "serviço" não deve ser entendido exclusivamente com base na legislação civil, porque restringi-lo à obrigação de fazer seria desconsiderar a expressão "de qualquer natureza", prevista no art. 156, III, da CRFB/88. Ademais, naquela ocasião, o STF entendeu que a atividade de financiamento, objeto dos contratos de *leasing* financeiro e *lease-back*, constituiria verdadeiro serviço. Considerou, por fim, que esses são contratos complexos em que predomina a prestação de serviço.[16]

No RE 625.706, o STF aplicou o Enunciado de Súmula Vinculante 31 ao caso, por entender que as operações de locação de filmes cinematográficos, videoteipes, cartuchos para videogames e assemelhados estão dissociadas de qualquer prestação de serviço.

No julgamento da Rcl 14.290 AgR, o STF entendeu que o Enunciado de Súmula Vinculante 31 somente é aplicável aos contratos complexos se a obrigação de dar estiver "claramente segmentada da prestação de serviços, seja no que diz com o seu

16. Essa afirmação parece ser equivocada. Por mais de uma vez, no RE 592.905 e no RE 547.245, foi mencionado que não se trataria de um contrato misto ou complexo, mas de um contrato autônomo que tem por núcleo o financiamento, serviço tributável pelo ISS.

objeto, seja no que concerne ao valor específico da contrapartida financeira". Por isso, determinou a incidência do ISS na locação de maquinário e equipamentos conjuntamente com a disponibilização de mão de obra especializada para operá-los.

A partir dessa análise, o Ministro Dias Toffoli sistematizou os entendimentos anteriormente adotados do seguinte modo: (i) se a operação revelar uma obrigação de dar pura, não haverá a incidência do ISS sobre ela, por aplicação do Enunciado de Súmula Vinculante 31; (ii) se a operação revelar unicamente uma obrigação de fazer, haverá a incidência do ISS; (iii) nas relações de natureza mista ou complexa, havendo a possibilidade de se segregar a obrigação de fazer das outra obrigações que constituam o contrato, o ISS incidirá apenas sobre aquelas; (iv) não havendo a possibilidade de segregação e estando a operação tributada definida em lei complementar com serviço de qualquer natureza, nos termos do art. 156, III, da CRFB/1988, incidirá o ISS. Não sendo possível a segregação e não estando a operação definida em lei complementar, incidirá o ICMS, conforme definido no RE 144.795.

Ele destacou ainda que, em determinadas situações, o STF reconheceu a impossibilidade de cobrança do ISS em operações mistas, ainda que definidas em lei complementar como serviço, como ocorreu na ADI 4.389 MC. No caso, entendeu pela incidência do ICMS sobre as operações de industrialização por encomenda de embalagens, ainda que a composição gráfica faça parte do processo produtivo, quando destinadas à integração ou utilização direta em processo subsequente de industrialização ou de circulação de mercadoria.

Por fim, o Relator afirmou que: "O fato de, eventualmente, o sublocador, o arrendante ou o permitente ter a obrigação de manter coisas em bom estado e de garantir seu bom uso não transforma as referidas situações em relações mistas ou complexas". Destacou que não se admite a incidência do ISS em relação às situações descritas no item 3.04, da Lista Anexa à Lei Complementar 116/2003, quando isoladamente consideradas. Entretanto, isso não impede de o imposto ser cobrando se essa obrigação fizer parte de uma relação mista ou complexa, em que não se possa dissociá-las de uma obrigação de fazer.

O Ministro Marco Aurélio afirmou que ao estabelecer que os "serviços de qualquer natureza" seriam "definidos em lei complementar", não afasta a existência de um sentido estabelecido no texto constitucional. Por essa razão, conclui que: "A legislação de regência, ao versar sobre a materialidade do imposto, deve obedecer às balizas estipuladas na própria tipologia constitucional de serviço". E destacou que a CFRB/88 não deve ser interpretada a partir do art. 110 do CTN, mas respeitando os limites da competência estabelecidos constitucionalmente. Nesse sentido, o item 3, da Lista Anexa à Lei Complementar 116/2003, tem por essência obrigação de dar e não de fazer, que caracteriza o "serviço" tributável.

Prevaleceu o voto do Relator, tendo sido dada interpretação conforme à Constituição ao item 3.04, da Lista Anexa à Lei Complementar 116/2003, admitindo a cobrança do ISS nas hipóteses nele descritas integrem relação mista ou complexa em que não seja possível segmentá-las de uma obrigação de fazer, seja em relação a seu objeto, seja no que se refere à contrapartida financeira.

3.2.9 As considerações sobre serviço no *download* de *software* e sobre a cessão de direitos que tenha o *software* como objeto

A ADI 1.945 foi proposta para questionar a constitucionalidade da Lei Estadual 7.098/98 do Estado do Mato Grosso, que determinava a incidência do ICMS sobre o *download* de *software*. Por sua vez, na ADI 5.659, questionou-se a constitucionalidade da Lei Estadual 6.763/75 e do Decreto Estadual 43.080/2002, do Estado de Minas Gerais, que previa a incidência do ICMS sobre o "fornecimento de programa para computador".

Na ADI 1.945, antes de o Ministro Nunes Marques, que pediu vista, se manifestar, já havia sido alcançada maioria pela não incidência do ICMS sobre essas operações, com base em diversos fundamentos. Para o exame que aqui se propõe, merece destaque os fundamentos do voto do Ministro Dias Toffoli, que discutiu a incidência do ISS sobre essas operações, mesmo não sendo o tributo objeto da discussão posta.

Ele destacou que no voto proferido na ADI 5.659, de que é relator, entendeu que sobre as operações com *software* devem incidir única e exclusivamente o ISS, conforme previsto no subitem 1.05, da Lista Anexa à Lei Complementar 116/2003. Afirmou ainda que, para solucionar a questão é preciso notar que:

> [...] não existe, na Constituição Federal, disposição expressa no sentido de que o ICMS mercadoria abrangeria apenas bens corpóreos que são objeto de comércio ou destinados a sê-lo, nem no de que toda e qualquer operação com bens incorpóreos (não tangíveis) deve ser considerada prestação de serviço para efeito do ISS.

Desse modo, o Ministro Dias Toffoli entendeu que se o serviço estiver listado em lei complementar entre aqueles tributáveis pelo ISS, isso, por si só, atrai a incidência do imposto sobre o valor total da operação e afasta a incidência do ICMS. Outro ponto que confirmaria a tributação das operações com *software* pelo ISS seria o fato de que sua elaboração decorreria de um fazer humano. Além disso, a Lei 9.609/98 estabelece que o uso do *software* será objeto de contrato de licença. Inexistindo tal instrumento, prevaleceria "o documento fiscal relativo à aquisição ou licenciamento de cópia servirá para a comprovação da regularidade de seu uso".

Esses fundamentos merecem algumas considerações.

Em primeiro lugar, o fato de estar listado na Lista Anexa à Lei Complementar 116/2003 não é a garantia de que se trata de um "serviço" tributável pelo ISS. Para que assim seja considerado, é preciso que constitua um fazer humano com conteúdo econômico em favor de terceiro, considerando ser essa a definição do "serviço" previsto no art. 156, III, da CRFB/88. Por essa razão, tantos itens e subitens da lista já tiveram a sua constitucionalidade questionada.

Em segundo lugar, ao afirmar que no caso específico do *software*, objeto de cessão de direito ou licenciamento, decorre de um fazer humano, há um erro relacionado ao estudo da relação jurídica estabelecida e sobre a qual se define a incidência tributária. Os contratos de cessão de direito e licença são especificamente regulados pela Lei 9.609/98 e tem objetos distintos que não se confundem com a prestação de serviço.[17]

Como visto no tópico 2.2.1 deste trabalho, o critério material da regra-matriz de incidência do ISS é "prestar serviço de qualquer natureza, definido em lei complementar". Assim, os contratos anteriormente citados não determinam a incidência do ISS, porque o imposto não incide sobre "ceder direitos sobre o *software*" nem sobre "licenciar *software*". Não há, nessa hipótese, "serviço" tributável.

Por fim, em terceiro lugar, o fato de não ter sido apresentado o instrumento pelo qual foi firmada a cessão de direitos ou a licença não faz com que a nota fiscal emitida o substitua e se entenda que se trata de uma prestação de serviço. A inexistência do instrumento específico não desnatura a relação jurídica firmada nem a transforma em prestação de serviço.

4. Conclusão

Este trabalho objetivou responder à seguinte questão: Qual a definição do conceito de "serviço" tributável?

O simples fato de estar na Lista Anexa à Lei Complementar 116/2003 não significa que se está diante de um "serviço" tributável. É preciso que o item listado seja, de fato, "serviço", considerando o texto e o contexto constitucional.

---

17. "A cessão e a licença são figuras contratuais que não se confundem: na primeira, tem-se a transferência, sempre em caráter exclusivo e não temporário, de parcela ou de todos os direitos patrimoniais do autor em favor do cessionário; na segunda, é conferida uma autorização para que o licenciado utilize ou explore o bem imaterial. Desta feita, quando se realiza uma cessão de software, os direitos patrimoniais sobre o programa de computador, especificados no contrato, são transmitidos exclusiva e definitivamente ao cessionário". (PADILHA, 2020, p. 103).

Uma advertência merece ser feita: A expressão "de qualquer natureza" não é um "cheque em branco" conferido ao legislador infraconstitucional. Ela não invalida a necessidade de que, para que seja tributável, deva enquadrar-se como "serviço". Apesar disso, o Ministro Dias Toffoli, Relator na ADI 5.659, destacou que a inclusão na Lista Anexa à Lei Complementar 116/2003 atrairia a incidência do ISS e afastaria a incidência do ICMS.

Tradicionalmente, serviço pode ser definido como um fazer humano, em favor de terceiro, com conteúdo econômico, que não reflita uma relação regida pelo Direito do Trabalho. Essa definição pode ter sido, ao longo dos anos, ampliada considerando as decisões proferidas pelo STF.

A associação do "serviço" à obrigação de fazer demonstra a adoção de critério puramente jurídico. E esse critério, por mais que a ementa do RE 651.703 (ISS sobre planos de saúde) demonstre o contrário, continua sendo adotado. O que mudou foi a extensão do que se entende por "fazer". Isso se verifica, por exemplo, no RE 603.136 (ISS sobre contratos de franquia), quando se considerou a possibilidade de incidência do imposto sobre aquilo que não constitui "serviço", dada a natureza híbrida desse contrato e a impossibilidade de segregação das atividades que constituem serviço daquelas que não constituem.

Não há, portanto, mutação constitucional do conceito de "serviço". Considerando o plano da significação, a interpretação ou reinterpretação do dispositivo constitucional, num novo contexto, ou seja, com base em elementos imprevisíveis à época da edição do texto determinaria essa mutação. Não é o que ocorre.

Entretanto, se destacados trechos, frases dos julgados analisados, despojados de seu contexto de origem, poderia se concluir pela mutação constitucional. O exercício da aforização determinaria essa falsa conclusão. Por isso, a análise do tema deve ser feita com muita cautela, com base nos fundamentos determinantes dos julgados examinados anteriormente.

E, por fim, outra advertência: A interpretação econômica do fenômeno conduz ao que Alfredo Augusto Becker (2013, p. 33-34) defendia: "[...] uma forte corrente doutrinária moderna – sob a ilusão de defender e contribuir para o progresso do Direito Tributário – insiste, precisamente, em destruir o que nele há de jurídico. Em nome da defesa do Direito Tributário, eles matam o 'Direito' e ficam apenas com o 'Tributário'".

Prossegue-se com a ideia de que o "serviço" decorre de uma obrigação de fazer e se caracteriza pela adoção desse critério jurídico e não econômico. Trata-se de um fazer humano. Isso não mudou e o STF sobreleva essa ideia, inclusive se considerado o voto do Ministro Dias Toffoli recentemente proferido na ADI 5.659.

Referências

ÁVILA, Humberto. *Competências tributárias*: um ensaio sobre a sua compatibilidade com as noções de tipo e conceito. São Paulo: Malheiros, 2018.

BALEEIRO, Aliomar. *Direito tributário brasileiro.* 12ª edição. Rio de Janeiro: Forense, 2013.

BARRETO, Aires F. *ISS na Constituição e na lei.* 4ª ed. São Paulo: Noeses, 2018.

BARRETO, Simone Rodrigues Costa. *Mutação do conceito constitucional de mercadoria.* São Paulo: Noeses, 2015.

BECKER, Alfredo Augusto. *Teoria geral do direito tributário.* 6ª ed. São Paulo: Noeses, 2013.

BRITTO, Lucas Galvão de. *Tributar na era da técnica.* São Paulo: Noeses, 2018.

CARVALHO, Aurora Tomazini de. *Curso de teoria geral do direito:* O constructivismo lógico-semântico. 5ª ed. São Paulo: Noeses, 2016.

CARVALHO, Paulo de Barros. *Direito tributário, linguagem e método*. 6ª ed. São Paulo: Noeses, 2015.

JUSTEN FILHO, Marçal. O ISS, a Constituição de 1988 e o Decreto-lei nº 406. *In: Revista Dialética de Direito Tributário*. Vol. 3. São Paulo: Dialética, 1995.

MAINGUENEAU, Dominique. *Frases sem texto*. São Paulo: Parábola Editorial, 2014.

PADILHA, Maria Angela Lopes Paulino. *Tributação de software*. São Paulo: Noeses, 2020.

SCHOUERI, Luís Eduardo. *Direito tributário*. 5ª ed. São Paulo: Saraiva, 2015.

Capítulo 2
CRITÉRIO TEMPORAL

REGRA-MATRIZ DE INCIDÊNCIA TRIBUTÁRIA DO IOF CÂMBIO DIANTE DOS RECURSOS FINANCEIROS AUFERIDOS NO EXTERIOR EM DECORRÊNCIA DE EXPORTAÇÃO DE BENS E SERVIÇOS: ANÁLISE DA SOLUÇÃO DE CONSULTA 246/2018 - COSIT, DO PARECER 13/2019- COSIT E DO PARECER 83/2019 DA PGFN

Danielle Mariotto Sanches Dias da Silva[1]

Sumário: 1. Introdução – 2. Regra-matriz de Incidência Tributária: 2.1 Imprescindibilidade da regra-matriz de incidência tributária na subsunção; 2.2 Análise da regra-matriz de incidência tributária do IOF câmbio –3. Incidência do IOF sobre recursos financeiros recebidos no exterior e remetidos ao território nacional – 4. Análise pragmática: Solução de Consulta - Cosit 246/2018, Parecer 13/2019 da Cosit e Parecer 83/2019 da PGFN – 5. Conclusão – Referências.

1. Introdução

Com a edição da Solução de Consulta 246/2018 – COSIT, do Parecer 13/2019 da COSIT e do Parecer 83/2019 da PGFN,

---

1. Mestranda em Direito Tributário no Instituto Brasileiro de Estudos Tributários – IBET. Especialista em Direito Tributário pelo Instituto Brasileiro de Estudos Tributários – IBET. Advogada.

se faz necessário o estudo pormenorizado da regra-matriz de incidência tributária do IOF nos casos de recursos financeiros recebidos no exterior em decorrência de exportação de mercadorias ou serviços.

Refletir este assunto significa ingressar pela escola do Constructivismo Lógico-Semântico, propriamente nos aspectos da lógica, semântica e pragmática, para projetar luzes sobre as seguintes perguntas: (i) Qual é a regra-matriz de incidência tributária (RMIT) do IOF Câmbio? (ii) Incide IOF quando do recebimento de recursos financeiros no exterior e remetidos ao território brasileiro? (iii) Aplica-se a Cosit 246/2018 e o Parecer 83/2019 da PGFN nos casos de recursos financeiros auferidos no exterior, que não foram remetidos ao território nacional imediatamente após a realização de operação de câmbio? Para responder às perguntas feitas acima, sob o aspecto lógico, verificar-se-á a estrutura da RMIT, com ênfase na análise dos critérios temporal e quantitativo. Já, no plano da semiótica, analisar-se-á a definição de liquidação do contrato de câmbio, para que se conclua, sob o aspecto da pragmática, se há aplicação da Cosit 246 de 2018 e do Parecer 83/2019 da PGFN sobre a liquidação do contrato de câmbio em momento posterior.

2. Regra-Matriz de Incidência Tributária

2.1 Imprescindibilidade da regra-matriz de incidência tributária na subsunção

Inicialmente, cumpre destacar que a incidência se refere ao fenômeno da subsunção do fato *à* norma geral e abstrata.

Nas precisas lições de Paulo de Barros Carvalho:[2]

> Empreendido o procedimento e celebrado o ato, uma norma individual e concreta é posta na ordem jurídica, como resultado do

2. CARVALHO, Paulo de Barros. *Direito tributário* – Reflexões sobre filosofia e ciência em prefácios. São Paulo: Noeses, 2019, p. 168.

processo de positivação do direito, em que da regra-matriz de incidência, conjunto aberto a infinitas possibilidades factuais, o editor do ato chega a uma classe de um elemento só, em rigoroso esquema de determinação.

Continua o autor a lecionar, que o lançamento pela administração ou pelo particular é necessário "para imitir no sistema do direito posto a norma individual e concreta que tipificará o evento tributário, convertendo-o em fato jurídico, ao mesmo tempo em que firmará em linguagem competente a relação jurídica por ele irradiada.[3]"

Evidente a necessidade de que o fato se amolde à regra-matriz de incidência tributária pelo processo da subsunção, que se dará pela adequação do fato jurídico aos critérios da hipótese de incidência. Ou seja, a incidência consiste na juridicização dos fatos, uma vez que são detentores das características descritas no antecedente da norma geral e abstrata.

Para que se verifiquem os critérios da hipótese da norma geral e abstrata, o intérprete competente deverá, a partir do suporte físico dos enunciados prescritivos, construir a regra-matriz de incidência tributária.[4]

Caso não ocorra a identificação dos critérios da regra-matriz de incidência tributária, não poderá falar em incidência e, por consequência subsunção do fato à norma.

A partir da construção da norma jurídica, que se realizará a subsunção do fato à hipótese de incidência. Isto é, o fato

3. CARVALHO, Paulo de Barros. *Direito tributário* – Reflexões sobre filosofia e ciência em prefácios. São Paulo: Noeses, 2019, p. 170.

4. "A juridicização é o processo peculiar ao direito; noutros termos: o direito adjetiva os fatos para que sejam jurídicos (= para que entrem no mundo jurídico). [...] Para que os fatos sejam jurídicos, é preciso que regras jurídicas – isto é, normas abstratas – incidam sobre eles, desçam e encontrem os fatos, colorindo-os, fazendo-os "jurídicos". Algo como a prancha da máquina de impressão, incidindo sobre fatos que se passam no mundo, posto que aí os classifique segundo discriminações conceptuais [...]. À lei é essencial colorir fatos, tornando os fatos do mundo jurídico e determinando-lhes os efeitos (eficácia deles)." MIRANDA, Pontes de. *Tratado de direito privado*. Tomo I, 2ª ed. São Paulo: Editora Bookseller, 2000, p. 52.

será traduzido em linguagem competente e instaurar-se-á a relação jurídica prevista no consequente.[5]

É pressuposto necessário que o fato seja vertido em linguagem competente, diante da equivalência e coincidência dos critérios da regra-matriz de incidência tributária com o evento jurídico, para que haja a qualificação do fato jurídico e se dê a incidência e a aplicação do direito.

2.2 Análise da regra-matriz de incidência tributária do IOF câmbio

A regra-matriz de incidência tributária é a construção de sentido realizada pelo intérprete a partir dos textos legislados, que obterá um juízo hipotético-condicional com os componentes que se associam num vínculo de imputação deôntica, representada no arquétipo lógico:

Importa firmar, que ao adentrarmos no estudo da regra-matriz de incidência tributária, verificaremos que se trata de norma jurídica em sentido estrito, e que contém na hipótese o fato jurídico tributário, que é determinado conforme os critérios: material, espacial e temporal e, no consequente, a relação jurídica tributária, composta pelos critérios: pessoal e quantitativo.

Esclarece com mestria Paulo de Barros Carvalho:[6]

> Efetuadas as devidas abstrações lógicas, identificaremos, no descritor da norma, um critério material (comportamento de uma

---

5. "Assim, construída a norma jurídica (=significação) pela interpretação dos enunciados (=suporte físico) do direito positivo, e provado o suporte fático por meio da linguagem competentes das provas jurídicas, dá-se a incidência. Antes, não. A integração ao mundo dos pensamentos (psique) ocorre por meio de canal juridicamente estabelecido. O que ingressou no mundo dos pensamentos de forma meramente empírica, sem a intermediação normativa, não se constitui em incidência. A incidência, portanto, é uma construção humana. Só o homem pode atestar a incidência." IVO, Gabriel. "Teorias sobre a incidência: incidência como operação linguística". In: CARVALHO, Paulo de Barros. *Constructivismo lógico-semântico*. v. II. São Paulo: Noeses, 2018, p. 280.

6. CARVALHO, Paulo de Barros. *Direito tributário, linguagem e método*. 5ª ed.São Paulo: Noeses, 2013, p. 613.

pessoa, representado por verbo pessoal e de predicação incompleta, seguido pelo complemento), condicionado no tempo (critério temporal) e no espaço (critério espacial). Já na consequência, observaremos um critério pessoal (sujeito ativo e sujeito passivo) e um critério quantitativo (base de cálculo e alíquota).

Tem-se como certo que, para análise da regra-matriz de incidência do Imposto sobre Operação de Crédito, Câmbio e Seguro, ou relativas a Títulos e Valores – IOF, se faz necessário refletir sobre o campo de incidência do referido tributo, que está delimitado na Constituição Federal e na lei de sua criação, o Código Tributário Nacional - CTN.

Dito isto, constata-se que dentro dos parâmetros previstos na Carta Magna, o Código Tributário Nacional traz disposto no art. 63 quatro distintas situações de hipótese de incidência do IOF:

> Art. 63. O imposto, de competência da União, sobre operações de crédito, câmbio e seguro, e sobre operações relativas a títulos e valores mobiliários tem como fato gerador:
>
> I - quanto às operações de crédito, a sua efetivação pela entrega total ou parcial do montante ou do valor que constitua o objeto da obrigação, ou sua colocação à disposição do interessado;
>
> II - quanto às operações de câmbio, a sua efetivação pela entrega de moeda nacional ou estrangeira, ou de documento que a represente, ou sua colocação à disposição do interessado em montante equivalente à moeda estrangeira ou nacional entregue ou posta à disposição por este;
>
> III - quanto às operações de seguro, a sua efetivação pela emissão da apólice ou do documento equivalente, ou recebimento do prêmio, na forma da lei aplicável;
>
> IV - quanto às operações relativas a títulos e valores mobiliários, a emissão, transmissão, pagamento ou resgate destes, na forma da lei aplicável.
>
> Parágrafo único. A incidência definida no inciso I exclui a definida no inciso IV, e reciprocamente, quanto à emissão, ao pagamento ou resgate do título representativo de uma mesma operação de crédito.

Diante destes limites máximos, em 1999, foi editada a Lei 9.779 que englobou na hipótese de incidência do IOF "operações de crédito correspondente a mútuo de recursos financeiros entre pessoas jurídicas ou entre pessoa jurídica e pessoa física".[7] No mais, cabe consignar que o Decreto 6.306, de 14 de dezembro de 2007, atualmente, regula o IOF.

Com propósitos analíticos, entretanto, deter-se-á apenas a regra-matriz que tem por fato gerador as operações de câmbio, disposta no inciso II do art. 63 do CTN, que é composta pela:

Hipótese de incidência:

(a) critério material: verbo = realizar operação,[8] e complemento = de câmbio;[9]

(b) critério espacial: no território nacional;

(c) critério temporal: momento da realização da operação de câmbio ou liquidação da operação de câmbio.

Consequente:

(d) critério pessoal:

(d.i) sujeito ativo: União;

(d.ii) sujeito passivo: qualquer das partes da operação de câmbio é o contribuinte, ou o substituto – responsável pela retenção e recolhimento –, nos casos das instituições autorizadas a operar em câmbio. (art. 6º da Lei 8.894/94);

---

7. Art. 13 da Lei nº 9.779 de 19 de janeiro de 1999.

8. Definição de operação: negócio jurídico, ou seja, ato jurídico que se estabelece entre dois ou mais sujeitos de direito.

9. Definição de contrato de câmbio: "instrumento específico firmado entre o vendedor e o comprador de moeda estrangeira, no qual são estabelecidas as características e as condições sob as quais se realiza a operação de câmbio". (BANCO CENTRAL DO BRASIL. *Regulamento do Mercado de Câmbio e Capitais Internacionais*. São Paulo, 2019. Disponível em: https://bit.ly/3lotnNy Acesso em: 23 out. 2019).

(e) critério quantitativo:

(e.i) base de cálculo: montante da operação de câmbio em moeda nacional (art. 64, II, CTN). "O valor da contratação em que se consubstancie a compra ou venda da moeda nacional.[10]"

(e.ii) alíquota: limite de 25% (art. 15 do Decreto 6.306, 14 de dezembro de 2007), que pode ser reduzida por decreto.

Com a interpretação construída a partir dos enunciados da Constituição Federal e do Código Tributário Nacional, verifica-se que o critério material do IOF Câmbio é "realizar operação de câmbio", razão pela qual, se faz necessário compreender a amplitude semântica dos termos "realizar", "operação" e "câmbio".

Ao direito positivo brasileiro, só será caracterizada a operação juridicamente, visto que, prescinde de que a realização da operação seja vertida em linguagem competente para que seja reconhecida pelo direito. No presente estudo, o foco é o negócio jurídico entre duas pessoas, que tem por objetivo a realização de operação de câmbio.

Oportuno esclarecer que, a operação de câmbio realizado no exterior só será apta a incidir o imposto sobre a operação de câmbio (IOF Câmbio), no momento da disponibilidade econômica no território nacional, como veremos detalhadamente no próximo item.

3. Incidência do IOF sobre recursos financeiros recebidos no exterior e remetidos ao território nacional

Para os efeitos que pretendemos, necessário esclarecer que o IOF incorre sobre a permuta de moedas no território

10. BARRETO, Aires F. *ISS, IOF e instituições financeiras*. São Paulo: Noeses, 2016, p. 13.

nacional ou na liquidação do contrato de câmbio, quando do recebimento de recursos financeiros no exterior.

O contrato de operação de câmbio pressupõe a troca de moedas estrangeiras, ou seja, de diferentes unidades monetárias, mas de mesma natureza. E, portanto, só ocorrerá a realização da operação de câmbio quando a entrega de moeda em determinada quantia for entregue à pessoa que contratou o câmbio e, não antes da efetiva conversão da moeda.[11]

Importante arrazoar que o recebimento de valores financeiros pagos no exterior, em decorrência de exportação, pode ser remetido ao Brasil, onde haverá a liquidação da operação de câmbio, ou pode ser mantido no exterior.

Para precisão do estudo e para melhor compreensão do critério temporal da regra-matriz de incidência tributária do IOF Câmbio, é preciso explicar, contudo, o significado de liquidação do contrato de câmbio.

Contribui na definição[12] o Banco Central do Brasil,[13] por trazer no seu Regulamento do Mercado de Câmbio e Capitais

---

11. "O câmbio representa a operação por intermédio da qual uma pessoa entrega determinada quantia de moeda de moeda a outra pessoa e recebe em troca outra moeda em valores equivalentes. É a permuta de moedas de diferentes espécies. Não há que se falar em câmbio de moedas idênticas, sem diferenciações quanto à sua natureza." GALHARDO, Luciana Rosanova. *Rateio de despesa no direito tributário*. 2ª ed. São Paulo: Quartier Latin do Brasil, 2018, p.191.

12. Paulo de Barro Carvalho afirma que a definição é, "[...] operação lógica demarcatória dos limites, das fronteiras, dos lindes que isolam o campo de irradiação semântica de uma ideia, noção ou conceito. Com a definição, outorgamos à ideia sua identidade, que há de ser respeitada do início ao fim do discurso." (CARVALHO, Paulo de Barros. *Direito tributário, linguagem e método*. 5ª ed. São Paulo: Noeses, 2013, p.120). Ainda, cabe destacar as palavras precisas de Lucas Galvão de Britto, "as definições, mesmo quando adotam a via da extensão, buscando a denotação "exaustiva" dos elementos de uma classe, tal como um relatório extenso que descreva à miúde a prática de um delito por um indivíduo, não perde nunca seu *status* de *representação*." (BRITTO, Lucas Galvão de. Sobre o uso de definições e classificações na construção do conhecimento e na prescrição de condutas. In: BRITTO, Lucas Galvão de. (org.). *Lógica e direito*. São Paulo: Noeses, 2016. p. 339.

13. BANCO CENTRAL DO BRASIL. *Regulamento do Mercado de Câmbio e Capitais Internacionais*. São Paulo, 2019. Disponível em: https://bit.ly/3lotnNy Acesso em: 23 out. 2019.

Internacionais que "a liquidação de contrato de câmbio ocorre quando da entrega de ambas as moedas, nacional e estrangeira, objeto da contratação ou de títulos que as representem".

Contudo, só há que se falar em liquidação do contrato de câmbio se este rendimento financeiro recebido no exterior for remetido ao território nacional, que é o critério espacial da regra-matriz do IOF.

Assim entende a Receita Federal do Brasil,[14] senão vejamos: "Para que se configure a liquidação do câmbio e, consequentemente, o fato gerador do IOF-câmbio, é mister que o procedimento envolva moeda estrangeira entregue ou posta à disposição em contrapartida à moeda nacional".

Portanto, só ocorrerá o fato gerador do IOF Câmbio quando da liquidação, em território nacional, do contrato de câmbio.

Dito isto, necessário adentrar no estudo do art. 15-B, inciso I, do Decreto 6.306/2007, que estabelece que a alíquota é zero na realização de "*operações de câmbio relativas ao ingresso no País de receitas de exportação de bens e serviços*".

Trata-se de norma de isenção do IOF Câmbio, que reduziu o campo de abrangência do critério quantitativa, mais precisamente da alíquota, da regra-matriz de incidência tributário do IOF Câmbio, nos casos de recebimento de recursos financeiros no exterior em decorrente de exportação de bens e serviços.

Assevera Paulo de Barros Carvalho:[15]

> As normas de isenção pertencem à classe das regras de estrutura, que intrometem modificações no âmbito da regra-matriz de incidência tributária. Guardando sua autonomia normativa, a norma de isenção atua sobre a regra-matriz de incidência tributária, investindo contra um ou mais critérios de sua estrutura, mutilando-os, parcialmente.

---

14. Solução de Consulta Cosit nº 246 de 11 de dezembro de 2018, fls.4.

15. CARVALHO, Paulo de Barros. *Direito tributário, linguagem e método*. 5. ed. São Paulo: Noeses, 2013, p. 601.

Evidente, diante da norma de isenção, que os recursos financeiros auferidos no exterior em decorrência de exportação, remetidos ao território nacional, não terá a incidência de IOF quando da liquidação do contrato de câmbio.

4. Análise pragmática: Solução de Consulta - Cosit 246/2018, Parecer 13/2019 da Cosit e Parecer 83/2019 da PGFN

A Consulta sobre interpretação da legislação tributária – Cosit –, é utilizada pelo sujeito passivo para solucionar dúvidas em relação à interpretação da legislação tributária ou aduaneira, referente aos tributos administrados pela Secretaria da Receita Federal do Brasil (RFB).[16]

Dito isto, a Cosit 246/2018 expõe que se os recursos financeiros recebidos no exterior forem mantidos lá e, posteriormente remetidos ao território nacional, haverá o enquadramento da alíquota de 0,38% de IOF e, não de zero, como estabelece o art. 15-B, inciso I, do Decreto 6.306/2007.

---

16. De fato, a Solução de Consulta limita-se a demonstrar a interpretação e entendimento da Receita Federal do Brasil quanto a legislação tributária conferida aos fatos descritos na consulta. E, "a resposta dada só produzirá efeitos em relação à situação descrita na consulta" (FALEIRO, Kelly Magalhães. *Procedimento de consulta fiscal*. São Paulo: Noeses, 2005, p. 42).
Aplica-se efeito vinculante no âmbito da Receita Federal do Brasil e em relação ao sujeito passivo que se enquadre na situação fática descrita na Solução de Consulta da Cosit, consoante art. 9º da IN/RFB 1.396/2013. Contudo, no âmbito de Solução de Consulta Cosit não há a possibilidade de dilação probatória e de ter assegurado o contraditório e a ampla defesa, que é assegurado no art. 5º, inciso LV, da Constituição Federal. O princípio do contraditório e da ampla defesa, legitima o processo e os atos governamentais, portanto, para isto, precisam ser respeitados.
Corroborando com o alegado, o Conselho Administrativo de Recursos Fiscais - CARF entende que "*não há óbice legal para que seja alterado entendimento veiculado em solução de consulta, desfavorável ao contribuinte, por decisão emanada no âmbito do contencioso administrativo fiscal.*"
Porquanto a Solução de Consulta Cosit seja vinculante à Receita Federal do Brasil e aos sujeitos passivos que tenha fato jurídico similar ao apontado na referida consulta, esta não limita o sujeito passivo, que poderá questionar em processo administrativo e judiciário.

Assim dispõe a ementa da Solução de Consulta Cosit 246 de 11 de dezembro de 2018:[17]

> ASSUNTO: Imposto sobre Operações de Crédito, Câmbio e Seguros ou relativas a Títulos ou Valores Mobiliários - IOF EMENTA: RECURSOS PROVENIENTES DE EXPORTAÇÕES. MANUTENÇÃO NO EXTERIOR. INOCORRÊNCIA DO FATO GERADOR. Não incide IOF quando da manutenção de recursos em moeda estrangeira em instituição financeira fora do país, relativos aos recebimentos de exportações brasileiras de mercadorias e de serviços para o exterior, realizadas por pessoas físicas ou jurídicas. Nesta situação, não há liquidação de contrato de câmbio e, portanto, não se verifica a ocorrência do fato gerador do imposto conforme definido no art. 63, II do Código Tributário Nacional (CTN) e no art. 11 do Decreto 6.306, de 2007.
>
> No entanto, se os recursos inicialmente mantidos em conta no exterior forem, em data posterior à conclusão do processo de exportação, remetidos ao Brasil, haverá incidência de IOF à alíquota de 0,38%, conforme determina o *caput* do art. 15-B do Decreto nº 6.306, de 2007.
>
> OPERAÇÕES DE CÂMBIO RELATIVAS AO INGRESSO NO PAÍS DE RECEITAS DE EXPORTAÇÃO DE BENS E SERVIÇOS. ALÍQUOTA ZERO. No caso de operações de câmbio relativas ao ingresso no país de receitas de exportação de bens e serviços, há a incidência do IOF na operação de câmbio à alíquota zero, conforme expressa previsão no art. 15-B do Decreto nº 6.306, de 2007.
>
> Dispositivos legais: Lei nº 5.172, de 25 de outubro de 1966 (Código Tributário Nacional - CTN); Lei nº 8.894, de 21 de junho de 1994; e Lei nº 11.371, de 28 de novembro de 2006; Decreto nº 6.306, de 14 de dezembro de 2007.

Após a publicação da Solução de Consulta COSIT 246/2018, foi apresentada contestação pela Associação de Comércio Exterior do Brasil (AEB), Federação Brasileira dos Bancos (FEBRABAN) e Fórum da Competitividade das Exportações (FCE) da Confederação Nacional da Indústria (CNI) para demonstrar a impropriedade na interpretação. Em resposta, a Coordenação-Geral de Tributação da Receita Federal do Brasil (COSIT/RFB) emitiu o Parecer 13/2019.

---

17. Publicada no DOU de 24.12.2018, seção 1, página 44.

Neste Parecer, a COSIT manteve a incidência de 0,38% (trinta e oito centésimos porcento) de IOF sobre receitas provenientes de exportação que ingressem em território nacional em momento posterior ao processo de exportação. Conforme trecho:[18]

> Para a RFB, os recursos mantidos no exterior e posteriormente ingressados no País não são considerados como receitas de exportação de bens e serviços para fins de incidência da alíquota zero prevista no inciso I do art. 15-B do Decreto nº 6.306, de 2007. Esses recursos foram, a exclusivo critério do exportador, deixados em conta de sua titularidade no exterior e devem, portanto, ser tributados à alíquota de 0,38% prevista no *caput* do art. 15-B, que é a alíquota geral aplicável a qualquer operação de câmbio, a qual alcança inclusive o ingresso de valores originários de disponibilidade no exterior.

A Procuradoria Geral da Fazenda Nacional no Parecer 83/2019 concluiu que:

> Contrato de câmbio de exportação deverá ser celebrado para liquidação pronta ou futura, prévia ou posteriormente ao embarque da mercadoria ou da prestação do serviço, observado o prazo máximo de 750 (setecentos e cinquenta) dias entre a contratação e a liquidação, bem como o seguinte:
>
> I – no caso de contratação prévia, o prazo máximo entre a contratação de câmbio e o embarque da mercadoria ou da prestação do serviço é de 360 (trezentos e sessenta) dias;
>
> II – o prazo máximo para liquidação do contrato de câmbio é o último dia útil do 12º mês subsequente ao do embarque da mercadoria ou da prestação de serviço.

Acontece que, o critério temporal da regra-matriz do IOF Câmbio estabelece que o fato gerador ocorrerá quando da liquidação do contrato de câmbio, e isto se dará quando os recursos financeiros forem remetidos ao território nacional, independentemente de lapso temporal da realização da operação no exterior.

---

18. PARECER SEI Nº 83/2019/CAT/PGACTP/PGFN-ME. Disponível em: https://bit.ly/2YyCUso Acesso em: 29 nov. 2019.

Já, no caso destes recursos auferidos no exterior serem oriundos de exportação de mercadoria ou serviço, sequer haverá a incidência do IOF, uma vez que está fulminado o critério quantitativo do IOF pelo art. 15-B do Decreto 6.306, de 2007, ao estabelecer alíquota zero.[19]

A subsunção do fato ao conceito da norma só ocorre quando presente identidade absoluta entre eles, em razão do princípio da estrita legalidade e da tipicidade. Os indícios da prova são aptos a demonstrar a existência da relação de causalidade com o fato.[20]

Portanto, a Receita Federal do Brasil na Solução de Consulta 246/2018 não observou os critérios da regra-matriz de incidência tributária do IOF Câmbio, considerando a incidência do fato gerador, ainda em momento anterior à liquidação do contrato de câmbio, e determinando alíquota diferente ao estabelecido do decreto que regulamenta o IOF.

No mais, precisa observar que estão sob análise receitas auferidas no exterior em razão da exportação de mercadoria e serviço, situação que o Decreto 6.306/2007, no seu art. 15-B, isentou ao alterar a alíquota à zero, uma vez que mutilou o critério quantitativo da regra-matriz de incidência tributária.

Dito isto, não há que se falar em incidência do IOF, por não haver fato jurídico tributário e obrigação tributária. Neste sentido, assevera Pontes de Miranda:[21] "só após a incidência

---

19. Alíquota zero é isenção por mutilar parte do campo de abrangência dos critérios da hipótese ou do consequente da regra-matriz de incidência tributária.

20. "Com base em interpretação sistemática do direito tributário, a subsunção do conceito do fato ao conceito da norma só se opera quando presente identidade absoluta entre um e outro, afastadas as hipóteses presuntivas, no que diz respeito à ocorrência do fato jurídico tributário. Nos termos dos princípios da estrita legalidade e da tipicidade, à administração cabe realizar a devida prova dos indícios para, a partir deles, demonstrar a existência da relação de causalidade com o fato que se pretende dar o ocorrido." CARVALHO, Paulo de Barros. *Derivação e positivação no direito tributário*. Vol. II, São Paulo: Noeses, 2013, p.32-33.

21. MIRANDA, Pontes de. *Tratado de direito privado*. Tomo I, 2ª ed. São Paulo: Editora Bookseller, 2000, p. 51.

de regra jurídica é que os suportes fáticos entram no mundo jurídico, tornando-se fatos jurídicos".

Faz-se necessária a menção de que não há óbice no Decreto 6.306/2007 ter concedido isenção do IOF nas receitas auferidas no exterior, provenientes de exportação de mercadorias ou serviços. Isto porque, a Lei 8.894/94, no seu art. 1º, §1º traz o limite máximo da alíquota, consoante o art. 153, §1º, da Constituição Federal, que estabelece que é facultado ao Poder Executivo, atendidos os limites estabelecidos em lei, alterar as alíquotas do IOF.

A Constituição Federal permitiu que o Poder Executivo alterasse a alíquota do IOF por se tratar de um imposto que tem por finalidade a extrafiscalidade, "já que se presta como instrumento de política de crédito, câmbio, seguro e transferência de valores. Justamente por isso, a competência para a sua criação foi outorgada à União".[22]

Assevera José Souto Maior Borges[23] que:

> Em princípio, a isenção tributária, à semelhança do imposto, é utilizável para fins de intervencionismo econômico e social.
>
> Podem ser concedidas isenções da sujeição ao poder tributário com fundamento em razões sociais. O ordenamento tributário prescinde, nesses casos, dos seus fins estritamente fiscais para assegurar o bem-estar geral.
>
> Passa a exercer, tal exoneração tributária, função regulatória, extrafiscal e intervencionista, de setores da vida social. [...]
>
> Nas isenções extrafiscais, a exoneração total ou parcial da carga tributária, não se produz para que esta corresponda à riqueza do contribuinte, mas para que exerça uma função reguladora alheia à justiça tributária.

22. CARVALHO, Paulo de Barros. *Direito tributário, linguagem e método*. 5ª ed. São Paulo: Noeses, 2013, p.724.

23. BORGES, José Souto Maior. *Teoria geral da isenção tributária*. 3ª ed. São Paulo: Editora Malheiros, 2011, p. 70.

A possibilidade de alteração da alíquota consoante a Constituição Federal pelo poder Executivo é justamente para possibilitar a regulação econômica e social, tendo em vista a extrafiscalidade. Caso contrário, a finalidade não seria cumprida.

O Decreto 6.306/2007 alterou a alíquota a zero dentro do limite estabelecido no art. 1º, §1º, da Lei 8.894/94, portanto, de acordo com o disciplinado no art. 153, §1º, da CF.

Conclui-se que os valores auferidos no exterior oriundos da exportação de mercadorias e serviços poderão ser mantidos ou não em território internacional sem a incidência do Imposto de Operações Financeiras -IOF.

A interpretação da Solução de Consulta 246/2018 e do Parecer 83/2019 da PGFN foram equivocadas, visto que em ambas as situações não se observou o critério temporal da regra-matriz do IOF Câmbio proveniente de exportação.

5. Conclusão

Ao debruçar-se sobre os enunciados prescritivos do ordenamento jurídico brasileiro que disciplinasse sobre o IOF Câmbio, foi construída a regra-matriz de incidência tributária do referido tributo, estabelecendo os critérios da hipótese e do consequente.

Com isto, conseguiu-se responder que o critério quantitativo temporal, para a ocorrência do fato gerador do IOF Câmbio de receitas auferidas no exterior em decorrência de exportação, é o momento da realização da operação de câmbio ou da liquidação da operação de câmbio, quando estes recursos financeiros forem remetidos ao território nacional.

Concluiu-se que não haverá a incidência do IOF quando os recursos financeiros recebidos no exterior em decorrência de exportação de bens ou serviços mantidos fora do território nacional.

No caso de os recursos financeiros serem remetidos ao Brasil imediatamente à operação de exportação ou posteriormente, mesmo após o prazo estabelecido no Parecer 83/2019 da PGFN, não haverá a incidência do IOF, visto que há norma de isenção que reduz o campo de abrangência do critério quantitativo do consequente da regra-matriz do tributo.

Por fim, entendeu-se que as interpretações realizadas pela Solução de Consulta 246/2018 e pelo Parecer 83/2019 da PGFN foram equivocadas, uma vez que em ambas as situações não se adequou o fato ao critério temporal da referida regra-matriz do IOF Câmbio proveniente de exportação, não sendo possível, portanto, qualquer incidência do referido tributo, na remessa de recursos financeiros auferidos no exterior em razão de exportação, mesmo que o momento da liquidação do contrato de câmbio tenha se dado posteriormente ao prazo estipulado pelo Parecer 83/2019 da PGFN.

Referências

ATALIBA, Geraldo. *Hipótese de incidência tributária*. 6ª ed., São Paulo: Editora Malheiros, 2019.

BARRETO, Aires F. *ISS, IOF e Instituições financeiras*. São Paulo: Noeses, 2016.

BORGES, José Souto Maior. *Teoria geral da isenção tributária*. 3ª ed. São Paulo: Editora Malheiros, 2011.

BRITTO, Lucas Galvão de. *Sobre o Uso de Definições e Classificações na Construção do Conhecimento e na Prescrição de Condutas*. In: BRITTO, Lucas Galvão de. (org.). *Lógica e direito*. São Paulo: Noeses, 2016.

CARVALHO, Aurora Tomazini de. *Curso de teoria geral do direito*. São Paulo: Noeses, 2013.

CARVALHO, Paulo de Barros. *Curso de direito tributário*. São Paulo: Noeses, 2008.

_____. *Derivação e Positivação no Direito Tributário*. Vol. II, São Paulo: Noeses, 2013.

_____. *Direito tributário, linguagem e método*. São Paulo: Noeses, 2013.

_____. *Reflexões sobre filosofia e ciência em prefácios*. São Paulo: Noeses, 2019.

FALEIRO, Kelly Magalhães. *Procedimento de consulta fiscal*. São Paulo: Noeses, 2005.

GALHARDO, Luciana Rosanova. *Rateio de despesas no direito tributário*. 2ªed. São Paulo: Quartier Latin do Brasil, 2018.

IVO, Gabriel. "Teorias sobre a incidência: incidência como operação linguística". In: CARVALHO, Paulo de Barros. *Constructivismo lógico-semântico*. v.II. São Paulo: Noeses, 2018.

MIRANDA, Pontes de. *Tratado de direito privado*. Tomo I, 2ª ed. São Paulo: Editora Bookseller, 2000.

TOMÉ, Fabiana Del Padre. *A prova no direito tributário*. 3ªed. São Paulo: Noeses, 2012.

VILANOVA, Lourival. *Causalidade e relação no direito*. São Paulo: Noeses, 2015.

_____. *As estruturas lógicas e o sistema de direito positivo*. 4.ed. São Paulo: Noeses, 2010.

O CRITÉRIO TEMPORAL DA REGRA-MATRIZ DE INCIDÊNCIA TRIBUTÁRIA: APENAS UM ÁTIMO

Marcos Egg Freire[1]

Resumo O presente artigo tem como objetivo examinar o critério temporal da regra-matriz de incidência tributária, observando-o como aquele marco de tempo, aquele instante preciso previsto na norma jurídica tributária em que se verifica a ocorrência do fato descrito no seu antecedente, permitindo a configuração da relação jurídica tributária entre sujeitos de direito estabelecida no consequente normativo, de modo a se concluir, a partir da instantaneidade considerada, pela incorreção de expressões tais como *fato gerador continuado* ou *fato gerador complexivo*.

Sumário: 1. Introdução – 2. Direito positivo: ordenamento e norma jurídica – 3. Norma jurídica: do enunciado prescritivo à norma jurídica em sentido estrito – 4. A regra-matriz de incidência tributária: estrutura lógica e norma abstrata e geral – 5. O critério temporal da regra-matriz de incidência tributária – 6. O único instante em que se verifica ocorrido o fato tributável: uma crítica às expressões fato gerador continuado e fato gerador complexivo – 7. Conclusão – Referências.

1. Mestre em Direito Tributário pelo Instituto Brasileiro de Estudos Tributários - IBET. Especialista em Direito Tributário pelo Instituto Brasileiro de Estudos Tributários - IBET. Professor (seminarista) do curso de Especialização em Direito Tributário do Instituto Brasileiro de Estudos Tributários - IBET. Professor de curso de Pós-Graduação da PUC Minas. Advogado. Endereço eletrônico: marcoseggf@gmail.com

1. Introdução

"Tudo tem o seu tempo determinado [...]" (Eclesiastes 3:1). São com essas palavras que o escritor do livro bíblico intitulado Eclesiastes (em hebraico, *Qoheleth*) – considerado, via de regra, como sendo Salomão, o terceiro rei de Israel – inicia as suas considerações acerca do *tempo*.

O *tempo* sempre despertou os maiores interesses na humanidade enquanto objeto de estudo, quiçá pela paradoxal consciência humana acerca da possibilidade de mensurá-lo, seja pela rudimentar observação da movimentação dos corpos celestes, sejam pelos contemporâneos estudos científicos que culminaram com a sua medição na escala dos attossegundos ou, mais recentemente, dos zeptossegundos[2] – o tempo que uma partícula de luz (fóton) leva para cruzar uma molécula de hidrogênio (H_2) – ao mesmo tempo em que não consegue deter o seu curso.

De fato, o não-ser eterno próprio da humanidade, marcado pela real e viva ideia acerca da finitude da existência, refletida que está no próprio curso da vida – a ver que não escapa à mente o pensamento de que, dia após dia, o ser humano, enquanto indivíduo, caminha para o seu fim, ainda que incerto o momento em que se dará o seu passamento – não deixa dúvidas quanto à existência do tempo, do seu início e do seu fim, bem como de que todos os atos ou condutas humanas, assim como os fenômenos naturais, estão sob os seus limites.

Se assim o é, o direito (positivo), enquanto criação (cultural) humana não foge a essa regra: o direito se submete ao tempo e o tempo também o define, o conforma, seja como um sistema ordenado de normas em um determinado período da história (contexto histórico), seja como a delimitação, por exemplo, acerca do momento exato em que uma conduta juridicamente

2. Zeptosecond Birth Time Delay in Molecular Photoionization. Science: 16 Oct 2020, Vol. 370, Issue 6514, pp. 339-341, DOI: 10.1126/science.abb9318. Disponível em: https://bit.ly/3av5uxw Acesso em: 13 out. 2021.

regulada ver-se-á alcançada pela norma jurídica que a prescreve, afora os inarredáveis marcos temporais previstos para o exercício de atos jurídicos procedimentais ou processuais.

Neste artigo, a pretensão do exame do direito se reduz, justamente, ao momento, ao instante previsto na norma jurídica tributária em sentido estrito em que se verifica a ocorrência de um fato (social) descrito na hipótese normativa capaz de estabelecer uma relação jurídica tributária entre dois sujeitos de direito em função de uma prestação pecuniária.

Em outras palavras, o que se deseja, aqui, é examinar o critério temporal da regra-matriz de incidência tributária (arquétipo da norma jurídica tributária em sentido estrito), observando-o como aquele átimo, aquele marco temporal estabelecido pelo legislador em que se verifica a ocorrência do fato descrito no antecedente da norma, permitindo a configuração da relação jurídica tributária entre sujeitos de direito prescrita no seu consequente.

Para tanto, serão analisados:

I. O direito positivo enquanto ordenamento e norma jurídica;

II. A norma jurídica em sentido estrito enquanto percurso/construção de sentido a partir do enunciado prescritivo (do texto);

III. A regra-matriz de incidência tributária enquanto estrutura lógica e norma abstrata e geral;

IV. O critério temporal da regra-matriz de incidência tributária; e

V. A verificação do único instante em que se verifica ocorrido o fato tributável, criticando-se as expressões *fato gerador continuado* e *fato gerador complexivo*.

2. Direito positivo: ordenamento e norma jurídica

O estudo da teoria do direito (normativista[3]) pode ser realizado a partir de duas perspectivas: a da norma jurídica e a do ordenamento jurídico. A primeira, também denominada nomostática, tem o seu olhar sobre os problemas que cercam a norma jurídica, enquanto que a segunda – nomodinâmica – reserva a sua atenção àqueles que envolvem o ordenamento jurídico ou o sistema (jurídico) normativo.

Logo, observar o ordenamento jurídico é observar um conjunto de normas jurídicas (em sentido amplo), ao qual se atribui também a designação de sistema de direito positivo.

Em geral, sistema pode ser considerado todo conjunto de elementos dispostos entre si de forma ordenada, segundo determinados métodos ou preceitos.

As espécies de sistemas são inúmeras, a começar por aquela que se pode denominar de sistema social, que pode ser visto globalmente – o sistema social mundial, por exemplo – ou mesmo territorialmente – o sistema social brasileiro, a título de exemplo. Dentro do sistema social brasileiro (macrossistema) vários outros sistemas (ou subsistemas) podem ser observados, tais como o político, o econômico, o contábil, o jurídico etc.

Outra classificação possível de sistemas, agora, especialmente, observando-se o sistema jurídico, é a separação entre ordens jurídicas distintas, por exemplo: o sistema nacional, o sistema federal, os sistemas estaduais e os sistemas municipais (CARVALHO, 2008, p. 216). Ou, ainda, a classificação entre sistemas do direito positivo e da Ciência do Direito.

Trabalhando a ideia de sistema como contexto, NORBERTO BOBBIO (2010, p. 185) afirma que "as normas jurídicas

---

3. "Enquanto teoria do direito, o normativismo [que se difere do realismo] sustenta que o direito é um conjunto de normas, as normas que foram promulgadas por um 'legislador' ou, mas em geral, por uma autoridade normativa." (GUASTINI, Riccardo. *Das fontes às normas*. São Paulo: Quartier Latin, 2005, p. 356).

nunca existem sozinhas, mas sempre num contexto de normas que têm relações específicas entre si [...] denominado 'ordenamento'".

Na esteira do pensamento do filósofo político italiano, PAULO DE BARROS CARVALHO (2015, p. 78) também admite o ordenamento jurídico como sinônimo de sistema de direito positivo e o justifica sob o argumento de que a linguagem normativa é dotada de uma organização, característica própria de um sistema, concluindo que "sistema [...] também é o domínio finito, mas indeterminável, do direito positivo".

Sob essa ótica, não deve ser ignorada a complexidade de um ordenamento jurídico, especialmente, em relação à sua dimensão e organização, que, no entanto, podem ser definidas a partir da consideração desse ordenamento como um sistema autopoiético, ou seja, que "produz a sua própria organização, conservando a [sua] identidade (...) e, ao mesmo tempo, fazendo-o sofrer transformações indispensáveis à sua sobrevivência" (TOMÉ, 2016, p. 64). Por essa razão, inclusive, é que a complexidade de um ordenamento jurídico não exclui a sua unidade.

Ora, a unidade é uma das três características internas desse complexo sistema – delineado também pela coerência e completude – e o seu fundamento reside no fato de que as normas que o compõem estão em planos distintos, havendo normas superiores e normas inferiores, sendo que estas derivam daquelas, resultando, assim, em uma estrutura normativa hierárquica, que tem, no seu topo, a hipotética norma fundamental, a *grundnorm* de HANS KELSEN.

Considerando o direito como uma ordem jurídica, HANS KELSEN (2009, p. 33) o concebeu como "um sistema de normas cuja unidade é constituída pelo fato de todas elas terem o mesmo fundamento de validade", sendo que "o fundamento de uma ordem normativa é [...] uma norma fundamental da qual se retira a validade de todas as normas pertencentes a essa ordem". Essa norma fundamental seria, assim, o fundamento último de validade de uma ordem jurídica qualquer, uma norma pressuposta, uma norma mais elevada, que não poderia "ser posta por uma autoridade". Nas palavras do jurista austríaco:

> A norma fundamental é a fonte comum da validade de todas as normas pertencentes a uma mesma ordem normativa, o seu fundamento de validade comum. O fato de uma norma pertencer a uma determinada ordem normativa baseia-se em que o seu último fundamento de validade é a norma fundamental dessa ordem. É a norma fundamental que constitui a unidade de uma pluralidade de normas enquanto representa o fundamento de validade de todas as normas pertencentes a essa ordem normativa (KELSEN, 2009, p. 217).

Desenvolvendo um pouco mais essa noção acerca da norma fundamental de uma ordem jurídica, NORBERTO BOBBIO (2010, p. 220), considerando-a como sendo aquela que atribui ao poder constituinte de um dado Estado a possibilidade de criar normas jurídicas, aponta as suas duas finalidades, quais sejam, conferir "aos órgãos constitucionais o poder de emanar normas válidas" e impor "a todos aqueles a quem as normas constitucionais se destinam o dever de obedecer a elas".

Contudo, não é demais lembrar que, antes de ser norma ou configurar-se como uma ordem, um ordenamento ou um sistema, direito é texto, "um texto organizador-regulador [...] gerado por atos de fala", como assinalou GREGORIO ROBLES (2005, p. 2), que completa:

> A prova palpável de que o direito é texto está em que todo ordenamento jurídico é suscetível de ser escrito, isto é, de ser convertido em palavras. Até mesmo as normas que não nascem escritas, aquelas que são consuetudinárias, têm essa característica. O direito é linguagem verbalizada suscetível de ser escrita (ROBLES, 2005, p. 2).

Sob essa ótica, o direito é um conjunto de enunciados que apresentam um conteúdo prescritivo de condutas intersubjetivas, tal como aponta JUAN RAMÓN CAPELLA:

> Para analizar las normas em general se adoptará un punto de vista linguístico, justificado porque el lenguaje es um elemento necessário [...] para la existencia de normas. No hay normas,

> del tipo que sea, sin alguna especie de comunicación linguística (CAPELLA, 1999, p. 52).

Contudo, que fique claro, desde já: um é o texto do direito (os seus enunciados prescritivos), outra é norma que se constrói a partir dele, ou seja, o sentido atribuído ao texto. Quando se faz referência ao texto do direito como norma, está-se a dizer norma em sentido amplo; a norma construída a partir do texto é a norma em sentido estrito.

Não por outra razão RICCARDO GUASTINI (2005, p. 23) diferencia o texto jurídico do sentido construído a partir dele: o texto é a disposição, enquanto que o sentido é a norma.

Essa diferenciação entre texto – suporte físico – e sentido é antiga e tem as suas raízes na Linguística e na Semiótica, especialmente, a partir da concepção de texto como signo linguístico, ou seja, relação de um significante e de um significado ou, como sugeriu, inicialmente, o linguista suíço FERDINAND DE SAUSSURE (2012, p. 106), de uma imagem acústica e de um conceito – "uma entidade psíquica de duas faces" – ao modo de anverso e verso de uma folha de papel (BARTHES, 2012, p. 50). O signo é, assim, composto por dois planos: o do significante ou de expressão e o do significado ou de conteúdo.

O plano significante de um signo revela-se por meio da matéria (sons, objetos, imagens), a sua substância é sempre material, enquanto que o plano do significado traduz-se no conceito, na imagem ou na representação psíquica de algo.

A união ou a relação entre significante e significado ocorre mediante o ato ou processo de significação, cujo produto, como afirma o semiólogo francês ROLAND BARTHES (2012, p. 61), é o signo.

3. Norma jurídica: do enunciado prescritivo à norma jurídica em sentido estrito

Na esteira desse pensamento, PAULO DE BARROS CARVALHO (2015, p. 108/131) desenvolveu a ideia do percurso gerador de sentido do texto jurídico-positivo até à construção da norma jurídica em sentido estrito. E não somente isso. Aliando o percurso gerador de sentido ao processo de positivação do direito, o jurista cobriu, por assim dizer, as diversas etapas do processo nomogenético, partindo dos enunciados prescritivos, passando pela construção da norma abstrata e geral até à enunciação final da norma concreta e individual como resultado da incidência ou aplicação normativa.

O percurso assinalado tem início a partir do texto jurídico bruto, dos enunciados prescritivos, suporte físico cujo conteúdo é interpretado, dando azo à construção das proposições jurídicas, as quais, jungidas umas às outras na mente do intérprete, permitem a criação da norma jurídica em sentido estrito – norma abstrata e geral – aplicável a determinado ato ou conduta.

Nesse sentido, o enunciado prescritivo é uma sentença formulada segundo as regras ortográficas e gramaticais de um determinado contexto linguístico e que apresenta uma mensagem prescritiva de condutas intersubjetivas. É o suporte físico que "marca o início do percurso de interpretação" normativa, nos dizeres de PAULO DE BARROS CARVALHO (2015, p. 128).

Proposição jurídica, por sua vez, pode ser definida como sendo o conteúdo prescritivo descrito pelo enunciado, a sua "dimensão semântica" (CARVALHO, 2015, p. 128), direcionada, portanto, às condutas intersubjetivas com o objetivo de discipliná-las.

Por fim, norma jurídica em sentido estrito consiste na junção dessas significações produzidas na forma de um juízo hipotético-condicional (estrutura lógica condicional), ou seja, significações que comporão o antecedente e o consequente da norma jurídica em uma "relação-de-implicação entre hipóteses e consequências" (VILANOVA, 2010, p. 54).

Esse percurso – do enunciado prescritivo à norma jurídica em sentido estrito – é denominado percurso gerador de sentido do texto do direito positivo, que segue por mais uma etapa, qual seja, aquela em que a norma jurídica construída é confrontada com outras normas do sistema jurídico em relações de coordenação e subordinação, observando-se a unidade do ordenamento.

Estabelecido o percurso gerador de sentido da norma jurídica, é possível classificar as suas espécies. Para tanto, é necessário observar a estrutura sintática ou lógica da norma, considerando-se que "toda norma jurídica tem estrutura lógica de um juízo hipotético" (CARVALHO, 2008, p. 147).

A estrutura lógica de uma norma jurídica é composta por uma variável antecedente (categorema) e uma variável consequente (categorema) implicadas entre si pelo operador deôntico (dever-ser), por meio do conectivo condicional (sincategorema), de modo que: deve-ser (operador deôntico) que, se A (antecedente), então C (consequente). Formalizando: D (A→C).

Considerando-se essa estrutura normativa, tem-se que o que qualifica as espécies normativas é a classificação do antecedente e do consequente da norma jurídica, de modo que o primeiro pode ser abstrato ou concreto, enquanto que o segundo pode ser geral ou individual. PAULO DE BARROS CARVALHO, examinando o antecedente e o consequente no contexto das espécies normativas, afirma que:

> [...] a tipificação de um conjunto de fatos realiza uma previsão abstrata, ao passo que a conduta especificada no espaço e no tempo dá caráter concreto ao comando normativo. [...] geral, aquela que se dirige a um conjunto de sujeitos indeterminados quanto ao número; individual, a que se volta a certo indivíduo ou a grupo identificado de pessoas (CARVALHO, 2008, p. 140).

Logo, a partir da perspectiva do antecedente e do consequente normativos, classificam-se as normas em abstratas, concretas, gerais ou individuais, podendo obter-se quatro espécies normativas: abstratas e gerais, concretas e individuais, abstratas e individuais e concretas e gerais.

Norma abstrata e geral é aquela que preceitua, em seu antecedente, enunciado hipotético descritivo de um fato e, em seu consequente, prescreve conduta à qual todos aqueles submetidos ao ordenamento jurídico deverão observar.

Norma concreta e individual é a concreção da norma abstrata e geral, ou seja, é aquela que descreve, em seu antecedente, um fato jurídico ocorrido no tempo e no espaço e, em seu consequente, prescreve a conduta que deverá ser observada por um ou mais indivíduos identificados.

Norma abstrata e individual é aquela que estabelece, em seu antecedente, enunciado hipotético descritivo de um fato, voltando o seu consequente para a prescrição de uma conduta que deverá ser observada por um ou mais indivíduos identificados.

Norma concreta e geral é aquela característica dos veículos introdutores de normas no sistema do direito positivo. Descreve em seu antecedente um acontecimento devidamente demarcado no espaço e no tempo, prescrevendo, em seu consequente, "o exercício de conduta autorizada a certo e determinado sujeito de direitos e que se pretende respeitada por todos os demais da comunidade" (CARVALHO, 2008, p. 143).

Estabelecidas as espécies normativas, é possível passar ao processo de positivação do direito, por meio do qual a norma jurídica construída pelo intérprete é aplicada sobre determinadas situações concretas – fatos sociais. Leva-se em conta, nesse processo, a norma abstrata e geral, que aplicada a um fato social, permite a construção da correspondente norma concreta e individual pelo aplicador, refletindo, assim, o fenômeno da incidência normativa, o qual PAULO DE BARROS CARVALHO (2008, p. 152) traduz como sendo "uma operação lógica entre conceitos conotativos (da norma geral e abstrata) e conceitos denotativos (da norma individual e concreta)".

Fixados esses conceitos, é possível passar ao exame da regra-matriz de incidência tributária e dos critérios que a conformam.

4. A regra-matriz de incidência tributária: estrutura lógica e norma abstrata e geral

Regra-matriz de incidência tributária é a norma modelo (arquétipo) de incidência, também denominada norma jurídica em sentido estrito ou norma abstrata e geral. Em outras palavras, é o esquema lógico-semântico que revela conteúdo normativo (CARVALHO, 2016, p. 416).

Sob essa ótica, a regra-matriz de incidência tributária pode ser examinada como estrutura lógica ou como a própria norma jurídica em sentido estrito, ou seja, como técnica de formalização para a construção de uma norma jurídica ou como o produto da aplicação dessa técnica – a norma jurídica.

Enquanto fórmula que representa a estrutura de um fenômeno – a incidência – a regra-matriz permite o isolamento de variáveis envolvidas na composição dos fatos jurídicos e das relações jurídicas, retirando-lhes o excesso linguístico, tendo como funções:

a) Delimitar o âmbito de incidência normativa mediante a definição dos critérios da norma abstrata e geral construída;

b) Controlar a constitucionalidade/legalidade normativa através da adequação da norma concreta e individual emitida por uma autoridade competente à norma abstrata e geral formulada; e

c) Auxiliar na interpretação de textos do direito positivo por meio da precisa definição dos critérios da hipótese e do consequente da norma abstrata e geral.

São essas, portanto, as três funções operativas da regra-matriz de incidência tributária.

Em termos estruturais, a regra-matriz de incidência é concebida a partir dos cinco critérios que compõem o antecedente ou hipótese e o consequente ou tese da norma jurídica, a saber: os critérios material, espacial e temporal de um lado e os critérios pessoal e quantitativo de outro.

Melhor explicando:

a) *Hipótese* (descritor dos critérios que identificam um fato social tributável):

i) Critério material: expressa o fato social ou o núcleo do acontecimento que, se ocorrido, permitirá a constituição do fato jurídico tributário. Compõe-se de um verbo e do seu complemento.

ii) Critério espacial: delimita o local em que o fato social assinalado no critério material deve ocorrer para que se constitua o fato jurídico tributário.

iii) Critério temporal: aponta para o momento (no tempo) em que o fato social verificado no critério material deve ocorrer para que se constitua o fato jurídico tributário.

b) *Consequente* (prescritor de uma relação jurídica intersubjetiva):

i) Critério pessoal: identifica os sujeitos de direito da relação jurídica a ser constituída a partir da configuração do fato jurídico tributário. Compõe-se do sujeito ativo – detentor do direito subjetivo de exigir a prestação pecuniária – e do sujeito passivo – detentor do dever jurídico de cumprir a conduta prestacional.

ii) Critério quantitativo ou prestacional: aponta para a conduta que deve ser exigida pelo sujeito ativo e cumprida pelo sujeito passivo, caracterizando-se, no direito tributário, como uma prestação pecuniária. Compõe-se da base de cálculo e da alíquota.

Além disso, enquanto estrutura lógica, três são as relações possíveis entre os critérios da regra-matriz de incidência tributária:

a) Os critérios material, espacial e temporal da hipótese da regra-matriz de incidência tributária e os critérios pessoal e quantitativo relacionam-se entre si (em suas esferas isoladas de hipótese (H) e consequente (C)) por meio de conectivo conjuntor (.), de modo que deve haver os três critérios da hipótese para que um fato seja considerado tributável, bem como os dois critérios do consequente para que seja possível se falar em uma relação jurídica obrigacional entre sujeitos;

b) Os critérios da hipótese da regra-matriz de incidência tributária se relacionam com os critérios do seu consequente mediante a imputação deôntica – dever-ser interproposicional – que assegura que, diante da ocorrência do fato previsto, advirá uma consequência; e

c) No critério pessoal do consequente da regra-matriz de incidência tributária há uma relação entre dois sujeitos (ativo e passivo) – S'RS" – também de caráter deôntico – dever-ser intraproposicional – que se triparte nos modais: Obrigatório (O), Proibido (V), e, Permitido (P), caracterizadores do tipo de aproximação que se observa entre esses sujeitos.

A importância dessa análise comparativa das diversas relações que há entre os critérios da regra-matriz de incidência tributária é perceber a dimensão das informações que estão presentes nessa estrutura mínima da norma jurídica (em sentido estrito).

5. O critério temporal da regra-matriz de incidência tributária

Como visto, o critério temporal da regra-matriz de incidência tributária diz respeito ao marco temporal em que se permitirá conhecer o momento em que ocorrido o fato previsto no antecedente da norma jurídica, ou seja, à demarcação do "instante no qual seja possível afirmar que ocorreu o fato juridicamente qualificado na norma" (BRITTO, 2014, p. 55). Traduzir-se-ia, ainda, como as coordenadas de tempo para a realização da hipótese de incidência, para fazer alusão a ALFREDO AUGUSTO BECKER (2010, p. 354).

Mas, talvez sejam de PAULO DE BARROS CARVALHO (2007, p. 274/275) os apontamentos mais esclarecedores quanto ao tema, visto que não hesita em afirmar, de forma direta, sem rodeios, que, por meio de tal aspecto da regra-matriz de incidência tributária torna-se aparente o marco de tempo da ocorrência do fato tributável estabelecido na norma, porquanto conforma-se como sendo o "grupo de indicações, contidas no suposto da regra [...] que nos oferecem elementos para saber, com exatidão, em que preciso instante acontece o fato descrito".

A observar a técnica legislativa empregada na redação dos enunciados prescritivos, nota-se que o aspecto eleito pelo legislador corresponde, muitas vezes, a um marco temporal objetivo, tal como o dia 1º de janeiro de cada exercício, para o IPVA mineiro (Lei/MG 14.937/2003 – art. 2º) ou para o IPTU belo-horizontino (Lei/BH 5.641/89 – art. 64), mas, em outras, diz respeito a fatores de ação, como, por exemplo, o momento da "transmissão, a qualquer título, da propriedade ou do domínio útil de bens imóveis por natureza ou por acessão física, como definidos na lei civil", para o ITBI (art. 35, I do Código Tributário Nacional), ou o momento do "desembaraço aduaneiro", para o IPI incidente sobre os produtos industrializados importados.

É justamente por eleger fatores de ação como critérios demarcadores da ocorrência, no tempo, do fato tributável previsto no antecedente da regra-matriz de incidência tributária, que o legislador abre espaço para confusões entre os limites dos critérios material e temporal da norma, especialmente, por via de regra, utilizar-se da expressão *fato gerador*. Tome-se como exemplo o disposto nos arts. 2º, I e 12, I, da Lei Complementar 87/96:

> Art. 2º. O imposto incide sobre:
>
> I - operações relativas à circulação de mercadorias, inclusive o fornecimento de alimentação e bebidas em bares, restaurantes e estabelecimentos similares;

> [...]
>
> Art. 12. Considera-se ocorrido o fato gerador do imposto no momento:
>
> I - da saída de mercadoria de estabelecimento de contribuinte, ainda que para outro estabelecimento do mesmo titular;
>
> [...]

Não deveria haver dúvidas de que o critério material da regra-matriz de incidência do ICMS (mercadorias) é a realização de operação relativa à circulação de mercadorias, enquanto que o seu critério temporal, ou seja, o instante em que se dará por ocorrido o fato tributável é o momento exato da saída da mercadoria do estabelecimento do contribuinte.

Contudo, por fazer uso da expressão *fato gerador* no citado art. 12, o legislador cria uma confusão entre os dois aspectos da regra, porquanto o fato que gera ou acarreta a incidência do imposto estadual não é a saída da mercadoria do estabelecimento do contribuinte, mas a realização da operação de circulação de mercadorias. Esse é o *fato gerador* do ICMS (mercadorias). O instante da saída da mercadoria do estabelecimento do contribuinte aponta para o momento exato no tempo em que o fato social verificado no critério material – circulação de mercadorias – deve ocorrer para que se configure a incidência tributária com a constituição do fato jurídico tributário.

Logo, uma coisa é o fato tributável que, se praticado, acarretará o estabelecimento da relação jurídica tributária entre sujeitos de direito – critério material; outra coisa é o instante, o átimo, o momento em que considerar-se-á ocorrido esse fato – critério temporal.

Por fim, é dizer que o critério temporal se distingue da vigência da lei no tempo, que, além de não se referir à estrutura da norma jurídica em sentido estrito, trata diretamente do intervalo temporal de produção de efeitos de determinada lei válida, embora, por certo, referido critério possui uma função indireta de permitir a identificação das regras vigentes no momento da ocorrência do fato tributável (CARVALHO, 2016, p. 428).

6. O único instante em que se verifica ocorrido o fato tributável: uma crítica às expressões fato gerador continuado e fato gerador complexivo

Pelo até aqui exposto, não restam dúvidas de que, por meio do critério temporal da regra-matriz de incidência tributária, está-se definindo um instante, um momento, caracterizado que seja pelo marco de tempo objetivo previsto ou pelo fator de ação estabelecido, em que o fato social verificado no critério material deve ocorrer para que se constitua o fato jurídico tributário.

Em outras palavras, a conformação desse critério é dada pela instantaneidade do momento da realização. O fato tributável é realizado em algum momento (definido) e apenas nesse momento. Se é ter "a propriedade, o domínio útil ou a posse de imóvel por natureza, localizado fora da zona urbana do município, em 1º de janeiro de cada ano", no caso do ITR, pouco importa quem é o proprietário do imóvel em 04 de julho ou em 07 de setembro. O fato tributável do ITR apenas se verificará em 1º de janeiro de cada ano. Nesse instante, apenas.

Da mesma forma, pouco importa, para fins de incidência do IPI sobre produtos industrializados de procedência estrangeira se tais produtos já saíram do estrangeiro, se já estão em navio atracado em porto brasileiro ou sendo movimentados e armazenados em recinto alfandegado. O momento em que se verificará o fato tributável do IPI, nesse caso, é apenas um: o instante em que realizado o desembaraço aduaneiro dos produtos importados.

Nesse sentido, são oportunas as considerações de GERALDO ATALIBA, observe-se:

> [...] não importando ao intérprete se o fato qualificado pela lei se consuma num átimo ou se depende de penoso e lento processo pré-jurídico para se consumar. Só o que é relevante é o momento de sua consumação. Só então é ele fato jurídico, fato imponível (ATALIBA, 2006, p. 103).

Percebe-se, assim, que referido critério normativo indica sempre "um ponto na linha cronológica do tempo" (CARVALHO, 2016, p. 412), de modo que não procede a classificação histórica dos *fatos geradores* como sendo instantâneos, continuados ou complexivos.

Antes de mais, vale pontuar que a expressão *fato gerador* foi aquela adotada pelo legislador, à época (1966) da enunciação dos enunciados prescritivos presentes no Código Tributário Nacional, para designar ou o fato (juridicizado) previsto no antecedente da norma jurídica em sentido estrito (norma abstrata e geral), que, se praticado, dá origem à relação jurídica tributária prevista no consequente dessa mesma norma (por exemplo, os arts. 113, §1º, 114 e 116) ou a própria descrição legislativa do fato que constitui a relação jurídica tributária (por exemplo, os arts. 19, 23, 29, 32.).

Logo, a primeira crítica que se pode tecer à referida expressão diz respeito à sua ambiguidade, que, por vezes, não é sanada com o seu uso, ao contrário, este a intensifica. É ver, por exemplo, e aqui vai a segunda crítica à expressão, que o seu uso pode designar o fato tributável que, se ocorrido, gera uma obrigação tributária (aquele previsto no antecedente da norma abstrata e geral), como o próprio fato ocorrido, o qual, traduzido em linguagem competente, estabelece uma relação jurídica entre dois sujeitos (o fato jurídico indicado no antecedente da norma concreta e individual).

Sob essa ótica, deve-se esclarecer que uma coisa é o evento ocorrido no mundo fenomênico (sistema social). Outra coisa é o fato social eleito pelos agentes do sistema do direito positivo para neste ingressar, traduzindo-se em fato tributável ou juridicizado (antecedente da norma abstrata e geral). E outra coisa é o fato jurídico tributário que se constitui a partir da subsunção do evento ocorrido no tempo e no espaço ao antecedente da norma abstrata e geral prevista, configurando, assim, o antecedente da norma concreta e individual, mediante a qual se estabelece a relação jurídica tributária entre dois sujeitos.

Observe-se, pois, que, no uso comum que se faz da expressão *fato gerador*, esta pode ser empregada para designar qualquer um dos fatos descritos acima – fato-evento, fato tributável ou juridicizado e fato jurídico – imprecisão técnica que não se pode admitir.

Por fim, uma terceira crítica à expressão está diretamente relacionada ao seu uso como o fato descrito no antecedente da norma jurídica em sentido estrito (norma abstrata e geral), visto que, por vezes, acredita-se (na Ciência do Direito) que este fato é o principal componente ou critério para a ocorrência da incidência tributária, quando, em verdade, é apenas um daqueles que compõem a estrutura da norma jurídica. A norma jurídica em sentido estrito (regra-matriz de incidência tributária) é considerada a expressão mínima e irredutível de manifestação do deôntico, em sentido completo, conforme ensina PAULO DE BARROS CARVALHO (2008, p. 185), a qual é composta por um antecedente e por um consequente, como visto anteriormente.

O tal *fato gerador* corresponde à conjunção entre os três critérios que compõem o antecedente da norma jurídica (critérios material, temporal e espacial), muito embora, tradicionalmente, seja visto apenas como sendo o seu elemento material. A relevância do critério material na norma jurídica é a mesma dos demais critérios presentes no antecedente da norma (temporal e espacial), visto que todos estão vinculados uns aos outros pelo conectivo conjuntor (.). Faltando um desses critérios, não há hipótese tributária ou, nessa acepção, *fato gerador*.

Retornando à incorreta distinção entre os denominados *fatos geradores* instantâneos, continuados ou complexivos, tem-se que tal classificação foi adotada na tentativa de delimitação do momento da exata ocorrência dos fatos tributáveis. Como instantâneos, classificam-se os fatos ocorridos em uma unidade de tempo (segundo os classificadores, o IPI e o ICMS, por exemplo). Como continuados, os fatos que perduram por intervalos maiores de unidade de tempo (segundo os classificadores, o IPVA e o IPTU, por exemplo). E, como complexivos, aqueles que, para o surgimento do fato final, percorrem um processo de formação que atravessa várias unidades de tempo (segundo os classificadores, o Imposto sobre a Renda, por exemplo).

Entretanto, a distinção proposta é passível de críticas, haja vista que, como visto, é apenas um o instante no qual é possível afirmar ocorrido o fato previsto na norma jurídica. Nesse sentido, todos os chamados *fatos geradores* são instantâneos, acontecem "num determinado momento, num especial marco de tempo" (BRITTO, 2014, p. 56), em que pese poder haver vários fatores que tangenciem os fatos previstos e que tenham contornos de continuidade e de complexividade, se é que este último revela algum sentido no vernáculo português, como, ferrenhamente, assinalou PAULO DE BARROS CARVALHO (2007, p. 280/281).

E, nesse sentido, seguindo os exemplos mencionados pelos que adotam referida classificação, o aspecto temporal da regra-matriz de incidência tributária do IPVA e do IPTU não se dá de forma continuada, mas em um único instante – no primeiro dia do exercício. Não interessa à conformação da regra se a propriedade do veículo automotor ou do bem imóvel localizado em zona urbana permanece (ou continua) com determinado sujeito durante o restante do ano. Não há que se falar em fato tributável entre 02/01 e 31/12. Este apenas ocorrerá no primeiro dia do exercício.

Portanto, o critério temporal da regra-matriz de incidência tributária revela o único instante, aquele átimo em que se verifica ocorrido o fato tributável.

7. Conclusão

Pelo exposto, é possível concluir que:

1. O critério temporal da regra-matriz de incidência tributária configura-se como sendo aquele instante ou momento no tempo estabelecido pelo legislador em que se verifica a ocorrência do fato tributável descrito no antecedente da

norma, permitindo a constituição da relação jurídica tributária entre sujeitos de direito prescrita no seu consequente.

2. A conformação desse critério é dada pela instantaneidade do momento da realização do fato tributável. Esse fato é realizado em algum momento definido no tempo (objetivamente ou como um fator de ação) e apenas nesse momento.

3. Não procede a classificação histórica dos *fatos geradores* como sendo instantâneos, continuados ou complexivos. É apenas um o instante no qual é possível afirmar ocorrido o fato previsto no antecedente da norma jurídica. Nesse sentido, todos os chamados *fatos geradores* são instantâneos.

Referências

ATALIBA, Geraldo. *Hipótese de incidência tributária.* 6ª ed. São Paulo: Malheiros, 2006.

BARTHES, Roland. *Elementos de semiologia.* 19. ed. São Paulo: Cultrix, 2012.

BECKER, Alfredo Augusto. *Teoria geral do direito tributário.* 5ª ed. São Paulo: Noeses, 2010.

BOBBIO, Norberto. *Teoria geral do direito.* 3. ed. São Paulo: Martins Fontes, 2010.

BRITTO, Lucas Galvão de. *O lugar e o tributo.* São Paulo: Noeses, 2014.

CAPELLA, Juan Ramón. *Elementos de análisis jurídico.* Madrid: Editorial Trotta, 1999.

CARVALHO, Aurora Tomazini de. *Curso de teoria geral do direito*: o constructivismo lógico-semântico. 5. ed. São Paulo: Noeses, 2016.

_____. A regra-matriz como esquema lógico de interpretação dos textos jurídicos. In CARVALHO, Paulo de Barros (coord.). BRITTO, Lucas Galvão de (org.). *Lógica e direito.* 1 ed. São Paulo: Noeses, 2016.

CARVALHO, Paulo de Barros. *Curso de direito tributário.* 18 ed. rev. e atual. São Paulo: Saraiva, 2007.

_____. *Direito tributário, linguagem e método.* 2ª ed. São Paulo: Noeses, 2008.

_____. *Direito tributário*: fundamentos jurídicos da incidência. 10. ed. São Paulo: Saraiva, 2015.

GUASTINI, Riccardo. *Das fontes às normas.* São Paulo: Quartier Latin, 2005.

KELSEN, Hans. *Teoria pura do direito.* 8. ed. São Paulo: Editora WMF Martins Fontes, 2009.

ROBLES, Gregorio. *O direito como texto*: quatro estudos de teoria comunicacional do direito. Barueri: Manole, 2005.

SAUSSURE, Ferdinand de. *Curso de linguística geral.* 28. ed. São Paulo: Cultrix, 2012.

TOMÉ, Fabiana Del Padre. *A prova no direito tributário.* 4ª ed. São Paulo: Noeses, 2016.

VILANOVA, Lourival. *As estruturas lógicas e o sistema do direito positivo.* São Paulo: Noeses, 2010.

A REGRA-MATRIZ DE INCIDÊNCIA DO IMPOSTO SOBRE SERVIÇOS

Betina Treiger Grupenmacher[1]

Sumário: 1. Aspectos constitucionais do ISS – 2. A função da Lei Complementar – 3. O antecedente: 3.1 O critério material; 3.2 Critério espacial: 3.2.1 A importação de serviços; 3.3 O critério temporal – 4. O consequente: 4.1 Critério pessoal; 4.2 O critério quantitativo: 4.2.1 A base de cálculo; 4.2.2 A alíquota – Referências.

1. Aspectos constitucionais do ISS

A competência para instituir o Imposto Sobre Serviços (ISS) está prevista no art. 156 da Constituição Federal (CF), que assim dispõe: "Compete aos Municípios instituir imposto sobre: [...] III – Serviços de qualquer natureza, não compreendidos no art. 155, II, definidos em Lei Complementar".

Como ocorre em relação a todos os impostos, ainda que de maneira implícita, o legislador constitucional consignou, ao atribuir aos Municípios competência tributária para instituição do ISS, o momento em que se reputa ocorrido o fato

1. Advogada. Pós-Doutora pela Universidade de Lisboa. Doutora pela Universidade Federal do Paraná, e professora de Direito Tributário da UFPR.

jurídico-tributário, o local em que se dá a respectiva incidência, o sujeito passivo possível, o sujeito ativo possível, assim como a base de cálculo possível do tributo.

A CF estabeleceu, portanto, para todos os tributos, os seus contornos. Ante tal premissa, os legisladores – complementar e ordinário – devem, ao descrever os vários critérios da regra-matriz de incidência, observar com rigor os parâmetros estabelecidos no texto constitucional, que disciplinam e orientam o exercício da competência tributária.

O ISS incide, assim, sobre a *prestação de serviços*. É esse o núcleo da regra-matriz do tributo, é esse, portanto, seu critério material. No entanto, não é qualquer *prestação de serviço* que gera a incidência do ISS. Como ensina Marçal JUSTEN FILHO, a incidência ocorre diante da "prestação de esforço (físico-intelectual) produtor de utilidade (material ou imaterial) de qualquer natureza, efetuada sob regime de Direto Privado, que não caracterize relação empregatícia".[2]

O momento em que se reputa ocorrido o fato jurídico-tributário é aquele em que ocorre o respectivo comportamento. O local, por sua vez, é aquele em que se ultima o mesmo.

Geraldo ATALIBA, ao estudar a norma instituidora dos tributos, declarou que as indicações de lugar e tempo em que ocorrem os fatos imponíveis são o que chamou de aspecto espacial e aspecto temporal, respectivamente. Indicou, ainda, ao se referir ao aspecto espacial da hipótese de incidência, tratar-se da "indicação de circunstâncias de lugar, contidas explícita ou implicitamente na h.i., relevantes para a configuração do fato jurídico-tributário".

Também Alfredo AUGUSTO BECKER, estabeleceu em relação aos aspectos temporal e espacial da hipótese de incidência, que "o núcleo e os elementos adjetivos somente terão realizado a regra-matriz de incidência se tiverem acontecido

2. JUSTEN FILHO, Marçal. *O ISS na Constituição*. São Paulo: Revistas dos Tribunais, 1985, p. 80.

no tempo e no lugar predeterminados, implícita, ou explicitamente, pela regra jurídica".

Assim, para o ISS, o critério temporal é aquele em que se conclui a prestação e critério espacial, por sua vez, é o local em que se completa o serviço.

O sujeito passivo, destinatário constitucional tributário, é o prestador do serviço. O sujeito ativo é o município, onde efetivamente tenha ocorrido a prestação de serviço.

Quanto à base de cálculo, por inferência do disposto no art. 156, III, do texto constitucional, há de ser a remuneração do serviço. É esse o único critério apto a determinar a quantificação do critério material da hipótese.

Todos os impostos discriminados na CF incidem sobre fatos reveladores de capacidade contributiva. Assim também, a *prestação de serviços* foi eleita pelo constituinte como uma manifestação de riqueza passível de tributação.

Quanto à alíquota, seus limites mínimo e máximo devem estar estabelecidos em lei complementar, por expressa determinação do inciso I do § 3º do art. 156, introduzido pelo art. 2º da Emenda Constitucional (EC) 37, sendo, de forma concreta e específica, estabelecida nas legislações municipais ordinárias instituidoras do ISS.

Genericamente, são estes os critérios da regra-matriz de incidência do ISS previstos no respectivo arquétipo constitucional.

Quanto aos aspectos constitucionais do imposto, objeto do presente estudo, merece destaque a questão atinente à taxatividade da lista de serviços. Consoante, depreende-se da leitura do *caput* do art. 156 da CF, reproduzido em linhas anteriores, a competência impositiva dos Municípios para instituir o ISS alcança *serviços de qualquer natureza*, exceto aqueles insertos na competência dos Estados, quais sejam, os serviços de transporte interestadual, intermunicipal e de comunicação, *definidos em lei complementar*.

A doutrina, ao interpretar o referido preceito constitucional, chegou a distintas conclusões. Há quem entenda[3] que os Municípios podem instituir e cobrar ISS sobre toda e qualquer prestação de serviços, estando ou não prevista na lista anexa à Lei Complementar 116/2003 e que, nessa medida, embora a referência esteja expressa no texto constitucional – "definidos em lei complementar" –, tal ressalva não é suficiente para restringir a competência dos Municípios para tributar toda e qualquer atividade que se subsuma ao conceito de serviços, o que se dá em função do princípio da autonomia municipal.

Segundo esta corrente doutrinária, o comando do art. 156 da CF há de ser interpretado sistematicamente com o art. 30 do mesmo texto constitucional e, de tal exegese, conclui-se que a autonomia dos Municípios, para instituir e cobrar o ISS, não pode se limitar aos serviços arrolados na lista anexa à Lei Complementar 116/2003. Entendimento em sentido contrário, segundo defendem, mitigaria inadmissivelmente o princípio da autonomia municipal, razão pela qual se manifestam no sentido de que a referida lista de serviços é meramente exemplificativa, podendo ser interpretada extensiva e analogicamente.

Por outro lado, há quem entenda[4] que não há, na CF, termos inúteis e que o texto constitucional é suficientemente claro no sentido de que os Municípios podem tributar serviços de qualquer natureza, desde que estejam expressamente previstos em lei complementar. São aqueles que defendem a taxatividade da lista de serviços.

Efetivamente, pensamos que a razão está com os que defendem a taxatividade da lista. É importante destacar que *definir* é mais do que *conceituar*. *Conceituar* é a compreensão de uma palavra, concepção ou ideia; já *definir* é a "operação linguística que busca a determinação clara e precisa de um conceito ou objeto".[5]

---

3. Entre outros, Roque Antonio CARRAZZA, Misabel Abreu Machado DERZI, Paulo de BARROS CARVALHO.

4. Entre outros, Sergio Pinto MARTINS e Bernardo Ribeiro de MORAES.

5. Dicionário HOUAISS da língua portuguesa, p. 926.

O termo empregado na CF foi *definir*, o que nos leva a acreditar que, embora a norma mitigue a competência impositiva dos Municípios, fá-lo por imposição expressa do texto constitucional. Trata-se de uma hipótese de exceção ao princípio da autonomia municipal, o que, aliás, acontece em relação a vários outros princípios constitucionais, como é o caso do princípio da legalidade e o da anterioridade.[6]

O que queremos afirmar é que não se trata de restrição inconstitucional ao princípio da autonomia municipal, pois a restrição foi estabelecida no bojo do texto original da CF, não foi fruto de emenda constitucional e, nessa medida, não há que se falar, como pronuncia Otto BACHOFF, "em norma constitucional inconstitucional".[7]

Provocado a se manifestar sobre o tema, embora a matéria tenha índole constitucional, o Superior Tribunal de Justiça (STJ) pacificou o entendimento de que a lista de serviços anexa ao Dec.-lei 406/68, que antecedeu a Lei Complementar

---

6. Art. 150. Sem prejuízo de outras garantias asseguradas ao contribuinte, é vedado à União, aos Estados, ao Distrito Federal e aos Municípios: I - exigir ou aumentar tributo sem lei que o estabeleça; II - instituir tratamento desigual entre contribuintes que se encontrem em situação equivalente, proibida qualquer distinção em razão de ocupação profissional ou função por eles exercida, independentemente da denominação jurídica dos rendimentos, títulos ou direitos; III - cobrar tributos: a) em relação a fatos geradores ocorridos antes do início da vigência da lei que os houver instituído ou aumentado; b) no mesmo exercício financeiro em que haja sido publicada a lei que os instituiu ou aumentou; c) antes de decorridos noventa dias da data em que haja sido publicada a lei que os instituiu ou aumentou, observado o disposto na alínea *b*; (Incluído pela Emenda Constitucional nº 42, de 19.12.2003) § 1º A vedação do inciso III, *b*, não se aplica aos tributos previstos nos arts. 148, I, 153, I, II, IV e V; e 154, II; e a vedação do inciso III, *c*, não se aplica aos tributos previstos nos arts. 148, I, 153, I, II, III e V; e 154, II, nem à fixação da base de cálculo dos impostos previstos nos arts. 155, III, e 156, I (Redação dada pela Emenda Constitucional nº 42, de 19.12.2003).

7. Segundo leciona Otto BACHOF: "Esta questão pode parecer, à primeira vista, paradoxal, pois, na verdade, uma lei constitucional não pode, manifestadamente, violar-se a si mesma. Contudo, poderia suceder que uma norma constitucional, de significado secundário, nomeadamente uma norma formalmente constitucional fosse de encontrão a um preceito material fundamental da Constituição". BACHOF, Otto. *Normas Constitucionais Inconstitucionais?* [s.l.]: Atlântida, 1977, p. 55.

116/2003, era taxativa, só podendo ser alcançados pelo ISS os serviços nela expressamente arrolados, como se verifica da ementa ora descrita:

> TRIBUTÁRIO. ISS. INCIDÊNCIA. LISTA DE SERVIÇOS BANCÁRIOS ANEXA AO DECRETO-LEI Nº 406/68. ANALOGIA. IMPOSSIBILIDADE. SERVIÇOS DE ASSESSORIA, EXPEDIENTE, CONTROLE E PROCESSAMENTO DE DADOS. NÃO INCIDÊNCIA. PRECEDENTES. 1. A lista de serviços bancários que acompanha o Decreto-lei nº 406/68, com as alterações do Decreto-lei nº 834/69 é exaustiva e não exemplificativa, não admitindo a analogia, objetivando alcançar hipóteses de incidência diversas das ali consignadas. 2. "Os serviços de datilografia, estenografia, secretaria, expediente etc. prestados pelos bancos não possuem caráter autônomo, pois se inserem no elenco das operações bancárias originárias, executadas, de forma acessória, no propósito de viabilizar o desempenho das atividades-fim inerentes às instituições financeiras." 3. Agravo regimental provido, para conhecer do agravo de instrumento e negar seguimento ao recurso especial (art. 544, § 3º, c/c art. 557, *caput*, do CPC). (Grifamos) (AgRg no Ag 461727/MG, Rel. Ministro LUIZ FUX, PRIMEIRA TURMA, julgado em 24.06.2003, DJ 04.08.2003, p. 233.)

Tal entendimento, no entanto, sofreu alteração significativa e o STJ passou a decidir no sentido de que, embora seja taxativa, a lista de serviços em questão pode ser interpretada extensivamente, para alcançar serviços congêneres, como é possível conferir na seguinte decisão:

> TRIBUTÁRIO – SERVIÇOS BANCÁRIOS – ISS – LISTA DE SERVIÇOS – TAXATIVIDADE – INTERPRETAÇÃO EXTENSIVA. 1. A jurisprudência desta Corte firmou entendimento de que é taxativa a Lista de Serviços anexa ao Decreto-lei 406/68, para efeito de incidência de ISS, admitindo-se, aos já existentes apresentados com outra nomenclatura, o emprego da interpretação extensiva para serviços congêneres. 2. Recurso especial não provido. Acórdão sujeito ao regime do art. 543-C do CPC e da Resolução STJ 08/08. (Grifamos) (REsp 1111234/PR, Rel. Ministra ELIANA CALMON, PRIMEIRA SEÇÃO, julgado em 23.09.2009, DJe 08.10.2009.)

O referido posicionamento foi consolidado pelo STJ em 2010, com a edição da Súmula 424, que sedimentou o entendimento de que é possível tributar os serviços bancários, congêneres daqueles expressamente previstos na lista, e o fez nos seguintes termos: "É legítima a incidência do ISS sobre os serviços bancários congêneres da lista anexa ao DL n. 406/68 e à Lei Complementar 56/87".

Verifica-se da redação da referida Súmula que não há nela qualquer indicação expressa à Lei Complementar 116/2003, o que nos move a acreditar, que, embora sumulada, a matéria pode voltar a ser enfrentada em julgamentos futuros, em que se considere, para fins de incidência do ISS, a lei complementar em questão.

A despeito da decisão adotada pelo STJ, instado a se manifestar sobre o tema, o STF, ao julgar do RE784/439 do Distrito Federal, de relatoria da Ministra Rosa Weber, reconheceu a taxatividade da lista de serviços apenas em relação aos serviços inerentes àqueles elencados em lei, sedimentando o entendimento sobre a matéria ao editar a tese de repercussão geral que restou assim redigida: "É taxativa a lista de serviços sujeitos ao ISS a que se refere o art. 156, III, da Constituição Federal, admitindo-se, contudo, a incidência do tributo sobre as atividades inerentes aos serviços elencados em lei em razão da interpretação extensiva."

2. A função da Lei Complementar

As leis complementares são instrumentos introdutórios de normas jurídicas que só podem versar sobre as matérias que lhes são reservadas pela CF e necessitam de quórum qualificado, de maioria absoluta, para aprovação, segundo dispõe o respectivo art. 69.

Define-a, Paulo de BARROS CARVALHO, "como sendo aquela que, dispondo sobre matéria, expressa ou implicitamente prevista na relação constitucional, está submetida ao quórum qualificado do art. 69 (CF), isto é maioria absoluta nas duas casas do Congresso".[8]

8. TORRES, Heleno Taveira (Coord.). Coleção de Direito Tributário. *Leis Complementares em matéria tributária*: aspectos práticos atuais. PINTO, Fabiana Lopes e SALIBA, Ricardo Berzosa (Orgs.). v. 1. São Paulo: Manole, 2003, p. 25.

Por inferência da lição do citado autor, relativamente à lei complementar, o constituinte estabeleceu-lhe um pressuposto material, referente à competência para disciplinar algumas matérias com exclusividade, assim como um pressuposto de ordem formal relativo ao quórum necessário para aprovação.

A lei complementar tem, portanto, no âmbito do Sistema Tributário Nacional, dupla função, realiza as competências de legislação federal quando cria empréstimos compulsórios (art. 148 da CF), ou os impostos da competência residual da União (art. 154, inciso I, da CF), ou, ainda, o imposto sobre grandes fortunas (art. 153, inciso VII, da CF); e cumpre as atribuições de legislador nacional, quando estabelece normas gerais de direito tributário.

A lei complementar, enquanto lei nacional, tem, no Direito Tributário, como afirmamos, função predefinida no art. 146, inciso III, da CF, competindo-lhe estabelecer normas gerais e regular os conflitos de competência em matéria tributária. Nesta medida, fica reservado à lei complementar disciplinar aquilo que não foi regulado pelo texto constitucional.

Ante tal premissa, não restou ao legislador complementar senão um resíduo de competência legislativa em matéria tributária, já que o legislador constitucional foi exaustivo.

Duas são as correntes que se consolidaram na doutrina, a partir do disposto no art. 18 da CF de 1967, quanto às atribuições do legislador complementar. Uma denominada de *dicotômica*, que entendeu ser apenas uma a função do mencionado legislador, qual seja, veicular normas gerais de direito tributário as quais, por sua vez, disporiam sobre conflitos de competência e regulariam as limitações constitucionais ao poder de tributar; outra, a chamada *tricotômica*, entende serem três as funções da lei complementar: dispor sobre normas gerais de direito tributário, regular as limitações constitucionais ao poder de tributar e dirimir conflitos de competência entre as pessoas políticas de Direito Público.

Destacamos que a corrente doutrinária que efetivamente prosperou foi a dicotômica, pois a tricotômica, por não estabelecer limites ao conteúdo das normas gerais, possibilitaria que a União invadisse as competências reservadas aos Estados e Municípios. Ou, como afirma Heleno TAVEIRA TORRES, ao analisar tais correntes de pensamento:

> [...] a prevalecer tal entendimento, aquele da corrente tricotômica, tudo estaria permitido ao legislador complementar, o que decerto não se compatibilizaria com toda a estrutura do sistema implantado pela própria Constituição.[9]

A corrente dicotômica é, pois, a que de fato realiza os ideais do Estado Democrático de Direito, já que impede que a União, enquanto nação brasileira, sob a justificativa de editar normas gerais de direito tributário para solucionar conflitos de competência, possa afrontar a repartição constitucional de competências.

Relativamente à competência do legislador complementar, discorre Aires FERNANDINO BARRETO que:

> [...] há, no caso, liberdade relativa ao legislador, no sentido de ser-lhe possível atuar nos desvãos duvidosos ou obscuros da Constituição, mas sempre sob a condição de realizar os princípios que a norma constitucional (obscura ou duvidosa) certamente afirma. Do contrário, agirá inconstitucionalmente e sua obra estará inexoravelmente perdida.[10]

Tal afirmação se adéqua, com perfeição, ao objeto do presente estudo, já que, há muito, as leis complementares que estabelecem normas gerais em matéria de ISS e disciplinam os conflitos de competência extrapolam a sua função, subvertendo regras constitucionais previamente estabelecidas,

---

9. TORRES, Heleno Taveira (Coord.). Coleção de Direito Tributário. *Leis Complementares em matéria tributária*: aspectos práticos atuais. PINTO, Fabiana Lopes e SALIBA, Ricardo Berzosa (Orgs.). v. 1. São Paulo: Manole, 2003, P. 25.

10. BARRETO, Aires Fernandino. *ISS na Constituição e na Lei.* São Paulo: Dialética, 2003, p. 254.

especialmente no que diz respeito aos critérios da regra-matriz de incidência, notadamente o espacial e o temporal. Foi assim com o Dec.-lei 406/68 e permanece sendo após a edição da Lei Complementar 116/2003.

As leis ordinárias, assim como as complementares, só são válidas e eficazes na medida em que observam fielmente as regras ditadas pelo sistema constitucional. Ou, como leciona Aires FERNANDINO BARRETO:

> [...] não há nela, nenhuma qualidade ou virtude especial da qual pudesse retirar validade per se; isso seria aberrante em um Estado constitucional como o brasileiro, no qual, por definição, nenhum ato executivo, judiciário ou legislativo - salvo o processo onde emenda constitucional - possui força para alterar a Constituição.[11]

Merece referência, ainda, a lição de Roque ANTONIO CARRAZZA:

> [...] se a lei complementar referida no art. 146 do Diploma Magno não apontar os nortes da Constituição, perderá, por completo, a razão jurídica de existir e, destarte, a ninguém poderá obrigar, muito menos aos legisladores das pessoas políticas, para os quais deve apenas dar orientação, e não fundamento de validade.[12]

É certo que a lei complementar tem, enquanto lei nacional veiculadora de normas gerais, dúplice função. A primeira disciplina conflitos de competências. A segunda regula as limitações constitucionais ao poder de tributar. Na primeira hipótese, assume condição de superior hierarquia em relação às leis ordinárias veiculadoras de normas conflitantes; na segunda, assume o mesmo *status* das leis ordinárias, não podendo, no entanto, reduzir ou ampliar o conteúdo das limitações ao poder de tributar, constitucionalmente estabelecido.

---

11. BARRETO, Aires Fernandino. *ISS na Constituição e na Lei*. São Paulo: Dialética, 2003, p. 254.

12. CARRAZZA, Roque Antonio. *Curso de direito constitucional tributário*. 19. ed. São Paulo: Malheiros, 2003, p. 804.

Em verdade, a função da lei complementar de dirimir conflitos de competência é apenas normativa, sendo insuficiente como veículo de solução das situações controvertidas. Assim, a lei complementar é, enquanto elemento destinado à solução de conflitos, quase sempre, inapta a alcançar tal desiderato, já que, no mais das vezes, as regras estabelecidas no mencionado instrumento legislativo não são suficientes para alcançar a finalidade para a qual foram instituídas.

Nesse sentido, manifestou-se José Eduardo SOARES DE MELO, afirmando que "sobre as específicas competências de cada ente tributante, em razão também das específicas materialidades, revela-se impertinente a edição de lei complementar para dirimir eventuais controvérsias, podendo ser entendida como mero veículo de natureza interpretativa".[13]

Com o propósito de cumprir o seu desiderato constitucional, a Lei Complementar 116/03, além de reproduzir o arquétipo constitucional do ISS, quando estabelece os critérios da regra-matriz de incidência, veicula normas que buscam prevenir conflitos de competência.

3. O antecedente

3.1 O critério material

O critério material revela o núcleo da regra-matriz de incidência e indica o fato tributável, o qual há de ser identificado pela busca de um verbo agregado a um complemento. Paulo de BARROS CARVALHO explica sobre o critério material: "Nele há referência a um comportamento de pessoas, físicas ou jurídicas, condicionado por circunstâncias de espaço e tempo (critérios especial e temporal)".[14] Ou seja, ressalta

---

13. MELO, José Eduardo Soares de. *Curso de direito tributário*. São Paulo: Dialética, 1997, p. 101-105.

14. CARVALHO, Paulo Barros. *Curso de direito tributário*. 23. ed. São Paulo: Saraiva, 2011, p. 324.

que o comportamento de uma pessoa está representado na hipótese por um verbo agregado a um complemento, considerando-se determinadas condições espaciais e temporais, e afastando a utilização de verbos impessoais.[15] Tal premissa aplicada ao ISS indica como verbo o termo *prestar* e, como complemento, o termo *serviço*.

Releva esclarecer que a prestação de serviços, enquanto fato jurídico-tributário, só tem aptidão de desencadear o fenômeno da incidência se considerada uma atividade-fim de uma dada relação contratual de natureza privada, cujo objeto é o fornecimento de utilidade material ou imaterial obtida pelo desempenho de um esforço físico ou intelectual.

Merece destaque a distinção que há de ser feita entre o ato de conceituar e o de definir. Embora na literatura, de forma geral, e na doutrina jurídica, de forma especial, os termos *conceito* e *definição* sejam muitas vezes empregados como sinônimos, gramaticalmente não têm o mesmo significado.

Conceito é a compreensão que alguém tem de uma palavra; noção, concepção, ideia. E, deste modo, da interpretação sistemática das normas constitucionais, extraem-se os conceitos dos termos e expressões que compõem o critério material das regras-matrizes de incidência dos impostos insertados na competência impositiva de cada uma das pessoas políticas de Direito Público. Ao estabelecer os conceitos constitucionais, o constituinte limitou a atividade do legislador ordinário quanto ao campo material dos tributos, quando da sua instituição por lei ordinária ou complementar. Já a *definição*, usualmente estabelecida em nível infraconstitucional, é a operação linguística que busca a determinação clara e precisa de um conceito ou de um objeto.[16] Assim, a definição tem o condão de precisar os elementos genericamente estabelecidos nos conceitos.

---

15. BARROS CARVALHO. Paulo. *Curso de direito tributário,* p. 326.

16. *Dicionário Houaiss da Língua Portuguesa*, 926.

Quanto ao ISS, está na CF o conceito jurídico da expressão *prestação de serviços* e, a partir deste, a doutrina estabeleceu a sua definição. Assim, Aires FERNANDINO BARRETO construiu sua definição sobre a expressão "prestação de serviços a partir do seu conceito jurídico constitucional, e o fez nos seguintes termos: 'Prestação de esforço humano a terceiros, com conteúdo econômico, em caráter negocial, sob regime de direito privado, tendente à obtenção de um bem material ou imaterial'".[17]

3.2 Critério espacial

O critério espacial é a indicação do local em que se reputa ocorrido o fato jurídico-tributário e pode estar explicitamente indicado na lei instituidora do tributo ou não, hipótese em que é dedutível do respectivo arquétipo constitucional, estando invariavelmente ligado à competência impositiva. Trata-se da coordenada de espaço em que ocorre o comportamento de pessoas físicas e jurídicas descrito no critério material do suposto.[18] O critério espacial do ISS é, portanto, o local em que se ultimou a prestação.

Em matéria de tributação por via do ISS, é usual que dois distintos Municípios pretendam tributar o mesmo fato jurídico-tributário. Tal postura, no entanto, além de afrontar os princípios da capacidade contributiva e da vedação da cobrança de tributo com efeito de confisco, agride o princípio da territorialidade da lei, já que são hipóteses em que

17. BARRETO, Aires Fernandino. *ISS na Constituição e na Lei*, p. 62.

18. Paulo de BARROS CARVALHO apresenta classificação quanto ao critério espacial: "Acreditamos que os elementos indicadores da condição de espaço, nos supostos das normas tributárias, hão de guardar uma dessas três formas compositivas. Diretriz que nos conduz a classificar o gênero tributo na conformidade do grau de elaboração do critério espacial da respectiva hipótese tributária: a) hipótese em que o critério espacial faz menção a determinado local para ocorrência do fato típico; b) hipótese em que o critério espacial alude a áreas específicas, de tal sorte que o acontecimento apenas ocorrerá se dentro delas estiver geograficamente contido; c) hipótese de critério espacial bem genérico, onde todo e qualquer fato, que suceda sob o manto da vigência territorial da lei instituidora, estará apto a desencadear seus efeitos peculiares". BARROS CARVALHO, Paulo. *Curso de direito tributário*, p. 329.

um Município alheio à prestação de serviços pretende fazer incidir sua norma sobre a mesma, gerando com isso relação jurídica tributária e, com ela, o dever do sujeito passivo de recolher o tributo em dois Municípios distintos.

Fica certo, então, que, diante do princípio da territorialidade da lei e sendo este o critério adotado pelo constituinte quando da divisão de competências impositivas, não se pode admitir que os Municípios pretendam tributar prestações de serviços não realizados dentro de seu espaço territorial de competência. A cada um dos Municípios que integram a Federação compete tributar apenas serviços que, positivamente, tenham sido prestados dentro de seu território.

Sobre o fato corrobora Geraldo ATALIBA: "Essa perceptiva genérica do aspecto espacial da h.i. está presa ao (dependendo) âmbito de competência do legislador ordinário: a lei municipal só tem eficácia no território do Município; a lei estadual só no próprio Estado. Só a lei federal tem abrangência nacional".[19]

No que tange ao critério espacial da regra-matriz de incidência do ISS, inicialmente, o Dec.-lei 406/68 estabelecia, em seu art. 12, na alínea "a", três regras: do estabelecimento prestador, do domicílio do prestador e do local da prestação, este último apenas para os serviços de engenharia, o que fazia nos seguintes termos: "Considera-se local da prestação do serviço: a) o do estabelecimento prestador ou, na falta de estabelecimento, o do domicílio do prestador. b) no caso da construção civil o local em que se efetuar a prestação".

Sem alterar substancialmente a regra que disciplinava o local da prestação de serviços, a Lei Complementar 116/2003, em seu art. 3º, *caput*,[20] manteve o disposto na alínea *a* do art. 12

19. ATALIBA, Geraldo. *Hipótese de incidência tributária*. 6. ed. São Paulo: Malheiros, 2000, p. 104-105.

20. Art. 3º. O serviço considera-se prestado e o imposto devido no local do estabelecimento prestador, ou, na falta do estabelecimento, no local do domicílio do prestador, exceto nas hipóteses previstas nos incisos I a XXII, quando o imposto será devido no local.

do Dec.-lei 406/68 e fez acréscimos, no sentido de estabelecer, relativamente a 21 atividades que elenca, que o seu critério espacial é efetivamente o local em que foi prestado o serviço.

Assim, afora no que tange aos 21 serviços para os quais o legislador complementar elegeu o critério espacial estabelecido constitucionalmente, ao determinar que o serviço se considera prestado e o imposto devido no local em que o serviço foi prestado, não houve alteração significativa no critério espacial do ISS relativamente ao que dispunha o Decreto-Lei 406/68.

Muito embora a disciplina introduzida pela Lei Complementar 116/2003, quanto ao critério espacial do ISS, tenha representado uma evolução em relação ao disposto no art. 12 do Dec.-lei 406/68, não foi o bastante para afastar a inconstitucionalidade criada por este. Contrariamente, manteve-a intocável, já que a regra veiculada pelo art. 3º, *caput*, da Lei Complementar 116/2003 é, na sua essência, a mesma, ou seja, o tributo permanece sendo devido no local do estabelecimento prestador e, na falta deste, no domicílio do prestador.

Posteriormente, a Lei complementar 157/2016 criou novas hipóteses em relação ao critério espacial da regra-matriz de incidência estabelecendo que o ISS é devido no domicílio do tomador do serviço, quando se tratar de; planos de medicina em grupo ou individual e convênios para prestação de assistência médica, hospitalar, odontológica e congêneres; outros planos de saúde que se cumpram através de serviços de terceiros contratados, credenciados, cooperados ou apenas pagos pelo operador do plano mediante indicação do beneficiário; planos de atendimento e assistência médico-veterinária; serviços prestados pelas administradoras de cartão de crédito ou débito e administração de fundos quaisquer, de consórcio, de cartão de crédito ou débito e congêneres, de carteira de clientes, de cheques pré-datados e congêneres; arrendamento mercantil (*leasing*) de quaisquer bens, inclusive cessão de direitos e obrigações, substituição de garantia, alteração, cancelamento e registro de contrato, e demais serviços relacionados ao arrendamento mercantil (leasing);

agenciamento, corretagem ou intermediação de contratos de arrendamento mercantil (leasing), de franquia (*franchising*) e de faturização (*factoring*).

Em razão de tais regras, sobreveio a Lei complementar 175/2020 que disciplinou o pagamento do tributo nas novas hipóteses.

Indiscutivelmente, o critério espacial da regra-matriz de incidência está implicitamente descrito na norma constitucional atributiva de competência aos Municípios para instituir o ISS. Assim, se o arquétipo constitucional do tributo é a prestação de serviços, o critério espacial só pode ser o local em que se efetiva a prestação, mais especificamente, aquele em que se ultima a prestação.

Diante de tal premissa, o que fez o Dec.,-lei 406/68 em seu art. 12 e que, injustificadamente, foi mantido pelo art. 3º, *caput*, da Lei Complementar 116/2003, foi criar regra esdrúxula, sem qualquer amparo constitucional e, com isso, na dicção de Aires BARRETO, "ao invés de eliminar conflitos, instaurou sua ampliação".[21] Afirma ainda referido autor: "Esse comando – mesmo se deixarmos a parte eventual incompatibilidade com a Constituição –, ao invés de dissipar, ampliou a nebulosidade, enevoando questão aparentemente simples, criando um imenso fosso repleto de equívocos".[22]

Com o intuito de dirimir definitivamente os conflitos de competência em questão, o legislador complementar, no art. 4° do referido diploma legal, estabeleceu definição de *estabelecimento prestador* para fins de incidência de ISS, ao assim dispor:

> Art. 4º. Considera-se estabelecimento prestador o local onde o contribuinte desenvolva a atividade de prestar serviços, de modo permanente ou temporário, e que configure unidade econômica ou profissional, sendo irrelevantes para caracterizá-lo as denominações de sede, filial, agências, posto de atendimento,

21. BARRETO, Aires Fernandino. *ISS na Constituição e na lei,* p. 260.

22. Idem.

sucursal, escritório de representação ou contato ou quaisquer outras que venham a ser utilizadas.

Importa destacar, relativamente à definição de estabelecimento prestador, introduzida pela Lei Complementar 116/2003, ser esta insuficiente para alcançar o propósito para o qual foi criada, qual seja, o de solucionar e prevenir conflitos de competência.

É certo que o instituto por ela definido já o fora pelo direito comercial, que há muito caracterizou o estabelecimento prestador como a unidade econômica que realiza as atividades da empresa. Observe-se, portanto, que o estabelecimento prestador é, para a doutrina comercial, o estabelecimento econômico que realiza, com efetividade, as atividades próprias da empresa.

A regra do art. 4º da Lei Complementar 116/2003 viabiliza a cobrança do tributo em qualquer unidade econômica da empresa. No entanto, se é certo que a determinação legislativa para recolhimento do tributo no local do estabelecimento prestador comporta questionamentos, a regra que estabelece a alternativa do domicílio do prestador está em total desconformidade com os preceitos constitucionais.

Sobre tal regra, criada, originalmente, pelo Dec.-lei 406/68 e posteriormente mantida na Lei Complementar 116/2003, manifestou-se Marçal JUSTEN FILHO, no sentido de que, ao se admitir como fundamento o domicílio de uma dada pessoa física ou jurídica, em um determinado Município, a prestação de serviços não seria mais o núcleo da regra-matriz de incidência, o que violaria a discriminação constitucional de competências tributárias, pois na hipótese de existência de um imposto com tal materialidade, a competência seria da União.[23]

---

23. JUSTEN FILHO, Marçal. *O imposto sobre serviços na Constituição*, p. 148. Pondera ainda a respeito: "Mas, juridicamente, a afirmativa é impertinente. E o é porque a questão do domicílio ou da sede do estabelecimento do prestador é irrelevante para a determinação do local em que o fato imponível ocorre. A Constituição, ao adotar a materialidade da hipótese de incidência do ISS, impôs a escolha de um

Ensina ainda o citado autor:

> [...] o aspecto espacial apenas pode ser um único: o local da efetiva prestação de serviços [...] e que definir o local em que se concretiza o fato imponível significa determinar a competência para sua tributação [...]; essa inovação normativa produziria ficções jurídicas, infringindo o cunho meramente descritivo das hipóteses de incidência.[24]

A percuciência de tal afirmação há de ser destacada, uma vez que, efetivamente, ao estabelecer o domicílio do prestador como local em que é devido o ISS, nada mais fez o legislador complementar do que estabelecer uma ficção jurídica, e a adoção desta é, segundo entendemos, proibida no âmbito do direito tributário. As ficções são criações do intérprete e, por esta razão, não podem ser admitidas no direito tributário, posto que representam violação inquestionável do princípio da legalidade tributária.

É cediço que, em matéria tributária, em observância ao princípio da estrita legalidade insculpido no art. 150, inciso I da CF, "é vedado exigir ou aumentar tributo sem que lei o estabeleça". Assim, criar realidades jurídicas em total desconformidade com os preceitos estabelecidos no texto constitucional é instalar um estado de total insegurança jurídica.

As ficções agridem o princípio constitucional da segurança jurídica do contribuinte, gerando imprevisibilidade no exercício do poder de tributar. É o que confirma José Eduardo SOARES DE MELO:

---

critério espacial que em nada se relaciona com o tema do domicílio ou da sede do estabelecimento do prestador do serviço.
O critério espacial do ISS está vinculado não ao critério pessoal, mas ao critério material da hipótese de incidência do mesmo tributo. O local da prestação não é aquele em que tem domicílio o prestador do serviço, eis que inexiste qualquer vínculo entre o local da prestação e o domicílio do prestador. Pelo menos, nenhum vínculo jurídico. A vinculação dá-se entre o *local* e a *prestação* (ou seja, é o local da prestação)". JUSTEN FILHO, Marçal. *O imposto sobre serviços na Constituição*, p. 148.

24. JUSTEN FILHO, Marçal. ISS no Tempo e no Espaço. In.: *Revista Dialética de Direito Tributário* n° 2. São Paulo: Dialética, 1995, p. 63-65.

> Ora, a ficção jurídica não passa da instrumentalização (criação legal) de uma situação inverídica (falsa), de forma a impor uma certeza jurídica, consagrando uma aparente realidade (jurídica), ainda que não guarde consonância com a natureza das coisas, ou mesmo que modifique títulos ou categorias de direito.[25]

Manifestando-se contra a inaceitável figura da ficção, a qual entende ser um elemento de desprestígio aos postulados da legalidade e da tipicidade cerrada, afirma ainda o citado autor:

> Evidentemente, o artificialismo jurídico não pode arranhar, e comprometer, os princípios e normas insculpidos na Constituição, de modo a alterar os elementos estruturadores da norma tributária, muito menos invalidar o seu regime jurídico, e os diversos princípios esparramados ao longo do seu texto, muito menos implicar invasão de competência tributária.[26]

Assim, não se admite que o legislador complementar, assim como o ordinário, aplicando a regra em voga, investigue qual o local em que está domiciliado o prestador para nele exigir o tributo. O ISS há de ser exigido no local em que foi concluído o serviço, onde se ultimou o fato jurídico-tributário.

Sobre a regra inserta no art. 12, alínea *a* do Dec.-lei 406/68, os Tribunais Superiores foram instados a se manifestar e, por muito tempo, as decisões sobre a matéria foram desencontradas, posto que decidiam, de forma distinta, controvérsias sobre o mesmo objeto.

O Supremo Tribunal Federal decidiu, em um primeiro momento, ser devido o ISS no local do estabelecimento prestador, independentemente do local em que tenha sido prestado o serviço; consoante, é possível extrair-se da seguinte decisão:

> IMPOSTO SOBRE SERVIÇOS. PUBLICIDADE PARA LISTA TELEFÔNICA ESTADUAL. 1 – Assinantes residentes em Municípios diferentes do mesmo Estado. Exegese dos arts. 10 e 12,

25. MELO, José Eduardo Soares de. *ISS* – Aspectos teóricos e práticos. 3. ed. São Paulo: Dialética, 2003, p. 148.

26. Idem, p. 148.

'a', do Decreto-Lei 406/68. 2 – Para efeito da cobrança do tributo o que importa é o local de estabelecimento prestador, posto que situado em Município diverso de sua matriz, contribuinte do imposto. 3 – Recurso Extraordinário conhecido e provido. (Grifamos) (STF – RE nº 91.941-4 BA, RTJ 97/180).

Denota-se da referida decisão que, naquela oportunidade, o STF entendeu que, em não havendo estabelecimento físico no local da prestação de serviços, o ISS é devido no local em que está sediada a matriz. Embora tenha sido este o entendimento manifestado pelo STF, o STJ não decidiu da mesma forma, manifestando-se no sentido de que o tributo é devido no local em que o serviço é efetivamente prestado, fixando a seguinte diretriz:

> TRIBUTÁRIO. AGRAVO REGIMENTAL. ISS. ART. 12 DO DECRETO-LEI Nº 406/68. COMPETÊNCIA PARA SUA COBRANÇA. FATO GERADOR. MUNICÍPIO DO LOCAL DA PRESTAÇÃO DO SERVIÇO. 1. O recorrente demonstra mero inconformismo em seu agravo regimental, que não se mostra capaz de alterar os fundamentos da decisão agravada. 2. A jurisprudência desta Corte é no sentido de que a cobrança do ISS norteia-se pelo princípio da territorialidade, nos termos encartados pelo art. 12 do Decreto-Lei nº 406/68, sendo determinante a localidade aonde foi efetivamente prestado o serviço e não aonde se encontra a sede da empresa. 3. Matéria decidida pela Primeira Seção do Superior Tribunal de Justiça, no RESP 111721/SP, da relatoria da Ministra Eliana Calmon, em que se decidiu que "[e]m se tratando de construção civil, diferentemente, antes ou depois da lei complementar, o imposto é devido no local da construção (art. 12, letra "b" do DL 406/68 e art. 3º, da Lei Complementar 116/2003)". 4. Agravo regimental não provido. (Grifamos) (AgRg no Ag 1173805/MG, Rel. Ministro MAURO CAMPBELL MARQUES, SEGUNDA TURMA, julgado em 20.05.2010, DJe 02.06.2010.)

Decidiu bem o julgador ao admitir que o tributo é devido e deve ser recolhido no local em que se concretiza o fato jurídico-tributário, visto que, conforme ponderamos, em consonância com o que estabeleceu o legislador constituinte, o ISS é devido no local em que efetivamente foi prestado e ultimado o serviço.

Assim, é de se ressaltar o acerto da mencionada decisão. No entanto, embora decisões reiteradas do STJ prestigiassem o princípio da territorialidade, determinando fosse o ISS recolhido no local em que foi ultimado o serviço, tal entendimento foi novamente alterado para reconhecer que, com a edição da Lei Complementar 116/2003, houve uma "mudança" em relação às regras existentes no Dec.-lei 406/68 e, por esta razão, em não havendo estabelecimento prestador no local da prestação de serviços, o tributo há de ser recolhido no domicílio do prestador, conforme se depreende da leitura da seguinte decisão:

> TRIBUTÁRIO - ISS - PRESTAÇÃO DE SERVIÇO - CONSTRUÇÃO CIVIL - PROJETO, ASSESSORAMENTO NA LICITAÇÃO E GERENCIAMENTO DA OBRA CONTRATADA - COMPETÊNCIA DO MUNICÍPIO ONDE SE REALIZOU O SERVIÇO DE CONSTRUÇÃO - CONTRATO ÚNICO SEM DIVISÃO DOS SERVIÇOS PRESTADOS. 1. A competência para cobrança do ISS, sob a égide do DL 406/68 era o do local da prestação do serviço (art. 12), o que foi alterado pela Lei Complementar 116/2003, quando passou a competência para o local da sede do prestador do serviço (art. 3º). 2. Em se tratando de construção civil, diferentemente, antes ou depois da lei complementar, o imposto é devido no local da construção (art. 12, letra "b" do DL 406/68 e art. 3º, da Lei Complementar 116/2003). 3. Mesmo que estabeleça o contrato diversas etapas da obra de construção, muitas das quais realizadas fora da obra e em Município diverso, onde esteja a sede da prestadora, considera-se a obra como uma universalidade, sem divisão das etapas de execução para efeito de recolhimento do ISS. 4. Discussão de honorários advocatícios prejudicada em razão da inversão dos ônus da sucumbência. 5. Recurso Especial conhecido e provido. 6. Recurso especial decidido sob o rito do art. 543-C do CPC. Adoção das providências previstas no § 7º do art. 543-C do CPC e nos arts. 5º, II, e 6º da Resolução STJ nº 8/2008. (Grifamos). (REsp 1117121/SP, Rel. Ministra ELIANA CALMON, PRIMEIRA SEÇÃO, julgado em 14.10.2009, DJe 29.10.2009.)

Conforme se verifica das decisões em questão, no que diz respeito ao local da prestação de serviços, o Superior Tribunal de Justiça vem atribuindo diferentes soluções para a matéria, o que insere o contribuinte em um estado de total insegurança frente às construções pretorianas já sedimentadas e transitadas em julgado, agredindo, como em tantos outros casos enfrentados no âmbito do presente estudo, os princípios da confiança legítima e o da boa-fé.[27]

3.2.1 A importação de serviços

A Lei Complementar 116/2003 criou, outrossim, regra que institui a cobrança de ISS relativamente aos serviços prestados no exterior (art. 1º, §1º), que assim dispõe: "o imposto incide também sobre o serviço proveniente do exterior do País cuja prestação se tenha iniciado no exterior do País". Além do referido preceito que criou a incidência do imposto sobre a importação de serviços, o diploma legal em questão inovou ao disciplinar os serviços prestados em águas marítimas. O que fez nos seguintes termos:

> Art. 3º. [...]
>
> [...]
>
> § 1º. No caso dos serviços a que se refere o subitem 3.04 da lista anexa, considera-se ocorrido o fato gerador e devido o imposto em cada Município em cujo território haja extensão de ferrovia, rodovia, postes, cabos, dutos e condutos de qualquer natureza, objetos de locação, sublocação, arrendamento, direito de passagem ou permissão de uso, compartilhado ou não.
>
> § 2º. [...]

27. A propósito merece referência a lição de Misabel DERZI que afirma: "Por isso mesmo, o princípio não deve ser limitado às leis, mas estendido às normas e aos atos normativos ou judiciais. O que vale para o legislador precisa valer para a Administração e os Tribunais. O que significa que a Administração e o Poder Judiciário não podem tratar os casos que estão no passado de modo que se desviem da prática até então utilizada, na qual o contribuinte tinha confiado. Em síntese, é inexplicável o retrocesso advindo das decisões jurisprudenciais mais recentes, não apenas em razão de seu anacronismo em face dos princípios da proteção da confiança e da boa-fé, mas ainda em face da fragilização da segurança jurídica, que dissemina a incerteza e a imprevisibilidade". DERZI, Misabel Abreu Machado. A irretroatividade do Direito, a Proteção da Confiança, a Boa-fé e o RE n 370.682-SC. In: *Grandes Questões Atuais de Direito Tributário*. ROCHA, Valdir de Oliveira (Coord.), v. 1. São Paulo: Dialética, 2009, p. 319.

> § 3º. Considera-se ocorrido o fato gerador do imposto no local do estabelecimento prestador nos serviços executados em águas marítimas, excetuados os serviços descritos no subitem 20.01.

Tais normas, segundo entendemos, desprestigiam o princípio constitucional da territorialidade das leis, ao permitir a incidência de lei municipal brasileira sobre fato jurídico-tributário ocorrido fora do perímetro do território do respectivo Município, especificamente sobre fato jurídico-tributário ocorrido no exterior. Trata-se de disposição normativa que admite a extraterritorialidade da lei nacional quanto aos serviços prestados fora do território nacional, para os que se iniciem no exterior ou, ainda, para os que ocorram em águas marítimas.

O princípio da territorialidade, como afirmamos, é um princípio constitucional geral e, como tal, a sua observância só pode ser afastada pela própria CF. O princípio da territorialidade impõe que a lei de cada uma das pessoas políticas de Direito Público deite efeitos única e exclusivamente sobre fatos ocorridos dentro de suas esferas territoriais de competência, valendo o mesmo raciocínio para a lei nacional. Apenas em condições excepcionais, a CF admite que a lei nacional incida sobre fatos ocorridos no exterior, como decorrência da relativização do conceito de soberania.

Nesse sentido, é de se destacar a propriedade da lição de José Eduardo SOARES DE MELO:

> É cediço que as competências estabelecidas na Constituição Federal tomam em conta o local em que ser verifica o fato jurídico-tributário, e onde se revela a respectiva riqueza. A extraterritorialidade tem sido considerada em situações peculiares com expressa determinação constitucional. Diante dessa circunstância excepcional, é que a legislação pode incidir tanto sobre fatos ocorridos dentro do País, colhendo as pessoas aqui residentes e domiciliadas; como também em relação a fatos verificados fora do território nacional.[28]

28. MELO, José Eduardo Soares de. *ISS* – Aspectos teóricos e práticos, p. 158.

É certo que, para tributos como o Imposto Sobre a Renda e Proventos de Qualquer Natureza e o Imposto Sobre Importação de Produtos Estrangeiros, em decorrência de tratados internacionais que visam afastar a chamada "bitributação internacional", opera-se a desoneração de determinadas operações com a concessão de isenções, de redução de alíquotas e de mecanismos de compensação dos tributos pagos no exterior com aqueles devidos em território nacional. Também o ICMS está albergado por norma constitucional que autoriza a extraterritorialidade da lei, a qual dispõe que o imposto pode incidir não só sobre as prestações que se iniciem no exterior (art. 155, inciso II), como também sobre os serviços prestados no exterior (art. 155, § 2º, inciso IX, alínea *a*).

No entanto, regra de tal natureza não existe em relação ao ISS, ou seja, não há na CF exceção ao princípio da territorialidade, no que diz respeito ao mencionado tributo. O legislador complementar, contudo, sem qualquer autorização constitucional para tanto, criou regra determinando a incidência de lei municipal sobre serviços prestados no exterior, assim como sobre aqueles iniciados no exterior e concluídos no Brasil, e, ao fazê-lo, incidiu em insanável inconstitucionalidade.

É certo que a CF, em seu art. 156, §3º, autorizou expressamente o legislador complementar a excluir a exportação da incidência do ISS.[29] Não o autorizou, no entanto, a criar hipótese de incidência do imposto na importação de serviços, quando poderia tê-lo feito, como fez, por emenda constitucional, com o ICMS. Assim, a regra que autoriza os Municípios a cobrar o ISS na importação de serviços é, em tudo e por tudo, inconstitucional.

Anna Emília CORDELLI ALVES, também se manifesta no sentido de que a regra estabelecida pelo art. 1°, §1° da Lei

29. Art. 156. [...] § 3º. - Em relação ao imposto previsto no inciso III do *caput* deste artigo, cabe à lei complementar: I - fixar as suas alíquotas máximas e mínimas; II - excluir da sua incidência exportações de serviços para o exterior. III - regular a forma e as condições como isenções, incentivos e benefícios fiscais serão concedidos e revogados.

Complementar 116/2003: "atribui extraterritorialidade à lei municipal, alcançando, inclusive, o serviço prestado integralmente no exterior. Tributa, em verdade, não só o serviço realizado parcialmente no exterior e parcialmente no País, mas também a importação de serviço por tomador domiciliado no País".[30]

Conforme demonstramos em linhas anteriores, o critério espacial do ISS é o local em que se aperfeiçoa e se conclui o serviço, ou seja, para fins de incidência do ISS, há de prevalecer o local em que se ultimou a prestação. Se o serviço prestado no exterior for concluído em território nacional, o Município em que se operou o átimo em que se concluiu o serviço será aquele competente para tributar, sendo esta, a única interpretação possível a ser atribuída ao art. 1°, §1° da Lei Complementar 116/2003.

As hipóteses de admissão da extraterritorialidade da lei são absolutamente excepcionais e tais exceções não podem ser ampliadas pelo legislador infraconstitucional. A ampliação do rol de exceções aos princípios constitucionais, entre os quais se insere o princípio da territorialidade, é prerrogativa exclusiva do legislador constituinte.

É certo que no Imposto Sobre a Renda e Proventos de Qualquer Natureza, no Imposto sobre Importação e, em alguns casos, no Imposto sobre Circulação de Mercadorias e Serviços, para circunstâncias específicas, admite-se a extraterritorialidade da lei. Tal se dá porque os respectivos fatos jurídico-tributários podem estar sujeitos a mais de uma soberania, o que, de regra, é solucionado por tratados internacionais. Nestas hipóteses, em homenagem ao princípio do *pacta sunt servanda* e visando evitar a não desmoralização do Brasil no plano internacional, a territorialidade da lei é afastada, prevalecendo a extraterritorialidade.

---

30. ALVES, Anna Emília Cordelli. ISS – Aspectos relevantes decorrentes da análise do art. 1° da Lei Complementar n° 116, de 31 de julho de 2003. In.: *Revista Dialética de Direito Tributário* n° 99. São Paulo: Dialética, 2003, p. 29.

Tais argumentos são, no entanto, insubsistentes em se tratando de ISS, porque a soberania é, indiscutivelmente, mais do que a autonomia. Sendo assim, se a extraterritorialidade é admissível em situações que envolvam a soberania do Estado Brasileiro, não o é nas hipóteses que envolvam exclusivamente a autonomia dos Municípios.

Assim, a extraterritorialidade da lei tributária admitida em relação a alguns tributos não pode, pelos fundamentos expostos, ser adotada como fundamento genérico para que os Municípios tributem fatos ocorridos fora do seu âmbito territorial de competência, quer no plano interno, quer no internacional.

3.3 O critério temporal

O critério temporal indica que o momento em que se reputa ocorrido o fato jurídico-tributário trata-se da condicionante de tempo do comportamento da pessoa física ou jurídica. Sendo certo que o comportamento praticado pelo sujeito passivo, sobre o qual falaremos na sequência, há de acontecer em um determinado momento e em um local específico, o critério temporal reflete a coordenada de tempo em que nasce a relação jurídica tributária.

Quanto ao critério temporal, compreende Paulo de BARROS CARVALHO:

> [...] como o grupo de indicações, contidas no suposto da regra, e que nos oferecem elementos para saber, com exatidão, em que preciso instante acontece o fato descrito, passando a existir o liame jurídico que amarra devedor e credor, em função de um objeto – o pagamento de certa prestação pecuniária.[31]

No que concerne ao critério temporal do ISS, há de se considerar o comportamento identificado no critério material da respectiva regra-matriz de incidência, qual seja,

31. CARVALHO, Paulo de Barros. *Curso de direito tributário*, p. 331.

o comportamento *prestar serviço*, para fins de definição da coordenada de tempo do mencionado fato, o que deverá ser considerado por ocasião da conclusão da obrigação de fazer, objeto do referido comportamento. O nascimento da relação jurídica tributária opera-se com a ultimação do fato jurídico-tributário. Apenas o fato completo e perfeitamente acabado tem relevância jurídica. A prestação parcialmente realizada é absolutamente irrelevante para fins de incidência do ISS.

Conforme aponta Anna Emília CORDELLI ALVES, "a exteriorização do fato gerador do ISS ocorre com a efetiva prestação de serviços (aspecto temporal). Quando a efetiva prestação de serviços se dá no âmbito de um único Município, não há dúvida de que este Município será competente para exigir o ISS", momento em que se exterioriza o critério espacial da regra-matriz de incidência tributária do Imposto Sobre de Qualquer Natureza – ISS".[32]

É importante destacar que há serviços fracionáveis e outros de execução continuada que se prolongam no tempo, como ocorre, por exemplo, com o serviço de medição, realizado em obras de construção civil. Nestes, estabelece-se, contratualmente, que a medição será feita em um período predefinido. Em tais hipóteses, o imposto é devido apenas com a conclusão da medição, considerado o tempo integral previsto contratualmente. Se, por exemplo, o contrato estipular um prazo de dois meses para realização da medição, a subsunção só se operará com a conclusão do serviço findos os dois meses.

Em linha de conclusão, pensamos que, ainda nos serviços fracionáveis, como nos de execução continuada, só há de se considerar ocorrido plenamente o fato jurídico-tributário quando completada a prestação de serviços, momento em que se opera a subsunção e desencadeia-se a incidência, nascendo, em consequência, a relação jurídica tributária.

---

32. CORDELLI ALVES, Anna Emilia. *ISS* – Aspectos relevantes decorrentes da análise do art. 1º da Lei Complementar nº 116, de 31 de julho de 2003, p. 316.

4. O consequente

4.1 Critério pessoal

O critério pessoal indica os sujeitos da relação jurídica tributária e está no consequente da regra-matriz de incidência.

O sujeito ativo é o titular do direito subjetivo de exigir o tributo, ou seja, é aquele que tem a prerrogativa de exigir a prestação tributária, ao passo que o sujeito passivo é aquele que tem o dever jurídico de realizá-la.[33]

O sujeito ativo da relação jurídica tributária é aquele que detém a capacidade tributária ativa, o que significa dizer que reveste a condição de sujeito ativo aquele que pode exigir a prestação tributária. Como regra, quem detém a capacidade tributária ativa é também competente para instituir o tributo, ou seja, para criá-lo por lei ordinária ou complementar. Noutro giro linguístico, capacidade tributária ativa e competência tributária quase sempre se acumulam. Ou seja, é correto afirmar que quem tem competência tributária tem capacidade tributária ativa, embora a recíproca não seja verdadeira.

Há hipóteses em que a capacidade ativa é delegada à pessoa política de direito público distinta daquela competente

33. Conforme ensina o referido autor: "O sujeito ativo, que dissemos ser o titular do direito subjetivo de exigir a prestação pecuniária, no direito tributário brasileiro pode ser uma pessoa jurídica pública ou privada, mas não visualizamos óbices que impeçam que venha a ser pessoa física. Entre as pessoas jurídicas de direito público, temos aquelas investidas de capacidade política – são as pessoas políticas de direito constitucional interno – dotadas de poder legislativo e habilitadas, por isso mesmo, a inovar a organização jurídica editando normas. Há outras, sem competência tributária, mas credenciadas a titularidade de direitos subjetivos, como integrantes de relações jurídicas obrigacionais. Entre as pessoas de direito privado, sobressaem as entidades paraestatais que, guardando a personalidade jurídico-privada, exercitam funções de grande interesse para o desenvolvimento de finalidades públicas. Por derradeiro, e como já adiantamos, há possibilidade jurídica de uma pessoa física vir a ser sujeito ativo de obrigação tributária. A hipótese traz como pressuposto que tal pessoa desempenhe, em determinado momento, atividade exclusiva e de real interesse público. Concorrendo os requisitos, nada conspiraria contra a indicação de sujeito de direitos, pessoa física, para arrecadar taxas, por exemplo". CARVALHO, Paulo de Barros. *Curso de Direito Tributário*, p. 369.

para instituir o tributo ou à pessoa jurídica de direito privado.[34] Nestas hipóteses, estar-se-á diante do fenômeno da parafiscalidade, quando aquele que recebeu por delegação o direito de cobrar o tributo, aplica o fruto da arrecadação às suas próprias finalidades. Pode deter a capacidade tributária ativa ainda, o agente arrecadador, o qual, embora arrecade o tributo, não o aplica, ou seja, destina o fruto da arrecadação ao titular da competência para instituí-lo.

Afastadas as hipóteses de parafiscalidade ou dos agentes arrecadadores, serão sujeitos ativos da relação jurídica tributária as pessoas políticas de direito público – União, Estados, Municípios e Distrito Federal –, ou, ainda, pessoas de direito privado.[35]

Apesar de o critério espacial estar no antecedente normativo e o critério pessoal no seu consequente, em matéria de ISS, especialmente no que concerne ao local em que se considera ocorrido o fato jurídico-tributário, estes dois critérios estão intimamente relacionados.

Nos termos do que preceitua o art. 156, inciso III da CF, a competência para instituir e cobrar o ISS é municipal.

Por inferência da regra veiculada em tal dispositivo e do princípio da territorialidade das leis, cada um dos Municípios da Federação só pode instituir e arrecadar imposto sobre serviços, com referência a fatos jurídico-tributários ocorridos dentro do seu âmbito territorial de competência. É precisamente este, o pensamento de Roque ANTONIO CARRAZZA:

> À vista do exposto, temos por indisputável que um Estado não pode invadir a competência impositiva de outro Estado ou do

34. Paulo de Barros Carvalho assim define a parafiscalidade: "[...] o fenômeno jurídico que consiste na circunstância de a lei tributária nomear sujeito ativo diverso da pessoa que a expediu, atribuindo-lhe a disponibilidade dos recursos auferidos, para o implemento de seus objetivos peculiares." Idem, p. 293.

35. Acerca da parafiscalidade manifesta-se Paulo de BARROS CARVALHO: "Poderão ser sujeitos ativos de tributos parafiscais as pessoas jurídicas de direito público, com ou sem personalidade política, e as entidades paraestatais, que são pessoas jurídicas de direito privado, mas que desenvolvem atividades de interesse público." Idem, p. 293.

> Distrito Federal. Tampouco um Município, a de outro Município ou do Distrito Federal. Também não o Distrito Federal, de um Estado ou de um Município.
>
> Vem a propósito reiterarmos que o critério adotado pela Constituição na partilha das competências impositivas dos Estados, dos Municípios e do Distrito Federal foi, além do material, o territorial. Noutros termos, levou em conta, para a solução dos possíveis conflitos neste campo, o âmbito de aplicação territorial das leis que criam os impostos estaduais, municipais e distritais. Por conseguinte, as leis tributárias que instituem tais gravames apenas têm voga sobre os fatos verificados no território da ordem jurídica que as editou.[36]

A cada um dos Municípios que integram a Federação compete tributar apenas serviços que, positivamente, tenham sido prestados dentro de seu território.

Afirmou também Geraldo ATALIBA: "Essa perceptiva genérica do critério espacial da h.i. está presa ao (dependendo) âmbito de competência do legislador ordinário: a lei municipal só tem eficácia no território do Município; a lei estadual só no próprio Estado. Só a lei federal tem abrangência nacional".[37]

Assim, no que diz respeito ao sujeito ativo do ISS, por imposição constitucional, será o Município em que ocorreu o fato jurídico-tributário, ou seja, aquele em que se ultimou a prestação de serviços. No entanto, diante do preceituado pelo art. 3º, *caput*, da Lei Complementar 116/2003, a jurisprudência, como se demonstrou no tópico anterior, tem entendido que detém a capacidade tributária ativa para cobrar ISS, o Município do estabelecimento prestador ou, na falta deste, o do domicílio do prestador, ainda que a prestação de serviços não tenha ocorrido dentro de seu âmbito territorial de competência.

O princípio da territorialidade só tem sido observado no ISS, quando o local do estabelecimento do prestador coincide

---

36. CARRAZZA, Roque Antonio. *Curso de direito constitucional tributário*, p. 571-572.

37. ATALIBA, Geraldo. *Hipótese de incidência tributária*. 6. ed. São Paulo: Malheiros, 2000, p. 104-105.

com aquele em que foi prestado efetivamente o serviço, quando se tratar de serviço de construção civil, ou, ainda, quando caracterizada uma das vinte e uma hipóteses arroladas no referido art. 3º da Lei Complementar 116/2003.

Quanto ao sujeito passivo, o critério pessoal fornece critérios para sua identificação. Como destaca Marçal JUSTEN FILHO, o sujeito passivo é indeterminado na lei, mas determinável a partir dos critérios por ela fornecidos.[38]

No ISS, o destinatário constitucional tributário é o prestador do serviço, no entanto, as legislações municipais instituidoras do tributo, usualmente, preveem hipóteses de responsabilidade tributária por substituição, entre outras, quando o prestador, revestindo a condição de pessoa jurídica, deixar de extrair nota fiscal e, em sendo pessoa física, quando não tiver inscrição no cadastro fazendário. Nessas circunstâncias, o tomador assume a condição de agente de retenção, devendo reter e recolher o tributo devido pelo prestador, que é destinatário constitucional tributário.

Além das hipóteses de responsabilidade usualmente contempladas nas legislações municipais, dada a autorização contida no art. 6º da Lei Complementar 116/2003, os Municípios passaram a inserir em sua legislação também a hipótese de responsabilidade tributária nele prevista, qual seja:

> Art. 6º. Os Municípios e o Distrito Federal, mediante lei, poderão atribuir de modo expresso a responsabilidade pelo crédito tributário a terceira pessoa vinculada ao fato gerador da respectiva obrigação, excluindo a responsabilidade do contribuinte ou atribuindo-a a este em caráter supletivo do cumprimento total ou parcial da referida obrigação, inclusive no que se refere à multa e aos acréscimos legais.

Embora a regra veiculada pelo dispositivo em questão seja positiva no sentido de implementar o comando constitucional de que o tributo seja recolhido aos cofres do Município em que foi

38. JUSTEN FILHO, Marçal. *O ISS na Constituição.* São Paulo: Revistas dos Tribunais, 1985, p. 53

prestado o serviço, ou seja, tal regra viabiliza e torna concreta a sujeição ativa tal qual contemplada no arquétipo constitucional do imposto, a sua interpretação conjunta com o disposto no art. 3º, *caput*, da Lei Complementar 116/2003 tem gerado conflitos de competência impositiva. Tais conflitos ocorrem porque os Municípios que contemplam em sua legislação a regra de responsabilidade tributária nos moldes do art. 6º da Lei Complementar 116/2003 impõe que o tomador do serviço retenha o ISS antes de efetuar o pagamento da remuneração pela prestação, recolhendo, consequentemente, o tributo aos seus cofres e, ao mesmo tempo, se este prestador não possuir estabelecimento naquele Município, deverá recolher o tributo aos cofres do Município em que está o seu domicílio, o que desencadeia uma dupla incidência sobre uma mesma manifestação de riqueza.

4.2 O critério quantitativo

4.2.1 A base de cálculo

Como já ponderamos anteriormente, a CF estabeleceu o arquétipo constitucional de todos os tributos e os legisladores, complementar e ordinário, devem, ao institui-los, observar com rigor os parâmetros estabelecidos no texto constitucional, que disciplinam e orientam o exercício da competência tributária.

Paulo de BARROS CARVALHO assim define o critério quantitativo:

> O grupo de notícias informativas que o intérprete obtém da leitura atenta dos textos legais, o que lhe faz possível precisar, com segurança, a exata quantia devida a título de tributo, é aquilo que chamamos de critério quantitativo do consequente das normas tributárias. Há de vir sempre explícito pela conjugação de duas entidades: base de cálculo e alíquota, e sua pesquisa esperta inusitado interesse, posto de que é de suma relevância para desvelar peculiaridades ínsitas à natureza do gravame.[39]

39. BARROS CARVALHO. Paulo. *Curso de direito tributário*, p. 397.

Se o ISS incide sobre a prestação de serviços e é esse o núcleo da regra-matriz de incidência do tributo, é esse, portanto, seu critério material.

Quanto à base de cálculo, que integra o seu critério quantitativo, por inferência do disposto no art. 156, inciso III, do texto constitucional, há de ser a remuneração do serviço, é esta a única base de cálculo que confirma o critério material da hipótese.[40]

Todos os impostos discriminados na CF incidem sobre fatos reveladores de riqueza. Assim também, a prestação de serviços foi eleita pelo constituinte como uma manifestação de capacidade contributiva passível de tributação.

Deflui da interpretação do mencionado art. 156, inciso III, da CF, que a prestação de serviço, com exclusividade, deve ser tributada por via do ISS. O que queremos afirmar, portanto, é que a única base de cálculo possível do ISS é a remuneração pela prestação do serviço, ficando dela excluídos quaisquer outros valores conexos com a prestação, objeto da tributação.

Acerca da base de cálculo do ISS, obtempera Marçal JUSTEN FILHO:

> Bem por isso, o único meio de quantificar a prestação de serviço é adotar sua remuneração como base de cálculo. Aí (e somente aí) tem-se uma compatibilidade com a vontade constitucional, eis que a prestação de serviço funcionará como fato exteriorizador de riqueza. Propiciar-se-á a apreensão pelo Estado de uma parcela

40. Segundo leciona Paulo de BARROS CARVALHO: "A grandeza haverá de ser mensuradora adequada da materialidade do evento, constituindo-se, obrigatoriamente, de uma característica peculiar ao fato jurídico-tributário. Eis a base de cálculo, na sua função comparativa, confirmando, infirmando ou afirmando o verdadeiro critério material da hipótese tributária. Confirmando, toda vez que houver perfeita sintonia entre o padrão de medida e o núcleo do fato dimensionado. Informando, quando for manifesta a incompatibilidade entre a grandeza eleita e o acontecimento que o legislador declara como a medula da previsão fática. Por fim, afirmando, na eventualidade de ser obscura a formação legal, prevalecendo, então, como critério material da hipótese, a ação-tipo que está sendo avaliada". BARROS CARVALHO. Paulo. *Curso de direito tributário*, p. 404.

> da riqueza produzida (decorrente, envolvida, referida) pelo evento da prestação do serviço. Adotar outra base de cálculo acarretaria tributação não do evento 'prestação de serviço', mas de outra situação material, pois conduz à quantificação de outro estado de fato ou conduta. E isso se conflita abertamente com a discriminação constitucional de competência.[41]

Assim, se o núcleo da regra-matriz de incidência do ISS é *prestar serviços*, a base de cálculo do imposto só pode ser a perspectiva dimensível desta atividade. Pretender, como pretendem as autoridades fazendárias municipais, tributar qualquer outro elemento estranho à atividade de prestação de serviços, é incidir em insanável inconstitucionalidade.

O legislador complementar, ao disciplinar a matéria, estabeleceu no art. 7º da Lei Complementar 116/2003 que: "A base de cálculo do imposto é o preço do serviço".

A interpretação atribuída pelos agentes fazendários municipais à regra contida no art. 7º da Lei Complementar 116/2003 é a mesma que outrora se atribuiu ao art. 9º do Dec.-lei 406/68, que, da mesma forma, previa, como base de cálculo do ISS, *o preço do serviço*.

É entendimento assente das fazendas públicas municipais que, ao eleger o preço *do serviço* como base de cálculo do ISS, o legislador complementar determinou a incidência do tributo sobre a receita bruta decorrente da prestação, sem qualquer dedução de materiais ou despesas operacionais necessárias à realização da atividade.

Acerca do conceito de serviço, manifesta-se Aires BARRETO como sendo "o desempenho de atividade economicamente apreciável, sem subordinação, produtiva de utilidade para outrem, sob regime de direito privado, com fito de remuneração, não compreendido na competência de outra esfera de governo".[42]

---

41. JUSTEN FILHO, Marçal. *O ISS na Constituição*, p. 164.

42. BARRETO, Aires Fernandino. *ISS na Constituição e na Lei*, p. 35.

Ante tal esclarecedor conceito, ao pretender tributar também os insumos de qualquer natureza empregados na prestação de serviços, estão as administrações fazendárias municipais elegendo base de cálculo absolutamente avessa àquela prevista no texto constitucional. Não se pode admitir, no entanto, que a legislação infraconstitucional altere ou subverta aquilo que na norma constitucional está disposto.

O art. 7º da Lei Complementar 116/2003 há de ser interpretado, portanto, em conformidade com a CF, no sentido de se excluir quaisquer outros elementos estranhos à prestação de serviços da sua base de cálculo. Desnatura a base de cálculo do imposto, constitucionalmente prevista, interpretação distinta da que ora propomos.

A exclusão de materiais da base de cálculo do ISS não é "vantagem", mas é ditame constitucional. A única interpretação possível do art. 7º da Lei Complementar 116/2003 deve ser aquela que exclui da base de cálculo insumos necessários à prestação.

É certo que o legislador complementar utilizou a expressão *preço do serviço*, no entanto, não se admite que o intérprete extraia da norma estatuída no art. 7º da Lei Complementar 116/2003 elementos que nela não se contém. Há de se interpretar o mencionado dispositivo em conformidade com a CF.

Sendo certo que os legisladores complementares e ordinários só podem eleger como base de cálculo do ISS elemento dimensível, consentâneo com o arquétipo constitucional do tributo, não se pode admitir que a norma que estabelece que o preço do serviço é a base de cálculo do ISS seja interpretada no sentido de que o montante relativo a materiais empregados na prestação compõe o referido preço para fins de tributação, pois tal interpretação conduziria à sua inconstitucionalidade por invasão de competência.

Não se olvide que o prestador, ao empregar insumos necessários no desempenho de sua atividade, não os está comercializando, eis que esta não é sua atividade preponderante. A utilização de materiais é o meio necessário para realização de alguns tipos de prestação de serviços. Segundo propõe Jorge MIRANDA, três são as hipóteses de interpretação conforme a CF: requalificação, redução e ampliação da lei sob suspeição. Afirma citado autor:

> A interpretação conforme a Constituição não consiste tanto em escolher, entre vários sentidos possíveis e normais de qualquer preceito, o que seja mais conforme com a Constituição quanto em discernir no limite – na fronteira da inconstitucionalidade – um sentido que, conquanto não aparente ou não decorrente de outros elementos de interpretação, é o sentido necessário e o que se torna possível por virtude da força conformadora da Lei Fundamental. E são diversas as vias que, para tanto, se seguem e diversos os resultados a que se chega: desde a interpretação extensiva ou restritiva à redução (eliminando os elementos inconstitucionais do preceito ou do ato) e, porventura, à conversão (configurando o ato sob a veste de outro tipo constitucional).[43]

Karl LARENZ também se manifesta nesse sentido quanto à interpretação conforme a CF, ao se referir às decisões do Tribunal Constitucional Federal Alemão nesta matéria. Pondera: "Quando, no entanto, o legislador tenha intentado um efeito mais amplo do que o permitido nos termos da Constituição a lei pode, no parecer do Tribunal Constitucional Federal (BVerfGE 33,52,70), ser interpretada restritivamente "conforme à Constituição".[44]

Na hipótese em questão, merece aplicação a interpretação conforme a CF com *redução do alcance da lei*, haja vista estar, o art. 7º da Lei Complementar 116/2003, possibilitando a interpretação de que o ISS possa incidir sobre base de cálculo estranha à materialidade do mencionado tributo.

Há de se interpretar o citado dispositivo legal de maneira a reduzir-lhe o alcance no sentido de reconhecer que o *preço*

43. MIRANDA, Jorge. *Manual de direito constitucional*. Tomo II: Introdução à teoria da Constituição. 2. ed. Coimbra: Coimbra, 1988, p. 233.

44. LARENZ, Karl. *Metodologia da ciência do direito*. 2. ed. Lisboa: Fundação Calouste Gulbenkian, 1983, p. 411.

do serviço corresponde à remuneração "pura e simples" da prestação de serviços.

O *preço do serviço*, eleito pelo legislador complementar como base de cálculo do ISS, só pode corresponder à remuneração pela prestação de serviços, sendo dela excluídos os valores extrínsecos à atividade.

Assim, é certo que os valores que são cobrados pelo prestador do utente do serviço, que não se incorporam ao seu patrimônio, sendo apenas ressarcimento por despesas realizadas no desempenho da prestação, não devem, sob pena de inconstitucionalidade, integrar a base de cálculo do ISS.

Tal entendimento foi, com invulgar brilho, demonstrado por Geraldo ATALIBA, que explicou:

> Conceito de receita refere-se a uma espécie de entrada. Entrada é todo o dinheiro que ingressa nos cofres de determinada entidade. Nem toda entrada é receita. Receita é a entrada que passa a pertencer à entidade. Assim, só se considera receita o ingresso de dinheiro que venha a integrar o patrimônio da entidade que a recebe.[45]

E adiante [...] tributação pelo total da fatura [...] inclui parcelas que não representam serviços, mas reembolso de despesas que absolutamente não representam matéria tributável (*omissis*). Para ser regular e válido, o lançamento (seja por homologação, seja de ofício) deve separar os itens da fatura, para cingir-se à base de cálculo legalmente disposta, que é só e exclusivamente o preço do serviço.[46-47]

---

45. ATALIBA, Geraldo. *ISS* – Base de cálculo. In.: Estudos e Pareceres de Direito Tributário. v. 1. São Paulo: Revista dos Tribunais, 1978, p. 91.

46. Idem, p. 81-85.

47. Aires Barreto posiciona-se em sentido contrário: "Em outras palavras, se a receita for de serviços, não se poderá proceder a deduções. Mas isso não significa que se possam incluir na base de cálculo do ISS quaisquer outros valores que, embora configurem receita, não provenham da prestação de serviços atribuídos à competência dos Municípios". BARRETO, Aires Fernandino. *ISS na Constituição e na lei*, p. 301.

Com toda a propriedade inerente às suas lições, afirmou Eduardo BOTALLO que os valores pagos a título de ressarcimento "não remuneram serviços próprios dos contribuintes e, assim, não exprimem parcelas de sua capacidade contributiva".[48] Deveras, por inferência do disposto no art. 156, inciso III, da CF, ao estabelecer as normas gerais do ISS, o legislador complementar não poderia, extrapolando sua competência, prever como base de cálculo do ISS, receita estranha à materialidade de sua regra-matriz de incidência.

Quanto à base de cálculo do ISS para os serviços de construção civil, há regra específica no art. 7º, § 2º, inciso I da Lei Complementar 116/2003 que assim prevê: "Não se incluem na base de cálculo do ISS de Qualquer Natureza. I – O valor dos materiais fornecidos pelo prestador dos serviços previstos nos itens 7.02 e 7.05 da lista anexa a esta Lei Complementar".

A interpretação literal do dispositivo em questão revela estarem afastados da incidência da ISS os insumos empregados na construção civil.

O legislador complementar renovou, de forma expressa, no referido art. 7º, § 2º da Lei Complementar 116/2003, a regra anteriormente prevista no art. 9º, §2º, alíneas *a* e *b* do Dec.-lei 406/68, de que não se inclui na base de cálculo do ISS o valor dos materiais fornecidos pelo prestador dos serviços de execução, por administração, empreitada ou subempreitada, de obras de construção civil, hidráulica ou elétrica e de outras obras semelhantes, inclusive sondagem, perfuração de poços, escavação, drenagem e irrigação, terraplanagem, pavimentação, concretagem e a instalação e montagem de produtos, peças e equipamentos, estabelecendo, no entanto, ressalva quanto às mercadorias produzidas pelo prestador fora do local da obra, as quais estão sujeitas à incidência do ICMS.

48. BOTTALLO, Eduardo. Base de cálculo do ISS e das contribuições para o PIS e a COFINS. In.: *Repertório IOB de Jurisprudência* nº 23, 1ª quinzena de dezembro de 1999 – caderno 1, p. 668.

É de se ressaltar a tecnicidade do legislador complementar ao observar com rigor, as regras constitucionais, quando autorizou, como de fato fez, a dedução dos materiais na prestação dos serviços de engenharia.

O tema da inclusão dos materiais na base de cálculo do ISS já foi reiteradamente enfrentado pelo STJ assim como pelo STF.

Ao editar a Súmula 167, o Superior Tribunal de Justiça assentou o entendimento de que o fornecimento de concreto preparado em betoneiras acopladas a caminhões, no trajeto até a obra, caracteriza prestação de serviço, estando, portanto, sujeito à incidência do ISS.

A referida Súmula não estabelece ressalva com relação à incidência de ISS no que se refere aos materiais empregados na produção do concreto e nem precisaria fazê-lo, já que, quer por imposição constitucional quer por imposição legal, os materiais estão excluídos da base de cálculo quando se tratar de serviços de construção civil.

A Súmula 167 do Superior Tribunal de Justiça, a qual dispõe que “o fornecimento de concreto, por empreitada, para construção civil, preparado no trajeto até a obra em betoneiras acopladas a caminhões, é prestação de serviço, sujeitando-se apenas à incidência do ISS”, surgiu para pacificar a discussão que existia acerca da natureza jurídica da operação, posto que muitos dos Tribunais pátrios, em diferentes decisões, ao contrário da posição doutrinária majoritária, entendiam que o concreto aplicado na obra era objeto de um processo industrial, portanto, sujeito ao ICMS e ao IPI.

Equivocadamente, alguns Municípios, ao interpretar o enunciado acima transcrito, passaram a efetuar a cobrança do ISS sobre o valor total da atividade, sem dela excluir os insumos necessários à produção do concreto, o que definitivamente não deve prevalecer, uma vez que o art. 7º, §2º, inciso I, da Lei Complementar 116/2003, quando faz referência à exclusão dos materiais da base de cálculo do imposto para os serviços descritos no subitem 7.02 da lista de serviços, não faz qualquer ressalva em relação à modalidade de concretagem.

A súmula do Superior Tribunal de Justiça utiliza a expressão *fornecimento de concreto*, o que não se confunde com os materiais adquiridos de terceiros e aplicados pelo prestador do serviço no fabrico do concreto, tais como cimento, areia, brita etc.

Se por um lado é digna de nota a regra estabelecida no art. 7º, § 2º, inciso I, da Lei Complementar 116/2003, por outro, a previsão de incidência do ISS sobre os valores pagos a título de subempreitada (item 7.02) é, em tudo e por tudo, incompatível com o texto constitucional, assim como o é também o entendimento do Superior Tribunal de Justiça nessa matéria, que, dentro da sua esfera constitucional de competência, deveria deixar de aplicar leis manifestadamente inconstitucionais, ou, ao menos, suspender os respectivos julgamentos até que o Supremo Tribunal Federal se pronunciasse sobre a constitucionalidade destas.

A propósito, afirmou José ALBERTO BORGES:

> [...] a base de cálculo teria que ser o preço do serviço originalmente contratado, dele deduzidos os valores do serviço subcontratado a terceiros [...] entender o contrário, isto é, não admitir a dedução. Implica na duplicidade de exigência de imposto sobre o mesmo serviço por ele prestado. Isto significa cumulação de exigências tributárias, o que não é admitido no sistema tributário brasileiro.[49]

A possibilidade de exclusão dos materiais empregados na construção civil da base de cálculo do ISS tem sido reiteradamente enfrentada em decisões do Superior Tribunal de Justiça, que, em nosso entendimento, em agressão frontal ao texto constitucional, por todos os motivos até aqui expostos, vinha entendendo que a base de cálculo do ISS na construção civil

49. BORGES, José Alberto. ISS – Mão de obra – Base de Cálculo. In.: *Revista de Direito Tributário*. v. 45, São Paulo: Revista dos Tribunais, 2003, p. 203.

deve ser apurada a partir da integralidade da cobrança, sem qualquer dedução, a não ser quanto aos materiais fornecidos pelo prestador e produzidos por ele fora do local da obra.

A matéria, reconhecida como sendo de repercussão geral, foi recentemente enfrentada em sede de Recurso Extraordinário (RE 6033497 MG), de relatoria da Ministra Ellen Gracie, tendo o Supremo Tribunal Federal reconhecido a impossibilidade de incidência de ISS sobre os materiais empregados na construção civil.[50]

Diante de tal decisão, que afasta a inconstitucionalidade da cobrança de ISS sobre os materiais empregados nas obras

---

50. 1. A hipótese dos autos versa sobre a constitucionalidade da incidência do ISS sobre materiais empregados na construção civil. O acórdão assim decidiu: "TRIBUTÁRIO – ISS - CONSTRUÇÃO CIVIL - BASE DE CÁLCULO - MATERIAL EMPREGADO – DEDUÇÃO - IMPOSSIBILIDADE. A jurisprudência desta Corte pacificou o entendimento de que a base de cálculo do ISS é o preço total do serviço, de maneira que, na hipótese de construção civil, não pode haver a subtração do material empregado para efeito de definição da base de cálculo. Precedentes de Corte. Agravo regimental improvido". 2. Este Tribunal, no julgamento do RE 603.497, de minha relatoria, reconheceu a existência da repercussão geral da matéria para que os efeitos do artigo. 543-B do CPC possam ser aplicados. Esta Corte firmou o entendimento no sentido da possibilidade da dedução da base de cálculo do ISS dos materiais empregados na construção civil. Cito os seguintes julgados: RE 262.598, red. para o acórdão Min. Cármen Lúcia, 1ª Turma, DJe 27.09.2007; RE 362.666-AgR, rel. Min. Gilmar Mendes, 2ª Turma, DJe 27.03.2008; RE 239.360-AgR, rel. Min. Eros Grau, 2ª Turma, DJe 31.07.2008; RE 438.166-AgR, rel. Min. Carlos Britto, 1ª Turma, DJ 28.04.2006; AI 619.095-AgR, rel. Min. Sepúlveda Pertence, 1ª Turma, DJ 17.08.2007; RE 214.414-AgR, Rel. Min. Carlos Velloso, 2ª Turma, DJ 29.11.2002; AI 675.163, Rel. Min. Ricardo Lewandowski, DJe 06.09.2007; RE 575.684, Rel. Min. Cezar Peluso, DJe 15.09.2009; AI 720.338, Rel. Min. Joaquim Barbosa, DJe 25.02.2009; RE 602.618, Rel. Min. Celso de Mello, DJe 15.09.2009. O acórdão recorrido divergiu desse entendimento. 3. Ante o exposto, com fundamento no artigo. 557, § 1º-A, do CPC, dou provimento ao recurso extraordinário. Restabeleço os ônus fixados na sentença. Julgo prejudicado o pedido de ingresso como "amicus curiae" formulado pela Confederação Nacional dos Municípios - CNM (Petição STF 42.520/2010 - fls. 524-541), bem como o recurso interposto pela Associação Brasileira das Secretarias de Finanças das Capitais Brasileiras - ABRASF (fls. 505-521), em face da presente decisão. Publique-se. Brasília, 18 de agosto de 2010. Ministra Ellen Gracie Relatora RE 603.497543-BCPC: RE 262.598557 § 1º A CPC (603497 MG, Relator: Min. ELLEN GRACIE, Data de Julgamento: 18.08.2010, Data de Publicação: DJe-172 DIVULG 15.09.2010 PUBLIC 16.09.2010).

de construção civil, o Superior Tribunal de Justiça reviu o seu entendimento, o que o fez nos termos da seguinte decisão:

> TRIBUTÁRIO. ISSQN. CONSTRUÇÃO CIVIL. BASE DE CÁLCULO. DEDUÇÃO DE VALORES REFERENTES AOS MATERIAIS EMPREGADOS. POSSIBILIDADE. PRECEDENTES DA SUPREMA CORTE. 1. O Supremo Tribunal Federal, no RE 603.497/MG interposto contra acórdão desta Corte, reconheceu a repercussão geral da questão posta a julgamento, nos temos do artigo 543-B do CPC, e exarou decisão publicada em 16.9.2010, reformando o acórdão recorrido, com o seguinte teor: "Esta Corte firmou o entendimento no sentido da possibilidade da dedução da base de cálculo do ISS dos materiais empregados na construção civil. Precedentes". 2. A base de cálculo do ISS restou analisada pelo Supremo Tribunal Federal no julgamento acima, portanto, revejo o entendimento anterior, a fim de realinhar-me à orientação fixada pela Corte Suprema para reconhecer a possibilidade de dedução da base de cálculo do ISS dos materiais empregados na construção civil. 3. Como o agravante não trouxe argumento capaz de infirmar a decisão que deseja ver modificada, esta deve ser mantida por seus próprios fundamentos. Agravo regimental improvido. (AgRg no AgRg no REsp 1228175/MG, Ministro HUMBERTO MARTINS - DJ 01.09.2011.)

A solução finalmente atribuída pelo Supremo Tribunal Federal à questão da exclusão dos materiais da base de cálculo do ISS na construção civil revela, em tudo e por tudo, absoluta conformidade com a CF, prestigiando o princípio da confiança legítima e, também, o da boa-fé, e deveria alcançar todos os serviços que dependem da aplicação de insumos.

Pensamos que, em homenagem aos princípios referidos, o Supremo Tribunal Federal deveria estender o entendimento de exclusão de insumos da base de cálculo do ISS para todos os serviços, o que, segundo entendemos, determinaria a rescisão da Súmula 274 do STJ, que ampliou a materialidade constitucional do imposto em questão, quando assentou o entendimento de que "o ISS incide sobre o valor dos serviços de assistência médica, incluindo-se neles as refeições, os medicamentos e as diárias hospitalares".

4.2.2 A alíquota

A LC 157/2016 fixou a alíquota mínima para o ISS em 2% (dois por cento). A disposição apenas sedimentou o preceito antes veiculado pela EC 37/2002, que impôs tal limite provisoriamente até que uma lei complementar disciplinasse o disposto no art. 156, §3º, incisos I e III, da Constituição Federal. Em razão de tal norma de transição, os munícipios já vinham observando tal limitação desde a promulgação da referida EC, ou pelo menos deveriam tê-lo feito.

Pensamos que os municípios são, no Sistema Constitucional, entes federativos e federados, o que significa que integram o pacto federativo e, nessa linha de entendimento, a adoção de práticas concorrenciais em relação à cobrança de tributos, com a concessão de isenções ou redução da carga tributária, pode representar risco ao pacto federativo.

É verdade que impor uma alíquota mínima de ISS agride o princípio da autonomia municipal, no entanto, o que ocorre, concretamente, nesse preciso caso, é uma antinomia, um conflito aparente entre os princípios federativo e o da autonomia municipal, hipótese em que há de prevalecer o princípio federativo e, portanto, a limitação em questão não está em confronto com o texto constitucional.

Para justificar tal raciocínio, é necessário contextualizar a introdução de tal regra no ordenamento jurídico, a fim de que fique demostrado que a providência se mostrou necessária em face das fartas hipóteses em que vários municípios, antes da edição da EC 37/2002, reduziam fortemente a carga tributária de ISS, com vistas a atrair empresas prestadoras de serviços para seus territórios. Tais condutas foram responsáveis, em um determinado período histórico, por acirrada guerra fiscal entre os municípios, e diante da ausência de uma regra constitucional semelhante àquela aplicável aos estados – como é o caso do disposto no art. 155, inciso XII, alínea "g", da Constituição Federal –, tendente a prevenir a beligerância entre eles, concluímos que era, de fato, necessária a fixação de uma alíquota mínima para o ISS.

Pensamos, no entanto, que tal hipótese se aplica apenas às situações em que os municípios instituem concretamente o ISS, o que não significa que, nessas mesmas situações, não possam estabelecer benefícios, desde que demonstrem que as renúncias foram consideradas nas estimativas de receita orçamentária e que não afetarão a meta de resultados, indicando ainda como os respectivos montantes serão compensados, nos estritos termos do que prevê o art. 14 da Lei de Responsabilidade Fiscal.[51]

Partindo de tal premissa, importa ressaltar que as inovações introduzidas pela LC 157/2016 vão muito além de fixar a alíquota mínima, vedam, ainda, de forma absoluta, a concessão de incentivos e benefícios fiscais em relação ao ISS, considerando, inclusive, ato de improbidade administrativa as ações da administração fazendária tendentes a "conceder, aplicar ou manter benefício financeiro ou tributário",[52] contrário ao que dispõem o caput e o § 1º do art. 8º-A da Lei Complementar 116, de 31 de julho de 2003.

---

51. Art. 14. A concessão ou ampliação de incentivo ou benefício de natureza tributária da qual decorra renúncia de receita deverá estar acompanhada de estimativa do impacto orçamentário-financeiro no exercício em que deve indiciar sua vigência e nos dois seguintes, atender ao disposto na lei de diretrizes orçamentárias e a pelo menos uma das seguintes condições: I – demonstração pelo proponente de que a renúncia foi considerada na estimativa de receita da lei orçamentária, na forma do art. 12, e de que não afetará as metas de resultados fiscais previstas no anexo próprio da lei de diretrizes orçamentárias; II – estar acompanhada de medidas de compensação, no período mencionado no *caput*, por meio do aumento de receita, proveniente da elevação de alíquotas, ampliação da base de cálculo, majoração ou criação de tributo ou contribuição. §1º. A renúncia compreende anistia, remissão, subsídio, crédito presumido, concessão de isenção em caráter não geral, alteração de alíquota ou modificação de base de cálculo que implique redução discriminada de tributos ou contribuições, e outros benefícios que correspondam a tratamento diferenciado. §2º. Se o ato de concessão ou ampliação do incentivo ou benefício de que trata o *caput* deste artigo decorrer da condição contida no inciso II, o benefício só entrará em vigor quando implementadas as medidas referidas no mencionado inciso. §3º. O disposto neste art. não se aplica: I – às alterações das alíquotas dos impostos previstos nos incisos I, II, IV e V dos art. 153 da Constituição, na forma do seu § 1º; II – ao cancelamento de débito cujo montante seja inferior ao dos respectivos custos de cobrança.

52. Lei 14.230, de 25 de outubro de 2021, art. 10, inciso XII.

Não há dúvidas de que o legislador complementar buscou dar plena efetividade às medidas implementadas, apenando rigorosamente aqueles que descumprirem as novas regras por ele criadas, cremos, no entanto, que algumas destas tais limitações são excessivas e inconstitucionais, por agredirem o exercício pleno da competência tributária municipal.

O legislador complementar, ao vedar, terminantemente, a possiblidade de concessão de incentivos e benefícios fiscais, excedeu a prerrogativa que lhe atribuiu o constituinte derivado por meio da EC 3/93, o qual estabeleceu que lei complementar poderia regular a forma e as condições pelas quais isenções, incentivos e benefícios fiscais seriam concedidos e revogados, ou seja, a Constituição Federal não proíbe de forma definitiva a concessão de incentivos e benefícios fiscais, apenas estabelece a possiblidade de que a lei complementar os regule, pois, pela dicção do art. 156, §3°, inciso III, há autorização para redução da carga tributária, desde que seja objeto de disciplina por lei complementar.

Destacamos, inclusive, que a Lei de Responsabilidade Fiscal não veda categoricamente as renúncias tributárias, apenas impõe, em seu art. 14, como destacamos, que haja a demonstração de que as renúncias tributárias foram consideradas na estimativa de receita da lei orçamentária e que não afetam as metas de resultados, devendo ainda estarem acompanhada de medidas de compensação.

Reduções de carga tributária devem, por certo, serem concedidas com bastante parcimônia, eis que não raro são anti-isonômicas e prejudiciais à arrecadação; se observado, no entanto, o disposto no art. 150, §6°, da Constituição Federal,[53] ou seja, o princípio da legalidade, são admissíveis, sobretudo, nas hipóteses de extrafiscalidade, como é o caso da tributação

53. § 6°. Qualquer subsídio ou isenção, redução de base de cálculo, concessão de crédito presumido, anistia ou remissão, relativos a impostos, taxas ou contribuições, só poderá ser concedido mediante lei específica, federal, estadual ou municipal, que regule exclusivamente as matérias acima enumeradas ou o correspondente tributo ou contribuição, sem prejuízo do disposto no art. 155, § 2.°, XII, *g*. (Redação dada pela Emenda Constitucional n° 3, de 1993).

fixa para autônomos e sociedades de profissionais, cujo propósito é incentivar o desempenho da atividade intelectual, consideradas as limitações e dificuldades legais e naturais inerentes a tais atividades.

Embora, de fato, a tributação fixa, que não é, esclarecemos desde logo, tributação por meio de aplicação de alíquota fixa – já que não há qualquer alíquota que incida sobre o faturamento e, sim, o estabelecimento de montante fixo devido a título de ISS –, não observe o princípio da capacidade contributiva, é certo que o respeito à referida garantia cede diante da extrafiscalidade, ou seja, não se observa o princípio em questão quando a cobrança de impostos tem natureza extrafiscal, como é o caso do ISS devido por autônomos e sociedades de uniprofissionais.

Referências

ALVES, Anna Emilia Cordelli. ISS – Aspectos relevantes decorrentes da análise do art. 1º da Lei Complementar nº 116, de 31 de julho de 2003. In.: *Revista Dialética de Direito Tributário nº 99*. São Paulo: Dialética, 2003.

ATALIBA, Geraldo. *Regra-matriz de incidência tributária*. 6. ed. São Paulo: Malheiros, 2000.

_____. *Hipótese de incidência tributária*. 6. ed. São Paulo: Malheiros, 2000.

_____. ISS – Base de cálculo. In.: *Estudos e pareceres de direito tributário*. v. 1. São Paulo: Revista dos Tribunais, 1978.

BACHOF, Otto. *Normas constitucionais inconstitucionais?* [s.l.]: Atlântida, 1977.

BARRETO, Aires Fernandino. *ISS na Constituição e na Lei*. São Paulo: Dialética, 2003.

BECKER, Alfredo Augusto. *Curso de direito tributário*. São Paulo: Saraiva, 1963.

BORGES, José Alberto. ISS – Mão de obra – Base de Cálculo. In.: *Revista de Direito Tributário*. v. 45. São Paulo: Revista dos Tribunais, 2003.

BOTTALLO, Eduardo. Base de cálculo do ISS e das contribuições para o PIS e a COFINS. In.: *Repertório IOB de Jurisprudência* nº 23, 1ª quinzena de dezembro de 1999 – caderno 1.

CARRAZZA, Roque Antonio. *Curso de direito constitucional tributário.* 19. ed. São Paulo: Malheiros, 2003.

CARVALHO, Paulo Barros. *Curso de direito tributário.* 23. ed. São Paulo: Saraiva, 2011.

DERZI, Misabel Abreu Machado. A irretroatividade do Direito, a Proteção da Confiança, a Boa-fé e o RE n 370.682-SC. In: *Grandes questões atuais de direito tributário.* ROCHA, Valdir de Oliveira (Coord.) v. 1. São Paulo: Dialética, 2009.

HOUAISS, Instituto Antôno. *Dicionário Houaiss da língua portuguesa.* Objetiva: Rio de Janeiro, 2001.

JUSTEN FILHO, Marçal. *O Imposto Sobre Serviços na Constituição.* São Paulo: Revistas dos Tribunais, 1985.

LARENZ, Karl. *Metodologia da ciência do direito.* 2. ed. Lisboa: Fundação Calouste Gulbenkian, 1983.

MELO, José Eduardo Soares de. *Curso de direito tributário.* São Paulo: Dialética, 1997.

_____. *ISS* – Aspectos teóricos e práticos. 3. ed. São Paulo: Dialética, 2003.

MIRANDA, Jorge. *Manual de direito constitucional.* Tomo II: Introdução à teoria da Constituição. 2. ed. Coimbra: Coimbra, 1988.

TÔRRES, Heleno Taveira (Coord.). Coleção de Direito Tributário. *Leis Complementares em matéria tributária:* aspectos práticos atuais. PINTO, Fabiana Lopes e SALIBA, Ricardo Berzosa (Orgs.). v. 1. São Paulo: Manole, 2003.

Capítulo 3
CRITÉRIO ESPACIAL

O CRITÉRIO ESPACIAL DA REGRA-MATRIZ DE INCIDÊNCIA TRIBUTÁRIA DO ISS INCIDENTE SOBRE AS OPERAÇÕES DE ARRENDAMENTO MERCANTIL (*LEASING*) E OS REFLEXOS DA LEI COMPLEMENTAR 157/2016

Daniela Almeida Campos[1]

Resumo: O presente trabalho possui como escopo a definição do critério espacial da regra-matriz de incidência tributária do Imposto Sobre Serviços de Qualquer Natureza – ISS incidente sobre as operações de arrendamento mercantil (*leasing*), bem como a análise das alterações promovidas pela LC 157/2016 na LC 116/2003. A análise tomará como premissas a teoria da linguagem aplicada ao direito e o constructivismo lógico-semântico, utilizando como ferramenta a teoria da norma jurídica e, em especial, da regra-matriz de incidência tributária. Ao final, demonstrar-se-á que a alteração do critério espacial do ISS incidente sobre as operações de *leasing* levada a efeito pela LC 157/2016, transferindo-*o do local do estabelecimento prestador* para o local do *domicílio do tomador dos serviços* modifica a estrutura constitucional do imposto, estando, assim, eivada de inconstitucionalidade.

1. Mestranda em Direito Tributário pelo IBET-SP – Instituto Brasileiro de Estudos Tributários. Especialista em Direito Tributário pelo IBET e em Direito Administrativo pela Universidade Anhanguera-Uniderp. Professora Seminarista do IBET. Procuradora do Município de Uberlândia. E-mail: danielacampos.adv@gmail.com

REGRA-MATRIZ DE INCIDÊNCIA TRIBUTÁRIA:
DA TEORIA À PRÁTICA

Sumário: 1. Introdução – 2. Imposto Sobre Prestação Serviços de Qualquer Natureza – ISS: Regra-matriz do ISS, hipótese de incidência e o conceito de serviço tributável; 2.2 O critério espacial do ISS – 3. ISS incidente sobre as operações de arrendamento mercantil (*leasing*): 3.1 Das operações de arrendamento mercantil (*leasing*); 3.2 Critério espacial do ISS incidente sobre as atividades de leasing: o local da efetiva prestação de serviços – 4. Alterações promovidas pela Lei Complementar 157/2016 no critério especial do ISS incidente sobre o *leasing:* 4.1 Da alteração do critério espacial do ISS incidente sobre as atividades de *leasing*: do estabelecimento prestador para o domicílio do tomador dos serviços; 4.2 A ADI 5835/DF e o incremento da guerra fiscal entre os Municípios – 5. Conclusão – Referências.

1. Introdução

O presente artigo almeja identificar o critério espacial da regra-matriz de incidência do Imposto Sobre Serviços de Qualquer Natureza – ISS incidente sobre as operações de arrendamento mercantil (*leasing*), a partir das disposições trazidas pela Constituição Federal e pela Lei Complementar 116/2003, norma geral regulamentadora da matéria em âmbito nacional, de modo a verificar sua compatibilidade com as alterações introduzidas neste diploma normativo pela Lei Complementar 157/2016.

A análise tomará como premissas a teoria da linguagem aplicada ao direito e o constructivismo lógico-semântico,[2] utilizando da teoria da norma jurídica e, em especial, da teoria

2. Consoante esclarece Aurora Tomazini de Carvalho em seu *Curso de Teoria Geral do Direito* (São Paulo: Noeses, 2019, p. 100), "A expressão "Constructivismo Lógico-Semântico" é empregada em dois sentidos: (i) para se reportar à Escola Epistemológica do Direito da qual somos adeptos, fundada nas lições dos professores PAULO DE BARROS CARVALHO e LOURIVAL VILANOVA e que vem, a cada dia, ganhando mais e mais seguidores no âmbito jurídico (ii) e ao método utilizado por esta Escola que pode ser empregado no conhecimento de qualquer objeto." Referido método, outrossim, aborda o fenômeno jurídico sob uma perspectiva constructivista, na medida em que concebe o conhecimento como fruto da intervenção do sujeito cognoscente – contrapondo-se, assim, à perspectiva descritivista do conhecimento – , e sob uma perspectiva lógico-semântica, amarrando estrutural e semanticamente os conceitos estudados aos referenciais filosóficos e às premissas que o fundamentam. Busca, assim, garantir a uniformidade e a coerência do discurso jurídico-científico, estruturando seu conteúdo de forma rigorosa, com a estrita observância das premissas adotadas. Utilizamos a grafia com letra minúscula por nos reportarmos, neste tópico, à expressão enquanto método científico.

da regra-matriz de incidência, ferramenta fundamental à perfeita compreensão do fenômeno tributário.

Conforme se verá, o desenho constitucional da regra-matriz de incidência do ISS impõe necessária vinculação entre os critérios material, definido pela cláusula *prestar serviços*, e espacial do tributo, considerando-se incidente a norma do ISS no Município em cujo território esteja presente o *estabelecimento prestador*, isto é, o local em que os serviços são efetivamente prestados. No caso do arrendamento mercantil, considera-se o local em que esteja presente o poder decisório inerente à efetiva aprovação e concessão do financiamento ou crédito.

A Lei Complementar 157/2016, ao alterar o critério espacial do ISS incidente sobre tais operações, transferindo-o para o local do domicílio do tomador dos serviços, vai de encontro à matriz constitucional do imposto. Está-se, portanto, diante de mais uma alteração legislativa que fertiliza o terreno das inúmeras batalhas travadas pelos mais de cinco mil Municípios do país na cobrança do ISS.

2. Imposto Sobre Prestação Serviços de Qualquer Natureza - ISS

No presente tópico, será apresentada a regra-matriz de incidência do Imposto sobre serviços de qualquer natureza – ISS e analisada sua hipótese de incidência, de modo a identificar o conceito de serviço tributável utilizado pela Constituição Federal para delimitação da competência tributária dos Municípios. Serão, também, tecidas considerações a respeito do critério espacial de referido imposto, à luz dos dispositivos da Lei Complementar 116/2003.

2.1 Regra-matriz do ISS, hipótese de incidência e o conceito de serviço tributável

O estudo do Imposto sobre prestação de serviços de qualquer natureza – ISS deve ter como ponto de partida o texto da

Constituição Federal, haja vista seja no altiplano das normas constitucionais que conste o desenho das competências tributárias atribuídas a cada um dos entes federados.

A matriz constitucional do ISS está radicada no art. 156, inciso III,[3] da Carta Magna, que houve por bem atribuir à lei complementar, em sua função de norma geral que visa a evitar conflitos de competência, a definição dos serviços passíveis de tributação pelo ISS.[4]

Partindo do texto constitucional, Paulo de Barros Carvalho[5] assim constrói a regra-matriz de incidência tributária[6] do ISS:

> **Hipótese:**
>
> · critério material: prestar serviços de qualquer natureza, excetuando-se os serviços de transporte interestadual e intermunicipal e de comunicação;
>
> · critério espacial: âmbito territorial do Município;

---

3. Art. 156. Compete aos Municípios instituir impostos sobre:
[...]
III - serviços de qualquer natureza, não compreendidos no art. 155, II, definidos em lei complementar.

4. Filiamo-nos, aqui, à corrente dicotômica, que atribui à lei complementar a função de norma geral de direito tributário cujo escopo é regular as limitações constitucionais ao poder de tributar e dispor sobre conflitos de competência.

5. CARVALHO, Paulo de Barros. *Direito tributário, linguagem e método*. 7ª. ed. ver. São Paulo: Noeses, 2018, p. 792.

6. A regra-matriz de incidência consiste em importante recurso epistemológico utilizado para a escorreita compreensão do fenômeno jurídico-tributário, possuindo suas premissas calcadas na Filosofia do Direito. Segundo reconhece, toda norma jurídica possui a estrutura lógica de um juízo hipotético, o qual liga um antecedente a um consequente normativo, prevendo, assim, que, dada a ocorrência de determinado acontecimento social cujas notas guardem consonância com as características descritas no antecedente, deve-ser a instauração do vínculo jurídico previsto no consequente, é dizer, a irradiação dos efeitos jurídicos próprios previstos pela norma. Nas palavras de Paulo de Barros Carvalho, "A construção da regra-matriz de incidência, como instrumento metódico que organiza o texto bruto do direito positivo, propondo a compreensão da mensagem legislada num contexto comunicacional bem concebido e racionalmente estruturado, é um subproduto da teoria da norma jurídica, o que significa reconhecer tratar-se de contribuição efetiva da Teoria Geral e da Filosofia do Direito, expandindo as fronteiras do território científico." (CARVALHO, Paulo de Barros. *Direito tributário, linguagem e método*. 7ª. ed. ver. São Paulo: Noeses, 2018, p. 153).

· critério temporal: momento da prestação do serviço;

Consequência:

· critério pessoal: *sujeito ativo*: Município; *sujeito passivo*: prestador do serviço;

· critério quantitativo: *base de cálculo:* preço do serviço; *alíquota:* aquela prevista na legislação do imposto. (os destaques constam do original)

Como visto, a regra-matriz de incidência apresenta-se como estrutura lógica reveladora do núcleo da proposição normativa, na qual se identifica um antecedente, ou descritor, composto por um critério material – representado sempre por um verbo pessoal e de predicação incompleta, seguido por um complemento, permitindo que se identifique o comportamento de uma pessoa regulado pela norma –, um critério espacial e um critério temporal, que indicam o local e o momento em que, uma vez ocorrido o evento,[7] fará irromper o vínculo jurídico previsto no consequente normativo. Este, por seu turno, é composto por um critério pessoal, que identifica os sujeitos ativo e passivo da relação jurídica ali prevista, bem como um critério quantitativo, que dará as bases para a mensuração do objeto da prestação.

O critério material da regra-matriz do ISS é composto pelo verbo prestar, somado ao complemento serviços de qualquer natureza, excluídos os serviços de transporte interestadual e intermunicipal e de comunicação.

O conteúdo e o alcance do conceito de serviço tributável utilizado pela Constituição Federal para delimitação da competência tributária dos Municípios para instituição do ISS devem ser obtidos a partir de uma interpretação sistemática

7. Consoante lição de Fabiana del Padre Tomé, "[...] chamamos de *evento* o acontecimento do mundo fenomênico, despido de qualquer relato linguístico. O *fato*, por sua vez, é tomado como enunciado denotativo de uma situação, delimitada no tempo e no espaço. [...] Relatado o sucesso [evento] em linguagem social, teremos *fato social;* este, vertido em linguagem jurídica, dará nascimento ao *fato jurídico.*" (TOMÉ, Fabiana del Padre. *A prova no direito tributário.* 4ª. ed., rev., atual. São Paulo: Noeses, 2016, p. 48-52).

do ordenamento. Como bem observa Aires F. Barreto,[8] "[...] o legislador não pode ir além dos lindes do conceito constitucional de serviço. Daí a importância do esforço exegético, no sentido de desvendar o conteúdo, sentido e alcance do conceito de serviço tributável, a que se refere o texto constitucional".

Para o autor, quando a Constituição Federal se utiliza da expressão "prestação de serviços de qualquer natureza" para demarcação da hipótese de incidência do ISS, refere-se ao prestador dos serviços como seu "destinatário constitucional", afirmando que "só a prestação do serviço é tributável, porque o conteúdo econômico indica o prestador como o verdadeiro beneficiário da retribuição que, de alguma maneira, é o modo objetivo de mensuração desse mesmo conteúdo econômico".[9] A identificação do conteúdo econômico sujeito à tributação justifica-se, ainda, pelo princípio da capacidade contributiva. Nesse sentido, a hipótese tributária de todo e qualquer tributo deve, necessariamente, descrever fato signo-presuntivo de riqueza, de modo a possibilitar a realização da prestação pecuniária objeto da relação jurídica decorrente de sua instituição.

Sobre o conceito de serviço tributável, ressaltando a presença obrigatória de um fazer na atividade de prestar serviços, afirma o autor:

> Pode-se, portanto, inicialmente, conceituar serviço como todo o esforço humano desenvolvido em benefício de outra pessoa. E, por sua vez, serviço tributável como o desempenho de atividade economicamente apreciável, remunerada, sob regime de direito privado, mas sem subordinação, objetivando produzi utilidade a outrem. [...]
>
> Em resumo, o aspecto material da hipótese de incidência do ISS é a conduta humana (esforço), tendo por fim a prestação de atividade qualificável como serviço, isto é, aquela consistente em desenvolver um esforço de pessoas, em favor de terceiros, em

8. BARRETO, Aires. *ISS, IOF e Instituições financeiras*. 1ª. ed. São Paulo: Noeses, 2016, p. 4-5.

9. BARRETO, Aires F. *ISS na Constituição e na lei*. Aires F. Barreto; Paulo Ayres Barreto. – 4ª ed. São Paulo: Noeses, 2018, p. 37.

> regime de direito privado, mas sem subordinação, em caráter negocial (posto *in commercium*), visando a adimplir uma obrigação de fazer.[10]

Paulo de Barros de Carvalho ressalta que no conceito de "prestação de serviço" não se incluem o serviço público, por ser abrangido pela imunidade prevista no art. 150, VI, "a", da CF/88, o trabalho realizado para si próprio, por não possuir natureza econômica, e o trabalho efetuado em relação de subordinação, por meio de vínculo empregatício. Tecidas tais ressalvas, posiciona-se também pela necessária presença de uma obrigação de fazer na prestação de serviços:

> Para configurar-se a prestação de serviços é necessário que ocorra o exercício, por parte de alguém (prestador), de atuação que tenha por objetivo produzir uma utilidade relativamente a outra pessoa (tomador), a qual remunera o prestador (preço do serviço). Prestar serviços é atividade irreflexiva, reivindicando, em sua composição, o caráter da bilateralidade. [...] A mais desse fator, é forçoso que a atividade realizada pelo prestador apresente-se sob a forma de "obrigação de fazer". Eia aí outro elemento caracterizador da prestação de serviços. Só será possível a incidência do ISS se houver negócio jurídico mediante o qual uma das partes de obrigue a praticar certa atividade, de natureza física ou intelectual, recebendo, em troca, remuneração.[11]

Com efeito, a Constituição Federal, ao se referir a serviço tributável para delimitação da competência impositiva dos Municípios, utilizou-se de um conceito de Direito Privado. Por conseguinte, por força do que estatui o art. 110 do CTN,[12] não pode a lei tributária alterar sua definição, conteúdo e alcance,

---

10. BARRETO, Aires. *ISS, IOF e Instituições financeiras*. 1ª. ed. São Paulo: Noeses, 2016, p. 6-10.

11. CARVALHO, Paulo de Barros. *Direito tributário, linguagem e método*. 7ª. ed. ver. São Paulo: Noeses, 2018, p. 794-795.

12. CTN, Art. 110. A lei tributária não pode alterar a definição, o conteúdo e o alcance de institutos, conceitos e formas de direito privado, utilizados, expressa ou implicitamente, pela Constituição Federal, pelas Constituições dos Estados, ou pelas Leis Orgânicas do Distrito Federal ou dos Municípios, para definir ou limitar competências tributárias.

estando a lei regulamentadora do ISS adstrita ao sentido em que utilizada a expressão pelo texto constitucional.

Em linhas gerais, respeitando-se as elaborações do Direito Privado, o serviço tributável pelo ISS consubstancia uma obrigação de fazer prestada para terceiros com conteúdo econômico, sob regime de direito privado e fora do alcance de qualquer relação de subordinação.

Estes são, portando, os limites característicos dos fatos passíveis de tributação pelos Municípios pelo ISS, os quais devem ser respeitados pela lei geral regulamentadora da matéria em âmbito nacional, assim como pelas leis editadas por cada um dos Municípios brasileiros no exercício de sua faculdade legiferante.

2.2 O critério espacial do ISS

A análise do critério espacial do ISS deve ser realizada à luz dos dispositivos da Lei Complementar 116/2003, norma geral de caráter nacional regulamentadora da matéria.

O critério espacial da regra-matriz do ISS identifica um ponto no território do Município como o local em que, ocorrido o evento, cujas notas guardem consonância com as características descritas na hipótese e realizada a incidência tributária, instaura-se a relação jurídica que dá origem ao dever de pagamento do tributo.[13] Assim, é o Município em que ocorrida a prestação

13. Faz-se menção, aqui, a um ponto dentro do território nacional em atenção à distinção existente entre o domínio espacial de vigência da norma, diretamente vinculado ao princípio da territorialidade, e o critério espacial da regra-matriz de incidência. O domínio espacial de vigência diz respeito aos limites da aplicabilidade da lei tributária e está diretamente ligado ao princípio da territorialidade, segundo o qual a lei tributária somente produz efeitos dentro dos limites geográficos da pessoa política que a editou. O critério espacial da RMIT, por sua vez, pressupõe o domínio espacial de vigência, mas se vincula às referências legislativas que indicam o local em que se considera ocorrido o fato jurídico tributário. Nesse sentido, elucidativas as palavras de Lucas Galvão de Britto: "O critério espacial, fiz questão de apontar nos itens precedentes, é coisa diversa, diz respeito *diretamente à ação*, pois compõem o substrato de prescrições que a constituem. Consiste, precisamente, no conjunto de indicações elaborado pelo legislador que permite ao intérprete identificar *o que* precisa estar no

dos serviços o sujeito ativo da relação jurídica tributária, sendo o prestador dos serviços o sujeito passivo que possui o dever jurídico de levar o valor do tributo aos cofres públicos.

Conforme afirma Aires F. Barreto,[14] "perante o nosso Direito Positivo, existirão tantos impostos sobre serviços quantos forem os Municípios que o tiverem instituído, além do Distrito Federal". Nesse sentido, para ser validamente exercida a competência para instituição do ISS, devem, necessariamente, ser respeitados os limites materiais (prestação de serviços) e espacial (local da prestação situado nos limites do território de cada Município), sob pena de se configurar invasão de competência, causadora de conflitos infindáveis entre os mais de cinco mil municípios do país.

A origem dos conflitos relacionados à definição do critério espacial do ISS, inobstante, advém da própria legislação que regulamenta o imposto, pois, a julgar pelas disposições constitucionais relacionadas à repartição de competências, outra conclusão não restaria senão a de que o imposto é devido no local onde se efetua a prestação dos serviços.[15] A Lei Complementar 116/2003, contudo, ao regulamentar a matéria, utilizou-se de mais de uma indicação de lugar no qual se considera prestado o serviço, surgido, daí, a maior parte dos conflitos entre os Municípios na cobrança do ISS.

Para visualização, do que aqui se afirma, importa mencionar que já o Dec.-lei 406/1968, que regulamentava o ISS antes da edição da Lei Complementar 116/2003, em seu art.

---

domínio espacial de vigência para que se possa imputar uma conduta a esse lugar que deverá estar contido no domínio espacial de vigência. (BRITTO, Lucas Galvão de. *O Lugar e o tributo*. São Paulo: Noeses, 2014, p. 144).

14. BARRETO, Aires F. *ISS na Constituição e na lei*. Aires F. Barreto; Paulo Ayres Barreto. 4ª ed. São Paulo: Noeses, 2018, p. 518.

15. Essa a conclusão de Aires F. Barreto: "Efetivamente, se o aspecto espacial da hipótese de incidência é implicitamente extraível do Texto Constitucional e se o arquétipo é a prestação de serviço, aquele critério só pode ser reduzido ao local onde se efetua a prestação. (BARRETO, Aires F. *ISS na Constituição e na lei*. Aires F. Barreto; Paulo Ayres Barreto. – 4ª ed. São Paulo: Noeses, 2018, p. 527).

12 indicava o que considerava local da prestação do serviço para fins de identificação do critério espacial do imposto nos seguintes termos:

> Art. 12. Considera-se local da prestação do serviço:
>
> a) o do estabelecimento prestador ou, na falta de estabelecimento, o do domicílio do prestador;
>
> b) no caso de construção civil o local onde se efetuar a prestação.
>
> c) no caso do serviço a que se refere o item 101 da Lista Anexa, o Município em cujo território haja parcela da estrada explorada.

A Lei Complementar 116/2003, por seu turno, manteve a regra geral até então trazida pela alínea "a" do art. 12 do Dec.-lei 406/68, mas ampliou o rol das exceções contempladas pelas alíneas "b" e "c" do dispositivo revogado. Atualmente, eis a redação do art. 3º da LC 116/2003, *in litteris*:

> Art. 3º. O serviço considera-se prestado, e o imposto, devido, no local do estabelecimento prestador ou, na falta do estabelecimento, no local do domicílio do prestador, exceto nas hipóteses previstas nos incisos I a XXV, quando o imposto será devido no local.
>
> I – do estabelecimento do tomador ou intermediário do serviço ou, na falta de estabelecimento, onde ele estiver domiciliado, na hipótese do § 1º do art. 1º desta Lei Complementar;
>
> II – da instalação dos andaimes, palcos, coberturas e outras estruturas, no caso dos serviços descritos no subitem 3.05 da lista anexa;
>
> III – da execução da obra, no caso dos serviços descritos no subitem 7.02 e 7.19 da lista anexa;
>
> IV – da demolição, no caso dos serviços descritos no subitem 7.04 da lista anexa;
>
> V – das edificações em geral, estradas, pontes, portos e congêneres, no caso dos serviços descritos no subitem 7.05 da lista anexa;
>
> VI – da execução da varrição, coleta, remoção, incineração, tratamento, reciclagem, separação e destinação final de lixo, rejeitos e outros resíduos quaisquer, no caso dos serviços descritos no subitem 7.09 da lista anexa;

VII – da execução da limpeza, manutenção e conservação de vias e logradouros públicos, imóveis, chaminés, piscinas, parques, jardins e congêneres, no caso dos serviços descritos no subitem 7.10 da lista anexa;

VIII – da execução da decoração e jardinagem, do corte e poda de árvores, no caso dos serviços descritos no subitem 7.11 da lista anexa;

IX – do controle e tratamento do efluente de qualquer natureza e de agentes físicos, químicos e biológicos, no caso dos serviços descritos no subitem 7.12 da lista anexa; [...]

XII - do florestamento, reflorestamento, semeadura, adubação, reparação de solo, plantio, silagem, colheita, corte, descascamento de árvores, silvicultura, exploração florestal e serviços congêneres indissociáveis da formação, manutenção e colheita de florestas para quaisquer fins e por quaisquer meios;

XIII – da execução dos serviços de escoramento, contenção de encostas e congêneres, no caso dos serviços descritos no subitem 7.17 da lista anexa;

XIV – da limpeza e dragagem, no caso dos serviços descritos no subitem 7.18 da lista anexa;

XV – onde o bem estiver guardado ou estacionado, no caso dos serviços descritos no subitem 11.01 da lista anexa;

XVI - dos bens, dos semoventes ou do domicílio das pessoas vigiados, segurados ou monitorados, no caso dos serviços descritos no subitem 11.02 da lista anexa;

XVII – do armazenamento, depósito, carga, descarga, arrumação e guarda do bem, no caso dos serviços descritos no subitem 11.04 da lista anexa;

XVIII – da execução dos serviços de diversão, lazer, entretenimento e congêneres, no caso dos serviços descritos nos subitens do item 12, exceto o 12.13, da lista anexa;

XIX - do Município onde está sendo executado o transporte, no caso dos serviços descritos pelo item 16 da lista anexa;

XX – do estabelecimento do tomador da mão-de-obra ou, na falta de estabelecimento, onde ele estiver domiciliado, no caso dos serviços descritos pelo subitem 17.05 da lista anexa;

XXI – da feira, exposição, congresso ou congênere a que se referir o planejamento, organização e administração, no caso dos serviços descritos pelo subitem 17.10 da lista anexa;

> XXII – do porto, aeroporto, ferroporto, terminal rodoviário, ferroviário ou metroviário, no caso dos serviços descritos pelo item 20 da lista anexa.
>
> XXIII - do domicílio do tomador dos serviços dos subitens 4.22, 4.23 e 5.09;
>
> XXIV - do domicílio do tomador do serviço no caso dos serviços prestados pelas administradoras de cartão de crédito ou débito e demais descritos no subitem 15.01;
>
> XXV - do domicílio do tomador do serviço do subitem 15.09.

Da leitura do dispositivo, verifica-se que o aspecto espacial da regra-matriz do ISS é definido como sendo o local do estabelecimento prestador, ou, na falta deste, no local do domicílio do prestador, ressalvadas as hipóteses trazidas pelos incisos, cada qual indicativa de seu próprio elemento definidor do critério espacial.

Muitas foram as divergências suscitadas quanto à interpretação da expressão estabelecimento prestador, algumas no sentido de que se tratava sempre do local da efetiva prestação dos serviços e outras no sentido de que a expressão se referia ao local da sede do estabelecimento prestador dos serviços.

A Lei Complementar 116/2003 trouxe a definição legal do estabelecimento prestador nos seguintes termos:

> Art. 4º. Considera-se estabelecimento prestador o local onde o contribuinte desenvolva a atividade de prestar serviços, de modo permanente ou temporário, e que configure unidade econômica ou profissional, sendo irrelevantes para caracterizá-lo as denominações de sede, filial, agência, posto de atendimento, sucursal, escritório de representação ou contato ou quaisquer outras que venham a ser utilizadas.

Considera-se que a interpretação da expressão não pode conduzir a outra conclusão a não ser a de que a norma regulamentadora do ISS se referiu sempre ao local da efetiva prestação dos serviços, em prestígio da coerência exigida entre os critérios material e espacial da hipótese de incidência delineada pelo texto constitucional. Ademais, a legislação faz expressa menção ao local do estabelecimento prestador, e não ao local do estabelecimento do prestador, o que já afasta a conclusão de que expressão se referiria ao local da sede do estabelecimento prestador dos serviços. Nesse sentido, a lição de Aires F. Barreto:

> Impõe-se, pois, a urgente reposição do único critério que parece prestigiado pela Constituição, qual seja, o de que o local da prestação é o Município onde se conclui, onde se consuma o fato tributário, é dizer, onde se produzirem os resultados da prestação do serviço. Se o fato tributável só ocorre no momento da consumação do serviço, ou seja, no átimo da produção dos efeitos que lhe são próprios, parece ser necessário concluir que o Município competente seja o do lugar onde forem eles produzidos, executados, consumados. É fazer prevalecer só a única regra, sem contemplar exceção: deve-se o ISS no lugar em que se efetuar a prestação.[16]

Na mesma linha, posiciona-se Simone Costa:[17]

> Nesse contexto, a melhor significação – que se coaduna com a norma matriz constitucional do ISS – a ser construída a partir do enunciado prescritivo originariamente contido no art. 12, "a", do Decreto-lei n. 406/68 e, atualmente, no caput do art. 3º, da Lei Complementar n. 116/2003, bem como no art. 4º desta lei, é a de que o local onde se localiza o estabelecimento prestador coincide com o local onde os serviços são efetivamente prestados. Se estabelecimento prestador é o local onde o prestador executa, realiza os serviços, então o ISS é devido ao Município onde se dá a efetiva prestação dos serviços.

Portanto, trata-se o estabelecimento prestador do local onde a atividade é efetivamente exercida, ou seja, onde os serviços são efetivamente prestados, ou, ainda, do local em que desenvolvidos e ultimados os atos materiais necessários à prestação dos serviços.

---

16. BARRETO, Aires F. *ISS na Constituição e na lei*. Aires F. Barreto; Paulo Ayres Barreto. – 4ª ed. São Paulo: Noeses, 2018, p. 528-529.

17. COSTA, Simone. O ISS e a Territorialidade. In: *VII Congresso Nacional de Estudos Tributários. Direito Tributário e os conceitos de direito privado*. PAULA JUNIOR, Aldo de [*et al*]. São Paulo: Noeses, 2010, p. 1204.

Considera-se que referida interpretação, como destacado acima, vai ao encontro da regra-matriz de incidência do ISS desenhada pela Constituição Federal, sendo a que melhor traduz a relação necessária existente entre os critérios material e espacial de referido imposto. Dito de outro modo, considerar a sede do estabelecimento prestador ou o local do domicílio do prestador como referência para definição do critério espacial do ISS em nada se relaciona ao critério material eleito pelo texto constitucional, vinculado que está à atividade de prestar serviços. O estabelecimento prestador, assim, está necessariamente vinculado ao local da efetiva prestação dos serviços.

Importa destacar, por fim, que diante da dificuldade de identificar o estabelecimento prestador, notadamente quando os serviços são prestador em local diverso da sede do prestador, muitos Municípios optaram por listar, nas respectivas leis instituidoras do ISS, alguns indicadores cuja presença, parcial ou totalmente, possam caracterizar a existência de estabelecimento prestador em seus territórios.[18] Em tais situações, outrossim, verifica-se que a caracterização do estabelecimento prestador se apresenta como questão probatória, é dizer, caberá ao Município provar que ali, em seu território, ultimou-se efetivamente a prestação dos serviços pelo sujeito passivo, estando inserta em sua competência a cobrança da exação tributária.[19]

---

18. A legislação do Município de Uberlândia, por exemplo, definiu em sua Lei Complementar nº 336/2003 os seguintes requisitos: Art. 3º-A. A existência de estabelecimento prestador é indicada pela conjunção, parcial ou total, dos seguintes elementos: I - manutenção de pessoal, material, máquinas, instrumentos e/ou equipamentos necessários à execução dos serviços; II - estrutura organizacional ou administrativa, mesmo que precária; III - inscrição nos órgãos previdenciários; IV - indicação como domicílio fiscal para efeito de outros tributos; V - permanência ou ânimo de permanecer no local, para exploração econômica de atividade de prestação de serviços, exteriorizada através da indicação do endereço em impressos, formulários ou correspondência, contratos de locação de imóveis, propaganda ou publicidade, ou contas de telefone, de energia elétrica, água ou gás, em nome do prestador, seu representante ou preposto". (Art. 3º-A incluído pela Lei Complementar nº 527, de 11 de maio de 2011).

19. Também ressaltando a importância da questão probatória para a identificação do estabelecimento prestador, afirma Simone Costa: "Um robusto quadro probatório permitirá a adequada aplicação do conceito de estabelecimento prestador, de modo a

3. ISS incidente sobre as operações de arrendamento mercantil (*leasing*)

Na segunda parte do trabalho, serão apresentadas as características das operações de arrendamento mercantil e tecidas considerações a respeito do critério espacial do ISS sobre elas incidente. Será apresentada, ainda, a evolução da jurisprudência do Superior Tribunal de Justiça sobre o tema.

3.1 Das operações de arrendamento mercantil (*leasing*)

Em 02 de dezembro de 2009, o Supremo Tribunal Federal decidiu pela constitucionalidade da incidência do ISS sobre os contratos de *leasing* financeiro. A ementa do julgamento restou assim firmada:

> EMENTA: RECURSO EXTRAORDINÁRIO. DIREITO TRIBUTÁRIO. ISS. ARRENDAMENTO MERCANTIL. OPERAÇÃO DE LEASING FINANCEIRO. ARTIGO 156, III, DA CONSTITUIÇÃO DO BRASIL. O arrendamento mercantil compreende três modalidades, [i] o leasing operacional, [ii] o *leasing* financeiro e [iii] o chamado *lease-back*. No primeiro caso há locação, nos outros dois, serviço. A lei complementar não define o que é serviço, apenas o declara, para os fins do inciso III do artigo 156 da Constituição. Não o inventa, simplesmente descobre o que é serviço para os efeitos do inciso III do artigo 156 da Constituição. No arrendamento mercantil (*leasing* financeiro), contrato autônomo que não é misto, o núcleo é o financiamento, não uma prestação de dar. E financiamento é serviço, sobre o qual o ISS pode incidir, resultando irrelevante a existência de uma compra nas hipóteses do leasing financeiro e do *lease-back*. Recurso extraordinário a que se dá provimento. (RE 547245, Relator(a): Min. EROS GRAU, Tribunal Pleno, julgado em 02/12/2009, DJe-040 DIVULG 04-03-2010 PUBLIC 05-03-2010 EMENT VOL-02392-04 PP-00857 RT v. 99, n. 897, 2010, p. 143-159 LEXSTF v. 32, n. 376, 2010, p. 175-200).

---

suportar a conclusão de que o serviço foi prestado no mesmo Município em que se localiza o estabelecimento prestador." (COSTA, Simone. O ISS e a Territorialidade. In: *VII Congresso Nacional de Estudos Tributários. Direito Tributário e os conceitos de direito privado.* PAULA JUNIOR, Aldo de [*et al*]. São Paulo: Noeses, 2010, p. 1208).

A análise dos votos dos Ministros que participaram do julgamento revela que diversos foram os fundamentos que conduziram a maioria da Corte ao reconhecimento de que o leasing financeiro consubstancia serviço tributável pelo ISS. A respeito, Aldo de Paula Júnior afirma que a conclusão se pautou em duas premissas completamente distintas: "i) no leasing financeiro prevalece o financiamento e 'financiamento é serviço' (Min. EROS GRAU); ii) o *leasing* financeiro pode ser entendido como um negócio complexo que envolve um conjunto de atividades que em sua totalidade podem qualificar um 'novo serviço';" [...].[20]

Na Lei Complementar 116/2003, as operações de arrendamento mercantil encontram previsão expressa no subitem 15.09 da lista anexa.[21] Inobstante, a definição da natureza jurídica do contrato de leasing não é uníssona da doutrina, havendo respeitáveis posicionamentos contrários à sua adequação ao conceito constitucional de serviço tributável pelo ISS. Destaca-se, aqui, a *opinio juris* de Aires F. Barreto:[22]

> O contrato de arrendamento mercantil é negócio jurídico realizado entre pessoa jurídica, na qualidade de arrendadora, e pessoa física ou jurídica, na qualidade de arrendatária e tem por objeto o arrendamento de bens adquiridos pela arrendadora, segundo especificações da arrendatária e para uso próprio desta. [...]
>
> Como podemos depreender dos fatos acima descritos, a norma individual e concreta (contrato de arrendamento) introduz no ordenamento diversas relações jurídicas, como a locação (cede o uso do bem à arrendatária mediante retribuição), a promessa

20. JUNIOR, Aldo de Paula. O conceito de serviço para fins de ISS. Da *locação de bens móveis* ao *leasing financeiro*: o STF mudou de entendimento? In: *VII Congresso Nacional de Estudos Tributários. Direito Tributário e os conceitos de direito privado.* PAULA JUNIOR, Aldo de [*et al*]. São Paulo: Noeses, 2010, p. 3.

21. 15.09 – Arrendamento mercantil (*leasing*) de quaisquer bens, inclusive cessão de direitos e obrigações, substituição de garantia, alteração, cancelamento e registro de contrato, e demais serviços relacionados ao arrendamento mercantil (*leasing*).

22. BARRETO, Aires. *ISS, IOF e Instituições financeiras*. 1ª. ed. São Paulo: Noeses, 2016, p. 146-147.

> de compra e venda (comprá-lo pelo seu valor residual), o mútuo, o financiamento.
>
> Ressalte-se, porém, que em nenhuma dessas relações ocorre atividade, trabalho ou prestação de serviços; sendo assim, o *leasing* não pertence à classe do critério material de incidência do ISS.[23]

Segundo informações disponíveis no sítio eletrônico do Banco Central do Brasil, "O *leasing* começou a se desenvolver efetivamente no Brasil a partir da década de 70, quando seu tratamento tributário foi disciplinado pela Lei 6.099, de 12 de setembro de 1974, que a denominou 'Arrendamento Mercantil'".[24] A Resolução BACEN 2.309, de 28 de agosto de 1996, é responsável por disciplinar e consolidar as normas relativas às operações de arrendamento mercantil, dispondo sobre o funcionamento das Sociedades de Arrendamento Mercantil (SAM), as quais são constituídas sob a forma de sociedades anônimas.

Aldo de Paula Junior, citando o escólio de Aires Barreto, aponta os elementos que caracterizam o contrato de *leasing*:

> Como apontado por AIRES BARRETO, o *leasing* é um contrato típico que envolve: a) a aquisição de um bem pelo arrendador por indicação/escolha do arrendatário; b) a cessão do uso e gozo deste bem pelo arrendador ao arrendatário; c) o pagamento pelo arrendatário de um valor ao arrendador para remunerá-lo pelo negócio jurídico; d) o direito à aquisição do bem pelo arrendatário ao final do contrato por um valor pré-acordado com o arrendador (opção de compra); ou e) devolução do bem pelo arrendatário ao arrendador.[25]

---

23. No mesmo sentido, aduz Paulo Ayres Barreto em Nota de Atualização à obra de Aires F. Barreto – ISS na Constituição e na Lei: "Muitas críticas podem ser tecidas a esse posicionamento, especialmente sob a perspectiva do não enquadramento dos financiamentos no conceito de serviço, mormente em face da competência da União para a instituição de tributo sobre operações de crédito (CF/88, art. 153, V)." (In: BARRETO, Aires F. *ISS na Constituição e na lei*. Aires F. Barreto; Paulo Ayres Barreto. – 4ª ed. São Paulo: Noeses, 2018, p. 93).

24. Disponível em: https://bit.ly/3j8GS25 Acesso em: 02 nov. 2020.

25. JUNIOR, Aldo de Paula. O conceito de serviço para fins de ISS. Da *locação de bens móveis* ao *leasing financeiro*: o STF mudou de entendimento? In: *VII Congresso Nacional de Estudos Tributários. Direito Tributário e os conceitos de direito privado*. PAULA JUNIOR, Aldo de [*et al*]. São Paulo: Noeses, 2010, p. 12.

O art. 1º da Resolução BACEN 2.309/96 prevê a existência de duas modalidades de arrendamento mercantil, o financeiro e o operacional.[26] Segundo a redação do art. 5º, considera-se arrendamento mercantil financeiro a modalidade em que:

> Art. 5º.
>
> [...]
>
> I - as contraprestações e demais pagamentos previstos no contrato, devidos pela arrendatária, sejam normalmente suficientes para que a arrendadora recupere o custo do bem arrendado durante o prazo contratual da operação e, adicionalmente, obtenha um retorno sobre os recursos investidos;
>
> II - as despesas de manutenção, assistência técnica e serviços correlatos à operacionalidade do bem arrendado sejam de responsabilidade da arrendatária;
>
> III - o preço para o exercício da opção de compra seja livremente pactuado, podendo ser, inclusive, o valor de mercado do bem arrendado.

Por seu turno, o arrendamento mercantil operacional é definido como a modalidade em que, segundo o art. 6º:

> Art. 6º. [...]
>
> I - as contraprestações a serem pagas pela arrendatária contemplem o custo de arrendamento do bem e os serviços inerentes a sua colocação à disposição da arrendatária, não podendo o valor presente dos pagamentos ultrapassar 90% (noventa por cento) do custo do bem;
>
> II - o prazo contratual seja inferior a 75% (setenta e cinco por cento) do prazo de vida útil econômica do bem;

26. Art. 1º As operações de arrendamento mercantil com o tratamento tributário previsto na Lei nº. 6.099, de 12.09.74, alterada pela Lei nº. 7.132, de 26.10.83, somente podem ser realizadas por pessoas jurídicas que tenham como objeto principal de sua atividade a prática de operações de arrendamento mercantil, pelos bancos múltiplos com carteira de arrendamento mercantil e pelas instituições financeiras que, nos termos do art. 13 deste Regulamento, estejam autorizadas a contratar operações de arrendamento com o próprio vendedor do bem ou com pessoas jurídicas a ele coligadas ou interdependentes. Parágrafo único. As operações previstas neste artigo podem ser dos tipos financeiro e operacional.

III - o preço para o exercício da opção de compra seja o valor de mercado do bem arrendado;

IV - não haja previsão de pagamento de valor residual garantido.

No *leasing* financeiro, portanto, pode-se afirmar que, além de pretender o uso e o gozo do bem arrendado, o arrendatário almeja, ao final, a aquisição desse mesmo bem. Já no *leasing* operacional verifica-se que o uso e o gozo do bem apresentam-se como o objetivo principal do negócio jurídico realizado, razão pela qual no julgamento do *leading case* supramencionado entenderam os Ministros do STF que a operação de *leasing* operacional se aproximava do contrato de locação, não estando, portanto, sujeita à incidência do ISS.

Com efeito, as características do contrato de arrendamento mercantil não guardam consonância com o critério material da regra-matriz de incidência do ISS, que possui como núcleo o verbo *prestar* e como complemento *serviços de qualquer natureza*. A própria utilização do termo "operação" para fazer menção às atividades que consubstanciam o negócio jurídico do arrendamento mercantil o afastam do conceito de prestação de serviços, pois "operação é negócio jurídico havido entre um alienante e um adquirente",[27] alusivo a negócios jurídicos creditícios, fugindo dos contornos hermenêuticos da prestação de serviços acima identificados.[28]

Inobstante, a par das discussões doutrinárias existentes sobre o tema, a constitucionalidade da incidência do ISS

---

27. BARRETO, Aires. *ISS, IOF e Instituições financeiras*. 1ª. ed. São Paulo: Noeses, 2016, p. 14.

28. Nesse sentido, a lição de Aires F. Barreto: "'*Operações*' é vocábulo que diz respeito a negócios jurídicos, à incidência sobre contratos; '*prestações*' é termo que diz respeito a fatos e não a singelos contratos. No primeiro caso, é suficiente a celebração de uma avença; no segundo, além da celebração de um contrato, é incontornável a concretização do fato nele previsto. Sem o fato prestação, não há a incidência de ISS. Em outras palavras, o ISS não incide – não pode incidir sobre operações – negócios jurídicos –, mas apenas sobre o fato prestar serviço. Ressalte-se que no próprio julgamento se reconhece e se reitera a expressão 'operação de arrendamento mercantil'". (BARRETO, Aires. *ISS, IOF e Instituições financeiras*. 1ª. ed. São Paulo: Noeses, 2016, p. 150-151).

sobre as operações de *leasing* foi reconhecida pelo STF, cabendo prosseguir na presente análise para identificar o critério espacial de referida exação tributária.

3.2 Critério espacial do ISS incidente sobre as atividades de leasing: o local da efetiva prestação de serviços

Inúmeros têm sido os conflitos instaurados entre os diversos municípios do país em torno da definição do critério espacial do ISS incidente sobre as operações de arrendamento mercantil, em especial em virtude da cada vez mais frequente expansão das atividades econômicas das empresas. Nesse sentido, tais conflitos tem origem no fato de que as sedes dos prestadores de serviço estão localizadas em determinado município – normalmente em grandes centros urbanos –, mas a efetiva prestação dos serviços ocorre em município diverso. Tem-se instaurada, assim, verdadeira guerra entre os municípios, cada qual se julgando sujeito ativo competente para cobrar o ISS devido sobre os serviços prestados por seu *estabelecimento prestador*.

Por tudo quanto foi exposto anteriormente, entende-se por *estabelecimento prestador* o local onde os serviços são efetivamente prestados. E, nos casos das operações de arrendamento mercantil, esse local é aquele em que for efetuada a análise da documentação, a aprovação e a efetiva concessão do financiamento. Sem entrar no mérito se tais atividades configuram ou não prestação de serviços, pois aqui se parte da constitucionalidade da incidência já assentada pelo STF, essas são as atividades que consubstanciam o núcleo do critério material do ISS incidente sobre tais operações.

O critério espacial do ISS incidente sobre as operações de arrendamento mercantil, portanto, é definido pelo local do *estabelecimento prestador*, considerando-se efetivamente "prestado" o *leasing* no local em que ocorre a aprovação e concessão do financiamento, é dizer, onde se realiza o poder decisório necessário à aprovação da operação. Nesse sentido, posiciona-se Aires F. Barreto:

> Em resumo, é competente o Município que prestar os serviços, por estabelecimento prestador nele mantido. O "serviço" de *leasing* só se dá no Município em que estiver o estabelecimento prestador. É lá – e só lá – que ocorre a prestação do serviço. Aquele onde for efetuada a análise, a investigação, a comparação, a aprovação e concretização do *leasing*. Só nele pode ser devido o ISS. Em nenhum outro.[29]

Essa a interpretação que melhor se adequa à regra-matriz de incidência do ISS desenhada pela Constituição Federal, bem como a que mais preserva a necessária relação existente entre o critério material e o critério espacial do ISS. Destarte, para fins de identificação, o sujeito ativo competente para cobrança do tributo, mister se analise em qual local efetivamente se realize a "prestação do serviço" do *leasing*.

Por essa razão, a questão probatória ganha especial relevância na identificação do *estabelecimento prestador*. Uma vez comprovado pelo Município que ali, em seu território, existe unidade econômica que reúna os elementos para ser caracterizada como estabelecimento prestador, é dizer, que ali, efetivamente, ocorre a "prestação de serviços" de *leasing*, com a concretização do poder decisório inerente à aprovação e concessão do financiamento, comprovada estará sua competência para exigir o tributo.[30]

---

29. BARRETO, Aires. *ISS, IOF e Instituições financeiras*. 1ª. ed. São Paulo: Noeses, 2016, p. 156.

30. Essa, inclusive, considera-se ser a melhor interpretação do Acórdão resultante do julgamento realizado pelo STJ no REsp 1.060.210-SC, de cuja ementa destacamos os seguintes trechos: RECURSO ESPECIAL. TRIBUTÁRIO. EMBARGOS À EXECUÇÃO FISCAL. INCIDÊNCIA DE ISS SOBRE ARRENDAMENTO MERCANTIL FINANCEIRO. QUESTÃO PACIFICADA PELO STF POR OCASIÃO DO JULGAMENTO DO RE 592.905/SC, REL. MIN. EROS GRAU, DJE 05.03.2010. SUJEITO ATIVO DA RELAÇÃO TRIBUTÁRIA NA VIGÊNCIA DO DL 406/68: MUNICÍPIO DA SEDE DO ESTABELECIMENTO PRESTADOR. APÓS A LEI 116/03: LUGAR DA PRESTAÇÃO DO SERVIÇO. LEASING. CONTRATO COMPLEXO. A CONCESSÃO DO FINANCIAMENTO É O NÚCLEO DO SERVIÇO NA OPERAÇÃO DE LEASING FINANCEIRO, À LUZ DO ENTENDIMENTO DO STF. O SERVIÇO

OCORRE NO LOCAL ONDE SE TOMA A DECISÃO ACERCA DA APROVAÇÃO DO FINANCIAMENTO, ONDE SE CONCENTRA O PODER DECISÓRIO, ONDE SE SITUA A DIREÇÃO GERAL DA INSTITUIÇÃO. O FATO GERADOR NÃO SE CONFUNDE COM A VENDA DO BEM OBJETO DO LEASING FINANCEIRO, JÁ QUE O NÚCLEO DO SERVIÇO PRESTADO É O FINANCIAMENTO. IRRELEVANTE O LOCAL DA CELEBRAÇÃO DO CONTRATO, DA ENTREGA DO BEM OU DE OUTRAS ATIVIDADES PREPARATÓRIAS E AUXILIARES À PERFECTIBILIZAÇÃO DA RELAÇÃO JURÍDICA, A QUAL SÓ OCORRE EFETIVAMENTE COM A APROVAÇÃO DA PROPOSTA PELA INSTITUIÇÃO FINANCEIRA. BASE DE CÁLCULO. PREJUDICADA A ANÁLISE DA ALEGADA VIOLAÇÃO DO ART. 148 DO CTN E 9 DO DL 406/68. RECURSO ESPECIAL DE POTENZA LEASING S/A ARRENDAMENTO MERCANTIL PARCIALMENTE PROVIDO PARA JULGAR PROCEDENTES OS EMBARGOS À EXECUÇÃO E RECONHECER A ILEGITIMIDADE ATIVA DO MUNICÍPIO DE TUBARÃO/SC PARA EXIGIR O IMPOSTO. INVERSÃO DOS ÔNUS DE SUCUMBÊNCIA. ACÓRDÃO SUBMETIDO AO PROCEDIMENTO DO ART. 543-C DO CPC E DA RESOLUÇÃO 8/STJ.
1. O colendo STF já afirmou (RE 592. 905/SC) que ocorre o fato gerador da cobrança do ISS em contrato de arrendamento mercantil. O eminente Ministro EROS GRAU, relator daquele recurso, deixou claro que o fato gerador não se confunde com a venda do bem objeto do leasing financeiro, já que o núcleo do serviço prestado é o financiamento. 2. No contrato de arrendamento mercantil financeiro (Lei 6.099/74 e Resolução 2.309/96 do BACEN), uma empresa especialmente dedicada a essa atividade adquire um bem, segundo especificações do usuário/consumidor, que passa a ter a sua utilização imediata, com o pagamento de contraprestações previamente acertadas, e opção de, ao final, adquiri-lo por um valor residual também contratualmente estipulado. Essa modalidade de negócio dinamiza a fruição de bens e não implica em imobilização contábil do capital por parte do arrendatário: os bens assim adquiridos entram na contabilidade como custo operacional (art. 11 e 13 da Lei 6.099/74). Trata-se de contrato complexo, de modo que o enfrentamento da matéria obriga a identificação do local onde se perfectibiliza o financiamento, núcleo da prestação dos serviços nas operações de leasing financeiro, à luz do entendimento que restou sedimentado no Supremo Tribunal Federal. [...] 6. Após a vigência da LC 116/2003 é que se pode afirmar que, existindo unidade econômica ou profissional do estabelecimento prestador no Município onde o serviço é perfectibilizado, ou seja, onde ocorrido o fato gerador tributário, ali deverá ser recolhido o tributo. 7. O contrato de leasing financeiro é um contrato complexo no qual predomina o aspecto financeiro, tal qual assentado pelo STF quando do julgamento do RE 592.905/SC, Assim, há se concluir que, tanto na vigência do DL 406/68 quanto na vigência da LC 116//203, o núcleo da operação de arrendamento mercantil, o serviço em si, que completa a relação jurídica, é a decisão sobre a concessão, a efetiva aprovação do financiamento. 8. As grandes empresas de crédito do País estão sediadas ordinariamente em grandes centros financeiros de notável dinamismo, onde centralizam os poderes decisórios e estipulam as cláusulas contratuais e operacionais para todas suas agências e dependências. Fazem a análise do crédito e elaboram o contrato, além de providenciarem a aprovação do financiamento e a consequente liberação do valor financeiro para a aquisição do objeto arrendado, núcleo da operação. Pode-se afirmar que é no local onde se toma essa decisão que se realiza, se completa, que se perfectibiliza o negócio. Após a vigência da LC 116.2003, assim, é neste local que ocorre a efetiva prestação do serviço para fins de delimitação do sujeito ativo apto a exigir ISS

Tal interpretação, contudo, não foi respeitada pelas alterações promovidas na Lei Complementar 116/2203 pela Lei Complementar 157/2016. É o que se passa a demonstrar.

4. Alterações promovidas pela Lei Complementar 157/2016 no critério especial do ISS incidente sobre o *leasing*

No derradeiro tópico do presente artigo, serão analisadas as consequências das alterações legislativas promovidas pela Lei Complementar 157/2016, no que se refere à mudança do critério espacial do ISS incidente sobre as operações de arrendamento mercantil, à luz das premissas anteriormente assentadas.

4.1 Da alteração do critério espacial do ISS incidente sobre as atividades de *leasing*: do estabelecimento prestador para o domicílio do tomador dos serviços

A Lei Complementar 157/2016 alterou a redação de dispositivos da Lei Complementar 116/2003, passando a prever que, no caso dos serviços listados no subitem 15.09 da lista anexa, referente ao arrendamento mercantil (*leasing*), o imposto será

---

sobre operações de arrendamento mercantil. 9. O tomador do serviço ao dirigir-se à concessionária de veículos não vai comprar o carro, mas apenas indicar à arrendadora o bem a ser adquirido e posteriormente a ele disponibilizado. Assim, a entrega de documentos, a formalização da proposta e mesmo a entrega do bem são procedimentos acessórios, preliminares, auxiliares ou consectários do serviço cujo núcleo - fato gerador do tributo – é a decisão sobre a do concessão, aprovação e liberação do financiamento. [...] 12. Recurso Especial parcialmente provido para definir que: (a) incide ISS-QN sobre operações de arrendamento mercantil financeiro; (b) o sujeito ativo da relação tributária, na vigência do DL 406/68, é o Município da sede do estabelecimento prestador (art. 12); (c) a partir da LC 116/2003, é aquele onde o serviço é efetivamente prestado, onde a relação é perfectibilizada, assim entendido o local onde se comprove haver unidade econômica ou profissional da instituição financeira com poderes decisórios suficientes à concessão e aprovação do financiamento – núcleo da operação de leasing financeiro e fato gerador do tributo; (d) prejudicada a análise da alegada violação ao art. 148 do CTN; (e) no caso concreto, julgar procedentes os Embargos do Devedor, com a inversão dos ônus sucumbenciais, ante o reconhecimento da ilegitimidade ativa do Município de Tubarão/SC para a cobrança do ISS. Acórdão submetido ao procedimento do art. 543-C do CPC e da Resolução 8/STJ. (REsp 1060210/SC, Rel. Ministro Napoleão Nunes Maia Filho, Primeira Seção, julgado em 28.11.2012, *DJe* 05.03.2013).

devido no local do domicílio do tomador do serviço. Referida mudança no critério espacial do ISS incidente sobre tais operações, contudo, vai de encontro à sistemática definida pela Constituição Federal para demarcação da competência impositiva dos municípios para a instituição do ISS.

De início, referida alteração foi objeto de veto pelo Presidente da República, para quem "Os dispositivos contrariam a lógica de tributação desses serviços, que deve se dar no local onde ocorrem a análise do cadastro, o deferimento e o controle do financiamento concedido, e não em função do domicílio do tomador dos serviços."[31] Inobstante, o veto foi revertido pelo Congresso Nacional em 30 de maio de 2017, tendo as alterações sido efetivamente implementadas.

A alteração empreendida pela LC 157/2016 no critério espacial do ISS incidente sobre o *leasing* ignora completamente o núcleo do critério material do imposto, pois, ao definir o local do domicílio do tomador do serviço como aquele em que o imposto será devido, simplesmente deixa de levar em consideração o local em que o serviço de fato é prestado. Opera, assim, a completa desvinculação do ISS com o local da prestação dos serviços, contrariando frontalmente a lógica constitucional do imposto. Nesse sentido, aduz Paulo Ayres Barreto:

> A pretensa modificação do aspecto espacial (e, consequentemente, do sujeito ativo) do ISS em relação às atividades em questão viola a regra de competência para a instituição do tributo (CF/88, art. 156, III) que somente admite a cobrança do tributo em relação a efetivas prestações de serviços ocorridas no território do município competente. A competência de lei complementar para dirimir conflitos de competência não abrange a faculdade de livremente alocar a percussão tributária, em prejuízo de elementos sistemáticos e lógicos do sistema constitucional em vigor.[32]

---

31. Razões do veto disponíveis em: https://bit.ly/3n0eosD Acesso em: 3 nov 2020.

32. Nota de Atualização à obra de Aires F. Barreto. In: BARRETO, Aires F. *ISS na Constituição e na lei*. Aires F. Barreto; Paulo Ayres Barreto. – 4ª ed. São Paulo: Noeses, 2018, p. 573-574.

Com efeito, há, no caso do ISS, uma necessária vinculação entre o critério material da regra-matriz de incidência, sintetizado pela cláusula *prestar serviços*, com o critério espacial definido pela Lei Complementar 116/2003 como sendo o local do *estabelecimento prestador*, expressão sempre referente ao local da efetiva prestação dos serviços, por imperativo lógico-constitucional.

Diz-se imperativo lógico-constitucional porque o desenho da regra-matriz de incidência do ISS está disposto no texto da Constituição, e, a partir de uma interpretação sistemática da repartição das competências impositivas, preservados todos os princípios do ordenamento, em especial o Pacto Federativo, impõe-se a vinculação do critério espacial do ISS com o ponto dentro do território do Município no qual os serviços são efetivamente prestados.

Cada Município, outrossim, somente pode cobrar o ISS sobre os serviços que efetivamente forem prestados em seu território, em respeito à regra-matriz de incidência delineada pela Constituição, e em observância ao aspecto espacial de vigência da norma, do qual decorre o princípio da territorialidade.

Conforme restou assentado no julgamento do RE 547.245 supramencionado, "A lei complementar não define o que é serviço, apenas o declara, para os fins do inciso III do art. 156 da Constituição. Não o inventa, simplesmente descobre o que é serviço para os efeitos do inciso III do art. 156 da Constituição." Assim ocorre com todos os demais critérios da regra-matriz, isto é, a liberdade do legislador complementar para elucidar sua definição encontra seus limites no desenho traçado pelo texto constitucional. Nesse sentido adverte Paulo de Barros Carvalho:

> Não podemos esquecer que a lei complementar configura mecanismo de ajuste que assegura o funcionamento do sistema, prevenindo conflitos de competência. Logo, ao dispor sobre quaisquer dos assuntos a que se refere o art. 146 da Constituição, e, mais especificamente, o art. 156, III, desse Diploma normativo, o

> legislador infraconstitucional deve ater-se à tarefa de elucidar e reforçar os comandos veiculados pelo constituinte. É-lhe terminantemente vedado extrapolar tal função, inovando e prescrevendo condutas diversas daquelas referidas pelo Texto Magno.[33]

Todas as exceções trazidas pelos incisos do art. 3º da LC 116/2003 somente se justificam porque fazem referência exatamente ao local em que efetivamente os serviços são prestados, preservando, dessa forma, o critério espacial definido pela regra-matriz de incidência constitucional da norma. Por conseguinte, toda alteração na definição do critério espacial do imposto que o afaste do local da prestação dos serviços estará eivado de inconstitucionalidade.

4.2 A ADI 5835/DF e o incremento da guerra fiscal entre os Municípios

Não por outra razão, as alterações promovidas pela Lei Complementar 157/2016 foram objeto da Ação Direta de Inconstitucionalidade 5835/DF, ajuizada pela Confederação Nacional do Sistema Financeiro – CONSIF e pela Confederação Nacional das Empresas de Seguros Gerais, Previdência Privada e Vida, Saúde Suplementar e Capitalização – CNSeg. Especificamente, foram objeto da ADI o art. 1º da LC 157/2016, na parte em que modificou o art. 3º, incisos XXIII, XXIV e XXV, e os §§ 3º e 4º do art. 6º da Lei Complementar 116/2003, para determinar que o ISS será devido no Município do tomador em relação aos serviços indicados em tais dispositivos, entre os quais se incluem os "serviços" de arrendamento mercantil.

Entre as razões que fundamentaram o pedido de medida cautelar, sustentaram as entidades que a LC 157/2016 não tratou de determinar quem seriam os tomadores de serviço nos casos em que seu domicílio passou a ser considerado como critério espacial para ensejar a incidência do ISS, o que fomentaria os conflitos de competência entre os diversos Municípios

33. CARVALHO, Paulo de Barros. *Direito tributário, linguagem e método*. 7ª. ed. ver. São Paulo: Noeses, 2018, p. 791.

da Federação, pois cada qual definiria, em suas respectivas legislações e conforme critérios próprios, quem seriam os tomadores dos serviços.

Por ocasião da apreciação da medida cautelar, o Ministro Alexandre de Moraes, em decisão monocrática, deferiu o pedido, reconhecendo a dificuldade de aplicação da LC 157/2016 e determinando a suspensão da eficácia dos dispositivos objeto da ADI:

> Diferentemente do modelo anterior, que estipulava, para os serviços em análise, a incidência tributária no local do estabelecimento prestador do serviço, a nova sistemática legislativa prevê a incidência do tributo no domicílio do tomador de serviços.
>
> Essa alteração exigiria que a nova disciplina normativa apontasse com clareza o conceito de "tomador de serviços", sob pena de grave insegurança jurídica e eventual possibilidade de dupla tributação, ou mesmo inocorrência de correta incidência tributária.
>
> A ausência dessa definição e a existência de diversas leis, decretos e atos normativos municipais antagônicos já vigentes ou prestes a entrar em vigência acabarão por gerar dificuldade na aplicação da Lei Complementar Federal, ampliando os conflitos de competência entre unidades federadas e gerando forte abalo no princípio constitucional da segurança jurídica, comprometendo, inclusive, a regularidade da atividade econômica, com consequente desrespeito à própria razão de existência do artigo 146 da Constituição Federal. [...]
>
> Diante de todo o exposto: a) com fundamento no art. 10, § 3º, da Lei 9.868/1999 e no art. 21, V, do RISTF, CONCEDO A MEDIDA CAUTELAR pleiteada, *ad referendum* do Plenário desta SUPREMA CORTE, para suspender a eficácia do artigo 1º da Lei Complementar 157/2016, na parte que modificou o art. 3º, XXIII, XXIV e XXV, e os parágrafos 3º e 4º do art. 6º da Lei Complementar 116/2003; bem como, por arrastamento, para suspender a eficácia de toda legislação local editada para sua direta complementação.[34]

De fato, a alteração do critério espacial do ISS levada a efeito pela LC 157/2016, ao fazer simples menção ao domicílio

34. Até o momento em que escrito o presente artigo, referida decisão monocrática ainda não havia sido referendada pelo Plenário do Supremo Tribunal Federal, consoante o exige o art. 21, inciso X, do Regimento Interno da Corte.

do tomador dos serviços, abriu margens para fomentar a guerra fiscal entre os Municípios pelo ISS,[35] diante da possibilidade de que cada um dos mais de cinco mil Municípios do país dispusesse, em suas respectivas leis, sobre os critérios para sua definição.

Visando a solucionar tal questão, recentemente, aos 23 de setembro de 2020, foi publicada a Lei Complementar 175/2020, normatizando, em âmbito nacional, o "padrão nacional de obrigação acessória do ISS",[36] a identificação dos tomadores de serviços e a partilha do produto da arrecadação do ISS entre o Município do local do estabelecimento prestador e o Município do domicílio do tomador relativamente aos serviços cujo critério espacial restou alterado pela LC 157/2016.

No que se refere aos "serviços" de arrendamento mercantil, houve a inclusão do § 5º ao art. 3º da LC 116/2003, com a seguinte redação:

> § 5º. Ressalvadas as exceções e especificações estabelecidas nos §§ 6º a 12 deste artigo, considera-se tomador dos serviços referidos nos incisos XXIII, XXIV e XXV do *caput* deste artigo o contratante do serviço e, no caso de negócio jurídico que envolva estipulação em favor de unidade da pessoa jurídica contratante, a unidade em favor da qual o serviço foi estipulado, sendo irrelevantes para caracterizá-la as denominações de sede, filial, agência, posto de atendimento, sucursal, escritório de representação ou contato ou quaisquer outras que venham a ser utilizadas.

---

35. Nesse sentido, observa Paulo Ayres Barreto em Nota de Atualização à obra de Aires F. Barreto – ISS na Constituição e na Lei: "A LC 157/2016 promove uma desestruturação do ISS, com potencial redução da arrecadação global e potencial incentivo de guerra fiscal, especialmente quando se considera que a economia digital cada vez mais torna mutáveis as localizações de tomadores e prestadores." (In: BARRETO, Aires F. *ISS na Constituição e na lei.* Aires F. Barreto; Paulo Ayres Barreto. – 4ª ed. São Paulo: Noeses, 2018, p. 574).

36. As alterações promovidas na LC 116/2003 pela LC 157/2016 também foram responsáveis pela criação de diversos deveres instrumentais, sem especificação de procedimentos. Trata-se de outro ponto bastante criticado, o qual não foi abordado no presente trabalho por fugir ao escopo da presente pesquisa.

Como se vê, pela novel redação, considera-se tomador dos "serviços" de *leasing* o contratante do serviço e, caso o negócio jurídico envolva estipulação em favor de unidade de pessoa jurídica contratante, tomadora será a unidade em favor da qual o serviço foi estipulado, não importando sua designação como sede, filial, agência, entre outras, pela qual seja denominada.

O novo dispositivo confirma, assim, a desvinculação total do critério espacial do ISS incidente sobre as operações de arrendamento mercantil com o local em que os serviços são efetivamente prestados. Nesse sentido, por vezes, o domicílio do tomador é, simplesmente, o local em que é colhida e processada a documentação necessária a análise para aprovação do *leasing* financeiro, inexistindo, ali, *estabelecimento prestador* responsável pela efetiva aprovação e concessão do crédito.

Por consequência, verifica-se que perde força a questão probatória tão cara aos processos administrativos e judiciais em que se discute o ISS incidente sobre tais operações, não sendo mais necessária a prova da existência do *estabelecimento prestador*. Basta, agora, a simples comprovação do domicílio do tomador para que então se identifique a qual Município deve ser recolhido o ISS.

Destarte, a alteração do critério espacial do ISS incidente sobre as operações de arrendamento mercantil efetuada pela LC 157/2016 e confirmada pelas disposições da LC 175/2020, desvinculando totalmente o critério espacial do critério material da regra-matriz do ISS desenhada constitucionalmente, modifica a própria estrutura constitucional do imposto. O reconhecimento de sua inconstitucionalidade, portanto, é medida que se impõe.

5. Conclusão

A análise da regra-matriz de incidência do ISS cujas raízes estão dispostas no texto da Constituição Federal impõe que se reconheça a necessária vinculação existente os critérios material e espacial da hipótese normativa. Nesse sentido, as atividades que consubstanciam o núcleo do critério material, identificado pela cláusula *prestar serviços*, devem, necessariamente ser realizadas em local situado dentro do território do Município, âmbito espacial de vigência da norma, do qual decorre o princípio da territorialidade, ambos limitadores da competência impositiva municipal.

Em atenção à matriz constitucional do imposto, definiu a LC 116/2003, como regra geral, ser o ISS devido no local do *estabelecimento prestador*, expressão referente ao local em que os serviços são efetivamente prestados.

No caso do arrendamento mercantil (*leasing*), partindo da constitucionalidade do ISS incidente sobre tais operações já reconhecidas pelo Supremo Tribunal Federal – em que pese a existência de abalizados entendimentos em sentido contrário, os quais não vislumbram no *leasing* serviços passíveis de tributação pelo ISS –, consideram-se "prestados os serviços" no local em que, efetivamente, ocorre o poder decisório inerente à aprovação e concessão do financiamento. Esse é, por conseguinte, o local do *estabelecimento prestador.*

A Lei Complementar 157/2016 modificou o critério espacial do ISS incidente sobre as operações de arrendamento mercantil, transferindo-o do local do *estabelecimento prestador* para o local do *domicílio do tomador dos serviços*. Referida alteração, contudo, desvincula totalmente o critério espacial do critério material da regra-matriz do tributo, sendo possível aos Municípios tributar serviços que não são prestados em seu território, pelo simples fato de ali, em sua circunscrição territorial, estar domiciliado o tomador dos serviços. Implica, assim, violação à matriz constitucional do ISS, razão pela qual outra conclusão não resta senão a de que eivada está de inconstitucionalidade.

Referências

BARRETO, Aires F. *ISS na Constituição e na lei*. Aires F. Barreto; Paulo Ayres Barreto. – 4ª ed. São Paulo: Noeses, 2018.

BARRETO, Aires. *ISS, IOF e Instituições financeiras.* 1ª. ed. São Paulo: Noeses, 2016.

BRITTO, Lucas Galvão de. *O Lugar e o tributo.* São Paulo: Noeses, 2014.

CARVALHO, Aurora Tomazini de. *Curso de teoria geral do direito:* o constructivismo *lógico-semântico.* 6ª. ed. rev. e atual. São Paulo: Noeses, 2019.

CARVALHO, Paulo de Barros. *Direito tributário, linguagem e método.* 7ª. ed. rev. São Paulo: Noeses, 2018.

COSTA, Simone. O ISS e a Territorialidade. In: *VII Congresso Nacional de Estudos Tributários. Direito Tributário e os conceitos de direito privado.* PAULA JUNIOR, Aldo de [*et al*]. São Paulo: Noeses, 2010.

TOMÉ, Fabiana del Padre. *A prova no direito tributário.* 4ª. ed., rev., atual. São Paulo: Noeses, 2016.

LEI COMPLEMENTAR 175/2020 E A DEFINIÇÃO DO LOCAL DA PRESTAÇÃO DE SERVIÇO A CARGO DAS ADMINISTRADORAS DE CARTÃO DE CRÉDITO

Inobservância das limitações constitucionais à definição do local do tributo

Rafael Quevedo Rosas de Ávila[1]

Resumo: Afirmando que o legislador infraconstitucional não possui irrestrita liberdade para definição dos critérios da regra-matriz de incidência por imposição da própria repartição constitucional de competências tributárias e, em especial, precisando as limitações constitucionais ao exercício da aptidão impositiva no que atine à definição do critério espacial da regra-matriz do imposto municipal sobre serviços, o ensaio clarificará que a lei complementar transborda destes contornos que lhe são franqueados ao definir o novo critério espacial do imposto sobre serviços de qualquer natureza incidentes sobre a administração de cartões de crédito, revelando que, mais uma vez, o legislador complementar perdeu oportunidade de restabelecer o primado da Constituição.

Sumário: Prolegômeno – 1. Discriminação constitucional de competências tributárias e limitações constitucionais à definição do local do tributo – 2. Lei

---

1. Aluno regular do Curso de Pós-graduação *Stricto Sensu* em Direito Tributário do IBET – Instituto Brasileiro de Estudos Tributários. Especialista em Direito Tributário pelo IBET. Especialista em Direito Civil e Direito Processual Civil pela Universidade Católica Dom Bosco. Advogado em São Paulo. rafael @rosasdeavila.adv.br.

Complementar e a possibilidade de definição do critério espacial do descritor do ISSQN – 3. Liberdade limitada e conformações possíveis na definição, pela lei complementar nacional, do critério espacial do ISSQN – 4. Do novel critério espacial da regra-matriz de incidência do ISSQN concernentes aos serviços de administração de cartões de crédito – 5. Critério material e relação serviço/local no sistema de administração de cartões de crédito – 6. Relação "domínio de vigência da lei municipal/local da prestação de serviços" no sistema de administração de cartões de crédito – 7. Das conclusões – Referências.

Prolegômeno

Fernando Jorge[2] narra em sua valiosa obra sobre um dos mais notáveis brasileiros do século XX que posteriormente ao bombardeio a cargo de uma esquadrilha de aviões a mando da ditadura sobre o Campo de Marte, inclusive tendo uma das granadas caído perto do Clube Espéria, Alberto Santos Dumont, resplandecente com o fato, ficara conversando com o aviador Edu Chaves a respeito deste infeliz destino da aeronáutica.

Às dez horas daquela manhã, após despedir-se o grande inventor de seu amigo aviador e, precisamente uma hora mais tarde no dia de 23 de julho de 1932, a camareira do hotel em que se hospedava, Francilia Mucci, comunicara transtornada à respectiva gerência do hotel que "o doutor do 152" havia se suicidado e, comunicado o fato às autoridades, Raimundo de Menezes, então Delegado de Polícia na cidade de Santos/SP, dirigira-se imediatamente para a cidade do Guarujá/SP e, lá chegando com sua caravana, vira, da claraboia do banheiro, a lastimável cena do corpo de Santos Dumont "pendurado numa gravata ou num cordão do roupão", estonteando a todos, inclusive, pela frágil compleição física na qual se encontrava.

Aqui em nossa leitura e construção, certamente Alberto Santos Dumont se vira desolado em verificar que os pacíficos propósitos de maximização da liberdade humana os quais sempre lhe informaram enquanto ideais da aviação haviam

2. JORGE, Fernando. *As lutas, a glória e o martírio de Santos Dumont*, Nova Época, 1973.

sido deturpados pela sua bélica utilização em prol do estreitamento de direitos e garantias individuais.

O triste episódio histórico é por nós ora destacado para fins de demonstrar como um instrumento idealisticamente destinado a um louvável propósito pode ter a sua respectiva utilização deturpada e seus escopos trespassados para fins diversos, fato este o qual também tem o condão de ilustrar o – também igualmente trágico – destino que se tem atribuído no país à lei complementar de normas gerais em matéria tributária, aqui objeto de nosso recorte metodológico, precisamente a Lei Complementar 116, de 31 de julho de 2003, na definição do critério espacial do descritor do imposto municipal sobre serviços de qualquer natureza (ISSQN), em especial, em razão das reformas agora operadas neste particular pela novel Lei Complementar 175, de 23 de setembro de 2020.

De iniciativa do Senado Federal – precisamente, Projeto de Lei 445/2017 de autoria do Senador Cidinho Santos (PL/MT) – e justificada na imprescindibilidade da desconcentração da arrecadação e na necessidade de sua modernização para que o imposto municipal seja devido no destino e não mais na origem face às notáveis dificuldades arrecadatórias em uma federação de mais de cinco mil municípios, caminhando-se um passo adiante das alterações já então anteriormente promovidas pela Lei Complementar 157 de 29 de dezembro de 2016, fora editada a Lei Complementar 175, de 23 de setembro de 2020 no afã de, justamente, "*permitir a operacionalização das novas regras implementadas pela Lei Complementar 157*",[3] saliente-se, diploma legal o qual dados dispostos já foram objeto de vários contrastes judiciais perante o Supremo Tribunal Federal.[4]

3. Exposição de motivos do Projeto de Lei n. 445/2017.

4. Em sede de controle concentrado de constitucionalidade perante o Supremo Tribunal Federal, vide a respeito a ADPF n. 499 (23/11/2017), a ADI 5835 (27/11/2017), a ADI 5840 (30/11/2017 e já extinta), a ADI 5844 (06/12/2017 e também já extinta) e a ADI 5862 (18/12/2017).

Visando a implementar a referida operacionalização e sob a rubrica de dispor sobre o padrão nacional de obrigação acessória e estatuir regime de transação de partilha do produto da arrecadação do Imposto Sobre Serviços de Qualquer Natureza (ISSQN) entre o Município do local do estabelecimento prestador e o Município do domicílio do tomador, o novel diploma complementar modifica, dentre outros aspectos, o critério espacial do antecedente da regra-matriz do imposto municipal no que atine a determinados serviços, dentre os quais e ora objeto do nosso recorte e crítica, os serviços de administração de cartões de crédito.

E é justamente sob esta senda que se insere o propósito do presente ensaio científico, qual seja, o de perquirir se o legislador infraconstitucional (complementar nacional) no exercício da competência tributária que lhe é deferida pelos dispostos na Carta da República de 1988, ao editar a Lei Complementar 175, de 23 de setembro de 2020, efetivamente observara os limites constitucionais que lhe são impostos na específica definição do critério espacial do descritor da exação municipal em questão, particularmente incidente sobre os modernamente relevantes serviços de administração de cartão de crédito.

Inicialmente, demonstrar-se-á que o legislador infraconstitucional não possui irrestrita e ampla liberdade para definição dos critérios da regra-matriz da exação em questão por imposição da própria repartição constitucional de competências tributárias, portanto, precisando o presente ensaio as limitações constitucionais ao exercício da aptidão impositiva no que atine à definição do específico critério espacial da regra-matriz.

Subsequentemente, com esteio nas limitações constitucionais destacadas, o artigo clarificará que o legislador complementar transborda destes contornos que lhe são franqueados ao definir o novo critério espacial do imposto sobre serviços de qualquer natureza incidentes sobre a administração de cartões de crédito, revelando que, mais uma vez, o legislador complementar, parafraseando Roque Antonio

Carraza,[5] novamente perdera a oportunidade de restabelecer o primado da Constituição.

1. Discriminação constitucional de competências tributárias e limitações constitucionais à definição do local do tributo

Na discriminação de competências impositivas atinentes aos impostos, o legislador constituinte delimitara o âmbito material suscetível de tributação e o atribuíra, privativamente, aos entes políticos, facultando-lhes sobre eles serem editadas normas exacionais e, portanto, outorgando-lhes um âmbito tributável que lhes é próprio, repartição esta a qual é eminentemente rígida por tender, em especial, a assegurar a isonomia política dos entes federativos mediante relevante prestígio às suas respectivas autonomias político-financeiras.

Sob tal prisma e de forma introita, especialmente à luz desta materialidade delimitada constitucionalmente, a exemplo da renda, da propriedade, da circulação de mercadorias, da prestação de serviços, dentre várias outras constitucionalmente definidas, nos revela clarividente que o legislador constituinte estatuíra dados enunciados prescritivos que necessariamente devem compor a norma jurídica instituidora do tributo, vale dizer, elementos estes imprescindíveis à compostura jurídico-tributária, os quais não podem ser olvidados quando do exercício da competência tributária pelos entes federativos; no preciso dizer de Roque Antonio Carraza: "*Estes enunciados formam o mínimo necessário (o átomo), de cada tributo.*"[6]

De fato, expressamente ou não, a Constituição Federal de 1988, ao discriminar as competências tributárias pelos critérios materiais e territoriais que elencara acaba por definir correlatamente os possíveis critérios do antecedente e

5. CARRAZA, Roque Antônio. *Curso de direito constitucional tributário*. São Paulo: Malheiros, 32ª edição, 2019, p. 872.

6. CARRAZA, Roque Antônio. *Idem*, p. 438.

do consequente da regra-matriz de incidência ao legislador infraconstitucional dos entes políticos, os quais devem ser imperativamente observados e respeitados quando do exercício das competências que lhes é adjudicada e criação, *in abstracto*, das normas jurídicas impositivas.

Enquanto decorrência direta e imediata da privatividade ou exclusividade da competência tributária produto da repartição constitucional de competências (ressalvada logicamente a exceção preconizada na própria Carta da República, art. 154, inciso II) e, inicialmente tendo-se em vista as materialidades definidas constitucionalmente, nos revela clarividente que o local do tributo a ser eleito pelo legislador infraconstitucional deve imperativamente guardar estreita relação com a materialidade prescrita na Constituição como irretocavelmente precisa Lucas Galvão de Britto: "*é preciso que o local esteja juridicamente relacionado ao núcleo da materialidade conferida constitucionalmente.*"[7]

Exemplificativamente, não há como se imaginar que a Carta Magna ao atribuir competência para a "*União*" instituir o imposto de "*renda e proventos de qualquer natureza*" (CF/88, art. 153, inciso III) franqueara ao legislador infraconstitucional federal a possibilidade de, definindo os critérios do descritor e prescritor da regra-matriz do imposto federal em questão, tome em consideração situações diversas do que efetivamente constitua "*renda e proventos de qualquer natureza*" (ainda que, reiteradamente na pragmática impositiva modernamente verificada entre nós, incessantemente assim o pretenda).

Vale dizer, a Carta da República, enquanto instrumento normativo de veiculação das competências legislativas – dentre as quais, tributária – dos entes federativos, define os possíveis critérios do descritor e prescritor das exações e constituindo o imposto municipal sobre serviços objeto de nosso recorte neste ensaio, tal equivale a dizer que a Carta Suprema define os potenciais critérios da regra-matriz do imposto

7. BRITO, Lucas Galvão de. *O lugar e o tributo*. São Paulo: Noeses, 2014, p. 153.

municipal sobre serviços e, dentre os quais e em especial em razão deste ensaio, o critério espacial da respectiva prótase.

Portanto, o critério espacial do antecedente da regra-matriz do imposto sobre serviços de qualquer natureza (ISSQN) a ser definido pelo legislador – da lei complementar nacional e/ou da lei infraconstitucional municipal propriamente dita – deve imperativamente ostentar íntimo vínculo com o respectivo critério material, *in casu*, com enunciado constitucional eleito de prestar "*serviços de qualquer natureza, não compreendidos no art. 155, II, definidos em lei complementar*", imprescindibilidade esta a qual é oriunda inexoravelmente da própria distribuição constitucional de competências tributárias.

Por conseguinte, também por decorrência da distribuição de competências impositivas e, precisamente, do agora critério territorial que a norteia, constrói-se a segunda limitação constitucional ao legislador infraconstitucional na definição do critério espacial do descritor da exação tributária, qual seja, a imprescindibilidade do critério espacial guardar relação com o domínio de vigência para com as normas que fixam a extensão do território do ente político.

Sob esteio do federalismo, enquanto um dos princípios conformadores do Estado Brasileiro (CF/88, art. 1º c.c. art. 18 e art. 60, §4º, inciso I), a vigente Magna Carta ao repartir as competências tributárias o fizera em consideração a esta, como nos leciona José Afonso da Silva,[8] conformação espacial do poder político, dispensado capital relevância ao princípio da territorialidade, valor este o qual enuncia, sob uma intelecção positiva, o exercício do ente político de sua potestade normativa sobre a circunscrição territorial que lhe é reconhecida normativamente a título de seu território e, em interpretação de substrato negativo, o impedimento da potestade de outro ente político sobre esta mesma delimitação territorial,

8. "O modo de exercício do poder político em função do território dá origem ao conceito de *forma de Estado.*" (DA SILVA, José Afonso. *Curso de direito constitucional positivo.* 26ª edição, São Paulo: Malheiros, 2006, p. 98).

apregoando então a regra basilar de que, ressalvadas pontuais exceções,[9] a lei impositiva do ente federativo deve definir o local dentro do respectivo território o qual embasa a incidência do tributo de sua respectiva competência impositiva.

Esta é a razão pela qual o imposto municipal agora em exame somente pode alcançar os serviços de qualquer natureza, logicamente dentre aqueles não compreendidos na competência ressalvada dos Estados-membros (CF/88, art. 155, inciso II), prestados dentro dos limites espaciais do Município tributante; ou seja, e agora em outras palavras, dentro dos limites geográficos do Município, a única lei tributária aplicável é a da própria pessoa política em cujo território fora verificada a ocorrência do fato jurídico tributário.

Entender-se o contrário é, em nosso juízo, censurável intelecção a qual tende a admitir, em completo desprestígio ao próprio sistema constitucional de distribuição de competências impositivas, a extraterritorialidade de leis tributárias, em especial leis municipais tributárias, subvertendo-se então significativa parte de sua respectiva lógica sistêmica.

2. Lei Complementar e a possibilidade de definição do critério espacial do descritor do ISSQN

Face o enunciado prescritivo da Carta da República, art. 146, inciso III, é insofismável que no sistema jurídico-tributário a lei complementar tem por condão "*estabelecer normas gerais em matéria de legislação tributária*", não obstante, veiculação de normas gerais estas que devem se predestinar a "*dispor sobre conflitos de competência em matéria tributária, entre a União,*

9. Pontuais exceções porque existem casos em que a lei federal é aplicável extraterritorialmente, isto é, no exterior; é o que anota Luís Eduardo Schoueri quando salienta que do tema da vigência da lei tributária "*se concluirá pela limitação territorial das leis tributárias estaduais e municipais aos respectivos territórios, bem como se verificará que igual limite não se estende às leis federais, sendo possível a lei tributária contemplar situações ocorridas no exterior.*" (SCHOUERI, Luís Eduardo. *Direito tributário*. 8ª edição, São Paulo: Saraiva, 2018, p. 556).

os Estados, o Distrito Federal e os Municípios" (CF/88, art. 146, inciso I) ou predispor-se a "*regular as limitações constitucionais ao poder de tributar*" (CF/88, art. 146, inciso II); trata-se esta da leitura mais prestigiadora do federalismo e da autonomia municipal a qual é endossada por, dentre vários outros doutos de mais elevada autoridade, Paulo de Barros Carvalho, para quem as normas gerais de direito tributário – veiculadas por lei complementar – são normas "*que dispõem sobre conflitos de competência entre as entidades tributantes e também as que regulam as limitações constitucionais ao poder de tributar*".[10]

Em última análise, face os dispostos constitucionais recortados, é concludente que fora atribuído à lei complementar em matéria tributária o mister da veiculação de "*normas sobre como fazer normas, em matéria de tributação*" como nos leciona Sasha Calmon Navarro Coelho,[11] as quais tendem a exercer, novamente no dizer de Paulo de Barros Carvalho, um "*relevante papel de mecanismo de ajuste, calibrando a produção legislativa ordinária em sintonia com os mandamentos supremos da Constituição da República.*"[12]

Com relação à exação ora em exame, estatui o Diploma Magno que aos Municípios competirá instituir imposto sobre "*serviços de qualquer natureza, não compreendidos no art. 155, II, definidos em lei complementar*" (CF/88, art. 156, inciso III), revelando-nos nítido que a lei complementar – nacional – em questão, estatuindo normas gerais em matéria tributária e especificamente com relação à exação municipal, atua significativamente visando a prevenir a concretude de conflitos de competência tributária[13] entre os entes federativos.

---

10. CARVALHO, Paulo de Barros. *Direito tributário, linguagem e método*. 7ª edição. São Paulo: Noeses, 2018, p. 411.

11. COÊLHO, Sacha Calmon Navarro. *Comentários à Constituição de 1988*: sistema tributário, 6ª edição, Rio de Janeiro: Forense, 1996, p. 132.

12. CARVALHO, Paulo de Barros. *Idem*, p. 400.

13. É o que nos leciona Roque Antonio Carraza: "a lei complementar a que alude o art. 156, III, in fine, da CF só pode dispor sobre conflitos de competência entre o ISS e outros tributos federais, estaduais, municipais e do Distrito Federal e regular

E face este desiderato constitucional de definição dos serviços passíveis de serem tributados pelo imposto municipal figura perfeitamente possível definir a lei complementar em questão o local no qual estes são considerados prestados; trata-se, justamente, da conformação espacial da hipótese de incidência.

Conforme visto, a Constituição da República estatuíra enunciados prescritivos, os quais devem ser imperativamente levados em consideração na conformação da regra-matriz de incidência de todos os tributos e, correlatamente, ao atribuir a incumbência de lei complementar nacional definir os serviços passíveis de serem tributados – precisamente, o critério material do antecedente da regra-matriz de incidência do imposto municipal sobre serviços – concomitantemente lhe franqueara a possibilidade de também definir o respectivo critério espacial, haja vista a descrição hipotética do fato tributário imprescindir de um espaço geograficamente delimitado para firmar a sua ocorrência.

Tal atribuição, conforme visto, não lhe fora reservada irrestritamente já que sob o apanágio oriundo do axioma hierárquico, inato do sistema jurídico, de que a norma jurídica inferior não pode ser incompatível com a norma jurídica superior, nos revela cristalino que a lei complementar nacional do ISSQN, visando à prevenção de conflitos de competência e na definição do critério espacial do descritor da regra-matriz do imposto municipal, não poderá transbordar os limites da autorização constitucional, conclusão a qual irrestritamente adotamos e sintetizada no preciso escólio de Roque Antônio Carraza: "*a lei complementar nacional não pode definir local, para fins de ISS, alterando critérios constitucionais.*"[14]

---

as limitações constitucionais ao exercício da competência para, por via de imposto, tributar as prestações de serviços de qualquer natureza. Sua atuação deve concentrar-se exclusivamente naquela região fugidia que se sita entre os serviços tributáveis pelo Município e outros fatos tributáveis pelas demais pessoas políticas." (CARRAZA, Roque Antonio. *Curso de direito constitucional tributário*. São Paulo: Malheiros, 32ª edição, 2019, p. 866).

14. CARRAZA, Roque Antônio. *Curso de direito constitucional tributário*. São Paulo: Malheiros, 32ª edição, 2019, p. 871.

3. Liberdade limitada e conformações possíveis na definição, pela lei complementar nacional, do critério espacial do ISSQN

Ostenta, a prótase da norma jurídica, nítido caráter seletivo justamente porque os conceitos – e, aqui, em especial, os conceitos normativos – são eminentemente seletores de propriedades. Tal equivale a dizer que nem tudo do mundo real fenomênico ingressa no universo das proposições normativas; nos leciona Lourival Vilanova ser a hipótese verdadeira "*proposição descritiva de situação objetiva possível. O fato se torna fato jurídico porque ingressa no universo de direto através da porta aberta que é a hipótese.*"[15] Este descritivo recorte da realidade pela hipótese da norma jurídica é, em suma, um redutor das suas respectivas complexidades multifacéticas, o que é bem pontuado por Jaqueline Mayer da Costa de Braz: "*Trata-se de um recorte da realidade social, relatado pela linguagem jurídica, para reduzir as complexidades, tornando a ocorrência no mundo fenomênico apreensível.*"[16]

Dentre os aventados critérios da prótase da norma jurídica, os quais denotam a sua seletividade, figura justamente o ora objeto de apreciação e concernente à delimitação espacial na qual se tem por ocorrido o fato jurídico tributário, critério espacial[17] este imprescindível à sua conformação jurídica pois, como nos leciona Geraldo Ataliba, "*Um determinado fato, ainda que revista todos os caracteres previsto na h.i., se não se*

---

15. VILANOVA, Lourival. *As estruturas lógicas e o sistema do direito positivo.* São Paulo: Max Limonad, 1997, p. 89.

16. BRAZ, Jaqueline Mayer da Costa Ude. *Substituição tributária no ICMS:* construção de sentido e aplicação, 1ª edição. São Paulo: Noeses, 2020, p. 61.

17. Cumpre-nos precisar o que aqui vem sendo tomado por "critério espacial" do antecedente da regra-matriz de incidência tributária, em especial, do imposto municipal em exame, o qual não se confunde com a ideia de vigência espacial da lei a qual é definida, na realidade, pelo respectivo veículo normativo introdutor, concluindo-nos que o critério espacial é "a indicação realizada expressa ou implicitamente pelo enunciado prescritivo da lei tributária dos marcos espaciais em que se dá a ocorrência do fato jurídico tributário".

der em lugar nela previsto implícita ou – o que é raro e em geral dispensável – explicitamente, não será fato imponível."[18]

E a definição do legislador – precisamente, do legislador complementar e/ou do legislador ordinário municipal – do que venha ou não a constituir critério de verificação da prótase da norma jurídica – e, neste particular, da delimitação espacial a qual imbui-se o critério espacial ora examinado – é ditada por um proceder eminentemente valorativo; Lourival Vilanova afirma que "*o que determina quais propriedades entram, quais não entram, é o ato-de-valoração que preside à feitura da hipótese da norma.*"[19]

Essa axiológica seleção do legislador, a respeito do que venha a constituir o ponto espacial de ocorrência do fato jurídico tributário, constitucionalmente limitada, conforme visto precedentemente em razão da estampa dos critérios constitucionais de repartição de competências impositivas, segundo Paulo de Barros Carvalho[20] pode resultar tão somente em uma dentre três conformações possíveis, vale dizer, em uma hipótese de incidência cujo respectivo critério espacial faça menção à: a) determinado local para a ocorrência do fato; b) áreas específicas, de sorte que o acontecimento apenas ocorra de dentro delas onde estiver geograficamente contido; c) hipótese de critério espacial genérico, onde todo e qualquer fato, que suceda sob o manto da vigência da respectiva lei tributária instituidora, estará apto a desencadear seus efeitos peculiares; cumpre-nos verificar agora a opção do legislador complementar no que atine ao específico critério.

18. ATALIBA, Geraldo. *Hipótese de incidência tributária.* 6ª edição, 18ª tiragem, São Paulo: Malheiros, 2019, p. 105.

19. VILANOVA, Lourival. *As estruturas lógicas e o sistema do direito positivo.* São Paulo: Max Limonad, 1997, p. 89.

20. CARVALHO, Paulo de Barros. *Curso de direito tributário.* 25ª edição, São Paulo: Saraiva, 2013, p. 264.

4. Do novel critério espacial da regra-matriz de incidência do ISSQN concernente aos serviços de administração de cartões de crédito

Antes de adentrarmos ao exame do novel critério alhures e inicialmente examinando, ainda que de forma sintética, a evolução dos enunciados prescritivos a respeito do mesmo, então vigente a Constituição de 1967, adviera o Decreto-lei 406, de 31 de dezembro de 1968 o qual, fazendo as vezes de diploma nacional, viera definir local da prestação de serviço como o local "*do estabelecimento prestador, ou, na falta de estabelecimento, o do domicílio prestador*", regra a qual fora excetuada tão somente no que dizia respeito aos serviços de *construção civil* e de *exploração de rodovias* (art. 12, alíneas *a*, *b* e *c*), muito embora o Superior Tribunal de Justiça[21] – em especial as Turmas que integram a Primeira Seção – interpretando as disposições legais em tela tenha, em nosso juízo, efetivamente modificado o critério legal definindo que o local da prestação do serviço – enquanto regra geral – para fins de incidência do ISSQN seria, na realidade, *o local do Município onde ocorrido o fato imponível.*

Sob esse quadro e já então vigente a Constituição Federal de 1988 fora editada a Lei Complementar 116, de 31 de julho de 2003, diploma complementar o qual também encampara a regra geral de que o local da prestação do serviço é o "*local do estabelecimento prestador ou, na falta do estabelecimento, no local do domicílio do prestador*" (art. 3º), muito embora

21. Interpretando o Decreto-lei 406/1968 a jurisprudência do Superior Tribunal de Justiça a pretexto de dispensar guarida ao princípio da territorialidade definira que o ISSQN é devido no Município onde realizado o fato imponível e não, propriamente, onde localizada a empresa prestadora dos serviços; vide, a respeito: STJ, Primeira Turma, AgRg no REsp 1.233.258/PR, Rel. Ministro Hamilton Carvalhido, DJe 26.04.2011; Segunda Turma, AgRg nos EDcl no REsp 982.956/RS, Rel. Ministro Mauro Campbell Marques, DJe 06.08.2009; Segunda Turma, AgRg no REsp 1.068.255/RS, Rel. Ministro Humberto Martins, DJe 16.02.2009; Segunda Turma, AgRg no REsp 1.067.171/RS, Rel. Ministro Castro Meira, DJe 02/12/2008; Primeira Turma, AgRg no REsp 1.075.245/RS, Rel. Ministro Francisco Falcão, DJe 12.11.2008, dentre vários outros julgados.

ampliadas significativamente as hipóteses excepcionais (art. 3º, incisos I a XXII).

Supervenientemente, editada a Lei Complementar 157, de 29 de dezembro de 2016, o respectivo artigo 1º inserira dadas modificações na Lei Complementar 116/2003, dentre as quais, a inserção do inciso XXIV no respectivo art. 3º e o elenco de mais uma hipótese excepcional à regra geral, definindo que, no que atine aos serviços de administração de cartão de crédito (dentre outros serviços definidos no item 15.01 do diploma) "*O serviço considera-se prestado, e o imposto, devido*" no local "*do domicílio do tomador do serviço no caso dos serviços prestados pelas administradoras de cartão de crédito ou débito*", disposição legal a qual, como já mencionado, fora questionada judicialmente em controle concentrado de constitucionalidade perante o Pretório Excelso e, em dada ação direta de inconstitucionalidade (ADI 5835) e sob os auspícios da urgente imprescindibilidade do asseguramento da segurança jurídica tributária, tivera a sua respectiva eficácia suspensa liminarmente.[22]

Então complementando a referida disposição, a novel Lei Complementar 175/2020, art. 14, incluíra ao art. 3º da Lei Complementar 116/2003 os parágrafos oitavo e novo; o § 8º definindo como tomador dos serviços de administração de cartões de crédito ou débito e congêneres prestados diretamente aos portadores "*o primeiro titular do cartão*", ao passo que o § 9º definindo a título de local da prestação de serviço "*dos demais serviços referidos no subitem 15.01 da lista de serviços*

22. A Confederação Nacional do Sistema Financeiro (CONSIF) conjuntamente com a Confederação Nacional das Empresas de Seguros Gerais, Previdência Privada e Vida, Saúde Suplementar e Capitalização (CNSeg) ajuizaram ação direta de inconstitucionalidade em face de dispostos da Lei Complementar n. 157/2016 (ADI 5835); distribuída a demanda ao Ministro Relator Alexandre de Moraes, em março de 2018 fora concedida liminar para a suspensão de dados dispostos legais; de acordo com o dispositivo da r. decisão concessiva da tutela de urgência a cargo do Douto Ministro Relator: "*com fundamento no art. 10, § 3º, da Lei 9.868/1999 e no art. 21, V, do RISTF, CONCEDO A MEDIDA CAUTELAR pleiteada, ad referendum do Plenário desta SUPREMA CORTE, para suspender a eficácia do artigo 1º da Lei Complementar 157/2016, na parte que modificou o art. 3º, XXIII, XXIV e XXV, e os parágrafos 3º e 4º do art. 6º da Lei Complementar 116/2003; bem como, por arrastamento, para suspender a eficácia de toda legislação local editada para sua direta complementação.*"

anexa a esta Lei Complementar relativos às transferências realizadas por meio de cartão de crédito ou débito, ou a eles conexos, que sejam prestados ao tomador, direta ou indiretamente, por: "bandeiras", *"credenciadoras"* ou *"emissoras de cartões de crédito"* o *"local do estabelecimento credenciado"*.

Em suma, em nossa intelecção das noveis disposições, o local da prestação dos serviços de administração de cartão de crédito ou débito e congêneres prestados diretamente aos portadores é o *"domicílio do tomador do serviço"*, no caso, o domicílio do *"primeiro titular do cartão"* (LC 116/2003, art. 3º, inciso XXIV c.c. § 8º e subitem 15.01); distintamente, local da prestação de serviço dos demais serviços indicados no subitem 15.01 – vale dizer, os serviços de administração de *fundos quaisquer*, administração de *consórcio*, administração de *carteira de clientes* e administração de *cheques pré-datados e congêneres* – *"relativos às transferências realizadas por meio de cartão de crédito ou débito, ou a eles conexos, que sejam prestados ao tomador, direta ou indiretamente, por 'bandeiras'*, *'credenciadoras'* ou *'emissoras de cartões de crédito'* é, por sua vez, o *'local do estabelecimento credenciado'"* (LC 116/2003, art. 3º, inciso XXIV c.c. § 9º e subitem 15.01).

5. Critério material e relação serviço/local no sistema de administração de cartões de crédito

A fim de perquirir a eventual existência relacional entre a materialidade e o local do imposto municipal em questão inicialmente se mostra imprescindível a saturação das variáveis lógicas com o conteúdo semântico constitucionalmente estabelecido e, em específico, do critério material do ISSQN, observando-se então que este é construído como *"prestar serviços de qualquer natureza, não compreendidos aqueles de transporte interestadual e intermunicipal e de comunicação, definidos em lei complementar"*.

A administração de cartões de crédito – ou como prefere o diploma em questão, dos *"serviços prestados pelas administradoras de cartão de crédito ou débito"* – é, a luz do que estatui a Lei Complementar 116/2003, art. 1º, *caput* c.c. art. 3º, inciso XXIV e item 15.01, serviço tributável por meio do imposto municipal ora em voga; tal dado não será objeto de qualquer refutamento no presente ensaio por escapar-lhe os lindes.

Ainda que concordemos com as críticas de que muitas das vezes os contornos jurídicos da obrigação de fazer sejam insuficientes para precisar, seguramente, o substrato das obrigações imbuídas neste aventado *"prestar serviços de qualquer natureza"*, é inegável que o referido critério da natureza prestacional ainda se constitui em relevante dado a ser considerado pelo intérprete e construtor da norma jurídica impositiva.

E, inclusive, face à complexidade das atividades imbuídas no denominado "sistema de administração de cartões de crédito", demanda-se, em nosso juízo, a operacionalização da classificação entabulada à luz do critério das atividades-meio e atividades-fim – como bem explicitada por Aires F. Barreto[23] e com guarida na jurisprudência dos Tribunais Superiores[24] – para fins de melhor visualização e precisão do que compreenda, justamente, o *"fazer para terceiros"* que neste complexo sistema se compreenda.

Do reconhecido condão de otimização dos negócios em razão da simplificação das transações adjunta à segurança que lhes confere ao garantir o pagamento de fornecedores de

23. "Não se confunde a execução de meras atividades-meio com a prestação do serviço considerado. É preciso distinguir (a) a consistência do esforço humano prestado a outrem, sob regime de direito privado, com conteúdo econômico – essa a noção apontada pelo conceito de prestação de serviço –, (b) das ações intermediárias, que tornam possível esse 'fazer para terceiros'". (BARRETO, Aires F., ISS Organização e Execução de Pacotes Turísticos, inclusive de Viagens Marítimas Temáticas Local da Prestação dos Serviços Navios podem ser Considerados como Base de Cálculo dos Serviços de Organização e Execução de Pacotes Turísticos, *Revista Dialética de Direito Tributário,* São Paulo, Dialética, n. 165, p. 355).

24. Basta destacar pela sua relevância o julgado exarado pelo Supremo Tribunal Federal, Pleno, RE 592.905/SC, Rel. Min. Eros Grau, DJe de 05.03.2010, integralmente adotado, por sua vez, no recurso especial repetitivo de ampla ressonância do STJ, Primeira Seção, REsp n. 1.060.210/SC, Rel. Min. Napoleão Nunes Maia Filho.

produtos e/ou serviços, a ponto de culturalmente verificar-se certa tendência de desmonetarização da própria sociedade moderna (*cashess and checkless society*), na sistemática dos cartões de crédito da qual se incluem, no mínimo, 3 (três) sujeitos distintos[25] e 3 (três) relações jurídicas autônomas,[26] visando-se a precisar a potencial existência de jurídica relação entre o local definido pelo novel diploma e o núcleo da materialidade constitucional do ISSQN, cumpre identificar-se aquelas relações verificáveis a partir do sujeito predominante na aludida sistemática, vale dizer, a administradora de cartões de crédito, a qual presta serviços ao titular do cartão como, também, aos fornecedores previamente credenciados.

Em nossa visão, a efetiva utilização do cartão de crédito pelo respectivo titular ou usuário constitui-se em um importante marco temporal na administração de cartões de crédito para fins de verificação das obrigações assumidas pela emissora e administradora, sujeito o qual ostenta predominante função nesta sistemática como nota Fran Martins.[27]

---

25. No sistema de administração de cartões identificam-se 3 (três) sujeitos, quais sejam, a empresa emissora e administradora dos cartões a qual, concedendo ao respectivo titular e obrigando-se ao pagamento ao respectivos fornecedores, lhe facilita a aquisição de produtos e/ou serviços; o titular do cartão ou o respectivo usuário o qual constitui-se na pessoa credenciada pela empresa emissora e administradora dos cartões a, o pagamento de eventual taxa periódica, adquirir produtos e/ou serviços junto aos respectivos fornecedores credenciados mediante a utilização do cartão e, finalmente, os fornecedores os quais, filiados a rede da empresa emissora e administradora, alienam produtos e/ou serviços aos titulares ou usuários e, em contrapartida, recebem desta o respectivo pagamento do preço.

26. Vislumbrável 3 (três) relações bem delineadas e distintas neste sistema: a) aquela entabulada entre a empresa emissora e administradora do cartão com o titular ou usuário do cartão (r1); b) a constituída entre a empresa emissora e administradora do cartão e o fornecedor de produtos e/ou serviços que credencia (r2); c) a verificada entre o fornecedor de produtos e/ou serviços e o titular ou usuário do cartão (r3).

27. "As obrigações dos elementos pessoais em um sistema de cartões de crédito têm uma forma triangular, na qual o papel principal é, sem dúvida, o do emissor. Este, na realidade, é quem escolhe e credencia o titular que vai fazer as aquisições; é, também, quem vai pagar aos fornecedores e receber dos comprados as despesas feitas por esses. O emissor é quem impulsiona um sistema de cartões de crédito; o sucesso do empreendimento depende, portanto, quase que exclusivamente dele, já que seleciona os portadores dos cartões e os fornecedores de bens ou serviços a

É que anteriormente à efetiva utilização do cartão de crédito, mas já procedida a fase de pontuação e de exame das condições de solvabilidade do titular ou usuário, a administradora concede, ao titular, o respectivo cartão de crédito, básico ou diferenciado, obrigando-se a outorgar-lhe um crédito rotativo em seu nome, limitado a certo montante previamente delimitado, credenciando-o a adquirir produtos e/ou serviços junto a uma pluralidade de fornecedores credenciados em sua respectiva rede e, eventualmente se assim franqueado, concomitantemente obrigando-se à disponibilização e gerenciamento de programas de benefícios e/ou recompensas vinculadas à utilização do cartão de crédito.

Com a efetiva utilização do cartão de crédito pelo usuário e entabuladas as contratações junto a qualquer um dos fornecedores credenciados, obrigar-se-á a administradora ao pagamento no tempo e dentro dos limites ajustados e, em contrapartida, o titular do cartão eventualmente paga-lhe dada taxa periodicamente contratada (via de regra, anualmente) pela utilização do cartão e, em especial, paga-lhe o valor do crédito utilizado periodicamente (corriqueiramente, pagamento este mensal), sob pena da incidência sobre o valor inadimplido de juros previamente pactuados, tudo sem prejuízo da obrigação da administradora de emitir os competentes demonstrativos e/ou faturas mensais com o mínimo exigido em ato infralegal específico.[28]

É justamente este corte da efetiva utilização do cartão de crédito pelo respectivo titular ou usuário enquanto relevante marco temporal na sistemática em apreço que nos permite concluir que a principal obrigação assumida pela concedente e administradora de cartões de crédito é aquela preexistente à própria e efetiva utilização do mesmo e precisamente de natureza financeira, ou seja, a concessão de crédito ao respectivo titular e usuário à luz do precedente exame de suas capacidades de solvabilidade e, em contrapartida, percebendo os valores eventualmente devidos a

---

esses usuários." (MARTINS, Fran. *Contratos e obrigações comerciais*. 15ª edição, Rio de Janeiro: Forense, 2002, p. 511).

28. Vide a respeito a Resolução CNM n. 3.919 de 25 de novembro de 2010, artigo 13.

título de taxa, adjunto àqueles cobrados na proporção do crédito utilizado; daí no dizer de Waldo Fazzio Júnior: "*Aquele é um financiador deste, que paga, anualmente, as taxas pertinentes, e, mensalmente, o valor do crédito utilizado.*"[29]

No entanto, destacada a relação jurídica entabulada entre a administradora e o respectivo titular ou usuário, a conclusão irrefutável é a de que o local do domicílio do tomador – vale dizer, do primeiro titular do cartão – é signo espacial inábil ou de diminuta relevância para firmar-se o local da prestação de serviço. Ora, não é neste local que a administradora e concedente procede ao exame e aprovação da ficha cadastral, realiza o exame das condições de solvabilidade do titular ou usuário e, se exame positivo, opta por conceder ao titular o respectivo cartão de crédito, básico ou diferenciado, dispensando-lhe crédito rotativo em seu nome, limitado a certo montante delimitado, credenciando-o a adquirir produtos e/ou serviços perante qualquer um dentre vários fornecedores previamente credenciados em sua respectiva rede.

Em conclusão, ainda que eventualmente se possa dispensar alguma relevância ao local do tomador dos serviços de administração de cartão de crédito, nos revela claro que não é neste local onde são realizados e concluídos os atos materiais de maior substrato à prestação do serviço tributável, portanto, vindo a novel lei complementar dispor, já na esteira da lei complementar que lhe precedera e ao arrepio da primeira limitação constitucional, que o ISSQN possa ser devido em local diverso daquele no qual efetivamente prestado.

6. Relação "domínio de vigência da lei municipal/local da prestação de serviços" no sistema de administração de cartões de crédito

Como inexorável decorrência de que o imposto municipal em voga somente pode alcançar os serviços de qualquer

29. FAZZIO JÚNIOR, Waldo. *Manual de direito comercial.* 21ª edição, São Paulo: Atlas, 2020. Item 31.4.

natureza, logicamente dentre aqueles não compreendidos na competência ressalvada dos Estados-membros (CF/1988, art. 155, inciso II), prestados dentro dos limites do Município tributante, cumpre-nos perquirir, neste segundo momento, a eventual relação do critério espacial do serviço destacado com o domínio de vigência para com as normas que fixam a extensão do território do ente político municipal.

E nos valhamos do critério da efetiva utilização do cartão de crédito pelo respectivo titular ou usuário o qual, como visto precedentemente, constitui-se em relevante marco temporal nesta sistemática.

Definido que a principal obrigação assumida pela concedente e administradora de cartões de crédito é aquela de natureza financeira, ou seja, a concessão de crédito ao respectivo titular e usuário à luz do precedente exame de sua respectiva capacidade de solvabilidade, revelara-se nítida a disparidade relacional deste serviço com o local do tomador de serviço (no caso, o primeiro titular do cartão), enquanto critério espacial do descritor da regra-matriz do imposto sobre serviços de administração de cartões de crédito (Lei Complementar 116/2003, art. 3º, inciso XXIV c.c. § 8º e subitem 15.01).

Ora, não é neste específico local no qual a administradora exerce a sua principal obrigação alhures, vale dizer, o substrato de seu "fazer para terceiro".

Embora a questão não assuma maiores foros de relevância quando todas as obrigações inerentes ao sistema sejam entabuladas em um mesmo e determinado Município, distintamente sucede nas hipóteses – saliente-se, imensamente de maior ocorrência face os 5.570 (cinco mil, quinhentos e setenta) Municípios brasileiros – em que há a disparidade do cumprimento das obrigações afetas ao sistema em circunscrições municipais distintas; aqui reside o problema, inclusive, o qual não é marcado pelo ineditismo se observadas diversas outras prestações de serviços de maior complexidade e que, inclusive, já dispensaram a atenção e manifestação dos Pretórios, bastando aqui exemplificar as problemáticas e árduas reflexões emergidas do arrendamento mercantil (*leasing*) e da coleta de material para diagnóstico médico.

O diploma complementar em questão definindo enquanto local da prestação de serviço de administração de cartões de crédito o local do tomador do serviço acaba por deslocar esta subclasse a um distinto domínio espacial de vigência, vale dizer, a outro paradigma de referência espacial circundante dos limites de aplicação da norma jurídica tributária, retirando-o daquele âmbito de validade espacial da proposição jurídico-normativa onde se situa a administradora responsável pela concessão de crédito ao respectivo titular e usuário, trespassando-a para aquele(s) domínio(s) onde se verificam atos praticados fora do efetivo local da prestação de serviço em voga, no caso, o das administradoras de cartões.

Haveria constitucional franquia à lei complementar nacional em questão para trespassar o local do fato jurídico tributário para um domínio espacial de vigência distinto daquele no qual se verifica, efetivamente, a ocorrência do fato jurídico tributário?

Para nós, indúbil a impossibilidade; trazendo-se a lume a lição de Roque Antonio Carraza: "*Nem mesmo a lei complementar nacional pode alterar a seguinte diretriz da Lei das Leis: "o ISS é sempre devido no Município onde o serviço for efetivamente prestado (...).*"[30]

São estas as razões pelas quais afirmamos que, consideradas as atividades a cargo das administradoras de cartões de crédito serviços tributáveis para fins de ISSQN, tal serviço tão somente pode ser considerado efetivamente prestado no local em que se situa a empresa administradora, pois é aqui – repise-se, por oportuno – que são iniciados e concluídos os atos materiais à prestação do serviço, vale dizer, o já aventado "*fazer a terceiro*".

---

30. CARRAZA, Roque Antônio. *Curso de direito constitucional tributário*. São Paulo: Malheiros, 32ª edição, 2019, p. 872.

7. Das conclusões

A Carta de 1988 adota os critérios material e territorial quando da definição do arcabouço normativo de repartição das competências impositivas dos impostos e, expressamente ou não, ao discriminar as competências tributárias pelos critérios aventados acaba por definir correlatamente os possíveis critérios da regra-matriz de incidência ao legislador infraconstitucional, critérios estes os quais devem ser imperativamente observados e respeitados quando do exercício da competência tributária que lhes é adjudicada.

Não se olvida que a lei complementar tem por condão estabelecer normas gerais em matéria de legislação tributária e, atuando neste desiderato de mecanismo de ajuste do sistema tributário, a lei complementar referida no Diploma Magno, art. 156, inciso III, se mostra vocacionada a prevenir a concretude de conflitos de competência tributária, lhe sendo perfeitamente tangível a definição do local pelo qual se tem por prestado o serviço, vale dizer, a conformação espacial da hipótese de incidência do ISSQN.

Contudo, tal mister não lhe fora reservado irrestritamente, já que sob o apanágio oriundo do axioma hierárquico inato do sistema jurídico de que a norma jurídica inferior não pode ser incompatível com a norma jurídica superior, o legislador infraconstitucional não poderá transbordar os limites do autorizamento constitucional, no caso em apreço, definindo local, para fins da incidência do imposto municipal sobre serviços de qualquer natureza, mediante a alteração de critérios constitucionalmente estabelecidos.

Através do destaque do "fazer", o qual se imbui no serviço ora examinado, melhor especificado mediante a operacionalização do critério distintivo entre as atividades-meio e atividade-fim, recortamos a efetiva utilização do cartão de crédito pelo respectivo titular ou usuário enquanto relevante marco temporal na sistemática da administração de cartões de crédito, concluindo então que o maior substrato da prestação de serviço a qual compete às administradoras de cartão de crédito é aquela preexistente à esta utilização do cartão pelo respectivo titular e de natureza financeira, qual seja, a concessão de crédito à luz do precedente exame de suas capacidades de solvabilidade.

Mas ao precisar o critério espacial do antecedente da regra-matriz do imposto sobre serviços de administração de cartões de crédito como o local do tomador, a novel lei complementar opta por local ordinariamente distinto àquele o qual a administradora procede ao exame das condições de solvabilidade do pretenso titular ou usuário e, se exame positivo, opta por conceder ao titular o respectivo cartão de crédito, básico ou diferenciado, dispensando-lhe crédito rotativo em seu nome, limitado a certo montante delimitado, credenciando-o a adquirir produtos e/ou serviços perante os fornecedores credenciados em sua respectiva rede.

E concomitantemente à Lei Complementar 175/2020 acaba por deslocar o próprio paradigma de referência espacial circundante dos limites de aplicação da norma jurídica tributária, retirando-o daquele âmbito de validade espacial da proposição jurídico-normativa onde se situa a administradora responsável pela concessão de crédito ao respectivo titular e usuário, trespassando-o para aquele(s) domínio(s) onde se verificam atos outros, ainda que não se olvide que estes possuem certa relevância na sistemática em apreço.

Mediante o manejo do instrumento normativo complementar nacional enquanto instrumento constitucionalmente predestinado ao ajuste e equilíbrio da tributação, o legislador infraconstitucional vem, agora sob os anseios da imprescindibilidade da desconcentração da arrecadação e na necessidade de sua modernização, por meio do novel diploma complementar e ampliando as alterações já advindas do diploma que lhe fora precedente, alterar o critério espacial do descritor do imposto municipal incidente sobre o serviço prestado pelas administradoras de cartão de crédito ao arrepio dos critérios determinativos da competência tributária e informadores dos limites para tanto.

Desagarrando-se das amarras constitucionais e fixando como Município competente para a tributação do ISSQN no caso em apreço o do domicílio do tomador (primeiro titular do cartão de crédito) inequivocamente pulveriza-se a tributação do serviço em questão, desconcentrando-o daqueles Municípios onde se situam as grandes empresas do ramo (muitas das quais grandes instituições financeiras), no entanto, nada há de moderno na inserção sobre os ombros das administradoras a responsabilidade pelo cumprimento da demasiadamente ampla gama de deveres instrumentais estatuídos nas mais variadas legislações municipais, desprestigiando-se caros princípios informantes ao sistema tributário nacional, a exemplo da capacidade colaborativa, praticabilidade tributária e da própria livre-iniciativa.

Inclusive, justificada na aventada desconcentração da arrecadação do imposto municipal, propositadamente ou não, a inobservância dos limites constitucionais referidos na definição do local da prestação de serviço pelo legislador infraconstitucional da lei complementar em destaque é acompanhada de uma inequívoca ingerência no âmbito da própria repartição constitucional das receitas tributárias, sabidamente, tema indubitavelmente defeso à quaisquer formas de interferências pela via das leis infraconstitucionais.

Referências

ATALIBA, Geraldo. *Hipótese de incidência tributária.* 6ª edição, 18ª tiragem, São Paulo: Malheiros, 2019.

BRAZ, Jaqueline Mayer da Costa Ude. *Substituição Tributária no ICMS*: construção de sentido e aplicação. 1ª edição, São Paulo: Noeses, 2020.

BRITO, Lucas Galvão de. *O lugar e o tributo.* São Paulo: Noeses, 2014.

CARRAZA, Roque Antônio. *Curso de direito constitucional tributário.* São Paulo: Malheiros, 32ª edição, 2019.

CARVALHO, Paulo de Barros. *Direito tributário, linguagem e método.* 7ª edição, São Paulo: Noeses, 2018.

_____. *Curso de direito tributário.* 25ª edição. São Paulo: Saraiva, 2013.

COÊLHO, Sacha Calmon Navarro. *Comentários à Constituição de 1988:* sistema tributário, 6ª edição, Rio de Janeiro: Forense, 1996.

DA SILVA, José Afonso. *Curso de direito constitucional positivo.* 26ª edição, São Paulo: Malheiros, 2006.

FAZZIO JÚNIOR, Waldo. *Manual de direito comercial.* 21ª edição. São Paulo: Atlas, 2020.

JORGE, Fernando. *As lutas, a glória e o martírio de Santos Dumont.* Nova Época, 1973.

SCHOUERI, Luís Eduardo. *Direito tributário.* 8ª edição, São Paulo: Saraiva, 2018.

VILANOVA, Lourival. *As estruturas lógicas e o sistema do direito positivo.* São Paulo: Max Limonad, 1997.

O DOMICÍLIO TRIBUTÁRIO DA PESSOA FÍSICA E O LOCAL DO RECOLHIMENTO DO IPVA

Jorge Vinícius Salatino de Souza[1]

Sumário: 1. Introdução – 2. O sistema jurídico enquanto sistema de enunciados – 3. Considerações sobre a norma jurídica e a regra-matriz – 4. A regra-matriz do IPVA no modelo constitucional de 1988 – 5. Competência em matéria de IPVA – 6. O domicílio tributário e o domicílio tributário para fins de IPVA – 7. Conclusão – Referências.

1. Introdução

O imposto sobre a propriedade de veículos automotores – IPVA – foi atribuído aos Estados e ao Distrito Federal e tem sido fruto de disputas entre estes, posto que representa interessante volume de crédito tributário.

O interesse dos pretensos sujeitos ativos tem dado margem à implementação de regramento que afronta o microssistema jurídico do IPVA, dada a aparente indeterminação da sujeição ativa da relação jurídica deste tributo.

1.Mestrando em Direito Tributário pelo Instituto Brasileiro de Estudos Tributários – IBET. Professor Seminarista do IBET, em Curso de Graduação e Pós-Graduação. Advogado. jorgeviniciussouza@gmail.com

Neste contexto é que se pretende identificar, com o presente trabalho acadêmico, como identificar entre os diversos possíveis sujeitos ativos da relação jurídico tributária do IPVA, qual será de fato aquele a quem deve o contribuinte cumprir a prestação consistente no pagamento do tributo.

Com a finalidade de alcançar solução para o problema, utilizaremos como método o Constructivismo Lógico-Semântico, ou seja, estudaremos o objeto a partir da concepção epistemológica da Filosofia da Linguagem, amarrando lógica e semanticamente as proposições para a construção das conclusões.[2]

Iniciaremos nosso trabalho tratando do que se entende por sistema jurídico, com o objetivo de limitar a significação atribuída a esta locução no presente trabalho.

Em continuação, faremos considerações sobre as normas jurídicas e a regra-matriz de incidência, fixando as bases sobre as quais serão desenvolvidos temas mais determinados.

Ainda, procederemos à construção da regra-matriz de incidência do imposto sobre a propriedade de veículos automotores, de modo a determinar seus elementos constitutivos.

Também, apresentaremos as diversas regras de competência sobre o IPVA, com destaque às normas que limitam o seu exercício e que podem estar em veículos infraconstitucionais.

Por fim, com o objetivo de construir os fundamentos para a conclusão, apresentaremos o domicílio tributário e a forma

2. "A expressão 'Constructivismo Lógico-Semântico' é empregada em dois sentidos: (i) para se reportar à Escola Epistemológica do Direito da qual somos adeptos, fundada nas lições dos professores PAULO DE BARROS CARVALHO e LOURIVAL VILANOVA e que vem, a cada dia ganhando mais e mais seguidores no âmbito jurídico (ii) e ao método utilizado por esta Escola que pode ser empregado no conhecimento de qualquer objeto. A proposta metodológica da Escola do Constructivismo Lógico-Semântico é estudar o direito dentro de uma concepção epistemológica bem demarcada, a Filosofia da Linguagem (uma das vertentes da filosofia do conhecimento) e a partir deste referencial, amarrar lógica e semanticamente suas proposições para construção de seu objeto (que se constitui em uma das infinitas possibilidade de se enxergar o direito". (CARVALHO, Aurora Tomazini de. *Curso de teoria geral do direito:* constructivismo lógico-semântico. 2. ed. São Paulo: Noeses, 2016, p. 100).

pela qual é determinado para fins do imposto sobre a propriedade de veículos automotores.

Em conclusão, construiremos solução ao problema proposto com a indicação de que o IPVA deve ser recolhido ao Estado em que o contribuinte opta como seu domicílio tributário, quando realiza o registro do veículo neste Estado.

2. O sistema jurídico enquanto sistema de enunciados

O "sistema jurídico" comporta, como as expressões linguísticas em geral, uma pluralidade de significados,[3] sendo utilizada ora para designar o sistema do Direito Positivo, ora para designar o sistema da Ciência do Direito.

A análise das formas em que a expressão "sistema jurídico" é empregada pressupõe, incialmente, a definição do conceito de sistema bem como a sua compreensão. Sistema é uma classe de objetos que se apresentam sobre uma determinada estrutura e relacionados entre si em razão de um referencial comum. Este é o sentido empregado por Fabiana Del Padre Tomé[4] quando afirma que: "Tomado em seu significado de base, podemos definir sistema como o conjunto de elementos coordenados entre si, aglutinados perante uma referência determinada."

No sentido aqui apontado é que podemos atribuir ao Direito Positivo e à Ciência do Direito a qualidade de sistema. Tanto o Direito Positivo quanto a Ciência do Direito são conjuntos de enunciados, sendo o primeiro um conjunto de enunciados prescritivos e o outro um conjunto de enunciados descritivos.

---

3. "[...] la mayor parte de las palavras son ambíguas, y que todas las palabras son vagas, esto es, que su campo de referencia es indefinido, pues consiste en un nucleo o zona central y un nebuloso círculo exterior de incertidumbre (ROSS, Alf. *Sobre el derecho y la justicia*. Buenos Aires: EUDEBA, 2010, p. 130).

4. TOMÉ, Fabiana Del Padre. *A prova no direito tributário*. 4. ed., São Paulo: Noeses, 2016, p. 58.

O simples fato de serem expressos em linguagem já garante a ambos a qualidade de sistema. Neste sentido, Paulo de Barros Carvalho[5] afirma que:

> Qualquer que seja o tecido de linguagem de que tratamos, terá ele, necessariamente, aquele mínimo de racionalidade inerente às entidades lógicas, de que o ser sistema é uma das formas. Pouco importa, aqui, se o teor da mensagem é prescritivo, interrogativo, exclamativo ou meramente descritivo. [...] Sistema é o discurso da Ciência do Direito, mas sistema também é o domínio finito, mas indeterminável, do direito positivo.

Deste modo é que o Sistema Jurídico será empregado aqui como sistema de direito positivo, como conjunto de enunciados prescritivos, fruto da atividade criadora dos órgãos competentes para tanto que se encontram sobre a mesma estrutura e organizados segundo um princípio unificador.

3. Considerações sobre a norma jurídica e a regra-matriz

Estabelecer os exatos limites da definição de norma jurídica é premissa fundamental para o desenvolvimento deste trabalho. Aurora Tomazini de Carvalho[6] sobre a definição de termos afirma que:

> [...] definir não é fixar a essência de algo, mas sim eleger critérios que apontem determinada forma de uso da palavra, a fim de introduzi-la ou identifica-la em um determinado contexto comunicacional. Não definimos as coisas, definimos os termos. Os objetos são batizados por nós com certos nomes em razão de habitarmos uma comunidade linguística, ao definirmos estes nomes, restringimos as várias possiblidades de uso, na tentativa de afastar os problemas de ordem semântica inerentes ao discurso. Por isso quanto mais detalhada a definição, menores as possiblidades de utilização da palavra.

---

5. CARVALHO, Paulo de Barros. *Direito tributário, linguagem e método*. 7. ed. rev. São Paulo: Noeses, 2018, p. 225/226.

6. CARVALHO, Aurora Tomazini de. *Curso de teoria geral do direito:* constructivismo lógico-semântico. 2. ed. – São Paulo: Noeses, 2016, p. 73.

Assim, podemos dizer que definir norma jurídica é estabelecer os critérios que, no contexto comunicacional do presente trabalho, apontem para a forma como este termo é empregado, reduzindo as ambiguidades e potencializando a compreensão.

Lourival Vilanova[7] destaca a importância da definição de norma ao dizer que é "Conceito Fundamental [...] sem o qual não é possível ordenamento jurídico."

Apesar da relevância da definição do conceito de norma jurídica para a Ciência do Direito é importante apresentar a advertência feita por Tárek Moysés Moussallem:[8]

> Com isso, não se está a afirmar que a Ciência do Direito é fonte de normas jurídicas. O cientista, em rigor, não produz norma jurídica. Não cria direito positivo. Organiza-o teoricamente. Em linguagem rigorosa, não parece exato afirmar que o cientista constrói normas jurídicas. Apenas no plano do juízo é que se pode admitir a possiblidade de ele "construí-las" normas jurídicas. No plano do pensamento, não há diferença entre norma construída pelo cientista e norma criada pelo agente aplicador do direito positivo. A diferença aparece no plano do documento normativo, uma vez que, enquanto este último inova o sistema de direito positivo, o primeiro apenas o faz, teoricamente, sem a via da recepção.

Definir norma jurídica não significa constituí-la como agente competente, antes disso, no exercício de atividade científica possibilita o correto entendimento de suas estruturas e do alcance de seu significado. Não é possível que o exercício de atividade jurídico-científica seja caminho adequado à introdução de normas jurídicas no sistema, posto que, a priori, o cientista do direito não é agente competente para tal finalidade. Com o mesmo pensamento Tárek Moysés Moussallem[9] nos permi-

---

7. VILANOVA, Lourival. *Causalidade e relação no direito*. 4. ed. rev. atual. e ampl. São Paulo: Ed. RT, 2000. p. 161.

8. MOUSSALLEM, Tárek Moysés. *Revogação em matéria tributária*. 2. ed. São Paulo: Noeses, 2011, p. 104.

9. Idem, p.110.

te concluir que "Ao dizer que o jurista "cria" normas jurídicas como produto da interpretação, deve-se também afirmar que o faz apenas para fins epistemológicos, em sentido lógico-transcendental, não em sentido normativo positivo."

Destacada a distinção entre a atividade realizada pelo cientista e a atividade desempenhada pelo autêntico construtor de normas jurídicas, passamos à construção da definição do conceito de norma jurídica, considerando que o Direito deve ser visto como um sistema comunicacional que possui linguagem[10] própria, esta utilizada aqui como sinônimo de língua.

Norma Jurídica é termo ambíguo, plurissignificativo. Compreendida em sentido amplo, a norma jurídica corresponderá às proposições contidas nos enunciados do direito posto; já em sentido estrito, temos as mesmas proposições estruturadas na forma de hipótese que implica consequência.

Sempre esclarecedoras as lições de Paulo de Barros Carvalho:[11]

> A despeito disso, porém, interessa manter o secular modo de distinguir, empregando normas jurídicas em sentido amplo para aludir aos conteúdos significativos das frases do direito posto, vale dizer aos enunciados prescritivos, não enquanto manifestações empíricas do ordenamento, mas como significações que seriam construídas pelo intérprete. Ao mesmo tempo, a composição articulada dessas significações, de tal sorte que produza mensagens com sentido deôntico-jurídico completo, receberia o nome de "normas jurídicas em sentido estrito".

A norma jurídica é conjugação de proposições extraídas dos textos normativos que possui em seu antecedente,

---

10. "[...] língua como sistema de signos, em vigor numa determinada comunidade social, cumprindo o papel de instrumento de comunicação entre seus membros" ... "A língua, portanto, é apenas um dos sistemas sígnicos que se presta a fins comunicacionais." (CARVALHO, Paulo de Barros. *Direito tributário, linguagem e método.* 7. ed. rev. – São Paulo: Noeses, 2018, p. 31).

11. CARVALHO, Paulo de Barros. *Direito tributário, linguagem e método.* 7. ed. rev. São Paulo: Noeses, 2018, p. 135.

pressuposto ou hipótese; a previsão de um acontecimento que, uma vez verificado no mundo fenomênico, poderá implicar o surgimento de uma relação intersubjetiva, localizada no seu consequente. Na hipótese, temos estabelecida a previsão de um fato de possível ocorrência, enquanto no consequente, temos a previsão da relação jurídica implicada no momento em se aperfeiçoar o fato cogitado no suposto normativo.

Paulo de Barros Carvalho sobre a estrutura interna das normas jurídicas afirma que:

> As normas jurídicas tem organização interna das proposições hipotéticas, em que se enlaça determinada consequência à realização condicional de um evento, da forma "p→q" ou, , em linguagem jurídica semiformalizada, verificando-se a ocorrência do fato "F", deve ser a conduta obrigatória, por parte de S", de cumprir a prestação "P" em favor de S'.

Aqui, temos evidenciada a homogeneidade sintática das normas jurídicas que compõem o sistema jurídico, sendo certo que haverá variação apenas no altiplano semântico e pragmático.

Analiticamente, tanto o antecedente normativo quanto o consequente possuem notas identificativas, referências a aspectos identificativos, estando, no primeiro, um critério material condicionado por notas de tempo e espaço e no segundo, um critério quantitativo e um critério pessoal. E com base na compreensão destes diversos aspectos que estão presentes nas normas instituidoras dos tributos que chegamos à regra-matriz de incidência tributária, que nada mais é do que a estrutura lógica mínima das normas instituidoras de tributos.

Assim falamos que a regra-matriz de incidência tributária é a estrutura formal da norma instituidora de tributos que apresenta uma hipótese composta por critérios material, espacial e temporal; que implica uma consequência composta pelos critérios subjetivo e quantitativo.

4. A regra-matriz do IPVA no modelo constitucional de 1988

Como apresentado no tópico anterior, é a regra-matriz de incidência tributária a norma instituidora dos tributos que possui em sua estrutura hipotético-condicional cinco elementos (critérios); sendo três no antecedente e dois no consequente. Na hipótese, teremos os critérios material, temporal e espacial; e no consequente, teremos os critérios pessoal e quantitativo.

Todo aquele que pretende apontar a estrutura lógica da norma instituidora de um tributo no Brasil, tem que iniciar sua caminhada pela Constituição Federal de 1988, pois é no texto constitucional que encontramos grande parte dos elementos que compõem sua estrutura. Assim, no que diz respeito à competência para instituir a regra-matriz do IPVA, temos o enunciado no §6º e inciso III, do art. 155 da Constituição Federal nos seguintes termos:

> Art. 155. Compete aos Estados e ao Distrito Federal instituir impostos sobre:
>
> [...]
>
> III - propriedade de veículos automotores.
>
> [...]
>
> § 6º. O imposto previsto no inciso III:
>
> I - terá alíquotas mínimas fixadas pelo Senado Federal;
>
> II - poderá ter alíquotas diferenciadas em função do tipo e utilização.

A análise do enunciado nos permite iniciar a construção da regra-matriz de incidência tributária do IPVA tomando como ponto de partida o seu critério material, com a identificação do verbo e complemento que o designam.

Com os olhos postos no enunciado apresentado, pode-se constatar que apesar do constituinte não haver consignado expressamente um verbo integrante do critério material, somente o verbo “ser” é capaz de designar o estado indicativo daquele que possui propriedade, no mesmo sentido, apesar da premissa diversa, Paulo de Barros Carvalho:[12]

> [...] a interpretação sistemática nos leva a concluir pela adequação do termo "ser", visto que a significação construída a partir de tal vocábulo é apta para expressar o fato típico escolhido para dar nascimento à obrigação tributária envolvendo o referido imposto.

Evidenciado o verbo caracterizador da conduta em abstrato, passemos à análise do seu complemento que, em obediência à regra de competência constitucional, somente poderá ser a expressão "proprietário de veículo automotor", posto que a grandeza que poderá ser tributada é, exatamente, a propriedade sobre esta espécie de bem móvel.

É valida a advertência feita por Paulo de Barros Carvalho,[13] ao afirmar que a "locução dever ser analisada em sua totalidade, pondo em evidência os fatos sobre as quais o constituinte fez recair a tributação, bem como aqueles que deixou fora do âmbito de incidência tributária".

Como critério espacial, temos o território do Estado, ou Distrito Federal, em que o proprietário do veículo automotor tiver domicílio tributário, ou seja, o âmbito territorial em que é exercida a propriedade para fins tributários. Assim, é competente para instituir e exigir o IPVA, figurando no polo ativo da relação jurídico-tributária (sujeito ativo), a pessoa jurídica de direito público interno em cujos limites territoriais tiver domicílio tributário o titular da propriedade.

No que alcança o critério temporal, o legislador constituinte permitiu que o legislador infraconstitucional tenha liberdade para a escolha, desde que o faça com respeito às normas constitucionais.

No que diz respeito ao sujeito passivo, a base de cálculo e a alíquota, fácil é a sua determinação, levando-se em

12. CARVALHO, Paulo de Barros. *Derivação e positivação no direito tributário*. 2. ed. São Paulo: Noeses, 2019, p. 195.

13. Idem.

consideração o critério material apontado no enunciado constitucional.

A base de cálculo deverá guardar relação com o critério material de modo que o valor somente poderá corresponder àquele do bem objeto da propriedade, ou seja, o valor venal do veículo; e a alíquota uma parcela, não excessiva, deste valor.

Quanto ao sujeito passivo precisa ser pessoa que guarda relação íntima com o fato previsto no antecedente, não sendo por outra razão que somente poderá ser esta qualidade atribuída ao proprietário do veículo.

Com base nestes fundamentos, podemos assim sintetizar a estrutura preenchida da regra-matriz de incidência do IPVA: 1) Hipótese – a) critério material: ser proprietário de veículo automotor; b) critério temporal: a ser determinado; c) critério espacial: âmbito do Estado, ou DF, em que o proprietário possui domicílio tributário; 2) Consequente – a) Critério subjetivo: a.1) Sujeito Ativo – Estado em que o sujeito passivo possui domicílio; a.2) Sujeito Passivo – proprietário do veículo automotor; b) Critério Quantitativo: b.1) Base de Cálculo – valor do veículo; b.2) Alíquota – parcela do valor do veículo.

5. Competência em matéria de IPVA

A Constituição Federal de 1988 trouxe esculpidas, em seu corpo, exaustivamente, as diversas competências para que os entes políticos possam inovar no sistema jurídico, enunciando leis capazes de introduzir no sistema as diversas regras-matrizes de incidência dos mais variados impostos.

No que se refere ao IPVA, a competência encontra previsão nos enunciados contidos no §6º, e *caput* do art. 155 da Constituição Federal,[14] sendo com base nos limites expostos, atribuída aos Estados e ao Distrito Federal.

14. Art. 155. Compete aos Estados e ao Distrito Federal instituir impostos sobre: [...] III - propriedade de veículos automotores. [...] § 6º. O imposto previsto no inciso III:

Ocorre, entretanto, que o exercício da competência pelos Estados e pelo Distrito Federal está condicionada aos limites impostos por Lei Complementar de competência da União, que trate especificamente dos respectivos fatos geradores, bases de cálculo e contribuintes, nos termos da alínea "a", do incido III, do art. 146 da Constituição Federal:

> Art. 146. Cabe à lei complementar:
>
> [...]
>
> III - estabelecer normas gerais em matéria de legislação tributária, especialmente sobre:
>
> a) definição de tributos e de suas espécies, bem como, em relação aos impostos discriminados nesta Constituição, a dos respectivos fatos geradores, bases de cálculo e contribuintes;

Compete à União enunciar Leis Complementares com objetivo de prevenir conflito de competências ou regular as limitações constitucionais ao poder de tributar; formando aquela parcela da legislação que se convencionou chamar de normas gerais em matéria de legislação tributária.

Destacado é o importante papel exercido pela legislação complementar, como enfatiza Paulo de Barros Carvalho,[15] a "legislação complementar cumpre assim, em termos tributários, relevante papel de mecanismo de ajuste, calibrando a produção legislativa ordinária em sintonia com os mandamentos supremos da Constituição da República".

Com estas considerações, é certo que o exercício da competência atribuída aos Estados e Distrito Federal para legislar sobre a regra-matriz de incidência do IPVA deve observar, além das limitações explicitamente contidas no texto constitucional, como exemplo as expressas no §6º, do art. 155,

---

I - terá alíquotas mínimas fixadas pelo Senado Federal; II - poderá ter alíquotas diferenciadas em função do tipo e utilização.

15. CARVALHO, Paulo de Barros. *Direito tributário, linguagem e método*. 7. ed. rev. São Paulo: Noeses, 2018, p. 400.

aquelas que são atribuídas à Lei Complementar veiculadora de normas gerais em matéria tributária.

Ainda, temos que nos atentar que, na hipótese da União não exercer a competência atribuída pela alínea "a", do incido III, do art. 146 da Constituição Federal, competirá o exercício pleno das competências aos Estados, nos termos do que encontra enunciado no §3º, do art. 24, da Constituição Federal:

> Art. 24. Compete à União, aos Estados e ao Distrito Federal legislar concorrentemente sobre:
>
> I - direito tributário, financeiro, penitenciário, econômico e urbanístico;
>
> [...]
>
> § 1º. No âmbito da legislação concorrente, a competência da União limitar-se-á a estabelecer normas gerais.
>
> § 2º. A competência da União para legislar sobre normas gerais não exclui a competência suplementar dos Estados.
>
> § 3º. Inexistindo lei federal sobre normas gerais, os Estados exercerão a competência legislativa plena, para atender a suas peculiaridades.
>
> § 4º. A superveniência de lei federal sobre normas gerais suspende a eficácia da lei estadual, no que lhe for contrário.

Deste modo é que, tendo em vista o fato da União omitir-se no dever de apresentar normas gerais que disciplinem o IPVA, é que os Estados podem exercer de forma plena a competência, desde que obedeçam às normas gerais aplicáveis às diversas espécies tributárias, o que poderíamos chamar de normas gerais não especiais, pois não se referem a um tributo determinado.

Sobre o importante papel dos diversos veículos introdutores Paulo de Barros Carvalho:[16]

> O conteúdo de tais considerações força nos a concluir que se atinarmos à significação axiológica dos grandes princípios

16. CARVALHO, Paulo de Barros. *Direito tributário, linguagem e método*. 7. ed. rev. São Paulo: Noeses, 2018, p. 401.

> constitucionais; se observarmos os limites objetivos que a Constituição estabelece; e se nos ativermos ao dinamismo da legislação complementar, exercitando as funções que lhe são próprias, poderemos compreender, adequadamente, os comandos tributários, atribuindo-lhes o conteúdo, sentido e alcance que a racionalidade do sistema impõe.

Enfim, com a correta compreensão das normas constitucionais e infraconstitucionais que compõem o que podemos chamar de microssistema jurídico do IPVA; é que podemos determinar de maneira exata os comandos relacionados ao referido imposto, especialmente determinando a que Estado da Federação deve a pessoa física cumprir a prestação pecuniária.

6. O domicílio tributário e o domicílio tributário para fins de IPVA

O domicílio tributário é de grande relevância quando tratamos especificamente os tributos de competência dos Estados, Distrito Federal e Municípios; pois é pela sua determinação que poderemos indicar a legislação aplicável, importando estreita relação com o critério espacial da regra-matriz, bem como com o sujeito ativo da relação jurídica.

No que diz respeito ao domicílio para fins tributários o Código Tributário Nacional, apesar do regramento existente no Código Civil Brasileiro, traz no seu art. 127:

> Art. 127. Na falta de eleição, pelo contribuinte ou responsável, de domicílio tributário, na forma da legislação aplicável, considera-se como tal:
>
> I - quanto às pessoas naturais, a sua residência habitual, ou, sendo esta incerta ou desconhecida, o centro habitual de sua atividade;
>
> II - quanto às pessoas jurídicas de direito privado ou às firmas individuais, o lugar da sua sede, ou, em relação aos atos ou fatos que derem origem à obrigação, o de cada estabelecimento;
>
> III - quanto às pessoas jurídicas de direito público, qualquer de suas repartições no território da entidade tributante.

> § 1º. Quando não couber a aplicação das regras fixadas em qualquer dos incisos deste artigo, considerar-se-á como domicílio tributário do contribuinte ou responsável o lugar da situação dos bens ou da ocorrência dos atos ou fatos que deram origem à obrigação.
>
> § 2º. A autoridade administrativa pode recusar o domicílio eleito, quando impossibilite ou dificulte a arrecadação ou a fiscalização do tributo, aplicando-se então a regra do parágrafo anterior.

Primeiramente, é perceptível que, como regra geral, o domicílio tributário será aquele eleito pelo contribuinte, ou seja, o mesmo tem a aptidão para escolher o local que será considerada a sua base territorial para fins tributários.

Somente na ausência de expressa eleição do contribuinte é que o domicílio tributário será determinado com fundamento no que consta nos incisos e parágrafos do citado enunciado legal.

Tendo em vista a oportunidade de opção pelo domicílio tributário e os diversos tributos existentes, é certo ser possível pluralidade de domicílios tributários conforme destaca Paulo de Barros Carvalho:

> Na ordem pragmática, é comum as pessoas, físicas e jurídicas, terem pluralidade de domicílios fiscais. Basta que a pessoa física seja proprietária de um imóvel em outra cidade, que não aquela em que fixou seu domicílio para efeitos do IR e já terá dois, sendo o outro para fins de IPTU. Com as pessoas jurídicas, então, é fato corriqueiro, se houver matriz e filiais, porquanto o princípio da autonomia do estabelecimento faz de cada filial uma unidade independente, nos casos do IPI e do ICMS.

Com relação ao domicílio tributário para fins de IPVA, não podemos descuidar da regra geral da opção ser realizada pelo contribuinte, sendo esta manifestada no momento em que realiza o registro do veículo, conforme determina a previsão contida no art. 120, *caput,* do Código de Trânsito Brasileiro:

> Art. 120. Todo veículo automotor, elétrico, articulado, reboque ou semirreboque, deve ser registrado perante o órgão executivo de trânsito do Estado ou do Distrito Federal, no Município de domicílio ou residência de seu proprietário, na forma da lei.

Certo que o dispositivo deixa claro que o veículo poderá ser registrado no local em que o proprietário tem domicílio ou residência, de modo que para fins tributários poderá o contribuinte escolher como seu domicílio o local do seu domicílio civil, ou de um entre vários quando se tratar de pluralidade de domicílios civis, ou ainda o local de sua residência civil.

Podemos compreender então que é possível que a opção por um domicílio tributário seja tanto o local em que a pessoa constitui se núcleo de vivência, em que se estabelece de maneira estável (domicílio), quanto aquele em que a pessoa habita eventualmente, por um período curto de tempo (residência).

7. Conclusão

O sistema jurídico é formado por conjunto de normas que se encontram dispostas em diferentes níveis, sendo as de nível mais alto aquelas dispostas no texto constitucional.

Exatamente nas normas constitucionais que estão presentes aquelas que dispõem sobre a competência impositiva, ou seja, a capacidade para que os entes federados possam, através da atividade legislativa, introduzir normas que tragam em suas proposições novos elementos formadores da regra-matriz de incidência tributária.

A competência para a criação dos enunciados prescritivos que introduzirão, no sistema, o IPVA, foi atribuída aos Estados e ao Distrito Federal, devendo estes, conforme exposto, sujeitarem-se aos limites estatuídos no próprio texto constitucional e naquelas normas gerais introduzidas por intermédio de lei complementar, estas de competência da União.

Enquanto não editadas normas gerais que tratem especificamente de limites a serem impostos ao exercício da competência do IPVA, os Estados exercerão plenamente a competência, podendo dispor amplamente; apenas limitados pelos ditames constitucionais e por aquelas normas gerais que não estão direcionadas a nenhum tributo especificamente, como é o caso da regra do domicílio tributário.

O domicílio tributário possui papel fundamental na relação havida entre o contribuinte e os chamados entes parciais (Estados, Municípios e Distrito Federal), posto que é por intermédio da sua determinação que se poderá indicar a legislação de qual destes está o contribuinte sujeito.

A determinação do domicílio tributário é feita pela manifestação do contribuinte, sendo que as regras de imputação de domicílio se prestam apenas às hipóteses em que não há manifestação ou em que a escolha importa dificuldades à atividade fiscal.

No caso do IPVA, o domicílio tributário é determinado pelo local em que é efetivado o registro do automóvel, sendo esta a manifestação inequívoca do contribuinte. É nestes termos que concebemos que o contribuinte do IPVA deverá, de fato, cumprir a prestação pecuniária típica da relação deste imposto em favor daquele Estado, ou Distrito Federal, em que optou considerar seu domicílio tributário quando da efetivação do registro do veículo automotor.

Referências

CARVALHO, Aurora Tomazini de. *Curso de teoria geral do direito*: constructivismo lógico-semântico. 2. ed. – São Paulo: Noeses, 2016.

CARVALHO, Paulo de Barros. *Direito tributário, linguagem e método*. 7. ed. rev. – São Paulo: Noeses, 2018.

_____. *Curso de direito tributário*. 29 ed. São Paulo: Saraiva. 2018.

_____. *Direito tributário*: fundamentos jurídicos da incidência. 10. ed. rev. e atual. São Paulo: Saraiva, 2015.

_____. *Direito tributário*: reflexões sobre filosofia e ciência em prefácios. 1. ed. São Paulo: Noeses, 2019.

LINS, Robson Maia. *Curso de direito tributário brasileiro.* São Paulo: Noeses, 2019.

MOUSSALLEM, Tárek Moysés. *Fontes do direito tributário.* 2 ed. São Paulo: Noeses, 2006.

_____. *Revogação em matéria tributária.* 2 ed. São Paulo: Noeses. 2011.

ROSS, Alf. *Sobre el derecho y la justicia.* Buenos Aires: EUDEBA, 2010.

TOMÉ, Fabiana Del Padre. *A prova no direito tributário.* 4. ed. São Paulo: Noeses, 2016.

VILANOVA, Lourival. *As estruturas lógicas e o sistema de direito positivo.* 4. ed. São Paulo: Noeses. 2010.

_____. *Causalidade e relação no direito.* 4. ed. rev. atual. e ampl. São Paulo: Ed. RT, 2000.

ZOMER, Sílvia Regina. *O tempo jurídico e a homologação tácita.* São Paulo: Noeses, 2019.

O CRITÉRIO TERRITORIAL E A TRIBUTAÇÃO DO ITCMD SOBRE OS BENS DIGITAIS EM SUCESSÃO ABERTA

João Henrique de Moraes Machado Rosa[1]

Resumo: O objeto desta pesquisa é verificar a influência do critério territorial na tributação do ITCMD quando relacionados à sucessão aberta de bens digitais, pois nesse caso específico são tratados como bens imóveis (art. 80, II, do Código Civil) e sua tributação deverá se dar com base no local da situação do bem (art. 155, §1º, da CF). Para responder a essas questões, foi necessário analisar a classificação dos bens pelo direito civil, bem como buscar as semelhanças entre os bens do mundo real com aqueles do mundo digital, pois, estes últimos, possuem características próprias, sendo essencial verificar se existe algum vínculo entre essas definições. Foi feita aferição ainda dos meios possíveis para localização dos bens digitais, bem como sobre as possíveis dificuldades para a tributação do ITCMD, principalmente no ambiente conhecido por *cloud computing* ou computação na nuvem, exatamente pela ineficiência dos meios atuais, sejam legislativos ou próprios do meio informatizado, para identificação desses bens no ambiente virtual.

---

1. Advogado, Professor de Direito da ETEC São Paulo, Pós-Graduado em Gestão Tributária (Universidade de Taubaté) e Especialista em Direito Tributário pelo IBET (Instituto Brasileiro de Estudos Tributários).

ITCMD e o problema do critério espacial: 5.1 Local da situação dos bens digitais e formas de localizar esses bens – 6. Conclusões – Referências.

1. Introdução

O presente trabalho tem como principal objetivo analisar a influência do critério territorial na tributação do imposto sobre a transmissão *causa mortis* e doação (ITCMD) pelos Estados e Distrito Federal, considerando que, em se tratando de sucessão aberta, até mesmo os bens digitais poderão ser enquadrados como imóveis por uma ficção jurídica trazida no art. 155, §1º, da CF e isso pode implicar diversos problemas para que o fisco consiga chegar a esses bens, conforme se verá mais a oportunamente.

Tendo em consideração que o trabalho versa sobre os bens digitais, cabe inicialmente destacar as premissas básicas da regra-matriz de incidência tributária, que dá base para a pesquisa, bem como o que se pode entender por bens digitais, comparando-os, igualmente, com os bens já classicamente reconhecidos pela doutrina e jurisprudência, para que seja possível aferir, inclusive, se a legislação atual é suficiente para fazer incidir a norma tributária sob esses bens ou se será necessária nova norma e que, nesse momento, os bens digitais não poderão ser tributados via ITCMD.

Esse trabalho não visa a analisar se é possível a sucessão de bens digitais ou sua doação, pois parte-se do pressuposto da possibilidade da tributação, a questão levantada é a quem pertence a competência impositiva dentro das situações descritas pelo art. 155 da Lei Maior.

Também foram apurados julgamentos proferidos pelos tribunais brasileiros acerca de situações próximas àquelas discutidas neste trabalho, porém foram utilizados principalmente documentos mais recentes que remontam ao período entre 2015 até 2020, pois em se tratando de direito digital, a evolução é constante.

Ao final, foi possível aferir a possibilidade de tributação do ITCMD dos bens digitais ainda em sucessão aberta, porém os requisitos para que se possa fazer essa tributação, a ausência de normas específicas sobre esse assunto, bem como a própria dificuldade em se encontrar de maneira precisa os referidos bens faz com que, atualmente, seja quase impraticável a referida tributação.

2. Premissas básicas

O Direito visa à pacificação social, porém, o que pode parecer óbvio, na verdade, possui uma dinâmica um pouco diferenciada quando passamos a analisar a hermenêutica filosófica e a tradicional.

Sob a perspectiva da hermenêutica tradicional, o Direito está nos textos jurídicos, ou seja, a interpretação nasce no texto que possui a "interpretação verdadeira" trazida pelo autor que escreveu aquele conteúdo, assim sendo, o intérprete tem que buscar essa interpretação, mas ela está contida no texto, conforme relata Carlos Maximiliano no trecho que segue:

> É tarefa primordial do executor a pesquisa da relação entre o texto abstrato e o caso concreto, entre a norma jurídica e o fato social, isto é, aplicar o Direito. Para o conseguir, se faz mister um trabalho preliminar: descobrir e fixar o sentido verdadeiro da regra positiva; e, logo depois, o respectivo alcance, a sua extensão.
>
> Em resumo, o executor extrai da norma tudo o que na mesma se contém: é o que se chama interpretar, isto é, determinar o sentido e o alcance das expressões do Direito.[2]
>
> Interpretar é explicar, esclarecer; dar o significado de vocábulo, atitude ou gesto; reproduzir por outras palavras um pensamento exteriorizado; mostrar o sentido verdadeiro de uma expressão; extrair, de frase, sentença ou norma, tudo o que na mesma se contém.[3]

---

2. MAXIMILIANO, Carlos. *Hermenêutica e aplicação do direito.* 21. ed. Rio de Janeiro: Forense, 2017, p. 14.

3. Idem, p. 21.

Nos termos supramencionados, verifica-se que o autor segue uma linha de pensamento que o leva a crer que a interpretação deve necessariamente partir do texto e que o interpretar é o reproduzir aquilo que foi considerado "interpretação verdadeira".

Por outro lado, diferente da primeira teoria, ainda é possível encontrar autores que acreditam que a interpretação não nasce do texto em si, pois este seria um instrumento, um suporte físico para a interpretação, mas essa iniciaria de fato no intérprete, pois o texto, o áudio, o vídeo nada interpretam; esse ato consciente depende de um ser cognoscente. Essa linha de pensamento que tem maior foco no intérprete foi designada de hermenêutica filosófica e um dos professores que segue essa linha de pensamento é Paulo de Barros Carvalho, conforme comprova o fragmento de texto que segue:

> Segundo os padrões da moderna Ciência da Interpretação, o sujeito do conhecimento não "extrai" ou "descobre" o sentido que se achava oculto no texto. Ele o "constrói" em função de sua ideologia e, principalmente, dentro dos limites de seu "mundo", vale dizer, do seu universo de linguagem. Exsurge, com muita força, o axioma da inesgotabilidade do sentido – ao lado da intertextualidade – que opera não só no território do sistema do direito posto, mas o transcende, na direção de outros segmentos do saber.[4]

Com base nessas premissas, nota-se que essa posição doutrinária está realmente voltada ao intérprete, não deixando de lado o texto, porém sendo a base para que o intérprete, com base em seus limites de mundo, possa compreender o suporte físico e estabelecer fenômenos decorrentes de sua interpretação.

Portanto, esse trabalho analisará o conteúdo de normas com base na hermenêutica filosófica, de modo que as normas são construídas pelo intérprete e não pelo texto, mas que o texto não deixa de ter sua importância, mas como suporte

4. CARVALHO, Paulo de Barros. *Direito tributário:* linguagem e método. São Paulo: Noeses, 2012, p. 194.

físico que auxiliará o ser cognoscente na construção de seu pensamento.

3. A regra-matriz de incidência tributária e a especificação de seus critérios

A regra-matriz de incidência tributária é o instrumento que servirá de base para a resolução das ponderações descritas nesse trabalho, pois é sobre um de seus critérios, o espacial, que recai a principal problemática a ser analisada no conteúdo desse texto, portanto é essencial que se compreenda o que é e como funciona para que se possa dar os próximos passos.

Conforme preleciona o professor Paulo de Barros Carvalho, a regra-matriz de incidência tributária opera como uma descrição feita pela lei de um acontecimento que pode ocorrer no mundo físico-social, dentro de alguns critérios de tempo e espaço, e que guarda consonância com critérios estabelecidos na hipótese da norma geral e abstrata (regra-matriz de incidência). Assim, caso o enunciado descrito em lei venha a ocorrer no mundo dos fatos, sua decorrência lógica será a ocorrência de outro enunciado, denotativo e relacional, pois gerará uma nova relação entre dois ou mais sujeitos de direito.[5]

Seguindo esse entendimento, Lucas Galvão de Britto descreve a regra-matriz de incidência tributária da seguinte maneira:

> O emprego do método "regra-matiz de incidência tributária" consiste em isolar as variáveis envolvidas na composição dos fatos jurídicos e relações jurídicas, retirando-lhes os excessos linguísticos que costumam acompanhar os relatos dos sujeitos competentes para, ao final, ficar com aquilo que é indispensável à produção de sentido completo.[6]

---

5. CARVALHO, Paulo de Barros. *Direito tributário:* linguagem e método. São Paulo: Noeses, 2012, p. 142.

6. BRITTO, Lucas Galvão de. *O lugar e o tributo:* ensaio sobre competência e definição do critério espacial na regra-matriz de incidência tributária. 1. ed. São Paulo: Noeses, 2014, p. 74.

Assim, a regra-matriz de incidência tributária representa um método que descreve o mínimo essencial para que uma norma possa ser compreendida minimamente pelo intérprete, de modo que, se uma norma não possuir os elementos dessa regra-matriz, não haverá como possível sua aplicação, pois o intérprete não conseguirá assimilar o mínimo para dar-lhe concretude.

Agora que já foi definida a ideia de regra-matriz de incidência tributária, cabe destrinchar os elementos que a compõe, com foco no critério espacial, para tanto, existem dois momentos que devem ser analisados separadamente para que se possa extrair da melhor maneira os critérios anteriormente descritos e esses momentos são: o antecedente e o consequente normativos.

Aurora Tomazini de Carvalho, tratando do antecedente normativo, diz que a hipótese aponta para um acontecimento delimitado no espaço e no tempo e que faz referência a: (i) propriedades de uma ação nuclear de um acontecimento; (ii) do local e; (iii) do momento em que o fato ocorreu; sendo possível identificá-lo.[7]

Explicando de maneira mais didática, a autora nada mais fez que descrever os critérios que estão presentes no antecedente (descritor) normativo e que são, respectivamente: (i) critério material, que representa o comportamento de um agente; (ii) critério espacial, que condiciona o acontecimento a um determinado local ou região; (iii) critério temporal, que delimita o momento de ocorrência do evento relevante ao direito.[8]

Entendidos os critérios presentes no antecedente normativo, cabe agora estabelecer aqueles decorrentes do consequente da norma jurídica, deste modo, voltando a citar Aurora Tomazini de Carvalho, ela delimita o tema da seguinte maneira:

---

7. CARVALHO, Aurora Tomazini de. *Teoria geral do direito:* o construtivismo lógico-semântico. 6. ed. São Paulo: Noeses, 2019, p. 282.

8. CARVALHO, Paulo de Barros. *Curso de direito tributário.* 30. ed. São Paulo: Saraiva Jur, 2019, p. 308.

> Da mesma forma, como toda classe delineada pelo consequente normativo indica uma relação onde um sujeito fica obrigado, proibido ou permitido a fazer ou deixar de fazer algo em virtude de outro sujeito, necessariamente nele vamos encontrar propriedades identificativas de: (i) dois sujeitos, ativo e passivo; e (ii) do objeto da relação, isto é, daquilo que um dos sujeitos está obrigado, proibido ou permitido de fazer ou deixar de fazer ao outro.[9]

Utilizando-se novamente da linguagem empregada, a autora coloca de forma aclarada os critérios do consequente (prescritor) normativo, quais sejam: (i) critério pessoal (sujeito passivo e ativo); (ii) critério quantitativo (que envolve aquilo que teoricamente é devido a um dos sujeitos, no caso do direito tributário representa a alíquota e a base de cálculo). [10]

Portanto, a escolha da regra-matriz de incidência tributária para instrumento de capaz de auxiliar na resolução dos problemas apresentados neste trabalho tem como essência que sua estruturação tem por finalidade estabelecer os parâmetros suficientess para a criação de um núcleo lógico-estrutural mínimo para a norma, de modo que a não existência de qualquer desses critérios em uma norma, faz com que ela não possa ser aplicada, o que faz com que esse instrumento seja muito útil para verificação da possibilidade da exigência do ITCMD, em se tratando de sucessão aberta que envolve bens digitais.

4. Definindo os bens digitais e suas características

Os bens digitais são possuidores de características próprias, que os tornam diferentes dos demais bens do mundo real e, para tanto, se faz essencial a análise dessas diferenças e semelhanças entre essas espécies de bens, assim como quais as definições atualmente existentes sobre bens digitais, para

---

9. CARVALHO, Aurora Tomazini de. *Teoria geral do direito:* o construtivismo lógico-semântico. 6. ed. São Paulo: Noeses, 2019, p. 282.

10. CARVALHO, Paulo de Barros. *Curso de direito tributário*. 30. ed. São Paulo: Saraiva Jur, 2019, p. 308.

que se possa, inclusive, saber se a legislação aplicável aos bens em geral também pode ser posta aqueles do mundo virtual.

Cabe destacar que a legislação brasileira atual é bastante incipiente em relação ao Direito Digital, motivo pelo qual as mais importantes normas sobre o tema são, em ordem cronológica: (i) Lei 9.609/1998, também conhecida como lei do *software*; (ii) Lei 9.610/1998, lei de direitos autorais e; (iii) Lei 12.965/2014, ordinariamente conhecida como Marco Civil da Internet.

Analisando o conteúdo das normas citadas, nota-se que nenhuma delas define os bens digitais, deste modo, não há abordagem legislativa sobre o tema, motivo pelo qual será feita análise principalmente doutrinária, pois até mesmo a jurisprudência não é muito vasta e consistente no que tange aos conteúdos relacionados ao Direito Digital.

Nessa perspectiva, Fernando Taveira Junior explora essa matéria ao dizer que bens digitais são quaisquer arquivos digitalizados, ou seja, dos dados dispostos em formato eletrônico. Embora a definição seja bastante concisa, o autor considera que é suficiente, exatamente para que se evite uma demasiada ampliação que possa gerar sua imprecisão.[11]

De outra parte, Marcos Wachowicz não descreve propriamente bens digitais, mas sim *softwares*, e os faz definindo-os como bens móveis, imateriais, incorpóreos e intangíveis, mas que podem ser apropriados, motivo pelo qual são protegidos pelas normas de direito autoral.[12]

Maria Ângela Lopes Paulino Padilha descreve *softwares* como bens incorpóreos, que são formados por *bits* e *bytes*, que estão dispostos em diversos ambientes como a internet ou

---

11. JÚNIOR, Fernando Taveira. *Bens digitais (digital assets) e a sua proteção pelos direitos da personalidade:* um estudo sob a perspectiva da dogmática civil brasileira. 1. ed. Porto Alegre: Revolução eBooks – Simplíssimo, não paginado.

12. WACHOWICZ, Marcos. *Direito autoral e marco civil da internet.* Curitiba: Gedai Publicações, 2015, p. 3.

mídias de cd, HDs externos, *pen drives*, dentre outros, podendo ser transportados de um dispositivo para outro.[13]

Juliana Evangelista de Almeida diz que bens digitais são imateriais, podendo estar armazenados em suportes físicos dos mais diversos, mas que também pode estar alocado em um provedor, sendo que esses bens podem ou não ter valor econômico, mas isso pode variar de acordo com diversos aspectos, inclusive a quem pertence esse bem digital.[14]

Danny Quah descreve, de maneira bastante objetiva, que entende que bens digitais possuem cinco características próprias que os distinguem dos demais bens, sendo essas características: a possibilidade de expansão infinita; não é possível compará-los com bens do mundo real; são bens discretos que não têm limitação espacial e que podem ser copiados infinitamente e são discretos, o que, para o autor, significa que, ao menos inicialmente, o arquivo será apenas um, podendo ser expandido, mas inicialmente será unitário. [15]

Conforme se percebe, existe uma característica em particular que é bastante evidente em todos os discursos retrotranscritos, que é a imaterialidade inerente a esses bens, que mesmo quando dispostos em uma mídia física, continuam a ser bens de caráter imaterial, porém portáveis por um suporte físico e será essa a definição utilizada durante o trabalho para os bens digitais.

Assim, bens digitais, para efeito deste trabalho, serão entendidos como aqueles passíveis de expansão infinita, sem perda de seu conteúdo, podendo ser comparados com outros bens do mundo real, não tendo limitação espacial, podendo ser copiados infinitamente e que são compostos por *bits* ou *bytes*.

---

13. PADILHA, Maria Ângela Lopes Paulino. *Tributação de software*. 1.ed. São Paulo: Noeses, 2019, p. 83-84.

14. ALMEIDA, Juliana Evangelista de. *Testamento digital:* como se dá a sucessão dos bens digitais. Porto Alegre: Editora Fi, 2019, p. 38-39.

15. QUAH, Danny. *Digital goods and the new economy*. London: Centre for Economic Performance, 2003, p. 3.

Passado esse primeiro momento, agora cabe verificar as semelhanças dos bens digitais com os bens classicamente conhecidos e, para tanto, passa-se nesse momento a analisar as definições de bens, conforme classificação doutrinária representativa.

Para Maria Helena Diniz, coisas são diferentes de bens, pois estes últimos são espécies do primeiro, assim, os bens representam apenas as coisas que possuem alguma utilidade para os seres humanos, ainda que se trate de bens imateriais. Finalmente, patrimônio é o complexo de relações jurídicas que pertencem a uma pessoa e que podem ser aferíveis economicamente.[16]

Álvaro Villaça Azevedo assevera que coisas compreendem tudo o que existe na natureza, com exclusão da pessoa humana e demais bens naturais não passíveis de apropriação, como regra. Por outro lado, bens são coisas que podem ser apropriadas por pessoas, exatamente porque possuem algum tipo de utilidade para esses indivíduos. Quanto ao patrimônio, o autor o descreve como sendo o complexo de relações jurídicas pertinentes a uma pessoa e que possuem natureza econômica, somente podendo ser transmitido a título universal quando houver *causa mortis.* [17]

Para efeito deste artigo, o será utilizada a definição criada pela professora Maria Helena Diniz para definir coisas como um gênero, onde uma de suas espécies são os bens e esses somente são aqueles que possuem alguma utilidade para os seres humanos, mesmo que não sejam bens materiais.

---

16. DINIZ, Maria Helena. *Curso de direito civil brasileiro:* teoria geral do direito civil. 29. ed. vol. 1. São Paulo: Saraiva, 2012, p. 361-362.

17. AZEVEDO. Álvaro Villaça. *Curso de direito civil:* Direito das coisas. 2.ed. São Paulo: Saraiva Jur, 2019, p. 24-25.

5. Os critérios da regra-matriz de incidência tributária do ITCMD e o problema do critério espacial

Sendo um imposto estadual prescrito no art. 155, I, da Constituição Federal, o imposto sobre a transmissão *causa mortis* e doação de quaisquer bens ou direitos é muitas vezes lembrado unicamente pelo fato de sua incidência decorrente da transmissão de bens por uma situação de morte, mas também incide na transmissão de bens por meio de doação, mas neste artigo a abordagem focará realmente na sucessão.

Inicialmente, a transmissão à que se refere a norma é a transferência jurídica da propriedade, podendo ser *causa mortis,* se decorrente de falecimento do titular do bem, seja falecimento real ou presumido, conforme salienta a Súmula 331 do STF: "É legítima a incidência do Imposto de Transmissão *Causa Mortis* no inventário por morte presumida". [18]

Como referido anteriormente, o ITCMD não incide apenas sobre a transmissão *causa mortis,* mas, também, sobre a doação, desde que ausente de contraprestação, pois somente assim ficará claro o *animus donandi* essencial para a validade desse ato jurídico.

Um cuidado que se deve ter, no que tange à abrangência desse imposto, é que ele pode incidir sobre bens imóveis, que também são base de cálculo do ITBI, mas somente no que tange a sucessões ou doações, e, neste último caso, que não possuam contraprestação, que é o que difere a incidência do ITCMD do ITBI, pois este último somente incidirá nas transferências de bens imóveis a título oneroso. [19]

Em relação aos critérios que compõem a regra-matriz de incidência tributária do ITCMD, pode-se destrincha-los

18. PAULSEN, Leandro. *Curso de direito tributário completo.* 11. ed. São Paulo: Saraiva jur, 2020, p. 557.

19. ______. *Curso de direito tributário completo.* 11. ed. São Paulo: Saraiva jur, 2020, p. 557.

da seguinte maneira, segundo o art. 35 e seguintes do Código Tributário Nacional (CTN):

(i) Critério material – a transmissão de bens de qualquer espécie por sucessão *causa mortis*.

Em se tratando de bens digitais, cabe ponderar que somente será possível a sucessão desses bens se houver propriedade do objeto, ou seja, não é o mero direito de uso que garante a propriedade, mas sim o contrato que estabelece que até mesmo o código fonte do bem é de propriedade de determinada pessoa, portanto, o critério material somente ocorrerá em relação aos bens passíveis de transmissão e isso somente poderá ser aferido quando de posse dos contratos que vinculam o usuário ao bem em si.

(ii) Critério temporal – em se tratando de fato jurídico tributário *causa mortis*, a data correspondente será a da abertura da sucessão, ou seja, o momento da morte, conforme princípio da *saisine* descrito por Pablo Stolze Gagliano da seguinte maneira:

> Consiste o Droit de Saisine no reconhecimento, ainda que por ficção jurídica, da transmissão imediata e automática do domínio e posse da herança aos herdeiros legítimos e testamentários, no instante da abertura da sucessão.[20]

Assim, seja para efeitos tributários ou cíveis, o momento da sucessão será o mesmo, qual seja, o momento do falecimento do indivíduo.

(iii) Critério pessoal – como já mencionado em momento pretérito, o critério pessoal corresponde aos sujeitos envolvidos na relação jurídica tributária, ou seja, os sujeitos passivo e ativo.

---

20. GAGLIANO, Pablo Stolze. *Novo curso de direito civil.* 7ª ed. São Paulo: Saraiva jur, 2019, p. 71-72.

No caso da relação tributária do ITCMD, o sujeito ativo será o Estado, aquele possuidor da competência tributária impositiva, e o sujeito passivo será o contribuinte, obviamente não o *de cujus,* mas sim o sucessor, aquele que herdará o bem deixado por motivo de falecimento real ou presumido.

(iv) Critério quantitativo – em relação à base de cálculo do imposto, sabe-se, conforme art. 38 do CTN, que será o valor venal dos bens ou direitos transmitidos, enquanto a alíquota será aquela estabelecida por Resolução do Senado, o referido ato é a Resolução do Senado 09/92 que rege que a alíquota máxima do ITCMD será de 8%.

Em relação a esse critério, ainda pode-se citar o problema da quantificação dos bens digitais para efeito de base de cálculo dos tributos, pois como se trata de bens imateriais, criados de maneira mais recente que os demais bens, isso gera maior dificuldade para sua avaliação. Por exemplo, quantificar o valor de uma conta no Instagram com milhões de usuários é diferente da quantificação de bens imóveis ou móveis em geral, o que também é um empecilho para a tributação em geral, mas por não se tratar do foco do trabalho, será analisado em uma próxima oportunidade.

Por fim, e por motivos de melhor enquadramento do assunto no texto, optou-se por deixar o critério espacial ao final, exatamente porque é o principal alvo desse trabalho, assim sendo, o critério espacial do ITCMD está previsto no art. 155, §1°, da CF, conforme demonstrado a seguir:

> § 1°. O imposto previsto no inciso I:
>
> I - relativamente a bens imóveis e respectivos direitos, compete ao Estado da situação do bem, ou ao Distrito Federal
>
> II - relativamente a bens móveis, títulos e créditos, compete ao Estado onde se processar o inventário ou arrolamento, ou tiver domicílio o doador, ou ao Distrito Federal;

> III - terá competência para sua instituição regulada por lei complementar:
>
> a) se o doador tiver domicílio ou residência no exterior;
>
> b) se o de cujus possuía bens, era residente ou domiciliado ou teve o seu inventário processado no exterior;

Ocorre que, conforme termos do art. 80, II, do CC, o direito à sucessão aberta é considerado bem imóvel, conforme bem salienta Rolf Madaleno ao lecionar que:

> O direito à sucessão aberta de pessoa falecida é considerado pelo inc. II do art. 80 do Código Civil um bem imóvel, ainda que o patrimônio hereditário seja constituído por bens móveis, ações, bens incorpóreos e imóveis ou só de bens móveis, pois sempre e enquanto não encerrado o inventário e a partilha a herança é havida como bem imóvel, e sua cessão por inteiro ou a cessão de fração dela depende de escritura pública (CC, art. 1.793).[21]

Com base nisso, percebe-se que os direitos hereditários poderão ser cedidos, porém a cessão dos direitos à sucessão aberta se dará também por meio de escritura pública, nos termos do art. 1.793, do Código Civil que diz que "O direito à sucessão aberta, bem como o quinhão de que disponha o coerdeiro, pode ser objeto de cessão por escritura pública".

Deste modo, a sucessão aberta, mesmo que objeto de cessão de direitos, é considerada um bem imóvel e, portanto, existe possibilidade da incidência das normas relativas à tributação do ITCMD.

Isto posto, conforme o art. 155, §1º, I, da CF, deverá incidir o ITCMD, com relação aos bens imóveis no Estado da situação do bem ou no Distrito Federal, contudo, será possível aferir o local onde se situam os bens digitais para que se possa tributar no lugar correto o ITCMD? Passa-se, nesse momento, a analisar a perspectiva do local da situação dos bens digitais e das formas para localizar os referidos bens.

---

21. MADALENO, Rolf. *Sucessão legítima*. 2. ed. Rio de Janeiro: Forense, 2020, p. 40.

5.1 Local da situação dos bens digitais e formas de localizar esses bens

Considerando os dados elencados anteriormente, cabe agora descobrir onde estão alocados os bens digitais passíveis de sucessão, pois assim será possível averiguar o local correto da incidência do ITMCD, nesse sentido, inicialmente cabe destacar que existe uma grande dificuldade em identificar com exatidão a procedência das informações ofertadas na internet, como também corrobora a lição de Patrícia Peck Pinheiro, conforme segue:

> Aqui entra um dilema importante, que não se aplica no mundo real: na Internet, muitas vezes não é possível reconhecer facilmente de onde o interlocutor está interagindo. Muitos sites têm terminação ".com", sem o sufixo de país (por exemplo, sem o ".br" em seguida) o que teoricamente significa que estão localizados nos Estados Unidos. Só que vários deles apenas estão registrados nos Estados Unidos e não têm nenhuma existência física nesse país. Uma tendência mundial é assumir definitivamente o endereço eletrônico como localização da origem ou efeito do ato. Assim, se uma empresa brasileira registra um site como ".com", em vez de ".com.br", pode ter de se sujeitar às leis de diversos países no caso de questões jurídicas internacionais.[22]

Dessa forma, resta claro que o trabalho de identificar a localização de um bem digital tomando por base o registro de um site na internet não será suficiente para acentuar o critério espacial de um tributo, primeiro porque será possível saber apenas a localização do país do registro daquele site, mas não a localização exata ou até mesmo a área onde se encontra o referido bem.

Por conseguinte, uma outra possibilidade seria analisar o registro de dados de um determinado usuário para saber sua localização seria pelo controle do *internet protocol (*IP) que é definido por Patrícia Peck Pinheiro como "*Internet Protocol*, protocolo responsável pelo percurso de pacotes entre dois

22. PINHEIRO, Patrícia Peck. *Direito digital*. 5. ed. São Paulo: Saraiva, 2013, p. 41.

sistemas que utilizam a família de protocolos TCP/IP, desenvolvida e usada na Internet". Trata-se, assim, de um endereço atribuído ao usuário que se conecta a internet, de modo a ser possível identificar a procedência de seu acesso.

Porém, o uso do *internet protocol* pode não ser suficiente para delimitar com exatidão a localização do usuário, conforme demonstra a decisão judicial abaixo:

> Ao longo de suas manifestações, sabe-se que a empresa Oi S.A. alegou de forma reiterada que os dados trazidos aos autos por Yahoo do Brasil Internet Ltda., apresentando o IP ("Internet Protocol"), o horário e data de criação e extinção da referida conta, mostraram-se insuficientes para aferir as informações requisitadas sobre o autor do e-mail.
>
> Entretanto, ao atribuir aos seus usuários vinculados um endereço de IP de acesso à rede, assume a responsabilidade de apresentar, a partir de autorização judicial devidamente concedida em Primeiro Grau, os dados pessoais requeridos constantes em seu cadastro. A obrigação de armazenar dados dos usuários anda ao encontro da vedação ao anonimato (artigo 5º, inciso IV, da Constituição Federal), além de constituir responsabilidade pela própria atividade da empresa. (TJ-SC - RE n. 0009534-52-2010.8.24.0008/50001, Blumenau, relator Desembargador Altamiro de Oliveira, data do julgamento 29/10/2019).

Para deixar nítido que o *internet protocol* não é exato em relação à localização de um usuário, faz-se necessário mostrar o exemplo do site *www.youhavedownloaded.com* que foi criado com o fim de demonstrar, com base no endereço de IP de determinado equipamento, o que determinado usuário baixou na internet, deste modo, seria necessária a mera inserção do endereço de IP de um usuário no sistema do site para se ter conhecimento desses dados.

Todavia, como existe uma grande diversidade de endereços baseados no IP e que existe a possibilidade de infindáveis alterações em um endereço de IP, o site acabou por encerrar suas atividades, já que as buscas no site se tornaram ineficientes, apresentando dados equivocados acerca dos *downloads* relacionados a determinado endereço.

Assim, embora exista a possibilidade de obter ao menos rastros dos dados do usuário e sua possível localização, ainda assim o foco aqui é demonstrar onde estão localizados os arquivos de um determinado usuário e o uso do IP é uma forma de se tentar chegar ao menos próximo a esses dados, porém não é a única forma.

Outra possibilidade, muito mais simples é que o usuário informe seus herdeiros acerca dos bens existentes antes do falecimento, deixando com eles a localização, o modo de acesso e a senha para utilização dos dados, porém, nesse caso, os herdeiros dificilmente irão suscitar esses bens no inventário e menor ainda será a chance de pagarem o ITCMD, embora saibam o local exato da situação do bem.

Também existem algumas plataformas como o Google, que garantem aos seus usuários o direito de escolher contatos de confiança, pois, caso haja inatividade da conta por um período, o próprio sistema do Google enviará um *e-mail* para o contato cadastrado para que ele possa acessar os dados deixados pelo antigo usuário, podendo, este último, escolher se o acesso será irrestrito ou apenas a alguns arquivos.[23]

Outras plataformas, como o *Facebook*, também dispõem do sistema dos contatos de confiança, mas, nesse caso, a dinâmica é diferente, pois essas pessoas somente deterão códigos que, quando juntos, poderão ser utilizados para conseguir a senha do usuário. Normalmente esse sistema é utilizado para usuários que perdem suas senhas e buscam os códigos com esses contatos de confiança para reavê-la, mas nada impede que esses contatos consigam se reunir e acessar a conta, pois poderiam fazê-lo, embora não seja essa a finalidade do recurso.[24]

---

23. GOOGLE. Sobre o gerenciador de contas inativas. 2020. Disponível em: https://bit.ly/3p7WKG1 Acesso em: 25 jan. 2020.

24. FACEBOOK. Como faço para escolher amigos para me ajudar a entrar na minha conta do Facebook caso eu perca o acesso a ela? Disponível em: https://bit.ly/3DMgJht Acesso em: 12 out. 2020.

Ainda em relação ao *Facebook*, é possível que o usuário estabeleça um contato herdeiro, que poderá converter a conta do usuário falecido em conta memorial, porém, não será possível ao herdeiro ter acesso a quaisquer dados do anterior usuário, somente poderá administrar a conta daquele momento para frente, não tendo acesso aos dados anteriormente depositados no sistema pelo usuário falecido.[25]

Embora existam possibilidades estabelecidas contratualmente, como ocorrem nesses casos citados, existem inúmeros sistemas na internet que não possuem quaisquer meios para que outras pessoas tomem conhecimento acerca dos dados de um usuário, o que acaba por dificultar ainda mais para que os herdeiros tomem conhecimento acerca de possíveis bens digitais na conta do *de cujus*.

É nesse momento que se torna importante tanto para os herdeiros quanto para o fisco, o conhecimento, mesmo que mínimo acerca da existência desses bens em alguma plataforma digital, pois será com base nesse mínimo informacional que eles poderão se socorrer do Poder Judiciário para que esse solicite as referidas informações dessas empresas detentoras dos servidores, onde possivelmente estarão localizados bens do ente falecido.

E, mesmo em posse dessas informações, ainda existe discussão sobre o direito à privacidade e ao esquecimento, pois se o ente já falecido não demonstrou interesse em informar acerca de seus bens digitais, não caberia aos herdeiros essas informações, pois são de cunho pessoal, não podendo, o Judiciário, aviltar os direitos do morto, liberando seus dados de maneira indiscriminada.[26]

Como há dito anteriormente, somente será possível a transmissão de bens realmente em propriedade do usuário,

---

25. FACEBOOK. O que é um contato herdeiro e o que ele pode fazer com minha conta do Facebook? Disponível em: https://bit.ly/3p8LMQL Acesso em: 12 out. 2020.

26. LUZ. Pedro Henrique Machado. *Direito ao esquecimento no Brasil*. Curitiba: Gedai, 2019, p. 100-123.

quando do momento do falecimento e essa ponderação é essencial para ser destacada, pois a maioria dos contratos vislumbrados na internet não é de compra e venda, mas sim, de cessão de direito de uso de determinado *software*, música, ou filme, não sendo possível a transmissão hereditária, pois não há propriedade do bem, como comprova o excerto do contrato do *Spotify* que segue:

> O Serviço Spotify e o Conteúdo são de propriedade do Spotify ou dos licenciantes do Spotify. Nós concedemos a você uma permissão limitada, não exclusiva e revogável para fazer uso do Serviço Spotify e uma permissão limitada, não exclusiva e revogável para fazer uso pessoal e não comercial do Conteúdo (coletivamente, "Acesso"). Este Acesso permanecerá em vigor, a menos que seja encerrado por você ou pelo Spotify. Você promete e concorda que você está usando o Serviço Spotify e o Conteúdo para seu próprio uso pessoal, não comercial e que você não irá redistribuir nem transferir o Serviço Spotify ou o Conteúdo. O Conteúdo e os aplicativos de software Spotify não são vendidos nem transferidos para você, e o Spotify e os seus licenciantes retêm a titularidade de todas as cópias dos aplicativos de software Spotify e do Conteúdo, mesmo após a instalação em seus computadores pessoais, telefones celulares, tablets, dispositivos do tipo wearable, alto-falantes e/ou outros dispositivos ("Dispositivos").[27]

Para adentrar de forma mais contundente no assunto principal, revela-se essencial definir *cloud computing* ou navegação na nuvem e conforme o *National Institute of Standards and Technology*, esse é um modelo de sistema que permite o acesso remoto, conveniente e sob demanda, a uma rede de arquivos compartilhados que podem ser rapidamente provisionados e liberados com um mínimo esforço de gerenciamento e interação com o provedor de serviços.

Depois dessa primeira análise, verificando que o bem digital realmente era propriedade do *de cujus*, o principal problema ocorrerá quando as referidas coisas estiverem dispostas em um *e-mail* ou na nuvem, de modo geral, pois, nessas situações,

---

27. SPOTIFY. Termos e condições de uso do Spotify. Disponível em: https://spoti.fi/3lU2ZeN Acesso em: 11 out. 2020.

teremos as seguintes hipóteses: (i) o local onde o *de cujus* acessava esses dados; (ii) o local do servidor onde estão localizados os arquivos; (iii) o local onde os herdeiros acessaram os arquivos.

Após essa primeira ponderação, e considerando as hipóteses anteriormente citadas, observa-se que não necessariamente onde o *de cujus* acessava os dados ou onde seus sucessores o fizeram é realmente onde estes estão localizados, muitos sites de armazenamento de dados têm a possibilidade de se visualizar arquivos no próprio ambiente do *site* ou do aplicativo, sem que seja necessário fazer seu *download*, assim sendo, o local da situação do bem será o local onde estiver hospedado o servidor daquela plataforma digital de *cloud computing*.

Nesse momento, outro problema vem à tona, a localização dos servidores e muitos deles não estão localizados no Brasil, conforme comprova a política de privacidade do Dropbox abaixo elencada:

> Onde coletamos
>
> Em todo o mundo. Para oferecer nossos Serviços a você, podemos armazenar, processar e transmitir dados nos Estados Unidos e em vários lugares do mundo - inclusive fora do seu país. Os dados também podem ser armazenados localmente nos dispositivos que você usa para acessar nossos Serviços. [28]

Conforme mencionado acima, não se pode esperar que se o usuário está hospedando na nuvem um arquivo que saiu de seu computador no Brasil, que esse arquivo continuará no Brasil, podendo ser encaminhado para qualquer país do mundo, o que restringe ainda mais a possibilidade de tributação pelo ITCMD, quando os arquivos estiverem localizados na nuvem.

Em razão disso, o art. 155, §1º, da CF, prescreve que se o *de cujus* possuía bens no exterior, a competência para instituição do ITCMD se dará por meio de lei complementar, norma está que nunca chegou a ser criada, portanto, não seria

---

28. DROPBOX. Política de privacidade. Disponível em: https://bit.ly/3lKnN8k Acesso em: 12 out. 2020.

possível tributar por ITCMD os bens digitais que estiverem alojados em servidores no exterior.

Importante frisar que os tribunais têm apresentado decisões nesse sentido, conforme comprova o trecho abaixo:

> APELAÇÃO MANDADO DE SEGURANÇA - ITCMD - INCIDÊNCIA SOBRE TRANSMISSÃO DEBEM INCORPÓREO EFETUADA POR DOADORRESIDENTENOEXTERIOR- INCONSTITUCIONALIDADE Pretensão mandamental voltada à declaração de inexigibilidade do recolhimento de imposto sobre transmissão causa mortis e doações de quaisquer bens ou direitos incidente sobre transmissão de valores monetários por doador domiciliado no exterior, nos termos do art. 4º, II, 'b', da Lei Estadual nº 10.705/2000 Inexistência de lei complementar federal, nos termos do art. 155, § 1º, III, da CF/88, a legitimar referida cobrança Inconstitucionalidade do dispositivo da legislação estadual reconhecida pelo Órgão Especial do Tribunal de Justiça Precedentes Sentença concessiva da ordem de segurança mantida. Recursos, voluntário e oficial, desprovidos. (TJSP, Apelação 1008627-21.2017.8.26.0053; Relator (a): Paulo Barcellos Gatti; Órgão Julgador: 4ª Câmara de Direito Público do Tribunal de Justiça de São Paulo; Data do Julgamento: 16.10.2017).

No mesmo julgamento, ainda ficou esclarecido que não poderiam, os Estados, suplementar a ausência normativa explicitada no art. 155, §1º, da CF, com o intuito de instituir cobrança do ITCMD nos referidos casos, pois isso realmente só seria possível com a existência de lei complementar de caráter nacional criada pelo Congresso Nacional, o que não existe, até o momento.

Ainda é importante destacar que um mesmo arquivo pode estar alocado em diversos servidores, podendo, inclusive, ter seus dados divididos entre eles e que somente serão realocados, formando o arquivo original, quando o usuário decidir por abrir ou fazer o *download* daquele arquivo, ou seja, um mesmo arquivo pode estar distribuído em diversos países pelo mundo todo, ao mesmo tempo.

Nesse momento, é importante citar o que diz Lucas Galvão de Britto sobre o critério territorial e sua aferição, conforme trecho que segue:

> Pois bem, se é da natureza do lugar ser uma relação de posicionamento que somente pode ser aferida entre corpos, deve o critério espacial indicar os termos do liame. A indicação do território, como costuma ser feita por parte da doutrina para referir-se ao critério espacial de um dado tributo, é, portanto, incompleta, pois falta-lhe ao menos outro termo para que a predicação poliádica fique completa. Apenas com a indicação de um território, como o do município, falta algo: como a indicação do termo "estabelecimento prestador" para que, conjugando-os, possa-se imputar como lugar do tributo aquele no qual situa-se o estabelecimento prestador do serviço tributado. O critério espacial, sendo relação, precisa da indicação de ao menos dois termos, não podendo ter menos do que isso.[29]

Nessa toada, resta claro que a legislação atual não está apta a precisar os liames essenciais ao critério espacial do ITCMD no que tange a uma grande parcela de bens digitais, ou seja, nossa legislação está em muito desatualizada e embora os textos normativos do ITCMD devam ser aplicados aos bens digitais, ainda restam omissas situações não amparadas pelas normas atuais, como o caso da extraterritorialidade do monte mor, onde a omissão normativa faz com que não se torne possível a incidência do ITCMD nas referidas relações jurídicas.

Ainda assim, deve-se ressaltar que, na possibilidade do bem digital estar localizado de maneira precisa em um local fixo, como, no caso de um arquivo que está em um computador, ou seja, um local precisamente indicado pelos herdeiros. Nesse caso, será possível falar na tributação do ITCMD, porém, a tendência atual é que esse tipo de arquivamento de dados se torne cada vez menos utilizado pelas pessoas, o que torna a legislação cada vez menos aplicável e mais atrasada.

---

29. BRITTO, Lucas Galvão de. *O lugar e o tributo:* ensaio sobre competência e definição do critério espacial na regra-matriz de incidência tributária. 1. ed. São Paulo: Noeses, 2014, p. 147-148.

Assim sendo, em um caso muito específico da sucessão aberta, os bens digitais poderão ser considerados como bens imóveis e, ao mesmo tempo, poderão ser tributados pelo ITCMD, desde que se saiba, com exatidão, o local onde estão situados os bens do *de cujus*, e que seja dentro do território nacional, pois se os bens estiverem dispostos em outro país, não será possível a referida tributação por omissão legislativa.

6. Conclusões

Com base em todo o aprestado, pode-se concluir incialmente que o uso da regra-matriz de incidência tributária é essencial para que se possa destrinchar a norma jurídica tributária, de modo a evidenciar problemas decorrentes de sua aplicação, como é o caso discutido neste trabalho. Portanto, seu uso foi essencial para trazer melhores resultados para o entendimento do assunto apresentado.

A regra-matriz de incidência é baseada nas ideias da hermenêutica filosófica e essa técnica voltada ao intérprete também demonstrou ser de extrema utilidade para o trabalho, pois somente assim foi possível estabelecer premissas para explicar, com base em uma interpretação sistemática, como o critério espacial deverá ser vislumbrado em um caso específico como dos bens digitais em relação ao ITCMD.

A partir dessas premissas, pode-se verificar que não existem apenas problemas na tributação do ITCMD sob o aspecto do critério espacial da hipótese de incidência tributária, mas também sob outros pontos como o critério quantitativo, pois os bens digitais, por serem atuais e ainda pouco aplicados pela doutrina e jurisprudência acabam também por serem de difícil valorização econômica.

Todavia, o foco do trabalho é o critério espacial da regra-matriz de incidência tributária e sobre esse assunto apurou-se que não existem limites territoriais para o serviço de internet e isso também interfere na identificação da situação dos bens do *de cujus*, pois, ao mesmo tempo em que os bens digitais possam ser facilmente identificados em um computador de um usuário, eles também podem estar alocados em uma rede de servidores pelo mundo todo, tornando muito complexa sua identificação precisa.

Nesse diapasão, muitas são as possibilidades de se encontrar bens digitais na internet, uma delas é verificar o registro da movimentação desse usuário por meio de seu *internet protocol adress*, ou seja, por seu endereço de IP e isso dará, ao menos, uma ideia aos herdeiros dos *sites* visitados, possibilitando saber se ele poderia ter bens digitais em determinadas plataformas.

Também foi demonstrado que esse sistema pode ser falho, até porque o endereço do IP pode ser alterado e isso impede que se tenha conhecimento, ao menos total, acerca da navegação daquele usuário na internet, portanto mesmo com o uso desse instrumento ainda pode não haver suficiência de informações para que se possam encontrar os referidos bens e, muito menos, dizer onde estão situados com exatidão.

Outra possibilidade é que os herdeiros tenham conhecimento de locais onde poderão estar alocados esses bens, mas não tenham acesso ao sistema, pois não possuem os dados cadastrais do usuário para tanto. Nesse ponto, faz-se importante o Poder Judiciário, não apenas como forma para possivelmente liberar o acesso dos herdeiros aos dados requeridos, mas também como possível informante do fisco sobre a existência de bens a serem tributados na partilha.

Finalmente, a possibilidade mais simples é que os herdeiros tenham acesso à máquina ou ao *login* e senha que garantem acesso ao servidor onde estão localizados os bens digitais, porém, nesse caso, dificilmente declararão esses bens ao fisco e simplesmente os utilizarão como melhor lhes satisfazer, gerando uma perda aos cofres públicos.

Entretanto, ainda que existam todos esses empecilhos, ainda é possível que se tribute o ITCMD com base nos bens digitais e, nesse caso, dois requisitos devem ser atendidos: (i) deve-se saber com exatidão a localização do referido bem; (ii) essa localização deve ser dentro do território nacional.

Com relação ao primeiro item, pode-se dizer que é essencial que o bem digital esteja plenamente localizado em um determinado lugar, pois, somente assim, será possível identificar o Estado ou o DF como ente competente a tributar o ITCMD.

Por outro lado, também se notou que a localização deve ser dentro do território nacional, pois, embora o art. 155, §1º, da CF, estabeleça possibilidade de tributação por ITCMD de bens localizados no exterior, essa tributação somente pode ocorrer se houver lei complementar disciplinando o assunto, o que não temos, até o momento, e o Judiciário já se inclina para a impossibilidade de ingerência legislativa dos estados-membros, no que tange a essa matéria, pois se trata de competência da União.

Além disso, um mesmo arquivo pode estar distribuído em vários países, o que intrinca ainda mais a possibilidade de se saber com exatidão a localização dos bens digitais, fazendo com que a internet se torne, cada dia mais, um ambiente propício para prática de atos ilícitos, como a própria sonegação fiscal.

Assim sendo, parece bastante perceptível que a legislação brasileira atual não está suficiente para dar base à incidência do ITCMD no caso dos bens digitais em uma sucessão aberta, de modo que muito precisa ser estabelecido não apenas no âmbito tributário, mas também naquele do Direito Digital, pois tentar equiparar as figuras do mundo real com as do mundo virtual pode surtir os efeitos necessários para muitos casos, mas sempre existirão pequenas vicissitudes que precisarão de uma maior especialização normativa para que possam ser aplicadas de maneira eficiente.

Referências

ALMEIDA, Juliana Evangelista de. *Testamento digital:* como se dá a sucessão dos bens digitais. Porto Alegre: Editora Fi, 2019, p. 38-39.

AZEVEDO. Álvaro Villaça. *Curso de direito civil:* Direito das coisas. 2.ed. São Paulo: Saraiva Jur, 2019.

BRITTO, Lucas Galvão de. *O lugar e o tributo:* ensaio sobre competência e definição do critério espacial na regra-matriz de incidência tributária. 1. ed. São Paulo: Noeses, 2014.

CARVALHO, Aurora Tomazini de. *Teoria geral do direito*: o construtivismo lógico -semântico. 6. ed. São Paulo: Noeses, 2019.

CARVALHO, Paulo de Barros. *Curso de direito tributário.* 30. ed. São Paulo: Saraiva Jur, 2019.

CARVALHO, Paulo de Barros. *Direito tributário:* linguagem e método. São Paulo: Noeses, 2012

DINIZ, Maria Helena. *Curso de direito civil brasileiro:* teoria geral do direito civil. 29. ed. vol. 1. São Paulo: Saraiva, 2012.

DROPBOX. Política de privacidade. Disponível em: https://bit.ly/3lKnN8k Acesso em: 12 out. 2020.

FACEBOOK. Como faço para escolher amigos para me ajudar a entrar na minha conta do Facebook caso eu perca o acesso a ela? Disponível em: https://bit.ly/3DMgJht Acesso em: 12 out. 2020.

FACEBOOK. O que é um contato herdeiro e o que ele pode fazer com minha conta do Facebook? Disponível em: https://bit.ly/3p8LMQL Acesso em: 12 out. 2020.

GAGLIANO, Pablo Stolze. *Novo curso de direito civil.* 7.vol. São Paulo: Saraivajur, 2019.

GOOGLE. Sobre o gerenciador de contas inativas. 2020. Disponível em: https://bit.ly/3p7WKG1 Acesso em: 25 jan. 2020.

JÚNIOR, Fernando Taveira. *Bens digitais (digital assets) e a sua proteção pelos direitos da personalidade*: um estudo sob a perspectiva da dogmática civil brasileira. 1. ed. Porto Alegre: Revolução eBooks – Simplíssimo, não paginado.

LUZ. Pedro Henrique Machado. *Direito ao esquecimento no Brasil.* Curitiba: Gedai, 2019.

MADALENO, Rolf. *Sucessão legítima.* 2. ed. Rio de Janeiro: Forense, 2020.

MAXIMILIANO, Carlos. *Hermenêutica e aplicação do direito.* 21. ed. Rio de Janeiro: Forense, 2017.

PADILHA, Maria Ângela Lopes Paulino. *Tributação de software.* 1.ed. São Paulo: Noeses, 2019.

PAULSEN, Leandro. *Curso de direito tributário completo.* 11. ed. São Paulo: Saraivajur, 2020.

PINHEIRO, Patrícia Peck. *Direito digital.* 5. ed. São Paulo: Saraiva, 2013, p. 41

QUAH, Danny. *Digital goods and the new economy.* London: Centre for Economic Performance, 2003.

SPOTIFY. Termos e condições de uso do Spotify. Disponível em: <https://www.spotify.com/br/legal/end-user-agreement/> Acesso em: 11 out.2020.

WACHOWICZ, Marcos. *Direito autoral e marco civil da internet.* Curitiba: Gedai Publicações, 2015.

Capítulo 4
CRITÉRIO SUBJETIVO

SUB-ROGAÇÃO E A MODIFICAÇÃO DA SUJEIÇÃO PASSIVA DO FUNRURAL DO PRODUTOR RURAL

Murilo Pompei Barbosa[1]

Resumo: O presente trabalho visa a contribuir com o tema da relação jurídica que se instaura em razão da norma jurídica da contribuição ao FUNRURAL por parte do produtor rural, prevista pela Lei 8.212/91, promovendo a análise da sua regra-matriz de incidência tributária e das prescrições normativas do art. 121 do Código Tributário Nacional. Com tal comparação, pretende-se a análise pormenorizada do tema de acordo com as orientações das operações do cálculo de relações alcançado pela teoria das relações, sendo assim restará clara a triangulação das relações formadas entre a União, a empresa adquirente da produção, e o produtor rural. Em tal linha, será possível seguir para a análise acerca da coerência de se considerar como sub-rogação quando da comercialização realizada pelo produtor rural empregador para a pessoa jurídica adquirente da produção, e consequentemente se igualmente coerente o dever de retenção desta última. Como reflexos destes pontos, a conclusão abrangerá a formação da norma secundária a partir de eventual lide envolvendo o Estado-juiz, em razão do descumprimento da obrigação tributária em tela.

---

1. Mestre e Especialista em Direito Tributário pelo Instituto Brasileiro de Estudos Tributários IBET-SP. Advogado. murilopompei@outlook.com.

1. Introdução

Analisando que o Fundo de Assistência ao Trabalhador Rural (FUNRURAL) se trata de contribuição social recolhida por produtores rurais, pessoas físicas ou jurídicas, vislumbra-se a grandiosa abrangência de contribuintes deste tributo, em especial no Brasil, país com tanta força no agronegócio.[2]

Pretendeu-se, ao longo do tempo, validar constitucionalmente esta cobrança face aos produtores rurais, com base no art. 195 da Carta Magna, em seus incisos I, alínea "a" (produtor empregador), II (previdência social), e §8º (segurado especial).

No cenário apresentado, grandes discussões jurídicas rodearam – e ainda rodeiam, a possibilidade de cobrança, tendo em vista os mais recentes acontecimentos, em especial os propiciados pela Suprema Corte e pelo Senado Federal.

Nesta linha, o presente trabalho pretende contribuir com o tema de fundo da relação jurídica que se instaura em razão da norma jurídica da contribuição ao FUNRURAL do produtor rural, prevista pela Lei 8.212/91, promovendo a análise da sua regra-matriz de incidência tributária, juntamente com as prescrições normativas do art. 121 do Código Tributário Nacional.

Partindo deste ponto, portanto, pretende-se enxertar as considerações que serão traçadas, com as orientações das operações do cálculo de relações trabalhado pela teoria das relações.

Como escopo principal, o referido trajeto de estudo permitirá a análise acerca da viabilidade de considerar como sub-rogada a empresa que adquire a produção rural, bem como se coerente a obrigatoriedade de retenção de valores a título da contribuição em tela, sendo que tais pontos poderão refletir na formação devida da norma jurídica secundária.

O estudo científico levará em consideração as prescrições e estruturas dos arts. 25 e 30 da Lei 8.212/91 e suas recentes

---

2. Agricultura e agronegócio contribuíram com 23,5% do Produto Interno Bruto (PIB) do Brasil em 2017.

alterações, e propositalmente deixará de lado eventual discussão acerca da constitucionalidade/eficácia destes dispositivos (tendo em vista as discussões em andamento).[3]

2. Breves considerações sobre a contribuição

De proemia análise, vale pontuar que a primeira lei que instituiu a mencionada cobrança do FUNRURAL sobre a comercialização do produtor rural adveio no ano de 1971. Porém, esta primeira tentativa não durou muito, haja vista que em 1988, com a nova Constituição Federal, o termo FUNRURAL fora extinto, criando o Regime Geral de Previdência Social.

Na esteira, sua cobrança fora reinstituída em 1991, face apenas ao chamado segurado especial (agricultor familiar), com o surgimento da Lei 8.212/91, que dispõe, em suma, sobre a organização da Seguridade Social.

Adiante, com o advento da Lei 8.540/92, alteraram-se os dispositivos da Lei 8.212/91, para regulamentar a cobrança também em face ao produtor rural empregador, sendo realizada em substituição ao recolhimento sobre sua folha de salários.[4]

---

3. Recurso Extraordinário nº 363.852/MG, Relator(a): Min. MARCO AURÉLIO, Tribunal Pleno, julgado em 03.02.2010, DJe-071 divulgado em 22.04.2010, publicado em 23.04.2010. Recurso Extraordinário nº 718.874/RS, Relator(a): Min. EDSON FACHIN, Tribunal Pleno, julgado em 30.03.2017, DJe-219 divulgado em 26.09.2017, publicado em 27.09.2017. Recurso Extraordinário nº 700.922/RS, Relator(a): Min. MARCO AURÉLIO, julgado em 09.05.2013, DJe-101 divulgado em 28.05.2013, publicado em 29.05.2013. Recurso Extraordinário nº 611.601/RG, Relator(a): Min. DIAS TOFFOLI, julgado em 03.06.2010, DJe-110 divulgado em 17.06.2010, publicado em 18.06.2010. Senado Federal, Resolução do Senado Federal nº 15/2017, promulgado pelo Senador EUNÍCIO OLIVEIRA, DOU 13.09.2017.

4. Art. 22. A contribuição a cargo da empresa, destinada à Seguridade Social, além do disposto no art. 23, é de: 6
I - vinte por cento sobre o total das remunerações pagas, devidas ou creditadas a qualquer título, durante o mês, aos segurados empregados e trabalhadores avulsos que lhe prestem serviços, destinadas a retribuir o trabalho, qualquer que seja a sua forma, inclusive as gorjetas, os ganhos habituais sob a forma de utilidades e os adiantamentos decorrentes de reajuste salarial, quer pelos serviços efetivamente prestados, quer pelo tempo à disposição do empregador ou tomador de serviços, nos termos da lei ou do contrato ou, ainda, de convenção ou acordo coletivo de

Por fim, a mais recente alteração nesta legislação fora promovida pela Lei 13.606/2018, sendo que o art. 25, incisos I e II[5] passou a prever a contribuição de 1,2% da receita bruta proveniente da produção rural, acrescido de 0,1% do risco de acidente do trabalho.

Em que pese tais elementos da exação, há de se considerar também o quanto rege o art. 30, III,[6] da Lei 8.212/91, sendo que este determina que a efetivação do recolhimento deve ser realizada pela pessoa jurídica que adquirir a produção rural referenciada.

Tais considerações iniciais mostram-se de suma importância para a análise normativa desta contribuição, haja vista que o plano da literalidade é sempre o ponto de partida para a construção dos sentidos jurídicos, visando ao final ordenar as significações normativas inseridas no sistema. Neste sentido,

---

trabalho ou sentença normativa. (Redação dada pela Lei nº 9.876, de 1999). (Vide Lei nº 13.189, de 2015)
II - para o financiamento do benefício previsto nos arts. 57 e 58 da Lei nº 8.213, de 24 de julho de 1991, e daqueles concedidos em razão do grau de incidência de incapacidade laborativa decorrente dos riscos ambientais do trabalho, sobre o total das remunerações pagas ou creditadas, no decorrer do mês, aos segurados empregados e trabalhadores avulsos: (Redação dada pela Lei nº 9.732, de 1998).

5. Art. 25. A contribuição do empregador rural pessoa física, em substituição à contribuição de que tratam os incisos I e II do art. 22, e a do segurado especial, referidos, respectivamente, na alínea a do inciso V e no inciso VII do art. 12 desta Lei, destinada à Seguridade Social, é de:
I - 1,2% (um inteiro e dois décimos por cento) da receita bruta proveniente da comercialização da sua produção;
II - 0,1% da receita bruta proveniente da comercialização da sua produção para financiamento das prestações por acidente do trabalho.

6. Art. 30. A arrecadação e o recolhimento das contribuições ou de outras importâncias devidas à Seguridade Social obedecem às seguintes normas: (Redação dada pela Lei nº 8.620, de 5.1.93)
III - a empresa adquirente, consumidora ou consignatária ou a cooperativa são obrigadas a recolher a contribuição de que trata o art. 25 até o dia 20 (vinte) do mês subsequente ao da operação de venda ou consignação da produção, independentemente de essas operações terem sido realizadas diretamente com o produtor ou com intermediário pessoa física, na forma estabelecida em regulamento; (Redação dada pela Lei nº 11.933, de 2009).

didaticamente explica a doutrinadora AURORA TOMAZINI DE CARVALHO:[7]

> O plano da literalidade é representado pelo suporte físico textual, no qual se objetivam as prescrições do legislador e dos quais parte o intérprete para construção do sentido legislado. A palavra "textual" aqui é empregada como conjunto de enunciados devidamente estruturados e os "enunciados" são tomados como sinônimo de frases.

Nos termos do corte metodológico realizado no tópico introdutório, não sendo o mérito do presente trabalho a discussão da constitucionalidade ou não da presente contribuição, passa-se a analisar a estrutura normativa desta, considerando o suporte físico textual apresentado até então, e amealhando com as demais normas inseridas no sistema.

3. A estrutura da norma jurídica e a regra-matriz de incidência tributária

Antes de trabalhar com os elementos próprios da contribuição ao FUNRURAL, vale estabelecer curtas considerações acerca da estrutura das normas em geral, bem como da regra-matriz de incidência tributária.

Destarte, entende-se o direito como um corpo de linguagem, o qual prescreve condutas intersubjetivas de acordo com a vontade do agente enunciador, no caso o próprio legislador, sendo quem estabelece como algo deve ser, iniciando assim as etapas da construção do sentido.[8]

---

7. CARVALHO, Aurora Tomazini de. *Curso de teoria geral do direito (o Constructivismo* Lógico-Semântico). São Paulo: Noeses, 2016, p. 255.

8. "Na primeira delas, o intérprete trava contato com a instância material do texto (montando o plano S1); sobre ela, adjudica sentido a cada signo da mensagem legislada, articulando-os para formar frases simples, os enunciados normativos (as normas jurídicas em sentido lato, que compõem o plano S2); ocorre que a só leitura de um desses enunciados mostra-se muitas vezes insuficiente para conhecer, na inteireza, o teor deôntico da mensagem, por isso mesmo, o intérprete volta à literalidade textual buscando outros signos, repete o procedimento de adjudicar sentido e

Já o instrumento que propicia a busca pelo dever-ser (modalizado em obrigatório, proibido ou permitido[9]) é formado pelas normas jurídicas, as quais em vista das características de ambiguidade e vaguidade inerentes da linguagem, possuem diversas acepções distintas. Considera-se, assim, três diferentes aspectos da norma jurídica: em sentido amplo, estrito e completo.

Voltando ao ponto de partida da construção e interpretação do direito positivo, a norma jurídica em sentido amplo considera toda proposição prescritiva, sendo a própria lei, sentença, acórdão, contrato, entre outras. Porém, esta acepção não é capaz de demonstrar todo o sentido deôntico, conforme incita o autor NOBERTO BOBBIO ao afirmar que "as normas jurídicas nunca existem sozinhas, mas sempre num contexto de normas que têm relações específicas entre si".[10]

Já em sentido estrito, considera-se a estrutura hipotética condicional que se constrói intelectualmente em razão do contato com os textos legais, a qual a partir de determinada hipótese (H), então deve ser determinada consequência (C),

---

constrói outros enunciados, tornando ao texto por diversas vezes até o ponto em que domina significações bastantes para construir a mensagem deôntica completa, sob a forma lógica de juízo hipotético-condicional (H→C), estabelecendo a descrição de um fato em seu antecedente (H) e implicando (→)a prescrição de uma conduta em sua consequência (C) (i.e. as normas jurídicas em sentido estrito, que formam o plano S3); somente então será possível inserir esse comando no universo das demais normas jurídicas que, em relações de coordenação e subordinação para com aquela construída, formam o seu contexto normativo, também chamado ordenamento jurídico (o plano S4)." BRITTO, Lucas Galvão de. *Tributar na era da técnica:* Como as definições feitas pelas agências reguladoras vêm influenciado a interpretação das normas tributárias. São Paulo: Noeses, 2018.

9. "A relação intersubjetiva – entre sujeitos da ação ou omissão – divide-se exaustivamente nessas três possibilidades. Uma lei ontológica de quarta possibilidade excluída diz: a conduta é obrigatória, permitida ou proibida, sem mais outra possibilidade. Assim, a variável relacional deôntica tem três e somente três valores, justamente as constantes operativas obrigatório, permitido e proibido". VILANOVA, Lourival. Norma jurídica - proposição jurídica (significação semiótica). *Revista de Direito Público*, São Paulo: RT, 1982, p. 124-125.

10. BOBBIO, Noberto. *Teoria geral do direito*. 3. ed. Trad. Denise Agostinetti. Revisão da trad. Silvana Cobucci Leite. São Paulo: Martins Fontes, 2010, p. 185.

simbolizando, nos termos da lógica proposicional, da seguinte forma: (H → C).[11]

A hipótese é identificada a partir da descrição de acontecimentos no mundo fenomênico de possível ocorrência, ou de acontecimentos já determinados no espaço e no tempo.

Por vez, o consequente, a partir do fato jurídico elencado pela hipótese, determina a instauração de uma relação entre dois ou mais sujeitos, sendo que sempre um lado terá o direito de exigir o cumprimento de certa prestação, enquanto que o outro terá o dever de cumprir com esta prestação.

Por fim, a norma jurídica em sentido completo contempla duas formas de estruturas de hipótese e consequência, sendo a primária e a secundária. A forma primária prevê em sua hipótese determinado acontecimento no mundo real da forma já vista, enquanto que o consequente instaura a relação intersubjetiva com direitos e deveres. Com eventual descumprimento dos termos jurídicos desta relação é que nasce a norma secundária, configurando assim sua hipótese, e em seguida sua consequência, sendo que esta última prevê uma nova relação jurídica do sujeito lesado com o Estado-juiz, visando a obter tutela jurisdicional. Assim resume o autor LOURIVAL VILANOVA[12] sobre a norma secundária:

> Na segunda, a hipótese fática de incidência é o não-cumprimento do dever do termo-sujeito passivo. Ocorrendo o não cumprimento, dá-se o fato cujo efeito (por isso o não cumprimento é o fato jurídico) é outra relação jurídica, na qual o sujeito ativo fica habilitado a exigir coativamente a prestação, objeto do dever jurídico.

Com esta breve análise da estrutura das normas jurídicas, é possível passar o próximo passo da construção da regra-matriz de incidência tributária, já considerando os elementos

11. ECHAVE, Delia Tereza; URQUIJO, Maria Eugenia; GUIBORG, Ricardo. *Lógica, proposición y norma*. Buenos Aires: Astrea, 2008, p. 56 et seq.

12. VILANOVA, Lourival. *Causalidade e relação no direito*. 5ª ed. São Paulo, Noeses, 2015. p. 192.

específicos da contribuição ao FUNRURAL. De início, vale a análise da fórmula lógica estabelecida pelo Professor PAULO DE BARROS CARVALHO:[13]

D {[Cm(v.c).Ce.Ct] → [Cp(Sa.Sp).Cq(BC.al)]}

Esmiuçando esta fórmula, adota-se as lições de ROSANA OLEINIK:[14]

> 'D' é o dever-ser neutro, que sinaliza estarmos diante de uma norma válida, existente no universo do direito positivo. '[Cm(v.c). Ce.Ct]' é a hipótese normativa, em que 'Cm' é o critério material da hipótese; 'v' é o verbo, sempre pessoal e de predicação incompleta; 'c' é o complemento do verbo; 'Ce' é o critério espacial; 'Ct' o critério temporal; '.'
>
> *É o conectivo* conjuntor; '→' é o símbolo do conectivo condicional que une proposição antecedente à proposição consequente; e '[Cp(Sa.Sp).Cq(BC.al)]' é o consequente normativo, em que 'Cp' é o critério pessoal; 'Sa' é o sujeito ativo da obrigação; 'Sp' *é o sujeito passivo;* 'bc' é a base de cálculo; e 'al' é a alíquota.

A partir de tais explanações, traçando o paralelo com os enunciados normativos já transcritos no tópico anterior (arts. 25 e 30 da Lei 8.212/91), é possível identificar e construir a regra-matriz de sua incidência.

Iniciando pela hipótese, o verbo e o complemento do critério material da contribuição em análise podem ser considerados como o ato de auferir receita bruta proveniente da produção rural. O critério espacial será considerado o próprio território nacional. E, findando esta primeira parte, o critério temporal é determinado pela realização da comercialização da produção.

---

13. CARVALHO, Paulo de Barros. *Direito tributário, linguagem e método.* 7ª ed. São Paulo: Noeses, 2018, p. 629.

14. OLEINIK, Rosana. Teoria da Norma Jurídica e a Regra-Matriz de Incidência Como Técnica de Interpretação do Direito. In: *Constructivismo* Lógico-Semântico, vol. I, coord. Paulo de Barros Carvalho, Org. Aurora Tomazini de Carvalho. Noeses, 2014, p. 314.

Adiante, passando para o consequente da regra, o critério quantitativo é formado pela alíquota de 1,2% (sem considerar o adicional de 0,1% de acidente de trabalho), calculada sobre sua base de cálculo, sendo o valor da receita bruta auferida pela comercialização da produção rural.

Propositalmente restou por último o critério pessoal da regra-matriz de incidência da contribuição em estudo, tendo em vista que a relação intersubjetiva, prescrita pelos enunciados normativos elencados, toca o ponto principal do presente estudo, e será tratado em apartado no tópico subsequente.

4. Sujeição passiva da obrigação tributária

Tendo em vista tratar-se de contribuição destinada à seguridade social, o sujeito ativo que detém o direito de exigir o cumprimento da obrigação tributária em questão é a União Federal. Porém para concluir quem figura como sujeito passivo desta relação jurídica formada no consequente da regra-matriz, algumas considerações devem ser realizadas.

Primeiro, vale elencar a definição de sujeito passivo, realizada pela autora MARIA RITA FERRAGUT,[15] a partir das lições do Professor PAULO DE BARROS CARVALHO:

> Definimos sujeito passivo a partir das lições de Paulo de Barros Carvalho. Para nós, é a pessoa física ou jurídica, privada ou pública, detentora de personalidade, e de quem juridicamente exige-se o cumprimento da prestação. Consta, obrigatoriamente, do polo passivo de uma relação jurídica, única forma que o direito reconhece para obrigar alguém a cumprir determinada conduta.

Visando a prescrever a sujeição passiva nas obrigações de natureza tributária, o Código Tributário Nacional assim dispõe:

> Art. 121. Sujeito passivo da obrigação principal é a pessoa obrigada ao pagamento de tributo ou penalidade pecuniária.

15. FERRAGUT, Maria Rita. *Responsabilidade tributária e o Código Civil de 2002*. São Paulo, Noeses, 2009, p. 33.

> Parágrafo único. O sujeito passivo da obrigação principal diz-se:
>
> I - contribuinte, quando tenha relação pessoal e direta com a situação que constitua o respectivo fato gerador;
>
> II - responsável, quando, sem revestir a condição de contribuinte, sua obrigação decorra de disposição expressa de lei.

Desta maneira, a elencada norma designa como sujeito passivo da obrigação duas figuras possíveis, sendo o contribuinte e o responsável, conforme corporifica a Professora MARIA RITA FERRAGUT:[16]

> Não percamos de vista esse ponto fundamental: sujeito passivo é aquele que figura no polo passivo da relação jurídica tributária, e não aquele que tem aptidão para suportar o ônus fiscal. Os incisos I e II do parágrafo único do artigo 121 do CTN elegem duas espécies de sujeitos passivos para a relação jurídica tributária: o contribuinte, identificado como sendo a pessoa que tem relação direta e pessoal com o fato jurídico, e o responsável, como sendo a pessoa que, embora não tendo relação direta e pessoal com o fato, é eleita pela lei para satisfazer a obrigação tributária.

Na esteira, importa amealhar tais considerações com a prescrição realizada pelo inciso III do art. 30 da Lei 8.212/91, o qual novamente se transcreve, desta vez com maior destaque:

> Art. 30. A arrecadação e o recolhimento das contribuições ou de outras importâncias devidas à Seguridade Social obedecem às seguintes normas: (Redação dada pela Lei nº 8.620, de 5.1.93) [...]
>
> III - *a empresa adquirente, consumidora ou consignatária ou a cooperativa são obrigadas a recolher a contribuição de que trata o art.* 25 até o dia 20 (vinte) do mês subsequente ao da operação de venda ou consignação da produção, independentemente de essas operações terem sido realizadas diretamente com o produtor ou com intermediário pessoa *física, na forma estabelecida em regulamento; (Redação dada pela Lei nº 11.933, de 2009). (Produção de efeitos).*

---

16. FERRAGUT, Maria Rita. *Responsabilidade tributária e o Código Civil de 2002*. São Paulo, Noeses, 2009, p. 33.

A conclusão parcial, portanto, nos leva ao entendimento de que a obrigação do recolhimento aos cofres públicos da contribuição ao FUNRURAL é diretamente da *empresa adquirente, consumidora ou consignatária ou da cooperativa*, que figura na ponta da comercialização da produção rural realizada pelo produtor.

Destarte, conforme também já adiantado em outro momento, o fato jurídico é identificado a partir da constituição em linguagem competente do ato de auferir renda bruta com a comercialização da produção rural. Entretanto, a relação direta e pessoal com tal fato é dada por parte do produtor rural (empregador rural pessoa física e segurado especial), sendo justamente o agente que recebe quantia monetária em razão da circulação da mercadoria (produção).

Por seu turno, a pessoa jurídica que adquire esta produção, figura como sujeito passivo da relação, nos termos do art. 121, do CTN, com o fito de satisfazer a obrigação tributária, e acaba por completar a regra-matriz de incidência tributária supradiscorrida, como sujeito passivo da relação.

Quer dizer, o sujeito passivo se relaciona com o fato estando na ponta da comercialização da produção rural, mas, principalmente, por estar diretamente vinculado ao cumprimento da prestação em tela.

Nos termos expostos, é possível depreender que o produtor rural não aparece como parte da relação de obrigação tributária, porém, ao mesmo tempo, é sujeito imprescindível para a realização dos acontecimentos previstos na hipótese de incidência.

Esta afirmação instiga a pesquisa científica acerca da posição jurídica que o produtor rural se encaixa, e para tanto, importa trazer à baila os fundamentos da teoria das relações.

5. Teoria das relações e o produtor rural

Tendo em vista a importância do consequente da norma jurídica, por indução mostra-se também de alto relevo o estudo lógico[17] das relações jurídicas que se instauram por meio daquele. Para tanto é que se pretende analisar a teoria das relações, sendo esta um subcapítulo da Lógica dos Predicados Poliádicos.

De acordo com o encabeçamento de tais estudos, as relações proposicionais são estruturadas com um delimitador de classe de indivíduos, sujeitos ou objetos (S), e por certa classe de predicados (P), que denotam vínculos com a primeira, podendo se caracterizar como monádicos ou poliádicos.[18]

Focando nestes últimos, os enunciados poliádicos representam as relações (xRy[19]) formadas com diferentes combinações possíveis: unívoca (um com um), uniplurívoca (um com vários), pluriunívoca (vários com um), pluriplurívoca (vários com vários).

Trazendo tais formações para a estrutura da norma jurídica, as combinações também se aplicam quando é estabelecido uma ou várias hipóteses, para uma ou várias consequências. Salienta-se, neste ponto, a atenção para o fato de que, apesar das possibilidades das formações ora elencadas, a implicação[20] constitui apenas uma norma em seu sentido estrito.

Partindo de tais considerações, importa brevemente destacar as características fundamentais da relação jurídica, sendo a) irreflexibilidade, tendo em vista os direitos e deveres distribuídos para os polos da relação;[21] b) assimetria,

17. Um último alerta. A lógica não se contenta apenas em alcançar a forma lógica. Uma vez obtida, procede às operações de cálculo e de deduções em linguagem puramente formalizada para a construção de teoremas, tudo com base em regras de formação e transformação pertencentes ao próprio sistema. MOUSSALLEM, Tárek Moysés. *Revogação em matéria tributária*. São Paulo: Noeses, 2011.

18. CARVALHO, Aurora Tomazini de. *Curso de teoria geral do direito:* o constructivismo lógico-semântico. 5ª ed. ampl. rev. São Paulo: Noeses, 2016, p. 600.

19. "R" representando o vínculo relacional entre os termos da relação "x" e "y".

20. "a implicação não é, mas *deve ser*, ainda que na realidade os correspondentes semânticos dessa estrutura sintática não se verifiquem". VILANOVA, Lourival. *Causalidade e relação no direito*. 5ª ed. São Paulo, Noeses, 2015, p. 103.

21. "tenha-se em conta o seguinte: toda relação tem termos e tem sua relação conversa (recíproca). Se A é comprador diante de B, B é vendedor em face de A. A

pois os direitos e deveres são atribuídos de forma diferentes aos sujeitos; e c) transitivas ou intransitivas, a depender da combinação de termos para o caso analisado.[22]

As explicações foram extensas, porém necessárias, tendo em vista que para o caso do presente trabalho deve ser atingido um ponto mais profundo da teoria das relações, qual seja o cálculo das relações.

É por meio das operações das leis formais dadas pelo cálculo das relações, que se viabiliza a construção de novas relações possíveis a partir da junção de outros elementos de dadas relações, as quais se destacam: *(i) soma ou união absoluta de relações; (ii) inclusão de relações; (iii) intersecção de relações; (iv) produto relativo de relações.*[23]

Dentre as operações elencadas, importa para o presente trabalho destacar a última, qual seja o produto relativo de relações. Nas esclarecedoras palavras do Professor PAULO DE BARROS CARVALHO:[24]

> Produto relativo de R e S é a relação que se instaura entre todos os "x" e todos os "y", de maneira que haverá um "z" com o qual "x" mantém a relação R e "y" mantém a relação S. Representa-se por "R/S". Por outro giro, afirmamos que se dá o produto relativo R/S entre dois indivíduos "x" e "y" se, e somente se, existir um terceiro indivíduo – "z" -, tal que, simultaneamente, 'xRz' e 'zSy'. Figuraremos um exemplo em que a relação R é "ser marido de" e a relação S interpreta-se como "ser filha de". Neste caso, o produto relativo R/S se estabelece entre "x" e "y" se

---

relação jurídica conversa de comprar é vender, e a de vender é comprar. Fundado nessa estrutura relacional é que cada termo da relação A e B tem correlatamente, direito subjetivo. Direito subjetivo e dever jurídico são direitos correlatos: só existem na relação, não fora ou acima de relações jurídicas." VILANOVA, Lourival. *Causalidade e relação no direito*. 5ª ed. São Paulo, Noeses, 2015, p. 186.

22. CARVALHO, Paulo de Barros. *Direito tributário, linguagem e método*. 7ª ed. São Paulo: Noeses, 2018, p. 109-110.

23. CARVALHO, Aurora Tomazini de. *Curso de teoria geral do direito:* o constructivismo lógico-semântico. 5ª ed. ampl. rev. São Paulo: Noeses, 2016, p. 601.

24. CARVALHO, Paulo de Barros. *Direito tributário, linguagem e método*. 7ª Ed. São Paulo: Noeses, 2018, p. 115.

houver uma terceira pessoa – "z", tal que "x é marido de z" e "z é filha de y".

Ainda, os exemplos elencados pela autora AURORA TOMAZINI DE CARVALHO[25] tornam ainda mais clara a formação do produto relativo das relações:

> Como exemplos jurídicos de produto relativo de relações, podemos citar o vínculo que se estabelece entre fiador e vendedor (z T x), resultado do cálculo das relações entre o vendedor e o comprador (x R y) e entre o comprador e o fiador (y S z); a relação de substituição tributária pela compra de imóvel estabelecida entre comprador e fisco (z T x); e a relação processual, que se institui entre juiz autor e réu, resultado (produto relativo) das relações autor/juiz e juiz/réu.

Com a detida análise da estruturação desta operação de cálculo de relações, é possível desenhar a formação de um triângulo, sendo que a partir de duas relações diretas com um mesmo sujeito, surge uma relação indireta com as outras duas pontas.

Finalmente, aplicando o ora exposto para as relações elencadas no tópico anterior acerca da contribuição ao FUNRURAL, é possível identificar duas relações diretas e evidentes:

I) Relação (R') entre a pessoa jurídica adquirente (*empresa adquirente, consumidora ou consignatária ou da cooperativa)* e o produtor rural (*empregador rural pessoa física e segurado especial*): sendo que o primeiro possui o direito de exigir a produção rural e o dever de entregar quantia monetária determinada, enquanto que o segundo sujeito detém o dever de entregar a produção rural e o direito de receber a referente prestação pecuniária.

II) Relação (R'') entre o sujeito ativo (Fisco) e o sujeito passivo (*empresa adquirente, consumidora ou consignatária ou da cooperativa*) que adquiriu a produção rural e fora responsabilizada nos termos do art. 30, inciso III, da Lei 8.212/91:

---

25. CARVALHO, Aurora Tomazini de. *Curso de teoria geral do direito*: o constructivismo lógico-semântico. 5ª ed. ampl. rev. São Paulo: Noeses, 2016, p. 601.

sendo que o primeiro possui o direito subjetivo de exigir a prestação pecuniária em razão do tributo, e o segundo, o dever jurídico de cumpri-la.

Nesta senda, verifica-se que a segunda relação relatada somente surge em razão da primeira, tendo em vista que é com esta que se constitui o fato jurídico tributário da contribuição ao FUNRURAL.

O critério material formado pelo verbo mais o complemento, ou seja, o ato de auferir receita proveniente da venda da produção, reunido com o critério quantitativo que considera justamente o valor desta receita, demonstra também o entrelace do Fisco com o produtor rural, relação esta (R''') evidenciada a partir da teoria das relações, haja vista a triangulação do produtor rural (simbolizado como "p"), União (simbolizada como "u"), e pessoa jurídica adquirente (simbolizado por "a").

Assim sendo, é possível estruturar simbolicamente as relações e os sujeitos da seguinte forma: [(p R' a) → (a R'' u) → (u R''' p)].

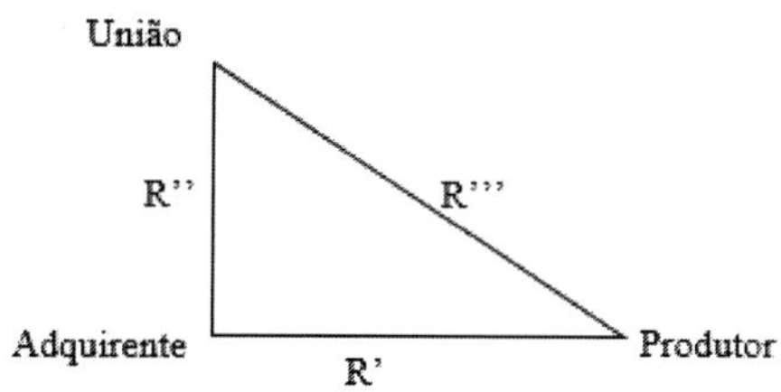

O quanto exposto permite identificar a importância de cada relação na estrutura formada. Isto em razão do fato de que até mesmo a relação dada aqui como indireta (u R''' p), acaba por vincular a formação das outras duas relações, pois evidencia o critério material e o quantitativo, conforme já descrito.

Em que pese a formação desta relação, o que se verifica é a ausência legal de qualquer obrigação (prestação) direta do produtor rural "p" para com a União "u". Assim, a teoria ora trabalhada faz transparecer a incoerência no tratamento de "sub-rogação de obrigações" nos termos do inciso IV do art. 30 da Lei 8.212/91.[26]

O sentido que se verificaria com a sub-rogação, seria de substituição de uma pessoa (produtor rural) por outra (pessoa jurídica adquirente), na mesma relação jurídica, enquanto que em verdade, o que fora demonstrado é a relação de sujeição passiva direta por parte desta última.

Fato é que, ao considerar como mera "sub-rogação" da empresa adquirente, leva-se ao entendimento de que o produto relativo da relação seria de forma diversa da esmiuçada supra, haja vista que consideraria a relação indireta (produto relativo) a formada pela empresa adquirente com a União. Inversamente, portanto, a sub-rogação consideraria tal estrutura:

$$[(a\ R'\ p) \rightarrow (p\ R''\ u) \rightarrow (u\ R'''\ a)].$$

Neste ponto, mostra-se a importância da análise prévia das definições de sujeito passivo, bem como dos critérios da regra-matriz de incidência tributária que são apresentados pelo texto legal da contribuição.

Com tais ponderações e conclusões, há de se salientar que em razão da chamada "sub-rogação" praticada, impôs-se a obrigação de "retenção dos valores" tributários do FUNRURAL por parte da pessoa jurídica adquirente, no momento da efetivação da comercialização da produção rural, conforme será tratado no tópico subsequente.

---

26. IV - a empresa adquirente, consumidora ou consignatária ou a cooperativa ficam sub-rogadas nas obrigações da pessoa física de que trata a alínea "a" do inciso V do art. 12 e do segurado especial pelo cumprimento das obrigações do art. 25 desta Lei, independentemente de as operações de venda ou consignação terem sido realizadas diretamente com o produtor ou com intermediário pessoa física, exceto no caso do inciso X deste artigo, na forma estabelecida em regulamento; (Redação dada pela Lei 9.528, de 10.12.97) (Vide decisão-STF Petição nº 8.140 - DF)

6. A obrigatoriedade de retenção de valores a título de FUNRURAL

Nos termos adiantados, importa o exame da ementa da solução de consulta COSIT nº 9, de 03 de janeiro de 2019:

> ASSUNTO: CONTRIBUIÇÕES SOCIAIS PREVIDENCIÁRIAS
>
> EMENTA: PRODUTOR RURAL PESSOA JURÍDICA. CONTRIBUIÇÃO PREVIDENCIÁRIA PATRONAL. SUBSTITUIÇÃO TRIBUTÁRIA. BASE DE CÁLCULO. RECEITA BRUTA DA PRODUÇÃO RURAL COMERCIALIZADA, INDUSTRIALIZADA OU NÃO. RETENÇÃO E RECOLHIMENTO, POR PARTE DO PRODUTOR RURAL PESSOA JURÍDICA, DA CONTRIBUIÇÃO PREVIDENCIÁRIA DO PRODUTOR RURAL PESSOA FÍSICA INCIDENTE SOBRE ARECEITA BRUTA PROVENIENTE DA PRODUÇÃO ADQUIRIDA. Constitui hipótese de incidência de contribuição previdenciária do produtor rural pessoa jurídica a receita bruta proveniente da comercialização da produção rural, industrializada ou não. Esta contribuição não se confunde com a que essa pessoa jurídica, na condição de sub-rogada, é obrigada a reter e a recolher aos cofres da União, em virtude da aquisição de produto rural de pessoa física, cuja hipótese de incidência é a receita bruta oriunda dessa aquisição. Tratam-se, portanto, de contribuições distintas: Numa, a empresa, qual seja, a pessoa jurídica produtora rural, é a própria contribuinte; *noutra, ela é sub-rogada, qual seja, é obrigada, por disposição legal, a reter e a recolher aos cofres públicos a contribuição de terceiros (do produtor rural pessoa física do qual adquire produto rural). Neste caso, a pessoa jurídica não é contribuinte, mas sim, responsável tributária pela retenção e recolhimento da contribuição previdenciária de terceiro.* Dispositivos Legais: Instrução Normativa RFB - IN RFB nº 971, de 13 de novembro de 2009, art. 175, *caput* e inciso I; art. 184, *caput* e inciso IV.
>
> (Solução COSIT nº 9, de 03 de janeiro de 2019. Publicado(a) no DOU de 17.01.2019, seção 1, página 38).

Nos termos evidenciados com a teoria das relações, a solução de consulta ora apresentada incoerentemente aduz pela obrigação da empresa adquirente reter o valor da contribuição face ao produtor rural.

Tal afirmação é corroborada com o quanto exposto acerca da sujeição passiva prescrita pelos arts. 121 do CTN, e 30,

III, da Lei 8.212/91, os quais não tratam de sub-rogação, e sim de uma relação direta entre a União e a pessoa jurídica adquirente da produção.

A obrigação de retenção, portanto, se mostra sem sustentação legal, desrespeitando o princípio da legalidade, consubstanciado no art. 5º da Constituição Federal.

Os efeitos jurídicos gerados por tal conclusão fazem remeter ao que fora aqui discorrido acerca das normas primárias e secundárias, haja vista que ao desconsiderar a sub-rogação engendrada na relação desta contribuição, eventual lide envolvendo o Estado-juiz acerca do descumprimento da obrigação tributária (a R'' u) deve atingir tão somente a empresa adquirente. Para melhor entendimento, vale formalizar a estrutura da norma jurídica completa focando neste ponto:

$$D \{(H \rightarrow C\ [Cp(Sa.\mathbf{Sp}).Cq(BC.al)])\ v\ (\neg C[Cp(Sa.\mathbf{Sp}).Cq(BC.al)].H' \rightarrow C')\}$$

Neste cenário, verifica-se de forma nítida que a norma secundária é consolidada com o descumprimento da consequência prevista na primária, sendo que nesta, para o presente caso, figura somente a empresa adquirente como parte da relação jurídica.

Em outras palavras, com a imposição legal das pessoas jurídicas adquirentes como devedoras da obrigação tributária, a União detém o direito de exigir o cumprimento somente em face daquelas, e no caso de eventual litígio judicial possibilitado pela norma secundária, não há razão legal para incluir, no polo passivo, o produtor rural.

7. Conclusão

Em planos de análise, portanto, comparando a regra-matriz da contribuição ao FUNRURAL do produtor rural com as prescrições normativas do art. 121 do Código Tributário Nacional, conclui-se que a empresa adquirente da produção rural é quem figura como sujeito passivo da relação jurídica tributária com o Fisco, haja vista a vinculação direta prescrita pelo art. 30 da Lei 8.212/91.

Neste cenário, analisando a triangulação das relações estabelecidas entre Fisco, empresa adquirente, e produtor rural, depreende-se pela ausência legal de qualquer obrigação (prestação) direta do produtor rural para com a União, refletindo na incoerência no tratamento de "sub-rogação de obrigações" nos termos do inciso IV do art. 30 da Lei 8.212/91.

Inobstante, infere-se também pelo mesmo motivo a inviabilidade do dever de retenção de valores por parte das pessoas jurídicas adquirentes no ato da comercialização da produção rural.

Por derradeiro, conclui-se essencialmente que, em razão do produtor rural empregador não fazer parte da relação jurídica tributária obrigacional de recolhimento da contribuição em questão, em caso de eventual litígio judicial possibilitado pela hipótese de incidência da norma secundária, não há razão legal para incluí-lo no polo passivo da demanda, respeitando a devida formação da relação jurídica da norma primária.

Referências

ARANTES, Fernanda Teodoro. Funrural. Obrigação tributária e relação jurídica. *Revista Tributária e de Finanças Públicas*, 135, Apet. 2017.

ÁVILA, Humberto. *Teoria dos princípios:* da definição à aplicação dos princípios jurídicos. 18ª ed. rev. e atual. São Paulo: Malheiros, 2018.

BOBBIO, Noberto. *Teoria geral do direito.* 3. ed. Trad. Denise Agostinetti. Revisão da trad. Silvana Cobucci Leite. São Paulo: Martins Fontes, 2010, p. 185.

BRITTO, Lucas Galvão de. *Tributar na era da técnica:* como as definições feitas pelas agências reguladoras vêm influenciado a interpretação das normas tributárias. São Paulo: Noeses, 2018.

CARRAZZA, Roque Antonio. *Curso de direito constitucional tributário.* 31ª ed. rev. ampl. e atual. / até a emenda constitucional n. 95/2016. São Paulo: Malheiros, 2017.

CARVALHO, Aurora Tomazini de. *Curso de teoria geral do direito:* o constructivismo lógico-semântico. 5ª ed. ampl. rev. São Paulo: Noeses, 2016.

CARVALHO, Paulo de Barros. *Curso de direito tributário.* 28ª ed. São Paulo: Saraiva, 2017.

CARVALHO, Paulo de Barros. *Derivação e positivação no direito tributário* - Vol. I. 1ª ed. São Paulo: Noeses, 2014.

CARVALHO, Paulo de Barros. *Direito tributário, linguagem e método.* 7ª ed. São Paulo: Noeses, 2018.

ECHAVE, Delia Tereza; URQUIJO, Maria Eugenia; GUIBORG, Ricardo. *Lógica, proposición y norma.* Buenos Aires: Astrea, 2008.

FERRAGUT, Maria Rita. *Responsabilidade Tributária e o Código Civil de 2002.* 2ª ed. São Paulo: Noeses, 2009.

GAMA, Tácio Lacerda. *Competência tributária.* 2ª ed. São Paulo: Noeses, 2011.

LINS, Robson Maia. *Curso de direito tributário brasileiro.* 1ª ed. São Paulo: Noeses, 2019.

LOUBET, Leonardo Furtado. *Tributação federal no agronegócio.* 1 ed. São Paulo: Noeses, 2017.

MELO, Fábio Soares de. *Processo administrativo tributário:* princípios, vícios e efeitos jurídicos. 2ª ed., ver. e atual. Porto Alegre: Livraria do Advogado, 2018.

MOUSSALLEM, Tárek Moysés. *Fontes no direito tributário.* 2ª ed. São Paulo: Noeses, 2006.

_____. *Revogação em matéria tributária.* São Paulo: Noeses, 2011.

OLEINIK, Rosana. Teoria da Norma Jurídica e a Regra-Matriz de Incidência Como Técnica de Interpretação do Direito.

In: *Constructivismo Lógico-Semântico*, vol. I, coord. Paulo De Barros Carvalho, Org. Aurora Tomazini De Carvalho. Noeses, 2014.

TOMÉ, Fabiana Del Padre. *A prova no direito tributário:* de acordo com O Código De Processo Civil de 2015. 4ª ed. ver. atual. São Paulo: Noeses, 2016.

VILANOVA, Lourival. *Causalidade e relação no direito.* 5ª ed. São Paulo, Noeses, 2015.

_____. Norma jurídica - proposição jurídica (significação semiótica). *Revista de Direito Público*, São Paulo: Ed. RT, 1982.

A SUJEIÇÃO PASSIVA DO IPTU NA AQUISIÇÃO DE IMÓVEIS POR MEIO DE COMPROMISSO DE COMPRA E VENDA E O CONFLITO COM O PRINCÍPIO DA CAPACIDADE CONTRIBUTIVA

Roberta França Porto[1]

João Victor Olmos Aleixo Teixeira[2]

Sumário: 1. Introdução – 2. O direito de propriedade – 3. A regra-matriz de incidência tributária do Imposto Predial e Territorial Urbano – 4. O princípio da capacidade contributiva – 5. O contrato de compromisso de compra e venda de imóvel nas hipóteses de incorporação imobiliária – 6. Sujeição passiva do IPTU nos contratos de compromisso de compra e venda de imóvel *x* princípio da capacidade contributiva – 7. Considerações finais – Referências.

1. Introdução

O presente estudo analisará o conflito existente entre a sujeição passiva no Imposto Predial e Territorial Urbano (IPTU) nas aquisições de imóveis ocorridas por meio de contrato de

---

1. Mestranda em Direito Tributário pelo Instituto Brasileiro de Estudos Tributários - IBET; Professora Seminarista do IBET em São José do Rio Preto; Advogada especialista em direito tributário. E-mail: roberta@hmlaw.com.br

2. Advogado. Pós-graduando em Direito Tributário pelo Instituto Brasileiro de Direito Tributário – IBET. E-mail: joao@hmlaw.com.br

compromisso de compra e venda e o princípio constitucional da capacidade contributiva, norte para que a instituição dos tributos seja justa e igualitária.

A temática tem a expansão de sua repercussão diretamente relacionada à redução do déficit habitacional observada no país na última década que em virtude, principalmente, dos programas de financiamento de moradias destinadas às classes C e D, observou o aumento do setor de incorporação imobiliária, fazendo com que mais pessoas figurassem como compromissárias.

Para isto, serão apresentados os aspectos intrínsecos da propriedade, a regra-matriz de incidência tributária do IPTU e a influência do princípio da capacidade contributiva desde o trabalho legislativo até a subsunção, e as características dos contratos de compromisso de compra e venda de imóveis, para que seja possível, a partir da exposição destes itens, concluir que o Código Tributário Nacional (CTN) ao indicar o *proprietário do imóvel, o titular do seu domínio útil ou o seu possuidor a qualquer título* como possíveis sujeitos passivos do IPTU confere ao legislador municipal a possibilidade de escolha a respeito de qual dessas pessoas expressa melhor capacidade contributiva, sem, no entanto, permitir a eleição das duas figuras ou, ainda, a de um deles como sujeito passivo e a do outro como responsável.

2. O direito de propriedade

O estudo do direito tributário é tarefa que, por inúmeras vezes, explicita a impossibilidade de segregação do direito em áreas isoladas ou incomunicáveis, isto porque, cientistas e aplicadores do direito, recorrentemente, se veem perante a necessidade de buscar os conceitos e definições professados em “matérias” distintas.

A fundamental intertextualidade é exigida também pelo Código Tributário Nacional, que impõe em seu art. 110[3] o de-

3. “Art. 110. A lei tributária não pode alterar a definição, o conteúdo e o alcance de institutos, conceitos e formas de direito privado, utilizados, expressa ou implicitamente,

ver de a lei tributária resguardar a forma e a essência daquilo que já fora estabelecido por outros ramos do direito e virá a servir de objeto para a regulação fiscal.

Esta característica que restou até mesmo positivada no ordenamento fiscal pátrio levou o insigne professor Alberto Xavier a definir o direito tributário como um *direito de sobreposição,*[4] isto é, se pauta em aspectos oriundos de outros ramos e, partindo deles, exerce sua regulação.

Não se trata de algo negativo, pois, conforme expõe Lucas Galvão de Britto:

> [...] é certo que o uso de conceitos com definições já assentadas na longa tradição do direito privado oferece ao direito tributário maior *previsibilidade* e *racionalidade* na interpretação de seus comandos, estimativas que se tornam ainda mais valiosas se considerarmos a pluralidade de focos ejetores de normas envolvidos na tributação brasileira [...].[5]

Com esta breve consideração sobre a composição de conceitos no direito tributário, é notório que a análise de um critério específico da Regra-Matriz de Incidência Tributária (RMIT) do Imposto Predial e Territorial Urbano (IPTU) exige, antes de tudo, a definição da palavra que integra a sua materialidade, este que é o aspecto mais importante e decisivo na configuração da hipótese de incidência.[6]

---

pela Constituição Federal, pelas Constituições dos Estados, ou pelas Leis Orgânicas do Distrito Federal ou dos Municípios, para definir ou limitar competências tributárias." (Brasil. *Lei 5.172, de 25 de outubro de 1966.* Dispõe sobre o Sistema Tributário Nacional e institui normas gerais de direito tributário aplicáveis à União, Estados e Municípios. Disponível em: https://tinyurl.com/6edh7ym3 Acesso em: 19 out. 2020).

4. XAVIER, Alberto. Manual de direito fiscal. Lisboa: Almedina, 1981. 435 p. p. 22/23. *Apud* ESTRADA, Duque Roberto. Princípio da realização e justa medida da tributação. Revista Consultor Jurídico, 23 jan. 2013. Disponível em: https://tinyurl.com/r2m4wt86 Acesso em: 19 out. 2020.

5. BRITTO, Lucas Galvão de. *Tributar na era técnica:* como as definições feitas pelas agências reguladoras vêm influenciando a interpretação das normas tributárias. 1ª ed. São Paulo: Noeses, 2018, p. 92.

6. ATALIBA, Geraldo. *Hipótese de incidência tributária.* 6ª ed. 18ª tir. São Paulo: Malheiros, 2019. 209 p. p. 106/107.

O termo "propriedade" está presente em inúmeros dispositivos do ordenamento pátrio, porém, para o que almeja esta exposição, encontra-se, essencialmente, nos arts. 5º, XXII e XXIII, e 156, I, da Constituição Federal,[7] 1.228, *caput*, do Código Civil,[8] e 32, *caput*, do Código Tributário Nacional.[9]

Na Constituição Federal, *"propriedade"* aparece no estabelecimento da competência aos municípios para instituição de impostos (art. 156, I) e compõe o rol de direitos fundamentais, fato que decorre da própria história deste instituto, que se fez presente na Magna Carta em 1215, na Declaração de Direitos do Homem e do Cidadão de 1789 (art. 2º)[10], e na Declaração Universal dos Direitos Humanos de 1948 (artigo 17).[11]

Como se observa, sua origem está relacionada aos levantes populares que resultaram na redução e, em alguns casos, supressão dos poderes totalitários exercidos por alguns em

---

7. "Art. 5º. Todos são iguais perante a lei, sem distinção de qualquer natureza, garantindo-se aos brasileiros e aos estrangeiros residentes no País a inviolabilidade do direito à vida, à liberdade, à igualdade, à segurança e à propriedade, nos termos seguintes: [...]
XXII - é garantido o direito de propriedade;
XXIII - a propriedade atenderá a sua função social; [...]
Art. 156. Compete aos Municípios instituir impostos sobre:
I - propriedade predial e territorial urbana; [...] (Brasil. *Constituição da República Federativa do Brasil de 1988*. Disponível em: https://tinyurl.com/2ftatpad Acesso em: 19 out. 2020).

8. "Art. 1.228. O proprietário tem a faculdade de usar, gozar e dispor da coisa, e o direito de reavê-la do poder de quem quer que injustamente a possua ou detenha. [...]" (Brasil. *Lei nº 10.406, de 10 de janeiro de 2002*. Institui o Código Civil. Disponível em: https://tinyurl.com/nbrrha4s Acesso em: 19 out. 2020).

9. "Art. 32. O imposto, de competência dos Municípios, sobre a propriedade predial e territorial urbana tem como fato gerador a propriedade, o domínio útil ou a posse de bem imóvel por natureza ou por acessão física, como definido na lei civil, localizado na zona urbana do Município. [...]" (Brasil. *Lei nº 5.172, de 25 de outubro de 1966*. Dispõe sobre o Sistema Tributário Nacional e institui normas gerais de direito tributário aplicáveis à União, Estados e Municípios. Disponível em: https://tinyurl.com/6edh7ym3 Acesso em: 19 out. 2020).

10. Republique Française. Déclaration des droits de l'homme et du citoyen de 1789. Disponível em: https://tinyurl.com/2f5fw6s4 Acesso em 20 out. 2020.

11. United Nations. Universal declaration of human rights. Disponível em: https://tinyurl.com/3yvkpc65 Acesso em: 20 out. 2020.

face de todos, mas que, apesar de tamanha representatividade, ainda encontra percalços em sua aplicação efetiva.

Importante rememorar, ainda, que, além dos referidos marcos na evolução dos direitos humanos que, indubitavelmente, exerceram influência direta na Constituição, o Brasil adotou – ou, em virtude da colonização, herdou – o sistema jurídico Romano-Germânico (*Civil Law*), o que significa, de maneira mais clara, a utilização de muitas das disposições advindas do direito romano, onde, na República (de 510 a.C. até 27 a.C.) já havia a distribuição das terras em públicas e particulares, algo que pode ser verificado antes mesmo do advento da Lei das XII Tábuas,[12] portanto, documentalmente, verifica-se uma ciência voltada ao estudo da propriedade que data mais de dois mil anos, e que deve ser considerada para o estudo de sua tributação.

A influência das disposições romanas chega ao território que hoje compreende o Brasil junto à colonização portuguesa, iniciada no século XVI, isto porque o corpo de leis da metrópole tinha ascendência na cidade eterna, e permanece mesmo após o grito de independência no século XIX, haja vista a falta de interesse e, mais ainda, a dificuldade de se alterar um sistema estabelecido e que vinha criando raízes há trezentos anos.

A principal marca desta herança e que é de significativa importância para o estudo do direito da propriedade é a presença, no Código Civil de 1916, de 1.445 artigos diretamente ligados à cultura romana, como brilhantemente observado por Abelardo Lobo.[13]

No Código Civil de 2002, há a previsão dos quatro atributos que dispõe o proprietário e, de certa forma, servem de indicativos para o que constitui a propriedade, sendo eles (art.

12. MARKY, Thomas. *Curso elementar de direito romano.* 8ª ed. São Paulo: Saraiva, 1995, p. 68/69.

13. LOBO, Abelardo Saraiva da Cunha. *Curso de direito romano.* vol. I. p. 51. *apud* ALVES, José Carlos Moreira. *Direito romano*, vol. I. 7ª ed. Rio de Janeiro: Forense, 1997. p. 3.

1.228, *caput*): (i) usar, poder que deve observar as restrições trazidas pela legislação, como, por exemplo, os direitos de vizinhança; (ii) gozar, que diz respeito à faculdade de retirar frutos naturais, industriais ou civis da coisa;[14] (iii) dispor, é a possibilidade de alienar a coisa, *v.g.* doar, vender *etc.*; e (iv) reaver, é o direito de, segundo Flávio Tartuce, reivindicar a coisa "[...] contra aquele que injustamente a possua ou a detenha".[15]

Apresentados os atributos, faz-se necessário conceituar *propriedade*, tarefa que, para Orlando Gomes:

> [...] pode ser feita à luz de três critérios: o sintético, o analítico e o descritivo. Sinteticamente, é de se defini-lo, com *Windscheid*, como a submissão de uma coisa, em todas as suas relações, a uma pessoa. Analiticamente, o direito de usar, fruir e dispor de um bem, e de reavê-lo de quem injustamente o possua. Descritivamente, o direito complexo, absoluto, perpétuo e exclusivo, pelo qual uma coisa fica submetida à vontade de uma pessoa, com as limitações da lei.[16]

Da explanação sobre os atributos e conceituação feita pelo distinto jurista, restam poucos fatores a serem aqui explorados para melhor compreendimento do objeto estudado, não refutando a relevância das maiores discussões entre os civilistas, sendo o primeiro relativo ao termo *coisa*, que abrange bens corpóreos e incorpóreos, não se incluindo os humanos;[17] o segundo referente à *posse*, direito de grande proximidade ao da propriedade previsto no art. 1.196 do Código Civil: "Considera-se possuidor todo aquele que tem de fato o exercício, pleno ou não, de algum dos poderes inerentes à propriedade",[18] ou seja, a reunião de todos os atributos faz do

---

14. TARTUCE, Flávio. *Manual de direito civil*, vol. único. 8ª ed. São Paulo: Método, 2018, p. 1.033.

15. Idem, p. 1.034.

16. GOMES, Orlando. *Direitos reais*. 21ª ed. Atualizador: Luiz Edson Fachin. Rio de Janeiro: Forense, 2012, p. 103 e 504.

17. TARTUCE, Flávio. *Op. cit.* p. 976.

18. Brasil. Lei 10.406, de 10 de janeiro de 2002. Institui o Código Civil. Disponível em: https://tinyurl.com/nbrrha4s Acesso em: 19 out. 2020.

sujeito *proprietário*, ao passo que a reunião de alguns o torna *possuidor*.

E um outro fator é o domínio útil, presente, exclusivamente, na enfiteuse, uma espécie que, com o advento do Código Civil em 2002, passou a ser vedada (art. 2.038), havendo, hodiernamente, somente as predecessoras, e consistia, basicamente, em um contrato, pelo proprietário, de arrendamento perpétuo do imóvel, detendo o enfiteuta – aquele que celebrou o contrato junto ao proprietário – o atributo do gozo ou fruição do imóvel.[19]

Assim como todos os direitos fundamentais, este não é absoluto, haja vista que conta com limitações legais – ou, melhor, contraprestações – ao seu exercício, sendo estas verificadas, essencialmente, nos arts. 5º, XXIII, da Constituição, e 1.228, §1º, do Código Civil, em que consta a determinação para que o exercício do direito de propriedade observe a função social e socioambiental da coisa, conceitos que abrangem: o exercício em conformidade às finalidade econômicas e sociais, preservando a fauna, flora, belezas naturais e equilíbrio ecológico.

3. A regra-matriz de incidência tributária do Imposto Predial e Territorial Urbano

Devidamente apresentada a abrangência e o conceito do direito de propriedade, torna-se possível estudar o Imposto Predial e Territorial Urbano (IPTU) a partir de sua Regra-Matriz de Incidência Tributária (RMIT), método que, segundo professa Paulo de Barros Carvalho, "[...] organiza o texto bruto do direito positivo, propondo a compreensão da mensagem legislada num contexto comunicacional bem concebido e racionalmente estruturado".[20]

---

19. FERNANDES, Cintia Estefania. *IPTU* – texto e contexto. São Paulo: Quartier Latin, 2005, p. 309.

20. CARVALHO, Paulo de Barros. *Direito tributário, linguagem e método.* 7ª ed. São Paulo: Noeses, 2018, p. 153.

Com isto, necessário, *a priori*, analisar os dispositivos que tratam deste tributo, a começar pelo disposto no art. 156, I, da Constituição Federal, que estabelece a competência dos Municípios para instituir impostos sobre a propriedade predial e territorial urbana, respectivamente, imóveis urbanos construídos e glebas urbanas sem construção.[21]

No Código Tributário Nacional, o imposto IPTU tem regulação nos arts. 32 a 34, constando no primeiro dispositivo[22] dois dos três critérios que compõem a hipótese, sendo eles: material e espacial, bem como um dos critérios constantes da consequência da regra- matriz: o pessoal.

O critério material do IPTU, portanto, é a propriedade, o domínio útil ou a posse de bem imóvel por natureza ou acessão física, os três conceitos, conforme apresentado acima, não se confundem e, por isto, em uma leitura apressada do dispositivo, pode parecer que a equivocada equiparação dos institutos fornece ao sujeito ativo fundamento legal para,

---

21. FRAGA, Henrique Rocha. *O imposto predial e territorial urbano e o princípio da progressividade.* 1ª ed. São Paulo: IOB, 2008, p 37.

22. "Art. 32. O imposto, de competência dos Municípios, sobre a propriedade predial e territorial urbana tem como fato gerador a propriedade, o domínio útil ou a posse de bem imóvel por natureza ou por acessão física, como definido na lei civil, localizado na zona urbana do Município.
§ 1º. Para os efeitos deste imposto, entende-se como zona urbana a definida em lei municipal; observado o requisito mínimo da existência de melhoramentos indicados em pelo menos 2 (dois) dos incisos seguintes, construídos ou mantidos pelo Poder Público:
I - meio-fio ou calçamento, com canalização de águas pluviais;
II - abastecimento de água;
III - sistema de esgotos sanitários;
IV - rede de iluminação pública, com ou sem posteamento para distribuição domiciliar;
V - escola primária ou posto de saúde a uma distância máxima de 3 (três) quilômetros do imóvel considerado.
§ 2º. A lei municipal pode considerar urbanas as áreas urbanizáveis, ou de expansão urbana, constantes de loteamentos aprovados pelos órgãos competentes, destinados à habitação, à indústria ou ao comércio, mesmo que localizados fora das zonas definidas nos termos do parágrafo anterior." (Brasil. Lei 5.172, de 25 de outubro de 1966. Dispõe sobre o Sistema Tributário Nacional e institui normas gerais de direito tributário aplicáveis à União, Estados e Municípios. Disponível em: https://tinyurl.com/6edh7ym3 Acesso em: 19 out. 2020)

arbitrariamente, definir o sujeito passivo dos tributos, o que seria um engano, do modo como vemos.

A propriedade é a reunião de todas as faculdades. No que concerne ao domínio útil e à posse, estes consistem, na verdade, na posse *ad usucapionem,*[23] isto é, aquela que reúne o *corpus*, este compreendido como, segundo ensina José Eduardo Soares de Mello, "[...] o bem e mais os atos materiais que evidenciam o controle do possuidor sobre ele",[24] e a posse como se dono fosse, o *animus domini.*[25]

Da observância dos respectivos aspectos é que se faz presente a materialidade da hipótese de incidência, excluindo-se disto, por exemplo, os contratos de aluguel, onde não se verifica o *animus domini*, pois o locatário, desde o início, compactua, dentre outras condições, o prazo que exercerá a posse sobre o imóvel.

A propriedade e a posse devem recair sobre imóvel *por natureza ou acessão física*, o que significa, nesta ordem, o solo com a superfície, o espaço aéreo e o subsolo, originados de acontecimentos naturais,[26] e o que foi incorporado pelo homem ao solo, recebendo o nome também de acessão artificial.

E, junto às características do imóvel, o dispositivo traz, ainda, que o tributo incide *sobre a propriedade predial e territorial urbana,* ou seja, o Código Tributário Nacional adotou uma distinção entre a propriedade do prédio e a do solo,[27] de maneira que incidirá sobre a propriedade do imóvel construído ou, na ausência deste, da gleba sem construção.

---

23. BARRETO, Aires Fernandino. *Curso de direito tributário municipal.* São Paulo: Saraiva, 2009, p. 181.

24. MELO, José Eduardo Soares de. *IPTU e ITR:* teoria e prática. 1ª ed. São Paulo: Dialética, 2015, p. 154.

25. FERNANDES, Cintia Estefania. *Op. cit.* p. 309.

26. Idem, p. 307/308.

27. BARBON, Sandra Aparecida Lopez. *Do IPTU*. Belo Horizonte: Del Rey, 1995. p. 40. *apud* FERNANDES, Cintia Estefania. *Op. cit.* p. 308.

O critério espacial é segregado em *zona urbana do Munícipio* e *área de expansão urbana*. O primeiro é descrito pelo §1º, do art. 32, como aquele resultante da combinação de dois requisitos: estar definida em lei municipal e possuir, no mínimo, dois dos melhoramentos que constam no dispositivo.

O segundo diz respeito às áreas que não apresentam nenhum dos requisitos supracitados,[28] porém, possuem loteamentos que já foram aprovados pelos *órgãos competentes* a serem *destinados à habitação, indústria ou comércio*, algo comum na maior parte dos Munícipios, que se veem compelidos a expandir a sua área de influência, restando em obediência ao disposto no art. 182 da Constituição Federal.[29]

Encerrando a análise dos critérios que compõem a hipótese da regra-matriz de incidência tributária do IPTU, resta o critério temporal, sobre o qual o CTN não o faz menção, cabendo

---

28. É nestes termos o entendimento do Superior Tribunal de Justiça firmado na Súmula 626: "A incidência do IPTU sobre imóvel situado em área considerada pela lei local como urbanizável ou de expansão urbana não está condicionada à existência dos melhoramentos elencados no art. 32, § 1º, do CTN." (Súmula 626, PRIMEIRA SEÇÃO, julgado em 12.12.2018, DJe 17.12.2018).

29. "Art. 182. A política de desenvolvimento urbano, executada pelo Poder Público municipal, conforme diretrizes gerais fixadas em lei, tem por objetivo ordenar o pleno desenvolvimento das funções sociais da cidade e garantir o bem- estar de seus habitantes.
§ 1º. O plano diretor, aprovado pela Câmara Municipal, obrigatório para cidades com mais de vinte mil habitantes, é o instrumento básico da política de desenvolvimento e de expansão urbana.
§ 2º. A propriedade urbana cumpre sua função social quando atende às exigências fundamentais de ordenação da cidade expressas no plano diretor.
§ 3º. As desapropriações de imóveis urbanos serão feitas com prévia e justa indenização em dinheiro.
§ 4º. É facultado ao Poder Público municipal, mediante lei específica para área incluída no plano diretor, exigir, nos termos da lei federal, do proprietário do solo urbano não edificado, subutilizado ou não utilizado, que promova seu adequado aproveitamento, sob pena, sucessivamente, de:
I - parcelamento ou edificação compulsórios;
II - imposto sobre a propriedade predial e territorial urbana progressivo no tempo;
III - desapropriação com pagamento mediante títulos da dívida pública de emissão previamente aprovada pelo Senado Federal, com prazo de resgate de até dez anos, em parcelas anuais, iguais e sucessivas, assegurados o valor real da indenização e os juros legais."(Brasil. Constituição da República Federativa do Brasil de 1988. Disponível em: https://tinyurl.com/2ftatpad Acesso em: 19 out. 2020.)

aos Munícipios estabelecerem uma data para que ocorra incidência tributária. Fica, geralmente, estabelecida a regra do ano civil, isto é, firma-se a data de 1º de janeiro, em que todos aqueles que forem proprietários ou possuidores *ad usucapionem* tornam-se sujeito passivo da obrigação tributária.

Quanto ao consequente da norma, no critério quantitativo o art. 33,[30] do CTN, prevê como a base de cálculo do tributo o valor venal do imóvel, este compreendido, segundo Aires Fernandino Barreto, como o valor de venda ou de mercado do imóvel, o qual decorre da análise de quanto uma operação à vista, em um mercado imobiliário estável,[31] auferiria. Deve-se excluir os bens móveis da averiguação.

O exame do conceito de valor venal do imóvel criado pela doutrina, porque ausente na legislação leva, automaticamente, à dúvida de como os grandes centros, por exemplo, que possuem centenas de milhares de imóveis, conseguem fazer tal apuração anual, afinal é necessário o conhecimento preciso sobre a base de cálculo para que possa ser feito o lançamento do tributo.

Pois bem, a forma com que a base de cálculo do IPTU é calculada é tema de grandes discussões, sendo relevante ao objeto do presente estudo aqueles que questionam o potencial ofensivo ao princípio da capacidade contributiva, que será melhor explanado posteriormente.

A alíquota é estabelecida pelas legislações municipais, que podem ser progressivas no tempo, conforme o art. 182, §4ª, da Constituição Federal, na hipótese de solo urbano não edificado, subutilizado ou não utilizado, circunstância em que

---

30. "Art. 33. A base do cálculo do imposto é o valor venal do imóvel.
Parágrafo único. Na determinação da base de cálculo, não se considera o valor dos bens móveis mantidos, em caráter permanente ou temporário, no imóvel, para efeito de sua utilização, exploração, aformoseamento ou comodidade." (Brasil. Lei 5.172, de 25 de outubro de 1966. Dispõe sobre o Sistema Tributário Nacional e institui normas gerais de direito tributário aplicáveis à União, Estados e Municípios. Disponível em: https://tinyurl.com/6edh7ym3 Acesso em: 19 out. 2020).

31. BARRETO, Aires Fernadino. *Op. cit.* p. 207.

o Município exige do proprietário ou possuidor *ad usucapionem* melhor aproveitamento da propriedade, está diretamente relacionada às supracitadas funções social e socioambiental.

Em referidos casos, a progressividade deve respeitar o quanto previsto na Lei 10.257/2001, conhecida como "Estatuto da Cidade", que traz no seu art. 7º, §1º, a limitação da alíquota ao dobro da aplicada no ano anterior e ao teto de 15%.[32] E mais, caso transcorra cinco anos sem que a exigência do Município seja atendida, o art. 8º, *caput*, do Estatuto da Cidade, autoriza a desapropriação do imóvel.[33]

A Constituição Federal elenca, no art. 156, §1º, da Constituição Federal, uma outra hipótese de progressividade na tributação sobre a propriedade predial e territorial urbana; neste caso, é considerado o valor, a localização e o uso do imóvel.

Por último, o critério pessoal, que tem como sujeito ativo o Munícipio onde está localizada a propriedade predial e territorial urbana, e o sujeito passivo o proprietário, o titular do domínio útil ou o possuidor a qualquer título, conforme disposto no art. 34 do CTN, que consiste nos proprietários e possuidores *ad usucapionem*.

---

32. "Art. 7º. Em caso de descumprimento das condições e dos prazos previstos na forma do caput do art. 5º desta Lei, ou não sendo cumpridas as etapas previstas no § 5º do art. 5º desta Lei, o Município procederá à aplicação do imposto sobre a propriedade predial e territorial urbana (IPTU) progressivo no tempo, mediante a majoração da alíquota pelo prazo de cinco anos consecutivos.
§ 1º. O valor da alíquota a ser aplicado a cada ano será fixado na lei específica a que se refere o caput do art. 5o desta Lei e não excederá a duas vezes o valor referente ao ano anterior, respeitada a alíquota máxima de quinze por cento." (Brasil. Lei 10.257, de 10 de julho de 2001. Regulamenta os arts. 182 e 183 da Constituição Federal, estabelece diretrizes gerais da política urbana e dá outras providências. Disponível em: https://tinyurl.com/p6mdfwn5 Acesso em: 05 de nov. 2020).

33. "Art. 8º. Decorridos cinco anos de cobrança do IPTU progressivo sem que o proprietário tenha cumprido a obrigação de parcelamento, edificação ou utilização, o Município poderá proceder à desapropriação do imóvel, com pagamento em títulos da dívida pública." (Brasil. Lei nº 10.257, de 10 de julho de 2001. Regulamenta os arts. 182 e 183 da Constituição Federal, estabelece diretrizes gerais da política urbana e dá outras providências. Disponível em: https://tinyurl.com/p6mdfwn5 Acesso em: 05 de nov. 2020).

Sobre a sujeição passiva, merece destaque a Súmula n.399 do Superior Tribunal de Justiça: "Cabe à legislação municipal estabelecer o sujeito passivo do IPTU", posicionamento firmado nas circunstâncias em que, apesar de haver um proprietário, verifica-se, também, um possuidor *ad usucapionem*, ou seja, há dois contribuintes aptos a arcar com a obrigação tributária.

A discricionaridade fornecida aos Munícipios pelo Egrégio Superior Tribunal é objeto do presente estudo.

4. O princípio da capacidade contributiva

O princípio da capacidade contributiva está presente no art. 145, §1°, da Constituição Federal, estabelecendo que "sempre que possível, os impostos terão caráter pessoal e serão graduados segundo a capacidade econômica do contribuinte [...]", a previsão constitucional deixa em evidência que a incidência do tributo depende da observância a este princípio.[34]

A dependência não deriva somente da exigência constitucional, mas sim da liquidez da obrigação tributária, isto porque, conforme ensina Roque Antonio Carrazza:

> A capacidade contributiva à qual alude a Constituição e que a pessoa política é obrigada a levar em conta ao criar, legislativamente, os impostos de sua competência é objetiva, e não subjetiva. É objetiva porque se refere não às condições econômicas reais de cada contribuinte, individualmente considerado, mas às suas manifestações objetivas de riqueza.[35]

34. Em que pese o constituinte ter utilizado capacidade econômica no lugar de capacidade contributiva e haver distinção técnica entre as expressões, o estudo segue a doutrina majoritária no sentido de que a sua utilização deve ser entendida como equivocado sinônimo. Mais informações: MURPHY, Celia Maria Regina de Souza. *O imposto de renda sobre a à luz da constituição.* 1ª ed. São Paulo: Noeses, 2020, p. 54/56.

35. CARRAZZA, Roque Antonio. *Curso de direito constitucional tributário.* 32ª ed. São Paulo: Malheiros, 2019. 944 p. p.83.

Sobre as manifestações de riqueza, é de tom esclarecedor o que afirma Paulo de Barros Carvalho:

> [...] realizar o princípio da capacidade contributiva quer significar, portanto, a opção a que se entrega o legislador, quando elege para antecedente das normas tributárias fatos de conteúdo econômico que, por terem essa natureza, fazem pressupor que as pessoas que deles participam apresentem condições de colaborar com o Estado mediante parcelas de seu patrimônio.[36]

Ambos os ensinamentos proferidos pelos célebres professores se sustentam, essencialmente, sob os pilares da (i) justiça fiscal e da (ii) capacidade contributiva absoluta ou objetiva.

A justiça fiscal é originada da união dos princípios da capacidade contributiva e da igualdade, ou seja, o primeiro tem como objetivo extrair, a partir de determinadas *manifestações de riqueza*, a potencialidade daquele agente contribuir com parcelas de seu patrimônio, ao passo que o segundo visa a distribuir de maneira uniforme a oneração dos agentes,[37] bem como condicionar distinções de tratamento a situações específicas e justificadas.[38]

A capacidade contributiva absoluta ou relativa consiste, justamente, na escolha e eventos/manifestações que apontam para a existência de um sujeito passivo em potencial, e se distingue da relativa ou subjetiva, que é a escolha de determinado agente e suas específicas possibilidades econômicas.[39] Como visto, a Constituição elegeu o primeiro.

---

36. CARVALHO, Paulo de Barros. *Op. cit.* p. 345.

37. CARVALHO, Osvaldo Santos de. *Não cumulatividade do ICMS e princípio da neutralidade tributária.* 1 ª ed. São Paulo: Saraiva, 2013, p. 42.

38. MELLO, Henrique Fernando de. *Atribuição de deveres instrumentais tributários a terceiros e a figura do alterlançamento como forma de constituição do crédito tributário alheio.* 2020. 246 f. Tese (Doutorado em Direito Econômico, Financeiro e Tributário) – Faculdade de Direito, Universidade de São Paulo, 2020. p. 219.

39. COSTA, Regina Helena. *Princípio da capacidade contributiva.* 1ª ed. São Paulo: Malheiros, 1993, p. 26.

Do exposto, infere-se a relevância do respectivo princípio à operabilidade do tributo, sem a integral observância do que compreendem os seus pilares dirige-se ao risco de uma norma geral e abstrata incapaz de produzir – ou, quiçá, sustentar – a norma individual e concreta, haja vista que o princípio se encontra na ligação entre o critério material e a sujeição passiva.

A escolha do *verbo + complemento* que não considere a correta manifestação de riqueza culmina na escolha equivocada do sujeito passivo, o que leva ao cenário de obrigações tributárias mais onerosas para aqueles que demonstram menor capacidade contributiva real e vice-versa.

No caso do IPTU, a manifestação de riqueza encontra-se, como apresentado, em dois casos: na propriedade ou na posse *ad usucapionem*, isto é, aquele sujeito que é proprietário ou possuidor *ad usucapionem* de propriedade predial e territorial urbana exterioriza, para fins de incidência, a capacidade contributiva.

5. O contrato de compromisso de compra e venda de imóvel nas hipóteses de incorporação imobiliária

Os contratos de compromisso ou promessa de compra e venda de imóvel são aqueles em que se compactua o direito real à aquisição do imóvel, conforme disposto nos arts. 1.417 e 1.418, ambos do Código Civil,[40] isto é, através de celebração por instrumento público ou particular, registrado em Cartório de Registro de Imóveis, se estabelece que o compromitente

40. "Art. 1.417. Mediante promessa de compra e venda, em que se não pactuou arrependimento, celebrada por instrumento público ou particular, e registrada no Cartório de Registro de Imóveis, adquire o promitente comprador direito real à aquisição do imóvel.
Art. 1.418. O promitente comprador, titular de direito real, pode exigir do promitente vendedor, ou de terceiros, a quem os direitos deste forem cedidos, a outorga da escritura definitiva de compra e venda, conforme o disposto no instrumento preliminar; e, se houver recusa, requerer ao juiz a adjudicação do imóvel." (Brasil. *Lei 10.406, de 10 de janeiro de 2002*. Institui o Código Civil. Disponível em: https://tinyurl.com/nbrrha4s Acesso em: 19 out. 2020).

ou promitente venderá o bem imóvel ao compromissário ou promissário nos termos e condições pactuados.

Estes contratos são usualmente utilizados em operações que envolvam financiamento a longo prazo, não havendo impedimento de que versem sobre negócios à vista ou financiados a curto prazo,[41] e podem ocorrer mediante o registro na matrícula do imóvel ou não.

Quando registrados na matrícula do imóvel, o compromissário adquire o direito real previsto no art. 1.225, inciso VII, do Código Civil, tratando-se de uma obrigação de dar a coisa, que possibilita a ele a propositura de ação de adjudicação compulsória, caso não ocorra a entrega do imóvel negociado.[42]

Caso não haja o registro na matrícula do imóvel, o que existe é um contrato *inter partes*, cujo objeto é uma obrigação de fazer o contrato definitivo, de maneira que, caso não feito, o compromissário poderá ingressar com uma ação de obrigação de fazer ou, se desejar desfazer o negócio, a conversão em perdas e danos.[43]

A hipótese de utilização desses contratos que interessa a este estudo é a relativa à incorporação imobiliária, que tem sua definição no parágrafo único, do art. 29, da Lei 4.591/64: "Para efeito desta Lei, considera-se incorporação imobiliária a atividade exercida com o intuito de promover e realizar a construção, para alienação total ou parcial, de edificações ou conjunto de edificações compostas de unidades autônomas".[44]

A pesquisa se atenta, mais especificamente, aos contratos de compromisso de compra e venda de imóvel registrados na matrícula e que têm como objeto uma gleba e um projeto de

---

41. TARTUCE, Flávio. *Op. cit.* p. 1.200.

42. Idem, p. 1.199.

43. Ibidem, p. 1.198.

44. Brasil. *Lei 4.591, de 16 de dezembro de 1964.* Dispõe sôbre o condomínio em edificações e as incorporações imobiliárias. Disponível em: https://tinyurl.com/6rsht2w Acesso em: 12 nov. 2020.

prédio a ser construído pela incorporadora, sendo a celebração do contrato definitivo condicionado à conclusão da obra.

Em termos mais objetivos, o compromissário celebra um contrato de compromisso com a incorporadora (compromitente), onde se adquire a gleba e o prédio que será construído, sendo a conclusão deste o termo final ou o cumprimento do acordado. No decorrer da obra, os registros do imóvel continuam em nome da incorporadora/compromitente, constando na matrícula a promessa de venda para o compromissário.

6. Sujeição passiva do IPTU nos contratos de compromisso de compra e venda de imóvel x princípio da capacidade contributiva

Apresentados cada um dos aspectos que a discussão sobre a sujeição passiva do IPTU nos contratos de compromisso de compra e venda de imóvel abrange, mostra-se realizável analisar como parte dos Munícipios, motivados pela Súmula n. 399 do STJ, selecionam os sujeitos passivos nessas ocasiões e se isto encontra amparo no princípio da capacidade contributiva e na RMIT do IPTU.

O CTN estabelece no art. 34 que o sujeito passivo do IPTU é o proprietário do imóvel, o titular do seu domínio útil ou seu possuidor a qualquer título, sendo possível extrair, deste dispositivo, dois agentes que podem ser sujeitos passivo do tributo: o proprietário, que reúne as faculdades de usar, gozar, dispor e reaver a coisa, e o possuidor *ad usucapionem*, que não tem todas as faculdades, mas possui a coisa com o intuito de conquistá-las, exerce como se dono fosse.

Não compete ao Município escolher entre um e outro, mas sim verificar, na ocasião em que existam esses dois agentes, qual, de fato, expressa manifestação de riqueza a partir daquele imóvel, se é o proprietário ou o possuidor *ad usucapionem*; as figuras destes não se confundem.

No caso do contrato de compromisso de compra e venda de imóvel registrado na matrícula, segundo Aires Fernandino Barreto, o promitente se torna possuidor indireto e transfere, a título precário, ao promissário a posse do imóvel,[45] de maneira que caberia ao segundo a sujeição passiva do IPTU, isto porque, extrai benefícios econômicos do direito de propriedade e possui aquele imóvel como se dono fosse, sendo a posse *ad usucapionem*.

Para o referido autor, a sujeição passiva não seria possível caso não houvesse o exercício da posse, circunstância que o sujeito passivo seria o promitente. É em termos semelhantes o posicionamento adotado por Cintia Estefania Fernandes, para quem seria necessária, além da posse e do registro, a quitação do valor estabelecido entre as partes.[46]

O posicionamento do Superior Tribunal de Justiça, firmado por meio do enunciado da Súmula n. 399, é no sentido de que o Munícipio escolha, através de sua legislação, quem figurará no polo passivo da obrigação tributária, tendo em vista que a jurisprudência da Corte entendia (antes do advento da Súmula) que o compromissário registrado na matrícula é *possuidor a qualquer título* e o compromitente é *o titular do domínio útil*, significando que ambos são contribuintes, de acordo com o art. 34 do CTN.

Nota-se que o entendimento do Egrégio Superior Tribunal se limita a reconhecer que, o fato de o compromissário ser *possuidor a qualquer título* já seria suficiente para que fosse eleito pela legislação municipal como contribuinte, sem, contudo, que fosse observada a capacidade contributiva de tais agentes.

Valéria Cristina Pereira Furlan apresenta interessante visão a respeito do tema, distanciando-se, em partes, do posicionamento dos autores supracitados e da referida Súmula, ao afirmar:

> Entendemos, assim, juridicamente possível a entrega da notificação de lançamento ao compromissário comprador imitido na

45. BARRETO, Aires Fernandino. *Op. cit.*, p. 181.

46. FERNANDES, Cintia Estefania. *Op. cit.*, p. 329.

> posse precária e que detenha a posse física do imóvel - vale dizer, a qualquer possuidor direto, desde que a posse exercida revele conteúdo econômico. *Na verdade, o simples fato de ser compromissário comprador já lhe permite figurar como contribuinte do IPTU.*[47] (g.n.)

A possibilidade de considerar o compromissário que tem o seu contrato registrado na matrícula do imóvel negociado não nos parece equivocada, isto porque, apesar de não ter havido a quitação e/ou a imissão da posse, aquele sujeito, a partir do registro, dispõe de algumas faculdades do direito de propriedade, sendo a mais evidente a de reaver a coisa.

O exercício da faculdade de reaver/reivindicar a coisa se dá, como apresentado, através da ação de adjudicação compulsória e, também, por já ocupar o posto de possuidor – ou melhor, possuidor *ad usucapionem* – pode propor ações possessórias.

Além deste aspecto, é possível extrair desta operação manifestação de riqueza, afinal a operação a prazo representa, simplesmente, maior tempo (i) para pagamento e (ii) cumprimento do acordado, que no caso se dá pela construção do prédio, sendo considerada como realizada desde o início, tanto que as partes possuem obrigações em caso de desfazimento do negócio.

Inclusive, para fins de tributação sobre a renda, há previsão legal que inclui a promessa de compra e venda na apuração do ganho de capital, conforme disposto no art. 3º, §3º, da Lei 7.713/88,[48] e isto se deve ao fato de que se trata de uma

---

47. FURLAN, Valéria Cristina Pereira. *Imposto predial e territorial urbano*. São Paulo: Malheiros, 2000. p. 83 *apud* FERNANDES, Cintia Estefania. *Op. cit.*, p. 329.

48. "Art. 3º. O imposto incidirá sobre o rendimento bruto, sem qualquer dedução, ressalvado o disposto nos arts. 9º a 14 desta Lei.
[...]
§ 3º. Na apuração do ganho de capital serão consideradas as operações que importem alienação, a qualquer título, de bens ou direitos ou cessão ou promessa de cessão de direitos à sua aquisição, tais como as realizadas por compra e venda, permuta, adjudicação, desapropriação, dação em pagamento, doação, procuração em causa própria, promessa de compra e venda, cessão de direitos ou promessa de cessão de direitos e contratos afins." (Brasil. *Lei 7.713, de 22 de dezembro de 1988*. Disponível em: https://tinyurl.com/b33amd85 Acesso em: 15 nov. 2020.

riqueza anteriormente inexistente[49] que foi agregada ao patrimônio do compromissário.

Assim, é possível identificar que o compromissário reúne características que o tornam apto a figurar como contribuinte do IPTU desde o momento em que celebra o contrato de compromisso registrado na matrícula do imóvel, pois detém a posse *ad usucapionem* e manifesta riqueza.

Junto a isso, é relevante observar que, a partir da celebração do contrato de compromisso, a propriedade do compromitente deixa de ser ampla, pois o exercício das suas faculdades está restrito ao que foi pactuado entre as partes.

7. Considerações finais

Infere-se do exposto que a doutrina e o entendimento sumulado da jurisprudência fornecem elementos que possibilitam a eleição tanto do compromissário como do compromitente para a sujeição passiva do IPTU nos contratos de compromisso de compra e venda de imóvel na hipótese de incorporação imobiliária.

Ocorre que nem todas aplicam, em suas considerações, o que estabelece a Constituição Federal no que diz respeito à capacidade contributiva, isto é, restringem a análise às faculdades do direito de propriedade sem que seja verificado qual dos agentes, se o compromissário ou compromitente, manifesta riqueza a partir daquele contrato de compromisso.

Para o presente estudo, a inteligência do art. 34, do CTN, ao eleger *proprietário do imóvel, o titular do seu domínio útil ou o seu possuidor a qualquer título* deixou para o legislador municipal a escolha de qual destas pessoas expressa a necessária capacidade contributiva para a exigência do tributo, não

49. MURPHY, Celia Maria de Souza. *O imposto sobre a renda à luz da Constituição.* 1ª ed. São Paulo: Noeses, 2020, p. 112.

sendo possível a eleição de todos ou, muito pior, a escolha de um deles como responsável.

Nos contratos de compromisso de compra e venda de imóvel na hipótese de incorporação imobiliária somente um dos agentes reúne a propriedade/posse *ad usucapionem* e manifesta riqueza, sendo este o compromissário, haja vista que, desde a celebração do contrato, o compromitente deixa de ter, de fato, a propriedade ou a posse *ad usucapionem*.

Referências

ALVES, José Carlos Moreira. *Direito romano*. vol. I. 7ª ed. Rio de Janeiro: Forense, 1997.

ATALIBA, Geraldo. *Hipótese de incidência tributária*. 6ª ed. 18ª tir. São Paulo: Malheiros, 2019. 209 p.

BARRETO, Aires Fernandino. *Curso de direito tributário municipal*. São Paulo: Saraiva, 2009, p. 607.

Brasil. *Constituição da República Federativa do Brasil de 1988*. Disponível em: https://tinyurl.com/2ftatpad Acesso em: 19 out. 2020.

_____. *Lei 10.406, de 10 de janeiro de 2002*. Institui o Código Civil. Disponível em: https://tinyurl.com/nbrrha4s Acesso em: 19 out. 2020

_____. *Lei 10.257, de 10 de julho de 2001*. Regulamenta os arts. 182 e 183 da Constituição Federal, estabelece diretrizes gerais da política urbana e dá outras providências. Disponível em: https://tinyurl.com/p6mdfwn5 Acesso em: 05 de nov. 2020.

_____. *Lei 5.172, de 25 de outubro de 1966*. Dispõe sobre o Sistema Tributário Nacional e institui normas gerais de direito tributário aplicáveis à União, Estados e Municípios. Disponível em: https://tinyurl.com/6edh7ym3 Acesso em: 19 out. 2020.

BRITTO, Lucas Galvão de. *Tributar na era técnica*: como as definições feitas pelas agências reguladoras vêm influenciando a interpretação das normas tributárias. 1ª ed. São Paulo: Noeses, 2018. 224 p.

CARRAZZA, Roque Antonio. *Curso de direito constitucional tributário.* 32ª ed. São Paulo: Malheiros, 2019. 944 p.

CARVALHO, Osvaldo Santos de. *Não cumulatividade do ICMS e princípio da neutralidade tributária.* 1 ª ed. São Paulo: Saraiva, 2013. 304 p.

CARVALHO, Paulo de Barros. *Direito tributário:* linguagem e método. 7ª ed. São Paulo: Noeses, 2018. 1.064 p.

COSTA, Regina Helena. *Princípio da capacidade contributiva.* 1ª ed. São Paulo: Malheiros, 1993. 112 p.

FERNANDES, Cintia Estefania. *IPTU* – texto e contexto. São Paulo: Quartier Latin, 2005. 448 p.

FRAGA, Henrique Rocha. *O imposto predial e territorial urbano e o princípio da progressividade.* 1º ed. São Paulo: IOB, 2008. 192 p.

GOMES, Orlando. *Direitos reais.* 21ª ed. Atualizador: Luiz Edson Fachin. Rio de Janeiro: Forense, 2012. 504 p.

MARKY, Thomas. *Curso elementar de direito romano.* 8ª ed. São Paulo: Saraiva, 1995. 209 p.

MELLO, Henrique Fernando de. *Atribuição de deveres instrumentais tributários a terceiros e a figura do alterlançamento como forma de constituição do crédito tributário alheio.* 2020. 246 f. Tese (Doutorado em Direito Econômico, Financeiro e Tributário) – Faculdade de Direito, Universidade de São Paulo, 2020.

MELO, José Eduardo Soares de. *IPTU e ITR*: teoria e prática. 1ª ed. São Paulo: Dialética, 2015. 255 p.

Republique Française. Déclaration des droits de l'homme et du citoyen de 1789. Disponível em: https://tinyurl.com/2f5fw6s4 Acesso em: 20 out. 2020.

TARTUCE, Flávio. *Manual de direito civil.* 8ª ed. São Paulo: Método, 2018, vol. único, p. 1.640.

United Nations. Universal declaration of human rights. Disponível em: https://tinyurl.com/3yvkpc65 Acesso em: 20 out. 2020.

XAVIER, Alberto. *Manual de direito fiscal.* Lisboa: Almedina, 1981. 435 p. p. 22/23. apud ESTRADA, Duque Roberto. Princípio da realização e justa medida da tributação. *Revista Consultor Jurídico*, 23 jan. 2013. Disponível em: https://tinyurl.com/r2m4wt86 Acesso em: 19 out. 2020.

O IMPOSTO DE RENDA RETIDO NA FONTE SOBRE PAGAMENTOS SEM CAUSA OU A BENEFICIÁRIO NÃO IDENTIFICADO E A RESPONSABILIDADE TRIBUTÁRIA POR SUBSTITUIÇÃO

Ivy Antunes Siqueira[1]

Resumo: O presente trabalho analisa o art. 61 da Lei 8.981, de 20 de janeiro de 1995, que determina a incidência de Imposto de Renda exclusivamente na fonte (IRRF), à alíquota de 35% (trinta e cinco por cento), sobre todo pagamento efetuado por pessoa jurídica a beneficiário não identificado ou quando não comprovada a causa da operação.

A partir da análise do critério pessoal da regra-matriz de incidência, que elege o titular da renda ou proventos de qualquer natureza como sujeito passivo da obrigação tributária, visamos a responder se a cobrança imposta à fonte pagadora dos recursos pode ser justificada com base na técnica de substituição tributária prevista no art. 128 do Código Tributário Nacional (CTN) ou se o art. 61 da 8.981/95 viola o conceito de tributo ao atribuir, a terceiro, a obrigação pelo recolhimento do IRRF sem lhe assegurar, no entanto, mecanismos de restituição junto ao efetivo beneficiário da renda.

---

1. Mestranda e especialista em Direito Tributário pelo IBET. Advogada em São Paulo.

Sumário: 1. Introdução – 2. A regra-matriz do imposto sobre a renda exclusivo na fonte – 3. A responsabilidade tributária por substituição – 4. Breve panorama da jurisprudência – 5. Síntese conclusiva – Referências.

1. Introdução

A Lei 8.981, de 20 de janeiro de 1995, que determina a incidência de Imposto de Renda exclusivamente na fonte (IRRF), à alíquota de 35% (trinta e cinco por cento), sobre todo pagamento efetuado por pessoa jurídica a beneficiário não identificado ou quando não comprovada a causa da operação, é fruto da conversão da Medida Provisória 812, de 30 de dezembro de 1994, que conforme exposição de motivos, foi editada com a finalidade de ajustar a legislação tributária federal aos objetivos do plano de estabilização econômica vigente à época, que preconizava a desindexação gradual da economia brasileira, bem como o incremento da arrecadação necessário ao cumprimento das metas estabelecidas para o ano de 1995.

A exação foi estabelecida nos seguintes termos:

> Art. 61. Fica sujeito à incidência do Imposto de Renda exclusivamente na fonte, à alíquota de trinta e cinco por cento, todo pagamento efetuado pelas pessoas jurídicas a beneficiário não identificado, ressalvado o disposto em normas especiais.
>
> § 1º. A incidência prevista no *caput* aplica-se, também, aos pagamentos efetuados ou aos recursos entregues a terceiros ou sócios, acionistas ou titular, contabilizados ou não, quando não for comprovada a operação ou a sua causa, bem como à hipótese de que trata o § 2º, do art. 74 da Lei nº 8.383, de 1991.
>
> § 2º. Considera-se vencido o Imposto de Renda na fonte no dia do pagamento da referida importância.
>
> § 3º. O rendimento de que trata este artigo será considerado líquido, cabendo o reajustamento do respectivo rendimento bruto sobre o qual recairá o imposto.

A regra acima reproduzida, além de incrementar o aumento da arrecadação, também visava a coibir condutas evasivas de recursos financeiros para financiamento de campanhas eleitorais, algo que ainda nos soa bastante atual.

Desde então, com apoio no art. 61 da Lei 8.981/95, o Fisco Federal, quando identifica indícios de ocultação de renda, limita-se à análise dos lançamentos a débito no extrato bancário da empresa fiscalizada e, na hipótese de não identificar o beneficiário ou a causa de determinada operação, elege a pessoa jurídica pagadora como responsável pelo recolhimento do imposto de renda devido pelo beneficiário, independentemente de quem seja ele, presumindo que a pessoa jurídica assumiu o ônus pelo referido pagamento sem causa.

Mas não é só. Conforme bem pontua José Antonio Minatel,[2] a exigência rotulada de "imposto sobre a renda incidente exclusivamente na fonte" no percentual de 35%, ainda é cumulada com elevada penalidade pecuniária, além de encargos moratórios:

> O lançamento de ofício se completa com a rotineira imposição de penalidade de 75% (setenta e cinco por cento) sobre o valor do "imposto" apurado, penalidade agravada para 150% (cento e cinquenta por cento) quando há acusação de conduta com evidente intuito de fraude.[3] Tudo isso sem contar que, se tais valores foram aproveitados como despesas dedutíveis na empresa fiscalizada, paralelamente é lavrado outro auto de infração para exigência de Imposto de Renda a cargo da pessoa jurídica (IRPJ), assim como para a formalização de exigência de Contribuição Social incidente sobre o Lucro Líquido (CSL), ambos cumulados com as penalidades de 75% ou 150%, lançamentos fundamentados na glosa da dedutibilidade de despesas/custos decorrentes de pagamentos sem causa, ou a beneficiários não adequadamente identificados.

Muito se tem discutido a respeito da natureza jurídica da figura em comento, mas parece que a obrigação imposta à fonte

---

2. MINATEL, José Antonio. Pagamento sem causa ou a beneficiário não identificado: impossibilidade de exigência a título de IR-fonte. In: MARTINS, Ives Gandra da Silva - PEIXOTO, Marcelo Magalhães (Coordenadores). *Imposto sobre a renda e proventos de qualquer natureza*. São Paulo: MP Editora, 2006.

3. Com base no art. 44 da Lei 9.430/96, matriz legal do art. 957 do RIR/99, aprovado pelo Decreto 3.000/99.

pagadora em razão da não identificação do beneficiário de pagamento realizado ou da ausência de justificativa plausível para a operação – valendo-se, portanto, de uma presunção de existência de renda – muito se aproxima da ideia de penalidade.

A relevância de tal constatação é corroborada pela leitura dos arts. 3º[4] e 4º[5] do CTN, segundo os quais tributo não pode ser sanção por ato ilícito, sendo irrelevantes, para sua qualificação, a denominação e demais características adotadas pela lei instituidora do gravame.

É pelo fato isoladamente considerado que se conhece a natureza da relação jurídica. Se o fato é lícito, desencadeia-se o nascimento da obrigação tributária; se ilícito, a relação jurídica instaurada é aquela atinente às penalidades impostas pelo descumprimento de deveres instrumentais.

Paulo de Barros Carvalho,[6] interpretando a estrutura das regras sancionatórias, esclarece que o ordenamento jurídico, como forma de tornar possível a coexistência do homem em sociedade, visa a garantir o cumprimento de normas estabelecidas, ainda que para tanto seja necessária a adoção de medidas punitivas que afetem a propriedade ou até mesmo a liberdade dos indivíduos.

E prossegue, afirmando que:

> O antecedente da regra sancionatória descreve fato ilícito qualificado pelo descumprimento de dever estipulado no consequente da regra-matriz de incidência. É a não prestação do objeto da relação jurídica tributária. Essa conduta é tida como antijurídica

---

4. Art. 3º. Tributo é toda prestação pecuniária compulsória, em moeda ou cujo valor nela se possa exprimir, que não constitua sanção de ato ilícito, instituída em lei e cobrada mediante atividade administrativa plenamente vinculada.

5. Art. 4º. A natureza jurídica específica do tributo é determinada pelo fato gerador da respectiva obrigação, sendo irrelevantes para qualificá-la:
I - a denominação e demais características formais adotadas pela lei;
II - a destinação legal do produto da sua arrecadação.

6. CARVALHO, Paulo de Barros. *Direito tributário, linguagem e método.* 5ª edição. São Paulo: Noeses, 2013, p. 845 e seguintes.

> por transgredir o mandamento prescritivo, e recebe o nome de ilícito ou infração tributária. Anote-se: "ilícito" ou "infração" tributárias são categorias relativas ao mundo fático. As penalidades pecuniárias ou multas fiscais configuram o objeto do dever a ser cumprido pelo autor do ilícito, integrando liame, por isso mesmo, de natureza obrigacional. O pagamento do valor estipulado é promovido a título de sanção.

De grande valia para o estudo das sanções tributárias é o esquema metodológico da regra-matriz de incidência. Aparelhados com tal ferramental, podemos representar a norma inserta no art. 61 da Lei 8.981/95 pelo binômio normativo "hipótese e consequência", sendo a hipótese "não identificar o beneficiário de pagamento ou não comprovar a causa de sua operação" e consequência "exigência pecuniária de 35%, exclusivamente na fonte".

Fora de dúvida, portanto, que se o dispositivo em estudo foi criado para evitar que recursos financeiros fossem desviados das pessoas jurídicas, ou seja, para sancionar práticas de evasão fiscal, circunstância que, de pronto, afasta a natureza tributária da exigência.

Tal constatação é indicativa de que o instrumento, a despeito de apresentar-se com roupagem e nomenclatura de imposto de renda, tributo não é.

No entanto, outras razões somam-se às já expostas para corroborar o entendimento de que, embora travestida de imposto de renda, se está diante de regra de cunho sancionatório.

2. A regra-matriz do imposto sobre a renda exclusivo na fonte

Na tentativa de legitimar a cobrança da imposição pecuniária, dispôs o legislador ordinário que o "imposto de renda" instituído pelo art. 61 da Lei 8.981/95 incidirá exclusivamente na fonte, aproximando-o do mecanismo de substituição tributária utilizado para antecipar o recolhimento do imposto devido pelo beneficiário.

Não se ignora que a lei instituidora de qualquer tributo está adstrita à Constituição, cujas disposições devem condicionar a interpretação e aplicação da legislação infraconstitucional. Qualquer operador do direito deve, antes de aplicar a lei, examiná-la em cotejo com a lei fundamental, a fim de averiguar sua compatibilidade com os princípios que regem o Estado Democrático de Direito.

Citando Paulo de Barros Carvalho,[7] é na Lei das Leis que "estão fixados os limites positivos e negativos da atividade legiferante daquelas pessoas. Igualmente, é o texto constitucional portador dos grandes princípios que servem como diretrizes supremas a orientar o exercício das competências impositivas", conferindo certeza às pretensões tributárias do Estado, ao mesmo tempo em que garante os direitos individuais dos cidadãos.

Bem por este motivo iniciamos o estudo do Imposto sobre a Renda pela leitura do art. 153 da Constituição Federal (CF), promulgada em 5 de outubro de 1988, segundo o qual: "Compete à União instituir impostos sobre: [...] III – renda e proventos de qualquer natureza."

Valendo-nos da teoria da regra-matriz de incidência tributária, temos que a norma jurídica se estrutura em uma hipótese ou antecedente, que descreve um fato de possível ocorrência no mundo fenomênico, e um consequente, que prescreve os efeitos jurídicos que o acontecimento irá propagar. Ambas as proposições são vinculadas, de tal sorte que, uma vez ocorrido o antecedente, deve ser o consequente, surgindo aí a relação jurídica que dá ensejo à incidência tributária.

Na hipótese da regra-matriz de incidência, Paulo de Barros Carvalho[8] identifica três critérios: o (i) material – verbo de predicação incompleta que descreve o comportamento de um sujeito, condicionado no tempo (ii) critério temporal e no

7. CARVALHO, Paulo de Barros. *Curso de direito tributário*. 25ª edição. São Paulo: Saraiva, 2013, p. 76.

8. Cf. Idem, p. 239.

espaço (iii) critério espacial. No consequente, estão presentes o critério (iv) pessoal, que indica os sujeitos passivo e ativo daquela relação jurídica e o (v) quantitativo, a base de cálculo e alíquota, elementos para mensuração da obrigação tributária.

Conforme ensina o respeitado professor "A conjunção desses dados indicativos nos oferece a possibilidade de exibir, na sua plenitude, o núcleo lógico-estrutural da norma-padrão de incidência tributária".

Partindo deste raciocínio podemos dizer, de maneira sumária, que a hipótese de incidência do imposto de renda consiste na aquisição de riqueza nova, determinada pela variação das entradas (receitas, rendimentos ou ganhos) e saídas (dispêndios necessários à sua produção) num determinado intervalo de tempo.

Todavia, dada a complexidade da estrutura do imposto sobre a renda, é possível identificar mais de uma regra-matriz de incidência, cada uma delas autônoma em relação às demais. Exemplo disso é tributo devido pelas pessoas físicas e jurídicas, devido ao final do período de apuração; ainda, o imposto definitivo sobre os ganhos de capital na alienação de bens e direitos, devido pelas pessoas físicas e jurídicas optantes do Simples, na forma da Lei Complementar 123/2006 e aquele que será objeto de nossas atenções: o imposto de renda exclusivo na fonte.

Trata-se de tributo que incide sobre valor dos rendimentos auferidos pelo beneficiário, a ser recolhido pela fonte pagadora na condição de substituta tributária, tendo como base de cálculo o total desses rendimentos pagos no território nacional e devido no instante em que o rendimento é pago ou creditado ao beneficiário, calculado mediante aplicação de alíquotas específicas para cada tipo de ganho auferido, conforme estabelecido pela lei instituidora.

Em considerações sobre o tema, Celia Maria de Souza Murphy[9] traça a regra-matriz do imposto de renda exclusivo

---

9. MURPHY, Celia Maria de Souza. *O Imposto sobre a Renda à luz da Constituição.* 1ª edição. São Paulo: Noeses, 2020, p. 246.

na fonte em ilustrativo esquema que, pelo didatismo, nos permitimos reproduzir:

Hipótese	
Critério Material	Auferir renda
Critério Espacial	Qualquer lugar do território nacional
Critério Temporal	Data do pagamento ou crédito, ou outra data, definida em lei
Consequente	
Critério Pessoal	Sujeito Ativo: União Sujeito Passivo: substituto tributário
Critério Quantitativo	Base de cálculo: rendimento, receita ou ganho Alíquota: estipulada em lei, de acordo com a natureza do rendimento ou ganho

Sabe-se que ao repartir as competências tributárias, a CF não estabeleceu critério para a definição do sujeito passivo da obrigação tributária, muito embora se subentenda que quem deve suportar o ônus tributário seja aquele que praticar o fato descrito no antecedente da norma impositiva, mas tenha-se em conta que a sujeição tributária passiva é matéria reservada à lei complementar pelo art. 146, III, "a"[10] da CF.

O art. 45 do CTN estabelece as linhas mestras da responsabilidade pelo imposto de renda nos seguintes termos:

> Art. 45. Contribuinte do imposto é o titular da disponibilidade a que se refere o art. 43, sem prejuízo de atribuir a lei essa condição ao possuidor, a qualquer título, dos bens produtores de renda ou dos proventos tributáveis.

10. Art. 146. Cabe à lei complementar: [...]
III - estabelecer normas gerais em matéria de legislação tributária, especialmente sobre:
a) definição de tributos e de suas espécies, bem como, em relação aos impostos discriminados nesta Constituição, a dos respectivos fatos geradores, bases de cálculo e contribuintes; [...].

> Parágrafo único. A lei pode atribuir à fonte pagadora da renda ou dos proventos tributáveis a condição de responsável pelo imposto cuja retenção e recolhimento lhe caibam.

Como a renda ou proventos de qualquer natureza representam acréscimos a um dado patrimônio, é o titular deste patrimônio o efetivo contribuinte, não apenas por "ser a pessoa que permite a existência do patrimônio, como também porque é o credor das relações jurídicas das quais decorrem a disponibilidade econômica ou jurídica das rendas ou dos proventos incorporados ao seu patrimônio."[11]

Por outro lado, o parágrafo único do art. 45, ao atribuir a terceiro a condição de responsável, que sem revestir a condição de contribuinte, tem obrigação que decorre de expressa disposição legal, estabelece uma forma de arrecadação mais efetiva, ao centralizar a obrigação pelo recolhimento do tributo em uma única pessoa, facilitando a fiscalização por parte das autoridades fazendárias.

Como sintetiza Maria Rita Ferragut:[12]

> Como todas as materialidades referem-se a um comportamento de pessoas (um fazer, um dar, um ser) elas pressupõem a existência do realizador da conduta humana normativamente qualificada. É ele, certamente, quem praticará o fato passível de tributação, manifestador de riqueza. Mas não é ele, obrigatoriamente, quem deverá manter uma relação jurídica tributária com o Fisco.

É exatamente este o caso do imposto de renda na modalidade de incidência exclusiva na fonte. A lei instituidora atribui a responsabilidade pelo recolhimento à fonte pagadora dos recursos, elegendo-a como **substituta** do sujeito passivo, nos termos do que preceitua o art. 128[13] do CTN.

---

11. OLIVEIRA, Ricardo Mariz de. *Op. cit.* p. 593.

12. FERRAGUT, Maria Rita. *Responsabilidade tributária.* 4ª edição. São Paulo: Noeses, 2020, p. 10.

13. Art. 128. Sem prejuízo do disposto neste capítulo, a lei pode atribuir de modo expresso a responsabilidade pelo crédito tributário a terceira pessoa, vinculada ao

3. A responsabilidade tributária por substituição

Apesar da denominação, não se trata de fenômeno no qual um sujeito de direitos cede lugar a outro. A modificação do polo se dá em momento pré-jurídico, ou seja, na fase em que o legislador prepara a disciplina jurídica sobre a matéria. Antes, portanto, do ingresso da lei no ordenamento jurídico.

A utilização da substituição tributária consiste no dever de colaboração com o Fisco, de forma a tornar a arrecadação mais prática e a fiscalização do cumprimento da obrigação tributária e dos deveres instrumentais a ela correlatos mais ágil e efetiva. Seu fundamento de validade está previsto no art. 150, § 7º,[14] da CF.

Maria Rita Ferragut[15] destaca não implicar, ao contrário do que o nome sugere, de cessão do polo passivo da relação jurídica tributária, de um sujeito para outro. "Se a sujeição passiva por substituição for pura (ou seja, sem que simultaneamente haja solidariedade com o contribuinte) o realizador do evento descrito no fato jurídico nunca terá sido sujeito da relação tributária. Portanto, a substituição é pré-jurídica, não jurídica".

O substituto, embora não tenha praticado o fato jurídico, com ele ou com o realizador desse fato se relaciona. Assim, eleito pela lei para ocupar o polo passivo da obrigação tributária, assume todos os deveres daí decorrentes, desde o recolhimento do tributo ao implemento dos deveres instrumentais, exonerando o sujeito passivo do cumprimento de qualquer obrigação.

---

fato gerador da respectiva obrigação, excluindo a responsabilidade do contribuinte ou atribuindo-a a este em caráter supletivo do cumprimento total ou parcial da referida obrigação.

14. Art. 150. Sem prejuízo de outras garantias asseguradas ao contribuinte, é vedado à União, aos Estados, ao Distrito Federal e aos Municípios:
[...]
§ 7º. A lei poderá atribuir a sujeito passivo de obrigação tributária a condição de responsável pelo pagamento de imposto ou contribuição, cujo fato gerador deva ocorrer posteriormente, assegurada a imediata e preferencial restituição da quantia paga, caso não se realize o fato gerador presumido.

15. Idem, p. 40.

No entanto, o substituto não pode ser um terceiro apanhado aleatoriamente pela lei, devendo ter alguma participação no fato jurídico tributário que lhe dê condições de adimplir a obrigação tributária sem, todavia, arcar com o ônus econômico do tributo do qual ele não é contribuinte.

O sujeito passivo – o substituído – não é desconsiderado pelo direito, permanecendo "à distância, como importante fonte de referência para o esclarecimento de aspectos que dizem com o nascimento, a vida e a extinção da obrigação tributária".[16]

Isto porque, elemento indispensável à configuração da substituição tributária é possibilidade de a lei assegurar ao substituto o direito de ressarcir-se, junto ao substituído, da integralidade do tributo pago, em observância ao princípio da capacidade contributiva e da vedação à utilização de tributo com efeito de confisco.

Paulo de Barros Carvalho[17] adverte que:

> [...] essa providência assecuratória, estreitamente ligada a princípios constitucionais da mais alta expressividade, não pode ficar ao juízo de conveniências ou de oportunidade exarados pela Administração Pública, nem, muito menos prejudicada por bloqueios burocráticos tão frequentes nos domínios da gestão dos tributos. O substituto pode servir-se de ação regressiva contra o substituído, "*para recuperar a importância correspondente ao imposto e para manter o equilíbrio da equação financeira da substituição, sem que esteja em jogo qualquer prestação meramente tributária*", como bem anota Ricardo Lobo Torres.[18]

De todo o exposto, podemos extrair que a lei pode atribuir à fonte pagadora da renda a responsabilidade pelo recolhimento de imposto que seria devido pelo beneficiário, desde que também institua mecanismos de reembolso ao substituto,

16. CARVALHO, Paulo de Barros. *Direito tributário, linguagem e método*. 5ª edição. São Paulo: Noeses, 2013, p. 657.

17. Idem.

18. *Curso de direito financeiro e tributário*. Rio de Janeiro: Renovar, 1998, p. 213.

que não deve suportar o ônus econômico do tributo porque carece de capacidade contributiva, conceituado por Rubens Gomes de Sousa,[19] como a "soma de riqueza disponível depois de satisfeitas as necessidades elementares de existência, riqueza essa que pode ser absorvida pelo Estado sem reduzir o padrão de vida do contribuinte e sem prejudicar as suas atividades econômicas".

Oportuno dizer que a criação da figura do substituto tributário não deve ser efetuada de maneira discricionária, mas sim atendendo a normas basilares do sistema jurídico, especialmente aos princípios da igualdade (art. 150, II), da vedação ao confisco (art. 150, IV) e da capacidade contributiva (art. 145, § 1º), estabelecendo formas eficazes de ressarcimento do substituto, sob pena de comprometimento do instituto.

Com efeito, como ensina Alcides Jorge Costa,[20] a vinculação deve permitir a terceira pessoa controlar o fato jurídico tributário e ser reembolsada do imposto que pagou, ou seja, trata-se de relação que assegure ao responsável o direito de agir para cumprir a obrigação tributária sem suportar o ônus econômico da exação, que deve remanescer com o contribuinte, por ser este o detentor da capacidade contributiva.

Outro não é o entendimento do Supremo Tribunal Federal a respeito, conforme evidencia o acórdão proferido em processo de relatoria da Ministra Ellen Gracie e julgado pela sistemática da repercussão geral:

> DIREITO TRIBUTÁRIO. SUBSTITUIÇÃO TRIBUTÁRIA. RETENÇÃO DE 11% ART. 31 DA LEI 8.212/91, COM A REDAÇÃO DA LEI 9.711/98. CONSTITUCIONALIDADE. 1. Na substituição tributária, sempre teremos duas normas: a) a norma tributária impositiva, que estabelece a relação contributiva entre o contribuinte e o fisco; b) a norma de substituição tributária, que estabelece a relação

19. *Apud* COSTA, Regina Helena. *Princípio da capacidade contributiva*. 4ª edição. São Paulo: Malheiros, 2012, p. 21.

20. *Apud* OLIVEIRA, Ricardo Mariz de. *Fundamentos do Imposto de Renda*. São Paulo: Instituto Brasileiro de Estudos Tributários, 2020, p. 580.

de colaboração entre outra pessoa e o fisco, atribuindo-lhe o dever de recolher o tributo em lugar do contribuinte. 2. A validade do regime de substituição tributária depende da atenção a certos limites no que diz respeito a cada uma dessas relações jurídicas. Não se pode admitir que a substituição tributária resulte em transgressão às normas de competência tributária e ao princípio da capacidade contributiva, ofendendo os direitos do contribuinte, porquanto o contribuinte não é substituído no seu dever fundamental de pagar tributos. A par disso, há os limites à própria instituição do dever de colaboração que asseguram o terceiro substituto contra o arbítrio do legislador. A colaboração dele exigida deve guardar respeito aos princípios da razoabilidade e da proporcionalidade, não se lhe podendo impor deveres inviáveis, excessivamente onerosos, desnecessários ou ineficazes. 3. Não há qualquer impedimento a que o legislador se valha de presunções para viabilizar a substituição tributária, desde que não lhes atribua caráter absoluto. 4. A retenção e recolhimento de 11% sobre o valor da nota fiscal é feita por conta do montante devido, não descaracterizando a contribuição sobre a folha de salários na medida em que a antecipação é em seguida compensada pelo contribuinte com os valores por ele apurados como efetivamente devidos forte na base de cálculo real. Ademais, resta assegurada a restituição de eventuais recolhimentos feitos a maior. 5. Inexistência de extrapolação da base econômica do art. 195, I, a, da Constituição, e de violação ao princípio da capacidade contributiva e à vedação do confisco, estampados nos arts. 145, § 1º, e 150, IV, da Constituição. Prejudicados os argumentos relativos à necessidade de lei complementar, esgrimidos com base no art. 195, § 4º, com a remissão que faz ao art. 154, I, da Constituição, porquanto não se trata de nova contribuição. 6. Recurso extraordinário a que se nega provimento. 7. Aos recursos sobrestados, que aguardavam a análise da matéria por este STF, aplica-se o art. 543-B, § 3º, do CPC. (RE 603191, Relator(a): Min. ELLEN GRACIE, Tribunal Pleno, julgado em 01/08/2011, REPERCUSSÃO GERAL - MÉRITO DJe-170 DIVULG 02.09.2011 PUBLIC 05.09.2011 EMENT VOL-02580-02 PP-00185).

Por este motivo é evidente – e necessária – a adequada identificação do substituído, efetivo contribuinte do imposto devido, sem o que, em rigor, não se pode falar em técnica de substituição tributária.

Dito isto, pergunta-se: se substituto e substituído são partícipes do fato jurídico que se pretende tributar e ambos devem estar ao alcance do sujeito ativo, a figura prevista no art. 61 da

Lei 8.981/95 pode ser considerada como imposto de renda incidente de forma exclusiva na fonte? Nos parece que não.

A própria redação do artigo, que determina a imposição pecuniária de 35% sobre pagamentos feitos a beneficiário não identificado ou quando não for comprovada a causa da operação, infirma qualquer pretensão de equipará-la a tributo cobrado mediante substituição tributária.

É fora de dúvida que, na forma em que aplicado, o dispositivo impõe o ônus da tributação ao substituto sem que ele possa ter aptidão econômica para suportá-lo e sem prever qualquer possibilidade de ressarcimento pelos valores recolhidos, a despeito do acréscimo patrimonial ser usufruído pelo substituído.

Noutras palavras, ainda que se pretenda conferir natureza tributária à figura prevista pelo art. 61 da Lei 8.981/95, é inequívoco que o mecanismo de cobrança instituído pelo legislador ordinário não corresponde ao critério pessoal eleito pela regra-matriz do imposto de renda, circunstância que reforça a feição sancionatória da obrigação imposta à conduta de não identificar a causa ou o beneficiário de pagamento realizado pela pessoa jurídica.

4. Breve panorama da jurisprudência

Inicialmente convém registrar que o Supremo Tribunal Federal tem entendimento consolidado no sentido da impossibilidade de tributo ser utilizado como sanção de ato ilícito, reconhecendo a inconstitucionalidade de dispositivos que tenham essa pretensão:

> AGRAVO REGIMENTAL EM RECURSO EXTRAORDINÁRIO. GRÁFICA SUJEITA AO ISS. CONTRIBUINTE NÃO HABITUAL DO ICMS INSCRITO EM CADASTRO FISCAL PARA LOCUPLETAR-SE DA ALÍQUOTA INTERESTADUAL. REPRIMENDA QUE DEVE VIR POR INTERMÉDIO DE APLICAÇÃO DE MULTA. As empresas contribuintes do ISS que promovem inscrição no cadastro fiscal do Estado no intuito de

> locupletar-se da aplicação de alíquotas interestaduais na aquisição de insumos não estão obrigadas a satisfazer o diferencial entre a alíquota interna e aquela praticada no Estado de origem. Essa conclusão é um imperativo que provém do fato da contribuinte não ser sujeito passivo do ICMS. A agravada é contribuinte de direito do ISS e deve suportar, na condição de contribuinte de fato, o ICMS interno devido em favor do Estado de origem da mercadoria. Quanto ao fato de estar inscrita no cadastro fiscal como forma de implementar um ardil, perpetrado contra a Administração tributária, a parte deve receber uma sanção. Considerando a ocorrência de um ilícito, o consequente normativo deve ser a multa e não o tributo cujo fato imponível não fora praticado. Agravo regimental a que se nega provimento. (RE 549532 AgR, Relator(a): Min. ROBERTO BARROSO, Primeira Turma, julgado em 20.05,2014, ACÓRDÃO ELETRÔNICO DJe-116 DIVULG 16.06.2014 PUBLIC 17.06.2014).
>
> ACRÉSCIMO DE 200% AO IMPOSTO IMOBILIÁRIO SOBRE IMÓVEIS ONDE HAJA CONSTRUÇÕES IRREGULARES. ACRÉSCIMO QUE CONFIGURA SANÇÃO A ILICITO ADMINISTRATIVO. O art. 3º do CTN não admite que se tenha como tributo prestação pecuniária compulsória que constitua sanção de ato ilícito, o que implica dizer que não é permitido, em nosso sistema tributário, que se utilize de um tributo com a finalidade extrafiscal de se penalizar a ilicitude. Tributo não é multa, nem pode ser usado como se o fosse. Se o Município quer agravar a punição de quem constrói irregularmente, cometendo ilícito administrativo, que crie ou agrave multas com essa finalidade. O que não pode - por ser contrário ao art. 3º do CTN, e, consequentemente, por não se incluir no poder de tributar que a Constituição Federal lhe confere - é criar adicional de tributo para fazer as vezes de sanção pecuniária de ato ilícito. Recurso Extraordinário conhecido e provido, declarada a inconstitucionalidade da redação dada pela Lei 7.785, de 20 de setembro de 1972, ao inciso I do art. 15 da Lei 6.989, já alterado pela Lei 7.572, de 29 de dezembro de 1970, todas do Município de São Paulo. (RE 94001, Relator(a): Min. MOREIRA ALVES, Tribunal Pleno, julgado em 11.03.1982, DJ 11.06.1982 PP-05680 EMENT VOL-01258-02 PP-00537 RTJ VOL-00104-03 PP-01129).

Considerando que a hipótese do imposto de renda é "auferir renda", que segundo o princípio das bases universais, alcança todo o acréscimo patrimonial obtido pelo beneficiário ao cabo de determinado intervalo de tempo, independentemente de sua origem e natureza, notamos que o imposto alcança, também, a renda proveniente da prática de ilícitos.

Não se trata, todavia, de tributar o ilícito, mas sim o resultado pecuniário dele decorrente. São duas realidades absolutamente contrastantes: uma é a impossibilidade de o legislador colher uma ilicitude como hipótese tributária para incidência do imposto; outra, bem diferente, é permitir que o produto da prática de ilícitos (no caso, a renda) seja tributada, não havendo aqui qualquer ilegalidade.

É nessa linha de ideias que seguem os Tribunais Superiores. Confira-se:

> *Habeas corpus*. Penal. Processual penal. Crime contra a ordem tributária. Art. 1º, inciso I, da Lei nº 8.137/90. Desclassificação para tipo previsto no art. 2º, inciso I, da indigitada lei. Questão não analisada pelo Superior Tribunal de Justiça. Supressão de instância. Inadmissibilidade. Precedentes. Alegada atipicidade da conduta baseada na circunstância de que os valores movimentados nas contas bancárias do paciente seriam provenientes de contravenção penal. Art. 58 do Decreto-Lei nº 6.259/44 - Jogo do Bicho. Possibilidade jurídica de tributação sobre valores oriundos de prática ou atividade ilícita. Princípio do Direito Tributário do *non olet*. Precedente. Ordem parcialmente conhecida e denegada. 1. A pretendida desclassificação do tipo previsto no art. 1º, inciso I, para art. 2º, inciso I, da Lei nº 8.137/90 não foi analisada pelo Superior Tribunal de Justiça. Com efeito sua análise neste ensejo configuraria, na linha de precedentes, verdadeira supressão de instância, o que não se admite. 2. A jurisprudência da Corte, à luz do art. 118 do Código Tributário Nacional, assentou entendimento de ser possível a tributação de renda obtida em razão de atividade ilícita, visto que a definição legal do fato gerador é interpretada com abstração da validade jurídica do ato efetivamente praticado, bem como da natureza do seu objeto ou dos seus efeitos. Princípio do *non olet*. Vide o HC nº 77.530/RS, Primeira Turma, Relator o Ministro Sepúlveda Pertence, DJ de 18/9/98. 3. Ordem parcialmente conhecida e denegada. (HC 94240, Relator(a): Min. DIAS TOFFOLI, Primeira Turma, julgado em 23.08.2011, DJe-196 DIVULG 11.10.2011 PUBLIC 13-10-2011 EMENT VOL-02606-01 PP-00026 RT v. 101, n. 917, 2012, p. 584-597).

> Sonegação fiscal de lucro advindo de atividade criminosa: "non olet". Drogas: tráfico de drogas, envolvendo sociedades comerciais organizadas, com lucros vultosos subtraídos à contabilização regular das empresas e subtraídos à declaração de rendimentos: caracterização, em tese, de crime de sonegação fiscal,

a acarretar a competência da Justiça Federal e atrair pela conexão, o tráfico de entorpecentes: irrelevância da origem ilícita, mesmo quando criminal, da renda subtraída à tributação. A exoneração tributária dos resultados econômicos de fato criminoso - antes de ser corolário do princípio da moralidade - constitui violação do princípio de isonomia fiscal, de manifesta inspiração ética. (HC 77530, Relator(a): Min. SEPÚLVEDA PERTENCE, Primeira Turma, julgado em 25.08.1998, DJ 18.09.1998 PP-00007 EMENT VOL-01923-03 PP-00522).

PROCESSUAL CIVIL. TRIBUTÁRIO. VIOLAÇÃO DO ART. 535 DO CPC. ALEGAÇÃO GENÉRICA. SÚMULA 284/STF. IMPOSTO DE IMPORTAÇÃO. APLICAÇÃO DA PENA DE PERDIMENTO. COBRANÇA DA EXAÇÃO. INVIABILIDADE. HIPÓTESE DE INCIDÊNCIA INEXISTENTE. [...] 3. Embora a regra de tributação possa atingir o produto patrimonial de uma atividade ilícita, ela não pode tomar como hipótese para a incidência do tributo uma atividade ilícita. Ou seja, se o ato ou negócio ilícito for subjacente à norma de tributação - estiver na periferia da regra de incidência -, surgirá a obrigação tributária com todas as consequências que lhe são inerentes. Por outro lado, não se admite que o ato ou negócio ilícito figure como elemento essencial da norma de tributação. 4. "Assim, por exemplo, a renda obtida com o tráfico de drogas deve ser tributada, já que o que se tributa é o aumento patrimonial e não o próprio tráfico. Nesse caso, a ilicitude é circunstância acidental à norma de tributação. No caso de importação ilícita, reconhecida a ilicitude e aplicada a pena de perdimento, não poderá ser cobrado o imposto de importação, já que 'importar mercadorias' é elemento essencial do tipo tributário. Assim, a ilicitude da importação afeta a própria incidência da regra tributária no caso concerto" (REsp 984.607/PR, Rel. Ministro CASTRO MEIRA, SEGUNDA TURMA, julgado em 07.10.2008, DJe 05.11.2008). (REsp 1467306/PR, Rel. Ministro HUMBERTO MARTINS, SEGUNDA TURMA, julgado em 17.03.2015, DJe 24.03.2015).

Ocorre que em alguns julgados do Conselho Administrativo de Recursos Fiscais, (CARF) no tocante à aplicação do art. 61 da Lei 8.981/95, toma-se um fato considerado como ilícito – o pagamento efetuado a beneficiário não identificado ou cuja operação não foi comprovada – como gerador da obrigação tributária de recolher o imposto de renda à alíquota de 35%:

IMPOSTO SOBRE A RENDA RETIDO NA FONTE (IRRF) Ano-calendário: 2003, 2004, 2005, 2006. DECADÊNCIA.

INOCORRÊNCIA. Súmula CARF nº 114: O Imposto de Renda incidente na fonte sobre pagamento a beneficiário não identificado, ou sem comprovação da operação ou da causa, submete-se ao prazo decadencial previsto no art. 173, I, do CTN. PAGAMENTO EFETUADO SEM COMPROVAÇÃO DA OPERAÇÃO OU CAUSA: ART. 61 DA LEI Nº 8.981, DE 1995 - CARACTERIZAÇÃO - A pessoa jurídica que efetuar a entrega de recursos a terceiros ou sócios, acionistas ou titulares, contabilizados ou não, cuja operação ou causa não comprove mediante documentos hábeis e idôneos, sujeitar-se-á à incidência do imposto, exclusivamente na fonte, à alíquota de 35%, a título de pagamento sem causa. MULTA DE OFÍCIO QUALIFICADA. CABIMENTO. Cabível a imposição da multa qualificada de 150%, restando demonstrado que o procedimento doloso adotado pelo sujeito passivo visa a impedir o fisco de tomar conhecimento da ocorrência do fato gerador. MULTA E JUROS MORATÓRIOS. IRRF. LANÇAMENTO ISOLADO. Mantém-se o lançamento de multas e juros isolados em auto de infração contra fonte, quando esse se efetua após a data de entrega da declaração de IRPF pelos beneficiários dos pagamentos correspondentes. Processo nº 10980.017127/2008-91, CENTER AUTOMÓVEIS LTDA. Acórdão 1401-003.730 – 1ª Seção de Julgamento / 4ª Câmara / 1ª Turma Ordinária do CARF, relatora Luciana Yoshihara Arcangelo Zanin. Sessão de 17.09.2019; publicado em 31.10.2019.

IMPOSTO SOBRE A RENDA RETIDO NA FONTE (IRRF) Ano-calendário: 2004, 2005. NULIDADE. Presentes nos autos a descrição dos fatos, termos e documentos suficientes a caracterizar todos elementos do fato jurídico tributário, não há que se falar em cerceamento do direito de defesa e nulidade do lançamento. PAGAMENTO SEM CAUSA. Os pagamentos efetuados que não identifiquem a causa da operação, sujeitam-se ao Imposto de Renda na Fonte nos termos do art. 61 da Lei nº 8.981/95. Deve-se cancelar a parcela da exigência correspondente aos pagamentos cuja documentação comprobatória foi apresentada na impugnação. Processo nº 10073.000365/2009-81, FCA ANGRAPORTO S/A. 1401-003.920 – 1ª Seção de Julgamento / 4ª Câmara / 1ª Turma Ordinária do CARF, relator Eduardo Morgado Rodrigues. Sessão de 12/11/2019; publicado em 18/12/2019.

IRRF. PAGAMENTOS SEM CAUSA OU A BENEFICIÁRIOS NÃO IDENTIFICADOS. EXIGÊNCIA CUMULADA COM IRPJ E CSSL APURADOS EM FACE DA GLOSA DE CUSTOS E DESPESAS CONSIDERADAS INIDÔNEAS. CABIMENTO. O art. 61 da Lei nº 8.981/1995, alcança todos os pagamentos efetuados a beneficiários não identificados ou cuja operação ou causa não é comprovada, independente de quem seja o real

> beneficiário dele (sócios/acionistas ou terceiros, contabilizados ou não), elegendo a pessoa jurídica responsável pelo pagamento efetivamente comprovado como responsável pelo recolhimento do imposto de renda devido pelo beneficiário, presumindo-se que assumiu o ônus pelo referido pagamento. [...] IRRF. PAGAMENTOS SEM CAUSA. RECURSOS DESVIADOS MEDIANTE INTERPOSIÇÃO DE TERCEIROS COM FINALIDADE ILÍCITA DE PAGAMENTO DE VANTAGENS INDEVIDAS. Os pagamentos a diversas empresas por serviços que não foram efetivamente prestados, efetuados como meios preparatórios para o desvio dos recursos que seriam posteriormente empregados nos pagamentos de vantagens indevidas a terceiros, embora identifique sua finalidade não validam sua causa primária. Estes pagamentos não têm causa (no sentido econômico), pois não correspondem a serviços efetivamente prestados. Além disso, os reais beneficiários de tais recursos não são identificados nestas operações, pois estão encobertos por documentos que apontavam outros beneficiários (as emitentes das notas fiscais) dos pagamentos. [...]. Processo nº 13896.723534/2015-15, Setec Tecnologia. Acórdão 1302-002.788 – 3ª Câmara/2ª Turma Ordinária do CARF, relator Luiz Tadeu Matosinho Machado. Sessão de 15.05.2018, publicado em 28.06.2018.

Nota-se, assim, a necessidade de um novo olhar à regra prevista pelo art. 61 da Lei 8.981/95 dado que todas as evidências convergem à conclusão de que se trata de sanção, a despeito das tentativas de conferir-lhe feição tributária.

Isto porque, embora a fonte pagadora tenha relação com o fato jurídico tributário do pagamento a beneficiário não identificado, o ônus econômico pelo pagamento do imposto de renda cabe ao titular do acréscimo patrimonial e a ausência de mecanismos que permitam ao responsável reembolsar-se dos valores recolhidos, violando a capacidade contributiva, desnatura a sistemática de recolhimento por substituição e depõe contra a feição tributária da exação.

Sendo assim, fixada a premissa de que se está tratando de penalidade imposta à prática de realizar pagamento a beneficiário não identificado, independentemente de quem seja ele (sócios/acionistas ou terceiros), ou cuja operação não seja comprovada, é preciso frisar a impossibilidade de que esta sanção, cobrada mediante lavratura de auto de infração, seja cumulada multa de ofício de 75% (setenta e cinco por cento), que pode ser agravada para 150% (cento e cinquenta por cento) quando constatado o intuito de fraude.

Nesse ponto, oportuna a observação de Minatel:[21]

> Portanto, é imperioso admitir que há limites e condições para a aplicação da penalidade prevista no art. 61 da Lei nº 8.981/95, a qual, *quando cabível*, deve ser vista com a mesma natureza da chamada "multa isolada", sendo certo que sua aplicação por meio de lançamento de ofício (auto de infração) não comporta novo cálculo de multa sobre multa, sedo totalmente inadequada a imposição multa de ofício de 75% ou 150% sobre o valor da penalidade quantificada em 35% do valor do pagamento sem causa, ou a beneficiário não identificado.

A aplicação de penalidade de ofício sobre a exigência do art. 61 da Lei 8.981/95 é deficiência decorrente da admissão do caráter tributário da regra segundo a qual o ato de realizar pagamento não identificado seria pressuposto material para a incidência do imposto de renda exclusivamente na fonte, como evidenciam os julgados do CARF acima mencionados.

A "contrário sensu", admitindo-se a natureza sancionatória da exigência estabelecida pelo art. 61 da Lei 8.981/95, não é possível que sobre ela ainda seja calculada multa de ofício, sob pena de dúplice penalização pela mesma conduta.

Além do mais, se tributo fosse, esperar-se-ia o cumprimento voluntário da obrigação e não mediante lavratura de auto de infração, "ato administrativo que consubstancia a aplicação de uma providência sancionatória a que, tendo violado preceito de conduta obrigatória, realizou evento inscrito na lei como ilícito tributário".[22]

A única diferença entre a regra-matriz da norma sancionatória e da norma de imposição tributária reside no antecedente

---

21. *Op. cit.* p. 275.

22. *Curso de direito tributário*, cit., p. 389.

da estrutura. O evento a que alude a primeira é sempre o desatendimento de um dever, ou seja, é a descrição de um fato considerado como infração, delito ou ilícito; já na segunda, o evento descrito no antecedente é lícito, sem violação de qualquer preceito normativo. Apenas um fato a que o direito atribui valoração capaz de dar ensejo ao nascimento da obrigação tributária.

Aplicando esses conceitos fundamentais à análise do art. 61 da Lei 8.981/95 percebe-se, a toda evidência, tratar-se de norma que tem no suposto a descrição de um delito (realizar pagamento a beneficiário não identificado, ou cuja operação não seja comprovada mediante registro adequado dos fatos que afetam o patrimônio da pessoa jurídica) e, no consequente, a instituição de uma sanção de conteúdo pecuniário (imposição de multa de 35%).

5. Síntese conclusiva

A partir dos argumentos acima expendidos podemos extrair as seguintes conclusões:

a) O sujeito passivo do imposto de renda é o contribuinte, titular do acréscimo patrimonial, ou o responsável, desde que tenha algum vínculo com a ocorrência do fato jurídico tributário;

b) A responsabilidade tributária deve permitir ao responsável adimplir a obrigação tributária sem assumir o ônus econômico do imposto, porque este é sempre do contribuinte, titular da capacidade contributiva;

c) A regra estampada no art. 61 da lei 8.981/95, ao impor à fonte pagadora a obrigação de recolher o IRRF à alíquota de 35% não assegurou mecanismos que possibilitem o ressarcimento do substituto em face do substituído pelo tributo pago em seu nome, circunstância que desnatura o critério pessoal da regra-matriz de incidência, além de depor contra a sistemática da substituição tributária;

d) A figura indevidamente considerada como "imposto de renda incidente exclusivamente na fonte" viola o conceito de tributo estabelecido pelo art. 3º do CTN, ao impor uma sanção de cunho pecuniário à conduta de efetuar pagamentos sem causa ou a beneficiários não identificados;

e) Em sendo regra de natureza sancionatória, cobrada mediante lavratura de auto de infração, sua exigência não pode ser agravada pela imposição de multa de ofício, sob pena de dupla penalização pela mesma conduta.

Referências

ANDRADE, Paulo Roberto. *Tributação de atos ilícitos e inválidos.* São Paulo: Quartier Latin, 2008.

BECHO, Renato Lopes. A discussão sobre a tributabilidade de atos ilícitos. *Revista Dialética de Direito Tributário.* São Paulo: Dialética n. 172, 2010.

CARVALHO, Paulo de Barros. *Direito tributário, linguagem e método.* 5ª edição. São Paulo: Editora Noeses, 2013.

_____. *Curso de direito tributário.* 25ª edição. São Paulo: Editora Saraiva, 2013.

COSTA, Regina Helena. *Princípio da capacidade contributiva.* 4ª edição. São Paulo: Malheiros, 2012.

FERRAGUT, Maria Rita. *Responsabilidade tributária.* 4ª edição. São Paulo: Editora Noeses, 2020.

FOLLONI, Andre. *Presunções em matéria de imposto de renda.* In. ZILVETI, Fernando Aurélio; FAJERSZTAJN, Bruno; SILVEIRA, Rodrigo Maito da. (Coordenadores). *Direito tributário*: princípio da realização no imposto sobre a renda. São Paulo: IBDT, 2019.

MACHADO SEGUNDO, Hugo de Brito. *O Princípio do Non Olet e a Dimensão da Riqueza Projetada da Ilicitude.* In. ADAMY,

Pedro Augustin e FERREIRA NETO, Arthur M. (Coordenadores). *Tributação do ilícito*. São Paulo: Malheiros, 2018.

MINATEL, José Antonio. Pagamento sem causa ou a beneficiário não identificado: impossibilidade de exigência a título de IR-fonte. MARTINS, Ives Gandra da Silva – PEIXOTO, Marcelo Magalhães (Coordenadores). *Imposto sobre a renda e proventos de qualquer natureza*. São Paulo: MP Editora, 2006.

PEIXOTO, Marcelo Magalhães (Coordenadores). *Imposto sobre a renda e proventos de qualquer natureza*. São Paulo: MP Editora, 2006.

MURPHY, Celia Maria de Souza. *O Imposto sobre a Renda à luz da Constituição*. 1ª edição. São Paulo: Editora Noeses, 2020.

OLIVEIRA, Ricardo Mariz de. Tributação em torno de atos ilícitos. In. ADAMY, Pedro Augustin. FERREIRA NETO, Arthur. (Coordenadores). *Tributação do ilícito:* estudos em comemoração aos 25 anos do Instituto de Estudos Tributários - IET. São Paulo: Malheiros, 2018.

_____. *Fundamentos do Imposto de Renda*. São Paulo: IBDT, 2020.

TORRES, Ricardo Lobo. *Curso de direito financeiro e tributário*. Rio de Janeiro: Renovar, 1998.

VIEIRA, Michell Przepiorka. *A tributação de rendimentos provenientes de atos ilícitos. Revista de Direito Tributário Atual*. São Paulo: IBDT, n. 35, 2016.

INADIMPLÊNCIA DE ICMS PRÓPRIO É CRIME?

O ICMS, o crime de apropriação indébita tributária e o confronto de suas respectivas regras-matrizes de incidência

Priscilla Queiroga Câmara[1]

Resumo: O presente trabalho se propõe a avaliar a se o tipo penal do art. 2º, II, da Lei 8.137/90 tornou (formalmente) típica a conduta de não pagar ICMS próprio declarado. Para tanto, utilizar-se-á a teoria da regra-matriz de incidência para confrontar as normas penal e tributária, especialmente o critério pessoal de cada regra-matriz construída, e avaliar se há identidade entre o sujeito ativo do referido delito e o contribuinte do imposto. A partir da sedimentação das premissas, serão consideradas as razões de julgamento do Superior Tribunal de Justiça (HC 399.109/SC) e Supremo Tribunal Federal (RHC 163.334/SC) que resultaram na fixação da tese, por este último, de que "o contribuinte que, de forma contumaz e com dolo de apropriação, deixa de recolher o ICMS cobrado do adquirente da mercadoria ou serviço incide no tipo penal do art. 2º, II, da Lei 8.137/90", para averiguar se houve correção no entendimento dos Tribunais Superiores ao afirmar a tipicidade formal da referida conduta em virtude do caráter indireto do ICMS, e, ao final, concluir que a citada jurisprudência não se sustenta do ponto de vista jurídico-tributário.

---

1. Mestranda em Direito Tributário pelo IBET/SP. Especialista em Direito Tributário pelo IBET/RN. Professora Seminarista do IBET/RN. E-mail: priscilla_queiroga@yahoo.com.br.

apropriação indébita tributária – art. 2°, II, da Lei 8.137/90 – 4. O caso do HC 399.109/SC e RHC 163.334/SC e as premissas aqui sedimentadas – 5. Conclusões – Referências.

1. Introdução

Na Lei 8.137/90, o legislador penal brasileiro tratou de tipificar determinadas condutas que entendeu ferirem de modo tão intenso a ordem tributária nacional que merecem punição pela *ultima ratio* do direito, respondendo não só com seu patrimônio, mas também com sua liberdade pelas atitudes tomadas. O Capítulo I da referida lei indicou como crimes determinadas ações praticadas por contribuintes, dentre elas a de "deixar de recolher, no prazo legal, valor de tributo ou de contribuição social, descontado ou cobrado, na qualidade de sujeito passivo de obrigação e que deveria recolher aos cofres públicos", tipificada no inciso II do art. 2º.

Diante da redação do crime ora transcrito, criou-se celeuma em torno do que seriam as condutas de "descontar" e "cobrar", em especial se elas se aplicariam ao âmbito do ICMS de operações próprias, onde não há substituição ou responsabilidade tributárias, mas há a transferência de ônus econômico do débito tributário para seu consumidor através da incorporação deste custo no preço do produto.

Este breve ensaio se propõe a avaliar a tipicidade formal do ato de não pagar ICMS próprio, ou seja, se o verbo "cobrar" se enquadra, do ponto de vista jurídico tributário, à conduta do sujeito passivo do citato imposto em relação a seus consumidores.

Para tanto, utilizar-se-á a teoria da regra-matriz de incidência para confrontar as normas penal e tributária, especialmente o critério pessoal de cada regra-matriz construída, e avaliar se há identidade entre o sujeito ativo do referido delito e o contribuinte do imposto.

Após, serão analisadas as decisões proferidas pela Terceira Seção do Superior Tribunal de Justiça no julgamento do

HC 399.109/SC e pelo plenário do Supremo Tribunal Federal no RHC 163.34/SC, decorrente do mesmo caso concreto, nos quais, por maioria de votos, ambas as Cortes assentaram-se o entendimento de que haveria conduta formalmente típica em função do caráter indireto do tributo, atuando o contribuinte "de direito" como "retentor" do valor pago pela outra parte da operação, o contribuinte "de fato" (consumidor), e, ao escriturar e declarar a operação e (dolosamente) não adimpli-la, estaria incorrendo nas penas do referido delito. O STF, inclusive, fixou a tese de que "O contribuinte que, de forma contumaz e com dolo de apropriação, deixa de recolher o ICMS cobrado do adquirente da mercadoria ou serviço incide no tipo penal do art. 2º, II, da Lei 8.137/1990".

Com base na fundamentação dos Tribunais Superiores e nos ensinamentos doutrinários trazidos pela teoria da regra-matriz de incidência, pretende-se analisar se houve correção jurídica das decisões ou, em verdade, confusão de preceitos econômicos para justificar a incidência penal em casos de mera inadimplência tributária.

2. A regulação de condutas intersubjetivas pelo direito

2.1 Processo de positivação normativa

Observar o mundo através da lente construtivista significa adotar como premissa básica a circunstância de que o homem constrói sua realidade a partir da linguagem, sacando o objeto da posição de protagonista do processo de conhecimento e colocando em seu lugar o ser cognoscente e seu poder de comunicação. Nos dizeres de DARDO SCAVINO,[2] *a linguagem deixa de ser um meio, algo que estaria entre o sujeito e a realidade, para se converter num léxico capaz de criar tanto o sujeito como a realidade.*

2. SCARVINO, Dardo. A *filosofia atual:* pensar sem certezas. Trad. Lucas Galvão de Brito. São Paulo: Noeses, 2014, p. 12/13.

A visão antropocêntrica se justifica pelo embasamento teórico do Constructivismo Lógico-Semântico na filosofia da linguagem, novo paradigma pelo qual, como esclarece AURORA TOMAZINI DE CARVALHO:[3]

> nunca conhecemos os objetos tal como eles se apresentam fisicamente, fora dos discursos que falam acerca deles e os constituem. Conhecemos sempre uma interpretação. Por isso a afirmação segundo a qual o mundo exterior não existe para o sujeito cognoscente sem uma linguagem que o constitua. Isto que chamamos de mundo nada mais é do que uma construção (interpretação), condicionada culturalmente e, por isso, incapaz de refletir a coisa tal qual ela é livre de qualquer influência ideológica.

Por esse método de análise, a leitura do jurista não é meramente descritiva do texto jurídico, "extraindo" o significado das leis. Ao revés, é uma atividade construtiva em que se atribui sentido aos enunciados prescritivos, verdadeiramente edificando as normas jurídicas a partir dos textos.

Dessa forma, com a inescapável existência dos textos e a necessidade de construção dos sentidos normativos a partir dos elementos textuais competentes, imprescindível é o esforço interpretativo do ser cognoscente. Nesse desiderato, o intérprete correrá aquilo que Paulo de Barros Carvalho denominou de "percurso gerador de sentidos dos textos jurídicos", que nada mais é que um modelo analítico que nos permite investigar a trajetória de construção do sentido de qualquer linguagem prescritiva – como é o direito –, dividindo as etapas da atividade interpretativa em quatro planos: a) S1 – sistema da literalidade dos textos, plano da expressão; b) S2 – conjunto dos conteúdos de significação dos enunciados prescritivos, plano das significações/proposições isoladas, ainda não deonticamente estruturadas; c) S3 – conjunto das significações normativas deonticamente estruturadas, plano das normas jurídicas; e d) S4 – sistematização das normas jurídicas, onde

3. CARVALHO, Aurora Tomazini de. *Curso de teoria geral do direito:* o construtivismo lógico-semântico. São Paulo: Noeses, 2009, p. 15.

são construídos vínculos de coordenação e subordinação entre as regras jurídicas. A dinâmica do intérprete entre os planos funciona da seguinte forma, nas palavras de AURORA TOMAZINI DE CARVALHO:[4]

> A compreensão dos textos jurídicos é um trabalho construtivo, resultado de um esforço intelectual. Num primeiro momento, o intérprete entra em contato com um dado objetivo, a literalidade textual, um aglomerado de frases ordenadas que formam o chamado plano de expressão (S1). Partindo deste plano, com a leitura dos enunciados prescritivos, o intérprete vai atribuindo valores aos símbolos que os compõem e, assim, construindo em sua mente significações, que constituem o plano das proposições ainda não deonticamente estruturadas (S2). Com a estruturação destas proposições na forma implicacional (H→C), o intérprete junta algumas das significações construídas na posição sintática de hipótese e outras, no lugar de consequente, ingressando no plano das normas jurídicas (S3). E, por fim, ordenar s significações normativas, construídas no plano S3, de acordo com critérios de subordinação e coordenação, compondo os vínculos que se estabelecem sistematicamente entre as normas, para construir seu sistema normativo (S4).

Nesse contexto, tem-se que o direito é nada mais que o plexo de normas jurídicas válidas em determinado país, voltado à regulação das condutas intersubjetivas daqueles que a ele se subordinam, construídas a partir da interpretação do texto legislativo, o qual representa o recorte dos fatos relevantes ao sistema jurídico e as respectivas consequências que lhes devem se imputadas acaso ocorram – no caso, fala-se das normas gerais e abstratas do ordenamento.

Contudo, devido a sua generalidade e abstração, a norma geral e abstrata não consegue atingir as condutas intersubjetivas. Faz-se necessário, então, a enunciação de outras normas, a partir dos mandamentos das normas gerais e abstratas, diretamente voltadas ao comportamento das pessoas e que aproximem os fatos às ações reguladas, o que se dá por

4. CARVALHO, Aurora Tomazini de. *Curso de teoria geral do direito*: o construtivismo lógico-semântico. São Paulo: Noeses, 2009, p. 228/229.

meio do que se chama de processo de incidência[5] (ou positivação) feito pelo agente competente.

Com isso, são construídas normas individuais e concretas que, ao enunciarem a ocorrência de um fato passado, determinado no tempo e no espaço, que atende aos critérios conotativos elencados na norma geral e abstrata, implicam, aos sujeitos, uma relação na qual um tem certa obrigação, permissão ou vedação perante o outro. É nesse estágio do mais alto nível de positivação normativa, *que se torna possível a efetiva descrição da ocorrência do fato previsto hipoteticamente naquela outra norma e da determinação da pessoa sujeita ao cumprimento da obrigação parte da relação jurídica instaurada*, conforme ressalta DANIELE SOUTO RODRIGUES.[6]

2.2 Breves comentários sobre a tipicidade penal

Considerando a fase atual da Teoria Geral do Crime, toma-se como fundamento teórico o sistema finalista tripartido, a

5. O processo de positivação é assim explicado SÍLVIA ZOMER: "O verbo incidir significa "cair sobre". Tomando-se a realidade jurídica como contexto e a linguagem como elemento essencial para a constituição desta realidade, poderemos pensar no significado de incidência como projeção da linguagem jurídica sobre a linguagem social, no sentido de regular as condutas intersubjetivas. [...] O homem (aplicador do direito), inicialmente, observa os dois planos: do direito e do social, do primeiro plano (do dever-ser), a partir dos enunciados prescritivos, constitui as normas jurídicas gerais e abstratas, em que, na hipótese normativa, se concentram os créditos conotativos que lhe permitem, ao observar o plano social (do ser), identificar a classe de eventos, que, por corresponder àqueles critérios, deva ser juridicizada (subsunção – inclusão de classes). Neste momento, avaliando a linguagem das provas, constrói outra norma jurídica – individual e concreta, em que, no antecedente, constitui o fato jurídico tributário (evento vertido em linguagem competente do direito). Deste modo, traz para a realidade do direito aquilo que pertencia à realidade social, por meio de uma nova linguagem – a linguagem jurídica. Como consequência lógica, por força da imputação, instaura-se um fato jurídico relacional, ou seja, uma relação jurídica que representa o vínculo abstrato que enlaça dois sujeitos de direito – um com o direito subjetivo de exigir o cumprimento de determinada prestação, e outro com dever subjetivo de cumpri-la. É este o fenômeno da incidência ou aplicação do Direito. (ZOMER, Sílvia Regina. *Análise da norma individual e concreta pela ótica do construtivismo lógico-semântico*. São Paulo: Intelecto, 2016. E-book. l. 2096/2159).

6. RODRIGUES, Daniele Souto. Construtivismo lógico-semântico e processo de positivação do direito. In: *Construtivismo lógico-semântico*, Coord. Paulo de Barros Carvalho, vol. I, São Paulo: Noeses: 2014, p. 364/365.

qual enxerga o delito como sendo um fato típico, ilícito e culpável, dividindo seu estudo, portanto, em: a) tipicidade, verificação do enquadramento de determinada conduta humana em um modelo de conduta proibida (tipo penal proibitivo); b) ilicitude, estudo de regras permissivas que excluem a contradição da ação típica com o ordenamento jurídico e c) culpabilidade, verificação da reprovabilidade ou não da conduta ilícita do agente.

Para os fins deste trabalho e com base nas premissas construtivistas antes tratadas acerca da norma jurídica em sentido estrito, nos importa o esclarecimento acerca do fato típico, o qual possui como subcomponentes, conforme a teoria penal, a conduta (ação ou omissão humana, voluntária, consciente e voltada para uma finalidade), o nexo de causalidade, o resultado e a tipicidade.

Em apertada síntese e numa visão generalista, podemos resumir a relação entre esses subitens na verificação se determinado resultado foi necessariamente produzido por uma conduta humana, se tal acontecimento se encontra previsto na legislação como infração penal (crime ou contravenção) e se o ocorrido no mundo dos fatos amolda-se perfeitamente ao modelo previamente previsto em lei, fenômeno esse denominado como adequação típica ou juízo de tipicidade.

Acerca da matéria, ensina CÉZAR ROBERTO BITENCOURT:[7]

> Há uma operação intelectual de conexão entre a infinita variedade de fatos possíveis da vida real e o modelo típico descrito na lei. Essa operação, que consiste em analisar se determinada conduta se adapta aos requisitos descritos na lei, para qualificá-la como infração penal, chama-se "juízo de tipicidade", que, na afirmação de Zaffaroni, "cumpre uma função fundamental na sistemática penal. Sem ele a teoria ficaria sem base, porque a antijuridicidade deambularia sem estabilidade e a culpabilidade perderia sustentação pelo desmoronamento do seu objeto."

7. BITENCOURT, Cézar Roberto. *Tratado de direito penal.* Parte Geral. Vol. 1. 19. ed. rev. ampl. – São Paulo: Saraiva, 2013, p. 345.

> Quando o resultado desse juízo for positivo significa que a conduta analisada reveste-se de tipicidade. No entanto, a contrario sensu, quando o juízo de tipicidade for negativo estaremos diante da atipicidade da conduta, o que significa que a conduta não é relevante para o Direito Penal, mesmo que seja ilícita perante outros ramos jurídicos (v. g., civil, administrativo, tributário etc.).

Com essa definição, é fácil perceber que a tipicidade penal tem um conceito equivalente à tipicidade tributária e ambas guardam o mesmo grau de importância na formação das respectivas relações jurídicas, como bem observou PAULO DE BARROS CARVALHO[8] quando explicava a fenomenologia da incidência tributária:

> A devida compreensão da fenomenologia da incidência tributária tem o caráter de ato fundamental para o conhecimento jurídico, posto que assim atuam todas as regras do direito, em qualquer de seus subdomínios, ao serem aplicados no contexto da comunidade social. Seja qual for a natureza do preceito jurídico, sua atuação dinâmica é a mesma: opera-se a concreção do fato previsto na hipótese, propalando-se os efeitos jurídicos prescritos na consequência. Mas esse quadramento do fato à hipótese normativa tem de ser completo, para que se dê, verdadeiramente a subsunção. É aquilo que se tem por tipicidade, que no Direito Tributário, assim como no Direito Penal, adquire transcendental importância. Para que seja tido como fato jurídico tributário, a ocorrência da vida real, descrita no suposto da norma individual e concreta expedida pelo órgão competente, tem de satisfazer a todos os critérios identificadores tipificados na hipótese da norma geral e abstrata. Que apenas um não seja reconhecido, e a dinâmica que descrevemos ficará inteiramente comprometida.

Ocorre que o aplicador do Direito Penal, ao se deparar com o evento típico, além de analisar a possibilidade de subsunção daquele fato ao tipo penal, ou seja, o enquadramento completo aos critérios exigidos pela norma criminal, ao que se convencionou chamar de tipicidade formal, deve também ponderar se aquela conduta foi materialmente relevante para o Direito Penal.

---

8. CARVALHO, Paulo de Barros. *Direito tributário:* fundamentos jurídicos da incidência. 8. ed. – São Paulo: Saraiva, 2010.

Isso se dá em função do Direito Penal estar regido por princípios como o da intervenção mínima[9] e da fragmentariedade,[10] não havendo sentido em invocar sua força para intervir em situação que seja insignificante. Por insignificância[11] entende BITENCOURT:[12]

> A tipicidade penal exige uma ofensa de alguma gravidade aos bens jurídicos protegidos, pois nem sempre qualquer ofensa a esses bens ou interesses é suficiente para configurar o injusto típico. Segundo esse princípio, que Klaus Tiedemann chamou de princípio da bagatela, é imperativa uma efetiva proporcionalidade entre a gravidade da conduta que se pretende punir e a drasticidade da intervenção estatal. Amiúde, condutas que se amoldam a determinado tipo penal, sob o ponto de vista formal, não apresentam nenhuma relevância material. Nessas circunstâncias, pode-se afastar liminarmente a tipicidade penal porque em verdade o bem jurídico não chegou a ser lesado. [...]

9. Sobre o princípio da intervenção mínima, Cleber Masson, esclarece que: "No campo penal, o princípio da reserva legal não basta para salvaguardar o indivíduo. O Estado, respeitada a prévia legalidade dos delitos e das penas, pode criar tipos penais iníquos e instituir penas vexatórias à dignidade da pessoa humana. Para enfrentar esse problema, estatuiu a Declaração dos Direitos do Homem e do Cidadão, de 1789, em seu art. 8°, que a lei somente deve prever as penas estrita e evidentemente necessárias. Surgia o princípio da intervenção mínima ou da necessidade, afirmando ser legítima a intervenção penal apenas quando a criminalização de um fato se constitui meio indispensável para a proteção de determinado bem ou interesse, não podendo ser tutelado por outros ramos do ordenamento jurídico."(MASSON, Cléber. *Direito penal esquematizado*. Parte Geral vol. 1. 9. Ed. rev. atual e ampl. São Paulo: Método, 2015, p. 48).

10. O referido doutrinador também assevera sobre o princípio da fragmentariedade, decorrente da intervenção mínima, que por ele "nem todos os ilícitos configuram infrações penais, mas apenas os que atentam contra valores fundamentais para a manutenção e o progresso do ser humano e da sociedade. Em resumo, todo ilícito penal, será também ilícito perante os demais ramos do Direito, mas a recíproca não é verdadeira. "(MASSON, Cléber. *Direito penal esquematizado*. Parte Geral vol. 1. 9. Ed. rev. atual e ampl. –São Paulo: Método, 2015, p. 49).

11. Para operacionalizar a aplicação do referido princípio, o Superior Tribunal de Justiça e o Supremo Tribunal Federal pacificaram a jurisprudência para indicar os vetores cumulativos que devem ser obedecidos para se considerar a conduta irrelevante do ponto de vista penal e, por conseguinte, atípica, sendo eles: mínima ofensividade da conduta do agente, ausência de periculosidade social da ação, reduzidíssimo grau de reprovabilidade do comportamento e inexpressividade da lesão jurídica provocada.

12. BITENCOURT, Cézar Roberto. *Tratado de direito penal*. Parte Geral. Vol. 1. 19. ed. rev. ampl. - São Paulo: Saraiva, 2013, p. 60/61.

> Assim, a irrelevância ou insignificância de determinada conduta deve ser aferida não apenas em relação à importância do bem juridicamente atingido, mas especialmente em relação ao grau de intensidade, isto é, pela extensão da lesão produzida, como, por exemplo, nas palavras de Roxin, "mau-trato não é qualquer tipo de lesão à integridade corporal, mas somente uma lesão relevante; uma forma delitiva de injúria é só a lesão grave a pretensão social de respeito. Como força deve ser considerada unicamente um obstáculo de certa importância, igualmente também a ameaça deve ser sensível para ultrapassar o umbral da criminalidade."
>
> Concluindo, a insignificância da ofensa afasta a tipicidade. Mas essa insignificância só pode ser valorada através da consideração global da ordem jurídica. Como afirma Zaffaroni, "a insignificância só pode surgir à luz da função geral que dá sentido à ordem normativa e, consequentemente, a norma em particular, e que nos indica que esses pressupostos estão excluídos de seu âmbito de proibição, o que resulta impossível de se estabelecer à simples luz de sua consideração isolada."

Essa posição encontra-se amparada no raciocínio de que não se admite seja uma conduta irrelevante no âmbito fiscal (o tributo não vai ser cobrado pelo sujeito ativo, por exemplo) e simultaneamente típica no Direito Penal, uma vez que este somente deve atuar quando extremamente necessário para a tutela do bem jurídico protegido, *quando falharem outros meios de proteção e não forem suficientes as tutelas estabelecidas nos demais ramos do Direito*. Então, se a conduta não é relevante para o Direito Tributário/Financeiro, por conseguinte, também não o será para o Direito Penal, a *ultima ratio*.

2.3 O quebra-cabeça da regra-matriz de incidência

A teoria da regra-matriz de incidência adentra no cenário do processo de positivação para funcionar como um instrumento de auxílio ao intérprete na "montagem" da norma (em sentido estrito[13]) geral e abstrata que traz o "mínimo irredu-

13. A distinção entre norma jurídica em sentido amplo e em sentido estrito é utilizada por PAULO DE BARROS CARVALHO para melhor análise do sistema do direito positivo, empregando ele o termo "'normas jurídicas em sentido amplo' para aludir aos conteúdos significativos das frases do direito posto, vale dizer, aos

tível do deôntico", ou seja, os critérios mínimos e essenciais para a incidência da norma.

Nesse desiderato, a expressão "regra-matriz de incidência" (RMI) guarda duas acepções semânticas[14] que revelam as facetas extremamente imbricadas no trato da linguagem pelo intérprete e, como dito, conformam ferramentas úteis e à atividade de interpretação efetuada pelo operador do direito.

Na primeira, a RMI é a fórmula lógico-sintática da norma jurídica em sentido estrito, em que se aponta os critérios componentes de sua estrutura, mas sem se preocupar com o conteúdo de sentido de cada uma; já na segunda, a fórmula é preenchida semanticamente a partir dos enunciados prescritivos relativos à matéria. De uma maneira ou de outra, empreender a montagem da RMI é construir a norma geral e abstrata reguladora de condutas e, com isso, efetuar de maneira mais clara e eficaz a aplicação[15] da norma.

---

enunciados prescritivos, não enquanto manifestações empíricas do ordenamento, mas como significações que seriam construídas pelo intérprete. Ao mesmo tempo, a composição articulada dessas significações, de tal sorte que produza mensagens com sentido deôntico-jurídico completo, receberia o nome de 'normas jurídicas em sentido estrito'". (CARVALHO, Paulo de Barro. *Direito tributário, linguagem e método*. 3. ed. – São Paulo: Noeses, 2009, p. 128).

14. Sobre essa ambiguidade, destacamos os ensinamentos de AURORA TOMAZINI DE CARVALHO: "Não imune ao problema da ambiguidade, a expressão "regra-matriz" pode ser utilizada em duas acepções, significando realidades distintas: (i) estrutura lógica; e (ii) norma jurídica em sentido estrito. No processo gerador de sentido dos textos jurídicos, o intérprete, conhecendo a regra-matriz (estrutura lógica), sai em busca dos conteúdos significativos do texto posto para completá-la e assim constrói a regra-matriz de incidência (norma jurídica). A regra-matriz, considerada como estrutura lógica, é desprovida do conteúdo jurídico, trata-se de um esquema sintático que auxilia o intérprete no arranjo de suas significações, na construção da norma jurídica. A regra-matriz, enquanto norma jurídica, aparece quando todos os campos sintáticos desta estrutura forem semanticamente completados". (CARVALHO, Aurora Tomazini de. A regra-matriz como esquema lógico de interpretação dos textos jurídicos. In: CARVALHO, Paulo de Barros (coord.). *Lógica e direito*. São Paulo: Noeses, 2016, p. 420/421).

15. Deve ser ressaltado que, por fundar-se em bases da filosofia da linguagem, a teoria constructivista trata a aplicação normativa como contemporânea ao fenômeno da incidência, não havendo uma sem a outra e as duas ocorrendo simultaneamente, no momento da enunciação do fato em linguagem jurídica.

Para se construir a regra-matriz de incidência, toma-se por base a estrutura hipotético-condicional da norma jurídica para a regulação das condutas intersubjetivas, em que, abarcados pelo functor deôntico neutro (sendo portanto, linguagem prescritiva), o antecedente descreve um fato jurídico futuro e de possível ocorrência, determinado no tempo e no espaço, a partir do qual, constatada e/ou registrada linguisticamente sua perfectibilização, será imputada uma relação jurídica modalizada (obrigatório, permitido ou proibido) entre sujeitos de direito em torno de uma prestação.

Para fins tributários, órbita inicial do estudo de PAULO DE BARROS CARVALHO na criação da teoria, no pressuposto encontram-se os critérios: (i) material, que descreve a conduta humana, por meio de um verbo e um complemento; (ii) temporal e (iii) espacial, que situam referida conduta no tempo e no espaço; e no suposto os elementos da relação jurídica tributária, no caso, (iv) sujeitos passivo e ativo, em que o segundo detém direito subjetivo de cobrar do primeiro, devedor jurídico, o cumprimento da obrigação e (v) quantitativo da obrigação tributária, traduzidos em base de cálculo e alíquota.

Porém, o esquema da regra-matriz de incidência não se restringe ao âmbito tributário, sendo seu raciocínio universal no direito positivo como aqui desenhado. Utilizando a teoria da RMI, o intérprete é capaz de organizar as normas gerais e abstratas de qualquer sub-ramo do direito, desde que adapte o arranjo dos critérios conforme a necessidade de cada positivação, mantendo, por óbvio, a estrutura hipotético-condicional com a descrição de um fato jurídico no antecedente e de uma relação jurídica entre sujeitos de direito no consequente.

3. Montando as regras-matrizes

3.1 Regra-matriz de incidência tributária do ICMS operações próprias

O ICMS é um imposto que incide sobre operações relativas à circulação de mercadorias e prestações de determinados serviços, sendo tributo de competência estadual e distrital, conforme inteligência da redação do art. 155, II, e § 2° e seus incisos, da Constituição Federal. Vejamos os dispositivos que ora mais merecem destaque:

> Art. 155. Compete aos Estados e ao Distrito Federal instituir impostos sobre:
>
> II - operações relativas à circulação de mercadorias e sobre prestações de serviços de transporte interestadual e intermunicipal e de comunicação, ainda que as operações e as prestações se iniciem no exterior.
>
> [...]
>
> § 2º. O imposto previsto no inciso II atenderá ao seguinte:
>
> [...]
>
> IX - incidirá também:
>
> a) sobre a entrada de bem ou mercadoria importados do exterior por pessoa física ou jurídica, ainda que não seja contribuinte habitual do imposto, qualquer que seja a sua finalidade, assim como sobre o serviço prestado no exterior, cabendo o imposto ao Estado onde estiver situado o domicílio ou o estabelecimento do destinatário da mercadoria, bem ou serviço;
>
> b) sobre o valor total da operação, quando mercadorias forem fornecidas com serviços não compreendidos na competência tributária dos Municípios;

De início, já se percebe a dificuldade na lida com o referido imposto pela diversidade de materialidades e potenciais sujeitos ativos abarcados na matriz constitucional. Dessa forma, como ressalta ARGOS CAMPOS RIBEIRO SIMÕES,[16] *verifica-se, outrossim, que a sigla ICMS congrega diversas espécies de impostos; tanto quantas forem as materialidades de origem constitucional (critérios materiais), possíveis de serem construídas.*

Por isso, importante determinar sobre qual ICMS será focado o discurso, constituindo a sua regra-matriz de incidência tributária – RMIT específica. Pelo corte metodológico aqui

---

16. SIMÕES, Argos Campos Ribeiro. *ICMS – Importação.* Proposta de Reclassificação e suas Aplicações. São Paulo: Noeses, 2014, p. 48.

efetuado, nos interessará o ICMS incidente sobre a circulação de mercadorias (não de serviços) operações próprias contribuinte,[17] esse entendido como aquele que tem relação pessoal e direta com o fato jurídico tributário descrito na hipótese de incidência. Ou seja, não interessará aquelas situações que envolvam o sistema de arrecadação da substituição tributária, ou mesmo os casos de responsabilidade tributária.

Atendendo ao art. 155, § 2º, XII, "a", da Constituição,[18] o art. 4º da Lei Kandir[19] estabelece que o contribuinte do ICMS é, basicamente, a pessoa, física ou jurídica, que praticar a operação mercantil que importe em transferência de mercadoria ou o prestador do serviço (de transporte ou comunicação). Então, pela consideração legislativa, o sujeito passivo do tributo e, portanto, aquele que figura como devedor na obrigação

17. Sobre a escolha da sujeição passiva (direta) da obrigação tributária, entendo salutar a observação de JOSÉ EDUARDO SOARES DE MELO de que "Normalmente, a Constituição não indica a pessoa que deve ser caracterizada como devedora do tributo, mas apenas contempla as materialidades suscetíveis de incidência, outorgando as respectivas competências às pessoas públicas. Nessa situação, competiria à lei complementar (art. 146) estabelecer normas gerais em matéria de legislação tributária, no que disporia sobre os contribuintes (item III). Evidente que a lei complementar poderá apenas explicitar o comando constitucional e especificar, como "contribuinte", pessoa que esteja ligada ao cerne do tributo, e ao fato abstratamente posto na norma, uma vez que deve ser 'uma pessoa que está em conexão íntima (relação de fato) com o núcleo respectivo (aspecto material) da hipótese de incidência.'" (MELO, José Eduardo Soares de. *ICMS:* teoria e prática. 12 ed. – São Paulo: Dialética, 2012. p. 187).

18. XII - cabe à lei complementar: a) definir seus contribuintes

19. Art. 4º. Contribuinte é qualquer pessoa, física ou jurídica, que realize, com habitualidade ou em volume que caracterize intuito comercial, operações de circulação de mercadoria ou prestações de serviços de transporte interestadual e intermunicipal e de comunicação, ainda que as operações e as prestações se iniciem no exterior.
Parágrafo único. É também contribuinte a pessoa física ou jurídica que, mesmo sem habitualidade ou intuito comercial: (Redação dada pela LC 114, de 16.12.2002)
I – importe mercadorias ou bens do exterior, qualquer que seja a sua finalidade; (Redação dada pela LC 114, de 16.12.2002)
II - seja destinatária de serviço prestado no exterior ou cuja prestação se tenha iniciado no exterior;
III – adquira em licitação mercadorias ou bens apreendidos ou abandonados; (Redação dada pela LC 114, de 16.12.2002)
IV – adquira lubrificantes e combustíveis líquidos e gasosos derivados de petróleo e energia elétrica oriundos de outro Estado, quando não destinados à comercialização ou à industrialização. (Redação dada pela LCP 102, de 11.7.2000)

tributária, detentor do dever jurídico de adimplir a prestação imputada em função da ocorrência da hipótese de incidência, é aquele que "vende", que promove a operação relativa à circulação de mercadoria.

Importante assentar que a condição de sujeito passivo da obrigação tributária, seja como contribuinte ou mesmo como responsável tributário, decorre necessariamente da lei. Contudo, não raro encontrar na doutrina classificação do contribuinte do ICMS não de acordo com a relação do sujeito com o fato jurídico, mas sim considerando viés econômico, ou seja, quem teria suportado o "ônus" financeiro do valor do tributo, separando o contribuinte em duas categorias: (i) de direito, como aquele que figura na norma como devedor, o empresário integrante da cadeia de transmissão onerosa de bens; e (ii) de fato, como aquele que "efetivamente paga" o tributo, pois este estaria embutido no preço pago pelo produto.

Nessa perspectiva, haveria um "repasse" (de caráter financeiro) da obrigação para o consumidor e essa faceta deveria ser sempre considerada para a interpretação das situações que envolvem o ICMS.

No entanto, não se pode perder de vista que o referido caráter direito ou indireto do tributo de acordo com quem assume seu encargo financeiro é uma interpretação econômica e, por isso, irrelevante juridicamente. Encampando esse posicionamento, temos a lição de ROQUE CARRAZZA,[20] que, com base nele, enfatiza:

> O consumidor final da mercadoria é, apenas, o destinatário da carga econômica do ICMS. É ele que suporta a carga econômica deste tributo. Não é ele, porém, que integra, como sujeito passivo, a obrigação tributária. Ele é simplesmente aquilo que a Economia rotula de contribuinte de fato, que não tem nada a ver com o contribuinte de direito, isto é, com a pessoa que figura no polo negativo da obrigação tributária. [...] O que estamos querendo significar é que, na verdade, o consumidor final não está recolhendo

20. CARRAZZA, Roque Antonio. *ICMS*. 9 ed. São Paulo: Malheiros, 2002, p. 478.

o ICMS. Apenas, ele vê embutido no preço final da mercadoria o imposto devido. Devido, insistimos, pelo comerciante.

No caso concreto analisado neste trabalho, a dicotomia "de fato" e "de direito" também norteou o voto do relator (que foi acolhido, por maioria de votos) e, a nosso ver, causou confusão quando da definição do termo "cobrado" existente no tipo penal de apropriação indébita tributária, como se verá em tópico posterior.

O que nos resta, neste momento, assentar é o equívoco da referida classificação, uma vez que, como dito, incorpora ideias econômicas e financeiras, estranhas ao sistema jurídico e que acabam por desvirtuar o entendimento das proposições normativas referentes a esse tributo.

Feitas essas considerações, construímos a regra-matriz de incidência tributária do ICMS-mercadorias incidente sobre operações próprias da seguinte forma:

a) Critério material (verbo + complemento): realizar operação mercantil relativa à circulação de mercadoria ou prestação de serviço de transporte ou de comunicação – art. 2º da Lei Kandir;

b) Critério temporal: saída da mercadoria do estabelecimento;

c) Critério espacial: Estado ou Distrito Federal, onde ocorreu a operação de circulação de mercadorias;

d) Critério subjetivo (sujeitos): Estado federativo como sujeito ativo e como passivo *aquele que praticar operação mercantil que importe em transferência de mercadoria;*

e) Critério quantitativo (base de cálculo e alíquota): base de cálculo será, genericamente, o valor da operação ou o valor do serviço prestado, enquanto que a alíquota atenderá o princípio da seletividade (art.

155, § 2º, inciso III, da CF/88), considerando os graus de essencialidade da mercadoria ou do serviço.

3.2 Regra-matriz de incidência penal do delito de apropriação indébita tributária – art. 2º, II, da Lei 8.137/90

Como dito alhures, a regra-matriz não se restringe ao âmbito tributário, cabendo ao intérprete adaptar o arquétipo dos critérios conforme o regime do ramo do direito em análise, desde que mantenha a estrutura hipotético-condicional com a descrição de um fato jurídico no antecedente e de uma relação jurídica entre sujeitos de direito no consequente.

Para o âmbito penal, a adaptação da fórmula básica da regra-matriz de incidência leva em consideração uma das premissas basilares deste ramo do direto que é a vedação da responsabilização objetiva do sujeito delinquente, bem como a particularidade do objeto prestacional ser uma pena (privativa de liberdade, restritiva de direitos e/ou multa) a ser individualizada pelo magistrado dentro da quantidade disposta no tipo.[21]

Dessa forma, a incidência da norma penal é pautada pela existência de critério volitivo na conduta criminosa, no que o critério material do antecedente normativo ganha mais um complemento: a elemento subjetivo de culpabilidade (dolo e/ou culpa[22]); e o consequente conta com um critério objetacional dividido em qualificação (qual modalidade de pena será aplicada) e quantificação (quanto de pena será cominada).

---

21. Registre-se que a dosimetria da pena é atividade bastante complexa e efetuada em três etapas pelo magistrado sentenciante, podendo na terceira, em que se aplicam as causas de aumento e/ou diminuição de pena cabíveis, haver extrapolação para aquém ou além dos marcos determinados no tipo penal. Porém, para os fins a que se propõe este breve ensaio, basta a noção de que para cada crime há um limite inicial máximo e mínimo de pena.

22. A definição de crimes dolosos e culposos está no art. 18 do Código Penal, o qual, em seu parágrafo único assenta a excepcionalidade da imputação por culpa, ou seja, para que o crime seja punido por conduta imprudente, negligente ou imperita deverá haver previsão expressa na lei. No caso dos crimes contra a ordem tributária, não há tal previsão, fazendo com que todos os delitos dessa natureza sejam punidos pelo dolo, quando o agente quis o resultado ou assumiu o risco de produzi-lo.

Assim sendo, para a regra-matriz do crime de apropriação indébita tributária, previsto no art. 2º, II, da Lei 8.137/90, cujo tipo prevê como passível de detenção, de 06 meses a 02 anos, e multa, a conduta de "deixar de recolher, no prazo legal, valor de tributo ou de contribuição social, descontado ou cobrado, na qualidade de sujeito passivo de obrigação e que deveria recolher aos cofres públicos", temos a seguinte estrutura semanticamente considerada:

a) Critério material (verbo + complemento + volitilidade): deixar de recolher, dolosamente, aos cofres públicos valor de tributo ou de contribuição social, descontado ou cobrado de terceiro;

b) Critério temporal: primeiro dia após o prazo legal de recolhimento;

c) Critério espacial: estado onde ocorreu a operação de circulação de mercadorias;

d) Critério subjetivo (sujeitos): Estado brasileiro como vítima e como *autor do crime aquele que descontou ou cobrou tributo de terceiro e não o recolheu aos cofres públicos, tendo o dever jurídico de fazê-lo, no prazo determinado em lei*;

e) Critério objetacional: detenção (privativa de liberdade), de 6 (seis) meses a 2 (dois) anos, e multa.

Por fim, devemos atentar para a particularidade que envolve essa espécie de crime (penal-tributário), qual seja, a de que a lei penal não incide diretamente sobre comportamentos ou sobre fatos, mas sobre comportamentos ou fatos regulados previamente pela lei tributária. Por isso, como ensina CARRAZZA,[23] "*É preciso conhecermos a qualificação e os efeitos jurídicos que a lei tributária dá a esses comportamentos ou fatos, para só depois verificarmos se eles se subsumem à lei penal*".

23. Idem, p. 470.

Em outras palavras, os crimes contra a ordem tributária sempre são dependentes de complementação interpretativa nas leis tributárias, podendo os enunciados penais ser considerados "vagos" de certo modo, estando no ramo do direito tributário a resposta de sua definição semântica para que se dê ensejo à aplicação da regra-matriz penal.[24]

4. O caso do HC 399.109/SC e RHC 163.334/SC e as premissas aqui sedimentadas

O Superior Tribunal Federal, na figura de sua Terceira Seção, em julgamento publicado no dia 31 de agosto de 2018,[25]

---

24. AURORA TOMAZINI DE CARVALHO também destaca essa relação de dependência dizendo que "O direito tributário regula a aplicação de suas normas, determinando o processo de produção de suas obrigações. As normas de Direito Penal Tributário tomam como hipótese o descumprimento de deveres prescritos em normas tributárias. Assim, a incidência daquelas normas dependem do tratamento dado pelo direito tributário a estas." (CARVALHO, Aurora Tomazini. *Direito penal tributário*: uma análise lógica, semântica e jurisprudencial. São Paulo: Quartier Latin, 2009. p. 200/201)

25. *HABEAS CORPUS*. NÃO RECOLHIMENTO DE ICMS POR MESES SEGUIDOS. APROPRIAÇÃO INDÉBITA TRIBUTÁRIA. ABSOLVIÇÃO SUMÁRIA. IMPOSSIBILIDADE. DECLARAÇÃO PELO RÉU DO IMPOSTO DEVIDO EM GUIAS PRÓPRIAS. IRRELEVÂNCIA PARA A CONFIGURAÇÃO DO DELITO. TERMOS "DESCONTADO E COBRADO". ABRANGÊNCIA. TRIBUTOS DIRETOS EM QUE HÁ RESPONSABILIDADE POR SUBSTITUIÇÃO E TRIBUTOS INDIRETOS. ORDEM DENEGADA.
1. Para a configuração do delito de apropriação indébita tributária - tal qual se dá com a apropriação indébita em geral - o fato de o agente registrar, apurar e declarar em guia própria ou em livros fiscais o imposto devido não tem o condão de elidir ou exercer nenhuma influência na prática do delito, visto que este não pressupõe a clandestinidade.
2. O sujeito ativo do crime de apropriação indébita tributária é aquele que ostenta a qualidade de sujeito passivo da obrigação tributária, conforme claramente descrito pelo art. 2º, II, da Lei n. 8.137/1990, que exige, para sua configuração, seja a conduta dolosa (elemento subjetivo do tipo), consistente na consciência (ainda que potencial) de não recolher o valor do tributo devido. A motivação, no entanto, não possui importância no campo da tipicidade, ou seja, é prescindível a existência de elemento subjetivo especial.
3. A descrição típica do crime de apropriação indébita tributária contém a expressão "descontado ou cobrado", o que, indiscutivelmente, restringe a abrangência do sujeito ativo do delito, porquanto nem todo sujeito passivo de obrigação tributária que deixa de recolher tributo ou contribuição social responde pelo crime do art. 2º,

por maioria de votos, denegou ordem de *Habeas Corpus* a pacientes que se viram com sentença de absolvição sumária reformada em segunda instância pelo Tribunal de Justiça de Santa Catarina em razão do entendimento de que o não recolhimento de ICMS em operações próprias, devidamente declaradas ao Fisco, não é mero inadimplemento fiscal, mas sim o crime de apropriação indébita tributária, havendo necessidade de se prosseguir a instrução criminal em decorrência da adequação típica (formalmente) vislumbrada.

Essa decisão foi confirmada no Supremo Tribunal Federal, também por maioria de votos, no seio do Recurso Ordinário em Habeas Corpus 163.334/SC, interposto pelo mesmo paciente e cujo julgamento encerrou-se em 18 de dezembro de 2019. A partir desse processo, o Pretório Excelso fixou a tese de que "O contribuinte que, de forma contumaz e com dolo de apropriação, deixa de recolher o ICMS cobrado do adquirente da mercadoria ou serviço incide no tipo penal do art. 2º, II, da Lei 8.137/90".

Dos fundamentos utilizados nos votos vencedores, muitos podem ser criticados por vários espectros de análise, tendo as duas instâncias superiores sido criticadas tanto por penalistas como por tributaristas desde a prolação das mencionadas decisões.

II, da Lei n. 8.137/1990, mas somente aqueles que "descontam" ou "cobram" o tributo ou contribuição.
4. A interpretação consentânea com a dogmática penal do termo "descontado" é a de que ele se refere aos tributos diretos quando há responsabilidade tributária por substituição, enquanto o termo "cobrado" deve ser compreendido nas relações tributárias havidas com tributos indiretos (incidentes sobre o consumo), de maneira que não possui relevância o fato de o ICMS ser próprio ou por substituição, porquanto, em qualquer hipótese, não haverá ônus financeiro para o contribuinte de direito.
5. É inviável a absolvição sumária pelo crime de apropriação indébita tributária, sob o fundamento de que o não recolhimento do ICMS em operações próprias é atípico, notadamente quando a denúncia descreve fato que contém a necessária adequação típica e não há excludentes de ilicitude, como ocorreu no caso. Eventual dúvida quanto ao dolo de se apropriar há que ser esclarecida com a instrução criminal.
6. *Habeas corpus* denegado.
(HC 399.109/SC, Rel. Ministro Rogerio Schietti Cruz, Terceira Seção, julgado em 22.08.2018, DJe 31.08.2018)

Para os fins desse ensaio, baseado nas descobertas reveladas pelo confronto das RMI dos ICMS operações próprias e do crime de apropriação indébita tributária, os pontos de discórdia para o caso em comento cingem-se, basicamente, em três.

O primeiro é o entendimento de que o valor do ICMS cobrado em cada operação, ao não integrar o patrimônio do comerciante,[26]deixa o contribuinte na posição de mero depositário desse ingresso de caixa. Nesse sentido, o Ministro Rogério Schietti Cruz no seu relato do HC 399.109/SC destacou em sua relatoria que *estará configurado o crime de apropriação indébita, quando o agente se apropria de coisa fungível que lhe foi confiada para transmissão a terceiro ou para outra finalidade que não o depósito*, sendo esta última a hipótese em que se enquadraria o tipo do art. 2°, II, da Lei 8.137/1990.

A crítica que se coloca para esse ponto é que, em operações próprias, o contribuinte não recebe quantia de terceiro para depois, em nome desse terceiro, repassar para o Fisco, não sendo, portanto, mero depositário nesse contexto. Na verdade, a obrigação é sempre do contribuinte, pois é o contribuinte que figura na posição de sujeito passivo do imposto e é dele que será cobrado o adimplemento da prestação quando houver falha e/o falta – ou seja, ele atua em nome próprio e não como "possuidor" de pecúnia alheia.

A alcunha informal de "apropriação indébita tributária" foi dada pela doutrina ao tipo do art. 2°, II, da Lei 8.137/90 em razão da conduta ali descrita guardar semelhança com o art. 168 do Código Penal, pelo qual é crime punido com reclusão, de um a quatro anos, e multa, o ato de "apropriar-se de *coisa* ***alheia*** *móvel*, de que tem a posse ou detenção". Ou seja, é um bem de outrem que deve ser apropriado e, como exposto alhures, as disposições tributárias não podem ser olvidadas quando da adequação típica penal.

---

26. Entendimento este fixado no julgamento no julgamento do RE 574.706 (Tema 69 da repercussão geral), em que restou assentado que o ICMS não integra o patrimônio do sujeito passivo e, consequentemente, não compõe a base de cálculo do PIS e da Cofins.

O fato de que é um terceiro que compra seu produto e lhe "dá" dinheiro por isso não desvirtua a posição de devedor tributário do contribuinte, muito menos mantém o terceiro como o proprietário do montante dispendido – ora, estamos tratando de atividades comerciais/mercantis, cujo objetivo é auferir lucro através de tradição. Colocar o dinheiro do consumidor neste pedestal não é saudável para a discussão jurídica, seja penal ou tributária.

O segundo pilar das decisões que merece questionamento é a leitura irrestrita da expressão "sujeito passivo da obrigação [tributária]" contida no tipo penal. Para as Cortes Superiores, por não haver distinção expressa na lei penal, não há impedimento de que o sujeito ativo do crime possa ser, ao menos em tese, tanto o contribuinte (sujeito passivo direto da obrigação tributária) quanto o responsável tributário (sujeito passivo indireto da obrigação tributária).

Aqui, os votos vencedores se apegam à interpretação literal, porém, olvidam-se que o sentido deve ser construído a partir do texto em sua completude, cujo sentido sempre estará implícito, e que a circunstância de falta de delimitação expressa não pode levar à ignorância ou desvirtuamento do regime jurídico dos impostos no contexto que é inserido o delito.

Em outras palavras, se o tipo penal se refere ao contexto de "desconto" e "cobrança", ambos os termos que denotam a ideia de "obtenção de coisa de terceiro", no caso, de tributo ou contribuição social, não poderá o intérprete forçar nesse conceito a operação própria, sob pena de total desvirtuamento da mensagem legislativa – o que é impensado para as searas penal e tributária, ambas regidas pela estrita legalidade e tipicidade de suas condutas.

Por fim, outro potencial alvo de críticas encontrado pela análise das respectivas RMI é a definição do termo "cobrar".[27]

27. Não serão tecidas considerações acerca do entendimento do termo "descontar", pois foi entendido que se refere à retenção ocorrida no fenômeno da substituição tributária, fugindo do corte efetuado nesse trabalho.

Cabe aqui destacar que os relatores Ministros Rogério Schietti e Roberto Barroso, numa análise conjunta de seus argumentos, colocaram que, do ponto de vista tributário, o sujeito passivo do tributo jamais efetua cobrança, mas apenas retenção para posterior repasse ao Fisco, mas, para não deixar o tipo penal com "letra morta", busca sua significação num exercício de intertextualidade com o direito penal e historicidade com o projeto de lei que deu origem à Lei 8.137/90, entendendo-a como o repasse do custo para o consumidor no preço do produto.

Nesse quesito, seguindo o raciocínio apresentado no primeiro, a crítica jaz novamente na consideração de terceiro (no caso, o consumidor) como importante na equação da relação tributária por arcar com o encargo financeiro do imposto, assumindo o papel de "contribuinte de fato" do ICMS.

Como já adiantado, essa visão de contribuinte "de fato" e "de direito" é fruto de uma introdução errônea de ideias econômicas para um estudo que deveria ser puramente jurídico. Não interessa ao sistema jurídico quem arca financeiramente com o ônus na alienação onerosa de bens, mas sim, será importante aquele que a lei atribuiu dever jurídico de cumprir a prestação, o que, de acordo com o demonstrado até então, é o contribuinte, aquele que tem relação direta e pessoal com o fato jurídico descrito na hipótese de incidência.

E justamente focando na melhor definição dos termos "cobrado" e "descontado" e forte na premissa ora levantada, foi que a Ministra Maria Thereza de Assis Moura construiu seu voto de divergência no HC 399.109/SC, o qual, apesar de não considerado pela Terceira Seção no julgamento final, mostra-se científica e juridicamente adequados, merecendo, portanto, a transcrição de algumas de suas considerações e advertências:

> O ponto fulcral da questão reside em saber como se deve interpretar a expressão típica tributo "descontado ou cobrado, na qualidade de sujeito passivo da obrigação". Ao se referir ao tributo "descontado ou cobrado", o tipo penal está a aludir aos casos de responsabilidade tributária – e não aos impostos indiretos, em que o custo é repassado, apenas do ponto de vista

> econômico, a terceiros. No caso do ICMS, o consumidor não é contribuinte do imposto, no sentido técnico, nem sujeito passivo da obrigação, o que significa que ele jamais será cobrado pelo pagamento do imposto devido na operação. Não existe relação jurídica tributária possível entre o Fisco estadual e o consumidor final, de modo que não é correto, juridicamente, considerar que o valor do ICMS embutido no preço tenha sido dele "cobrado" ou "descontado". O consumidor é, apenas, "contribuinte de fato", conceito que, juridicamente, tem relevância unicamente para fins de repetição de indébito tributário (CTN, art. 166).
>
> *Salvo para essa finalidade, o conceito tem caráter meramente econômico.* Sob esta perspectiva, é também o consumidor quem arca, por exemplo, com o ônus econômico do imposto de renda e com a contribuição previdenciária pagos pelo comerciante, já que, na formação do preço da mercadoria, são levados em consideração todos os custos, diretos e indiretos, da atividade. Da mesma forma, o custo do aluguel do imóvel, da energia elétrica, dos funcionários etc., tudo isso é repassado ao consumidor. *Nem por isso alguém sustenta que há apropriação indébita do imposto de renda quando o consumidor compra um produto e o comerciante, após contabilizar corretamente o tributo, simplesmente deixa de recolhê-lo. (grifos nossos)*

Tais considerações foram repetidas pelo Ministro Gilmar Mendes quando do julgamento do RHC 163.334/SC, que, além de destacar a necessidade de consideração do especial elemento subjetivo do tipo penal, ressaltou a condição de que o contribuinte é o devedor do tributo e não mero depositário do valor correspondente.[28]

---

28. Válida a transcrição resumida trazida no Informativo n° 963 do STF sobre o posicionamento de Min. Gilmar Mendes (https://bit.ly/3Ar98Ty - acesso em: 20 out. 2020):
"[...] Para o ministro, deve ser imperiosamente levado em conta o dolo com a imprescindível consideração do elemento subjetivo especial do injusto em comento, qual seja, a vontade de se apropriar dos valores retidos, omitindo o cumprimento do dever tributário com a intenção de não os recolher. O dolo de não recolher o tributo, de maneira genérica, não seria suficiente para preencher o tipo subjetivo do referido dispositivo. É necessária a presença de uma vontade de apropriação fraudulenta dos valores do Fisco para materializar o elemento subjetivo especial do tipo em comento. Esse ânimo se manifesta pelo ardil de omitir e/ou alterar os valores devidos e se exclui com a devida declaração da espécie tributária junto aos órgãos de administração fiscal. Na situação dos autos, inexiste imputação de fraude.
Em cotejo analítico de proporcionalidade entre os valores constitucionais da

---

liberdade individual e da própria ordem jurídica tributária, na qualidade de bem jurídico tutelado pelo tipo em questão, a intervenção criminal somente se justifica na medida em que houver alguma forma de fraude por parte do agente. Isso, porque a fraude é objeto da norma penal, e não a dívida. A interpretação constitucional do dispositivo deve considerar o ânimo de fraude, sob pena de fomentar-se política criminal arrecadatória.

O ministro salientou que o instrumento hermenêutico de analogia não pode ser utilizado para suprir a necessária demonstração da vontade ardilosa de se apropriar dos valores devidos. Quando não é suficientemente levada a cabo, pela acusação, a clara demonstração do liame subjetivo entre autor e fato — como ocorre na espécie —, estar-se-á diante de verdadeira imputação criminal pelo mero inadimplemento de dívida fiscal.

Ponderou que a criminalização de mera dívida se equipara à prisão civil e fere de forma grave tanto a Constituição Federal (CF) quanto o Pacto de San José da Corta Rica. Na falta de demonstração do elemento determinante do tipo, é cristalino o vilipêndio da proibição constitucional à criminalização do simples inadimplemento, bem assim do próprio princípio da não culpabilidade.

Além da apontada ausência do elemento subjetivo especial do injusto — fraude —, o ministro Gilmar Mendes consignou a necessidade da análise dos elementos normativos do tipo penal, sem os quais não há que se falar em crime. Depreendeu do ensinamento doutrinário que os termos "descontado" e "cobrado" não devem ser aplicados às hipóteses em que, por simples repercussão econômica, o comerciante repassa o seu ônus tributário no preço final da mercadoria ao consumidor.

Segundo o ministro, é certo que, em notas fiscais, destaca-se o valor do ICMS do valor das mercadorias e serviços. No entanto, esta indicação, para fins de controle e de aplicação sistemática da não cumulatividade, não significa que o ICMS deixa de integrar o preço de venda das mercadorias. Outros custos, diretos e indiretos, também compõem o preço de venda das mercadorias.

O ICMS não funciona como imposto retido. Não é recolhido automaticamente com a ocorrência da operação. É recebido pelo vendedor e integra o seu caixa, o seu patrimônio. O contribuinte irá repassar o valor ao estado apenas ao término do período de apuração, depois de considerada a compensação de créditos. O comerciante não é mero intermediário. Ademais, o contribuinte de direito não é obrigado a repassar o gravame econômico do ICMS ao consumidor, contribuinte de fato. Não se pode confundir dever jurídico tributário, que recai sobre o empresário contribuinte, com o mero ônus econômico que é suportado pelo adquirente.

O ministro avaliou inexistir apropriação de tributo devido por terceiro, pois é devido pela própria empresa. Observou que a apropriação indébita tributária está estritamente relacionada à substituição tributária, e não a impostos indiretos, em que o custo é repassado somente do ponto de vista econômico. O consumidor não é contribuinte do ICMS, no sentido técnico, nem sujeito passivo da obrigação. Inexistente relação jurídica tributária, não correto, juridicamente, compreender que o valor do ICMS embutido no preço tenha sido "cobrado" ou "descontado" do consumidor.

Dessa maneira, concluiu que os recorrentes foram denunciados por conduta atípica, o não recolhimento de ICMS devidamente declarado por comerciante ou empresário, embutido no preço por mera repercussão econômica ao consumidor. Ou seja, sem a devida descrição de situação fática que esteja no espectro de alcance do preceito normativo previsto no tipo penal do art. 2º, II, da Lei 8.137/1990."

Com os apontamentos dos Ministros divergentes, que se coadunam com o ora defendido, mantém-se pequena fagulha de esperança de que a discussão acerca da matéria não está sepultada, mesmo que as decisões tenham certo condão de definitividade. O que se espera dos Ministros das Cortes Superiores, como operadores do direito e, assim, intérpretes autênticos dos textos normativos, reservem suas análises ao campo jurídico, não se deixando influenciar por interferências extrassistema ao ponto de corroer a força prescritiva e deturpar a aplicação de seus institutos. E isso, no campo tributário, mas principalmente na seara penal, *ultima ratio* do direito, é de extrema importância.

5. Conclusões

A partir da aplicação da teoria da regra-matriz de incidência às normas penais e tributárias relacionadas ao crime de apropriação indébita tributária e ao ICMS, identifica-se que o sujeito passivo do ICMS-mercadorias sobre operações próprias é aquele que pratica operação mercantil que importe em transferência de mercadoria, o qual não se confunde com o sujeito ativo (autor, agente) do crime do art. 2°, II, da Lei 8.137/90, que é aquele que descontou ou cobrou tributo de terceiro e, dolosamente, não o recolheu aos cofres públicos quando tinha do dever jurídico de fazê-lo. Isso porque, atuando em “causa própria”, o contribuinte não opera com valores alheios (como o substituto ou responsável) e nem efetua cobrança tributária a seu consumidor ao repassar, junto a seus demais custos operativos, o valor referente ao ICMS no preço do produto.

Com isso, de acordo com as premissas aqui adotadas, o STJ e o STF, ao referendar o entendimento de que o não recolhimento de ICMS em operações próprias, devidamente declaradas ao Fisco, não é mero inadimplemento fiscal, mas sim caracteriza adequação típica formal com o crime de apropriação indébita tributária, não agiu com correção do ponto de vista jurídico-tributário, tendo sido influenciado por classificação que carrega teor econômico, extrassistêmico.

Referências

BITENCOURT, Cézar Roberto. *Tratado de direito penal.* Parte Geral. Vol. 1. 19. ed. rev. ampl. – São Paulo: Saraiva, 2013.

CARRAZZA, Roque Antonio. *ICMS.* 9 ed. – São Paulo: Malheiros, 2002.

CARVALHO, Aurora Tomazini de. *Curso de teoria geral do direito:* o construtivismo lógico-semântico. São Paulo: Noeses, 2009.

______. *Direito penal tributário:* uma análise lógica, semântica e jurisprudencial. São Paulo: Quartier Latin, 2009.

______. A regra-matriz como esquema lógico de interpretação dos textos jurídicos. In: CARVALHO, Paulo de Barros (coord.). *Lógica e direito.* São Paulo: Noeses, 2016

CARVALHO, Paulo de Barros. *Direito Tributário:* fundamentos jurídicos da incidência. 8. Ed. – São Paulo: Saraiva, 2010.

______. *Direito tributário, linguagem e método.* 3. Ed. – São Paulo: Noeses, 2009.

MASSON, Cléber. *Direito penal esquematizado.* Parte Geral vol. 1. 9. Ed. rev. atual e ampl. –São Paulo: Método, 2015.

MELO, José Eduardo Soares de. *ICMS:* teoria e prática. 12 ed. – São Paulo: Dialética, 2012.

RODRIGUES, Daniele Souto. Construtivismo lógico-semântico e processo de positivação do direito. In: *Construtivismo lógico-semântico,* Coord. Paulo de Barros Carvalho, vol. I, São Paulo: Noeses: 2014, pp. 353-372.

SCARVINO, Dardo. *A filosofia atual:* pensar sem certezas. Trad. Lucas Galvão de Brito. São Paulo: Noeses, 2014

SIMÕES, Argos Campos Ribeiro. *ICMS – Importação.* Proposta de reclassificação e suas aplicações. São Paulo: Editora Noeses, 2014.

ZOMER, Sílvia Regina. *Análise da norma individual e concreta pela ótica do construtivismo lógico-semântico.* São Paulo: Intelecto, 2016. E-book.

A SUJEIÇÃO PASSIVA DO ICMS NA TRANSFERÊNCIA DE MERCADORIAS ENTRE ESTABELECIMENTOS DO MESMO TITULAR COM SEDE EM DIFERENTES ESTADOS SOB A PERSPECTIVA DO PACTO FEDERATIVO

Fernanda Pereira Martins[1]

Resumo: Questão relevante é o tema da não incidência de ICMS no deslocamento de mercadorias entre estabelecimentos do mesmo contribuinte, uma vez que, a despeito da recente decisão do Supremo Tribunal Federal na ADC 49, ainda pendente de modulação de efeitos, remanesce necessidade de discussão por gerar desarmonia no sistema jurídico pátrio. Isto porque, a Constituição Federal de 1988, no pertinente ao ICMS, outorgou à lei complementar a definição do contribuinte e a fixação do local da operação para efeito de definição do estabelecimento responsável. A sua vez, a lei complementar do ICMS (Lei Kandir) conferiu ao estabelecimento comercial autonomia, dando-lhe, assim, por ficção *status* de sujeito passivo da relação jurídico-tributária, opção necessária do legislador complementar para fazer cumprir o pacto federativo inserto na Carta Constitucional de 1988.

---

1. Aluna em regime especial no curso de mestrado do IBET-SP.

1. Introdução

A Constituição de 1988, em seu art. 1º, institui a República Federativa do Brasil como sendo formada pela união indissolúvel dos Estados e Municípios e do Distrito Federal, constituindo-se em Estado Democrático de Direito. Eis, portanto, o conceito de federação que temos positivado no ordenamento jurídico pátrio.[2]

Tributo de caráter nacional, o Imposto sobre Operações relativas à Circulação de Mercadorias e sobre Prestações de Serviços de Transporte Interestadual e Intermunicipal e de Comunicação (ICMS) tem, conforme determinação do disposto no art. 155, II, da Constituição Federal de 1988 (CF/88), para sua instituição, como competentes os Estados e o Distrito Federal, e deve ser analisado sempre à luz do princípio federativo.

Não por outro motivo que, a regra-matriz de incidência tributária (RMIT) do ICMS há de ser observada à luz do diploma normativo de caráter nacional, conforme estipulado no §2º, XII, do art. 155, da Constituição Federal; isto para a sua compreensão *em sua plenitude sintática e na sua projeção semântica.*[3]

Neste diapasão, o presente artigo busca analisar os aspectos constitucionais que conferiam base aos arts. 11, §3º, II; 12, I, *fine* e 13, §4º da LC 87/96, atualmente excluídos do sistema por força da decisão do STF na ADC 49, gerando desarmonia ao ordenamento jurídico pátrio.

2. A autonomia dos estabelecimentos e a função da Lei Complementar

O Direito constrói sua própria realidade e dentro desse sentido verifica-se que determinados aspectos da realidade

2. BORGES, José Souto Maior. *Revista de Direito Tributário* nº 116. São Paulo: Malheiros, 2012, p. 16.

3. CARVALHO, Paulo de Barros. *Direito tributário, linguagem e método.* 7ª ed. São Paulo: Noeses, 2018, p. 788.

são alterados por ficções criadas por ele, a exemplo da criação da pessoa jurídica.[4] Contudo, pela teoria kelseniana, ou seja, normativista, a personalidade é um produto do direito, logo, dentro dessa linha de pensamento, a pessoa jurídica não seria tida por ficção.

Já no que toca à autonomia dos estabelecimentos comerciais, tem-se claramente uma ficção criada por lei, sendo, portanto, uma ficção jurídica. É o que se vê do art. 11, §3°, II, da LC 87/96, *verbis*:

> Art. 11. O local da operação ou da prestação, para os efeitos da cobrança do imposto e definição do estabelecimento responsável é:
>
> §3°. Para efeito desta Lei Complementar, estabelecimento é o local, privado ou público, edificado ou não, próprio ou de terceiro, onde pessoas físicas ou jurídicas exerçam suas atividades em caráter temporário ou permanente, bem como onde se encontrem armazenadas mercadorias, observado, ainda, o seguinte:
>
> [...]
>
> II - é autônomo cada estabelecimento do mesmo titular;

Ora, o art. 155, §2°, XII, "d", da Constituição Federal, determina que cabe à lei complementar para efeitos de cobrança do ICMS e definição do estabelecimento responsável, fixar o local da operação, confira-se:

> Art. 155. Compete aos Estados e ao Distrito Federal instituir imposto sobre:
>
> [...]
>
> §2.° O imposto previsto no inciso II atenderá ao seguinte:
>
> XII – cabe à lei complementar:

---

4. A Peugeot é um produto da nossa imaginação coletiva. Os advogados chamam isso de "ficção jurídica". Não pode ser sinalizada; não é um objeto físico. Mas existe como entidade jurídica. Como você ou eu, está submetida às leis dos países em que opera. Pode abrir uma conta bancária e ter propriedades. Paga impostos e pode ser processada, até mesmo separadamente de qualquer um de seus donos ou das pessoas que trabalham para ela. (Harari, Yuval Noah, 1976 – Sapiens – Uma breve história da humanidade/ Tradução Janaína Marcoantonio – 25 ed. – Porto Alegre, RS: L&PM, 2017).

> [...]
>
> d) fixar, para efeitos de sua cobrança e definição do estabelecimento responsável, o local das operações relativas à circulação de mercadorias e das prestações de serviços;
>
> [...]

Entende-se, nesta senda, que, por disposição constitucional, é reservado à lei complementar definir estabelecimento responsável, para estabelecer o critério pessoal da Regra-Matriz de Incidência (RMIT), fixando, consequentemente, o seu critério espacial (local das operações relativas à circulação de mercadorias e das prestações de serviços).

É a lei complementar 87/96 que dá cumprimento aos referidos dispositivos da Carta Magna brasileira, trazendo, ela, como visto, no seu art. 11, §3º, o conceito do termo estabelecimento.

Já no seu inciso II, estipula que os estabelecimentos, isto é, unidades pertencentes à mesma pessoa jurídica, são autônomos entre si e é essa autonomia que assegura a ocorrência do fato gerador do ICMS, consoante dicção do seu art. 12, I: "Considera-se ocorrido o fato gerador do imposto no momento: I – da saída de mercadorias de estabelecimento de contribuinte, ainda que para outro estabelecimento do mesmo titular".

Assim, o ordenamento jurídico pátrio conferia aos estabelecimentos pertencentes a uma mesma pessoa jurídica autonomia para fins de recolhimento do ICMS. Contudo, a configuração de autonomia dos estabelecimentos não é inovação da atual ordem constitucional imposta pela LC 87/96, eis que desde o Decreto-lei 406/68, nos primórdios da implantação do antigo ICM – Imposto sobre circulação de Mercadoria, antecessor do ICMS, inaugurou-se, no Brasil, o princípio da autonomia dos estabelecimentos para fins de incidência.

Desde a ordem jurídica anterior, em que se criou o ICM no Brasil, que substituiu o antigo IVC – Imposto de Vendas e Consignação, por meio de emenda constitucional 18/65, e foi mantida a mesma configuração, também, na Constituição seguinte de 1967 (bem como em sua alteração em 1969), já havia a previsão da autonomia dos estabelecimentos.

Não sendo o princípio da autonomia dos estabelecimentos inovação da atual ordem constitucional, sendo forma adotada para a formatação da cobrança desde o ICM, através do Decreto-lei 406/68, quisesse o constituinte de 1988 não acolher tal princípio, não teria, no dispositivo contido no art. 155, §2º, XII, "d", determinado à lei complementar do ICMS a definição do estabelecimento responsável, para fins de fixar o local da operação.

A autonomia dos estabelecimentos garantia a incidência do ICMS nas operações de transferência, vez que a circulação de mercadorias ocorridas entre estabelecimentos pertencentes à mesma pessoa jurídica seria fato gerador do ICMS.

Contudo, de há muito o STJ sedimentou entendimento – por meio de súmula – de que não pode o fisco cobrar do contribuinte o ICMS nas operações de transferência, confira-se: "Súmula 166: Não constitui fato gerador do ICMS o simples deslocamento de mercadoria de um para outro estabelecimento do mesmo contribuinte".

No mesmo sentido perfilhou entendimento o Supremo Tribunal Federal (STF) por meio de processo afetado à Repercussão Geral (RE nº 1.255.885-MS) declarando a inconstitucionalidade da cobrança do ICMS sobre as operações de transferência, dando realce ao deslocamento de mercadoria de um estabelecimento para outro do mesmo contribuinte localizado em distintos estados. Assim, o voto condutor conclui que:

> Em função dessas premissas jurídicas, a jurisprudência do STF é no sentido de que o mero deslocamento de mercadorias entre estabelecimentos de propriedade do mesmo contribuinte não configura circulação de mercadoria, descaracterizando-se o fato gerador de ICMS. Nesse aspecto mostra-se irrelevante que a origem e o destino estejam em jurisdições territoriais distintas.

É de se ver que a posição dos tribunais superiores já colocava em xeque a constitucionalidade da autonomia dos estabelecimentos encartada pelo art. 11, §3º, II, da LC 87/96.

Isto porque, diante do entendimento de que a circulação de mercadoria pressupõe necessariamente a mudança de titularidade, a jurisprudência pátria começou a desconsiderar o princípio da autonomia dos estabelecimentos encartado pela Lei Kandir, lei complementar que tem autorização constitucional para definição de estabelecimento responsável, fixação do local da operação e conceituação de contribuinte (CF, arts. 146, III, "a" e 155, §2º, XII).

Neste ponto, revela-se esclarecedora a manifestação do Professor José Souto Maior Borges:

> O Superior Tribunal de Justiça tem decidido que o imposto não é devido nas transferências de mercadorias entre estabelecimentos da mesma pessoa jurídica. Seria condição essencial para a configuração do fato gerador do ICMS a transmissão da propriedade, inocorrente nessas transferências.
>
> Tudo indica que tais decisões foram proferidas em casos nos quais a Fazenda Estadual exigia o ICMS em transferência de bens do ativo permanente de instituição bancária. Um banco, com sede em São Paulo, e agências em todas as principais cidades do país, adquirem máquinas de escrever, ou computadores, em grande quantidade, em sua matriz, para obter melhores condições nessa aquisição, e distribui tais equipamentos a suas diversas agências. A Fazenda pretende, então, cobrar o ICMS nessas transferências, ensejando fosse a questão submetida ao Judiciário. E este, com justa razão, decide pela não incidência do imposto nessas transferências.
>
> Realmente, o imposto não incide nessas transferências. Não porque inocorrente a transmissão propriedade dos equipamentos, mas porque os mesmos são bens do ativo permanente e não mercadorias. E porque a instituição financeira, não promovendo, como não promove, operações relativas à circulação de mercadorias, não é contribuinte do ICMS.
>
> O Supremo Tribunal Federal, por seu turno, já decidiu que o imposto não incide na transferência para estabelecimento da mesma empresa. Estava em julgamento a questão de saber se é devido, ou não, o imposto, na hipótese em que uma empresa, produtora de frangos, remetia seus produtos a um estabelecimento seu, cuja atividade consistia na pesagem dos mesmos, que eram devolvidos ao estabelecimento remetente.
>
> Também nessa hipótese o imposto não é devido. Não porque inocorrente a transmissão da propriedade, mas porque não ocorre

> uma operação de circulação de mercadoria. Vimos, já, que circulação é o impulso que movimenta a mercadoria do ponto de vista econômico. É a marcha que as coisas realizam desde a fonte de produção até o consumo. Marcha que no caso apreciado pelo Supremo Tribunal Federal não se realizou. O envio de bens para simples pesagem, como retorno ao estabelecimento remetente, para retomada da circulação no ponto em que antes estavam aqueles bens, não configura circulação de mercadorias.
>
> Correto, pois, aqueles julgados, tantos os do Superior Tribunal de Justiça como os do Supremo Tribunal Federal, embora por fundamentos diversos daqueles nos mesmos adotados.[5]

Dessa preciosa explicação do mestre José Souto Maior Borges, observa-se que na origem da construção do entendimento pelos tribunais superiores, quanto à não incidência do ICMS sobre as operações de transferências, a questão ficava jungida apenas às hipóteses de mera circulação física das mercadorias, ou seja, onde não houvesse operação econômica sobre elas.

Ora, é fato que a redação da súmula 166 do STJ,[6] sendo enunciado sobreasseverado, levou ao entendimento equívoco de que o ICMS não incidiria sobre nenhuma operações de transferência, mas apenas nas operações de circulação em que houvesse mudança de titularidade de propriedade (isto é, na de circulação jurídica da mercadoria), abandonando-se, assim, o conceito de circulação econômica originalmente adotada pelos tribunais superiores.

É o que se verifica da ementa do RE 113.090/PB, da relatoria do Min. Djaci Falcão, para bem exemplificar o relato acima do Prof. Souto Maior Borges, *verbis*:

> ICM. Não constitui fato gerador do ICM o deslocamento da cana própria do estabelecimento produtor para o industrial da mesma empresa, por não haver, no caso, circulação econômica e jurídica, mão tão somente física. Precedentes do STF. Representações nº

---

5. BORGES, José Souto Maior, *in Revista Dialética de Direito Tributário* nº 82, p. 25.

6. Súmula 166 STJ: *Não constitui fato gerador do ICMS o simples deslocamento de mercadoria de um para outro estabelecimento do mesmo contribuinte.*

1.181, Rel. Min. Rafael Mayer, 1.292, Rel. Min. Francisco Rezek, e 1.135, Rel. Min. Oscar Corrêa. RE não conhecido. (RTJ 121/1.271)

Por esse excerto, depreende-se que no início das discussões travadas sobre a matéria entendia-se que só não haveria a incidência do ICM ou ICMS nas operações de transferência acaso se tratasse de mera circulação física de mercadoria, a exemplo de deslocamento de veículo para pesagem, ou seja, nas operações em que não houvesse circulação econômica.

Contudo, o Supremo Tribunal Federal adotou, ao fim, a tese da não incidência do ICMS nas transferências havidas entre estabelecimentos pertencentes ao mesmo titular de forma indistinta, ou seja, considerando todas as operações havidas entre estabelecimentos pertencentes ao mesmo titular como sendo circulação física, sem fazer a devida distinção entre essa e a circulação econômica, passível de haver, também, entre tais estabelecimentos. Nessa esteira, o STF tornou inaplicável o comando normativo contido nos arts. 11, §3º, II, 12, I, *in fine* e 13, §4º da Lei Complementar 87/96.

Contudo, é importante observar que a Constituição Federal de 1988, não obstante se caracterizar por ter sido extremamente detalhista na construção do sistema tributário nacional, reservou à lei complementar o estabelecimento de normas de caráter geral (art. 146, III), bem como de forma específica reservou à lei complementar estipular normas gerais no ICMS (art. 155, §2º, XII).

As normas gerais de direito tributário, apesar de serem editadas pelo Congresso Nacional, não são de inciativa da União, enquanto representante de uma das pessoas jurídicas de direito público interno, mas sim da República Federativa Brasileira, são, portanto, leis nacionais, regidas por um regime jurídico especial.

À União, aos Estados- Membros, ao Distrito Federal e aos Municípios cabe a competência suplementar, vez que são as únicas pessoas habilitadas pelo sistema para criarem em abstrato a norma padrão de incidência dos tributos (ou seja, só eles detêm a competência tributária).

Daí ressai que a competência da União, na qualidade de República Federativa do Brasil, para edição de normas gerais, deflui tanto do art. 24, §1°, como do art. 146 da CF/88 e só ela, nessa condição, pode editar normas gerias em direito tributário de forma plena.

Discorrendo sobre a abrangência das normas gerais, leciona o doutrinador Marco Aurélio Greco:[7]

> esta dicção constitucional (estabelecer normas gerais em matéria de legislação tributária) é mais abrangente que a utilizada pela Constituição anterior (normas gerais de Direito Tributário) e ampliada a adotada pelo seu art. 24, I, pois abre espaço para a lei complementar atuar como elemento estruturante do ordenamento tributário. Vale dizer, não apenas dispondo sobre prerrogativas do Fisco, direito dos contribuintes, elementos fundamentais da obrigação etc. (os chamados Direito Tributário material e formal) – possibilidade que já advém do art. 24, I, – mas também sobre as relações e fórmulas de conjugação e composição entre as várias normas que integram a legislação interna. Ou seja, abre espaço para a lei complementar dizer como devem e podem se relacionar as várias normas do sistema.

Dessarte, por ser função constitucional da lei complementar estabelecer norma gerias em direito tributário sem ferir o Texto Constitucional, permitindo a harmonia do sistema e manutenindo o pacto federativo, é que a autonomia dos estabelecimentos, instituída pelo art. 11, §3°, II da LC 87/96, não poderia ter sido declarada inconstitucional pelo Supremo Tribunal Federal no julgamento ADC 49.

3. A autonomia dos estabelecimentos e o pacto federativo

O federalismo pressupõe por característica a autonomia dos Estados e dos Municípios, que se caracteriza por três elementos:

---

7. GRECO, Marco Aurélio. *Contribuições uma figura sui generis*. São Paulo: Dialética. 2000, p. 162.

(i) Auto-organização (poder para elaborar sua própria Constituição e legislação, a fim de exercer a competência que a ele foi outorga pela Constituição Federal);

(ii) Autogoverno (possibilidade de os Entes federados escolherem seus próprios governantes sem qualquer vinculação com poder central) e

(iii) Autoadministração (livro exercício das competências administrativas, tributárias e legislativa previstas na Constituição Federal).

Nesta senda, é sempre bom lembrar que a autoadministração depende, fundamentalmente, de recursos financeiros. Esses recursos são advindos da divisão das receitas públicas pertinente à divisão constitucional da competência tributária e nas transferências constitucionais. Tal a importância desse tema, que nele se insere o estudo Federalismo Fiscal, caracterizado pelo federalismo cooperativo.

Dentro da temática do ICMS, sabe-se que esse imposto é a principal fonte de receita dos Estado e do Distrito Federal, assim, a autonomia dos estabelecimentos repercute diretamente na preservação do pacto federativo, porquanto confere, nas operações de circulação de mercadorias havidas entre Estados distintos, a devida repartição de receitas, assegurando a autonomia financeira, corolário que é da autonomia administrativa dos entes federados.

Ora, sem a preservação da autonomia administrativa e da autonomia política, conferida constitucionalmente aos Estados e ao Distrito Federal, viola-se frontalmente o sistema federativo brasileiro, que está protegido pela ordem constitucional de qualquer alteração, configurando-se cláusula pétrea (art. 60, §4º da CF/88).

Note-se nas palavras do professor Ricardo Lodi Ribeiro importante enfoque sobre o tema:[8]

---

8. RIBEIRO, Ricardo Lodi. *in Revista Dialética de Direito Tributário* nº 227, p. 107.

> O regime federativo também é por ele prestigiado a partir da *justa distribuição do imposto pelos Estados da Federação,* flexibilizando a rigidez da sistemática de cobranças do ICMS na origem, pois ao mesmo tempo em que permite aos Estados produtores arrecadarem o imposto incidente nas operações realizadas em seu território, deixando para os Estados de destino a tributação das saídas ocorridas em estabelecimentos neles localizados, evitando a concentração de riquezas em uma das unidades federadas em detrimento de outras, um fenômeno bem observado por Aroldo Gomes de Mattos, inclusive quanto à sua projeção em relação às participações dos Municípios nas receitas do imposto estadual, ao comentar a possibilidade de tributação da transferência de bens entre estabelecimentos da mesma pessoa jurídica, viabilizada pelo princípio da autonomia dos estabelecimentos.

Assim, em se considerando como não incidente, o ICMS, nas operações de transferências havidas entre estabelecimentos autônomos pertencentes ao mesmo titular, quando esses estiverem situados em diferentes estados, não haverá a repartição das receitas decorrentes desse principal tributo de competência dos Estados e Distrito Federal, em verdadeira afronta ao pacto federativo.

Neste contexto, esclarecedora são as palavras de Alírio Carvalho de Araújo Jr,[9] *verbis*:

> Além disso, nos parece cristalino que a autonomia dos estabelecimentos visa *(sic)* concretizar o princípio federativo. Isso acontece porque se houvesse a centralização, em um único estabelecimento (*i.e.* o da matriz), para apuração e pagamento do tributo, todo o produto da arrecadação, o direito de arrecadar e fiscalizar seriam direcionados somente a um ente federativo, o que certamente causaria um desequilíbrio no referido princípio federativo.[10]

Não por outro motivo se manifesta Marco Aurélio Greco afirmando que a autonomia dos estabelecimentos não envolve "*apenas aspectos ligados à tecnicalidade da incidência da*

---

9. ARAÚJO JR, Alírio Carvalho De. *ICMS e As Transferências Interestaduais de Mercadorias Entre Estabelecimentos do Mesmo Titular.* Dissertação do Mestrado em Direito - PUC-SP. 2016, p. 144.

10. RIBEIRO, Ricardo Lodi. *in Revista Dialética de Direito Tributário* nº 227, p. 107.

norma tributária, mas também, perspectivas decorrentes da inserção do ICMS no bojo da concepção de Federação encampada pela CF/88".[11]

Importante não perder de vista traço primevo do ICMS que é de ser um tributo de caráter nacional. Em razão disso, *a autonomia dos estabelecimentos é importante para se tributar, de forma igualitária, a riqueza produzida pelo referido contribuinte. Assim, cada ente federativo irá tributar a parte da riqueza que tiver competência para tal.* [12]

4. A autonomia dos estabelecimentos e o princípio da não cumulatividade

O ICM – Imposto sobre Circulação de Mercadorias, imposto anterior ao ICMS – Imposto sobre Circulação de Mercadorias e Serviços, foi instituído no ano de 1965, inaugurando concomitantemente o princípio da não cumulatividade. A nova ordem jurídica, instaurada pela Constituição Federal de 1988, igualmente contemplou este princípio para a materialidade destacada ao ICMS.

Ricardo Lodi Ribeiro, ao tratar sobre o princípio da não cumulatividade, resume que:

> o modelo brasileiro de tributação sobre a circulação de bens adotou a regra da não cumulatividade, atribuindo a cada elo da cadeia a obrigação de recolher o imposto incidente sobre a parcela do preço por ele agregada. [...]
>
> Trata-se de uma regra que se traduz em técnica destinada a estabelecer a tributação sobre valor agregado.[13]

---

11. GRECO, Marco Aurélio, citado na Dissertação de Alírio Carvalho de Araújo Jr., p. 179.

12. ARAÚJO JR, Alírio Carvalho De. *ICMS e as transferências interestaduais de mercadorias entre estabelecimentos do mesmo titular.* Dissertação do Mestrado em Direito – PUC-SP. 2016, p. 144.

13. RIBEIRO, Ricardo Lodi. *in Revista Dialética de Direito Tributário* nº 227, p. 104.

O princípio da não cumulatividade, como técnica constitucional, é modelo apto a não repercutir o ônus do tributo pelas cadeias de circulação de mercadoria e serviços (sendo esses últimos, apenas os contemplados na materialidade reservada pela CF/88). Assim é que o princípio da não cumulatividade tem na autonomia dos estabelecimentos base para sua realização no que diz respeitos às operações de transferências, como ensina Viana Neto de que *a autonomia dos estabelecimentos permite que créditos sejam transferidos concomitantemente com as mercadorias de um estabelecimento para outro, dando cumprimento ao princípio da não cumulatividade.*[14]

Nesse mesmo passo, a conclusão de Alírio Carvalho de Araújo Jr. dá força ao argumento:

> Assim sendo, a autonomia dos estabelecimentos fixada na lei complementar visa *(sic)* estabelecer objetivos sobre o critério espacial da regra-matriz de incidência e sobre a responsabilidade pelo pagamento do tributo, o que, via de consequência, concretiza o princípio federativo, assim como o princípio da não cumulatividade.[15]

Ora, ante a decisão do STF proferida na ADC 49, declarando a não incidência do ICMS nas operações de transferência, inexiste débito do imposto nessa operação para o estabelecimento remetente da mercadoria e, igualmente, crédito ao estabelecimento destinatário dela.

Cumpre destacar, ainda, que na hipótese de os estabelecimentos remetente e destinatário se situarem no mesmo Estado, a decisão do STF na ADC 49 não causa prejuízo ao Estado. De igual sorte, não causa prejuízo aos estabelecimentos pertencentes à mesma pessoa jurídica, porquanto, apesar de – como defendido no presente estudo – deverem ser tidos

---

14. BORGES, José Souto Maior, *in Revista Dialética de Direito Tributário* nº 82, p. 26.

15. ARAÚJO JR, Alírio Carvalho De. *ICMS e as transferências interestaduais de mercadorias entre estabelecimentos do mesmo titular.* Dissertação do Mestrado em Direito – PUC-SP. 2016, p. 145.

como contribuintes do ICMS, não há repercussão financeira no aproveitamento de crédito.

Com efeito, sem a incidência do ICMS na operação de transferência feita pelo estabelecimento remetente ao estabelecimento destinatário, esse não terá direito a crédito de ICMS, porquanto não terá havido recolhimento por aquele. Em contrapartida, o estabelecimento remetente não terá efetuado qualquer recolhimento de ICMS nesta operação, compensando-se, assim, entre eles qualquer prejuízo.

Ademais, em razão do art. 25 da LC 87/96, alterado pela lei complementar 102/2000, que autorizou à pessoa jurídica possuidora de vários estabelecimentos dentro de uma unidade federal compensar saldo credor de um estabelecimento com o outro (desde que mantida a apuração individual do ICMS em cada unidade negocial), terminou, também, por anular, na prática, qualquer repercussão econômica negativa para o Ente estadual nas operações de transferência havidas dentro de sua unidade federada.

Nesse ponto, não se pode olvidar que, ainda que não se tribute o ICMS nas transferências ocorridas dentro do mesmo estado, haverá franco prejuízo aos municípios, que têm direito constitucional sobre o ICMS arrecadado em seu território.

Certo é que, como se viu, no caso de não haver a incidência do ICMS nas operações de transferências ocorridas entre diferentes Estados o princípio da não cumulatividade restará violado, além de importar recolhimento de ICMS a menor para o Estado remetente e ICMS a maior para o Estado de destino, em franca violação, também, ao princípio federativo.

5. A autonomia dos estabelecimentos e a sujeição passiva

O Constructivismo Lógico-Semântico é um método para a construção do discurso científico do direito, vez que se propõe a tratar os termos da linguagem para dar firmeza e estabilização à mensagem.

Por essa linha científica, o direito positivo é tratado como algo que necessariamente se manifesta em linguagem prescritiva, constitutiva da realidade; dito de outro modo, o Direito é estudado como um fenômeno comunicacional para construção de sentido e compreensão do texto.

No Constructivismo Lógico-Semântico, encontram-se as bases para o estudo da Regra-Matriz de Incidência Tributária (RMIT); assim, nas palavras de seu criador, o Professor Paulo de Barros Carvalho, tem-se *que as leis não trazem normas jurídicas organicamente agregadas, de tal modo que nos seja lícito desenhar, com facilidade, a indigitada regra-matriz de incidência [...] Pelo contrário [...] os preceitos se dispersam pelo corpo do estatuto compelindo o jurista a um penoso trabalho de composição.*[16]

Aproveitando-se, ainda, da eloquência com que o Prof. Paulo de Barros Carvalho explica a RMIT, importante observar que:

> Efetuadas as devidas abstrações lógicas, identificaremos, no descritor da norma, um critério material (comportamento de uma pessoa, representado pelo verbo pessoal e de predicação incompleta, seguido pelo complemento), condicionado no tempo (critério temporal) e no espaço (critério espacial). Já na consequência, observaremos um critério pessoal (sujeito ativo e sujeito passivo) e um critério quantitativo (base de cálculo e alíquota).[17]

E mais, o Professor Paulo de Barros Carvalho[18] esclarece que a Constituição Federal não institui a regra-matriz de incidência tributária, confira-se:

> Invariavelmente, o constituinte alude a um evento, deixando a cargo do legislador ordinário não só estabelecer o desenho estrutural da hipótese normativa, que deverá girar em torno daquela referência constitucional, mas, além disso, escolher o sujeito que

16. CARVALHO, Paulo de Barros. *Direito tributário, linguagem e método*, 7ª ed. rev. – São Paulo: Noeses, 2008, p. 627.

17. Obra citada, p. 629.

18. Obra citada, p. 651.

> arcará com o peso da incidência fiscal, fazendo as vezes de devedor da prestação tributária.[3]

A Constituição Federal atribuiu à lei complementar a incumbência de servir de veículo introdutor de normas gerais, conforme descrição contida no seu art. 146, III. E mais, na alínea "a" do referido dispositivo, deixa-se evidenciado que cabe a esse tipo normativo definir o contribuinte, *verbis*:

> Art. 146. Cabe à lei complementar:
>
> [...]
>
> III – estabelecer normas gerais em matéria de legislação tributária, especialmente sobre:
>
> a) definição de tributos e de suas espécies, bem como, em relação aos impostos discriminados nesta Constituição, a dos respectivos fatos geradores, bases de cálculo e contribuintes;

Ainda, mais especificamente no que toca o ICMS, o §2º do art. 155 da Constituição Federal, em seu inciso XII, alínea "a", dispõe:

> Art. 155. Compete aos Estados e ao Distrito Federal instituir imposto sobre:
>
> [..]
>
> §2º. O imposto previsto no inciso II atenderá ao seguinte:
>
> XII – cabe à lei complementar:
>
> [...]
>
> a) definir seus contribuintes;

A esse respeito, veja-se o que fala o Prof. Paulo de Barros Carvalho:[19]

> A Constituição não designa, denotativamente, quem deva ser o sujeito passivo das exações cuja competência legislativa outorga às pessoas políticas.

---

19. CARVALHO, Paulo de Barros – *Direito tributário:* fundamentos jurídicos da incidência. 10ª ed. São Paulo: Saraiva, 2015. p. 234.

> Deixa a cargo do legislador ordinário só estabelecer o desenho estrutural da hipótese normativa, que deverá girar em torno daquela referência constitucional, mas, além disso, escolher o sujeito que arcará com o peso da incidência fiscal, fazendo as vezes de devedor da prestação tributária.

Em igual sentido, manifesta-se o Prof. Roque Antonio Carrazza:[20]

> A Constituição aponta o sujeito passivo possível de cada tributo, isto é, a pessoa que poderá ser colocada, pela lei, na contingência de efetuar seu pagamento. [...]. Apenas o realizador do fato imponível – esta a regra geral – deve ter seu patrimônio diminuído, como consequência da tributação. Como se sabe, a Constituição, ao mesmo tempo em que distribuiu competências tributárias, indicou a regra-matriz de cada tributo, não sendo dado, às pessoas políticas, desvirtuá-la (v.g. apontando um sujeito passivo que nada tenha a ver com o tributo em questão). [...]
>
> Desdobrando a ideia, o sujeito passivo está sempre coligado ao critério material do tributo, que é posto na Constituição.

A sua vez a Lei Complementar 87/96, norma geral do ICMS que harmoniza o sistema, define em seu art. 4º quem é o contribuinte:

> Art. 4º. Contribuinte é qualquer pessoa, física ou jurídica, que realize, com habitualidade ou em volume que caracterize intuito comercial, operações de circulação de mercadoria ou prestações de serviços de transporte interestadual e intermunicipal e de comunicação, ainda que as operações e as prestações se iniciem no exterior.

Com efeito, apesar dessa definição estampada no transcrito art. 4º, é também a própria Lei Complementar 87/96 quem no §3º, II, do seu art. 11 conferia autonomia a cada estabelecimento do mesmo titular, razão pela qual considerava-se ocorrido o fato gerador do ICMS na saída de mercadoria de estabelecimento de contribuinte, ainda que para outro estabelecimento de mesmo titular (art. 12, I).

---

20. CARRAZZA, Roque Antonio. *Reflexões sobre a obrigação tributária*. São Paulo: Noeses, 2010. p. 159/160.

Ao conferir autonomia aos estabelecimentos, a lei complementar, autorizada que é constitucionalmente para definir contribuinte, terminou por equipará-los, por ficção jurídica. Assim, existente ainda fosse a autonomia dos estabelecimentos no sistema jurídico brasileiro, a regra-matriz de incidência tributária do ICMS, nas hipóteses de transferência de mercadoria, teria no seu critério pessoal, especificamente, no que toca à sujeição passiva, o estabelecimento remetente das mercadorias.

Dentro deste contexto, apropriadas são ainda as lições de Souto Maior Borges quando afirma que "*estabelecimento é objeto e não sujeito de direitos; entretanto, por ficção legal, admite-se que o estabelecimento seja considerado contribuinte*".[21]

Não é outra a conclusão, assim, senão a de que a LC 87/96, antes da decisão do STF na ADC 49, considerava como contribuinte cada estabelecimento tido por autônomo, mesmo não tendo ele, no âmbito do direito privado, personalidade jurídica para contrair direitos e obrigações.

É de se ver, portanto, que na hipótese haveria a incidência do ICMS nas operações havidas por cada estabelecimento, consoante revela as palavras de Ricardo Lodi Ribeiro, confira-se:[22]

> O ordenamento jurídico pátrio estabelece o chamado *princípio da autonomia dos estabelecimentos* segundo o qual cada estabelecimento é considerado, para fins de apuração do ICMS, um contribuinte autônomo, que pratica, de per si, operações de circulação de mercadorias [...].

Nesse sentido, o mestre José Souto Maior Borges, dando destaque aos ensinamentos do Professor de Hugo de Brito Machado, esclarece que:

> Por outro lado, as leis estaduais em geral definem como contribuinte autônomo o estabelecimento, que para esse fim seria equiparado à pessoa. Essa condição foi por nós refutada em

21. BORGES, José Souto Maior, *in Revista Dialética de Direito Tributário* nº 82, p. 26.

22. RIBEIRO, Ricardo Lodi. *in Revista Dialética de Direito Tributário* nº 227, p. 104.

> 1971, quando sustentamos que apenas a pessoa pode ser sujeito da relação jurídica. Depois modificamos nosso entendimento, considerando que a lei pode considerar o estabelecimento uma pessoa por ficção jurídica. Afinal de contas, o que é uma pessoa jurídica senão mera ficção? [23]

Em razão do pacto federativo e do princípio da não cumulatividade, que impõem a repartição de receitas nas operações havidas entre os Estados distintos e impossibilidade de vedação ao direito creditório (exceto no caso de isenção ou não incidência), respectivamente, é que a Lei Complementar 87/96 conferiu autonomia ao estabelecimento para praticar o fato gerador do ICMS, e, portanto, atribuiu ao estabelecimento remetente a condição de contribuinte.

6. Da conclusão

O presente trabalho tem, assim, o escopo trazer ao lume os aspectos e as consequências jurídicas da não incidência do ICMS sobre as operações de transferências havidas entre os estabelecimentos autônomos, agora tornada definitiva pela decisão do STF na ADC 49.

Ao se considerar a circulação de mercadoria não apenas aquela em que há a mudança da titularidade para fins do ICMS (circulação jurídica), mas também aquela em que há circulação econômica entre estabelecimentos distintos, ainda que pertencentes ao mesmo titular, a incidência do ICMS deveria prevalecer.

Assim sendo, o sujeito passivo dessa operação de transferência seria, por ficção, o estabelecimento remetente da mercadoria ou da prestação de serviços de comunicação e transportes intermunicipais e interestaduais e não a pessoa jurídica a quem ele (estabelecimento) se vincula.

---

23. BORGES, José Souto Maior, *in Revista Dialética de Direito Tributário* nº 82, p. 24/25.

O sistema tributário, como todo o sistema, pressupõe harmonia no seu âmbito, assim é que a lei complementar do ICMS (Lei Kandir), autorizada constitucionalmente, conferiu autonomia ao estabelecimento, em preservação ao pacto federativo. Eis que o princípio federativo, base do nosso sistema constitucional, impõe a incidência do ICMS sobre as operações de transferência para o perfeito funcionamento do nosso sistema jurídico.

Nesse passo, não pode ser outra a conclusão de que o estabelecimento, para fins do ICMS, quando se tratar de operação de transferência, deveria ser o contribuinte; contudo, ante a decisão do STF na ADC 49, não há mais que se falar em incidência desse imposto e, por conseguinte, tão pouco em sujeito passivo nessa operação.

Referências

ARAÚJO JR, Alírio Carvalho De. *ICMS e as transferências interestaduais de mercadorias entre estabelecimentos do mesmo titular.* Dissertação do Mestrado em Direito – PUC-SP. 2016.

BORGES, José Souto Maior. *Revista de Direito Tributário* nº 82. São Paulo: Malheiros, 2012.

CARRAZZA, Roque Antonio. *Reflexões sobre a obrigação tributária.* São Paulo: Noeses, 2010.

CARVALHO, Paulo de Barros. *Direito tributário, linguagem e método.* 7ª ed. São Paulo: Noeses, 2018.

CARVALHO, Paulo de Barros – *Direito tributário:* Fundamentos Jurídicos da Incidência. 10ª ed. São Paulo: Saraiva, 2015.

GRECO, Marco Aurélio. *Contribuições uma figura* sui generis. São Paulo: Dialética. 2000.

HARARI, Yuval Noah, 1976 – Sapiens – *Uma breve história da humanidade/.* Tradução Janaína Marcoantonio – 25 ed. – Porto Alegre/RS: L&PM, 2017.

RIBEIRO, Ricardo Lodi. *Revista Dialética de Direito Tributário* nº 227. São Paulo: Dialética, 2014.

Capítulo 5
CRITÉRIO QUANTITATIVO

INCONSTITUCIONALIDADES NOS CRITÉRIOS QUANTITATIVOS DAS REGRAS-MATRIZES DE INCIDÊNCIA DO IRPJ E CSLL NO LUCRO PRESUMIDO PARA SOCIEDADES PRESTADORAS DE SERVIÇOS RELACIONADOS À SAÚDE

Fernando da Silva Chaves[1]

Resumo: Este artigo tem por objetivo infirmar a constitucionalidade do art. 29 da Lei 11.727/2008, o qual alterou a alínea "a" do inciso III do § 1º do art. 15 da Lei 9.249/1995, que trata das alíquotas reduzidas para formar as bases de cálculo de IRPJ e CSLL para empresas prestadoras de serviços de saúde optantes pelo lucro presumido. O método utilizado na fase de investigação foi o empírico hermenêutico e teve como instrumento de coleta de dados a pesquisa bibliográfica em livros, jurisprudência e teses de doutorado. Como conclusão deste artigo, entendeu-se que o dispositivo em exame infringiu: a) o princípio da isonomia, ao estabelecer como critério de acesso às bases reduzidas de IRPJ e CSLL do Lucro Presumido a qualidade de sociedade empresária.; e b) o princípio da legalidade, ao estabelecer a exigência de atendimento às normas da Anvisa, sem nenhum critério objetivo.

Sumário: 1. Introdução – 2. Desenvolvimento: 2.1 Evolução legislativa do critério quantitativo do IRPJ e CSLL no Lucro Presumido para sociedades prestadoras

---

1. Mestrando em Direito Tributário pelo Instituto Brasileiro de Estudos Tributário de São Paulo – IBET-SP. Especialista em Direito Tributário pela Fundação Getúlio Vargas. Especialista em Gestão Fiscal e Planejamento Tributário pela Universidade Católica de Santa Catarina (UNERJ-Católica de Santa Catarina). Advogado.

de serviços relacionados à saúde; 2.2 A hermenêutica jurisprudencial em torno do significado de "serviços hospitalares": decisão do Superior Tribunal de Justiça em recurso repetitivo; 2.3 Infração ao princípio da isonomia: exigência de organização em forma de sociedade empresária: 2.3.1 Princípio da isonomia como valor estrutural do Sistema Tributário Nacional; 2.3.2 Infração ao princípio da isonomia pelo critério comparativo – 3. Infração ao princípio da legalidade: delegação de poderes para ato normativo infralegal da agência nacional de vigilância sanitária – Anvisa – 4. Considerações finais – Referências.

1. Introdução

O objetivo deste artigo consiste em investigar, sob a lupa dos princípios constitucionais da isonomia e da legalidade tributária, os critérios inseridos no ordenamento jurídico pelo art. 29 da Lei 11.727/2008 em prol das pessoas jurídicas prestadoras de serviços relacionados à saúde, optantes pelo Lucro Presumido, como condição para acesso às bases de cálculo reduzidas do Imposto de Renda Pessoa Jurídica (IRPJ) e Contribuição Social sobre o Lucro Líquido (CSLL).

Visando a cumprir com essa meta, a primeira seção deste artigo apresenta a evolução legislativa em torno do critério quantitativo do IRPJ e CSLL no Lucro Presumido. Assim, procura demonstrar que a legislação originalmente previa apenas um único critério – a prestação de serviços hospitalares – , e que com o advento do art. 29 da Lei 11.727/2008, passou a exigir três critérios diferentes: a) prestação de serviços hospitalares e de auxílio diagnóstico e terapia, patologia clínica, imagenologia, anatomia patológica e citopatologia, medicina nuclear e análises e patologias clínicas; b) organização como sociedade empresária; e c) obediência às normas da Agência Nacional de Vigilância Sanitária (Anvisa).

A segunda seção busca esclarecer ao leitor que o Superior Tribunal de Justiça (STJ), no REsp 1116399/BA, em recurso repetitivo, definiu o conceito dos "serviços hospitalares" no universo do direito positivo, de modo que não cabe à Secretaria da Receita Federal do Brasil (SRFB), por meio de normas secundárias, inovar no âmbito jurídico, inserindo critérios não previstos em lei. Por conseguinte, valendo-se do sistema classificatório-empírico, aludiu-se que a Lei 11.727/2008, advinda posteriormente ao mencionado julgamento, não modificou o conceito fixado pelo STJ, isso porque meramente introduziu novos tipos de serviços (denotação) aptos a se beneficiarem das reduções de base de cálculo da classe "serviços hospitalares".

Indo mais além, a terceira seção coloca em xeque a exigência em torno do tipo de organização societária (sociedade empresária). Justifica-se que esta disposição não se coaduna com a finalidade extrafiscal que se propôs o critério quantitativo em exame, e, portanto, não atende ao princípio da isonomia ao exilar das reduções de bases do IRPJ e CSLL as sociedades simples prestadoras de serviços hospitalares.

A quarta e última seção do artigo investiga a determinação legal relativa ao obrigatório cumprimento das normas da Anvisa. Este tópico elucida que a referida frase, ao promover a delegação de competência à entidade do Poder Executivo sem nenhum critério objetivo, trata-se de disposição com insuficiente densidade normativa, o que infringe o princípio da legalidade. Logo, não cabe a SRFB, por atos infralegais, introduzir restrições que delimitem o alcance do benefício.

A discussão proposta neste artigo reputa-se de interesse das empresas que prestam serviços tidos como hospitalares, em especial as constituídas em forma de sociedade simples, haja vista que a declaração de inconstitucionalidade dos critérios identificados como abusivos no art. 29 da Lei 11.727/2008, permitir-lhes-á o acesso às bases de cálculo reduzidas de IRPJ e CSLL.

Com efeito, uma pessoa jurídica dedicada à prestação de serviços relacionados à saúde e que contemple os requisitos legais tem uma economia tributária de 5,4% (cinco vírgula quatro por cento) sobre seu faturamento mensal, a título de IRPJ e CSLL, quando comparada com uma prestadora de serviços em geral.[2] Esse fator econômico ratifica a impor-

2. Uma prestadora de serviços em geral, submete-se a uma alíquota real de 4,8% (quatro vírgula oito por cento) de IRPJ e de 2,88% (dois vírgula oitenta e oito por cento) de CSLL a incidir sobre seu faturamento. Uma prestadora de 'serviços hospitalares' submete-se a uma alíquota real de 1,2% (um vírgula dois por cento) e 1,08% (um

tância da discussão proposta, justificando a importância do enquadramento das sociedades simples nas reduções de base de cálculo para os serviços hospitalares.

2. Desenvolvimento

2.1 Evolução legislativa do critério quantitativo do IRPJ e CSLL no Lucro Presumido para sociedades prestadoras de serviços relacionados à saúde

A redação original do art. 15, *caput* e §1º, inciso III, alínea "a", e do art. 20, ambos da Lei 9.249/95, previa que a alíquota para formar a base de cálculo (critério quantitativo) das regras-matrizes de incidência do IRPJ e da CSLL para as empresas optantes pelo regime de tributação do Lucro Presumido, prestadoras de serviços em geral, seria de 32% (trinta e dois por cento) sobre sua receita bruta (excluídas as vendas canceladas e os descontos incondicionais), com exceção dos "serviços hospitalares", cujas alíquotas corresponderiam a 8% (oito por cento) e 12% (doze por cento), respectivamente.

Na redação original, o legislador infraconstitucional estabeleceu o "critério da atividade" – "serviços hospitalares", e apenas este – para diferenciar a base de cálculo das prestadoras de serviços em geral, daquelas prestadoras de serviços voltados à saúde da população, outorgando ao IRPJ e CSLL uma valência extrafiscal.

Ocorre que a falta de definição em torno do que seriam os "serviços hospitalares" gerou intensas disputas judiciais, sendo que o Poder Legislativo editou o art. 29 da Lei 11.727/2008 para, então, ab-rogar os arts. 15 e 20 da Lei 9.249/95. Por meio da introdução desta norma, com vigência a partir de 1º de

vírgula zero oito por cento) de IRPJ e CSLL, respectivamente, a incidir sobre o faturamento. Informa-se que o PIS e COFINS, cujas alíquotas reais são de 0,65% (zero vírgula sessenta e cinco por cento) e 3% (três por cento), também incidem diretamente sobre o faturamento de todas as pessoas jurídicas prestadoras de serviços do Lucro Presumido, não havendo diferenciação em relação aos serviços hospitalares.

janeiro de 2009, as empresas prestadoras de serviços de saúde passaram a ter que reunir – não mais um, mas – três critérios para acesso às reduzidas bases de cálculo do IRPJ e CSLL no Lucro Presumido:

a) prestarem serviços hospitalares e de auxílio diagnóstico e terapia, patologia clínica, imagenologia, anatomia patológica e citopatologia, medicina nuclear e análises e patologias clínicas;

b) estarem organizadas como sociedade empresária; e

c) obedecerem às normas da Agência Nacional de Vigilância Sanitária (Anvisa).

Nas subseções subsequentes, estes três critérios terão sua constitucionalidade questionada pelo método empírico hermenêutico.

2.2 A hermenêutica jurisprudencial em torno do significado de "serviços hospitalares": decisão do Superior Tribunal de Justiça em recurso repetitivo

A Lei 9.249/95 não trouxe o significado em torno da expressão "serviços hospitalares" – aliás, inexiste qualquer outro veículo primário com interconectividade material para emprestar conteúdo semântico a essa definição – sendo que diante dessa vagueza,[3] a Secretaria da Receita Federal do Brasil (SRFB) há anos procura limitar o alcance da prerrogativa outorgada às entidades de saúde da iniciativa privada.

A SRFB editou diversas Instruções Normativas - IN 306/2003, IN 480/2004, IN 539/2005, IN 791/2007 e IN 1.700/2017[4]

---

3. *Vaguidade é o estado de indeterminação da palavra, é sua condição de imprecisão. É a incapacidade de determinarmos se a linguagem da realidade social está abrangida pelo conceito de uma palavra. Por outro giro: é a impossibilidade de aplicarmos determinada palavra à linguagem da realidade social.* (MOUSSALLEM, Tárek Moysés. Fontes do direito tributário. 2. ed. São Paulo: Noeses, 2006, p. 32-33).

4. Cita-se como exemplo, o art. 33, §3°, da IN 1.700/2017, ao dispor que se entende como atendimento às normas da Anvisa, entre outras, a prestação de serviços em

– com o intuito de delimitar o conceito de "serviços hospitalares". Tais veículos normativos contaram com a criatividade peculiar de estabelecer os mais variados requisitos pragmáticos (aludindo critérios de estrutura, número de funcionários, capacidade de internação, capacidade para cirurgia, dentre outros) para introduzir restrições às prestadoras de serviços de saúde.

Acontece que todos esses atos regulamentares (art. 100, I, do CTN) expedidos pela SRFB, assim como os Decretos, as Portarias Conjuntas e os Atos Declaratórios Interpretativos, não são dotados de autonomia, ou seja, a sua existência depende da lei e da sua harmonia com esta (art. 99 do CTN), e não vinculam o particular. Suas funções são bem claras: (i) possibilitar a fiel execução da lei; e (ii) assegurar a uniformidade da ação administrativa.

Toda legislação administrativa que ultrapassar os limites dessas funções, mesmo aquela que pretenda externar a interpretação da administração acerca de determinada norma, estará, ou inovando a ordem jurídica (criando obrigações), ou restringindo onde a lei não restringe (tolhendo direitos), em clara ofensa ao princípio da legalidade, insculpido no art. 5º, inciso II, e 150, inciso I, ambos da Constituição Federal (CRFB) e art. 97 do CTN.

Sobre esse ponto, seguem as lições de HELY LOPES MEIRELLES:

> Como inferior à lei, o regulamento não pode contrariá-lo ou ir além do que ele permite. No que o regulamento infringir ou extravasar a lei, é irrito e nulo, por caracterizar situação de

---

ambientes desenvolvidos de acordo com o item 3 - Dimensionamento, Quantificação e Instalações Prediais dos Ambientes da Parte II - Programação Físico-Funcional dos Estabelecimentos Assistenciais de Saúde da Resolução RDC nº 50, de 21 de fevereiro de 2002, cuja comprovação deve ser feita mediante alvará da vigilância sanitária estadual ou municipal. Por sua vez, o §4º do mesmo dispositivo aduz que as reduções de bases de cálculo em exame não se aplicam para: I - à pessoa jurídica organizada sob a forma de sociedade simples; II - aos serviços prestados com utilização de ambiente de terceiro; e III - à pessoa jurídica prestadora de serviço médico ambulatorial com recursos para realização de exames complementares e serviços médicos prestados em residência, sejam eles coletivos ou particulares (*home care*).

> ilegalidade. Quando o regulamento visa a explicar a lei (regulamento de execução), terá de se cingir ao que a lei contém; quando se tratar de regulamento destinado a prover situações não contempladas em lei (regulamento autônomo ou independente), terá que se ater aos limites da competência do Executivo, não podendo, nunca invadir exclusiva competência da norma legislativa (lei em sentido formal e moral). Assim sendo, o regulamento jamais poderá instituir ou majorar tributos, criar cargos, aumentar vencimentos, perdoar dívidas ativas, conceder isenções tributárias e o mais que depender da lei propriamente dita.[5]

Provocada a se debruçar sobre a celeuma acima descrita, a Primeira Seção do Superior Tribunal de Justiça (STJ), sob a égide do recurso repetitivo, declarou a ilegalidade dos atos administrativos que extrapolaram ou restringiram a lei, e, pautando-se numa interpretação teleológica do art. 15, §1º, alínea "a", da Lei 9.249/95 (na redação original), definiu hermeneuticamente o conceito de "serviços hospitalares" para o caso das prestadoras de serviços optantes pelo Lucro Presumido, *in verbis*:

> [...] LEI 9.249/95. IRPJ E CSLL COM BASE DE CÁLCULO REDUZIDA. DEFINIÇÃO DA EXPRESSÃO "SERVIÇOS HOSPITALARES". INTERPRETAÇÃO OBJETIVA. DESNECESSIDADE DE ESTRUTURA DISPONIBILIZADA PARA INTERNAÇÃO. ENTENDIMENTO RECENTE DA PRIMEIRA SEÇÃO. RECURSO SUBMETIDO AO REGIME PREVISTO NO ARTIGO 543-C DO CPC. [...] 2. Por ocasião do julgamento do RESP 951.251-PR, da relatoria do eminente Ministro Castro Meira, a 1ª Seção, modificando a orientação anterior, decidiu que, para fins do pagamento dos tributos com as alíquotas reduzidas, a expressão "serviços hospitalares", constante do artigo 15, § 1º, inciso III, da Lei 9.249/95, deve ser interpretada de forma objetiva (ou seja, sob a perspectiva da atividade realizada pelo contribuinte), porquanto a lei, ao conceder o benefício fiscal, não considerou a característica ou a estrutura do contribuinte em si (critério subjetivo), mas a natureza do próprio serviço prestado (assistência à saúde). Na mesma oportunidade, ficou consignado que os regulamentos emanados da Receita Federal referentes aos dispositivos legais acima mencionados não poderiam exigir que os contribuintes cumprissem requisitos não previstos em lei (a exemplo

5. MEIRELLES, Hely Lopes. *Direito administrativo brasileiro*. 23. ed. São Paulo: Malheiros, 1998, p. 160-161.

> da necessidade de manter estrutura que permita a internação de pacientes) para a obtenção do benefício. Daí a conclusão de que "a dispensa da capacidade de internação hospitalar tem supedâneo diretamente na Lei 9.249/95, pelo que se mostra irrelevante para tal intento as disposições constantes em atos regulamentares". 3. *Assim, devem ser considerados serviços hospitalares "aqueles que se vinculam às atividades desenvolvidas pelos hospitais, voltados diretamente à promoção da saúde", de sorte que, "em regra, mas não necessariamente, são prestados no interior do estabelecimento hospitalar, excluindo-se as simples consultas médicas, atividade que não se identifica com as prestadas no âmbito hospitalar, mas nos consultórios médicos"*. 4. Ressalva de que as modificações introduzidas pela Lei 11.727/08 não se aplicam às demandas decididas anteriormente à sua vigência, bem como de que a redução de alíquota prevista na Lei 9.249/95 não se refere a toda a receita bruta da empresa contribuinte genericamente considerada, mas sim àquela parcela da receita proveniente unicamente da atividade específica sujeita ao benefício fiscal, desenvolvida pelo contribuinte, nos exatos termos do § 2º do artigo 15 da Lei 9.249/95. [...] 6. Recurso afetado à Seção, por ser representativo de controvérsia, submetido ao regime do artigo 543-C do CPC e da Resolução 8/STJ. 7. Recurso especial não provido.[6]

Vale trazer à colação, parte do voto vencedor proferido no REsp 951.251/PR, da relatoria do eminente Ministro Castro Meira, que explanou a importância da interpretação teleológica na hipótese em exame:

> [...] No caso, tenho que a *mens legis* da norma em debate busca, através de um objetivo extrafiscal, minorar os custos tributários de serviços que são essenciais à população, *não vinculando a prestação desses a determinada qualidade do prestador* – capacidade de realizar internação de pacientes –, *mas, sim, à natureza da atividade desempenhada.* [...] É cediço que as normas tributárias admitem interpretação analógica, bem como teleológica, por isso que, tributando a lei os "serviços em geral" e excluindo os médico-hospitalares, torna estreme de dúvida que toda e qualquer atividade médica, pessoal ou instrumental em prol da saúde humana, está encartada no favor fiscal da redução de alíquota." Ainda que faça ressalva à amplitude da conclusão adotada, não há dúvida de que *a norma legal em exame não teve em*

6. Superior Tribunal de Justiça (STJ), Primeira Seção, REsp 1116399/BA, Rel. Ministro Benedito Gonçalves, julgado em 28/10/2009, DJe 24.02.2010, grifo nosso.

> *mira os custos do contribuinte, mas a natureza do serviço – essencial à população –, considerado direito fundamental, que é a saúde, previsto na Carta Magna nestes termos: [citação dos artigos 6º, 196º e 197º].* [...] Repensando o tema, verifico que a interpretação dada pela Primeira Seção restou atrelada à aplicação prévia e exclusiva do art. 111, II, do CTN, deixando em plano secundário o real propósito da lei, ao adotar a exegese de que a norma seria voltada àqueles contribuintes que tivessem maiores custos no desenvolvimento de sua atividade por serem dotados de uma estrutura física capaz de realizar a internação de pacientes. Não se atentou para o escopo extrafiscal da norma, uma vez que o reconhecimento de que a tributação do imposto de renda seria menor para os contribuintes que arcaram com maior custo não implica necessariamente reconhecer a função extrafiscal do benefício, já que essa espécie tributária, por sua própria sistemática de deduções da base de cálculo, visa *(sic)* cobrar menos daqueles que menor lucro tiverem alcançado no período-base. [...] *O benefício em comento foi concedido de forma objetiva, visou (sic) reduzir a carga tributária em função do fato tributado, qual seja, a renda decorrente da "prestação de serviços hospitalares".* [...] Dessa forma, não se deve restringir o benefício aos hospitais, até mesmo porque, se esse fosse o propósito da lei, caberia explicitar-se que a concessão estaria dirigida apenas a esses estabelecimentos, pois nada o impediria de ter assim procedido. [...].[7]

Como é fácil perceber, o conceito de "serviços hospitalares" não encontra seus limites estabelecidos pelas Instruções Normativas da SRFB, mas sim na hermenêutica retirada de valores constitucionais (arts. 6º, 196 e 197 da CRFB) e na extrafiscalidade, típica do IRPJ e da CSLL.

Cumpre salientar, para completar o pensamento, que o art. 29 da Lei 11.727/2008 não alterou a definição do conceito de "serviços hospitalares", tal como visto acima, pois manteve esse conceito operacional na sua redação. Esse fato permite aos juristas exercitarem uma classificação empírica do dispositivo com base no que fora decidido no REsp 1116399/BA.

Com efeito, a classificação empírica tem o condão de estabelecer critérios para o reconhecimento da palavra, ideia ou

7. STJ, Primeira Seção, REsp 951.251/PR, Rel. Ministro Castro Meira, julgado em 22.04.2009, DJe 03.06.2009, grifo nosso.

signo dentro de um universo de discurso, que no caso do Direito, é o ordenamento jurídico estruturado hierarquicamente na horizontal e na vertical.

Ao tratar do tema, LUCAS GALVÃO DE BRITTO explica que a classe é o conjunto abstratamente constituído para reunir certos elementos segundo um critério, de modo que a *pertinência* de um objeto a um dado conjunto é resultado de um juízo *binário* (i.e. pertence ou não pertence, sem espaço para terceira possibilidade) sobre a propriedade (ou conjunto delas) em questão. Explica o autor que as classificações surgem como expedientes que nos permitem, a um só tempo, (a) segregar novas espécies a partir do universo de um discurso e (b) articular esses fragmentos do mundo numa teia conceptual, relacionando-os uns com os outros, segundo certos critérios para compor a forma lógica de sistema. [8]

E continua:

> os elementos pertencem à classe na medida em que denotam as características por ela (classe) conotadas. De modo que é correto afirmar que o critério de pertinência a um dado conjunto consiste em ter uma certa característica (ou conjunto delas) ou não tê-la, sem que haja terceira possibilidade. Uma classe, portanto, é um modo de falar sobre um conjunto de elementos, quer eles existam como coletividade, ou até mesmo quando não exista denotação alguma deles. Desse modo, pode existir classe sem a correspondente coletividade. [...]
>
> Haveria, em meio à teoria das classes, segundo os parâmetros da lógica clássica, duas sortes de elementos possíveis: (a) os indivíduos ou membros, *i.e.* as coisas-do-mundo-que-se-classifica, ou (b) classes menores que se incluem em outras, maiores, estas são usualmente chamadas *superclasses*, aquelas *subclasses*. Conquanto os princípios que regem a lógica dessas classes sejam os mesmos, é curioso observar que, ao falar de classes de primeira ordem, tratamos de operações de *pertinência* (matematicamente representadas pelos símbolos matemáticos derivados do grego $\in$ – *pertence* – ou $\notin$ – *não pertence*), já quando tratamos das relações das classes umas com as outras, falamos um conjunto *está*

---

8. BRITTO, Lucas Galvão de. *Sobre o uso de definições e classificações na construção do conhecimento e na prescrição de condutas.* São Paulo: Editora Noeses, 2016, p. 321.

> *contido em outro* (representados pelos símbolos matemáticos $\subset$ e $\not\subset$) ou que uma classe *contém outra* (em linguagem formal $\supset$).[9]

O que se pretende dizer com essa argumentação, é que pelo sistema classificatório-empírico, pode-se chegar ao seguinte silogismo:

a) O Superior Tribunal de Justiça, no REsp 1116399/BA, ao promover uma interpretação sistemática do art. 15, §1°, inciso III, alínea "a" da Lei nº. 9.249/1995, pautou-se nos arts. 6°, 196 e 197 da Constituição Federal para definir a conotação do seu sentido e editou a classe dos "serviços hospitalares", outorgando-lhe um critério objetivo, sem discorrer sobre as espécies de atividades integrantes dessa classe.

b) Logo, "serviços hospitalares" passaram a ser gênero no universo jurídico, conglomerando na sua conotação todo e qualquer serviço vinculado às atividades dos hospitais, ainda que prestados em clínicas particulares de saúde, com exceção das meras consultas médicas.

c) O art. 29 da Lei 11.727/2008, ao manter na redação os "serviços hospitalares" e adicionar os serviços de "auxílio diagnóstico e terapia, patologia clínica, imagenologia, anatomia patológica e citopatologia, medicina nuclear e análises e patologias clínicas", apenas trouxe as espécies de serviços (denotação) que, pelo critério da pertinencialidade, se incluem no conceito de "serviços hospitalares" definido pelo STJ.

Dessa forma, em razão da classe "serviços hospitalares" se tratar de gênero (e não espécie), os tribunais pátrios têm plena competência para estender a redução de bases de cálculo do IRPJ e CSLL para diversas outras espécies de atividades de saúde vinculadas a esse conceito (conotação), valendo-se puramente da semiótica e do giro-linguístico, sem que isso implique infração à legalidade ou ao art. 111 do CTN.

9. BRITTO, Lucas Galvão de. *Sobre o uso de definições e classificações na construção do conhecimento e na prescrição de condutas*. São Paulo: Editora Noeses, 2016, p. 327.

É por este motivo também que, mesmo sob a égide da Lei 11.727/2008, as instâncias inferiores tomaram a interpretação teleológica fixada pelo STJ como critério objetivo, para o fim de estender as reduções de bases de cálculo de IRPJ e CSLL do Lucro Presumido para as mais variadas áreas da medicina.[10]

2.3 Infração ao princípio da isonomia: exigência de organização em forma de sociedade empresária

O art. 29 da Lei 11.727/2008 inseriu como requisito para acesso às bases de cálculo reduzidas de IRPJ e CSLL: a organização da pessoa jurídica prestadora de "serviços hospitalares" em forma de sociedade empresária. Em ratificação a essa disposição, o art. 33, §4º, inciso I, da Instrução Normativa RFB 1.700/2017 veda expressamente o benefício às sociedades simples, ainda que prestadoras dos mesmos "serviços hospitalares", fazendo coro à interpretação literal.

Ocorre que essa exigência não se coaduna com o princípio da isonomia tributária, previsto no art. 150, inciso II, da Constituição Federal,[11] conforme será visto nas subseções a seguir.

---

10. Cita-se como exemplo: a) Serviços de microcirurgia ocular: TRF5, Segunda Turma, Apelação Cível 524851.0001313-97.2010.4.05.8300, Desembargador Federal Ivan Lira de Carvalho, DJE de 17.11.2016, p. 117; b) Atendimento odontológico, tais como cirurgias buco-maxilo-faciais, ortodontia, ortopedia facial, periodontia: TRF4, Primeira Turma, Apelação Cível 5009802-47.2013.4.04.7108, Desembargador Federal Joel Ilan Paciornik, data da decisão 14.07.2014; c) *Home care*: TRF3, Sexta Turma, Apelação Cível 5012603-38.2017.4.03.6100, Desembargador Federal Consuelo Yatsuda Moromizato Yoshida, e-DJF3 de 04.04.2019; d) Nefrologia, doenças renais e hemodiálise: TRF1, Sétima Turma, Apelação Cível 0064099-40.2012.4.01.3800, Desembargadora Federal Ângela Catão, e-DJF1 de 28.09.2018.

11. Art. 150. Sem prejuízos de outras garantias asseguradas ao contribuinte, é vedado à União, aos Estados, ao Distrito Federal e Municípios: [...] II – instituir tratamento desigual entre os contribuintes que se encontrem em situação equivalente, proibida qualquer distinção em razão de ocupação profissional ou função por eles exercida, independentemente da denominação jurídica dos rendimentos ou direitos.

2.3.1 Princípio da isonomia como valor estrutural do Sistema Tributário Nacional

Ao proceder à abordagem em torno dos princípios constitucionais, PAULO DE BARROS CARVALHO explica que o vocábulo "princípio" contém uma infinidade de acepções, que podem variar de acordo com os valores de uma sociedade, num dado momento histórico. Por essa razão, justifica que, no âmbito do Direito, o "princípio" nada mais é do que uma figura de linguagem que traduz para o mundo jurídico-prescritivo, não o real, os padrões de valores da pessoa que o interpreta.[12]

Seguindo o mesmo ponto de vista, AURORA TOMAZINI aduz que os valores tomados isoladamente assumem a feição de objetos metafísicos, cujo modo de ser é o valer. Defende que "o que nos dá acesso aos valores é a intuição emocional, não a sensível (captadora dos dados físicos) ou a intelectual (associativa de significações)".[13]

Nesta toada, TERCIO SAMPAIO FERRA JR., compreende que os valores são preferências do intérprete por núcleos de significações, cujo existir limita-se ao ato psicológico de valorar e que se manifestam pela não indiferença de um sujeito perante um objeto.[14]

De acordo com a teoria dos autores citados, da qual comungo, a tipificação de um princípio constitucional assenta-se na extensão objetiva do valor metafísico outorgado pelo universo social do homem (seja o feitor de leis, intérprete, juiz, advogado etc.) ao construir uma conotação axiológica da norma jurídica.

Não nos esqueçamos de que, se o conteúdo normativo do direito positivo é formatado pelas significações construídas a

---

12. CARVALHO, Paulo de Barros. *Direito tributário, linguagem e método*. 7. ed. São Paulo: Noeses, 2019, p. 265.

13. CARVALHO, Aurora Tomazini de. *Curso de teoria geral do direito (O constructivismo* lógico-semântico). 6. ed. São Paulo: Noeses, 2019, p. 285-286.

14. FERRAZ JR., Tercio Sampaio. *Introdução ao estudo do direito*. São Paulo: Editora Atlas, 2001, p. 111.

partir da interpretação do suporte físico do direito, o ato de interpretação constitui-se do processo de atribuição de valores aos símbolos positivados. Obviamente que ao aludir "valores", devemos assim considerar somente aqueles depositados pelo legislador na linguagem do direito posto.

A esse respeito, MARINA VIEIRA DE FIGUEIREDO ensina que:

> O significado de um valor está condicionado à subjetividade do intérprete, sendo um juízo de preferibilidade de cunho subjetivo; o conteúdo dos limites objetivos, em contrapartida, é construído a partir de parâmetros bem demarcados, objetividade esta que permite sejam identificados de plano os casos de violação.
>
> Sob esta perspectiva, seja o princípio um valor (como o da segurança jurídica), seja ele um limite objetivo (como o da anterioridade ou da legalidade), não poderíamos qualificá-lo como um juízo condicional e, portanto, como uma regra.
>
> Parece-nos, porém, que os princípios, enquanto normas em sentido amplo, sempre terão, como destaca Tácio Lacerda Gama, a função de integrar as normas de competência e, precipuamente, de guiar o hermeneuta na compreensão dos enunciados prescritivos, em maior ou menor grau. Integram, portanto, uma regra jurídica, enquanto juízo condicional.[15]

Um dos valores de forte imposição axiológica na ordem constitucional brasileira denomina-se princípio da isonomia tributária, que está positivado no art. 150, inciso II:

> Art. 150. Sem prejuízo de outras garantias asseguradas ao contribuinte, é vedado à União, aos Estados, ao Distrito Federal e aos Municípios:
>
> [...]
>
> II - instituir tratamento desigual entre contribuintes que se encontrem em situação equivalente, proibida qualquer distinção em razão de ocupação profissional ou função por eles exercida, independentemente da denominação jurídica dos rendimentos, títulos ou direitos;

15. FIGUEIREDO, Marina Vieira. *Conflitos na aplicação de precedentes dos Tribunais Superiores em matéria tributária*. Tese de Doutorado. São Paulo: PUC-SP, 2016, p. 100.

Nas palavras do Supremo Tribunal Federal, a isonomia tributária torna inválidas as distinções entre contribuintes em razão de ocupação profissional ou função por eles exercida, máxime nas hipóteses nas quais, sem qualquer base axiológica no postulado da razoabilidade, engendra-se tratamento discriminatório em benefício de determinada categoria.[16]

De acordo com CELSO ANTÔNIO BANDEIRA DE MELLO, há ofensa ao preceito constitucional da isonomia quando a norma (juízo condicional) atribui tratamento jurídico diferente em atenção a fator de *discriminem* adotado que, entretanto, não guarda relação de pertinência lógica com a disparidade de regimes outorgados, e também quando a norma supõe relação de pertinência lógica existente em abstrato, mas o *discrimen* estabelecido conduz a efeitos contrapostos ou de qualquer modo dissonantes dos interesses prestigiados constitucionalmente.[17]

Com efeito, o princípio da isonomia tributária tem potente valor axiológico no sistema constitucional, sendo um dos elementos estruturais para a concretização dos direitos e garantias fundamentais dos contribuintes. Não é por menos que art. 5º, *caput*, da Constituição prescreve na abertura dos direitos e garantias individuais, o comando de que todos são iguais perante a lei.

A Constituição positivou a ideia que a isonomia é um princípio norteador do Direito Tributário, tratando-o como garantia fundamental do contribuinte. Justamente por isso, GERALDO ATALIBA se referia ao princípio da igualdade como o "maior entre os princípios".[18]

---

16. Supremo Tribunal Federal (STF), Tribunal Pleno, ADI 4.276, Rel. Ministro Luiz Fux, julgado em 20.08.2014, publicado no DJE de 18.09.2014.

17. MELLO, Celso Antônio Bandeira de. *Conteúdo jurídico do princípio da igualdade*. 3. ed. São Paulo: Malheiros, 2003, p. 47.

18. ATALIBA, Geraldo. In CASSONE, Vittorio. *Direito Tributário*. São Paulo: Editora Atlas S.A., 2004, p. 186.

2.3.2 Infração ao princípio da isonomia pelo critério comparativo

Ao tratar do princípio da isonomia, LEANDRO PAULSEN explica que o problema está não em saber se há tratamento diferenciado, mas em analisar a razão e os critérios que orientam a sua instituição. Conforme o autor, identifica-se ofensa à isonomia apenas "quando sejam tratados diversamente contribuintes que se encontrem em situações equivalentes, sem que o tratamento diferenciado esteja alicerçado em critério justificável de discriminação ou sem que a diferenciação leve ao resultado que a fundamente".[19]

Seguindo a mesma linha, a doutrina de HUMBERTO ÁVILA aborda o tema colocando a lógica como método empírico:

> 1. A igualdade é relação entre dois ou mais sujeitos, com base numa medida de comparação, aferida por meio de um elemento indicativo, que serve de instrumento para a realização de uma determinada finalidade.
>
> 2. *A medida de comparação, ademais de efetivamente existente, deve ser aferida por meio de elemento indicativo com o qual guarde vinculação, devendo manter vínculo de pertinência, fundada e conjugada, com a finalidade que justifica sua utilização.*
>
> 3. A relação entre a medida de comparação e a finalidade é fundada quando existir uma correlação estatisticamente baseada entre ambas, no sentido de que a existência ou inexistência do elemento indicativo se correlaciona com a existência ou inexistência da medida de comparação, e a correlação aumenta, quando aumenta a intensidade da presença do elemento indicativo.
>
> 4. *A relação é conjugada, quando a existência do elemento indicativo exerce significativa influencia para a existência de comparação, e esta para a existência de finalidade, tendo ambos sido escolhidos por serem os mais significativos no que concerne à medida de comparação e à finalidade.*

19. PAULSEN, Leandro. *Direito tributário* – Constituição e Código Tributário à Luz da Doutrina e da Jurisprudência. 11. ed. Porto Alegre: Livraria dos Advogados, 2009, p. 200.

> 5. A validade do uso da medida de comparação depende da compatibilidade com a Constituição, sendo aferida não só pela compatibilidade com a finalidade que a sua utilização visa a promover, como pela ausência de regra que proíbe o seu uso, imponha o uso de outra diferente, iguale aquilo que ela separa, pré-exclua a busca da finalidade que justificou sua utilização ou pela inexistência de princípio que exclua o seu uso. [20]

Conforme abordado na subseção 2.2, a decisão traçada pelo Superior Tribunal de Justiça (REsp 1116399/BA, recurso repetitivo) foi construída sobre os valores contidos nos arts. 6º, 196 e 197 da Constituição Federal, e como resultado da conotação da classe "serviços hospitalares", reconheceu-se que o objetivo da norma era estimular o fornecimento de serviços de saúde privada aos cidadãos. Dessa forma, o critério quantitativo para formação das bases de cálculo de IRPJ e CSLL tem eminente caráter extrafiscal.

Partindo dessa ideia, se a *mens legis* do dispositivo em foco é justamente desonerar toda a cadeia do sistema de saúde – *que é o "elemento indicativo"* –, equiparando os serviços especializados das clínicas médicas à atividade hospitalar (excluídos meras consultas), reputa-se inconstitucional a norma que procura distorcer o critério de pertinencialidade, inserindo como condição para gozo da redução de alíquota, a forma de constituição da empresa: se sociedade simples ou empresária.

Reflita-se: se o "elemento indicativo" do art. 15, §1º, III, alínea "a" da Lei 9.249/95 (com redação da Lei 11.727/2008) é a prestação de serviços da cadeia hospitalar, donde se inclui diversas espécies de serviços (auxílio diagnóstico e terapia, patologia clínica, imagenologia, anatomia patológica e citopatologia, medicina nuclear e análises e patologias clínicas), pouco importa a forma de registro civil da entidade prestadora do serviço, porque afinal, se são idênticos os objetivos sociais e o regime de tributação, igual também será o resultado útil

---

20. ÁVILA. Humberto. *Teoria da igualdade tributária.* São Paulo: Malheiros, 2008, p. 192-193, grifo nosso.

(finalidade) da prestação de serviços, que é disponibilização de bom atendimento de saúde ao povo.

Note-se que a "relação" entre "elemento indicativo" e "finalidade", apontada pela doutrina de HUMBERTO ÁVILA, só são compatíveis, quando o "elemento indicativo" for a prestação de serviços da cadeia hospitalar; afinal, o objetivo é a obrigação constitucional do Estado em promover e estimular melhores condições de saúde à população.

Às avessas, não se consegue traçar essa "relação" com a "finalidade" da norma, quando considerado incluso no "elemento indicativo" o critério relativo à forma de constituição de uma empresa – ou seja, se registrada no cartório (Sociedade Simples) ou na Junta Comercial (Sociedade Empresária de Responsabilidade Limitada) –, porquanto isso pouco importa para o cumprimento da "finalidade" constitucional.

Enfim, as sociedades empresárias e as sociedades simples são pessoas jurídicas tributadas pelo lucro presumido, com atividade-fim idênticas, prestando idênticos serviços aos cidadãos.

Rememore-se, servindo de reforço a este argumento, trecho do voto vencedor proferido no RESP 951.251-PR, da relatoria do eminente Ministro Castro Meira, que expressamente identificou que critérios correlatos à qualidade do prestador de serviços a saúde, não se adequavam à interpretação sistemática do art. 15, §1º alínea "a", da Lei 9.249/95:

> [...] No caso, tenho que a *mens legis* da norma em debate busca, através de um objetivo extrafiscal, minorar os custos tributários de serviços que são essenciais à população, *não vinculando a prestação desses a determinada qualidade do prestador* – capacidade de realizar internação de pacientes –, *mas, sim, à natureza da atividade desempenhada.* [...] Afastada a premissa de que esse benefício fiscal não foi concedido de forma subjetiva, mas objetiva, em razão do serviço prestado, *desfaz-se a ideia de que o fim buscado pela norma foi concedê-lo aos contribuintes que, por realizarem internação de pacientes, suportam altos custos operacionais* [...].[21]

21. STJ, Primeira Seção, REsp 951.251/PR, Rel. Ministro Castro Meira, julgado em 22.04.2009, DJe 03.06.2009, grifo nosso.

Conclui-se assim, que não há critério de *discrimen* razoável para afastar as sociedades simples do benefício da redução de alíquota de IRPJ e CSLL na vigência da Lei 11.727/2008, constituindo-se a exigência em torno da qualidade de ser "sociedade empresária", uma frase contrária ao princípio da isonomia tributária, que deve ser extirpada do universo jurídico por ser incompatível com a valoração hierárquica das significações positivadas.

Ainda que assim não fosse, o que se considera apenas para fins de argumentação, evidencia-se o rompimento da ordem constitucional, o fato de o parágrafo único do art. 966 do Código Civil, reconhecer a possibilidade material de existir sociedades simples equiparadas às sociedades empresárias, basta possuírem o que se denomina de "elemento de empresa".[22] Isso reforça a dissimulação de sentido promovido pelo art. 29 da Lei 11.727/2008 combinado com o art. 33, §4º, inciso I, da Instrução Normativa RFB 1.700/2017, ao vedar expressamente as bases de cálculo reduzidas de IRPJ e CSLL a todas as sociedades simples, inclusive às equiparadas pela lei civil às empresárias.

---

22. a) [...] *Sociedade constituída exclusivamente por médicos, com previsão de pagamento de pro-labore e distribuição de lucros, se caracteriza como 'sociedade empresária' (CC, art. 983),* circunstância que exclui o tratamento tributário privilegiado previsto no § 3º do art. 9º do Decreto-lei nº 406/68; o tributo pela prestação de seus serviços incide sobre o respectivo preço (art. 9º, caput) [...]. (Tribunal de Justiça de Santa Catarina, Primeira Câmara de Direito Público, Apelação Cível n. 2007.064403-0, rel. Des. Newton Trisotto, julgado em 06-05-2008, grifo nosso); b) [...] *Conquanto seu corpo de sócios seja formado exclusivamente por médicos, as sociedades constituídas sob a modalidade de limitadas desempenham atividade empresarial, uma vez que seus contratos sociais dispõem até mesmo como devem ser distribuídos os dividendos.* Sobeja asseverar, por oportuno, que uma sociedade comercial formada exclusivamente por médicos também se encontra apta a praticar atos de comércio, de sorte que o principal fator a ser verificado para se identificar a finalidade da sociedade é seu objeto social. Em espécie, resta inequívoco que o objeto social das sociedades comerciais recorridas é a prestação de um serviço especializado, todavia, inequivocamente associado ao exercício da empresa. [...] Recurso especial provido. (STJ, Segunda Turma, REsp nº 555.624/PB, Rel. Ministro Franciulli Netto, julgado em 19/02/2004, DJ 27.09.2004, p. 324, grifo nosso).

3. Infração ao princípio da legalidade: delegação de poderes para ato normativo infralegal da agência nacional de vigilância sanitária – Anvisa

O princípio da legalidade é a base de fundamentação do Estado Democrático de Direito. Trata-se do sustentáculo primordial de todas as constituições republicanas, ao estabelecer que nenhum cidadão deverá se submeter aos modais do deôntico (proibido, permitido e obrigado), se não em virtude de lei (art. 5º, inciso II, da CRFB).

Tamanho é seu valor axiológico na república do Brasil, que sua disposição se repete em inúmeras passagens constitucionais, e como não poderia ser diferente, também consta como regra estrutural do sistema tributário nacional (art. 150, inciso I, da CRFB), porque a lei é o único veículo capaz de intervir no direito de propriedade do jurisdicionado.

PAULO DE BARROS CARVALHO ensina que o princípio da legalidade é um limite objetivo que se presta para oferecer segurança jurídica aos cidadãos, na certeza de que não serão compelidos a praticar ações diversas daquelas prescritas por representantes legislativos, e para assegurar observância ao primado constitucional da tripartição dos poderes. O enunciado da legalidade se desenvolve a partir do plano constitucional e se expande pelo corpo do sistema infraconstitucional, com integral respeito à hierarquia.[23]

Dessa forma, somente a lei é instrumento hábil para a criação e majoração de tributos, desde que editada pelas entidades dotadas de competência constitucional para sua edição. Neste aspecto, a doutrina de LUCIANO AMARO ensina que a competência tributária – ou seja, a aptidão para editar tributos – é indelegável, cabendo à União, aos Estados, ao Distrito Federal e aos Municípios dentro de certos limites, o poder de criar determinados tributos e definir seu alcance, obedecidos

23. CARVALHO, Paulo de Barros. *Direito tributário, linguagem e método*. 7. ed. São Paulo: Noeses, 2019, p. 308-309.

os critérios de partilha de competência estabelecidos pela Constituição Federal.[24]

Com efeito, deriva do princípio da legalidade, a compreensão de que a competência legislativa tributária é indelegável, justamente em decorrência da primazia de que o contribuinte apenas terá afetado seu direito de propriedade por leis emitidas no bojo do sistema republicano (Poder Judiciário, Poder Executivo e Poder Legislativo, cada qual produzindo normas dentro das suas competências).

Entretanto, em matéria de delegação legislativa, a jurisprudência do Supremo Tribunal Federal tem acompanhado um movimento de maior flexibilização do princípio da legalidade, estabelecendo como limite objetivo, a fixação pelo legislador do desenho mínimo da norma infralegal a ser editada, *in verbis*:

> EMENTA: Agravo regimental no recurso extraordinário. Taxa SISCOMEX. Majoração. Portaria. Delegação. Artigo 3º, § 2º, Lei nº 9.716/98. Ausência de balizas mínimas definidas em lei. Princípio da Legalidade. Violação. Atualização. Índices oficiais. Possibilidade. *1. A jurisprudência do Supremo Tribunal Federal tem acompanhado um movimento de maior flexibilização do Princípio da Legalidade em matéria de delegação legislativa, desde que o legislador estabeleça o desenho mínimo que evite o arbítrio.* 2. Diante dos parâmetros já traçados na jurisprudência da Corte, a delegação contida no art. 3º, § 2º, da Lei nº 9.716/98 restou incompleta ou defeituosa, pois o legislador não estabeleceu o desenho mínimo que evitasse o arbítrio fiscal. [...][25].
>
> EMENTA: Recurso extraordinário. Repercussão geral. Tributário. Princípio da legalidade. Contribuições. Jurisprudência da Corte. Legalidade suficiente. Lei nº 11.000/04. Delegação aos conselhos de fiscalização de profissões regulamentadas do poder de fixar e majorar, sem parâmetro legal, o valor das anuidades. Inconstitucionalidade. [...]. 2. Respeita o princípio da legalidade a lei que disciplina os elementos essenciais determinantes para

24. AMARO, Luciano. *Direito tributário brasileiro*. 19. ed. São Paulo: Saraiva, 2013, p. 115-116.

25. STF, Segunda Turma, RE 1095001 AgR, Rel. Ministro Dias Toffoli, julgado em 06/03/2018, processo eletrônico DJE-103, divulgado em 25.05.2018 e publicado 28.05.2018, grifo nosso.

> o reconhecimento da contribuição de interesse de categoria econômica como tal e deixa um espaço de complementação para o regulamento. *A lei autorizadora, em todo caso, deve ser legitimamente justificada e o diálogo com o regulamento deve-se dar em termos de subordinação, desenvolvimento e complementariedade.* 3. A Lei nº 11.000/04 que autoriza os Conselhos de fiscalização de profissões regulamentadas a fixar as anuidades devidas por pessoas físicas ou jurídicas não estabeleceu expectativas, criando uma situação de instabilidade institucional ao deixar ao puro arbítrio do administrador o estabelecimento do valor da exação – afinal, não há previsão legal de qualquer limite máximo para a fixação do valor da anuidade. 4. *O grau de indeterminação com que os dispositivos da Lei nº 11.000/2000 operaram provocou a degradação da reserva legal (art. 150, I, da CF/88). Isso porque a remessa ao ato infralegal* não pode resultar em *desapoderamento do legislador para tratar de elementos tributários essenciais. Para o respeito do princípio da legalidade, seria essencial que a lei (em sentido estrito) prescrevesse o limite máximo do valor da exação, ou os critérios para encontrá-lo, o que não ocorreu.* 5. Não cabe aos conselhos de fiscalização de profissões regulamentadas realizar atualização monetária em patamares superiores aos permitidos em lei, sob pena de ofensa ao art. 150, I, da CF/88. [...]. 9. Negado provimento ao recurso extraordinário.[26]

Nesse sentido, o Ministro Carlos Velloso, no julgamento do RE nº 343.446/SC, estabeleceu alguns critérios para aferir a constitucionalidade da norma regulamentar: a) a delegação pode ser retirada daquele que a recebeu, a qualquer momento, por decisão do Congresso; b) o Congresso fixa *standards* ou padrões que limitam a ação do delegado; c) razoabilidade da delegação. Concluiu o Ministro ser condizente com o interesse público deixar por conta do Executivo estabelecer normas, em termos de regulamentos, os quais não podem ir além do conteúdo das normas regulamentadas.[27]

---

26. STF, Tribunal Pleno, RE 704292, Relator Min. Dias Toffoli, julgado em 19.10.2016, acórdão eletrônico DJE-170, divulgado em 02.08.2017 e publicado 03.08.2017, grifo nosso.

27. EMENTA: - CONSTITUCIONAL. TRIBUTÁRIO. CONTRIBUIÇÃO: SEGURO DE ACIDENTE DO TRABALHO - SAT. [...] - As Leis 7.787/89, art. 3º, II, e 8.212/91, art. 22, II, definem, satisfatoriamente, todos os elementos capazes de fazer nascer a obrigação tributária válida. O fato de a lei deixar para o regulamento a complementação dos conceitos de "atividade preponderante" e "grau de risco leve, médio e grave", não implica ofensa ao princípio da legalidade genérica, C.F., art. 5º, II, e da

Como destaca MARCO AURÉLIO GRECO, ao analisar julgados da Corte (RE nº 343.446/SC), a exigência constitucional, a teor da jurisprudência do STF, é de que haja uma legalidade suficiente, e não uma legalidade estrita.[28]

Em complemento, o STF, no julgamento do RE nº 704.292/PR e do RE nº 838.284/SC, sedimentou de que é possível dizer que há respeito ao princípio da legalidade quando uma lei disciplina os elementos essenciais e determinantes para o reconhecimento da obrigação tributária e deixa um espaço de complementação para o regulamento. A lei autorizadora, em todo caso, deve ser legitimamente justificada e o diálogo com o regulamento deve-se dar em termos de subordinação, desenvolvimento e complementariedade.[29-30]

---

legalidade tributária, C.F., art. 150, I. IV. - Se o regulamento vai além do conteúdo da lei, a questão não é de inconstitucionalidade, mas de ilegalidade, matéria que não integra o contencioso constitucional. V. - Recurso extraordinário não conhecido. (STF, Tribunal Pleno, RE 343446, Rel. Ministro Carlos Velloso, julgado em 20/03/2003, publicado em 04.04.2003).

28. GRECO, Marco Aurélio. *Planejamento Tributário*. 3. ed. São Paulo: Dialética, 2011. p. 147.

29. EMENTA: [...] 1. Na jurisprudência da Corte, a ideia de legalidade, no tocante às contribuições instituídas no interesse de categorias profissionais ou econômicas, é de fim ou de resultado, notadamente em razão de a Constituição não ter traçado as linhas de seus pressupostos de fato ou o fato gerador. Como nessas contribuições existe um quê de atividade estatal prestada em benefício direto ao contribuinte ou a grupo, seria imprescindível uma faixa de indeterminação e de complementação administrativa de seus elementos configuradores, dificilmente apreendidos pela legalidade fechada. Precedentes. 2. Respeita o princípio da legalidade a lei que disciplina os elementos essenciais determinantes para o reconhecimento da contribuição de interesse de categoria econômica como tal e deixa um espaço de complementação para o regulamento. A lei autorizadora, em todo caso, deve ser legitimamente justificada e o diálogo com o regulamento deve-se dar em termos de subordinação, desenvolvimento e complementariedade. [...] 9. Negado provimento ao recurso extraordinário. (STF, Tribunal Pleno, RE 704292, Rel. Ministro Dias Toffoli, julgado em 19.10.2016, publicado no DJe-170 de 03.08.2017).

30. EMENTA: [...] Na jurisprudência atual da Corte, o princípio da reserva de lei não é absoluto. Caminha-se para uma legalidade suficiente, sendo que sua maior ou menor abertura depende da natureza e da estrutura do tributo a que se aplica. No tocante às taxas cobradas em razão do exercício do poder de polícia, por força da ausência de exauriente e minuciosa definição legal dos serviços compreendidos, admite-se o especial diálogo da lei com os regulamentos na fixação do aspecto quantitativo da regra matriz de incidência. A lei autorizadora, em todo caso, deve ser

É possível dizer, portanto, que a questão relativa à delegação legislativa foi enfrentada pelo Supremo Tribunal Federal a partir das peculiaridades das espécies tributárias envolvidas e à luz de cada caso concreto. Não existe, desse modo, ampla e irrestrita liberdade para o legislador realizar o diálogo com o regulamento no tocante ao aspecto quantitativo da regra-matriz de incidência tributária.

Partindo dessas premissas, e, agora adentrando na discussão proposta neste trabalho científico, coloca-se em xeque, sob o ponto de vista da legalidade, a frase "atenda às normas da Agência Nacional de Vigilância Sanitária – Anvisa", inserida no ordenamento pelo art. 29 da Lei 11.727/2008

Como se pode perceber, a frase não indica quais normas da Anvisa devem ser seguidas e, nesse ponto, sofre com insuficiente densidade normativa por promover a delegação de competência legislativa para que órgão do Poder Executivo estabeleça os critérios infralegais de inclusão (ou não) na base de cálculo reduzida de IRPJ e CSLL, sem nenhum limite objetivo, permitindo por vias transversas a modificação do conceito tributário de "serviços hospitalares" definido pelo STJ no REsp 1116399/BA.

Comprova este argumento o art. 33, §3º, da Instrução Normativa RFB 1.700/2017 (vigente), que passou a definir que para fins de aplicação do disposto na alínea "a" do inciso III do §1º, do art. 15, da Lei 9.249/95, entende-se como atendimento às normas da Anvisa, a prestação de serviços em

legitimamente justificada e o diálogo com o regulamento deve-se dar em termos de subordinação, desenvolvimento e complementariedade. [...] A razão autorizadora da delegação dessa atribuição anexa à competência tributária está justamente na maior capacidade de a Administração Pública, por estar estreitamente ligada à atividade estatal direcionada a contribuinte, conhecer da realidade e dela extrair elementos para complementar o aspecto quantitativo da taxa, visando *(sic)* encontrar, com maior grau de proximidade (quando comparado com o legislador), a razoável equivalência do valor da exação com os custos que ela pretende ressarcir. [...] 8. Negado provimento ao recurso extraordinário. (STF, RE 838284, Tribunal Pleno, Rel. Ministro Dias Toffoli, julgado em 19.10.2016, processo eletrônico repercussão geral, publicado no DJe-215 de 21.09.2017).

ambientes desenvolvidos de acordo com o "item 3 - Dimensionamento, Quantificação e Instalações Prediais dos Ambientes da Parte II - Programação Físico-Funcional dos Estabelecimentos Assistenciais de Saúde da Resolução RDC nº 50, de 21 de fevereiro de 2002, cuja comprovação deve ser feita mediante alvará da vigilância sanitária estadual ou municipal". O item 3 da Parte II da resolução em referência, regula os critérios sanitários das pessoas jurídicas que prestem atividades de "3.1- Internação de pacientes adultos e infantis", exigindo que contenham uma estrutura típica de hospitais.

Como se pode compreender, por vias infralegais, a SRFB – órgão inclusive diferente do disposto na lei – emitiu um veículo secundário enunciando que somente terá acesso às bases de cálculo reduzidas do IRPJ e CSLL, as empresas prestadoras de serviços vinculados à saúde, que tenham alvará sanitário da Anvisa para "Internação de pacientes adultos e infantis". Rememore-se, entretanto, que a *mens legis* do benefício estendido as prestadoras de serviços de saúde, estabelecida pelo Superior Tribunal de Justiça no REsp 1116399/BA, dispensa que as prestadoras de "serviços hospitalares" tenham capacidade de internação.

A título de exemplo, ao se deparar com a frustração de um contribuinte, o Tribunal Regional Federal da 4ª Região decidiu que a exigência contida no art. 29 da Lei 11.727/2008 "revela-se bastante genérica e não estabelece, especificamente, a quais normas da Agência Nacional de Vigilância Sanitária o contribuinte deve obedecer".[31] E continuou:

> [...] cumpre ressaltar que a Resolução - RDC nº 50, de 21.02.2002, que dispõe sobre o Regulamento Técnico para Planejamento, Programação, Elaboração e Avaliação de Projetos Físicos de Estabelecimentos Assistenciais de Saúde, não tem aplicação no caso em tela, vez que tais normas gerais de funcionamento de estabelecimentos de saúde não podem restringir a norma legal.

31. TRF4, Segunda Turma, Apelação Cível nº. 5008790-27.2010.404.7100, Relator Desembargador Otávio Roberto Pamplona, D.E. 09.06.2011.

> Tal resolução extrapola o limite estabelecido pela norma tributária, a qual permite interpretações mais benéficas para o contribuinte, pois se encontram dissociados do objetivo que norteou todo o processo legislativo que era exatamente desonerar, no âmbito tributário, o prestador de serviços de saúde nos casos em que se exige qualificação dos trabalhadores, espaço físico adequado e materiais e equipamentos de alto custo, visando, evidentemente, ao barateamento do serviço, com o consequente aumento do acesso da população a tais serviços. (Grifos aditados)

Sendo assim, conclui-se que o Poder Legislativo deixou de definir os limites mínimos da delegação ao órgão do Poder Executivo, infringindo o primado da legalidade. Por arrasto, compreende-se que o art. 33, §3º, da Instrução Normativa RFB 1.700/2017 é ilegal.

4. Considerações finais

Em razão do exposto, conclui-se que o art. 29 da Lei 11.727/2008 infringiu: (i) o princípio da isonomia (150, II, da CRFB), ao estabelecer como critério de acesso às bases reduzidas de IRPJ e CSLL do Lucro Presumido, a qualidade de sociedade empresária, pondo em evidência uma injustificada discriminação das sociedades simples prestadoras de serviços de saúde. Além disso, aplicou uma cláusula de barreira intransponível para sociedades simples que, apesar de registradas no Cartório de Registro de Pessoas Jurídicas, gozam da qualidade de sociedade empresária por equiparação, nos termos do parágrafo único, do art. 966 do Código Civil; (ii) o princípio da legalidade (art. 150, I, CRFB), ao estabelecer como exigência o atendimento às normas da ANVISA, sem limites objetivos. O dispositivo sofre com insuficiente densidade normativa, uma vez que delegou a um órgão do Poder Executivo o estabelecimento de critérios livres e desenfreados como condição para fruição das bases reduzidas do IRPJ e CSLL do Lucro Presumido.

Referências

AMARO, Luciano. *Direito tributário brasileiro.* 19. ed. São Paulo: Saraiva, 2013.

ATALIBA, Geraldo. In CASSONE, Vittorio. *Direito tributário.* São Paulo: Editora Atlas S.A., 2004.

ÁVILA. Humberto. *Teoria da igualdade tributária.* São Paulo: Malheiros, 2008.

BALEEIRO, Aliomar. *Limitações constitucionais ao poder de tributar.* Atualizadora: Misabel Abreu Machado Derzi. 8. ed. Rio de Janeiro: Forense, 2010.

BRITTO, Lucas Galvão de. *Sobre o uso de definições e classificações na construção do conhecimento e na prescrição de condutas.* São Paulo: Editora Noeses, 2016.

_____. *A regra-matriz de incidência tributária e as definições produzidas pelas agências reguladoras:* O princípio da legalidade tributária e o uso de definições técnicas expedidas pelas agências reguladoras na construção da regra-matriz de incidência tributária. Tese de Doutorado. São Paulo: PUC-SP, 2016.

CARVALHO, Aurora Tomazini de. *Curso de teoria geral do direito (O constructivismo* lógico-semântico). 6. ed. São Paulo: Noeses, 2019.

CARVALHO, Paulo de Barros. *Direito tributário, linguagem e método.* 7. ed. São Paulo: Noeses, 2019.

FERRAZ JR., Tércio Sampaio. *Introdução ao estudo do direito.* São Paulo: Editora Atlas, 2001.

FIGUEIREDO, Marina Vieira. *Conflitos na aplicação de precedentes dos Tribunais Superiores em matéria tributária.* Tese de Doutorado. São Paulo: PUC-SP, 2016.

GRECO, Marco Aurélio. *Planejamento tributário.* 3. ed. São Paulo: Dialética, 2011.

MEIRELLES, Hely Lopes. *Direito administrativo brasileiro.* 23. ed. São Paulo: Malheiros, 1998.

MELLO, Celso Antônio Bandeira de. *Conteúdo jurídico do princípio da igualdade*. 3. ed. São Paulo: Malheiros, 2003.

MOUSSALLEM, Tárek Moysés. *Fontes do direito tributário*. 2. ed. São Paulo: Noeses, 2006.

MOREIRA NETO, Diogo de Figueiredo. Natureza Jurídica. Competência Normativa. Limites de Atuação. In: *Revista de Direito Administrativo*. n. 215. jan/mar. 1999.

PAULSEN, Leandro. *Direito Tributário – Constituição e Código Tributário à luz da doutrina e da jurisprudência*. 11. ed. Porto Alegre: Livraria dos Advogados, 2009.

DESVINCULAÇÃO DAS RECEITAS DA UNIÃO - DRU: INSTITUIÇÃO DE NOVA ESPÉCIE TRIBUTÁRIA QUE NÃO PADECE DE VÍCIO DE INCONSTITUCIONALIDADE

Andrei Cassiano[1]

Resumo: O presente artigo tem por objetivo analisar o desvio de finalidade patrocinado no plano constitucional por meio das emendas constitucionais 27/2000, 42/2003, 56/2007, 68/2011 e 93/2016, que modificaram o art. 76 do Ato das Disposições Constitucionais Transitórias, para desvincular de órgão, fundo ou despesa parcela da arrecadação das contribuições sociais e de intervenção no domínio econômico, instituindo contribuições com arrecadação parcialmente desvinculada. Demonstra-se que tais emendas constitucionais não padecem de vício de inconstitucionalidade, pois apenas alteram a norma de competência das contribuições, que não é cláusula pétrea, e que a contribuição com arrecadação parcialmente desvinculada trata-se de nova espécie tributária, não contemplada nas classificações da doutrina tradicional. A fim de comprovar as conclusões, primeiramente, analisam-se quais são as espécies tributárias do ponto de vista da doutrina tradicional (teorias tripartite e quinquepartite) e qual a influência do destino da arrecadação na classificação dessas espécies. Após, aborda-se especificamente a norma de competência das contribuições, a qual já disciplina a finalidade e o destino que deve ser dado ao produto da arrecadação. Pela análise da regra-matriz de incidência tributária

1. Mestre em Direito Tributário pelo Instituto Brasileiro de Estudos Tributários - IBET. Especialista em Direito Tributário pelo Instituto Brasileiro de Estudos Tributários - IBET. Advogado. E-mail: andrei@cassianoadv.com.br.

das contribuições, esclarece-se que a tredestinação é um problema ligado à norma de competência e que não tem relação com a norma de incidência. Ao final, analisa-se especificamente a constitucionalidade da "Desvinculação das Receitas da União - DRU".

1. Introdução

Os efeitos da tredestinação das contribuições, consistente na desvinculação da finalidade constitucional ou do desvio da sua arrecadação para fins diversos daqueles normativamente determinados, é tema que há longo tempo vem gerando debate na doutrina e na jurisprudência.

O presente artigo tem por objetivo analisar o desvio de finalidade patrocinado no plano constitucional por meio das emendas constitucionais 27/2000, 42/2003, 56/2007, 68/2011 e 93/2016, que modificaram o art. 76 do Ato das Disposições Constitucionais Transitórias, para desvincular de órgão, fundo ou despesa parcela da arrecadação das contribuições sociais e de intervenção no domínio econômico, atualmente 30%, conferindo liberdade a União para aplicar tais recursos, sem necessidade de partilhar esta receita com Estados, Distrito Federal e Municípios, instituindo uma contribuição com arrecadação parcialmente desvinculada, que se convencionou chamar de "Desvinculação das Receitas da União – DRU".

Pretende-se, assim, analisar se este desvio é constitucional ou se padece de inconstitucionalidade por violação a cláusulas pétreas, bem como definir em qual espécie tributária se enquadra a contribuição com arrecadação parcialmente desvinculada.

Para fundamentar as conclusões, primeiramente analisar-se-á quais são espécies tributárias, expondo as diferenças entre as escolas tripartite e quinquepartite, bem como qual a influência do destino da arrecadação na classificação dessas espécies. Passo seguinte, será abordada especificamente a norma de competência das contribuições, a qual já disciplina a finalidade e o destino que devem ser dados ao produto da arrecadação. Pela análise da regra-matriz de incidência tributária das contribuições, será esclarecido que a tredestinação é um problema ligado à norma de competência, que não tem relação com a norma de incidência. Ao final, será analisada especificamente a constitucionalidade da "Desvinculação das Receitas da União – DRU".

Após percorrer este caminho, será demonstrado que a "Desvinculação das Receitas da União – DRU" não padece de inconstitucionalidade e que a contribuição com arrecadação parcialmente desvinculada se trata de nova espécie tributária, pois não se enquadra nas espécies até então conhecidas.

2. Da classificação das espécies tributárias e a relevância do destino da arrecadação

A classificação dos tributos em espécie é tema de suma importância, na medida em que tal classificação determina qual o regime jurídico aplicável, sendo certo que cada uma das espécies tributárias possui um regime jurídico específico, regime este que se extrai da interpretação da própria Constituição Federal, em especial das normas de competência.

Nesse sentido, estabelecer quais são as espécies tributárias sempre foi um ponto de grande dissenso no âmbito doutrinário, encontrando-se posições que defendem a existência de duas, três, quatro[2] ou cinco espécies tributárias, a depender dos critérios de classificação adotados por cada um dos autores.

2. O Supremo Tribunal Federal, ao apreciar o RE 138284, com voto condutor do Ministro CARLOS MÁRIOS VELLOSO, dividiu as espécies tributária em quatro espécies, da seguinte forma: a) os impostos (C.F., arts. 145, I, 153, 154, 155 e 156); b) as taxas (C.F., art. 145, II); c) as contribuições, que podem ser assim classificadas: c.1. de melhoria (C.F., art. 145, III); c.2. parafiscais (C.F., art. 149), que são: c.2.1. sociais: c.2.1.1. de seguridade social (C.F., art. 195, I, II, III), c.2.1.2. outras de

Tal se dá porque as classificações não vêm prontas no mundo fenomênico e são obras exclusivas do ser humano, que recorta a realidade, isolando o objeto de estudo e fazendo sobre ele recair seu interesse, apontando, ainda, as semelhanças e diferenças do objeto classificado.

Precisamente por se tratar de um ato do ser humano, as classificações são discricionárias e não se submetem aos valores de verdadeiro ou falso, demandando apenas respeito à regra lógica de separação em classes e subclasses, segundo critério que permaneça estável nas divisões de mesmo nível, permitindo, ainda, infinitas classificações do mesmo objeto, como bem observa Paulo de Barros Carvalho:

> Dou por assente que as classificações, como as definições, não se submetem aos valores verdadeiro/falso. Reivindicam, entretanto, boa formação sintática, isto é, respeito à regra lógica da separação em classes e subclasses que, por sua vez, reclama apenas a escolha de um critério definido e que permaneça estável nas divisões de mesmo nível. Daí a possibilidade de infinitas classificações, tomando-se como ponto de referência tão somente um único conjunto de elementos. [...] Isso determina a possibilidade de infinitas classificações sobre o mesmo domínio, todas elas corretamente construídas. Cumprirá ao interessado, então, submetê-las a juízo seletivo para apurar-se o teor de contribuição que cada uma delas venha a oferecer, tendo em vista o esclarecimento do objeto a ser descrito.[3]

Em que pese seja um dos temas que mais desperte controvérsia no âmbito do Direito Tributário, toda a doutrina, ao classificar as espécies tributárias, parte da teoria dos tributos vinculados ou não a uma atividade estatal, que foi desenvolvida com excelência por Geraldo Ataliba.[4]

---

seguridade social (C.F., art. 195, § 4º), c.2.1.3. sociais gerais (o FGTS, o salário-educação, C.F., art. 212, § 5º, contribuições para o SESI, SENAI, SENAC, C.F., art. 240); c.3. especiais: c.3.1. de intervenção no domínio econômico (C.F., art. 149) e c.3.2. corporativas (C.F., art. 149); d) os empréstimos compulsórios (C.F., art. 148).

3. CARVALHO, Paulo de Barros, *op. cit.*, p. 654.

4. ATALIBA, Geraldo. *Hipótese de incidência tributária*. 6. ed., 17. tir., São Paulo: Malheiros, 2018, p. 137-209.

Segundo esta teoria, tributos *vinculados* são aqueles que descrevem no critério material da hipótese da regra-matriz de incidência de tributária – ou no *aspecto material da hipótese de incidência*, como prefere Geraldo Ataliba –, conjugado com sua base de cálculo (que confirma, afirma ou infirma o critério material[5]), uma atuação estatal ou uma consequência desta direta ou indiretamente relacionada ao contribuinte. Já os não vinculados são aqueles cujo aspecto material da regra-matriz de incidência tributária e sua base de cálculo consistem na descrição de um fato qualquer que não seja atuação estatal ou, ainda, um fato da esfera jurídica do contribuinte.

Alfredo Augusto Becker, na sua obra, defende que são apenas duas as espécies tributárias: *imposto*, quando a base de cálculo configurar um ato lícito qualquer, não consistente em serviços estatal, e *taxa*, quando a base de cálculo do tributo fizer referência à atuação estatal. Tendo em vista que a base de cálculo dimensiona o critério material da hipótese da regra-matriz de incidência tributária, pode-se dizer que Alfredo Augusto Becker segue a teoria dos tributos vinculados ou não a uma atividade estatal.

Entende, ainda, o autor que, no plano jurídico, todo e qualquer tributo pertencerá, inevitavelmente a uma dessas categorias.[6]

---

5. "Em outras palavras, a base de cálculo há de ter uma correlação lógica e direta com a hipótese de incidência do tributo. [...] Eis a base de cálculo, na sua função comparativa, confirmando, infirmando ou afirmando o verdadeiro critério material da hipótese tributária. Confirmando sempre que houver total sintonia entre o padrão da medida e o núcleo do fato dimensionado; infirmando quando houver manifesta incompatibilidade entre a grandeza eleita e o acontecimento que o legislador declara como a medula da previsão fáctica; e afirmando, na eventualidade, ser obscura a formulação legal." (CARVALHO, Paulo de Barros. *Direito tributário:* linguagem e método. 7. ed. rev., São Paulo: Noeses, 2018, p. 645).

6. "No plano jurídico, todo e qualquer tributo pertencerá a uma dessas duas categorias: imposto ou taxa. A serena análise científico-jurídica, em cada caso singular, revelará que inexiste terceira categoria ou categoria mista. Os chamados "tributos para-fiscais", "contribuições de melhoria", "empréstimos compulsórios" e "monopólios fiscais", ao serem dissecados pelo método científico-jurídico (não pelos tradicionais "métodos" híbridos que confundem os critérios e conceitos da Ciência das Finanças Públicas com os do Direito Tributário), desnudam-se da "camouflage"

Para aqueles que entendem que são três as espécies tributárias, casos de Paulo de Barros Carvalho,[7] Roque Antonio Carrazza[8] e Sacha Calmon Navarro Coêlho,[9] estas seriam os *impostos*, enquanto tributos não vinculados, cujo critério material da hipótese prescreve um fato que não tenha qualquer relação com uma atuação estatal, sendo um fato do próprio contribuinte (*v.g.*, auferir receita, ser proprietário de

---

político-fiscal ou histórico-filosófica ou simplesmente retórica-acadêmica e mostram-se verdadeiros impostos ou taxas." (BECKER, Alfredo Augusto. *Teoria geral do direito tributário*. 7. ed., São Paulo: Noeses, 2018, p. 406).

7. "O interesse científico dessa classificação está no seu ponto de partida: o exame das unidades normativas, visualizadas na conjugação do suposto (hipótese de incidência), e da base de cálculo (que está na consequência da norma), mantendo plena harmonia com a diretriz constitucional que consagra a tipologia tributária no direito brasileiro. Convém aduzir, entretanto, que a acolhemos com a seguinte latitude: os tributos podem ser vinculados a uma atuação do Estado – taxas e contribuições de melhoria – e não vinculados – impostos. As outras contribuições, por revestirem ora caráter de tributos vinculados, ora o de impostos, não constituem categoria à parte, pelo que hão de subsumir-se numa das espécies enumeradas." (CARVALHO, Paulo de Barros. *Curso de direito tributário*. 30. ed., São Paulo: Saraiva, 2019, p. 68).

8. "Realmente, nossa Lei Maior está comprometida com uma classificação jurídica dos tributos. É ela que em seu art. 145, confere, às pessoas políticas, competências para que criem impostos, taxas e contribuição de melhoria. Apesar de o assunto ainda suscitar acaloradas discussões doutrinárias, continuamos entendendo que a destinação da receita proveniente da tributação não altera – pelo menos não necessariamente – a classificação supra. Neste sentido, já adiantamos que os empréstimos compulsórios (tributos cuja receita há de ser devolvida ao contribuinte) e as "contribuições" (tributos com destinação especificada nos arts. 149 e 195 da CF) podem ser reconduzidos às modalidades imposto, taxa ou, no caso daqueles, até, contribuição de melhoria." (CARRAZA, Roque Antonio. *Curso de direito constitucional tributário*. 24. ed., rev., ampl. e atual. até a Emenda Constitucional n. 56/2007, São Paulo: Malheiros Editores, 2008, p. 515).

9. "Os compulsórios são restituíveis, e as parafiscais são para fins predeterminados. Nisso o específico de uns e outras. Em primeiro lugar, a natureza jurídica da espécie de tributo é encontrada pela análise de seu fato gerador, pouco importando o motivo ou a finalidade (elementos acidentais). Então, depois dessa análise, será possível saber se se trata de imposto, taxa ou de contribuição (na espécie contribuição temos duas subespécies: as contribuições de benefícios e as contribuições de melhoria). Em segundo lugar, isto não impede que haja imposto restituível, com regime constitucional próprio, nem obsta a existência de impostos ou taxas afetados a finalidades específicas e administrados por órgãos paraestatais ou autarquias em demanda de fins especiais (contribuições parafiscais) igualmente sujeitadas a normas constitucionais que lhes são específicas." (COÊLHO, Sacha Calmon Navarro. *Curso de direito tributário brasileiro*. 6. ed., Rio de Janeiro: Forense, 2003, p. 73).

veículo automotor, prestar serviço), e *taxas*, devidas em razão ao exercício do poder de polícia ou pela utilização, efetiva ou potencial, de serviços públicos específicos e divisíveis, prestados ao contribuinte ou postos a sua disposição (art. 145, II, da Constituição Federal),[10] e *contribuições de melhoria*, devidas em razão da realização de obra pública, que gere valorização imobiliária, na condição de tributos vinculados.

Para os adeptos desse pensamento, as contribuições seriam ou taxas ou impostos, a depender do fato estabelecido no critério material da hipótese normativa dessas imposições estabelecer ou não uma atuação estatal em favor do contribuinte.[11] A previsão constitucional de destinação da arrecadação para a definição da espécie tributária seria irrelevante, admitindo-se, por exemplo, impostos com destinação específica (contribuições).

Aqueles que defendem que são cinco as espécies tributárias, tese que surgiu mais recentemente, com a promulgação da Constituição Federal de 1988, entendem que a classificação deve conjugar três critérios distintos, a saber: 1 – vinculação ou não do critério material da regra-matriz de incidência tributária (ou aspecto material da hipótese de incidência) a uma atividade estatal; 2 – previsão específica de destinação do produto da arrecadação; 3 – previsão específica de restituição do valor carreado aos cofres públicos a título de tributo.

Tal classificação está baseada nas normas de competência estabelecidas na Constituição Federal, que, para determinados

---

10. Art. 145. A União, os Estados, o Distrito Federal e os Municípios poderão instituir os seguintes tributos: [...] II - taxas, em razão do exercício do poder de polícia ou pela utilização, efetiva ou potencial, de serviços públicos específicos e divisíveis, prestados ao contribuinte ou postos a sua disposição; [...].

11. "Quanto aos empréstimos compulsórios, entendo que podem revestir quaisquer das formas que correspondam às três espécies do gênero tributo. Para admiti-los como imposto, taxa ou contribuição de melhoria, basta aplicar o critério composto pelo binômio "hipótese de incidência e base de cálculo". Do mesmo modo, as contribuições sociais não configuram, pelo ângulo intranormativo, espécie tributária autônoma, podendo assumir a feição de taxas ou impostos, consoante o fato tributado seja atividade estatal ou não." (CARVALHO, Paulo de Barros, *op. cit.*, p. 423).

casos, prevê especificamente a destinação do produto da arrecadação (arts. 149 e 195 da Constituição Federal) e a restituição do valor pago (art. 148 da Constituição Federal).

Portanto, o art. 145 da Constituição Federal não esgotaria as espécies tributárias, na medida em que outras disposições, igualmente constitucionais (arts. 148, 149 e 195), estabeleceriam outras espécies além daquelas lá referidas.

Assim, as espécies tributárias seriam:

a) *impostos*: critério material da hipótese da regra-matriz de incidência tributária não vinculado a uma atividade estatal, sem previsão de destinação da arrecadação e/ou restituição;

b) *taxas*: critério material da hipótese da regra-matriz de incidência tributária vinculado a uma atividade estatal, com previsão de destinação da arrecadação, mas sem previsão de restituição;

c) *contribuições de melhoria*: critério material da hipótese da regra-matriz de incidência tributária vinculado a uma atividade estatal (realização de obra pública que tenha por consequência valorização imobiliária), sem previsão de destinação da arrecadação e/ou restituição;

d) *contribuições*: critério material da hipótese da regra-matriz de incidência tributária não vinculado a uma atividade estatal, com previsão de destinação da arrecadação, mas sem previsão de restituição;

e) *empréstimos compulsórios*: critério material da hipótese da regra-matriz de incidência tributária não vinculado a uma atividade estatal, com previsão de destinação da arrecadação e restituição.

Como se percebe, os que defendem a teoria quinquepartite conjugam, para a classificação, critérios intranormativo (análise do critério material e base de cálculo) e extranormativo (destino da arrecadação e restituição), sendo exemplo de autores que assim pensam Robson Maia Lins[12] e Regina Helena Costa.[13]

Nesse sentido, é forçoso reconhecer que, hoje, mais de 30 anos após a promulgação da Constituição Federal, são *cinco* as espécies tributárias, entendimento que se extrai diretamente das normas de competência estabelecidas na Magna Carta, que, para determinados casos, prevê especificamente a destinação do produto da arrecadação (arts. 149 e 195 da Constituição Federal) e a restituição do valor pago (art. 148 da Constituição Federal).

Fixadas tais premissas, podemos evoluir em nosso estudo, a fim de determinar se as contribuições com arrecadação parcialmente desvinculada são constitucionais e se se enquadram nas espécies tributárias até então conhecidas.

---

12. Para Robson Maia Lins a conjugação dos três critérios em referência geraria a seguinte tabela classificatória, que também é adotado por Eurico Marcos Diniz de Santi (LINS, Robson Maia. *Curso de direito tributário brasileiro*. 1. ed., São Paulo: Noeses, 2019, pp. 389-393):

CASO	VINCULAÇÃO	DESTINAÇÃO	RESTITUIÇÃO	TIPO
1.	SIM	SIM	SIM	Incompatível
2.	SIM	SIM	NÃO	Taxas
3.	SIM	NÃO	SIM	Incompatível
4.	SIM	NÃO	NÃO	Contribuições de melhoria
5.	NÃO	SIM	SIM	Empréstimos compulsórios
6.	NÃO	SIM	NÃO	Contribuições em geral
7.	NÃO	NÃO	SIM	Vedado pelo CF/88
8.	NÃO	NÃO	NÃO	Impostos

13. "Revendo posicionamento por nós anteriormente adotado, segundo o qual as espécies tributárias são apenas três (imposto, taxa e contribuições de melhoria), porquanto o empréstimo compulsório e as demais contribuições constituem apenas variações daquelas figuras, consoante a primeira corrente doutrinária mencionada, parece-nos não ser esse o entendimento que melhor traduz o regime da Constituição de 1998, por ser possível dela extrair, claramente, serem cinco as espécies tributárias. Assim, sem abandonarmos a classificação constitucionalmente contemplada, entre tributos vinculados e não vinculados a uma atuação estatal (arts. 145, I a III), podemos visualizar, no texto fundamental, cinco regimes jurídicos distintos, que apontam para categorias do imposto, da taxa, da contribuição de melhoria, do empréstimo compulsório e das demais contribuições." (COSTA, Regina Helena. *Curso de direito tributário:* Constituição e Código Tributário Nacional, São Paulo: Saraiva, 2009, p, 109).

3. Da norma de competência para instituição de contribuições e a relevância do destino da arrecadação

Assentado que o destino da arrecadação é dado essencial para a classificação das espécies tributárias, bem como característica que distingue as contribuições dos demais tributos, é hora de analisar a norma de competência para instituição das contribuições, demonstrando que esta norma já determina a finalidade específica e o destino a ser dado ao produto da arrecadação.

A competência tributária é a capacidade conferida pela Constituição Federal aos entes federados para instituir tributos. Trata-se, em última análise, da faculdade outorgada às pessoas políticas para a produção de normas jurídicas sobre tributos.

A Constituição Federal é exaustiva e rígida no que diz com à atribuição da competência tributária, porque nela se esgotam todas as possibilidades que têm os legisladores das ordens jurídicas parciais (União, Estados, Distrito Federal e Municípios) para a instituição de tributos, não podendo fazer qualquer inovação quanto ao que veio minuciosamente estabelecido pelo legislador constitucional.

Tendo em vista que a competência tributária está dentro do direito positivo e que este se constitui como o conjunto de normas válidas em determinadas coordenadas de tempo e espaço, visando a regular condutas intersubjetivas, é inegável que a competência também se trata de uma norma jurídica. Mais ainda, trata-se de norma de estrutura ou norma de produção normativa, espécie de norma que tem aptidão de dispor sobre normas, especialmente sobre a produção de novas normas.[14]

---

14. "Os teóricos gerais do direito costumam discernir as regras jurídicas em dois grandes grupos: normas de comportamento e normas de estrutura. As primeiras estão diretamente voltadas para a conduta das pessoas, nas relações de intersubjetividade; as de estrutura ou de organização dirigem-se igualmente para as condutas interpessoais, tendo por objeto, porém, os comportamentos relacionados à produção de novas unidades deôntico-jurídicas, motivo pelo qual dispõem sobre órgãos, procedimentos e estatuem de que modo as regras devem ser criadas, transformadas ou expulsas do sistema." (CARVALHO, Paulo de Barros, *op. cit.*, pp. 171-172).

Gabriel Ivo assim descreve a norma que regula a competência:

> A norma que regula a *competência* atribui a um determinado órgão a possibilidade de criar um determinado veículo introdutor de normas. A competência atribuída não é propriamente para produzir normas, mas para produzir um específico instrumento introdutor de normas. Produzido o instrumento, a partir da interpretação dos seus enunciados é que poderão ser construídas as normas. Assim a atribuição recai, rigorosamente, sobre o instrumento introdutor, não propriamente sobre as normas, que tanto pode ser, usando a nomenclatura cunhada por Paulo de Barros de Carvalho, instrumento primário ou secundário.[15]

No que diz com as contribuições, sua norma de competência é extraída diretamente dos arts. 149 e 149-A da Constituição Federal, que têm a seguinte redação:

> Art. 149. Compete exclusivamente à União instituir contribuições sociais, de intervenção no domínio econômico e de interesse das categorias profissionais ou econômicas, como instrumento de sua atuação nas respectivas áreas, observado o disposto nos arts. 146, III, e 150, I e III, e sem prejuízo do previsto no art. 195, § 6º, relativamente às contribuições a que alude o dispositivo.
>
> Art. 149-A. Os Municípios e o Distrito Federal poderão instituir contribuição, na forma das respectivas leis, para o custeio do serviço de iluminação pública, observado o disposto no art. 150, I e III.

Como se vê, é facultado à União criar contribuições sociais, de intervenção no domínio econômico e de interesse das categorias profissionais ou econômicas, como instrumento de sua atuação nas respectivas áreas e aos Municípios a contribuição para o custeio do serviço de iluminação pública. Além disso, aos Estados, Distrito Federal e Municípios é facultada a instituição de contribuição, cobrada de seus servidores, para o custeio, em benefício destes, do regime previdenciário (art. 149, §1º, da Constituição Federal).

15. IVO, Gabriel. *Norma jurídica:* produção e controle. São Paulo: Noeses, 2006, p. 15.

A norma de competência estabelece a finalidade e qual o destino que deve ser dado ao produto da arrecadação, especialmente quando o art. 149 refere que as contribuições servem "como instrumento de sua atuação nas respectivas áreas". Ou seja, a finalidade e o destino de arrecadação, por disposição da norma de competência, são dados que integram o regime jurídico aplicável às contribuições, o que, inclusive, as faz ser classificadas como espécie tributária autônoma, como bem afirma Fernando F. Castellani:

> Para que a norma atribuidora da competência tributária de impostos seja sintaticamente homogênea à norma atribuidora de competência de contribuições, por exemplo, estas normas de competência, devem referir-se aos mesmos elementos e critérios, de forma a poderem ser resumidas a uma mesma estrutura formal.
>
> Assim, entendemos que a norma de competência tributária, obrigatoriamente, deve conter os elementos materialidade, destinação e restituição, na medida em que, conforme falamos são elementos necessários para a diferenciação das espécies tributárias.[16]

Os autores Andrei Pitten Velloso e Leandro Paulsen afirmam que a afetação à finalidade específica é requisito inafastável ao exercício da competência tributária:

> Por exemplo, para União instituir contribuição especial com suporte na regra básica de competência do art. 149, *caput*, da CF, ela deverá buscar intervir no domínio econômico ou realizar importantes interesses sociais ou corporativos, criando tributo que se enquadre numa das três categorias previstas pela Carta Política (contribuições sociais, interventivas e corporativas), sob pena de incorrer em inconstitucionalidade, por inobservância de requisito inafastável ao exercício da competência tributária.[17]

Portanto, no que diz com as contribuições, a norma de competência não se limita a disciplinar a materialidade, como

16. CASTELLANI, Fernando Ferreira. *Contribuições especiais e sua destinação*. São Paulo: Noeses, 2009, p. 55.

17. PAULSEN, Leandro; VELLOSO, Andrei Pitten. *Contribuições no sistema tributário brasileiro*, 4. ed. São Paulo: Saraiva Educação, 2019, p. 53-54.

ocorre no caso dos impostos, em que a Constituição Federal apenas faz menção a signos presuntivos de riqueza (auferir renda, industrializar produtos, circular mercadorias...), mas também estabelece que os recursos advindos devem ser aplicados na finalidade que motivou a instituição do tributo, como instrumento de atuação do ente tributante.[18]

Nesse sentido, a instituição de contribuição em desrespeito à finalidade especificada pela norma atributiva de competência será inválida por desrespeitar, precisamente, o sistema constitucional de competências tributárias. Em razão disso, a lei que eventualmente instituir uma contribuição com finalidade distinta daquela estabelecida na Constituição Federal haverá de ser declarada inconstitucional.

Assim, a norma de competência tributária, além de conferir capacidade para as pessoas políticas instituírem tributos, já está revestida das características mínimas para identificação das espécies tributárias, prevendo não só a finalidade e o destino da arrecadação, como também a possibilidade de restituição para os empréstimos compulsórios, como já referimos em ponto próprio.

A norma de competência das contribuições pode, dessa forma, ser desmembrada em três normas de estrutura ou de produção normativa distintas: (i) a norma de competência que determina a incidência (regra-matriz de incidência tributária possível), em que uma hipótese prevendo abstratamente um fato de possível ocorrência implica uma consequência, consistente na obrigação de determinado sujeito passivo carrear certa quantia aos cofres públicos (União, Estados, Distrito Federal e Municípios – sujeito ativo); (ii) a norma de competência que estabelece a finalidade, a qual detalhará a finalidade que justifica a criação da contribuição; e (iii) a norma de competência que determina o destino da arrecadação, a qual obriga sejam os recursos

---

18. Sobre a norma de competência das contribuições, assim expressa Paulo Ayres Barreto: "Nos termos do art. 149 da Constituição Federal, a outorga de competência para a instituição de contribuições subordina-se à efetiva atuação da União em determinada finalidade. Os recursos advindos de contribuições devem, obrigatoriamente, ser aplicados na finalidade que motivou a instituição do tributo, sempre como instrumento de atuação da União." (BARRETO, Paulo Ayres. *Contribuições:* regime jurídico, destinação e controle. 3. ed., rev. e atual. São Paulo: Noeses, 2020, p. 150).

auferidos com a contribuição direcionados ao atendimento da finalidade que deu causa à sua instituição, precisamente porque a contribuição é tributo necessariamente vinculado a gasto real.[19]

Estevão Horvath bem esclarece o panorama normativo acima exposto:

> Cremos, então, poder afirmar que a *regra-matriz de incidência* propriamente dita , no caso das contribuições, tem como condição de sua validade: *a)* a existência de uma finalidade constitucionalmente prevista que justifique a sua criação, e *b)* que preveja expressamente a destinação do produto de sua arrecadação. Ou, se se quiser, há duas normas de estrutura (ou de competência) que estão a condicionar a validade das contribuições e, consequentemente, a validade da respectiva "regra-matriz de incidência".[20]

Para fins do presente estudo, é de fundamental importância entender a norma de competência tributária como delimitadora das características mínimas das espécies tributárias, especialmente porque da norma de competência podemos extrair a Regra-Matriz de Incidência Tributária, tema que desenvolveremos no próximo tópico.

4. Da regra-matriz de incidência tributária e o destino da arrecadação

A partir da análise da norma de competência, já podemos extrair a Regra-Matriz de Incidência Tributária enquanto norma geral e abstrata, que estabelece, por meio de seus critérios (material, especial, temporal, quantitativo e pessoal), quais fatos o legislador ordinário estará autorizado a tributar. Ou seja, a norma de competência, enquanto norma de produção normativa, enuncia nova norma, esta sim norma de conduta.

---

19. Sobre a vinculação da contribuição a gasto real e seu fundamento na norma de competência, assim leciona Misabel Abreu Machado Derzi: "[...] Na acepção constitucional, contribuição é tributo necessariamente vinculado a gasto real (o qual fundamenta a própria norma de competência)." (DERZI, Misabel Abreu Machado. A causa final e a regra-matriz das contribuições. *In:* DE SANTI, Eurico Marcos Diniz (coord.). *Curso de direito tributário e finanças públicas: do fato à norma, da realidade ao conceito jurídico*. São Paulo: Saraiva, 2008, p. 636).

20. HORVATH, Estevão. *Contribuições de intervenção no domínio econômico*. São Paulo: Dialética, 2009, p. 86.

A Regra-Matriz de Incidência Tributária, desenvolvida por Paulo de Barros de Carvalho,[21] trata-se de uma regra de comportamento, que disciplina a conduta do sujeito devedor da prestação fiscal contra o sujeito pretensor, titular do direito de crédito.[22] Além disso, trata-se de uma norma-padrão de incidência, produzida para ser aplicada em casos concretos, que se inscrevem entre as regras gerais e abstratas, podendo ser aplicada, inclusive, para outros ramos do Direito, não apenas ao Direito Tributário.

Aurora Tomazini de Carvalho bem escrutina a expressão "regra-matriz de incidência":

> Na expressão "regra-matriz de incidência" emprega-se o termo "regra" como sinônimo de norma jurídica, porque trata-se de uma construção do intérprete, alcançada a partir do contato com os textos legislados. O termo "matriz" é utilizado para significar que tal construção serve como modelo padrão sintático-semântico na produção da linguagem jurídica concreta. E de "incidência", porque se refere a normas produzidas para serem aplicadas.[23]

Em realidade, Paulo de Barros Carvalho percebeu que determinados elementos sempre se faziam presentes na norma jurídica de incidência, sendo que a ausência de algum desses elementos não gerava norma jurídica com sentido deôntico completo, inviabilizando a sua aplicação. O que fez, então, foi isolar esses elementos, que denominou de critérios,

---

21. "PAULO DE BARROS CARVALHO, apresentou inicialmente componentes da norma jurídica tributária, na sua tese de doutoramento, editada no livro intitulado *Teoria da norma tributária*, (p. 122-178), numa singela demonstração daquilo que mais tarde denominaria de regra-matriz de incidência tributária. Com a edição do livro *Curso de direito tributário*, as ideias apareceram mais segmentadas, o nome regra-matriz de incidência tributária foi consolidado como sinônimo de norma tributária em sentido estrito e um esquema forma foi desenhado (p. 236-238). Tal construção passou a ser utilizada em mais de centenas de obras especializadas, representando um verdadeiro marco na Teoria Geral do Direito Tributário." (CARVALHO, Aurora Tomazini de. *Curso de teoria geral do direito:* o constructivismo lógico-semântico. 6. ed. rev. e atual., São Paulo: Noeses, 2019, pp. 319-320).

22. CARVALHO, Paulo de Barros, *op. cit.*, p. 287.

23. CARVALHO, Aurora Tomazini de, *op. cit.*, p. 394.

na composição dos fatos jurídicos e relações jurídicas, expungindo os excessos linguísticos, para ficar apenas com aqueles indispensáveis à produção de sentido completo.[24]

Assim, na Regra-Matriz de Incidência Tributária, como em toda norma jurídica, teríamos uma hipótese, que identifica o fato jurídico tributário, e uma consequência, composta por uma relação intersubjetiva em torno de um objeto (dinheiro).

Integram a hipótese os seguintes critérios: (i) *material*, que se caracteriza por descrever um comportamento, sendo composto por um verbo pessoal de predicação incompleta, o que importa a obrigatória presença de um complemento (ex. auferir renda, prestar serviço...); (ii) *espacial*, que assinala o lugar preciso em que aconteceu a ação estabelecida no critério material; e (iii) *temporal*, que estabelece o marco de tempo em que se dá por ocorrido o fato.

Já o consequente é composto dos seguintes critérios: (iv) *pessoal*, que define os sujeitos da relação intersubjetiva, subdivididos em (iv.1) sujeito ativo e (iv.2) sujeito passivo; e (v) *quantitativo*, que define o valor a ser pago a título de tributo, subdivido em (v.1) base de cálculo e (v.2) alíquota.

Esquematicamente, assim seria a Regra-Matriz de Incidência Tributária:

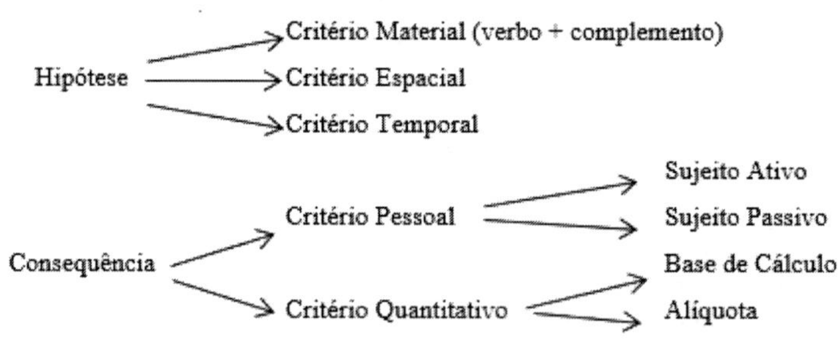

24. "O emprego do método "regra-matriz de incidência tributária" consiste em isolar as variáveis envolvidas na composição dos fatos jurídicos e relações jurídicas, retirando-lhes os excessos linguísticos que costumam acompanhar os relatos dos sujeitos competentes para, ao final, ficar com aquilo que é indispensável à produção do sentido completo." (BRITTO, Lucas Galvão de. *O lugar e o tributo*, São Paulo: Noeses, 2014, p. 50).

Basicamente, são três as funções operacionais do esquema lógico da regra-matriz: (i) auxiliar a interpretação dos textos do direito positivo; (ii) delimitar o âmbito de incidência normativa; e (iii) controlar a constitucionalidade e legalidade normativa.[25]

Como instrumento de interpretação, a regra-matriz de incidência nos auxilia a construir em nossas mentes, a partir dos textos do direito positivo (enunciados prescritivos), a mensagem legislada (norma jurídica), enquanto proposições estruturadas. Auxilia na construção da norma jurídica com sentido deôntico completo.

O esquema da regra-matriz de incidência também permite ao intérprete determinar o âmbito de incidência da norma jurídica. É que pelo preenchimento do esquema lógico-semântico da regra-matriz de incidência com o conteúdo dos textos positivados, o intérprete delimita o campo de extensão dos conceitos conotativos da hipótese e do consequente. Ao projetar tais delimitações na linguagem da realidade social, demarca a classe dos acontecimentos capacitados a dar ensejo ao nascimento de relações jurídicas, bem como o conteúdo de tais relações.

Além disso, o esquema da regra-matriz de incidência permite o controle de constitucionalidade e legalidade normativa. É que uma vez construída a regra-matriz de incidência, o intérprete pode verificar se a norma individual e concreta guarda relação em todos os critérios com esta regra-matriz de incidência. Se a norma individual e concreta não se enquadrar com perfeição em todos os critérios da regra-matriz de incidência, estaremos frente à possível inconstitucionalidade ou ilegalidade.

Assentada a utilidade e a natureza operativa da Regra-Matriz de Incidência Tributária, é importante destacar que os critérios da hipótese e da consequência acima aludidos e bem definidos por Paulo de Barros Carvalho são, em realidade, o mínimo necessário para a identificação de um fato e

25. CARVALHO, Aurora Tomazini de. A regra-matriz como esquema lógico de interpretação dos textos jurídicos. In: CARVALHO, Paulo de Barros (coord.). *Lógica e direito*. São Paulo: Noeses, 2016, p. 432-435.

de uma relação intersubjetiva. O que quer dizer, a ausência de qualquer um desses critérios demonstra a imprecisão da mensagem legislada, comprometendo a regulação almejada pelo legislador, impedindo o intérprete de construir a mensagem com sentido deôntico completo.

Precisamente por se tratar de critérios mínimos, há possibilidade de que outros critérios sejam agregados à Regra-Matriz de Incidência Tributária, objetivando conferir maior precisão identificativa à hipótese e ao consequente, como leciona Aurora Tomazini de Carvalho:

> Quanto maior o número de critérios percebidos pelo intérprete, maior a precisão identificativa do conceito da hipótese. O esquema da regra-matriz de incidência, aqui apresentado, oferece-nos o conteúdo mínimo necessário para a identificação de um fato e de uma relação intersubjetiva (em termos gerais), o que não restringe, de forma alguma, a construção significativa do intérprete apenas a tais critérios.[26]

Daí surge a questão: o destino da arrecadação, no caso das contribuições, tratar-se-ia de norma de conduta autônoma em relação à Regra-Matriz de Incidência Tributária ou poderia ser considerado como um de seus critérios?

Paulo Ayres Barreto afirma que as contribuições se circunscrevem a duas normas de conduta, uma determinando o pagamento do tributo e a outra, o destino do montante arrecadado:

> Respeitadas as condicionantes, tem-se, no plano legislativo, o seu necessário reflexo. As duas normas de estrutura darão ensejo ao surgimento, no nível legal, de duas normas de conduta: (i) a que determina o pagamento do tributo, em face da ocorrência do fato jurídico tributário e (ii) a que vincula a destinação do montante arrecadado, uma vez pago o tributo.[27]

Como tivemos a oportunidade referir, entendemos que, em realidade, existem três normas de conduta: a que determina a

---

26. CARVALHO, Aurora Tomazini de. *A regra-matriz como esquema lógico de interpretação dos textos jurídicos*. In: CARVALHO, Paulo de Barros (coord.). Lógica e direito. São Paulo: Noeses, 2016, p. 423.

27. BARRETO, Paulo Ayres, *op. cit.*, p. 162.

incidência, a que prescreve a finalidade e a que determina o destino a ser dado à arrecadação, todas amparadas nas suas respectivas normas de produção normativa, as normas de competência.

Por outro lado, Fernando F. Castellani, ao abordar o tema, entende que a destinação e a restituição dos valores integrariam a Regra-Matriz de Incidência Tributária como dois novos critérios além daqueles já enunciados por Paulo de Barros de Carvalho, afirmando que a sua inclusão seria fundamental para distinguir as espécies tributárias, não significando que a norma estaria incompleta, caso ausentes tais critérios:

> Essa complementação, em verdade, não parte da premissa que seja uma norma incompleta, mas apenas, da verificação de que a configuração inicialmente proposta não exaure a possibilidade de sua utilidade para fins de determinação da espécie tributária.
>
> Por isso, propomos a inclusão, na regra-matriz, dos aspectos necessários para a diferenciação das espécies, quais sejam, destinação e restituição dos valores.[28]

Para os fins do presente estudo, entende-se que a "finalidade específica" e o "destino da arrecadação" não integram a regra-matriz de incidência tributária, tratando-se de normas de conduta autônomas em relação a esta. Em realidade, têm-se três normas distintas (de incidência, de finalidade e de destino da arrecadação) que são indissociáveis e sempre deverão estar presentes para verificar se uma contribuição foi instituída e cobrada com apoio na Constituição Federal. A invalidade de qualquer uma dessas normas comprometerá a cobrança da contribuição, seja no plano normativo, seja no plano fático, possibilitando o acionamento do Poder Judiciário.

A desvinculação e o desvio da arrecadação, portanto, não são questões vinculadas à incidência, mas sim às normas de competência que estabelecem a finalidade e o destino da arrecadação, como bem afirma Fabiana Del Padre Tomé:

> Por essas razões, entendemos que o contribuinte pode opor-se à cobrança de contribuição que não seja destinada, no plano

28. CASTELLANI, Fernando. F., *op. cit.*, p. 82.

> normativo ou fático, ao custeio das atividades constitucionalmente prescritas. Assim, caso o legislador não vincule o produto da contribuição a certa finalidade, nos termos prescritos pela Constituição, cabe ao contribuinte insurgir-se contra a constitucionalidade da instituição desse tributo, por verificar incompatibilidade entre as regras-matrizes de incidência e de destinação em relação à norma de competência, que lhes dá fundamento de validade.[29]

Assim, assentado que o destino da arrecadação e a finalidade específica são normas autônomas em relação à Regra-Matriz de Incidência Tributária, podemos prosseguir no estudo avaliando as eventuais implicações da desafetação constitucional do destino da arrecadação.

5. O gênio criativo do legislador e a desvinculação das receitas da União: constitucionalidade e nova espécie tributária transitória

Até o presente momento, assentamos que as espécies tributárias são em número, de cinco e que a norma de competência para instituição das contribuições tem papel fundamental na sua classificação como espécie tributária autônoma, além de tornar inválida a contribuição instituída cuja finalidade destoe daquela constitucionalmente prevista. Além disso, a norma de incidência tributária e as normas que estabelecem a finalidade específica e o destino da arrecadação são indissociáveis, permitindo o controle da finalidade e do destino da arrecadação, tanto no que diz respeito à destinação legal, como à destinação efetiva à finalidade.

Tudo nos levaria a afirmar que, em qualquer hipótese, o desvio de finalidade e do destino da arrecadação tornaria inválida a contribuição. Entretanto, não é este o nosso entendimento.

É que o gênio criativo do legislador resolveu instituir, por meio de emenda constitucional, contribuições sociais e de intervenção no domínio econômico com arrecadação

29. TOMÉ, Fabiana Del Padre. O destino do produto da arrecadação como requisito constitucional para a instituição de contribuições. *V Congresso de Estudos Tributários: Direito tributário linguagem e método*. São Paulo: Noeses, 2008, p. 312.

parcialmente desvinculada de órgão, fundo ou despesa, no que se convencionou chamar de "Desvinculação das Receitas da União" ou simplesmente "DRU".[30]

Trata-se das emendas constitucionais 27/2000, 42/2003, 56/2007, 68/2011 e 93/2016, que têm sistematicamente alterado a redação do art. 76 do Ato das Disposições Constitucionais Transitórias, para estabelecer um percentual da arrecadação das contribuições sociais e de intervenção do domínio econômico que estaria desvinculado da finalidade para as quais instituídas, que atualmente é de 30%:

> Art. 76. São desvinculados de órgão, fundo ou despesa, até 31 de dezembro de 2023, 30% (trinta por cento) da arrecadação da União relativa às contribuições sociais, sem prejuízo do pagamento das despesas do Regime Geral da Previdência Social, às contribuições de intervenção no domínio econômico e às taxas, já instituídas ou que vierem a ser criadas até a referida data. (Redação dada pela Emenda constitucional nº 93, de 2016)
>
> § 1º. (Revogado). (Redação dada pela Emenda constitucional nº 93, de 2016)
>
> § 2º. Excetua-se da desvinculação de que trata o caput a arrecadação da contribuição social do salário-educação a que se refere o § 5º do art. 212 da Constituição Federal. (Redação dada pela Emenda Constitucional nº 68, de 2011).
>
> § 3º. (Revogado). (Redação dada pela Emenda constitucional nº 93, de 2016)

Grande parte da doutrina nacional tem afirmado que essas sucessivas emendas constitucionais seriam inconstitucionais, por possível fraude às regras de competência e violação

---

30. Luma Cavaleiro de Macêdo Scaff esclarece que a DRU não é modalidade de tributo, mas mecanismo para fiscal para desvincular uma parcela da receita das contribuições: "A DRU não é modalidade de tributo. É um mecanismo fiscal constitucionalmente previsto que permite ao governo desvincular uma parcela das receitas de impostos e contribuições não sejam obrigatoriamente destinadas a determinado órgão, fundo ou despesa. Dentre as principais fontes de recursos da DRU, estão as contribuições sociais. Em outras palavras, a DRU significa dizer uma permissão constitucional ao administrador público para utilizar livremente um percentual de todos os tributos federais vinculados por lei a fundos ou despesas." (SCAFF, Luma Cavaleiro de Macêdo. Federalismo Fiscal e desvinculação de receitas da União: Breves anotações sobre a ADPF 523. *Federalismo (s)em juízo*, 1. ed., São Paulo: Noeses, 2019, p. 931).

ao princípio federativo, especialmente no que diz com a partilha de receitas tributárias,[31] pela deturpação das contribuições e inobservância dos requisitos à instituição de impostos residuais (art. 154, I, da Constituição Federal)[32] e desrespeito a direitos e garantias individuais dos contribuintes.[33]

O tema atinente à declaração de inconstitucionalidade de emenda constitucional é muito delicado e deve ser visto *cum grano salis*, especialmente porque é da competência do legislador constituinte derivado promover modificações na Constituição Federal, desde que obedecido o procedimento constitucionalmente estabelecido.

Entretanto, o legislador constituinte originário estabeleceu limitações à competência do legislador constituinte derivado,

---

31. Defendendo tal posição temos Hugo de Brito Machado Segundo, que assim afirma: "A Desvinculação das Receitas da União conclui o processo de centralização das rendas tributárias no âmbito da União, fraudando as regras de competência que cuidam da instituição de impostos, da instituição de contribuições, e especialmente o princípio federativo que é implementado através do equilíbrio originalmente decorrente do respeito a tais regras. Trata-se de claro exemplo do que, na literatura do Direito Civil, se intitula "fraude à lei", no caso perpetrada conta a Constituição." (SEGUNDO, Hugo de Brito Machado. Desvinculação das receitas da União - DRU como burla às regras de partilha de receitas tributárias. *Federalismo (s)em juízo*, 1. ed., São Paulo: Noeses, 2009, p. 854).

32. Esta é a posição de Paulo Ayres Barreto: "Entendemos que duas garantias individuais do contribuinte são violadas pelas normas constitucionais que impõem a desvinculação do produto da arrecadação de contribuição: (i) a garantia de que o montante dele (contribuinte) cobrado a título de contribuição seja exclusivamente aplicado nos fins que deram causa à instituição da contribuição; e (ii) a garantia de que novos impostos sejam não cumulativos e que não tenham fato gerador ou base de cálculo próprios dos demais tributos discriminados na Constituição. (BARRETO, Paulo Ayres, *op. cit.*, p. 169).

33. José Marcos Domingues de Oliveira afirma que referida desvinculação avilta direitos e garantias fundamentais: "Parece clara a violação aos direitos fundamentais e respectivas garantias constitucionais, seja a dignidade humana e a cidadania vulneradas pela inviabilização ao sistema preconizado, seja ainda o Princípio de Proteção da Confiança pela ruptura com a legalidade e a moralidade que presidem a Administração Pública, já que conspurcada a Carta Magna através da dissimulada e matreira desnaturação do permanente em provisório. Se a Constituição se valeu da *especialidade* do interesse público a atender pela *vinculação* (Seguridade), não se pode por derrogações sucessivas invocar a *generalidade* do interesse público pela *desvinculação* (liquidez financeira).
A tanto não se autoriza o poder de emenda do constituinte derivado, pois tal equivaleria a abolir direitos e garantias individuais, cláusulas pétreas (art. 60, §4º, IV)." (OLIVEIRA, José Marcos Domingues de. Contribuições sociais, desvio de finalidade e a dita reforma da previdência social. *Revista Dialética de Direito Tributário*, São Paulo, v. 108, 2004, p. 133).

vedando expressamente deliberação sobre ou proposta de emenda constitucional tendente a abolir as cláusulas pétreas, que são (i) a forma federativa de Estado, (ii) o voto direito, secreto, universal e periódico, (iii) a separação dos Poderes e (iv) os direitos e garantias individuais, conforme art. 60, § 4º, da Constituição Federal.[34]

Portanto, norma veiculada por emenda constitucional somente será inconstitucional se abolir ou deliberar sobre as cláusulas pétreas, como, aliás, decidido pelo Supremo Tribunal Federal ao apreciar as ADIs nº 829[35] e 939.[36]

---

34. Art. 60. [...]
§ 4º Não será objeto de deliberação a proposta de emenda tendente a abolir:
I - a forma federativa de Estado;
II - o voto direto, secreto, universal e periódico;
III - a separação dos Poderes;
IV - os direitos e garantias individuais.

35. EMENTA: - AÇÃO DIRETA DE INCONSTITUCIONALIDADE. ANTECIPAÇÃO DO PLEBISCITO A QUE ALUDE O ART. 2º DO ADCT DA CONSTITUIÇÃO DE 1988. - NÃO HÁ DÚVIDA DE QUE, EM FACE DO NOVO SISTEMA CONSTITUCIONAL, É O S.T.F. COMPETENTE PARA, EM CONTROLE DIFUSO OU CONCENTRADO, EXAMINAR A CONSTITUCIONALIDADE, OU NÃO, DE EMENDA CONSTITUCIONAL - NO CASO, A Nº 2, DE 25 DE AGOSTO DE 1992 - IMPUGNADA POR VIOLADORA DE CLÁUSULAS PETREAS EXPLÍCITAS OU IMPLÍCITAS. - CONTENDO AS NORMAS CONSTITUCIONAIS TRANSITÓRIAS EXCEÇÕES A PARTE PERMANENTE DA CONSTITUIÇÃO, NÃO TEM SENTIDO PRETENDER-SE QUE O ATO QUE AS CONTÉM SEJA INDEPENDENTE DESTA, ATÉ PORQUE E DA NATUREZA MESMA DAS COISAS QUE, PARA HAVER EXCEÇÃO, E NECESSÁRIO QUE HAJA REGRA, DE CUJA EXISTÊNCIA AQUELA, COMO EXCEÇÃO, DEPENDE. A ENUMERAÇÃO AUTÔNOMA, OBVIAMENTE, NÃO TEM O CONDÃO DE DAR INDEPENDÊNCIA AQUILO QUE, POR SUA NATUREZA MESMA, É DEPENDENTE. AÇÃO DIRETA DE INCONSTITUCIONALIDADE QUE SE JULGA IMPROCEDENTE. (BRASIL. STF. ADI 829, Relator(a): Min. Moreira Alves, Tribunal Pleno, julgado em 14.04.1993, *DJ* 16.09.1994 PP-24278 Ement VOL-01758-01 PP-00062 RTJ VOL-00156-02 PP-00451).

36. EMENTA: - Direito Constitucional e Tributário. Ação Direta de Inconstitucionalidade de Emenda Constitucional e de Lei Complementar. I.P.M.F. Imposto Provisório sobre a Movimentação ou a Transmissão de Valores e de Créditos e Direitos de Natureza Financeira - I.P.M.F. Artigos 5., par. 2., 60, par. 4., incisos I e IV, 150, incisos III, "b", e VI, "a", "b", "c" e "d", da Constituição Federal. 1. Uma Emenda Constitucional, emanada, portanto, de Constituinte derivada, incidindo em violação a Constituição originaria, pode ser declarada inconstitucional, pelo Supremo Tribunal Federal, cuja função precipua e de guarda da Constituição (art. 102, I, "a", da C.F.). 2. A Emenda Constitucional n. 3, de 17.03.1993, que, no art. 2., autorizou a União a instituir o I.P.M.F., incidiu em vício de inconstitucionalidade, ao dispor, no paragrafo 2 desse dispositivo, que, quanto a tal tributo, não se aplica "o art. 150, III, "b" e VI", da Constituição, porque, desse modo, violou os seguintes princípios e normas imutáveis (somente eles, não outros): 1. - o princípio da anterioridade, que e garantia individual do

No caso específico da DRU, destacamos que a desvinculação estabelecida pelas emendas constitucionais 27/2000, 42/2003, 56/2007, 68/2011 e 93/2016 não padece de vício de inconstitucionalidade por suposta burla ao sistema de competências tributárias, por inobservância ao exercício das competências residuais (instituição por lei complementar, não cumulatividade e *non bis in idem*) ou pela deturpação das contribuições, precisamente porque tais temas não se incluem no rol de cláusulas pétreas.

Entendimento em contrário importaria admitir que todo o sistema constitucional tributário é composto por cláusulas pétreas, impedindo a sua modificação em qualquer circunstância, o que, obviamente, não se sustenta, pois inviabilizaria, inclusive, a propalada reforma tributária.

O próprio Supremo Tribunal Federal, quando apreciou o tema, afirmou que emenda constitucional disciplinando a DRU não ofende cláusulas pétreas:

> EMENTA: 1. TRIBUTO. Contribuição social. Art. 76 do ADCT. Emenda Constitucional nº 27/2000. Desvinculação de 20% do produto da arrecadação. Admissibilidade. Inexistência de ofensa a cláusula pétrea. Negado seguimento ao recurso. Não é

---

contribuinte (art. 5., par. 2., art. 60, par. 4., inciso IV e art. 150, III, "b" da Constituição); 2. - o princípio da imunidade tributaria reciproca (que veda a União, aos Estados, ao Distrito Federal e aos Municípios a instituição de impostos sobre o patrimônio, rendas ou serviços uns dos outros) e que e garantia da Federação (art. 60, par. 4., inciso I,e art. 150, VI, "a", da C.F.); 3. - a norma que, estabelecendo outras imunidades impede a criação de impostos (art. 150, III) sobre: "b"): templos de qualquer culto; "c"): patrimônio, renda ou serviços dos partidos políticos, inclusive suas fundações, das entidades sindicais dos trabalhadores, das instituições de educação e de assistência social, sem fins lucrativos, atendidos os requisitos da lei; e "d"): livros, jornais, periódicos e o papel destinado a sua impressão; 3. Em consequência, e inconstitucional, também, a Lei Complementar n. 77, de 13.07.1993, sem redução de textos, nos pontos em que determinou a incidência do tributo no mesmo ano (art. 28) e deixou de reconhecer as imunidades previstas no art. 150, VI, "a", "b", "c" e "d" da C.F. (arts. 3., 4. e 8. do mesmo diploma, L.C. n. 77/93). 4. Ação Direta de Inconstitucionalidade julgada procedente, em parte, para tais fins, por maioria, nos termos do voto do Relator, mantida, com relação a todos os contribuintes, em caráter definitivo, a medida cautelar, que suspendera a cobrança do tributo no ano de 1993. (BRASIL. STF. ADI 939, Relator(a): Min. SYDNEY SANCHES, Tribunal Pleno, julgado em 15.12.1993, *DJ* 18.03.1994 PP-05165 EMENT VOL-01737-02 PP-00160 RTJ VOL-00151-03 PP-00755).

> inconstitucional a desvinculação de parte da arrecadação de contribuição social, levada a efeito por emenda constitucional.[37]

Mais relevante, contudo, é o argumento que afirma violação ao pacto federativo (federalismo fiscal) em razão da não repartição das receitas desvinculadas com Estados, Distrito Federal e Municípios, por ofensa ao art. 60, § 4º, I, da Constituição Federal.

Entretanto, também entendemos que não há violação a esta cláusula pétrea, uma vez que não há norma expressa e específica determinando a repartição das receitas desvinculadas com os demais entes federativos, não se podendo falar, igualmente, em eventual abolição de forma federativa de Estado, pois não há prejuízo à autonomia financeira dos entes federados. A possível violação de cláusula pétrea (tendência de abolir a Federação) somente ocorreria se a desvinculação alcançasse contribuição que fosse constitucionalmente partilhável com os demais entes federados.

Tanto é verdade que o Supremo Tribunal Federal julgou improcedente a ADPF nº 523, cujo objetivo era obrigar a União a partilhar com Estados e Distrito Federal, à razão de 20%, os valores das contribuições sociais desvinculados do orçamento da seguridade social, e vinculados ao orçamento fiscal, por meio da DRU.

Alcides Jorge Costa é enfático ao afirmar que a desvinculação de finalidade por meio de emenda constitucional não ofende a forma federativa de Estado:

> Então, elas se distinguem apenas pela sua destinação, mais nada. E isto abriu um campo enorme para a criação de contribuições pela União, que, de repente, descobriu o filão e começou a explorá-lo com intensidade. E é até curioso que estas contribuições tenham sido desviadas de sua finalidade constitucional, de uma

---

37. BRASIL. Supremo Tribunal Federal. Segunda Turma. RE 537610. Relator: Cezar Peluso. Julgado em: 01 dez. 2009. DJe-237 DIVULG 17 dez. 2009 PUBLIC 18 dez. 2009 EMENT VOL-02387-09 PP-01566 RDDT n. 174, 2010, p. 145-146 RT v. 99, n. 894, 2010, p. 104-105.

> parte da arrecadação para a receita geral. Ficou tudo como estava. Será que estas alterações que se fazem na Constituição, no capítulo tributário, ofendem a Federação? Sem concordar ou discordar do mérito destas emendas, eu entendo que não.
>
> [...]
>
> Mas, de qualquer forma, instalou-se esta mentalidade quando se fala em reformas no campo tributário: Entendo que nem o redesenho total do sistema tributário iria mexer com o sistema federativo – desde que, obviamente, assegurado um dos fatores da existência da autonomia dos entes federativos, que é a autonomia financeira.[38]

Em realidade, as sucessivas emendas constitucionais dispondo sobre a DRU operaram diretamente sobre a norma de competência (a norma de produção normativa) das contribuições sociais e de intervenção no domínio econômico, especialmente sobre aquela norma que disciplina a finalidade específica, modificando-a em parte. E nesse ponto, entendemos que não há inconstitucionalidade, pois não se está tratando de cláusula pétrea, mas de competência tributária, que pode ser objeto de emenda constitucional.[39]

A conclusão, portanto, é a de que a instituição de contribuição em desrespeito à finalidade especificada pela norma atributiva de competência será inválida por desrespeitar o sistema constitucional de competências tributárias, salvo se a tredestinação for determinada por alteração nessa norma de competência através de emenda constitucional, posição que está em consonância com o quanto decidido pelo Supremo Tribunal Federal ao apreciar o RE 805477 AgR, conforme demonstra o seguinte excerto do voto do Min. Relator Roberto Barroso:

---

38. COSTA. Alcides Jorge. Emendas constitucionais e tributação. *Revista de Direito Tributário,* v. 98, 2007, pp. 23-24.

39. Quanto a este ponto, é importante destacar que a Emenda Constitucional nº 3/1993 operou alterações nos arts. 155 e 156 da Constituição Federal, modificando a competência de Estados e Municípios para instituição de impostos, não tendo sido declarada inconstitucional nesse ponto.

> Tal como constatou a decisão agravada, se a legislação passa a atribuir destinação diversa daquela que fornece suporte à instituição da contribuição, restará evidenciada a falta de correspondência entre a cobrança e a finalidade que a justifica, de modo que a referida tredestinação poderá invalidar a exação. A exceção a esta conclusão ocorre quando as modificações proveem da própria Constituição Federal. Emergindo diretamente da Carta, a alteração opera-se diretamente na regra de competência. Dessa forma, a descaracterização da vinculação não afeta a validade de uma contribuição e, por conseguinte, não interfere no seu regime jurídico.[40]

Desse modo, admitida a constitucionalidade do art. 76 do ADCT, na redação dada pelas referidas emendas constitucionais, ainda há uma questão a ser respondida: de que espécie tributária estamos tratando?

O Supremo Tribunal Federal, quando do julgamento da citada ADPF nº 523, afirmou que, em que pese a destinação se tratar de elemento essencial da espécie tributária contribuição, a desvinculação por obra do poder constituinte derivado não alteraria a sua natureza. Assim consta do voto da Min. Rosa Weber:

> Em que pese a invocação da destinação como elemento essencial da espécie tributária contribuição, nem mesmo esse aspecto se sobrepõe ao princípio da supremacia da constituição, sendo certo que a decisão do poder constituinte derivado no sentido de desvincular determinado percentual das contribuições arrecadadas em absoluto descaracteriza a sua natureza jurídica, por traduzir exceção estabelecida na própria Constituição, além de não comprometer a observância de cláusula pétrea.[41]

Conforme entendimento do Supremo Tribunal Federal, a desvinculação da contribuição para a finalidade à qual instituída. por meio de emenda constitucional, não tem o condão

---

40. BRASIL. STF. RE 805477 AgR, Relator(a): Min. Roberto Barroso, Primeira Turma, julgado em 07.10.2014, Processo Eletrônico, *DJe*-213, Divulgado em 29.10.2014, Publicado em 30.10.2014.

41. BRASIL. Supremo Tribunal Federal. Tribunal Pleno. ADPF 523. Relatora: Rosa Weber. Julgado em: 08 fev. 2021. Processo Eletrônico. DJe-028. DIVULG 12 fev. 2021. PUBLIC 17 fev. 2021.

de alterar a natureza da espécie tributária. Entretanto, defendemos no presente trabalho que tanto a finalidade, como o destino da arrecadação são dados que conferem característica específica que distingue as contribuições das demais espécies tributárias, tudo amparado na interpretação da Constituição Federal, em especial na norma constitucional de competência.

Desse modo, não podemos concordar com a posição adotada pelo Supremo Tribunal Federal. Isto porque se a emenda constitucional atua diretamente no quadro de competência, desvinculando parcela da contribuição da finalidade para a qual instituída, resta descaracterizada a espécie tributária contribuição tal qual como conhecemos, passando a se tratar de espécie tributária distinta.

Assim, a questão acerca de qual espécie tributária estaríamos tratando admite três respostas.

A primeira seria uma nova espécie tributária, híbrida de contribuição (critério material da hipótese da regra-matriz de incidência tributária não vinculado a uma atividade estatal, com previsão de destinação da arrecadação, mas sem previsão de restituição) com imposto (critério material da hipótese da regra-matriz de incidência tributária não vinculado a uma atividade estatal, sem previsão de destinação da arrecadação e/ou restituição).

A segunda seriam dois tributos: na parte da arrecadação desvinculada teríamos um imposto e com relação à parcela da arrecadação vinculada uma contribuição.

A terceira, simplesmente de contribuição com arrecadação parcialmente desvinculada.

De fato, a instituição de uma contribuição com arrecadação parcialmente desvinculada coloca em xeque as classificações das espécies tributárias levada a efeito pela doutrina tradicional, em especial aqueles que adotam a posição tripartite e quinquepartite, analisadas no item 2 do presente estudo. Daí a tendência desta doutrina de responder à questão proposta adotando ou a primeira (espécie tributária híbrida de contribuição com imposto), ou a segunda (parte imposto, parte contribuição) posições.

De plano, rechaçamos ambos os entendimentos.

A primeira tese, da espécie tributária híbrida, não se sustenta do ponto de vista lógico, pois estabelece uma classificação em que um de seus elementos seria enquadrado em duas classes distintas (imposto e contribuição) ou em nenhuma classe existente (as classes seriam, para a doutrina tripartite, impostos, taxas e contribuições de melhoria; para a quinquepartite, impostos, taxas, contribuições de melhoria, contribuições e empréstimos compulsórios). Isto porque a *classe*, na lógica das classificações, como refere Lucas Galvão de Britto,[42] é um conjunto abstratamente constituído para reunir elementos segundo um critério de pertinência de um dado objeto, resultante de um juízo binário, pertinência ou não pertinência à classe, sem possibilidade de uma terceira possibilidade. A tese da hibridez, como demonstrado, institui esta terceira possibilidade, que é excluída pela regra lógica.

A teoria que defende a transformação da parcela desvinculada da contribuição em imposto também não procede, pois os fundamentos constitucionais para instituição de imposto e de contribuição são distintos, além de se estar transformando um elemento plenamente identificável (contribuição) em dois elementos (imposto e contribuição).[43]

---

42. BRITTO, Lucas Galvão. Sobre o uso de definições e classificações na construção do conhecimento e na prescrição de condutas. In: CARVALHO, Paulo de Barros (Coord.). *Lógica e direito*, 1. Ed., São Paulo: Noeses, 2016, p. 320.

43. Paulo Ayres Barreto também afirma que não procede o argumento de transformação da parcela desvinculada em contribuição: "Não procede, também, o argumento de que há transformação de parcela da contribuição em imposto. Como sabemos, os fundamentos constitucionais para instituição de imposto e contribuição são distintos. Não há como, em rápida penada, promover, a meio caminho, a "transformação parcial e temporária" de espécie tributária existente. Ademais, restaria maculada a garantia de que a União só poderá exercer sua competência residual mediante instituição de impostos não cumulativos e que não tenham fato gerador ou base de cálculo próprios dos demais impostos discriminados na Constituição.

Ademais, ao apreciar o tema, quando do julgamento do RE 793564 AgR, o Supremo Tribunal Federal decidiu que a desvinculação parcial da receita da União não transforma as contribuições sociais e de intervenção no domínio econômico em impostos, alterando a essência daquelas, estando assim ementado o julgado:

> "CONTRIBUIÇÃO SOCIAL - RECEITAS - DESVINCULAÇÃO - ARTIGO 76 DO ATO DAS DISPOSIÇÕES CONSTITUCIONAIS TRANSITÓRIAS - EMENDAS CONSTITUCIONAIS Nº 27, DE 2000 E Nº 42, DE 2003 - MODIFICAÇÃO NA APURAÇÃO DO FUNDO DE PARTICIPAÇÃO DOS MUNICÍPIOS. A desvinculação parcial da receita da União, constante do artigo 76 do Ato das Disposições Constitucionais Transitórias, não transforma as contribuições sociais e de intervenção no domínio econômico em impostos, alterando a essência daquelas, ausente qualquer implicação quanto à apuração do Fundo de Participação dos Municípios. Precedente: Ação Direta de Inconstitucionalidade nº 2.925/DF, em que fui designado redator para o acórdão. MULTA - AGRAVO - ARTIGO 557, § 2º, DO CÓDIGO DE PROCESSO CIVIL. Surgindo do exame do agravo o caráter manifestamente infundado, impõe-se a aplicação da multa prevista no § 2º do artigo 557 do Código de Processo Civil."[44]

Desse modo, é forçoso reconhecer que a contribuição com arrecadação parcialmente desvinculada se trata de uma nova espécie tributária transitória, instituída com base em disposição constitucional modificadora da regra de competência da norma que estabelece o destino da arrecadação. Cria-se, portanto, uma sexta *classe (f)* de espécie tributária, a saber:

a) *contribuições com arrecadação parcialmente desvinculada*: critério material da hipótese da regra-matriz de incidência tributária não vinculado a uma atividade estatal, com previsão de destinação *parcial* da arrecadação, mas sem previsão de restituição;

(BARRETO, Paulo Ayres, *op. cit.*, p. 169-170).

44. BRASI. STF. RE 793564 AgR, Relator(a): Min. Marco Aurélio, Primeira Turma, julgado em 12.08.2014, Acórdão Eletrônico DJe-191, Divulgado em 30.09.2014, Publicado em 01.10.2014.

Tentar enquadrá-la nas espécies tributárias até então conhecidas pela doutrina tradicional, importa desconsiderar esta modificação, que estabeleceu nova realidade em relação ao tempo em que formuladas as teorias tripartite e quinquepartite. Desprezar essa nova realidade equivale a fazer nova doutrina baseada em doutrina antiga.[45]

Desse modo, estamos diante de nova espécie tributária, sendo que a desvinculação parcial das contribuições no plano constitucional não caracteriza inconstitucionalidade.

6. Considerações finais

As emendas constitucionais 27/2000, 42/2003, 56/2007, 68/2011 e 93/2016, ao modificarem o art. 76 do Ato das Disposições Constitucionais Transitórias, instituíram contribuição com destino da arrecadação parcialmente desvinculado, espécie tributária que até o seu advento não era considerada pela doutrina tradicional, especialmente as teorias tripartite e quinquepartite.

Por modificarem as normas de competência que prescrevem a finalidade e o destino da arrecadação das contribuições, tais emendas constitucionais não padecem de vício de inconstitucionalidade, na medida em que tais normas de competência não se caracterizam como cláusulas pétreas, único motivo para que se reconheça a inconstitucionalidade de uma emenda constitucional.

Não se sustentam as doutrinas que tentam classificar a contribuição com arrecadação parcialmente desvinculada como espécie tributária (i) híbrida de imposto e contribuição

45. Nessa linha são os ensinamentos de Fernando Gomes Favacho: "Fazemos nova doutrina baseada em doutrina antiga, que por sua vez foi construída em realidades diferentes das atuais. Tal como no filme de Christopher Nolan, *Inception* (*A origem*), passamos a viver em um sonho artificial, sem que nos preocupemos em saber se a realidade que nos lastreia é, na verdade, outro sonho." (FAVACHO, Fernando Gomes. Crise na classificação dos Tributos. *Revista de Direito Tributário*, São Paulo, n. 118, jan. 2013, p. 90).

ou (ii) como imposto a parcela desvinculada e como contribuição a parcela vinculada. A primeira porque não tem apoio na lógica ao estabelecer uma classificação em que um de seus elementos seria enquadrado em duas classes distintas (imposto e contribuição) ou em nenhuma classe existente. Já a segunda porque os fundamentos constitucionais para instituição de imposto e de contribuição são distintos, além de se estar transformando um elemento plenamente identificável (contribuição) em dois elementos (imposto e contribuição).

Em verdade, as referidas emendas constitucionais modificaram a realidade sobre as quais a doutrina tradicional classificou as espécies tributárias, criando tributo que não se enquadra em nenhuma das espécies tributárias até então conhecidas.

Portanto, a contribuição com arrecadação parcialmente desvinculada trata-se de nova espécie tributária, que foi constitucionalmente instituída.

Referências

ATALIBA, Geraldo. *Hipótese de incidência tributária.* 6. ed., 17. tir., São Paulo: Malheiros, 2018.

BARRETO, Paulo Ayres. *Contribuições* – Regime jurídico, destinação e controle. 3. ed, rev. e atual. São Paulo: Noeses, 2020.BECKER, Alfredo Augusto. *Teoria geral do direito tributário.* 7. ed., São Paulo: Noeses, 2018.

BRITTO, Lucas Galvão. Sobre o uso de definições e classificações na construção do conhecimento e na prescrição de condutas. In: CARVALHO, Paulo de Barros (Coord.). *Lógica e direito*, 1. Ed., São Paulo: Noeses, 2016.

_____. *O lugar e o tributo.* São Paulo: Noeses, 2014.

CARRAZA, Roque Antonio. *Curso de direito constitucional tributário.* 24. ed., rev., ampl. e atual. até a Emenda Constitucional n. 56/2007, São Paulo: Malheiros Editores, 2008.

CARVALHO, Aurora Tomazini de. *Curso de teoria geral do direito:* o constructivismo lógico-semântico. 6. ed. rev. e atual., São Paulo: Noeses, 2019.

CARVALHO, Aurora Tomazini de. A regra-matriz como esquema lógico de interpretação dos textos jurídicos. In: CARVALHO, Paulo de Barros (coord.). *Lógica e direito*. São Paulo: Noeses, 2016.

CARVALHO, Paulo de Barros. *Curso de direito tributário*. 30. ed., São Paulo: Saraiva, 2019.

_____. *Direito tributário:* linguagem e método. 7. ed. rev., São Paulo: Noeses, 2018.

CASTELLANI, Fernando Ferreira. *Contribuições especiais e sua destinação*, São Paulo: Noeses, 2009.

COSTA. Alcides Jorte. Emendas constitucionais e tributação. *Revista de Direito Tributário*, v. 98, São Paulo: Malheiros, 2007.

DERZI, Misabel Abreu Machado. A causa final e a regra-matriz das contribuições. *In:* DE SANTI, Eurico Marcos Diniz (coord.). *Curso de direito tributário e finanças públicas:* do fato à norma, da realidade ao conceito jurídico. São Paulo: Saraiva, 2008.

FAVACHO, Fernando Gomes. Crise na classificação dos Tributos. *Revista de Direito Tributário*, n. 118, São Paulo: Malheiros, 2013.

HORVATH, Estevão. *Contribuições de intervenção no domínio econômico*. São Paulo: Dialética, 2009.

IVO, Gabriel. *Norma jurídica: produção e controle*. São Paulo: Noeses, 2006.

LINS, Robson Maia. *Curso de direito tributário brasileiro*, 1. ed., São Paulo: Noeses, 2019.

OLIVEIRA, José Marcos Domingues de. Contribuições sociais, desvio de finalidade e a dita reforma da previdência social. *Revista Dialética de Direito Tributário*, São Paulo, v. 108, 2004.

PAULSEN, Leandro; VELLOSO, Andrei Pitten. *Contribuições no sistema tributário brasileiro*, 4. ed. São Paulo: Saraiva Educação, 2019.

SCAFF, Luma Cavaleiro de Macêdo. Federalismo Fiscal e desvinculação de receitas da União: Breves anotações sobre a ADPF 523. *Federalismo (s)em juízo*, 1. ed., São Paulo: Noeses, 2019.

SEGUNDO, Hugo de Brito Machado. Desvinculação das receitas da União – DRU como burla às regras de partilha de receitas tributárias. *Federalismo (s)em juízo*, 1. ed., São Paulo: Noeses, 2019.

SIMÕES, Thiago Taborda. *Contribuições sociais* – Aspectos tributários e previdenciários. São Paulo: Noeses, 2013.

TOMÉ, Fabiana del Padre. O destino do produto da arrecadação como requisito constitucional para a instituição de contribuições. *V Congresso de Estudos Tributários: Direito tributário linguagem e método*, São Paulo: Noeses, 2008.

A BASE DE CÁLCULO DA CONTRIBUIÇÃO PARA O PASEP E A DISTRIBUIÇÃO DAS RECEITAS DE IR E IPI VIA FUNDEB

João Ricardo Dias de Pinho[1]

1. Introdução

A contribuição para o Programa de Formação do Patrimônio do Servidor Público (PASEP), instituída pelas normas veiculadas pela Lei Complementar 8/70 e pela Lei 9.715/98, até hoje suscita discussões sobre a composição da sua base de cálculo, decorrentes de diversas alterações que a estrutura de transferências das receitas públicas entre União, Estados e Municípios tem sido objeto.

---

1. Doutor e Mestre em Direito Tributário pela PUC-SP. Curador Projeto Pauta3. Advogado. Email: joao.ricardo@diasdepinho.com.br

Ciente das diversas discussões sobre o tema (transferências do Fundo Nacional de Saúde – FNS, das contribuições previdenciárias de regimes próprios, dos consórcios públicos e outros), optamos, por razões didáticas, em restringir nossa análise sobre a: *composição da base de cálculo do PASEP e o sistema de repasse de recursos do Fundo de Participação dos Municípios (FPM) ao Fundo de Manutenção e Desenvolvimento da Educação Básica e de Valorização dos Profissionais da Educação (FUNDEB).*

A importância desse debate está na inversão do "ônus fiscal" da contribuição ao PASEP – alguns municípios têm recolhido contribuição devida por outros –, propiciada pela interpretação que as autoridades fiscais recentemente apropriaram ao tema.

2. A base de cálculo do PASEP

A competência para instituição da contribuição para o PASEP não está expressamente prevista no texto constitucional, tal competência, aos olhos da jurisprudência,[2] foi contemplada pelo art. 239 da Constituição da República, onde se lê:

> Art. 239. A arrecadação decorrente das contribuições para o Programa de Integração Social, criado pela Lei Complementar nº 7, de 7 de setembro de 1970, e para o Programa de Formação do Patrimônio do Servidor Público, criado pela Lei Complementar (LC) nº 8 de 3 de dezembro de 1970, passa, a partir da promulgação desta Constituição, a financiar, nos termos que a lei dispuser, o programa do seguro-desemprego, outras ações da previdência social e o abono de que trata o § 3º deste artigo.

No entendimento do Supremo Tribunal Federal (STF), esse dispositivo constitucionalizou a contribuição para o PIS e PASEP ao mencionar as LCs 7 e 8/70 que instituíram tal tributo. Foi considerado também pela E. Corte que as LCs "constitucionalizadas" poderiam ser alteradas por meio da Lei

2. ACO 546, Rel. min. Ellen Gracie, 01.07.2011.

Ordinária 9.715/98,[3] que no inciso II do art. 2° regulou a base de cálculo da contribuição ao PASEP nestes termos: *"Art. 2º. A contribuição para o PIS/PASEP será apurada mensalmente: [...] III - pelas pessoas jurídicas de direito público interno, com base no valor mensal das receitas correntes arrecadadas e das transferências correntes e de capital recebidas".*

Desse dispositivo legal extraímos que a base de cálculo da contribuição para o PASEP é composta pelo total de receitas "arrecadadas" e transferências correntes ou de capital "recebidas" de "pessoas jurídicas de direito público interno", deduzidas das transferências realizadas a outras "entidades públicas".

Deixando de lado a questão do que seriam receitas "arrecadadas",[4] que foge ao escopo desse trabalho, concentremos nossas atenções no enunciado "transferências correntes ou de capital recebidas".

O termo "recebidas" deixa claro que a base de cálculo da contribuição para o PASEP somente pode ser composta por recursos que ingressaram nos cofres municipais em virtude de transferências correntes ou de capital (recebimento econômico financeiro), ou, no limite, pela extinção de obrigações de que sejam credores (recebimento jurídico). Não basta, portanto, a contabilização dos recursos como disponíveis ao ente municipal para efeito de composição da base de cálculo, o que poderia ser o caso se a redação do dispositivo tivesse utilizado

---

3. Registre-se que os precedentes paradigmas do STF relacionados à contribuição para o PIS/PASEP, firmados sob a tese da constitucionalidade da alteração, por lei ordinária, da base de cálculo dessa contribuição, prevista em lei complementar, tinham por objeto somente a contribuição para o PIS.

4. Essa expressão remete o debate à classificação das receitas públicas (subjacente ao art. 9° da Lei 4.320/64) sob o critério da origem em receitas "originárias" ou "derivadas". As primeiras teriam origem na exploração do próprio patrimônio público do estado (*royalties*, aluguéis, compensações financeiras e etc.), ao passo que as receitas derivadas seriam 'arrecadas' de terceiros (tributos e sanções), e neste sentido, somente essas últimas poderiam compor a base de cálculo do PASEP (v. sobre classificação das receitas: OLIVEIRA, Regis Fernandes de. *Curso de direito financeiro*. São Paulo: Ed. RT, 2006, p. 97-100).

termos como *lançados* ou *registrados*. Optando pelo termo *recebidas*, o enunciado legislativo demarcou os ingressos econômico-financeiros como integrantes daquela base de cálculo.

Assim, eventuais transferências correntes ou de capital a que o município teria direito, mas que não foram efetivamente entregues ao tesouro municipal não podem ser tratadas como transferências "recebidas", e, portanto, não podem compor a base de cálculo da contribuição para o PASEP.

3. Destinação das receitas de IR e IPI ao FPM e FUNDEB: sobreposição de enunciados e construções normativas

Independente da discussão[5] sobre o FPM e o FUNDEB se caracterizarem como fundos especiais contábeis, nos termos do art. 71 da Lei 4.320/64[6] e do §1° do art. 71 Decreto 93.872/86[7], certo é que esses fundos são instrumentos para realização das transferências intergovernamentais, como ensina José Maurício Conti:

> Esta repartição do produto da arrecadação, por sua vez, pode ocorrer pela participação na arrecadação de determinado tributo ou pela participação em fundos [...]
>
> Com a participação em fundos dá-se a chamada participação indireta na arrecadação. Esta participação ocorre quando parcelas de um ou mais tributos são destinadas à formação de fundos, e posteriormente os recursos que compõem os fundos são distribuídos aos beneficiários, segundo critérios previamente

---

5. Osvaldo Maldonado Sanches não vê o FPM e o FUNDEB como fundos especiais contábeis, mas sim como fundos 'atípicos' (*Fundos federais*: origens, evolução e situação atual na administração federal, Revista de Administração Pública, 36(4):627-70, Jul./Ago. 2002), no que diverge Cleucio Santos Nunes, para quem tais fundos possuem características de fundos contábeis (Orçamentos Públicos: a lei 4.320/1964 comentada, Coord.: José Maurício Conti, 3ª ed., São Paulo Revista dos Tribunais).

6. Art. 71. Constitui fundo especial o produto de receitas especificadas que por lei se vinculam à realização de determinados objetivos ou serviços, facultada a adoção de normas peculiares de aplicação.

7. Art. 71. [...].
§ 1º. São Fundos Especiais de natureza contábil, os constituídos por disponibilidades financeiras evidenciadas em registros contábeis, destinados a atender a saques a serem efetuados diretamente contra a caixa do Tesouro Nacional.

> definidos. É um sistema adotado também pela Constituição brasileira, que prevê a existência dos Fundos de Participação dos Estados e Distrito Federal e dos Municípios e os Fundos de Financiamento das Regiões Norte, Nordeste e Centro-Oeste (Constituição Federal, art. 159, I), dentre outros.

O FPM operacionaliza essa transferência intergovernamental entre a União e os municípios, enquanto no FUNDEB essa transferência se opera entre a União, os Estados e os Municípios.

Vejamos a disciplina desses Fundos.

As alíneas "b", "d" e "e" do inciso I do art. 159 da Constituição da República (CR),[8] enunciam a regra de transferência ao FPM das receitas arrecadadas pela União com o IR e o IPI, enquanto as diversas regras enunciadas pela LC 91/92 disciplinam como se deve distribuir, a cada município, esses recursos.

Semelhante modelo enunciativo temos na normatização do FUNDEB, embora, neste caso, o Texto Constitucional (212-A da CR[9][10]) fixe tanto a regra de composição do fundo

---

8. Art. 159. A União entregará:
I - do produto da arrecadação dos impostos sobre renda e proventos de qualquer natureza e sobre produtos industrializados, 49% (quarenta e nove por cento), na seguinte forma:
b) vinte e dois inteiros e cinco décimos por cento ao Fundo de Participação dos Municípios;
d) um por cento ao Fundo de Participação dos Municípios, que será entregue no primeiro decêndio do mês de dezembro de cada ano;
e) 1% (um por cento) ao Fundo de Participação dos Municípios, que será entregue no primeiro decêndio do mês de julho de cada ano;

9. Até a edição da Emenda Constitucional nº 108, de 2020, que inseriu o art. 212-A no Texto Constitucional, o FUNDEB encontrava respaldo no art. 60 do Ato de Disposições Constitucionais Transitórias – ADCT.

10. Art. 212-A. Os Estados, o Distrito Federal e os Municípios destinarão parte dos recursos a que se refere o caput do art. 212 desta Constituição à manutenção e ao desenvolvimento do ensino na educação básica e à remuneração condigna de seus profissionais, respeitadas as seguintes disposições: (Incluído pela EC 108/2020)
I - a distribuição dos recursos e de responsabilidades entre o Distrito Federal, os Estados e seus Municípios é assegurada mediante a instituição, no âmbito de cada Estado e do Distrito Federal, de um Fundo de Manutenção e Desenvolvimento da Educação Básica e de Valorização dos Profissionais da Educação (Fundeb), de natureza contábil;
II - os fundos referidos no inciso I do caput deste artigo serão constituídos por 20% (vinte por cento) dos recursos a que se referem os incisos I, II e III do caput do art.

155, o inciso II do *caput* do art. 157, os incisos II, III e IV do *caput* do art. 158 e as alíneas “a” e “b” do inciso I e o inciso II do caput do art. 159 desta Constituição;
III - os recursos referidos no inciso II do caput deste artigo serão distribuídos entre cada Estado e seus Municípios, proporcionalmente ao número de alunos das diversas etapas e modalidades da educação básica presencial matriculados nas respectivas redes, nos âmbitos de atuação prioritária, conforme estabelecido nos §§ 2º e 3º do art. 211 desta Constituição, observadas as ponderações referidas na alínea “a” do inciso X do *caput* e no § 2º deste artigo;
IV - a União complementará os recursos dos fundos a que se refere o inciso II do *caput* deste artigo;
V - a complementação da União será equivalente a, no mínimo, 23% (vinte e três por cento) do total de recursos a que se refere o inciso II do *caput* deste artigo, distribuída da seguinte forma:
a) 10 (dez) pontos percentuais no âmbito de cada Estado e do Distrito Federal, sempre que o valor anual por aluno (VAAF), nos termos do inciso III do *caput* deste artigo, não alcançar o mínimo definido nacionalmente;
b) no mínimo, 10,5 (dez inteiros e cinco décimos) pontos percentuais em cada rede pública de ensino municipal, estadual ou distrital, sempre que o valor anual total por aluno (VAAT), referido no inciso VI do caput deste artigo, não alcançar o mínimo definido nacionalmente;
c) 2,5 (dois inteiros e cinco décimos) pontos percentuais nas redes públicas que, cumpridas condicionalidades de melhoria de gestão previstas em lei, alcançarem evolução de indicadores a serem definidos, de atendimento e melhoria da aprendizagem com redução das desigualdades, nos termos do sistema nacional de avaliação da educação básica;
VI - o VAAT será calculado, na forma da lei de que trata o inciso X do *caput* deste artigo, com base nos recursos a que se refere o inciso II do *caput* deste artigo, acrescidos de outras receitas e de transferências vinculadas à educação, observado o disposto no § 1º e consideradas as matrículas nos termos do inciso III do *caput* deste artigo;
VII - os recursos de que tratam os incisos II e IV do *caput* deste artigo serão aplicados pelos Estados e pelos Municípios exclusivamente nos respectivos âmbitos de atuação prioritária, conforme estabelecido nos §§ 2º e 3º do art. 211 desta Constituição;
VIII - a vinculação de recursos à manutenção e ao desenvolvimento do ensino estabelecida no art. 212 desta Constituição suportará, no máximo, 30% (trinta por cento) da complementação da União, considerados para os fins deste inciso os valores previstos no inciso V do *caput* deste artigo;
IX - o disposto no *caput* do art. 160 desta Constituição aplica-se aos recursos referidos nos incisos II e IV do caput deste artigo, e seu descumprimento pela autoridade competente importará em crime de responsabilidade;
X - a lei disporá, observadas as garantias estabelecidas nos incisos I, II, III e IV do caput e no § 1º do art. 208 e as metas pertinentes do plano nacional de educação, nos termos previstos no art. 214 desta Constituição, sobre:
a) a organização dos fundos referidos no inciso I do *caput* deste artigo e a distribuição proporcional de seus recursos, as diferenças e as ponderações quanto ao valor anual por aluno entre etapas, modalidades, duração da jornada e tipos de estabelecimento de ensino, observados as respectivas especificidades e os insumos necessários para a garantia de sua qualidade;
b) a forma de cálculo do VAAF decorrente do inciso III do caput deste artigo e do VAAT referido no inciso VI do *caput* deste artigo;

como a de distribuição dos recursos, cumprindo, à Lei nº Lei 14.113/2020, típica função regulamentar.

Vale notar que algumas das fontes de receitas da União destinadas a esses fundos são as mesmas, pois ao prever quais seriam essas fontes a regra constitucional de composição do FUNDEB (art. 212-A, II) fez remissão ao dispositivo constitucional que elenca as fontes reservadas ao FPM (alíneas "a" e "b" do inciso I do *caput* do art. 159). Dessa forma, o valor correspondente a 49% do produto da arrecadação do IR e do IPI (tributos

---

c) a forma de cálculo para distribuição prevista na alínea "c" do inciso V do caput deste artigo;
d) a transparência, o monitoramento, a fiscalização e o controle interno, externo e social dos fundos referidos no inciso I do caput deste artigo, assegurada a criação, a autonomia, a manutenção e a consolidação de conselhos de acompanhamento e controle social, admitida sua integração aos conselhos de educação;
e) o conteúdo e a periodicidade da avaliação, por parte do órgão responsável, dos efeitos redistributivos, da melhoria dos indicadores educacionais e da ampliação do atendimento;
XI - proporção não inferior a 70% (setenta por cento) de cada fundo referido no inciso I do *caput* deste artigo, excluídos os recursos de que trata a alínea "c" do inciso V do *caput* deste artigo, será destinada ao pagamento dos profissionais da educação básica em efetivo exercício, observado, em relação aos recursos previstos na alínea "b" do inciso V do *caput* deste artigo, o percentual mínimo de 15% (quinze por cento) para despesas de capital;
XII - lei específica disporá sobre o piso salarial profissional nacional para os profissionais do magistério da educação básica pública;
XIII - a utilização dos recursos a que se refere o § 5º do art. 212 desta Constituição para a complementação da União ao Fundeb, referida no inciso V do *caput* deste artigo, é vedada.
§ 1º. O cálculo do VAAT, referido no inciso VI do *caput* deste artigo, deverá considerar, além dos recursos previstos no inciso II do caput deste artigo, pelo menos, as seguintes disponibilidades:
I - receitas de Estados, do Distrito Federal e de Municípios vinculadas à manutenção e ao desenvolvimento do ensino não integrantes dos fundos referidos no inciso I do *caput* deste artigo;
II - cotas estaduais e municipais da arrecadação do salário-educação de que trata o § 6º do art. 212 desta Constituição;
III - complementação da União transferida a Estados, ao Distrito Federal e a Municípios nos termos da alínea "a" do inciso V do *caput* deste artigo.
§ 2º. Além das ponderações previstas na alínea "a" do inciso X do *caput* deste artigo, a lei definirá outras relativas ao nível socioeconômico dos educandos e aos indicadores de disponibilidade de recursos vinculados à educação e de potencial de arrecadação tributária de cada ente federado, bem como seus prazos de implementação
§ 3º. Será destinada à educação infantil a proporção de 50% (cinquenta por cento) dos recursos globais a que se refere a alínea "b" do inciso V do *caput* deste artigo, nos termos da lei."

elencados nessas regras), passou a ter duas destinações distintas: (i) 80% (oitenta por cento) desse valor deve ser remetido ao FPM e (ii) 20% (vinte por cento) deve ser remetido ao FUNDEB.

Ante esses dispositivos, e conhecedor das lições de PAULO DE BARROS CARVALHO sobre o percurso de construção do sentido das normas jurídicas,[11] o intérprete encontrará a partir de uma mesma hipótese: *arrecadação de receitas oriundas da incidência do IR e do IPI,* duas normas jurídicas impondo obrigações financeiras distintas à União: (i) *dever de entregar aos municípios 39.2% (80% de 49%) do total das receitas de IR e IPI* e (ii) *dever de entregar ao FUNDEB 9,8% (20% de 49%) do total das receitas de IR e IPI.* Não há, portanto, ao contrário do que uma leitura isolada do art. 159, I, alíneas 'a' e 'b' da CR sugere, uma norma jurídica determinando a transferência de 49% da arrecadação do IR e do IPI para o FPM. Desde a edição da Emenda Constitucional 14/96, que alterou o art. 60 do ADCT[12] e culminou na

11. "Observa-se a existência de quatro planos da linguagem, representados por S1, S2, S3 e S4, partindo a interpretação do plano da literalidade textual (S1), que compõe o texto em sentido estrito (TE), passando, mediante o processo gerador de sentido, para o plano do conteúdo dos enunciados prescritivos (S2), até atingir a plena compreensão das formações normativas (S3), e a forma superior do sistema normativo (S4), cujo conjunto integra o texto em sentido amplo (TA)" (*Curso de direito tributário*. 19ª edição, São Paulo: Saraiva, 2007, p. 133).

12. Art. 60. Nos dez primeiros anos da promulgação desta Emenda, os Estados, o Distrito Federal e os Municípios destinarão não menos de sessenta por cento dos recursos a que se refere o caput do art. 212 da Constituição Federal, à manutenção e ao desenvolvimento do ensino fundamental, com o objetivo de assegurar a universalização de seu atendimento e a remuneração condigna do magistério. (Redação dada pela Emenda Constitucional nº 14, de 1996)
§ 1º. A distribuição de responsabilidades e recursos entre os Estados e seus Municípios a ser concretizada com parte dos recursos definidos neste artigo, na forma do disposto no art. 211 da Constituição Federal, é assegurada mediante a criação, no âmbito de cada Estado e do Distrito Federal, de um Fundo de Manutenção e Desenvolvimento do Ensino Fundamental e de Valorização do Magistério, de natureza contábil. (Incluído pela Emenda Constitucional nº 14, de 1996)
§ 2º. O Fundo referido no parágrafo anterior será constituído por, pelo menos, quinze por cento dos recursos a que se referem os arts. 155, inciso II; 158, inciso IV; e 159, inciso I, alíneas "a" e "b"; e inciso II, da Constituição Federal, e será distribuído entre cada Estado e seus Municípios, proporcionalmente ao número de alunos nas respectivas redes de ensino fundamental. (Incluído pela Emenda Constitucional nº 14, de 1996)

inserção do art. 212-A[13] pela Emenda Constitucional 108/2020, o suporte material da norma que regula a remessa de recursos pela União ao FPM mudou. No arranjo enunciativo,[14] logo se vê que o art. 212-A corta o art. 159, I, "a" e "b", delimitando o *quantum* das receitas de IR e IPI que pertencem ao FPM.

O parágrafo único do art. 20 da Lei 14.113 de 2020[15] traz às claras essa relação jurídica onde a União, na qualidade de sujeito passivo, tem a obrigação de remeter parte das receitas arrecadadas com a incidência do IR e do IPI (9,8%) ao FUNDEB.

Empreendendo essa análise *histórica do ordenamento jurídico*, podemos dizer que essa alteração provocou para alguns municípios, em termos comparativos, uma perda de arrecadação, e na via oposta um ganho para outros, pois ainda que os recursos do FPM e do FUNDEB sejam posteriormente distribuídos ao ente municipal, eles o são sob critério distinto daquele previsto no FPM. Desse modo, comparando o total de *(i) recursos que um município receberia aplicando sua quota-parte no FPM composto com 49% das receitas de IR e IPI*, com o total de (ii) *recursos que ele recebe aplicando sua (ii.a) quota-parte no FPM composto com 39,2% (80% de 49%) e (ii.b) via FUNDEB sob o critério de aluno matriculado*, verificamos essa relação de ganha-perde.

Repetimos: comparação dessa natureza tem sentido apenas como análise histórica do fluxo imposto às receitas de IR e IPI, pois tal cronologia não entra na exegese dos dispositivos atualmente vigentes.

---

13. V. nota 10.

14. "Claro está que os enunciados haverão de ser compreendidos isoladamente, no primeiro ímpeto, para depois serem confrontados com outros enunciados, de superior e do mesmo *status*, buscando o exegeta sua integração na totalidade do conjunto" (CARVALHO, Paulo de Barros. *Ob. cit.*, p. 119).

15. Art. 20. Os recursos dos Fundos serão disponibilizados pelas unidades transferidoras à Caixa Econômica Federal ou ao Banco do Brasil S.A., que realizará a distribuição dos valores devidos aos Estados, ao Distrito Federal e aos Municípios.
Parágrafo único. São unidades transferidoras a União, os Estados e o Distrito Federal em relação às respectivas parcelas do Fundo cujas arrecadação e disponibilização para distribuição sejam de sua responsabilidade.

Dessa sorte, as regras vigentes sobre a distribuição dos recursos arrecadados a título de IR e IPI, dão origem a duas normas jurídicas distintas, a saber:

> *Norma de destinação ao FPM*
>
> Hipótese: arrecadação de IR e IPI
>
> Consequente: obrigação da União destinar a cada município 39.2% das receitas arrecadadas na proporção de sua quota-parte no FPM, constituída sob o critério populacional
>
> *Norma de destinação ao FUNDEB*
>
> Hipótese: arrecadação de IR e IPI
>
> Consequente: obrigação da União destinar aos gestores do FUNDEB (Banco do Brasil e Caixa Econômica Federal[16]) 9,8% das receitas arrecadadas.
>
> Continuando na exegese dos dispositivos do Texto Constitucional e da Lei n° 11.494/2007, especialmente da última parte do art. 16 dessa lei, sacamos uma terceira norma:
>
> *Norma de distribuição dos recursos do FUNDEB*
>
> Hipótese: recebimento dos recursos destinados ao FUNDEB
>
> Consequente: obrigação dos gestores do FUNDEB (Banco do Brasil e Caixa Econômica Federal) em distribuir os recursos do Fundo aos municípios, sob o critério de aluno matriculado.

Logo, considerando os critérios de distribuição dos recursos destinados ao FPM e ao FUNDEB, podemos dizer que do total das receitas arrecadadas pela incidência do IR e IPI: (i) 39,2% *transfere-se ao município conforme o número de seus habitantes* e 9,8% *transfere-se ao município conforme o número de aluno matriculado.*

4. Composição da base de cálculo do PASEP e a Solução de Consulta Cosit 278/2017

As autoridades fiscais foram instadas a se manifestar sobre a composição da base de cálculo do PASEP em diversas

16. V. nota 15.

oportunidades (Solução de Consulta SRRF02/Disit 03/ 2001, Solução de Consulta SRRF09/Disit 269/2007 e Solução de Divergência Cosit 3/2018), e passaram a utilizar como paradigma o entendimento lançado na Solução de Consulta Cosit n. 278/2017.

Sobre o FUNDEB, a manifestação fazendária considerou que as receitas arrecadadas com IR e IPI deveriam ser deduzidos da base de cálculo da contribuição ao PASEP devida pela União e compor a base de cálculo do ente "recebedor",[17] cabendo à Secretaria do Tesouro Nacional (STN) reter os valores do PASEP supostamente incidentes sobre essa remessa de recursos. Lastreou-se a SC 278/2017, para assim se posicionar, no inciso III do art. 2º (acima transcrito), conjugado com o art. 7º[18] da Lei 9.715/98, donde extraímos as regras: (i) *de composição da base de cálculo do PASEP pelas transferências correntes ou de capital recebidas e (ii) de dedução da base de cálculo do ente transferidor o valor das receitas transferidas a entidades públicas.*

O raciocínio empreendido pelas autoridades fazendárias tomou por premissa que as transferências ao FUNDEB consistiam em transferências intergovernamentais de modo indireto,[19] de maneira que o Fundo somente operacionaliza uma transferência entre a União e os demais entes federados.

---

17. "21.3.1 As transferências efetuadas pela União aos Estados, Distrito Federal (DF) e Municípios que compõem a participação dos entes federativos ao FUNDEB, a exemplo do percentual do Fundo de Participação dos Estados (FPE) e do Fundo de Participação dos Municípios (FPM), devem ser inseridas na base de cálculo do ente recebedor, em razão do inciso III do art. 2º, conjugado com o art. 7º da Lei 9.715, de 1998. Também por causa da parte final do referido art. 7º, anteriormente comentado, o ente transferidor (no caso, a União) deve excluir os valores repassados de sua base de cálculo".

18. Art. 7º. Para os efeitos do inciso III do art. 2º, nas receitas correntes serão incluídas quaisquer receitas tributárias, ainda que arrecadadas, no todo ou em parte, por outra entidade da Administração Pública, e deduzidas as transferências efetuadas a outras entidades públicas.

19. "21.3. Em linhas gerais, tanto a participação como a complementação dos recursos do FUNDEB são transferências intergovernamentais constitucionais operacionalizadas de modo indireto".

Restritos ao propósito deste trabalho, vamos admitir a premissa daquela Solução de Consulta. Isso, no entanto, não afasta alguns obstáculos à procedência do argumento elaborado pelas autoridades fiscais.

Chama atenção, por exemplo, a assertiva de que os valores destinados ao FUNDEB devem compor a base de cálculo do "ente recebedor", porque o ente recebedor das receitas de IR e IPI é o FUNDEB que, sem personalidade jurídica de direito público interno, não pode figurar como sujeito passivo da contribuição ao PASEP (art. 2º, III, da Lei 9.715/98).[20]

Frente a isso parece que a SC 278/2017 considera como "ente recebedor" os beneficiários do FUNDEB – municípios –, mas isso omite um grave problema, ponto chave desse trabalho: *como segregar os recursos destinados ao FUNDEB de modo a compor a base de cálculo devida ao PASEP pelos municípios beneficiários?*

Note que ao aludir à possibilidade da Secretária do Tesouro Nacional (STN) reter o valor devido a título de PASEP,[21] quando da remessa de recursos ao FUNDEB, a Solução de Consulta 278/2017 não alude à conta de quem essa retenção deve ocorrer, ou seja, o valor retido deve ser considerado devido por quem? Ao FUNDEB é que esse débito não pode ser atribuído, pois, com dito, falta-lhe a condição para figurar como sujeito passivo da contribuição.

Órfãos desse esclarecimento pela Solução de Consulta 278/2017, resta-nos consultar as informações divulgadas pelo Tesouro Nacional,[22] que demonstram serem esses valores apropriados a cada município na proporção de sua quota-parte no FPM. Assim, a parcela de recursos de IR e IPI destinados ao FUNDEB

---

20. Transcrito no item 2.

21. "Caso a STN retenha alguma dessas parcelas de participação, em razão do § 6º do art. 2º da Lei 9.715, de 1998, os entes beneficiários, apesar de obrigatoriamente incluírem os montantes recebidos em sua base de cálculo, deverão excluir da contribuição devida tais valores retidos".

22. https://www.gov.br/tesouronacional/pt-br

(9,8%[23]), que *não* é destinada ao FPM, é apropriada ao município como se ele tivesse recebido tais recursos do FPM.

Assim, no cerne do entendimento da Receita Federal, os municípios são tratados como "entes recebedores", na proporção de sua quota-parte no FPM, de 49% das receitas de IR e IPI. Dito de outro modo: o Fisco Nacional, na sua construção normativa, toma por cronologia lógica a cronologia histórica de enunciação dos arts. 159, I, "b" e 212-A da Constituição da República e art. 60 do ADCT (após EC 14/96).

5. Crítica à solução de Consulta 278/2017: necessidade de exclusão da base de cálculo da contribuição ao PASEP das receitas de IR e IPI destinadas ao FUNDEB

Reiteramos que a *controvérsia* principal do tema é sobre o (i) montante a ser considerado como "valor recebido" pelo município decorrente das transferências de receitas do IR e IPI ao FUNDEB. Pontos controversos adjacentes dizem respeito (ii) à possibilidade da União apurar esse montante antes da efetiva distribuição dos recursos pelos gestores do FUNDEB, bem assim de (iii) reter qualquer valor a título de contribuição ao PASEP antes dessa distribuição dos recursos educacionais.

Na esteira do entendimento dos órgãos fiscais, detalhado acima, considera-se como *"valor recebido" pelo município, quando da transferência de 9,8% das receitas de IR e IPI para o FUNDEB, o montante correspondente a sua quota de participação no FPM*, ou seja, *parte-se do pressuposto que essas receitas foram entregues ao município via FPM e devolvidas ao FUNDEB.*

Falha essa construção fazendária porque a parcela de 9,8% das receitas do IR e IPI não é transferida pela União aos municípios sob o ponto de vista econômico-financeiro, tampouco jurídico.

23. Resultado da destinação de 20% do total de 49% da arrecadação desses impostos.

O percentual da receita de IR e IPI (9,8%) destinada ao FUNDEB não ingressa nos cofres municipais, ao menos sob o critério do FMP (populacional), esse fato singelo afasta qualquer iniciativa destinada a somar tais valores à base de cálculo do PASEP dos municípios, uma vez que essa *primeira* transferência corrente, operada entre a União e o FUNDEB, não implica *recebimento* de recursos pelos municípios, condição necessária para tanto.

Ademais, voltando às construções normativas expostas acima, verificamos que a obrigação de transferir 9,8% das receitas do IR e IPI aparece na relação jurídica estabelecida entre os gestores do FUNDEB (sujeito ativo) e a União (sujeito passivo). Isso fica claro quando indagamos: caso a União não entregue os recursos ao FUNDEB, nos termos previstos na Constituição e na Lei 11.494/2007, quem pode acioná-la, o município ou os gestores do FUNDEB?

A resposta vem, entre outras disposições, com aquela constante do citado art. 20 da Lei 14.113/2020, que estipula a obrigação do ente transferidor entregar os recursos aos gestores do FUNDEB (Banco do Brasil e Caixa Econômica Federal). E o parágrafo único preceitua como ente transferidor aquele que arrecada e dispõe da receita a ser transferida, no caso do IR e IPI, esse ente é a União. Daí a relação jurídica de entrega de 9,8% das receitas do IR e IPI se operar entre a União (sujeito passivo) e os gestores do FUNDEB (sujeito ativo).

Dessa sorte, o município não é credor dessa obrigação, o que afasta a possibilidade de lhe imputar a qualidade de "ente recebedor" dessa transferência. Esse atributo até poderia lhe ser atribuído, quando se operasse uma segunda transferência: a de distribuição dos recursos do FUNDEB, realizada por seus gestores conforme os critérios próprios desse Fundo.

Assim, a transferência realizada pela União em favor dos gestores do FUNDEB, conforme preceituado pelo parágrafo único do art. 20 da Lei nº 14.113/2020,[24] não pode compor a

24. V. nota 15.

base de cálculo da contribuição ao PASEP devida pelo município, porque tal transferência não é recebida (ou creditada) pelo ente municipal.

A ponte que a Receita Federal quer estabelecer entre a *primeira transferência*, operada entre a *União e os gestores do FUNDEB*, e a *segunda transferência*, operada entre os *gestores do FUNDEB e os municípios*, para outorgar ao município a condição de "ente recebedor" daquela *primeira transferência*, não se sustenta especificamente porque o crédito do município frente a essas receitas do IR e IPI somente pode ser quantificado quando da realização da *segunda transferência*.

Ademais, lançar na base de cálculo da contribuição ao PASEP devida pelo município, na proporção de sua quota-parte no FPM, as receitas de IR e IPI destinadas ao FUNDEB, implica, em alguns casos, violar a capacidade contributiva, tendo em vista que aqueles municípios que recebem menos recursos via FUNDEB do que receberiam via FPM (deficitários) estariam recolhendo a contribuição sobre transferências aproveitadas pelos municípios onde ocorre o inverso (superavitários).

Merece censura também a manifestação de que a STN poderia fazer a retenção do PASEP no momento da realização da transferência de recursos do IR e IPI pela União ao FUNDEB, pois a retenção somente é devida quando a transferência se realiza diretamente a *pessoa jurídica de direito público interno*, uma vez que o §6° do art. 2° da Lei 9.715/98[25] autoriza a retenção somente quando concretizada a hipótese do inciso III do mesmo artigo, onde se especifica essa condição de beneficiário da transferência.

Conclui-se com isso que os valores arrecadados com a incidência do IR e do IPI, transferidos ao FUNDEB pela União, não podem compor a base de cálculo da contribuição ao PASEP devida pelos municípios na proporção da participação desses

25. § 6º A Secretaria do Tesouro Nacional efetuará a retenção da contribuição para o PIS/PASEP, devida sobre o valor das transferências de que trata o inciso III.

entes no FPM, bem assim não pode a STN realizar a retenção da contribuição ao PASEP quando operada tal transferência.

Referências

CARVALHO, Paulo de Barros. *Curso de direito tributário*. 19ª edição. São Paulo: Saraiva, 2007.

CONTI, José Maurício. *Federalismo Fiscal e Fundo de Participação*. São Paulo: Juarez de Oliveira, 2001. _____. (Coord.). Orçamentos Públicos: a lei 4.320/1964 comentada. 3ª ed. São Paulo: Ed. RT, 2014.

NUNES, Cleucio Santos. *Orçamentos Públicos*: a lei 4.320/1964 comentada. Coord.: José Maurício Conti. 3ª ed. São Paulo: Ed. RT, 2014.

OLIVEIRA, Regis Fernandes de. *Curso de direito financeiro*. São Paulo: Editora Revista dos Tribunais, 2006.

SANCHES, Osvaldo Maldonado. *Fundos federais*: origens, evolução e situação atual na administração federal, in Revista de Administração Pública, 36(4):627-70. Jul./Ago. 2002.

TRANSPARÊNCIA E JUSTIÇA FISCAL NA EXIGÊNCIA DAS TAXAS

Marcela Cunha Guimarães[1]

Laíse Ângelo Mazetti[2]

Resumo: O tema relativo ao *quantum* das taxas é altamente relevante para contribuintes e sociedade, pois apesar de ser majoritariamente aceito pela doutrina e jurisprudência especializadas que os valores cobrados a título de taxa devam ser equivalentes aos custos suportados pelo Estado com a sua atuação, na prática, não se sabe se esta diretriz é efetivamente observada, impedindo a consecução dos preceitos de justiça fiscal. Ademais, recentes majorações dos valores de algumas taxas, sob a alegação de mera atualização monetária, demonstram a utilização indiscriminada de tais tributos com a estrita finalidade arrecadatória, configurando manifesto desvirtuamento da base de cálculo das taxas.

---

1. Doutora e Mestre em Direito Tributário pela Pontifícia Universidade Católica de São Paulo (PUC/SP). Professora de Direito Tributário da Universidade Federal de Uberlândia e do Instituto Brasileiro de Estudos Tributários (IBET). Conselheira do Conselho de Contribuintes do Município de Uberlândia. Advogada, sócia fundadora da Banca Marcela Guimarães Sociedade de Advogados.

2. Especialista em Direito Tributário pelo Instituto Brasileiro de Estudos Tributários (IBET). Bacharel em Direito pela Universidade Federal de Uberlândia. Procuradora do Município de Uberlândia e Presidente do Conselho Contribuintes do Município de Uberlândia.

1. Introdução

Apesar do texto constitucional e do Código Tributário Nacional, ainda hoje as taxas apresentam muitas discussões passíveis de serem levadas a efeito, especialmente por se tratar de um assunto em que não são tão frequentes as contribuições da doutrina nacional.

Uma destas discussões, a que será objeto do presente artigo, consiste no tema relativo à definição do montante das taxas, ao qual, lamentavelmente, pouca ou nenhuma atenção é conferida, mas que por guardar estreita relação com a noção de justiça fiscal, reputa-se como sendo de suma importância para os contribuintes e para a sociedade em geral.

O art. 145, inciso II da Constituição Federal,[3] ao traçar a regra-matriz das taxas, estabelece que esta espécie tributária só tem cabimento em duas situações: (i) exercício do poder de polícia, consistente na regulação de direitos privados dos cidadãos, em proveito de interesses coletivos; e (ii) utilização, efetiva ou potencial, de serviços públicos específicos e divisíveis.

O presente artigo, com apoio no método dedutivo e com especial atenção ao entendimento doutrinário e jurisprudencial sobre o tema, tem por escopo analisar o critério de definição do montante das taxas, que apesar de, teoricamente, não haver maiores debates, pois está intimamente ligado ao caráter contraprestacional destes tributos, na prática, o que se verifica é a impossibilidade de saber, efetivamente, se os valores cobrados foram, de fato, fixados observando tal diretriz.

A justificativa para o presente estudo reside na constatação de que, na prática, a indagação relativa ao "por que *este* valor a título de taxa?" é um assunto frequentemente ignorado pelos contribuintes e, porque não dizer, pela própria

---

3. Art. 145. A União, os Estados, o Distrito Federal e os Municípios poderão instituir os seguintes tributos: [...]
II - taxas, em razão do exercício do poder de polícia ou pela utilização, efetiva ou potencial, de serviços públicos específicos e divisíveis, prestados ao contribuinte ou postos a sua disposição; [...].

sociedade em geral, quando deveria ser de suma importância, afinal, se a taxa consiste em um tributo com destinação constitucional específica, então é interesse de todos que o produto da sua arrecadação esteja, de fato, sendo destinado aos propósitos a que ela se destina, qual seja retribuir a atuação do Estado no exercício do poder de polícia ou na prestação, efetiva ou potencial, de serviços públicos específicos e divisíveis.

Por outro lado, o debate sobre a matéria é altamente relevante, principalmente quando se leva em consideração que inúmeras taxas podem – e certamente estão – sendo exigidas em valores não correspondentes à sua real necessidade, dando margem à ocorrência dos censuráveis e tão frequentes desvios de finalidade na seara da Administração Pública.

Com o objetivo de esclarecer este relevante tema, serão apresentadas breves considerações acerca das classificações dos tributos e do conceito constitucional da espécie tributária objeto de análise, realizando-se, posteriormente, um estudo doutrinário e jurisprudencial sobre o que há de ser levado em conta para a definição do valor a ser cobrado a título de taxa, para, ao final, verificar como esta definição de valores ocorre na prática e quais são os reflexos desta situação para os contribuintes e para a sociedade em geral.

Não é despiciendo salientar que o presente artigo não tem a pretensão de esgotar o assunto, muito menos determinar posição irretocável, mas sim expor uma situação acerca de um tema ao qual se acredita não ser conferida a real importância, almejando propor a reflexão a fim de ver realizados os preceitos insculpidos no texto constitucional e, em última análise, da justiça fiscal.

2. Breves considerações acerca das classificações dos tributos e da taxa enquanto espécie tributária

Antes de adentrar especificamente no tema objeto deste artigo, imperioso realizar uma breve consideração a respeito das taxas enquanto espécie tributária, pois a adequada compreensão do seu principal elemento, por alguns considerado o seu princípio informador, é o que realmente conduzirá o raciocínio desenvolvido ao longo do presente trabalho.

Quanto à classificação dos tributos, obliterando-se, por ora, as inúmeras possibilidades advindas das mais variadas correntes doutrinárias, tendo em vista a existência de vários critérios passíveis de serem adotados para o desenvolvimento de uma classificação, importa, para o presente trabalho, a classificação das espécies tributárias tendo como critério classificatório a vinculação ou não do tributo a uma atividade estatal.

A esse respeito, reportando-se à sempre precisa lição de Paulo de Barros Carvalho, explica Fabiana Del Padre Tomé que "trata-se de uma classificação cujo substrato é eminentemente jurídico, pois seu ponto de partida é o exame das unidades normativas, visualizando-se o conjunto formado pelo binômio hipótese de incidência e base de cálculo" (TOMÉ, 2004, p. 67).

Assim, utilizando-se o critério acima mencionado, permite-se a distinção de duas espécies tributárias, a saber: tributos vinculados e tributos não vinculados, os primeiros como sendo aqueles cuja hipótese de incidência consiste na descrição de uma atuação estatal e os segundos como sendo aqueles cuja hipótese de incidência consiste na descrição de um fato qualquer, não relacionado a uma atuação estatal.

Além da vinculação ou não do tributo a uma atividade estatal, interessa a este trabalho, para fins de identificação da espécie tributária, o critério de classificação que diz respeito à destinação específica do produto da arrecadação, aqui entendida não como a destinação ocorrida no mundo fenomênico, mas a destinação legal, isto é, aquela prescrita pelas normas constitucionais de produção normativa tributária.

Desta forma, à luz dos critérios acima elencados, bem como baseando-se na matriz constitucional traçada para o tributo em comento, prevista no art. 145, inciso II, da Constituição Federal, depreende-se que taxa é espécie do gênero tributo vinculado, cuja hipótese de incidência prevê uma atuação estatal específica, diretamente referível ao contribuinte, consistente no exercício regular do poder de polícia, a denominada taxa de polícia, ou na prestação ao contribuinte, ou colocação à sua disposição, de serviço público específico e divisível, a conhecida taxa de serviço.

Outrossim, por decorrência lógica do conceito acima fixado, tem-se que as taxas são tributos cuja destinação é posta pela própria Constituição como aspecto integrante do seu regime jurídico, apresentando-se, inclusive, como pressuposto do exercício legítimo da competência tributária.

Nesta ordem de ideias, verifica-se que a retributividade é a principal característica das taxas, vale dizer, as taxas visam a retribuir pecuniariamente a atuação estatal prevista na sua hipótese de incidência, que pode ser ou o serviço público específico e divisível prestado ou colocado à disposição do contribuinte, ou o ato decorrente do efetivo exercício do poder de polícia.

Nesse sentido, vale transcrever a preleção da Ministra do Superior Tribunal de Justiça Regina Helena Costa:

> A taxa é, assim, orientada pelo *princípio da retributividade*, vale dizer, ostenta *caráter contraprestacional* – paga-se a taxa por ter-se provocado o exercício do poder de polícia, em razão de ter sido prestado serviço público específico e divisível ou, ainda, por ter sido o serviço dessa natureza colocado à disposição do sujeito passivo. (2013, p. 134)

A título de informação, registre-se que há quem entenda que o caráter de contraprestação por vantagem auferida pelo contribuinte não configura elemento essencial para a conceituação de taxa, conforme explica Roberto Ferraz, defensor de tal corrente:

> A libertação do conceito de tributo da despesa leva – necessariamente, sob pena de absoluta incongruência –, à desvinculada da definição de taxa à ideia de contraprestação. [...] O núcleo da definição de taxa está, à semelhança do que ocorre com a de tributo e de imposto, no exercício do poder do Estado. (FERRAZ, 2013, p. 67/68)

Não obstante o registro feito, coaduna-se com o entendimento de que o aspecto sinalagmático das taxas, que advém da sua própria matriz constitucional, frise-se, é preceito inafastável da sua legítima conformação ao sistema, vale dizer, uma taxa em que não esteja evidenciado o seu caráter contraprestacional não pode, constitucional e legalmente falando, ser caracterizada como a espécie tributária em comento.

Em face de tamanha relevância, o aspecto retributivo das taxas irradia efeitos para todas as demais nuances desta espécie tributária, a exemplo da definição do seu montante, tema central do presente artigo, como se verá a seguir.

3. Destinação específica das taxas (custeio da atuação estatal), critério de definição do seu montante, transparência e justiça fiscal

Como é cediço, a cobrança de impostos deve pautar-se em fatos reveladores de riqueza, tais como as atividades, o patrimônio e a renda dos contribuintes, sendo este tributo exigido independentemente de qualquer contraprestação estatal e cujo produto da arrecadação destina-se a cobrir gastos públicos definidos em orçamento.

Nos expressos termos do art. 167, inciso IV, da Constituição Federal,[4] os impostos não podem ter, a não ser nos casos constitucionalmente excepcionados, destinação específica, ou seja, o valor que se paga a título de IPVA (Imposto sobre a Propriedade de Veículos Automotores), por exemplo, não

4. Art. 167. São vedados: [...]
IV - a vinculação de receita de impostos a órgão, fundo ou despesa, ressalvadas a repartição do produto da arrecadação dos impostos a que se referem os arts. 158 e 159, a destinação de recursos para as ações e serviços públicos de saúde, para manutenção e desenvolvimento do ensino e para realização de atividades da administração tributária, como determinado, respectivamente, pelos arts. 198, § 2º, 212 e 37, XXII, e a prestação de garantias às operações de crédito por antecipação de receita, previstas no art. 165, § 8º, bem como o disposto no § 4º deste artigo; (Redação dada pela Emenda Constitucional nº 42, de 19.12.2003)

pode ter como destinação específica a melhoria e duplicação das rodovias estaduais.

Sobre o assunto, pontifica Luciano Amaro que:

> Se o fato gerador do imposto não é um ato do Estado, ele deve configurar uma situação à qual o *contribuinte* se vincula. O legislador deve escolher determinadas situações materiais (por exemplo, aquisição de renda) evidenciadoras de capacidade contributiva, tipificando-as como fatos geradores da obrigação tributária. (AMARO, 2011, p. 52)

Situação totalmente diversa diz respeito à cobrança de taxas, porquanto elas devem estar necessariamente vinculadas à atividade da Administração Pública, quer na prestação de serviços, quer no exercício do poder de polícia, e, justa e logicamente por esta razão, devem possuir como base tributável o valor previsto pelo Estado que será dispendido para a realização das suas atividades.

Embora a Constituição Federal ou o Código Tributário Nacional não se refiram direta e expressamente a respeito do valor a ser cobrado a título de taxas, por uma questão de coerência lógica, especialmente considerando o exposto no tópico acima, por se tratar de tributo vinculado com destinação constitucional específica, o *quantum* das taxas deve estar necessariamente vinculado às despesas suportadas pelo Estado com a sua atuação, pois sendo a taxa uma contraprestação da atividade estatal desenvolvida genericamente em favor do contribuinte, sua hipótese de incidência é essa atividade, a esta devendo corresponder à base de cálculo.

Com efeito, quando o parágrafo único do art. 77 do Código Tributário Nacional veda que a taxa tenha base de cálculo ou fato gerador idênticos aos que correspondam a imposto, nem poderá ser calculada em função do capital das empresas, há, aí, o estabelecimento de um parâmetro no sentido que as taxas, diferentemente dos impostos, não devem levar em consideração para o seu *quantum* fatos econômicos, e sim, por se tratar de tributo vinculado, o valor dos gastos da Administração com exercício da atividade ensejadora da taxa.

Nesse diapasão, verifica-se que nem sempre as taxas possuirão alíquota, podendo a lei estabelecer um valor fixo devido, desde, é claro, que este valor corresponda a uma remuneração pelo custo da atividade estatal, como bem ensina o saudoso mestre Geraldo Ataliba:

> Na verdade, não se trata de "atribuição ao estado pela lei, de parcela de riqueza alguma". Esta explicação não é aplicável às taxas, cujo princípio informativo é totalmente diverso*: decorre da Constituição (art. 145, II) que o princípio regente da taxa é a remuneração.* Assim, o custo de um serviço público não geral (específico) deve ser repartido entre seus usuários, na medida em que cada administrado o utiliza." (ATALIBA, 2010, p. 117) (Grifou-se)

Verifica-se, pois, que se o pagamento das taxas está vinculado à prestação de um dado serviço público ou à prática de determinado ato de polícia, então elas devem, necessariamente, estar voltadas a seu custeio, e não de outros serviços ou atos de polícia que não alcançam o contribuinte.

A propósito da base de cálculo das taxas, os mais renomados expoentes da doutrina tributarista brasileira são assentes no sentido de que o montante das taxas deve corresponder ao custo da atividade estatal, citando-se novamente a sempre preciosa lição de Geraldo Ataliba:

> *A base imponível (ou base de cálculo) da taxa é, geralmente, o custo do serviço.* Por isso, por exigência do princípio da isonomia – básico de toda a Constituição e fundamental em matéria tributária – esse custo deve ser repartido entre todos os seus usuários. Daí que cada qual deva pagar sua parte, na proporção da intensidade do uso. (ATALIBA, 2010, p. 152) (Grifou-se)

No mesmo sentido é o pensamento de Aliomar Baleeiro:

> O caráter sinalagmático das taxas traz as seguintes consequências: [...]

> *reflete-se ainda o caráter sinalagmático na base de cálculo das taxas, a qual deve mensurar o custo da atuação do Estado,* proporcionalmente a cada obrigado. Nem deve variar em função de coisa própria do contribuinte, fato estranho. *Taxas que elegem base de cálculo diversa do custo da atuação estatal relativa ao contribuinte (valor do imóvel, do veículo, valor da causa, valor da obra etc.) são impostos disfarçados,* em regra instituídos contra as normas da Constituição. (BALEEIRO, 2000, p. 543) (Grifou-se)

E para que não reste sombra de dúvida acerca da necessária correlação entre o caráter retributivo das taxas e o seu montante, Roque Antonio Carrazza, com inteira propriedade, elucida que:

> Sempre acerca das taxas, temos que seu princípio informador, como observou Geraldo Ataliba, é o da *retributividade.* Melhor elucidando, *o contribuinte, nelas, retribui pecuniariamente o serviço público ou as diligências que levam ao ato de polícia que o alcança, pagando a exação devida.* Em nome da segurança jurídica não podemos aceitar que, só porque a pessoa política realizou uma ação estatal, está autorizada a cobrar uma taxa *no valor que quiser e de quem quiser.* Pelo contrário, *só poderá exigir a taxa daquela pessoa diretamente alcançada pela atuação estatal e desde que o tributo tenha por base de cálculo o custo da atuação.* (CARRAZZA, 2002, p. 485) (Grifou-se)

Assim, as taxas devem ter por base de cálculo o efetivo custo da atividade estatal, seja na prestação de um serviço público, seja no exercício do poder de polícia, pelo o que, se o Estado cobrar um valor acima do que gasta para a consecução da atividade, haverá inegável enriquecimento sem causa, tendo em vista que, ao contrário do que acontece na seara dos impostos, as pessoas políticas não podem criar taxas com a finalidade de carrear dinheiro aos cofres públicos.

Inobstante não restar dúvida quanto à premissa de que será inconstitucional, por desvirtuamento de sua base de cálculo, a taxa em que não houver equivalência entre o custo da atuação estatal específica e o seu montante, forçoso reconhecer que é impossível haver uma precisão matemática entre o valor cobrado a título de taxa e a despesa que o Estado efetivamente incorreu para agir de acordo com uma das hipóteses de incidência ensejadoras da taxa.

Principalmente no caso das taxas de polícia, em que os atos praticados pelo Poder Público, a princípio, sequer ostentam conteúdo econômico, há que se falar em uma base de cálculo possível, a qual deve levar em consideração o custo das diligências necessárias à prática do ato de polícia.

Nesse tocante, primorosamente explica Roque Antonio Carrazza:

> Conquanto não seja necessária uma perfeita coincidência entre o custo da atividade estatal e o montante exigido a título de taxa, deve haver, no mínimo, uma *correlação* entre ambas. [...]
>
> Portanto, a base de cálculo das taxas só poderá dimensionar o custo do "exercício do poder de polícia" (no caso das taxas de polícia) ou dos "serviços públicos específicos e divisíveis" (no caso das taxas de serviços), sem qualquer alusão à condição do contribuinte (*v.g.*, seus rendimentos, o volume das operações mercantis que presta, seu patrimônio liquido etc.).
>
> Todavia, a ordem jurídica não exige, neste ponto, o impossível, isto é, que haja uma *dosagem milimétrica* entre a quantia cobrada e o gasto que o Poder Público (ou quem agiu em seu nome) teve para praticar o ato de polícia ou para prestar o serviço público. Basta que exista, como observou Hector Villegas, "uma prudente, razoável e discreta proporcionalidade entre ambos os termos." [...]
>
> Portanto, a taxa de serviço deve ter por base de cálculo o *custo*, ainda que aproximado, do serviço público prestado ou posto à disposição do contribuinte. Do mesmo modo, a lei que instituir a taxa de polícia deverá ter por base de cálculo do tributo "um critério proporcionado às diligências condicionadoras dos atos de polícia, já que estes nenhum conteúdo econômico possuem." Logo, a base de cálculo da taxa de polícia deve levar em conta o custo das diligências necessárias à prática do ato de polícia. Esta é sua *base de cálculo possível*, constitucionalmente exigida. (CARRAZZA, 2002, p. 486/489)

Pelo exposto até então, é de se ver que o montante da taxa, de serviço ou de polícia, deve corresponder à despesa, ainda que aproximada e norteada por parâmetros razoáveis, suportada pelo Estado em decorrência da sua atuação específica de prestar – ou colocar à disposição – determinado serviço público específico e divisível ou praticar determinado ato de polícia.

Desta forma, em se tratando de uma taxa de fiscalização, caracterizada como taxa de polícia, pois decorrente do exercício deste poder, dada a necessidade de estar ligada às despesas que essa atividade impõe ao órgão público que a realiza, a questão é verificar o efetivo custo desta atividade fiscalizadora, levando em consideração todos os dados pertinentes, como, por exemplo, a distância a ser percorrida pelas equipes de fiscalização, o número de estabelecimentos a serem fiscalizados, o tempo a ser gasto na atividade, a maior ou menor dificuldade de acesso aos dados a serem fiscalizados, seu volume e complexidade, enfim, tudo que influencie a quantificação do custo desta atividade.

Há tempos, a jurisprudência pátria é uníssona no sentido de que a base de cálculo das taxas deve ser compatível com a hipótese de incidência, qual seja, atividade estatal exercida através do poder de polícia ou prestação de serviço público específico e divisível, condenando a utilização de elementos que não dizem respeito ao custo da atividade, tais como o número de empregados, o valor do patrimônio, a renda, o volume da produção etc. Veja-se:

> TRIBUTÁRIO. TAXA DE LOCALIZAÇÃO E FUNCIONAMENTO. *SENDO A TAXA UMA CONTRAPRESTAÇÃO DA ATIVIDADE ESTATAL DESENVOLVIDA GENERICAMENTE EM PROL DO CONTRIBUINTE, SEU FATO GERADOR É ESSA ATIVIDADE, A ESTE DEVENDO CORRESPONDER A BASE DE CÁLCULO.* A TAXA DE LICENCA *NÃO PODE TER POR BASE DE CÁLCULO* O VALOR DO PATRIMÔNIO, A RENDA, O VOLUME DA PRODUÇÃO, O NUMERO DE EMPREGADOS OU OUTROS *ELEMENTOS QUE NÃO DIZEM RESPEITO AO CUSTO DA ATIVIDADE ESTATAL,* NO EXERCÍCIO DO PODER DE POLÍCIA (BRASÍLIA, Supremo Tribunal Federal, 1985) (Grifou-se)
>
> A teor dos arts. 77 e 78 do CTN, é legítima a cobrança pelo Município de taxa em contrapartida ao exercício do poder de polícia. Entretanto, a taxa de licença de publicidade, não pode ter por base de cálculo as dimensões do anúncio, já que *o tamanho da*

> *placa publicitária em nada influencia o custo da atividade estatal,* no exercício regular do poder de polícia. (SANTA CATARINA, Tribunal de Justiça, 2013) (Grifou-se)
>
> PROCESSUAL CIVIL E TRIBUTÁRIO. ARGUIÇÃO DE INCONSTITUCIONALIDADE. TAXA DE FISCALIZAÇÃO SANITÁRIA. ANVISA. LEI 9.782/1999. RESOLUÇÃO-RDC 346/2003. NATUREZA JURÍDICA. TAXA. BASE DE CÁLCULO DE IMPOSTO. OFENSA AOS PRINCÍPIOS CONSTITUCIONAIS TRIBUTÁRIOS. ILEGALIDADE. 1. A cobrança, pela ANVISA, do registro e da renovação de licença das marcas de produtos derivados do tabaco, na forma prevista na Lei 9.782/1999, decorre do exercício de seu poder de polícia, e por essa razão, tem natureza jurídica de taxa. 2. A atividade estatal, no caso, visa ao interesse público e tem o intuito de controlar e fiscalizar os produtos e serviços que envolvam risco à saúde pública. 3. À taxa é conferido regime jurídico de direito público tributário. Sujeita-se aos princípios tributários, como os da proporcionalidade, da razoabilidade e da igualdade. 4. *A base de cálculo das taxas deve representar correlação ou equivalência razoável entre o valor pago e o custo da ação estatal.* 5. Arguição de inconstitucionalidade do item 9.1 do Anexo II da Lei 9.782/1999 acolhida. (BRASÍLIA, Tribunal Regional Federal da Primeira Região, 2013) (Grifou-se)
>
> AÇÃO DECLARATÓRIA - TAXA - SERVIÇO DE EXTINÇÃO DE INCÊNDIO - LEGALIDADE/CONSTITUCIONALIDADE RECONHECIDA EM DECISÃO PROFERIDA EM SEDE DE ADIN - BASE DE CÁLCULO - CASO CONCRETO - IMPOSSIBILIDADE. - A taxa estadual cobrada das pessoas jurídicas e devida pela utilização potencial do serviço de extinção de incêndio revela-se constitucional, conforme decisão "erga omnes" proferida em sede de Ação Direta de Inconstitucionalidade julgada por este Tribunal, pois configura um serviço específico prestado por unidade autônoma da Administração, distinto da segurança pública, e divisível. - *No que se refere à base de cálculo, esta deve representar legitimamente o custo total da atuação estatal,* e, nesta hipótese particular, decorre da "carga de incêndio específica" expressa em megajoules por metro quadrado (MJ/m^2). (BELO HORIZONTE, Tribunal de Justiça, 2011) (Grifou-se)

A respeito da jurisprudência, entendemos pertinente destacar, apenas a título de informação, que uma das grandes inovações do Código de Processo Civil (CPC/2015) foi a expressa tratativa dos precedentes judiciais sob a ótica de uma eficácia obrigatória, vale dizer, o sucesso de uma determinada demanda dependerá da existência de um precedente judicial acerca da questão posta.

Sem querer entrar no mérito desta inovação, o que certamente renderia assunto para a elaboração de mais um artigo, o fato é que, com o CPC/2015, a jurisprudência passa a ter inegável força vinculante, assumindo papel de verdadeira protagonista na tomada de decisões judiciais.

Notadamente na seara tributária, em que a preocupação com os princípios constitucionais mostra-se ainda mais evidente e necessária, espera-se que estas mudanças sirvam como forma de concretização da segurança jurídica nas decisões judiciais, criando um Poder Judiciário mais estável e coerente que o atual.

Da análise dos julgados acima colacionados, constata-se, sem maiores problemas, um perfeito alinhamento do entendimento do Poder Judiciário com a doutrina que vem sendo citada neste trabalho. Onde residiria, então, a problemática que motivou a elaboração do presente artigo?

Para responder a esta indagação, cumpre esclarecer que a jurisprudência, apesar de suas irretocáveis decisões confirmando a premissa da equivalência entre o custo da atividade estatal e o montante da taxa, quando diante de um caso concreto envolvendo a discussão dos valores de determinada taxa, não realiza uma análise mais aprofundada do tema, de modo a verificar se, efetivamente, a premissa da equivalência está sendo observada.

Explica-se com o seguinte exemplo: existem, no âmbito do Tribunal Regional Federal da Primeira Região, diversos julgados sobre a taxa da ANVISA (Agência Nacional de Vigilância Sanitária), instituída pela Lei Federal 9.782/99, afirmando que a sua base de cálculo deve representar correlação ou equivalência razoável entre o valor pago e o custo da ação estatal.[5]

---

5. TRF1, AC 0034152-31.1999.4.01.3400/DF, Rel. Desembargadora Federal Maria do Carmo Cardoso, Oitava Turma, e-DJF1 p.1266 de 26.03.2013.

Em ação movida por empresas de tabaco questionando a constitucionalidade da referida taxa incidente sobre produtos fumígenos, porquanto o valor desta exação é o mais elevado de todos – à época, no importe de R$ 100.000 (cem mil reais) –, foi alegada ofensa ao princípio da razoável equivalência ou da razoável proporcionalidade, haja vista que o custo do serviço que o Estado colocará à disposição de seus usuários é desproporcional ao valor por ele cobrado, bem como que a cobrança da referida taxa em valor exagerado importa em claro desvio de finalidade, consistente na simples produção de receita, quando o correto seria a retribuição por um serviço prestado pela Administração Pública.

No julgamento desta ação, que foi improcedente,[6] a Corte Especial concluiu não haver qualquer ofensa aos princípios da proporcionalidade, da razoabilidade e da isonomia tributária, entendendo estar justificado o alto custo no exercício regular desse poder de polícia diante da complexa atividade do poder de polícia da ANVISA na fiscalização e controle dos produtos derivados do tabaco, em dimensão planetária e precautiva de proteção à saúde pública.

Realmente, não se pode negar que se trata de um argumento extremamente considerável. Contudo, uma taxa no valor de R$ 100.000 (cem mil reais) mereceria, a nosso ver, uma análise mais acurada quanto aos custos envolvidos. Aduz-se a complexidade do poder de polícia conferido à ANVISA, mas quais seriam, exatamente, estas atividades, a fim de justificar tão elevada despesa para o ente? De um modo geral, isto os Tribunais não abordam e nem os órgãos incumbidos dessas atividades são instados a se manifestarem a respeito.

Felizmente, encontramos um precedente judicial[7] que bem demonstra o que pretendemos evidenciar com o presente

6. TRF1, INAC 0034152-31.1999.4.01.3400/DF, Rel. Desembargador Federal Jirair Aram Meguerian, Rel. Acor. Desembargador Federal Souza Prudente, Corte Especial, e-DJF1 p.7 de 04.07.2014.

7. Autos nº 5018829-32.2014.4.04.7201/SC, em trâmite perante o Tribunal Regional Federal da Quarta Região.

trabalho, envolvendo a Taxa de Utilização do Sistema Integrado de Comércio Exterior (SISCOMEX), instituída pelo art. 3º da Lei Federal 9.716/98.

Em decorrência de reajuste determinado pela Portaria do Ministro da Fazenda 257, de 20 de maio, de 2011, os valores do referido tributo sofreram desproporcional e excessivo aumento. Por este motivo, foi ajuizada ação ordinária visando à declaração da ilegalidade da Portaria acima citada, que aumentou os valores da Taxa de Utilização do Sistema de Comércio Exterior (SISCOMEX).

Não obstante em primeira instância a ação tenha sido julgada improcedente, em segunda instância o nobre desembargador deu parcial provimento à apelação interposta pela empresa demandante para o fim de reconhecer que o aumento dos valores da taxa não observou o critério estabelecido no §2º do art. 3º da Lei Federal 9.716/98, qual seja, custos de operação e dos investimentos no SISCOMEX.

Nas palavras do Desembargador Relator Rômulo Pizzolatti,

> confrontando-se os custos de operação e investimentos com os valores arrecadados, observa-se que, mesmo sem reajuste entre os anos de 1999 e 2011, o valor arrecadado com a taxa de utilização do SISCOMEX cobria, na média, tais custos, lembrando-se que esses custos referem-se a todo o parque tecnológico da RFB e não a apenas parte dele. Porém, com o aumento estabelecido pela Portaria nº 257, de 2011, verifica-se, pelos dados acima, que a arrecadação corresponde a mais de 4 vezes os custos de operação e investimentos em todo o parque tecnológico da RFB. Eis aí o excesso, contra o qual reclama, com razão, a demandante (excerto do acórdão que julgou a apelação interposta nos autos nº 5018829-32.2014.4.04.7201/SC, em trâmite perante o Tribunal Regional Federal da 4ª Região).

Ou seja, o nobre Desembargador não poderia ter entendido mais acertadamente: considerando que a base de cálculo das taxas deve representar correlação ou equivalência razoável entre o valor pago e o custo da ação estatal, no caso deste precedente em comento, os valores da taxa, após o reajuste implementado, cobriram até 4 (quatro) vezes mais os custos da atividade estatal desenvolvida, ou seja, configurou manifesto desvio de finalidade, o que foi reconhecido com louvor pelo respeitável julgador.

Ainda mais inovadora e digna de destaque foi a circunstância de que, no precedente em análise, o Poder Judiciário determinou à União, sujeito ativo da taxa, que indicasse, em valores, quais eram os custos de operação do SISCOMEX e quais eram os valores arrecadados com a taxa criada para o seu custeio, a fim de confrontá-los e concluir se realmente havia a necessária equivalência entre eles.

Além dos casos ora exemplificados, chamou atenção para a questão do montante das taxas a seguinte situação, recentemente ocorrida, envolvendo a Taxa de Fiscalização de Vigilância Sanitária (TFVS), instituída pela Lei Federal 9.782/99, e a Taxa de Controle e Fiscalização Ambiental (TCFA), prevista na Lei Federal nº 6.938/81: através da expedição de determinada portaria, cujos efeitos passaram a vigorar a partir da data da sua publicação, tendo sido realizada uma suposta atualização monetária dos valores de tais taxas.

Ocorre que esta "mera" atualização redundou em um significativo, para não dizer descabido aumento, acarretando, em alguns casos, o dobro do valor inicialmente exigido, sendo manifestamente incondizente com os gastos que tais entes a quem se destinam a exação têm com o efetivo exercício do poder de polícia e prestação ou disponibilização de serviço público específico e divisível.

Infeliz e lamentavelmente, a verdade é que o aumento dos valores da TFVS e TCFA importou em claro e manifesto desvio de finalidade, consistente na simples produção de receita, quando o correto seria a justa retribuição pelas despesas efetivamente incorridas pela Administração Pública no exercício de suas atividades.

Nas palavras do professor Roque Antonio Carrazza, ao contrário do que acontece com os impostos, as pessoas políticas não podem criar taxas com o fito exclusivo de carrear dinheiro para os cofres públicos, embora seja isto, claramente, o que se tem presenciado ao longo dos anos.

É, pois, neste contexto, que se revela necessário que o montante das taxas reflita os preceitos de justiça fiscal. Pagar uma taxa sabendo-se que aquele valor é, efetivamente, o adequado para retribuir a atuação do Estado é, indubitavelmente, uma questão de justiça fiscal, que pressupõe, diante da receita e da despesa, uma arrecadação suficiente e uma aplicação eficiente e adequada do arrecadado, incluindo a população na tarefa de contribuir, dirigir e fiscalizar a aplicação do dinheiro arrecadado.

A propósito, imperioso destacar que a justiça fiscal foi, inclusive, o que norteou os que atribuíram a famigerada característica retributiva às taxas.

Isto porque tal característica encontra-se inserida num cenário de oposição de interesse geral e interesse particular, no seguinte sentido: se a sociedade como um todo concorre para o custeio de todas as despesas gerais do Estado, aqui entendidas como aquelas que se prestam a satisfazer interesses gerais, isto é, de todos, não faria sentido e nem seria justo que toda a sociedade, também, tivesse que cobrir as despesas do Estado com interesses individuais, aqui entendidos como aqueles que trariam vantagens a pessoas específicas.

Consoante deixou consignado Roberto Ferraz:

> Assim, o elemento contraprestação inserido em inúmeras definições de taxa, há de ser entendido como reflexo da preocupação com a *justiça fiscal*, isto é, como um reflexo que responde àquela visão particular, num contexto de contraposição de interesse individual ao geral. (FERRAZ, 2013, p. 45/46)

Conclui-se, assim, que se a definição dos valores a serem cobrados a título de taxas for realizada observando-se a premissa de correspondência com o efetivo custo da atuação estatal, além do cumprimento da própria determinação constitucional, verifica-se estar realizando a própria justiça fiscal.

A reflexão que se pretende deixar com o presente artigo é que a suposta equivalência entre o montante das taxas e a sua base de cálculo, aparentemente tida como certa na maioria das taxas de que se tem notícia, seja efetiva e ostensivamente evidenciada, vale dizer, que juntamente com a lei na qual se estabeleçam os valores de determinada taxa, exista um ato, uma justificativa, à luz, inclusive, do princípio da transparência fiscal, que demonstre como e por que se chegou naquele determinado valor.

Pretende-se, com este artigo, reverter o atual cenário de relegar ao contribuinte, caso queira discutir o montante da taxa exigida, ter de recorrer ao Poder Judiciário para tanto, até porque quem dispõe, ou pelo menos deveria dispor da informação relativa aos gastos incorridos nas atividades ensejadoras de taxa é a própria Administração Pública.

4. Considerações finais

Diante de todo o exposto, verificou-se que taxa é espécie do gênero tributo vinculado, cuja hipótese de incidência prevê uma atuação estatal específica, diretamente referível ao contribuinte, consistente no exercício regular do poder de polícia (taxa de polícia) ou na prestação ao contribuinte, ou colocação à sua disposição, de serviço público específico e divisível (taxa de serviço), sendo um tributo cuja destinação é posta pela própria Constituição como aspecto integrante do seu regime jurídico.

Neste passo, verificou-se que a retributividade é a principal característica das taxas, vale dizer, as taxas visam a retribuir pecuniariamente a atuação estatal prevista na sua hipótese de incidência, que pode ser ou o serviço público específico e divisível prestado ou colocado à disposição do contribuinte, ou o ato decorrente do efetivo exercício do poder de polícia.

Nesta ordem de ideias, apesar da Constituição Federal e do Código Tributário Nacional não se referirem direta e expressamente a respeito do valor a ser cobrado a título de taxas, por uma questão de coerência lógica com as premissas acima fixadas, por se tratar de tributo vinculado com destinação constitucional específica, definiu-se que o *quantum* das taxas deve estar necessariamente vinculado às despesas suportadas pelo Estado com a sua atuação, pois sendo a taxa uma contraprestação da atividade estatal desenvolvida genericamente em favor do contribuinte, sua hipótese de incidência é essa atividade, a esta devendo corresponder à base de cálculo.

Ponderou-se que, não obstante a premissa de que será inconstitucional, por desvirtuamento de sua base de cálculo, a taxa em que não houver equivalência entre o custo da atuação estatal específica e o seu montante, é impossível haver uma precisão matemática entre o valor cobrado a título de taxa e a despesa que o Estado efetivamente incorreu para prestar uma das hipóteses de incidência ensejadoras da taxa, pelo o que deverá haver, no mínimo, uma estimativa razoável deste custo, sendo este elemento obrigatoriamente previsto, inclusive, nas leis orçamentárias.

A problemática da questão relativa ao montante das taxas reside, na verdade, na constatação de que, na prática, não se sabe se os valores fixados correspondem àqueles tidos como suficientes para custear as despesas incorridas pelo erário para atuar nas ações configuradoras das hipóteses de incidência ensejadoras das taxas.

Não bastasse isto, tem-se frequentemente presenciado, em um momento tão crítico pelo qual atravessa o país, o desvirtuamento da base de cálculo das taxas, que vêm sendo utilizadas, quase que sem nem disfarçar, para o estrito fim de aumentar a arrecadação, o que é completamente errado, tendo em vista a já cansativa afirmação de que se trata de um tributo com destinação constitucional específica, não podendo ser utilizada para fins diferentes daqueles previstos em sua hipótese de incidência.

E à luz dos preceitos da justiça fiscal, que pressupõe uma arrecadação suficiente e uma aplicação eficiente e adequada do arrecadado, inclusive com a participação da população na tarefa de contribuir, dirigir e fiscalizar a aplicação do dinheiro arrecadado, é que o montante das taxas deve ser repensado, vale dizer, os contribuintes têm o direito de pagar uma taxa sabendo-se que o seu valor é, efetivamente, o adequado para retribuir a atuação do Estado que, de alguma forma, lhes aproveita.

Defende-se que a premissa da equivalência entre o custo da atividade estatal e o montante da taxa não exista apenas no plano teórico. Diante de um caso concreto envolvendo a discussão dos valores de determinada taxa, que a Administração Pública ou mesmo o Poder Judiciário verifiquem se, efetivamente, a premissa da equivalência está sendo observada, levando em consideração todos os dados pertinentes para a quantificação do custo da atividade que se pretende cobrir com a cobrança da taxa, por exemplo, em se tratando de uma taxa de polícia, a distância a ser percorrida pelas equipes de fiscalização, o número de estabelecimentos a serem fiscalizados, a maior ou menor dificuldade de acesso aos dados a serem fiscalizados etc., devendo este mesmo raciocínio ser aplicado às taxas de serviço.

Proporcionando aos contribuintes e a todos os interessados a forma como se chegou à definição de determinado valor cobrado a título de taxa, além de ser uma questão de transparência e justiça fiscal, possibilita-se evitar os tão lamentáveis, porém, frequentes desvios de finalidade, ao utilizar o instituto das taxas para simples produção de receita, quando a sua verdadeira finalidade é apenas e tão somente retribuição pelas despesas efetivamente incorridas pela Administração Pública no exercício das atividades que dão ensejo à cobrança de tais tributos.

Referências

AMARO, Luciano. *Direito tributário brasileiro*. 17ª ed. São Paulo: Saraiva, 2011.

ATALIBA, Geraldo. *Hipótese de incidência tributária*. 6ª ed. São Paulo: Malheiros, 2010.

BALEEIRO, Aliomar. *Direito tributário brasileiro*. 11ª ed. Rio de Janeiro: Forense, 2000.

BELO HORIZONTE, Tribunal de Justiça, *Apelação Cível/Reexame Necessário nº 1.0024.08.180570-7/001*, Relator Desembargador

Geraldo Augusto, 1ª Câmara Cível, julgamento em 30/11/2010, publicação da súmula em 21/01/2011.

BRASÍLIA, Supremo Tribunal Federal, *RE nº 100.201/SP*, Segunda Turma, Relator Ministro Carlos Madeira, DJ de 22/11/1985.

_____, Tribunal Regional Federal da Primeira Região, *AC nº 0034152-31.1999.4.01.3400/ DF*, Relator Desembargadora Federal Maria do Carmo Cardoso, Oitava Turma, e-DJF1 p.1266 de 26/03/2013.

CARRAZZA, Roque Antonio. *Curso de direito constitucional tributário*. 16ª ed. São Paulo: Malheiros, 2002.

CARVALHO, Paulo de Barros. *Curso de direito tributário*. 14ª ed. rev. e atual. São Paulo: Saraiva, 2002.

COSTA, Regina Helena. *Curso de direito tributário* – Constituição e Código Tributário Nacional. São Paulo: Saraiva, 2013.

CREDDO, Raquel de Naday Di. O pagamento de tributos e a justiça fiscal. *In: Revista Jurídica da Procuradoria Geral do Estado do Paraná*, Curitiba, n. 3, 2012, p. 189/210. Disponível em: https://tinyurl.com/ye7msv4w 11 abr. 2016.

FERRAZ, Roberto. *Taxa: instrumento de sustentabilidade*. São Paulo: Quartier Latin, 2013.

MACÊDO, Lucas Buril de. A disciplina dos precedentes judiciais no direito brasileiro: do anteprojeto ao Código de Processo Civil, *In Novo CPC e o processo tributário*. Coord. SOUZA JÚNIOR, Antonio Carlos F. de e CUNHA, Leonardo Carneiro da. São Paulo: Focofiscal, 2015. p. 217/254.

SANTA CATARINA, Tribunal de Justiça, *AC nº 2012.032904-8*, Relator Desembargador Pedro Manoel Abreu, da Capital, DJ de 30/04/2013.

TOMÉ, Fabiana Del Padre. *Contribuições para a seguridade social:* à luz da Constituição Federal. 1ª ed. Curitiba: Juruá, 2004.

_____, Comentários ao Código Tributário Nacional: artigos 2º a 5º, *In Comentários ao Código Tributário Nacional*. Coord. PEIXOTO, Marcelo Magalhães e LACOMBE, Rodrigo Santos Masset. 2ª ed. rev. e ampl. São Paulo: MP Editora, 2008. p. 37/55.

ALÉM DA BASE DE CÁLCULO E DA ALÍQUOTA: REFLEXÕES SOBRE O CRITÉRIO QUANTITATIVO DO CONSEQUENTE DA REGRA-MATRIZ DE INCIDÊNCIA TRIBUTÁRIA

Carlos Renato Cunha[1]

---

1. Doutor e Mestre em Direito do Estado pela Universidade Federal do Paraná – UFPR. Especialista em Direito Tributário pelo Instituto Brasileiro de Estudos Tributários – IBET. Procurador do Município de Londrina. Professor do Mestrado Profissional em Direito, Sociedade e Tecnologias das Faculdades Londrina. Professor da graduação na Pontifícia Universidade Católica do Paraná – PUC/PR *campus* Londrina. Professor do IBET. Professor do Mestrado Profissional em Direito, Sociedade e Tecnologias das Faculdades Londrina.

1. Introdução

Há diversas normas jurídicas que se relacionam ao tributo. Limitamo-nos apenas às gerais e abstratas, seja no altiplano constitucional, com as normas de competência, já referidas; seja no plano das normas gerais em matéria tributária, que também "limitam" a atuação do legislador infraconstitucional, como visto; seja na norma de incidência – a norma jurídica primária dispositiva –; seja em seus complementos, a norma primária sancionadora e a secundária, com a execução forçada, sejam as normas administrativas que regulam todo o procedimento administrativo tributário, do lançamento à decisão definitiva no âmbito administrativo; sejam, ainda, diversas outras, prevendo os numerosos deveres instrumentais existentes...

Por conta disso, os autores costumam falar de norma jurídica tributária em sentido amplo e estrito.[2] Interessa-nos, sobremaneira, esta última, que equivale à norma de incidência tributária, como já expusemos. Decompondo-a, Paulo de Barros Carvalho estruturou a chamada Regra-Matriz de Incidência Tributária – RMIT.[3]

A relevância teórica e pragmática da RMIT criada por Paulo de Barros Carvalho é indubitável. Corrobora-a, o imenso número de livros e artigos científicos que a utilizam como pressuposto ou ferramenta de análise, assim como os ecos encontrados na jurisprudência pátria.

Dentre suas partes componentes, sempre nos chamou a atenção as sutis complexidades do critério quantitativo do consequente normativo, a exigir olhar acurado e a causar sempre perplexidades. A indicação normativa dos critérios de quantificação do valor devido a título de tributo, não bastasse

---

2. Luís Cesar Souza de Queiroz prefere, em vez de "norma tributária em sentido amplo", a expressão "norma jurídica administrativo-fiscal". Cf. QUEIROZ, Luís César Souza de. *Sujeição passiva tributária*. Rio de Janeiro: Forense, 1999, p. 59.

3. CARVALHO, Paulo de Barros. *Direito tributário*: fundamentos jurídicos da incidência. 2. ed. rev. São Paulo: Saraiva, 1999, p. 80.

as dificuldades práticas e a óbvia importância no dia a dia da atuação dos contribuintes, do Estado e de todos os operadores do Direito que necessitam interpretá-la e aplicá-la, ainda parece um vasto campo a exigir exploração científica.

Com o presente estudo, pretendemos oferecer uma pequena contribuição para sua compreensão que, claro, não esgotará a matéria. Iniciemos com algumas reflexões sobre a própria RMIT, em alguns de seus aspectos básicos.

2. A regra-matriz de incidência tributária: retomando o essencial

Consideramos que a RMIT é um poderoso instrumental de análise científica do núcleo lógico-estrutural de uma norma de incidência tributária, com o que concordam diversos autores, além do próprio Barros Carvalho.[4] Sacha Calmon Navarro Coêlho considera-a "[...] talvez, a mais aguda percepção da estrutura da norma tributária [...]", e, para José Roberto Vieira, foi com ele "[...] que a estrutura da norma tributária encontrou sua mais precisa e sofisticada elaboração."[5]

Como afirma Aurora Tomazini De Carvalho:

> PAULO DE BARROS CARVALHO, inspirado nas lições de ALFREDO AUGUSTO BECKER e GERALDO ATALIBA, ao

4. "A esquematização formal da regra-matriz de incidência tem-se mostrado um utilíssimo instrumento científico, de extraordinária fertilidade e riqueza para a identificação e conhecimento aprofundado da unidade irredutível que define a fenomenologia básica da imposição tributária." Cf. CARVALHO, Paulo de Barros. Curso de Direito Tributário. 29. ed. São Paulo: Saraiva, 2018, p. 359. Veja-se também: VIEIRA, José Roberto. Imposto sobre Produtos Industrializados: uma águia garcia marquiana entre os tributos. In: SANTI, Eurico M. D.; ZILVETI, Fernando A.; MOSQUERA, Roberto Q. (coord.). Tributação das empresas: curso de especialização. São Paulo: Quartier Latin, 2006. p. 173; JUSTEN FILHO, Marçal. *O imposto sobre serviços na Constituição*. São Paulo: RT, 1985, p. 44.

5. COÊLHO, Sacha Calmon Navarro. *Teoria geral do tributo, da interpretação e da exoneração tributária*: o significado do art. 116, parágrafo único, do CTN. 3. ed. São Paulo: Dialética, 2003, p. 95; VIEIRA, José Roberto. *Imposto sobre Produtos Industrializados*: uma águia garciamarquiana... *op. cit.*, p. 172.

> observar as propriedades eleitas pelo legislador para delimitação de hipóteses e consequentes das regras instituidoras de tributo, percebeu a repetição de alguns componentes e assim apresentou a "regra-matriz de incidência tributária", estabelecendo um esquema lógico-semântico, revelador do conteúdo normativo [...].[6]

Pode ela ser visualizada com um antecedente – onde se encontram os critérios material, espacial e temporal –, que descreve uma hipótese tributária, e com um consequente, que prescreve uma obrigação tributária – com os critérios pessoal e quantitativo, em estruturação bastante conhecida por todos.[7]

Aqui, um aparte. Barros Carvalho utiliza a estrutura que cunhou como sinônimo da norma de incidência tributária, e no mesmo sentido a utilizam, exemplificativamente, Paulo Ayres Barreto, José Roberto Vieira, Octavio Campos Fischer e Aurora Tomazini De Carvalho.[8]

Aurora Tomazini De Carvalho percebeu a existência de uma ambiguidade nesse ponto, ao afirmar que a expressão "regra-matriz" pode ser utilizada em duas acepções: a) estrutura lógica; e b) norma jurídica em sentido estrito.[9]

De nossa parte, separaremos as linguagens do direito positivo e da Ciência do Direito, da seguinte forma: o tributo, identificado com a norma de incidência tributária, como objeto. E a RMIT, como instrumento da Ciência do Direito, utilizada como metalinguagem sobre o tributo, auxiliando na análise lógica de seus elementos componentes.

---

6. CARVALHO, Aurora Tomazini de. *Curso de teoria geral do direito*: o constructivismo lógico-semântico. São Paulo: Noeses, 2009, p. 357-358.

7. CARVALHO, Paulo de Barros. *Curso...,op. cit.*, p. 357-359; CARVALHO, Paulo de Barros. Direito Tributário, linguagem e método. 2. ed. São Paulo: Noeses, 2008, p. 533.

8. CARVALHO, Paulo de Barros. Direito Tributário, linguagem..., *op. cit.*, p. 532; *Direito tributário*: fundamentos..., *op. cit.*, p. 80; *Curso...,op. cit.*, p. 256; BARRETO, Paulo Ayres. *Imposto sobre a renda e preços de transferência*. São Paulo: Dialética, 2001, p. 61; VIEIRA, José Roberto. *A regra-matriz de incidência do IPI:* texto e contexto. Curitiba: Juruá, 1993, p. 70; FISCHER, Octavio Campos. *A contribuição ao PIS*. São Paulo: Dialética, 1999, p. 34, 58; CARVALHO, Aurora Tomazini de. *Curso de teoria geral do direito..., op. cit.*, p. 361.

9. CARVALHO, Aurora Tomazini de. *Curso de teoria geral do direito..., op. cit.*, p. 364.

Segundo os ensinamentos de Barros Carvalho, a norma jurídica tributária (N_{jt}), como visto, possui em seu antecedente (hipótese tributária – H_t), o critério material (C_m), vale dizer, o objeto de uma conduta humana, sempre formado por um verbo e seu complemento (v.c); o critério temporal (C_t), pois como visto ele é um dos delimitadores da conduta; e o critério espacial (C_e), tendo em vista que toda conduta humana, além de se dar num dado tempo, também se dá num delimitado espaço.[10]

Já no consequente (C_{st}) encontra-se o critério pessoal (C_p) que indica quais os sujeitos da relação jurídica imposta, ativo e passivo ($S_a . S_p$); e o critério quantitativo (C_q), que nada mais é que o objeto da conduta, formado pela base de cálculo e pela alíquota ($b_c . a_l$): [11]

> No descritor da norma (hipótese, suposto, antecedente) teremos diretrizes para identificação de eventos portadores de expressão econômica. Haverá um critério material (comportamento de alguma pessoa), condicionado no tempo (critério temporal) e no espaço (critério espacial). Já na consequência (prescritor), toparemos com um critério pessoal (sujeito ativo e sujeito passivo) e um critério quantitativo (base de cálculo e alíquota). A conjunção desses dados indicativos nos oferece a possibilidade de exibir, na plenitude, o núcleo lógico-estrutural da norma-padrão, preenchido com os requisitos significativos necessários e suficientes para o impacto jurídico da exação.[12]

Como já explicado, o antecedente de toda norma jurídica descreve um fato jurídico, ao qual imputa uma consequência, uma relação jurídica que une os sujeitos num liame obrigacional. E, fazendo um adendo, perceber-se-á posteriormente que a base de cálculo, em nosso ordenamento jurídico, possui uma ligação importantíssima com o critério material da hipótese normativa.

---

10. CARVALHO, Paulo de Barros. *Teoria da norma tributária*. 5. ed. São Paulo: Quartier Latin, 2009, p. 125-149; Curso...,*op. cit.*, p. 256-258, *passim*; Direito Tributário, linguagem..., *op. cit.*, p. 149 e 533.

11. CARVALHO, Paulo de Barros. *Curso...*,*op. cit.*, p. 256-258, *passim*; Teoria da Norma..., *op. cit.*, p. 150-180; *Direito Tributário, linguagem...*, *op. cit.*, p. 150 e 533..

12. CARVALHO, Paulo de Barros. *Direito tributário*: fundamentos..., *op. cit.*, p. 80-81.

Todavia, não há consenso quanto aos critérios da RMIT.[13] Todavia, consideramos que, para os fins do presente trabalho, faz-se necessária a utilização de noções calcadas em contribuições posteriores, que trouxeram a lume a necessidade de alguma reflexão sobre o tema.

Segundo Aurora Tomazini De Carvalho, os três critérios da hipótese utilizados por Paulo de Barros Carvalho configuram apenas "[...] *a informação mínima necessária para a identificação de um fato jurídico.*" [14] Afirma a referida autora que "[...] *nada impede, porém, que o intérprete* [...] *selecione mais propriedades do evento* [...]", e dá o exemplo do fator "vontade do agente", no campo do direito penal.[15]

Navarro Coêlho, por exemplo, que "[...] em linhas gerais [...]" concorda com a visão de Barros Carvalho, calcado no uruguaio José Luiz Shaw, afirma:[16]

> Os fatos que constituem a hipótese de incidência da norma de tributação apresentam aspectos através dos quais podem ser reconhecidos. Ditos aspectos são vários, mas os significativos são quatro: o pessoal, o material, o temporal e o espacial. O aspecto pessoal da hipótese de incidência diz respeito à pessoa envolvida com o fato eleito como jurígeno – para fins tributários, pelo legislador. [...]
>
> Os mandamentos das normas tributárias que estatuem as consequências da realização da hipótese de incidência descrevem a relação jurídica dela decorrente: põem o dever, esclarecendo

---

13. Veja-se que já Ataliba afirmava serem quatro os aspectos da hipótese de incidência: o pessoal, o temporal, o espacial e o material. Todavia, parte o referido autor de premissas bastante diversas, incluindo na hipótese, – que vemos como o antecedente normativo –, diversos aspectos que, a nosso ver, se encontram no consequente da norma de incidência tributária. Cf. ATALIBA, Geraldo. Hipótese de Incidência Tributária. 6. ed. São Paulo: Malheiros, 2003p. 78 e ss. Sobre o tema, veja-se o artigo de Rodrigo Paula, que propõe a inclusão, na própria estrutura da RMIT, de dois outros critérios: o "finalístico" e o da "receita tributária". Cf. PAULA, Rodrigo Francisco de. Repensando a teoria dos tributos vinculados e não vinculados e a esquematização formal da regra-matriz de incidência. *Revista Tributária e de Finanças Públicas*. São Paulo: RT, n. 46, ano 10, p. 195-217, set./out. 2002, p. 207.

14. CARVALHO, Aurora Tomazini de. *Curso de teoria geral do direito..., op. cit.*, p. 367.

15. Idem.

16. COÊLHO, Sacha Calmon Navarro. *Teoria geral do tributo..., op. cit.*, p. 95.

> quem é o credor e quem é o devedor, como se calcula o valor da prestação, onde, como e quando deve ser paga.[17]

MARÇAL JUSTEN FILHO, por sua vez, considera que, no antecedente existem os critérios pessoal, material, temporal e espacial, e no consequente normativo, os determinantes subjetivo e objetivo – este formado por determinantes quantitativo, espacial e temporal.[18] Quanto ao critério pessoal do antecedente, aduz o seguinte:

> Faz-se indispensável, além disso, indicar o *sujeito* da conduta que objetivamente materializa o fato tributário. A hipótese há de conter também critério para determinação do alguém, do sujeito da conduta que, como disse Barros Carvalho, pode consistir em um ser, fazer ou dar.
>
> Não se trata, repita-se, de indicação dos sujeitos da relação jurídica, mas tão-só da completa e integral previsão teórica de uma situação fática consistente em uma conduta humana. Seria ilógico suprimir, de tal previsão, a indicação do sujeito da conduta.[19]

Também LUÍS CÉSAR DE SOUZA QUEIROZ possui entendimento de que tanto no antecedente quanto no consequente há sempre quatro critérios: pessoal, material, temporal e espacial.[20] Afirma ele, sobre o critério pessoal do antecedente, o seguinte:

> Não existe a menor possibilidade de se imaginar uma norma impositiva de imposto que não possua um critério pessoal em seu antecedente. Repita-se, o critério pessoal do antecedente da norma impositiva de imposto é sempre simbolizado pela descrição de um sujeito de direito que é titular de uma riqueza.[21]

A posição inicial foi defendida. Para JOSÉ ROBERTO VIEIRA, encontra-se "[...] explicitamente admitida a existência deste

17. COÊLHO, Sacha Calmon Navarro. *Teoria geral do tributo...*, *op. cit.*, p. 92-93.

18. JUSTEN FILHO, Marçal. *O Imposto sobre serviços...*, *op. cit.*, p. 46-54, *passim*.

19. Idem, p. 47.

20. QUEIROZ, Luís César Souza de. *Sujeição...*, *op. cit.*, p. 169.

21. *Ibid.*, p. 170.

aspecto subjetivo do fato descrito no suposto, quando se faz menção, no critério material, ao comportamento de pessoas", afinal, , isso "requer um verbo pessoal, e quando se repele qualquer verbo impessoal [...]"; mas, para ele, "[...] as exceções não estabelecem a regra-matriz de incidência tributária [...]", e diz isso com base no único exemplo sempre citado, o Imposto sobre Circulação de Mercadorias e Serviços – ICMS.[22]

Aurora Tomazini de Carvalho, por sua vez, afirma:

> O fato de o verbo [do critério material] ser pessoal dispensa a necessidade de um critério pessoal no enunciado da hipótese de incidência, como sugerem alguns autores. Como dissemos acima, dado a referibilidade semântica do direito com a linguagem social, o sistema não admite, como propulsores de efeitos jurídicos, atividades que não envolvam sujeitos. Por estar o verbo no infitivo [...], certamente sempre alguém terá de realizar a ação ou encontrar-se no estado descrito pela hipótese.[23] [esclarecemos nos colchetes].

Em nosso entendimento, a questão se resolve no âmbito de validade normativo. Entendemos que toda norma jurídica possui quatro âmbitos de validade: o pessoal, o material, o temporal e o espacial. Isso chega a ser intuitivo, pois a conduta humana possui por elementos mínimos: um sujeito, um objeto, limite temporal e espacial. A norma jurídica pode descrever esses elementos, de modo a conduzir o homem a realizar a conduta desejada e, desse modo, parece-nos que ela sempre será formada pela quadra sujeito-objeto-tempo-espaço.

O antecedente da norma jurídica de incidência tributária descreve sempre, como fato jurídico, uma conduta humana que seja signo presuntivo de riqueza. Assim sendo, no antecedente da norma de incidência deverá constar, ainda que de forma implícita, além do critério material (objeto), do temporal e do espacial, também o critério pessoal, vale dizer, o sujeito da conduta prevista.[24]

---

22. VIEIRA, José Roberto. A regra-matriz de incidência do IPI..., *op. cit.*, p. 64.

23. CARVALHO, Aurora Tomazini de. *Curso de teoria geral do direito...*, *op. cit.*, p. 372.

24. Neste sentido, vejam-se: COÊLHO, Sacha Calmon Navarro. Teoria Geral do Tributo..., *op. cit.*, p. 98; QUEIROZ, Luís César Souza de. Sujeição..., *op. cit.*, p. 169.

Os argumentos acima transcritos, que defendem a inexistência do referido critério, apenas reforçam o aqui exposto: se o verbo é sempre pessoal, o critério pessoal encontra-se, ainda que em potência, na hipótese da regra-matriz que se utilize para analisar uma norma geral e abstrata, mas se concretiza em outros momentos, conforme se demonstrará. Apesar da força de tais fundamentos, privilegiamos aqui uma Regra-Matriz que possa ser utilizada de forma genérica, para análise de qualquer norma jurídica.[25]

Na realidade, desconsiderar o critério pessoal no antecedente normativo não causa qualquer problema na análise científica tributária, na maior parte dos casos, mormente se nos ativermos às normas gerais e abstratas, que foram o foco da criação da RMIT. O problema surge em alguns tributos, como no Imposto sobre a Circulação de Mercadorias e Serviços – ICMS, e na análise de normas individuais e concretas, por exemplo.[26]

Num exemplo de norma individual e concreta, constante de lançamento tributário, verificamos o seguinte: "José da Silva era proprietário de imóvel urbano no dia 1 de janeiro do ano de 2020 no Município de Ribeirão do Pinhal". Eis o critério pessoal do antecedente, individualizado e **essencial** na compostura normativa. Pois bem: se a norma jurídica é homogênea, sintaticamente, e comprovamos a existência de um âmbito de validade pessoal na norma individual e concreta, parece-nos que o mesmo ocorre nas normas gerais e abstratas, como corolário de tudo o que até aqui expusemos.

Sacha Coêlho ainda vê, no consequente, a necessidade da previsão do "como pagar", que nos parece incluída no próprio critério material do consequente normativo. Cf. COÊLHO, Sacha Calmon Navarro. *Teoria geral do tributo...*, *op. cit.*, p. 98.

25. Veja-se: CUNHA, Carlos Renato. Da regra-matriz de incidência tributária à regra-matriz normativa. *Revista de Direito Tributário Contemporâneo*, São Paulo: RT, ano 2, n. 4, p. 171-187, jan./fev. 2017; CUNHA, Carlos Renato. O Simples Nacional, a Norma Tributária e o Princípio Federativo: limites da Praticabilidade Tributária. Curitiba: Juruá, 2011.

26. O exemplo é de Sacha Calmon. Cf. COÊLHO, Sacha Calmon Navarro. *Teoria geral do tributo...*, *op. cit.*, p.96.

Desse modo, o âmbito de validade pessoal nas normas gerais existe: ela vale, genericamente, para todos os que praticarem o fato previsto no verbo do critério material, – objeto da ação humana. Pode-se até ocultá-lo, para fins de simplificação de análise, pois, como visto, em grande parte das vezes, ele não é relevante na análise da norma de incidência tributária. Mas não negamos sua existência: em tal caso o sujeito do antecedente será igualmente genérico e abstrato. Desse modo, como afirma OCTAVIO CAMPOS FISCHER, "[...] *a omissão legal em relação a esse critério não implica na (sic) sua inexistência*". [27]

A norma geral e abstrata prevê no antecedente: "Se alguém for proprietário de imóvel urbano no dia 1 de janeiro de cada ano no Município de Ribeirão do Pinhal". O critério pessoal é formado por este sujeito, "alguém", ou "aquele que". Pode-se até mesmo omitir o pronome indefinido invariável, caso em que se terá um sujeito oculto.[28] Nesse sentido, afirma MARÇAL JUSTEN FILHO: "Mas o sujeito, que a oração comporta, onde está? O sujeito, indicado e expresso por um substantivo, é a pessoa titular da ação, estado, fato ou fenômeno expressados pelo predicado. Seria inexistente o sujeito?"[29]

Mesmo em normas outras, que não tenham como hipótese uma conduta humana, mas, quiçá, um fato da natureza, pressupondo-se que isso seja possível, o critério pessoal, do ponto de vista lógico, existirá. A língua natural pode, nesse caso, levar-nos a equívocos, pois, ainda que em português seja o caso de sujeito inexistente, basta recordar que, em diferentes línguas, o sujeito existiria, se bem que sem valor semântico.[30]

---

27. FISCHER, Octavio Campos. A Contribuição ao PIS...*op. cit.*, p. 36.

28. Sujeito oculto é aquele que não está explícito. Difere do sujeito indeterminado, que é aquele que não é possível identificar, porque não se quer, não se pode ou não importa e do sujeito inexistente (em orações com verbos impessoais). Veja-se: CEGALLA, Domingos Paschoal. *Novíssima gramática da língua portuguesa.* 46 ed. São Paulo: Companhia Editora Nacional, 2005, p. 325-328, *passim.*

29. JUSTEN FILHO, Marçal. *O Imposto sobre serviços...*, *op. cit.*, p. 48.

30. Por exemplo, no inglês, "*it rains*"; em alemão, "*es regnet*"; em francês, "*il pleut*".

No consequente normativo, por sua vez, também deverão estar previstos os critérios pessoal – sujeitos da relação jurídica –, material – objeto da relação–, temporal e espacial.[31] Com isso, distanciamo-nos, no pormenor, da visão de BARROS CARVALHO, já exposta.

Convém aclarar que, a nosso ver e na esteira de LUÍS CÉSAR DE SOUZA QUEIROZ, o critério material na norma tributária prevê a conduta "entregar" (critério material qualitativo) "determinada quantia" (critério material quantitativo).[32] Esta última parte do critério material é sempre formada por uma base de cálculo e uma alíquota, e equivale, portanto, à forma pela qual o critério quantitativo é exposto por BARROS CARVALHO:

> O centro de convergência do direito subjetivo, de que é titular o sujeito ativo, e do dever jurídico cometido ao sujeito passivo, é um valor patrimonial, expresso em dinheiro, no caso das obrigações tributárias. [...]
>
> Pois bem. O grupo de notícias informativas que o intérprete obtém da leitura atenta dos textos legais, e que lhe faz possível precisar, com segurança, a exata quantia devida a título de tributo, é aquilo que chamamos de critério quantitativo do consequente das normas tributárias. Há de vir sempre explícito pela conjugação de duas entidades: base de cálculo e alíquota [...][33]

Veja-se que nada obsta à simplificação do consequente da RMIT, com a utilização, tão somente, de um critério quantitativo, que dá bastante objetividade à análise. No entanto, mais uma vez verificando-se a homogeneidade sintática normativa, notamos que uma outra norma qualquer, que não a tributária,

31. Nesse sentido: QUEIROZ, Luís César Souza de. Sujeição..., *op. cit.*, p. 173. MARÇAL JUSTEN FILHO chega à mesma conclusão, utilizando diversa nomenclatura. Cf. JUSTEN FILHO, Marçal. O Imposto sobre serviços..., *op. cit.*, p. 53-54. Veja-se que TOMAZINI DE CARVALHO, já visualizando a utilização do esquema da regra-matriz para outros campos do Direito, ao invés de "critério quantitativo", utiliza a expressão "critério prestacional", formado também por um verbo mais seu complemento. Cf. CARVALHO, Aurora Tomazini de. *Curso de teoria geral do direito...*, *op. cit.*, p. 363.

32. QUEIROZ, Luís César Souza de. *Sujeição...*, *op. cit.*, p. 174-175.

33. CARVALHO, Paulo de Barros. *Curso...*,*op. cit.*, p. 340.

pode prever algo diferente do que a obrigação de entrega de dinheiro, e perderia em generalidade a estrutura científica.[34]

Tomando um exemplo de consequente normativo, teríamos, na norma geral e abstrata: "deve-ser a relação jurídica em que o proprietário deve entregar ao Município de Ribeirão do Pinhal um por cento do valor venal do imóvel, até o último dia útil de março de cada ano, na Secretaria de Fazenda". A norma individual e concreta seria: "deve-ser a relação jurídica em que José da Silva deve entregar ao Município de Ribeirão do Pinhal um por cento de R$ 30.000,00 – o que equivale a R$ 300,00 –, até o dia 31 de março de 2020, na Secretaria de Fazenda".

Quanto à formação do "critério quantitativo", também há discussão. Esse é o mote de nosso esforço científico, que aprofundaremos a seguir. Antes, pretendemos retomar a lição clássica de Barros Carvalho acerca do binômio "critério material da hipótese" e "base de cálculo no critério quantitativo do consequente normativo".

3. O binômio critério material da hipótese e base de cálculo do consequente

Recordamos, linhas acima, que a norma jurídica tributária possui alguns elementos que lhe são ínsitos, analisados, de forma decomposta, pelo instrumental da Regra-Matriz de Incidência Tributária – RMIT.

Falta um aprofundamento, deveras pertinente: como bem apontou Barros Carvalho, há estreita conexão entre o critério material da hipótese e a base de cálculo, que se encontra no critério material do consequente. É em tal "[...] *integração lógico-semântica* [...]" que se define a espécie tributária, como recorda Barros Carvalho.[35]

34. Sobre a homogeneidade sintática, veja-se: CARVALHO, Paulo de Barros. *Direito tributário, linguagem...*, *op. cit.*, p. 531 e 586.

35. CARVALHO, Paulo de Barros. *Direito tributário, linguagem e método*, p. 546.

O critério material da hipótese, como visto, é o núcleo da hipótese de incidência composto por verbo e complemento, que descrevem abstratamente uma atuação estatal ou um fato do particular.[36] Como vimos, tal descrição, no que concerne aos tributos não vinculados a uma atuação estatal, deve dar-se em relação a um fato que seja signo de riqueza, exatamente pelo Princípio da Capacidade Contributiva em seu sentido objetivo, que se encontra previsto em nosso ordenamento jurídico.

O referido princípio, por exigir que a tributação recaia sobre fatos que indiquem a existência de riqueza, em relação à descrição da hipótese normativa, causa um efeito vinculador em relação ao consequente normativo: o valor pecuniário a ser levado ao Estado pelo sujeito passivo deve ser uma determinada quantidade da riqueza que o obrigou a fazê-lo, observados os limites impostos pelo não confisco. Há uma ligação necessária, desse modo, entre a base de cálculo que se encontra no consequente normativo e o critério material da hipótese: aquela deve ser uma medida deste.

Caso contrário, inobservado estaria o Princípio da Capacidade Contributiva: bastaria a hipótese prever um fato signo de riqueza, como ser proprietário de imóvel, mas determinar ao sujeito passivo que levasse ao Estado um percentual aplicado sobre o valor de um imóvel alheio, de maior valor; ou, ainda, ao prever, como fato signo de riqueza, a prestação de um dado serviço, e determinar que o valor a ser pago corresponderá a um dado percentual sobre o valor da propriedade rural de propriedade do sujeito passivo ou de outrem.

O limite para tais situações, que soam absurdas, mas que, diante da estrutura normativa, não são impossíveis, do ponto de vista sintático, parece-nos, é a capacidade contributiva objetiva. Por conta dela, a base de cálculo deve ser uma medida do critério material da hipótese. [37]

---

36. CARVALHO, Paulo de Barros. *Direito tributário, linguagem e método*,p. 546.

37. No mesmo sentido: QUEIROZ, Luís César Souza de. *Sujeição..., op. cit.*, p. 168-169.

Afirma Barros Carvalho:

> Todo o esforço do legislador há de estar orientado no sentido de promover o perfeito ajuste entre o enunciado mensurador da base de cálculo e a formulação enunciativa da hipótese. Dito de outro modo, a perspectiva dimensível há de ser u'a medida efetiva do fato jurídico tributário, recolhido como tal pela hipótese normativa. Não será qualquer proporção, ainda que retirada do mesmo suporte fáctico, que servirá como aspecto mensurador: é fundamental a perfeita conexão entre o fato descrito pela hipótese e o fato construído para ser sua base de cálculo.[38]

José Roberto Vieira traz uma esclarecedora síntese sobre o tema:

> Entre nós, ALFREDO AUGUSTO BECKER e GERALDO ATALIBA, em caráter pioneiro, perceberam o papel de realce que cabe à Base de Cálculo nos domínios de norma de incidência, a ponto de erigi-la em núcleo da hipótese. Determinando, em concerto com a alíquota, o objeto da prestação para a qual convergem os interesses de ambos os sujeitos da relação tributária, é evidente que a base de cálculo tem sua morada nessa relação, dela não se podendo afastar, sob pena de esvaziamento não só desse vínculo como também do consequente normativo. Sem incorrer no equívoco estrutural de BECKER e ATALIBA, PAULO DE BARROS CARVALHO compreendeu a intuição desses juristas no aproximar o núcleo da hipótese de incidência e a base de cálculo, formulando a função comparativa desta última.[39]

Barros Carvalho, aprofundando o estudo sobre a base de cálculo, afirma que ela possui três diferentes funções, com o que estamos plenamente de acordo: a) medir as proporções reais do fato; b) compor a específica determinação da dívida; e c) confirmar, infirmar ou afirmar o verdadeiro critério material da hipótese tributária.[40] Afinal,

> A grandeza haverá de ser mensuradora adequada da materialidade do evento, constituindo-se, obrigatoriamente, de uma

---

38. CARVALHO, Paulo de Barros. *Direito tributário:* fundamentos jurídicos da incidência, p. 178.

39. VIEIRA, José Roberto. *Imposto sobre produtos industrializados:* uma águia garcia marquiana... *op. cit.*, p. 190-191.

40. CARVALHO, Paulo de Barros. *Curso...,op. cit.*, p. 341-347; *Direito tributário*: fundamentos..., *op. cit.*, p. 171.

> característica peculiar ao fato jurídico tributário. Eis a base de cálculo, na sua função comparativa, confirmando, infirmando ou afirmando o verdadeiro critério material da hipótese tributária. Confirmando, toda vez que houver perfeita sintonia entre o padrão de medida e o núcleo do fato dimensionado. Infirmando, quando for manifesta a incompatibilidade entre a grandeza eleita e o acontecimento que o legislador declara como a medula da previsão fáctica. Por fim, afirmando, na eventualidade de ser obscura a formulação legal, prevalecendo, então, como critério material da hipótese, a ação-tipo que está sendo avaliada.[41]

E se houver incongruência no binômio hipótese de incidência e base de cálculo, "[...] *a base é que deve prevalecer.*"[42]

Fortes nesse ponto, passemos a aprofundar a complexidade do critério quantitativo do consequente normativo para tentar desanuviar, ainda que sejam alguns pequenos passos científicos, os mistérios do cálculo do valor do tributo.

4. A complexidade do critério quantitativo do consequente normativo da regra-matriz: as muitas formas de calcular o valor do tributo

4.1 A base de cálculo e a alíquota são sempre indispensáveis? O caso dos tributos de materialidade não vinculada a uma atividade estatal e a tributação *ad valorem* como o modo padrão do critério quantitativo

Como visto, é clássico e de muita proficuidade científica o ensinamento de Paulo de Barros Carvalho acerca dos elementos componentes do critério quantitativo do consequente normativo da Regra-Matriz de Incidência Tributária: a conjugação da base de cálculo e da alíquota, que existiriam de forma generalizada nas normas de incidência tributária.

Afirma o referido autor, diante das funções da base de cálculo e das previsões dos arts. 145, § 2º, e 154, I, da CR/88, que

41. CARVALHO, Paulo de Barros. *Curso... op. cit.*, p. 346; *Direito tributário:* fundamentos..., *op. cit.*, p. 172.

42. CARVALHO, Paulo de Barros. *Curso... op. cit.*, p. 347.

não é possível a existência de tributo sem base de cálculo e alíquota.[43] Com isso, nos recordamos da tormentosa temática dos tributos fixos, tão utilizados pelo legislador pátrio nacional, e referendados pelo Judiciário, e sempre apontados por grande número de doutrinadores, como veementemente inconstitucional.[44]

A composição do critério quantitativo, contudo, não é algo pacífico.

O critério quantitativo do consequente seria formado, sempre, por uma base de cálculo e uma alíquota, num ideal padronizado. Quando falamos de "base de cálculo", referimos o elemento do consequente normativo que serve para a medição econômica da materialidade tributária da hipótese da norma de incidência; em relação à "alíquota", mencionamos o elemento que indica qual a fração da riqueza medida pela base de cálculo que deverá ser entregue ao Estado.[45] Na norma individual e concreta de aplicação, como a constante num lançamento tributário, teremos a indicação do montante pecuniário a ser recolhido mas, por força do dever de motivação dos atos administrativos, deve haver a indicação da "base calculada" como expressão concreta da previsão legal genérica "base de cálculo" e a "alíquota aplicada", a indicar a fração efetivamente utilizada no caso concreto, a fundamentarem o cálculo do valor prescrito.[46] Também por meio da reconstrução racional da norma individual e concreta, faz-se possível encontrar a "alíquota efetiva", que é a que, em fatos, indica a fração da base calculada que está sendo levada aos cofres estatais, que pode distinguir-se da "alíquota nominal" que é a indicada formalmente

43. CARVALHO, Paulo de Barros. *Curso...*, *op. cit.*, p. 339-340.

44. Veja-se, exemplificativamente: CARVALHO, Paulo de Barros. *Curso...*,*op. cit.*, p. 340; *Direito tributário:* fundamentos..., *op. cit.*, p. 170; VIEIRA, José Roberto. A regra-matriz de incidência do IPI..., *op. cit.*, p. 67. Em sentido contrário, ainda que não expressamente, veja-se: COÊLHO, Sacha Calmon Navarro. Teoria Geral do Tributo..., *op. cit.*, p. 99.

45. CARVALHO, Paulo de Barros. Direito Tributário: fundamentos..., *op. cit.*, p. 171.

46. Recordamos que a distinção entre "base de cálculo" e "base calculada" foi realizada por Aires Barreto. Cf. BARRETO, Aires Fernandino. Base de Cálculo, Alíquota e Princípios Constitucionais. São Paulo: RT, 1986, p. 90 *et seq.* Veja-se também: ATALIBA, Geraldo. Hipótese..., *op. cit.*, p. 108; CARVALHO, Paulo de Barros. Direito Tributário: fundamentos..., *op. cit.*, p. 171-178.

com base na previsão legal:[47] é que em casos de uso de técnicas como a de alíquotas progressivas, regressivas ou diferençadas, ou ainda de deduções de base de cálculo, sói ocorrer uma gradação de aplicação que leve à entrega ao Estado de um percentual da base calculada diversa da indicada nominalmente; essa é, aliás, a própria intenção do legislador em tais casos por razões diversas como o atendimento a uma noção de capacidade contributiva ou a questões extrafiscais diversas.[48]

A base de cálculo a dimensionar economicamente a hipótese tributária, em atendimento à Capacidade Contributiva em seu sentido objetivo; a alíquota, que, nas palavras de Barros Carvalho, é "elemento auxiliar" teria "existência [...] intimamente ilaqueada à base de cálculo, com a qual define a compostura numérica da dívida".[49] Nesse sentido ideal, a base de cálculo deveria ser expressa em pecúnia, e a alíquota em percentual, dando-nos idealmente a medida da riqueza tributada e a cota-parte dela que deveria ser levada ao Estado.[50] É a tributação *ad valorem*.[51]

---

47. Aires Barreto apresenta análoga distinção entre "alíquota explícita (preliminar)" e "alíquota implícita (final)", a primeira ligada à base de cálculo e a segunda à base calculada. Cf. BARRETO, Aires Fernandino. Base..., *op. cit.*, p. 82-83.

48. "[...] 'alíquotas progressivas' para nominar aquelas que aumentam à medida que cresce a base calculada, ou também 'alíquotas regressivas', como as que variam, para menor, consoante o crescimento da base calculada, a partir de determinado piso". Cf. CARVALHO, Paulo de Barros. *Direito Tributário*: fundamentos..., *op. cit.*, p. 182. Barreto alude à possibilidade de alíquotas proporcionais, progressivas simples e graduadas (as primeiras, aplicáveis a toda a matéria tributável e as segundas, a determinadas parcelas; regressivas e "progressivas-regressivas, ou, também, em alíquotas progressivo-proporcionais e, por isso mesmo, a partir de certo ponto, regressivas". Cf. BARRETO, Aires Fernandino. *Base...*, *op. cit.*, p. 92-93.

49. CARVALHO, Paulo de Barros. Teoria..., *op. cit.*, p. 180. Veja-se também: CARVALHO, Paulo de Barros. Curso..., *op. cit.*, p. 351-352.

50. "A ideia de que o legislador dispõe de opções para definição da base de cálculo dos impostos e contribuições, com fato gerador típico daqueles, não é aceita por boa parte da doutrina, como que enxergando, além da regra da capacidade contributiva referente à escolha do fato gerador, uma segunda regra impondo a definição da base de cálculo mais estritamente detalhada que houver, em uma espécie de assunção de que a base de cálculo é uma única possível e espelha a exata quantificação do fato gerador, que seria também única". Cf. ROCHA, Paulo Victor Vieira da. *Substituição tributária e proporcionalidade: entre capacidade contributiva e praticabilidade.* São Paulo: Quartier Latin, 2012p. 60.

51. Para Aires Barreto, a tributação *ad valorem* é imposição do Princípio da Capacidade Contributiva. Cf. BARRETO, Aires Fernandino. Base de Cálculo...*op. cit.*, p.

Empiricamente, contudo, encontramos espécimes que desafiam essa visão ideal, como os tributos "fixos", em que não se pode falar, propriamente, na existência de base de cálculo e de alíquota, os vários tipos de base de cálculo estimadas – que não medem a materialidade de forma individualizada[52] – ou mesmo nos casos de alíquotas fixadas em valor pecuniário, que modificam a estrutura de aplicação da Capacidade Contributiva da forma como exposto acima. Esta fauna tributária insiste em colocar em xeque a estrutura idealizada que serve tão bem para uma explicação simplificada, didática, da maior parte das normas de incidência tributária. A reação da dogmática diante dela é, na grande maioria dos casos, a automática acusação da inconstitucionalidade – salvo em outros exemplos de quantificação complexa em que há diferentes soluções teóricas, como no ICMS, no IPI e no IR.

NAVARRO COÊLHO, por exemplo, considera possível a existência tanto de tributos sem base de cálculo – os tributos fixos –, quanto de tributos de maior complexidade, que exigem, além dos dois elementos básicos, adições, deduções e cálculos para se chegar ao montante devido.[53] Para JOSÉ ROBERTO VIEIRA trata-se de posição com **aparência** de procedência, discordando de todos os exemplos fornecidos por NAVARRO COÊLHO; cita o caso do Imposto sobre a Renda, tributo em que é necessário "[...] numerosos e intrincados passos para lograr a base de cálculo [...]", mas todos "[...] constituem operações cronologicamente anteriores à mesma; e, em verdade, tais passos estão embutidos na base de cálculo, compondo-a em sua plenitude." [54]

96-97. Note-se que a Constituição Federal possui uma autorização expressa para a utilização de alíquotas específicas em relação a contribuições sociais e de intervenção no domínio econômico no art. 149, § 2º, III, "b", por inclusão da EC 33/2001.

52. SCHOUERI alude à possibilidade de bases de cálculo *praenumerando* e *postnumerando*. No primeiro caso, tem-se a utilização de medições presumidas. Cf. SCHOUERI, Luís Eduardo. *Direito tributário*. São Paulo: Saraiva, 2011, p. 457-458.

53. COÊLHO, Sacha Calmon Navarro. *Teoria geral do tributo*..., *op. cit.*, p. 99.

54. VIEIRA, José Roberto. A regra-matriz de incidência do IPI..., *op. cit.*, p. 123-124.

Quais são os limites estruturais em relação ao critério quantitativo que encontramos em nosso direito positivo? A expressão "base de cálculo" aparece oito vezes no Texto Constitucional no sentido que nos interessa e descontado o ADCT,[55] mas as menções que interessam para o que aqui tratamos são as dos arts. 145, 146 e 154; a palavra "alíquota" aparece bem mais,[56] mas a previsão que nos interessa para o tema aqui tratado é, unicamente, a do art. 149, § 2º, III, que faz menção explícita a alíquotas *ad valorem* e específicas. O art. 97 do CTN também faz menção expressa tanto à base de cálculo quanto à alíquota. Além disso, pela compreensão consensual do sentido de capacidade contributiva a exigir a tributação de um signo presuntivo de riqueza no caso dos tributos não vinculados e, portanto, pelo papel que jogaria a base de cálculo nesse objetivo, o próprio princípio em questão não pode ser olvidado ao tratar de tais fronteiras.

Em primeiro, lugar nota-se que o Constituinte deu relevância à existência da base de cálculo e da alíquota. Mas, talvez, não num sentido tão estrito como se tem entendido tradicionalmente. É que se costuma apontar como fundamentos para a exigência desses dois elementos quantitativos em todos os tributos – para além da capacidade contributiva – alguns dispositivos constitucionais em especial: a vedação de que as taxas tenham base de cálculo de impostos (art. 145, § 2º, CF/88); a previsão de que compete às normas gerais definir as bases de cálculos dos impostos (art. 146, III, "a", CF/88) e a vedação de instituição de impostos com fundamento na competência tributária residual com base de cálculo já prevista (art. 154, I, CF/88), o que acaba por se estender às contribuições por força do art. 195, § 6º, CF/88.

55. Veja-se: art. 145, § 2º; art. 146, III, "a"; art. 150, §§ 1º e 6º; art. 154, I; art. 155, § 2º, XI e XII, "i", art. 195, § 9º, CF/88.

56. Veja-se: art. 149, § 2º, IIII; art. 153, § 1º, § 4º, I e § 5º; art. 155, § 1º, IV, § 2º, IV, V, "a" e "b", VI, VII e VIII, § 4º, IV, § 6º, I e II; art. 156, § 1º, II, § 3º, I; art. 177, § 4º, I; art. 195, §§ 8º e 9º, CF/88.

O que nos parece ser possível construir dos enunciados textuais mencionados, somados à noção de capacidade contributiva como critério de medição da igualdade que, como fixamos anteriormente, é aplicável precipuamente aos tributos não vinculados, é que **a existência de "base de cálculo" e "alíquota" é constitucionalmente exigida no caso dos impostos, de contribuições e de empréstimos compulsórios de materialidade não vinculada. E só.**

Expliquemos com maior vagar.

4.2 A quantificação do valor do tributo nos casos de materialidade vinculada a uma atividade estatal

A vedação constitucional de repetição de "base de cálculo" para a competência tributária residual é prevista para os casos de impostos (art. 154, I, CF) e, coerentemente, para contribuições sociais (art. 195, § 6º, CF); vale dizer, *a fortiori*, trata-se de previsão típica para tributos não vinculados o que se corrobora, no segundo caso, pelas materialidades arroladas constitucionalmente. Em relação às taxas – e, por arrastamento, aos tributos vinculados – a vedação é de utilização de base de cálculo típica de tributos não vinculados (art. 145, § 2º, CF).[57] Do conjunto de tais enunciados não se pode deduzir que todo tributo vinculado deve ter base de cálculo e alíquota; apenas que, caso as possuam, não podem ser elas típicas dos tributos não vinculados.[58] O que queremos dizer é que, a nosso ver, **o Texto Constitucional exige a utilização, na norma de incidência tributária, de base de cálculo e alíquota para os tributos não vinculados, como elementos essenciais para a medição da capacidade contributiva objetiva e subjetiva; em relação aos tributos vinculados, não existe tal exigência, tratando-se de uma faculdade do legislador e existindo,**

57. Que pode ser lida como proibição de impor taxas de acordo com a capacidade contributiva do contribuinte. Cf. ROCHA, Paulo Victor Vieira da. Substituição..., *op. cit.*, p. 89.

58. Em sentido próximo ao que defendemos: PEREIRA FILHO, Luiz Alberto. *Taxas e preços*. 2. ed. rev. atual. Curitiba: Juruá, 2009, p. 118-120.

portanto, uma maior liberdade na configuração do critério quantitativo do consequente normativo.

Obviamente que de algum modo os **tributos vinculados** deverão ser calculados de modo a mensurar a atividade estatal, não sendo possível imaginar um espaço de arbítrio do legislador no âmbito do ordenamento jurídico brasileiro. O que reiteramos é que tal cálculo não necessariamente precisará transparecer na própria norma de incidência tributária sob a forma de uma multiplicação entre uma base de cálculo e uma alíquota, até mesmo porque o que se está a medir no âmbito de tal classe de tributos não é a riqueza do particular, mas o custo da atividade estatal no âmbito da retributividade.[59]

Desta forma, o valor fixado para tais tributos deverá estar calcado em um plausível cálculo do custo de tais atividades em relação ao beneficiário – decorrência, em relação à prestação de serviços públicos, dos requisitos de especificidade e de divisibilidade arrolados pelo art. 145, II, CF[60] –, sob pena de inobservância dos limites constitucionais; mas a forma com a qual referido cálculo será expresso no âmbito legal encontra-se dentro de uma margem de discricionariedade muito mais ampla do que no caso dos tributos não vinculados, de antemão por não se exigir, constitucionalmente, uma individualização completa. Aqui há espaço para cálculos aproximados,

---

59. "Portanto, tratando-se de taxas, a solução para o cálculo do valor do tributo é bastante dificultosa. Além de não possuírem como fato gerador um elemento considerado riqueza, bem sabemos da dificuldade de se apreciar economicamente o valor da atividade estatal em relação ao contribuinte". Cf. MORAES, Bernardo Ribeiro de. *A taxa no sistema tributário brasileiro.* São Paulo: RT, 1968, p. 110-111.

60. "[...] um serviço público é específico quando há individualização no oferecimento da utilidade e na forma como é prestada" [...] "Divisibilidade", por sua vez, significa a possibilidade de mensurar o serviço efetivamente prestado ou posto à disposição de cada contribuinte". Cf. CARVALHO, Paulo de Barros. Direito Tributário, linguagem..., *op. cit.*, p. 699. "Fica claro que o requisito constitucional é que seja possível destacar-se unidades de utilização (o que supõe que o serviço seja divisível, como o estabelece a Constituição, como condição de remunerabilidade por taxa), para fruição individual pelos administrados. Cada utente deverá pagar na medida da utilização". Cf. COÊLHO, Sacha Calmon Navarro. Teoria Geral do Tributo...*op. cit.*, p. 152. Veja-se também PEREIRA FILHO, Luiz Alberto. Taxas..., *op. cit.*, p. 97-101.

generalizados, ou, nas palavras de Sacha Calmon Navarro Coêlho, para a "embaraçosa" técnica utilizada na precificação das taxas, o *forfait*.[61] O uso da generalização como técnica de fixação do valor das taxas, por exemplo, não possui as mesmas limitações existentes em relação aos impostos. Até mesmo porque raramente será possível o pleno conhecimento do custo individualizado da atividade estatal para cada

61. "Nesses casos [taxas fixas], presume-se que a base de cálculo mede os custos da atividade estatal pela sobreprestação do serviço público requerido, a *forfait*. O problema tampouco surge nas taxas que admitem medições objetivas e controláveis por unidade de serviço prestado. [...].
Mesmo nos casos de fixação proporcional de taxas pela complexidade presumida do sobre-esforço estatal não fazem aflorar a questão. Noutras palavras, não ofende a teoria das taxas a prefeitura cobrar mais ou menos para conceder alvarás de construção. É que umas plantas, por serem mais complexas e volumosas, requerem esforços maiores de atuação estatal. Costuma-se exigir paga maior por m², área total ou por número de andares". Cf. COÊLHO, Sacha Calmon Navarro. Curso..., *op. cit.*, p. 78. [esclarecemos entre colchetes]. Carrazza também considera possível a medição aproximada do custo da atividade estatal. Cf. CARRAZZA, Roque Antonio. Curso de Direito Constitucional Tributário. 29. ed. rev. ampl. atual. São Paulo: Malheiros, 2013, p. 626. Afirma Barreto: "[o] valor da atuação [estatal] poderá estar representado pelo custo efetivo, presumido, estimado, arbitrado ou social da atuação [...]". Cf. BARRETO, Aires. Base..., *op. cit.*, p. 66. "Avaliar o custo exato da atuação do Poder Público é, no geral, uma complexa empreitada, de modo que o legislador se vale, especialmente, de presunções a respeito da quantificação em cifras da prestação estatal". Cf. MOREIRA, André Mendes; ESTANISLAU, César Vale. Taxas de Fiscalização e o Princípio da Equivalência: o caso do TFI e da TFF. *In*: SOUZA, Priscila (org.). CARVALHO, Paulo de Barros (coord.). Racionalização do Sistema Tributário: XIV Congresso Nacional de Estudos Tributários. São Paulo: Noeses, 2017, p. 17. "É certo que não é possível a identidade exata da base de cálculo com o custo do serviço. Basta imaginar que este se reduz na medida em que aumenta a quantidade de seus utentes, o que inviabiliza, em termos práticos, um cálculo deste jaez. Mas que esse deve ser o critério norteador da busca de uma base de cálculo adequada às custas, não resta dúvidas. Dentro desse balizamento, com arrimo no critério da razoabilidade, o legislador deverá instituir como base imponível aquele valor que melhor dimensione o fato jurídico tributário". Cf. VALVERDE, Gustavo Sampaio. A Inconstitucionalidade da Base de Cálculo das Custas Judiciais. Revista Dialética de Direito Tributário. São Paulo: Dialética, n. 47, ago. 1999, p. 41. "[...] deve haver uma proporção razoável entre o valor da taxa e o custo estatal incorrido na prestação do serviço ou no exercício do poder de polícia. Não se exige uma identidade, uma coincidência exata entre o valor arrecadado e os custos estatais, pois isso seria impossível: exige-se somente uma proporção razoável entre as duas grandezas". Cf. GODOI, Marciano Seabra de; CASTRO JÚNIOR, Paulo Honório. Considerações críticas sobre a nova taxa de controle, monitoramento e fiscalização das atividades de mineração em Minas Gerais (Lei Estadual nº 19.976, de 2011). *Revista Dialética de Direito Tributário*. São Paulo: Dialética, n. 209, fev. 2013), p. 112.

específico caso, de forma efetiva e concreta: o que se terá será uma aproximação com base em precificação que leva em conta as previsões orçamentárias para determinado órgão ou fundo ou, quando muito, uma média de despesas efetivamente realizadas em períodos anteriores. A corroborar tal ordem de ideias, tem-se a possibilidade de cobrança das taxas no caso de serviços potencialmente prestados aos contribuintes.

Com base nisso, consideramos perfeitamente possível que, na instituição de tributos vinculados, tenha-se o uso de valores fixos que equivalham ao cálculo já realizado pelo legislador quanto ao custo aproximado da atividade estatal, inclusive com eventuais diferenciações com base em critérios que indiquem um maior ou menor custo para cada caso concreto ou que permitam adequar o custo da atividade com base num determinado critério de medição (seja o número de passagens de um caminhão de lixo em cada rua, seja a metragem do estabelecimento objeto de fiscalização, seja, simplesmente, o número de documentos emitidos, por exemplo).[62] Seria possível, também, a utilização de uma base de cálculo prevista genericamente em lei (o valor do custo total do serviço público num determinado período, por exemplo), a que se somaria

62. Com o que concordam também, com outras palavras, GERALDO ATALIBA, SACHA CALMON, LUIZ ALBERTO PEREIRA FILHO, ANDRÉ MOREIRA e CÉSAR ESTANISLAU: "De tudo que vem sendo exposto, já se vê que alíquota não é conceito igualmente aplicável a todos os tributos. Base imponível todos os impostos e algumas contribuições e taxas a têm, enquanto em inúmeros casos, não há cálculo a ser feito (contribuições e taxas fixas). [...] Muitas taxas não têm alíquota. A lei, nesses casos, dispensa essa técnica e já estabelece o quantum devido, antecipadamente (pedágio, certidões, *etc.*)". Cf. ATALIBA, Geraldo. *Hipótese...*, *op. cit.*, p. 117. "Leviano seria olvidar, ainda, que parcela considerável das taxas adota o modelo fixo de tributo, o que implica a predeterminação dos valores a serem cobrados do contribuinte. Apesar da discordância de algumas vozes na doutrina, não há, nessas hipóteses, base de cálculo ou alíquota, visto que desnecessária é qualquer operação para a quantificação do tributo devido, já tabelado legislativamente". Cf. MOREIRA, André Mendes; ESTANISLAU, César Vale. Taxas..., *op. cit.*, p.18-19. Veja-se também: COÊLHO, Sacha Calmon Navarro. Teoria..., *op. cit.*, p. 99. PEREIRA FILHO, Luiz Alberto. Taxas..., *op. cit.*, p. 122-123. Não à toa, JARACH identifica parte das *poll taxes* americanas como verdadeiras taxas, como "condição" e "contraprestação do gozo de um direito público". Cf. JARACH, Dino. *O fato imponível*: teoria geral do Direito Tributário substantivo. 2. ed. Trad. Dejalma de Campos. São Paulo: RT, 2004, p. 136.

uma alíquota que indicaria a cota-parte cabível ao sujeito passivo tributário (uma medida da divisão de tal custo), que seriam aplicadas pelo Estado no caso concreto.[63] Esta última opção, que pareceria a ideal segundo a visão doutrinária, é de rara utilização prática.

Poder-se-ia argumentar que diante do que expusemos também haveria sempre uma base de cálculo e uma alíquota nas taxas e, se assim pensarmos, parece-nos que correta estaria a visão de Aires Barreto: o valor fixado seria a base de cálculo e a alíquota seria a unidade de medida, e não o contrário.[64]

Quando, numa taxa, tem-se a indicação legal de um valor pecuniário fixo a que se agrega um elemento de medição qualquer, como a metragem do estabelecimento fiscalizado, somente com muito esforço poder-se-ia considerar que teríamos uma "base de cálculo" e uma "alíquota" nos sentidos que havíamos fixado no item anterior. O ideal seria a utilização de nomes diversos, pois são institutos diversos, evitando a ambiguidade; Aires Barreto apresentou interessantíssima classificação nesse sentido.[65] Ora, o valor fixo não é nem uma "base de cálculo" a medir a materialidade economicamente, muito menos uma "alíquota", no sentido de indicação da fração a ser entregue ao Estado em relação à base de cálculo (porque já é parte da base calculada, indicando o cálculo do valor do custo concreto da atividade estatal prevista diretamente em lei para

63. Note-se a distinção analítica de Barreto: a alíquota é um critério para atribuição da parcela da riqueza ao Estado. Cf. BARRETO, Aires Fernandino. Base..., *op. cit.*, p. 93. O mesmo autor defende a mesma sistemática para as taxas, entendendo que o cálculo do valor do custo da atividade estatal é base calculada, não base de cálculo, não estando sujeita à reserva legal. Cf. BARRETO, Aires Fernandino. *Base..., op. cit.*, p. 107-108.

64. "A base de cálculo das taxas é sempre o valor da atuação do Poder Pública que enseja a taxa. Em sendo o valor, este só pode ser expresso em cruzados, por unidade de atuação. As unidades de medida (metro quadrado, testada, alqueire, exemplificativamente) são as alíquotas das taxas". Cf. BARRETO, Aires Fernandino. *Base..., op. cit.*, p. 67. Veja-se também p. 91-92.

65. O referido autor fala de bases de cálculo diretas (preço) e indiretas, de primeiro grau (valor) e de segundo grau (unidades de medida), com a possibilidade de transformação das indiretas em diretas. Cf. BARRETO, Aires Fernandino. *Base..., op. cit.*, p. 49.

determinada unidade de medida); a medida utilizada para o cálculo também não se enquadra nem como "base de cálculo" nem como "alíquota" no sentido paradigmático acima indicado (porque apenas serve para indicar a intensidade da atividade estatal a ser apurada no caso concreto). Vale dizer, são eles elementos do critério quantitativo que não se adequam perfeitamente às definições de "base de cálculo" e de "alíquota" no sentido clássico.

Aqui convém recordar as preciosas lições de Sacha Calmon Navarro Coêlho, sobre a impossibilidade de redução do critério quantitativo do consequente normativo à dualidade acima exposta, tendo em vista a possibilidade de opção normativa pela prescindibilidade de base de cálculo e de alíquota e/ou a existência de elementos mais complexos de quantificação, tais como adições e subtrações diversas.[66] Por tal razão, referido autor prefere a expressão "base imponível" utilizada por Geraldo Ataliba, eis que há tributos que não permitiriam cálculo.[67]

Concordamos em gênero com as conclusões de Coêlho, ainda que não com todas as consequências por ele apontadas, em especial em relação à norma de incidência do ICMS, tendo em vista as contundentes – e a nosso ver acertadas – críticas feitas por José Roberto Vieira, assim como também não vislumbramos uma liberdade total para a utilização de valores fixos no direito tributário brasileiro – cujos limites não poderemos aprofundar mais no presente artigo.[68]

---

66. "Ora, se após a aplicação da alíquota sobre a base de cálculo ainda restam adições, deduções e cálculos a fazer para se chegar ao quantum devido, então é porque o aspecto quantitativo da consequência endonormativa não se reduz a esses dois elementos (seria, aliás, simplório que assim fosse, invariavelmente). Vimos já que em alguns casos nem sequer são necessárias a base de cálculo e a alíquota. Vale dizer, são prescindíveis. Noutros casos não são suficientes". Cf. COÊLHO, Sacha Calmon Navarro. *Teoria...*, *op. cit.*, p. 99.

67. *Ibidem*, p. 225 (nota 46). Sobre a expressão "base imponível", veja-se: ATALIBA, Geraldo. *Hipótese...*, *op. cit.*, p. 108 e p. 117.

68. Veja-se: CUNHA, Carlos Renato. *Praticabilidade tributária*: segurança jurídica, igualdade e eficiência sob uma perspectiva semiótica. 2019. Tese (Doutorado em Direito) - Universidade Federal do Paraná, Curitiba, 2019.

4.3 A quantificação do valor do tributo nos casos de materialidade não vinculada a uma atividade estatal, as alíquotas específicas e o tributo de capitação

A situação é diversa em relação aos **tributos não vinculados**, como visto. Sobre eles, tratemos de alguns casos empíricos que merecem aprofundamento. Falemos, por primeiro, dos tributos com alíquota específica, de uso raro no Brasil nos dias atuais.[69] Paulo de Barros Carvalho trata deles sem vislumbrar problemas, como algo normal, mera espécie diferente de alíquota, que poderia aparecer em forma percentual, fracionária ou em dinheiro, expressando opinião com que a dogmática parece concordar ou, ao menos, não problematizar.[70] Cremos que uma detida reflexão diante dos influxos da

69. "Distingue-se a alíquota *ad valorem* da chamada alíquota específica porque aquela – *ad valorem* – é percentual a incidir sobre determinada base de cálculo, enquanto esta – a específica – consiste num determinado montante em dinheiro por unidade de medida do produto (quantidade, peso ou volume), bastando verificar a medida e multiplicar pela quantia indicada". Cf. PAULSEN, Leandro; VELLOSO, Andrei Pitten. Contribuições: Teoria Geral, Contribuições em espécie. 2. ed. rev. ampl. Porto Alegre: Livraria do Advogado, 2013, p. 225.

70. CARVALHO, Paulo de Barros. Teoria..., *op. cit.*, p. 180. "Infere-se do exposto que as alíquotas podem assumir duas feições: a) um valor monetário fixo, ou variável em função de escalas progressivas da base de cálculo [...]; ou b) uma fração, percentual ou não, da base de cálculo (que neste caso será representada por quantia monetária)." Cf. CARVALHO, Paulo de Barros. Curso..., *op. cit.*, p. 352. "Juridicamente, a base imponível é um atributo do aspecto material da h.i., dimensível de algum modo: é o conceito de peso, volume, comprimento, largura, altura, valor, preço, custo, perímetro, capacidade, superfície, grossura ou qualquer outro atributo de tamanho ou grandeza mensuráveis do próprio aspecto material da h.i." e "Se – como é, hoje, raro – a base imponível for outra (peso, volume, tamanho, capacidade etc.) já a alíquota deverá ser expressa diretamente em dinheiro, cuja expressão numérica será multiplicada pela base imponível". Cf. ATALIBA, Geraldo. Hipótese..., *op. cit.*, p. 109 e p. 114. "A título de esclarecimento, é bom que se diga que a base de cálculo não precisa ser expressa em termos financeiros, nem a alíquota será sempre um percentual. Há tributos em que a alíquota é fixa, já expressa em moeda, quando a base de cálculo passará a ser uma quantificação de determinadas situações". Cf. SCHOUERI, Luís Eduardo. *Direito tributário, op. cit.*, p. 455 e p. 470. "É certo que em casos de resto pouco frequentes, a alíquota é o único elemento de quantificação dos efeitos prescritos na norma: sucede isto precisamente nos tributos fixos. Mas, sempre que o tributo seja variável, a referida quantificação pressupõe, para além da alíquota, ao menos outro elemento que sirva como ponto de referência desta. Tal elemento quantitativo pode ser formulado pela lei independentemente de seu valor – seja ou não

capacidade contributiva exige ao menos a mantença do espírito de espanto, pois seus efeitos jurídicos nada têm de irrelevantes. É que nos tributos não vinculados, como exposto, tributa-se fato signo presuntivo de riqueza do contribuinte que deve ser devidamente avaliado, mensurado por meio da base de cálculo, tudo como expressão da capacidade contributiva objetiva. Ao fazê-lo e ao dosar a parcela da riqueza que deverá ser levada ao Estado por meio da alíquota, têm-se as ferramentas para verificação do atendimento à capacidade contributiva subjetiva. É nesse sentido que, como mencionamos, vislumbramos o que vem a ser uma "base de cálculo" e uma "alíquota" por excelência.

Quando se utilizam técnicas diversas disso, o atendimento à capacidade contributiva fica, *a priori*, comprometido. Ora, um imposto que incida com um valor fixo sobre a metragem de tecido vendida não está a medir diretamente a riqueza tributada (o preço da venda); preferível seria, como dissemos, que nem se denominassem os elementos de cálculo utilizados com o mesmo nome da tributação *ad valorem*, dada suas diferentes naturezas jurídicas, sendo necessário, no mínimo, uma desambiguação sempre que feita referência aos vocábulos. Dissemos que tal técnica não mede *diretamente* o preço da venda. Mas é possível a reconstrução racional da norma de incidência para a verificação, no caso concreto, da alíquota efetiva utilizada, enquanto valor que deverá o sujeito passivo entregar ao Estado.[71] Indiretamente, ao tributar o valor do

---

concretamente avaliável em dinheiro – antes com base noutro critério de medida, como a superfície, o volume ou o peso, de tal modo que o quantitativo da prestação tributária decorrerá da aplicação de uma taxa específica a cada unidade de medida [...]". Cf. XAVIER, Alberto. Os princípios da legalidade e da tipicidade da tributação. São Paulo: RT, 1978, p. 79. "Há um certo tipo de tributo que não possui alíquota, pois incide por quantia fixa previamente determinada na lei". Cf. TORRES, Ricardo Lobo. *Tratado de direito constitucional financeiro e tributário*. Os Direitos Humanos e a Tributação: Imunidade e Isonomia. Rio de Janeiro: Renovar, 1999. v. III, p. 448.

71. Digamos que, num exemplo hipotético, o valor a ser exigido seja de R$ 1,00 por metro de tecido. Se o preço da mercadoria, numa segunda-feira, for R$ 10,00 por metro, se entregará ao Estado 10% da riqueza; se, no outro dia, o preço for de R$ 20,00, tem-se uma tributação de 5%. E assim por diante.

metro de tecido, tem-se um *forfait* em relação ao percentual da riqueza a ser entregue aos cofres estatais, com cálculos traduzíveis para o modo *ad valorem* e que permitem a averiguação do atendimento à capacidade contributiva e da vedação do confisco. Pode-se olhar através do enunciado do texto legal para se enxergar além, na construção do sentido normativo.

O efeito concreto da utilização de tal técnica – se não temperada por tabelas de alíquotas diferençadas por algum critério – é a tributação regressiva: quanto maior a riqueza tributada (base de cálculo no sentido *ad valorem*), menor será a fração sobre ela que deverá ser entregue ao Estado; quanto menor o valor da riqueza, maior será a tributação. Claramente ela não atende a uma noção estrita de capacidade contributiva no sentido de tributar de forma mais intensa riquezas maiores; mas pode se adequar ao Texto Constitucional por razões extrafiscais, a depender da análise do caso concreto.

De outro lado, temos os tributos fixos, ou de capitação, amplamente rechaçados pela doutrina.[72] Trata-se de tributos que parecem não atender minimamente à capacidade contributiva por decorrerem da mera "existência física da pessoa",

72. CARVALHO, Paulo de Barros. Direito Tributário: fundamentos..., *op. cit.*, p. 170; ATALIBA, Geraldo. Hipótese..., *op. cit.*, p. 108; JUSTEN FILHO, Marçal. Sujeição Passiva Tributária. Belém: CEJUP, 1986, p. 243; BARRETO, Aires Fernandino. Base..., *op. cit.*, p. 95-97; COSTA, Regina Helena. *Praticabilidade e justiça tributária*: exequibilidade de lei tributária e direitos do contribuinte. São Paulo: Malheiros, 2007, p. 303; BECHO, Renato Lopes. *Lições de direito tributário*: Teoria Geral e Constitucional. São Paulo: Saraiva, 2011, p. 413; ÁVILA, Humberto. *Sistema constitucional tributário*. 2. ed. São Paulo: Saraiva, 2006, p. 368. São raras as manifestações favoráveis à técnica, dentre as quais pinçamos: MARTINS, Ives Gandra da Silva. A Função da Lei Complementar Tributária - Legalidade do Decreto nº 3.070/99 e da I.N. - SRF 060/99 - Possibilidade de Adoção de Imposto Fixo no Direito Tributário Brasileiro. *Revista Dialética de Direito Tributário*, São Paulo: Dialética, n. 65, p. 146-162, fev. 2001, p. 153 *et seq.*; MANEIRA, Eduardo. *Base de cálculo presumida*. 2002. Tese (Doutorado em Direito Tributário) – Universidade Federal de Minas Gerais, Belo Horizonte, UFMG, 2002, p. 179-180. RICARDO LOBO TORRES afirma que existem impostos que incidem pela mera existência de pessoa sujeita ao poder tributário, considerando-os, contudo, injustos, se existe base de cálculo mensurável. Cf. TORRES, Ricardo Lobo. Tratado..., *op. cit.*, p. 448; ROLON NETO, Sebastião. O ISS Fixo e a Lei Complementar n. 116/2003. *Revista Tributária e de Finanças Públicas*, São Paulo: RT, ano 11, n. 53, nov./dez. 2003, p. 73-74.

nas palavras de JARACH, que lhes designa como uma "forma primitiva de tributo".[73] Focamos aqui nos tributos não vinculados, posto já termos exposto nossa opinião sobre a viabilidade da aplicação desta técnica aos vinculados, como forma de expressão normativa do cálculo do custo da atividade estatal previamente realizada e também sujeita a controle prévio ou a *posteriori*. Diante de todo o exposto, a necessidade de medição da riqueza tributada nos tributos não vinculados, aprioristicamente, a utilização da técnica da capitação em nosso sistema. Contudo, da mesma forma explicada em relação ao uso de alíquotas fixas, a forma do enunciado constante do texto de direito positivo pode ser reconstruída racionalmente de modo a se encontrar a tributação efetiva sobre a riqueza, razão pela qual não consideramos que a prática seja inconstitucional *tout court*. Isso é possível por um fenômeno linguístico-pragmático: o da **pressuposição** ou **acarretamento**. Ora, sendo a medição da riqueza por meio da capacidade contributiva uma exigência constitucional para os tributos não vinculados, qualquer forma linguística utilizada pelo legislador pressupõe a referida medição - correta ou incorreta, o que depende do caso - e deve ser possível reconstruí-la pela *mens legis* ou pela *mens legislatoris* (o sentido do texto ou o sentido do emissor da norma construídos pelo intérprete).

Isso posto, tem-se técnica de praticabilidade que exige a verificação casuística para a verificação de efetivo atendimento ou não à capacidade contributiva, abstraindo as formas de expressão do legislador.[74] O resultado que se obterá com tal

73. JARACH, Dino. O fato imponível..., *op. cit.*, p. 135. Referido autor recorda que os tributos de capitação são conhecidos como "impostos pessoais" na Suiça e como *poll taxes* nos Estados Unidos. Veja-se também: CANTO, Gilberto de Ulhôa. O Lançamento. *In:* MARTINS, Ives Gandra da Silva (coord.). *Caderno de Pesquisas Tributárias* nº 12: Do Lançamento. São Paulo: Centro de estudos de Extensão Universitária/Resenha Tributária, 1987, p. 6-7.

74. Imagine-se um tributo sobre o faturamento de pequenos empresários que, para fins de simplificação tributária, seja fixado em R$ 10,00 fixos por mês. Se o faturamento num dado mês for de R$ 1 mil, a alíquota efetiva no sentido *ad valorem* será de 1%; se for de R$ 2 mil, será de 0,5%, e assim por diante.

técnica será, do mesmo modo e sem temperamentos, uma tributação regressiva que pode vir a ser válida se atendidos os limites constitucionais para a utilização da extrafiscalidade. Reflitamos como isso poderia ser possível.

4.4 Como poderia ser a tributação fixa válida em nosso ordenamento jurídico?

O uso das técnicas de tributação fixa serve como forma de praticabilidade localizadas no critério quantitativo do consequente da norma de incidência como meio de expressão simplificada do intuito extrafiscal nos tributos não-vinculados e como meio de possibilitar a própria quantificação no caso dos tributos vinculados.

No caso dos tributos vinculados, a questão se resolve pela motivação do uso de formas indiretas de quantificação do valor da atividade estatal: pela fundamentação legal ou regulamentar, conforme o caso, deve ser possível a reconstrução racional da forma de cálculo utilizada e de sua razoabilidade: aqui será necessário o apelo, muitas vezes, à proporcionalidade e à razoabilidade no julgamento da validade da prática, não nos parecendo possíveis, no particular, respostas apriorísticas.

Já na situação dos tributos não vinculados, a utilização de formas heterodoxas em relação à tributação *ad valorem* pressupõem a resiliência, elipsada, da base de cálculo e da alíquota. Pode-se reconstruir racionalmente a tributação *ad valorem* pressuposta em tais casos, para que se verifique, no caso concreto, a tributação efetiva e sua adequação à capacidade contributiva; o que se tem é a elipse da base de cálculo e da alíquota exigidas constitucionalmente, numa técnica de praticabilidade cuja validade depende da situação específica a ser analisada, pelo que não vislumbramos uma inconstitucionalidade nem uma validade *a priori*: tudo dependerá do "como" foi utilizada a técnica e de elementos atinentes ao fato jurídico tributário.

Será válida a aplicação de tributos fixos ou de alíquotas em montante pecuniário – que distorcem a visão clássica da medição da capacidade econômica do sujeito passivo – se tal reconstrução for possível e o resultado: a) adequar-se a uma base de cálculo de tributo não-vinculado (atendendo a Segurança Jurídica nas expressões da estrita Legalidade e da repartição de competências tributárias); b) indicar que referida base de cálculo mede a riqueza tributada (atendendo à Igualdade por meio da Capacidade Contributiva em sua dimensão objetiva); c) indicar que referida medida, somada à alíquota efetiva reconstruída racionalmente, promovem uma razoável dosimetria da tributação (atendendo à Igualdade por meio da Capacidade Contributiva em sua dimensão subjetiva, inclusive atendendo aos limites do Não Confisco) e d) não promover desarrazoadas situações anti-isonômicas entre sujeitos passivos (atendendo à Igualdade Genérica).

5. Conclusão

Em face de todo o exposto, reafirma-se a extrema relevância do critério quantitativo e, consequentemente, de seus dois elementos clássicos, a base de cálculo e a alíquota, na conformação da norma de incidência tributária.

Poderíamos condensar as regras por nós construídas sobre a estrutura constitucionalmente exigida para o critério quantitativo das normas de incidência tributária, do modo seguinte: a) **as normas de incidência dos tributos não vinculados devem conter, no mínimo, uma base de cálculo que meça em pecúnia a riqueza tributada e uma alíquota que indique a fração da riqueza a ser entregue ao Estado, podendo existir elementos outros a tornar o cálculo mais complexo**, como deduções, adições, alíquotas diferençadas *etc.* e b) **as normas de incidência dos tributos vinculados podem ter no critério quantitativo elementos diversos de quantificação que indiquem o custo individualizado da atividade estatal**, inclusive base de cálculo e alíquota, que não são, contudo obrigatórias, podendo ainda ser utilizado o método de fixação direta do montante devido (tributação fixa).

Desse modo, em relação ao modo padrão de aplicação normativa mais consensual no seio da dogmática, já não verificamos maiores problemas em técnicas de praticabilidade que fujam da analiticidade em relação aos **tributos vinculados**, que podem ser criadas com critérios quantitativos bastante heterodoxos, por assim dizer, em relação ao comumente esperado.

A situação é diversa em relação aos **tributos não vinculados**, em que, por imposição constitucional, impõe-se a existência expressa ou implícita – como critério de validação – de uma base de cálculo e de uma alíquota. As formas com as quais o critério quantitativo manifesta-se empiricamente, contudo, é bastante diversa, sendo possível, por meio de reconstrução racional, aceitar-se a existência de tributação fixa ou de alíquotas específicas, que têm por efeito a regressividade da tributação, desde que fundamentadas em política extrafiscal que atenda os requisitos constitucionais pertinentes. Isso é possível, a nosso dever, desde que o resultado: a) adeque-se a uma base de cálculo de tributo não-vinculado (atendendo a Segurança Jurídica nas expressões da estrita Legalidade e da repartição de competências tributárias); b) indique que referida base de cálculo mede a riqueza tributada (atendendo à Igualdade por meio da Capacidade Contributiva em sua dimensão objetiva); c) indique que referida medida, somada à alíquota efetiva reconstruída racionalmente, promovem uma razoável dosimetria da tributação (atendendo à Igualdade por meio da Capacidade Contributiva em sua dimensão subjetiva, inclusive atendendo aos limites do Não Confisco) e d) não promova desarrazoadas situações anti-isonômicas entre sujeitos passivos (atendendo à Igualdade Genérica).

Veja-se que a verificação sobre o atendimento a tais requisitos demandará, num segundo momento, avaliações afetas ao caso concreto e sujeitas ao espaço da proporcionalidade e da razoabilidade, que nos parecem de impossível pré-quantificação. Vale dizer: pelo atendimento a Eficiência Administrativa que também beneficia os contribuintes, poderá ser suportado um certo grau de elastecimento da Capacidade Contributiva subjetiva e da Igualdade Genérica, mas esse afrouxamento não pode ser arbitrário ou excessivo.

Referências

ATALIBA, Geraldo. *Hipótese de incidência tributária.* 6. ed. São Paulo: Malheiros, 2003.

ÁVILA, Humberto. *Sistema constitucional tributário.* 2. ed. São Paulo: Saraiva, 2006.

BARRETO, Aires Fernandino. *Base de cálculo, alíquota e princípios constitucionais.* São Paulo: RT, 1986.

BARRETO, Paulo Ayres. *Imposto sobre a renda e preços de transferência.* São Paulo: Dialética, 2001.

BECHO, Renato Lopes. *Lições de direito tributário:* Teoria Geral e Constitucional. São Paulo: Saraiva, 2011.

CANTO, Gilberto de Ulhôa. O Lançamento. *In:* MARTINS, Ives Gandra da Silva (coord.). *Caderno de Pesquisas Tributárias nº 12*: Do Lançamento. São Paulo: Centro de estudos de Extensão Universitária/Resenha Tributária, 1987, p. 1-23.

CARRAZZA, Roque Antonio. *Curso de direito constitucional tributário.* 29. ed. rev. ampl. atual. São Paulo: Malheiros, 2013.

CARVALHO, Aurora Tomazini de. *Curso de teoria geral do direito:* o constructivismo lógico-semântico. São Paulo: Noeses, 2009.

CARVALHO, Paulo de Barros. *Curso de direito tributário.* 29. ed. São Paulo: Saraiva, 2018.

_____. *Direito tributário:* fundamentos jurídicos da incidência. 2. ed. rev. São Paulo: Saraiva, 1999.

_____. *Direito tributário, linguagem e método.* 2. ed. São Paulo: Noeses, 2008.

_____. *Teoria da norma tributária.* 5. ed. São Paulo: Quartier Latin, 2009.

CEGALLA, Domingos Paschoal. *Novíssima gramática da língua portuguesa.* 46 ed. São Paulo: Companhia Editora Nacional, 2005.

COÊLHO, Sacha Calmon Navarro. *Teoria geral do tributo, da interpretação e da exoneração tributária:* o significado do art. 116, parágrafo único, do CTN. 3. ed. São Paulo: Dialética, 2003.

COSTA, Regina Helena. *Praticabilidade e justiça tributária:* exequibilidade de Lei Tributária e Direitos do Contribuinte. São Paulo: Malheiros, 2007.

CUNHA, Carlos Renato. Da regra-matriz de incidência tributária à regra-matriz normativa. *Revista de Direito Tributário Contemporâneo,* São Paulo: RT, ano 2, n. 4, p. 171-187, jan./fev. 2017.

_____. *O simples nacional, a norma tributária e o princípio federativo:* limites da Praticabilidade Tributária. Curitiba: Juruá, 2011.

_____. *Praticabilidade Tributária:* Segurança Jurídica, Igualdade e Eficiência sob uma perspectiva semiótica. 2019. Tese (Doutorado em Direito) - Universidade Federal do Paraná, Curitiba, 2019.

FISCHER, Octavio Campos. *A Contribuição ao PIS.* São Paulo: Dialética, 1999.

GODOI, Marciano Seabra de; CASTRO JÚNIOR, Paulo Honório. Considerações críticas sobre a nova taxa de controle, monitoramento e fiscalização das atividades de mineração em Minas Gerais (Lei Estadual nº 19.976, de 2011). *Revista Dialética de Direito Tributário.* São Paulo: Dialética, n. 209, fev. 2013), p. 108-123.

JARACH, Dino. *O fato imponível:* teoria geral do Direito Tributário substantivo. 2. ed. Trad. Dejalma de Campos. São Paulo: RT, 2004.

JUSTEN FILHO, Marçal. *O Imposto sobre serviços na Constituição.* São Paulo: RT, 1985.

_____. *Sujeição passiva tributária.* Belém: CEJUP, 1986.

MANEIRA, Eduardo. *Base de cálculo presumida.* 2002. Tese (Doutorado em Direito Tributário) – Universidade Federal de Minas Gerais, Belo Horizonte, UFMG, 2002.

MARTINS, Ives Gandra da Silva. A Função da Lei Complementar Tributária - Legalidade do Decreto nº 3.070/99 e da I.N. - SRF 060/99 - Possibilidade de Adoção de Imposto Fixo no Direito Tributário Brasileiro. *Revista Dialética de Direito Tributário,* São Paulo: Dialética, p. 146-162.

MORAES, Bernardo Ribeiro de. *A taxa no sistema tributário brasileiro.* São Paulo: RT, 1968.

MOREIRA, André Mendes; ESTANISLAU, César Vale. Taxas de Fiscalização e o Princípio da Equivalência: o caso do TFI e da TFF. *In:* SOUZA, Priscila (org.). CARVALHO, Paulo de Barros (coord.). Racionalização do Sistema Tributário: XIV Congresso Nacional de Estudos Tributários. São Paulo: Noeses, 2017, p. 1-32.

PAULA, Rodrigo Francisco de. Repensando a teoria dos tributos vinculados e não-vinculados e a esquematização formal da regra-matriz de incidência. *Revista Tributária e de Finanças Públicas.* São Paulo: RT, n. 46, ano 10, p. 195-217, set./out. 2002.

PAULSEN, Leandro; VELLOSO, Andrei Pitten. *Contribuições:* Teoria Geral, Contribuições em espécie. 2. ed. rev. ampl. Porto Alegre: Livraria do Advogado, 2013.

PEREIRA FILHO, Luiz Alberto. *Taxas e preços.* 2. ed. rev. atual. Curitiba: Juruá, 2009.

QUEIROZ, Luís César Souza de. *Sujeição passiva tributária.* Rio de Janeiro: Forense, 1999.

ROCHA, Paulo Victor Vieira da. *Substituição tributária e proporcionalidade:* entre Capacidade Contributiva e Praticabilidade. São Paulo: Quartier Latin, 2012.

ROLON NETO, Sebastião. O ISS Fixo e a Lei Complementar n. 116/2003. *Revista Tributária e de Finanças Públicas*, São Paulo: RT, ano 11, n. 53, nov./dez. 2003, p. 69-79.

SCHOUERI, Luís Eduardo. *Direito tributário*. São Paulo: Saraiva, 2011.

TORRES, Ricardo Lobo. *Tratado de direito constitucional financeiro e tributário*. Os Direitos Humanos e a Tributação: Imunidade e Isonomia. Rio de Janeiro: Renovar, 1999. v. III.

VALVERDE, Gustavo Sampaio. A Inconstitucionalidade da Base de Cálculo das Custas Judiciais. *Revista Dialética de Direito Tributário*. São Paulo: Dialética, n. 47, ago. 1999, p. 33-44.

VIEIRA, José Roberto. *A regra-matriz de incidência do IPI:* texto e contexto. Curitiba: Juruá, 1993.

_____. Imposto sobre Produtos Industrializados: uma águia garcia marquiana entre os tributos. *In:* SANTI, Eurico M. D.; ZILVETI, Fernando A.; MOSQUERA, Roberto Q. (coord.). *Tributação das empresas:* curso de especialização. São Paulo: Quartier Latin, 2006. p. 157-196.

XAVIER, Alberto. *Os princípios da legalidade e da tipicidade da tributação*. São Paulo: RT, 1978.

Impressão e acabamento
psi7 | book7
psi7.com.br
book7.com.br